# 税务管理新论

## （第二版）

李为人　贾英姿　著

中国财经出版传媒集团
中国财政经济出版社

**图书在版编目（CIP）数据**

税务管理新论/李为人，贾英姿著．--2版．--北京：中国财政经济出版社，2020.11
ISBN 978-7-5095-9949-5

Ⅰ.①税… Ⅱ.①李… ②贾… Ⅲ.①税收管理-中国-高等学校-教材 Ⅳ.①F812.423

中国版本图书馆CIP数据核字（2020）第141166号

责任编辑：翁晓红　　　　责任校对：李　丽
封面设计：孙俪铭

中国财政经济出版社 出版
**URL**：http：//www.cfeph.cn
E-mail：cfeph@cfeph.cn

社址：北京市海淀区阜成路甲28号　邮政编码：100142
营销中心电话：010-88191522
天猫网店：中国财政经济出版社旗舰店
网址：https：//zgczjjcbs.tmall.com
中煤（北京）印务有限公司印刷　各地新华书店经销
成品尺寸：185mm×260mm　16开　26.5印张　619 000字
2020年11月第2版　2020年11月北京第1次印刷
定价：80.00元
ISBN 978-7-5095-9949-5
（图书出现印装问题，本社负责调换，电话：010-88190548）
本社质量投诉电话：010-88190744
**打击盗版举报热线：010-88191661　QQ：2242791300**

# 前　言 Preface

税务管理是政府公共管理的重要组成部分。《税务管理新论（第二版）》在《税务管理新论》（2016 年版）的基础上修订而成，以现行税收征管法及相关税务政策为依托，紧紧围绕政府税务管理和企业涉税管理，系统研究了税务管理理论和实践，并对近年来政府税务管理的热点问题进行了探索和较为深入的分析。本书全面阐述了税务管理的主要方面，如政府税务基本管理、税务风险管理、大数据管税、税源专业化管理、税务收入规划核算与税务分析、纳税评估管理、税务监督检查管理、纳税服务管理、关税与进出口退税管理、国际税务管理、企业税务管理、企业纳税筹划方法、纳税人权利义务与法律保护、社会保险费的征收管理、企业业务财务税务一体化、税务法律责任以及税务管理现代化等。

作为一项跨学科的专业领域，税务管理涉及的领域不仅局限于经济学、管理学，还涉及政治学、哲学、法学、伦理学、社会学、心理学等多个学科。同时，税务管理是一种智慧，也是一门艺术。税务管理的智慧在于它对多个学科的知识进行了提炼、升华，并在税务管理实务中予以践行；税务管理的艺术体现在它实现了征税者与纳税者之间非零和博弈的动态平衡。从概念看，税务管理有狭义和广义之分。狭义的税务管理指的是政府的税务管理；广义的税务管理不仅包括政府的税务管理，还包括企业事业法人等组织与自然人的纳税管理。本书采用了广义税务管理的概念。

本书践行依法治国的理念，以依宪治国、依法行政和依法治税为指导，对我国现行的税务法律制度、税务管理体制和税务管理实现机制进行了理论分析，以此统领后续各章，力求起到“纲举目张”的效果。我们认为，税务管理的改革与发展，关键在于税务法律制度、税务管理体制、税务管理方式的持续创新和国民税法遵从意识的提高。为此，本书特别强调了提高国民税法遵从意识的重要性，对如何树立现代税务理念、加强纳税人社会教育和税务系统公务员综合素质教育、完善税务信用体系以及认识依法治税和以德治税之间的关系等问题展开了必要的讨论。为服务教学工作，本书每一章的“本章提要”均对主要内容进行了提示，章末附有复习思考题，特别是在对理论进行讲解的同时，辅之以有关案例分析，以便读者在学习税务管理理论与实务的同时，较好地实现“知”与“行”的统一，尽快掌握政府税务管理、企业税务管理的基本理论和操作技能。本书可作为财经类专业本科生和研究生的学习读本或参考书，以拓宽视野，提高素养；对提升税务系统公务员、企业涉税管理人员、社会税务服务人员的政治理论素养、专业素养、高效处理税务事务的能力、独立工作的质量和效益等方面也可提供一定的帮助，助其成为具有卓越领导力和高效执行力的税务管理者和践行者。

作　者

2020 年 10 月 20 日

# 目　录 Contents

第一章　税务管理概述 …………………………………………………………… ( 1 )
第一节　税务管理内涵 ……………………………………………………… ( 1 )
第二节　税务管理理论 ……………………………………………………… ( 5 )
第三节　税务管理体制 ……………………………………………………… ( 15 )
第四节　税收征管体制改革 ………………………………………………… ( 23 )
复习思考题 …………………………………………………………………… ( 24 )
参考文献 ……………………………………………………………………… ( 25 )

第二章　税务基本管理 …………………………………………………………… ( 26 )
第一节　税务登记管理 ……………………………………………………… ( 26 )
第二节　账簿与凭证管理 …………………………………………………… ( 30 )
第三节　发票管理 …………………………………………………………… ( 32 )
第四节　纳税申报管理 ……………………………………………………… ( 38 )
第五节　税款征收管理 ……………………………………………………… ( 42 )
复习思考题 …………………………………………………………………… ( 51 )
参考文献 ……………………………………………………………………… ( 52 )

第三章　税务风险管理 …………………………………………………………… ( 53 )
第一节　税务风险管理概述 ………………………………………………… ( 53 )
第二节　税务风险管理一般流程 …………………………………………… ( 57 )
第三节　税收风险指标分析和判别 ………………………………………… ( 62 )
第四节　大企业税收风险管理 ……………………………………………… ( 67 )
复习思考题 …………………………………………………………………… ( 74 )
参考文献 ……………………………………………………………………… ( 74 )

第四章　互联网大数据管税 ……………………………………………………… ( 75 )
第一节　税收数据情报管理概述 …………………………………………… ( 75 )
第二节　大数据管税 ………………………………………………………… ( 77 )
第三节　“互联网＋税务”行动计划 ………………………………………… ( 82 )

第四节　金税三期工程 …………………………………………………… ( 90 )
第五节　“区块链 + 税务” …………………………………………………… ( 97 )
复习思考题 …………………………………………………… (102)
参考文献 …………………………………………………… (102)

**第五章　税源专业化管理** …………………………………………………… (103)
第一节　税源专业化管理 …………………………………………………… (103)
第二节　税源分类分级管理 …………………………………………………… (110)
第三节　大企业税源管理 …………………………………………………… (115)
第四节　重点税源管理 …………………………………………………… (116)
第五节　一般税源管理 …………………………………………………… (118)
复习思考题 …………………………………………………… (120)
参考文献 …………………………………………………… (120)

**第六章　税收收入规划核算与税收分析** …………………………………………………… (121)
第一节　税务统计管理与经济税源调查 …………………………………………………… (121)
第二节　税收收入预测 …………………………………………………… (129)
第三节　税收分析 …………………………………………………… (136)
第四节　税收会计核算体系 …………………………………………………… (141)
复习思考题 …………………………………………………… (145)
参考文献 …………………………………………………… (145)

**第七章　纳税评估管理** …………………………………………………… (147)
第一节　纳税评估概述 …………………………………………………… (147)
第二节　纳税评估的流程 …………………………………………………… (150)
第三节　纳税评估分析方法及通用分析指标 …………………………………………………… (160)
第四节　行业纳税评估模型 …………………………………………………… (165)
复习思考题 …………………………………………………… (168)
参考文献 …………………………………………………… (170)

**第八章　税务监督检查管理** …………………………………………………… (172)
第一节　税务检查 …………………………………………………… (172)
第二节　税务审计 …………………………………………………… (177)
第三节　税务稽查 …………………………………………………… (181)
第四节　税务监督检查方式的联系与区别 …………………………………………………… (189)
复习思考题 …………………………………………………… (191)
参考文献 …………………………………………………… (191)

**第九章 纳税服务管理** …… (192)
第一节 纳税服务概述 …… (192)
第二节 纳税服务的内容 …… (195)
第三节 纳税服务体系与纳税服务规范 …… (204)
第四节 纳税服务创新发展 …… (212)
复习思考题 …… (216)
参考文献 …… (216)

**第十章 关税与进出口税收管理** …… (217)
第一节 关税与进出口税收概述 …… (217)
第二节 关税管理 …… (225)
第三节 进出口税收管理 …… (230)
复习思考题 …… (242)
参考文献 …… (242)

**第十一章 国际税收管理** …… (244)
第一节 国际税收管理概述 …… (244)
第二节 非居民企业税收管理 …… (251)
第三节 特别纳税调整 …… (254)
第四节 国际税收协调与合作 …… (262)
第五节 国际税收管理新趋势 …… (265)
复习思考题 …… (270)
参考文献 …… (271)

**第十二章 企业税务管理** …… (273)
第一节 企业税务管理概述 …… (273)
第二节 企业税务风险管理 …… (279)
第三节 财务会计制度与税法差异的纳税调整 …… (287)
复习思考题 …… (296)
参考文献 …… (297)

**第十三章 企业纳税筹划方法** …… (298)
第一节 纳税筹划概述 …… (298)
第二节 企业纳税筹划方法 …… (303)
复习思考题 …… (313)
参考文献 …… (313)

**第十四章 纳税人权利、义务与法律保护** …… (315)
第一节 纳税人权利、义务 …… (315)

第二节　纳税人法律保护 …………………………………………… (319)
复习思考题 …………………………………………………………… (335)
参考文献 ……………………………………………………………… (336)

**第十五章　社会保险费的征收管理** ………………………………… (337)
第一节　社会保险费概述 ……………………………………………… (337)
第二节　社会保险费的征收管理 ……………………………………… (339)
第三节　社会保险费的征管信息化及发展趋势 ……………………… (347)
第四节　非税收入概述 ………………………………………………… (350)
复习思考题 …………………………………………………………… (353)
参考文献 ……………………………………………………………… (353)

**第十六章　企业业务、财务、税务一体化** ………………………… (354)
第一节　企业业财税一体化概述 ……………………………………… (354)
第二节　业财税一体化的企业实践与发展 …………………………… (357)
第三节　企业财税一体化管理软件简介 ……………………………… (360)
第四节　业财税一体化未来发展趋势 ………………………………… (363)
复习思考题 …………………………………………………………… (366)
参考文献 ……………………………………………………………… (367)

**第十七章　税收法律责任** …………………………………………… (368)
第一节　税收法律责任概述 …………………………………………… (368)
第二节　纳税主体的违法行为及处罚 ………………………………… (374)
第三节　征税主体违法行为及处罚 …………………………………… (384)
第四节　其他主体的税收法律责任 …………………………………… (391)
第五节　税收法制与税收事先裁定 …………………………………… (393)
复习思考题 …………………………………………………………… (397)
参考文献 ……………………………………………………………… (397)

**第十八章　税务管理现代化** ………………………………………… (398)
第一节　税务管理现代化概述 ………………………………………… (398)
第二节　税务管理现代化的基本内容 ………………………………… (400)
第三节　税务管理现代化的实现路径 ………………………………… (407)
第四节　着力提高国民税法遵从意识 ………………………………… (409)
复习思考题 …………………………………………………………… (414)
参考文献 ……………………………………………………………… (415)

**后记** ………………………………………………………………… (416)

# 第一章 Chapter 1
# 税务管理概述

【本章提要】

本章介绍了税务管理的内涵，包括其概念、目标、原则以及政府税务管理和企业税务管理的联系与区别；梳理了税务管理的相关理论，包括税收的经济学分析、博弈分析、新制度经济学分析及税收遵从理论；介绍了税务管理法律制度、税务管理体制和税务管理实施机制，重点阐释了税务管理基本流程、税收风险管理流程、税收数据情报管理流程三大流程的联系及其融合。

【学习目的】

通过本章的学习，掌握税务管理的内涵，了解现代税务管理的相关理论，熟悉我国现行税收法律制度、税务管理体制及税务管理实施机制，把握税务管理基本流程、税收风险管理流程、税收情报管理流程三大流程及其综合流程，为进一步的学习奠定必要的理论及分析框架基础。

## 第一节 税务管理内涵

### 一、税务管理的概念

税务管理，是指主管税收工作的职能部门和其他机关，依法代表国家对税收分配的全过程进行计划、组织、协调和监督的工作，旨在保证财政收入及时足额入库，以充分发挥税收对经济的调节作用。现代税务管理的内涵广泛，广义上泛指一切与征纳有关的税务管理工作，狭义上则是指纳税遵从管理活动的总称。从征税方即政府税务管理的角度看，税务管理是税款征收和纳税服务的过程；从纳税方即纳税人税务管理的角度，税务管理是纳税遵从和纳税人权益保护的过程。

政府税务管理主要包括两个方面：税收法制管理和税收征收管理。税收法制管理是指政府通过制定税收法律制度和税收体制及相关税收政策，为国家的税款征收和执行确定法律依据；执行这一制度、体制的实现机制，即税收征收管理，通过税务登记、账簿凭证、纳税申报和发票管理等基础性税务管理工作，以及税款征收、税收评定、纳税评估、纳税检查、税务审计、税务稽查等征、管、查工作，保障税法的有效实施，降低税收成本，降低税收流失率，有效提高征税效率。为了实现上述管理目标，税务部门通过税收收入分析、税收统计及预测、税收会计核算、税源专业化管理等工作，对一定时期的税收收入进行测算、规划和控制；同时，通过税务信息化和国际化管理，更好地提供纳税服务，维护国家税收权益。

纳税人的税务管理也主要包括两个方面：一是纳税人按照国家税务管理的相关规定完成相关税务登记、发票领购、财务核算、纳税申报等工作，并通过税务规划管理，从战略层面、经营层面及财务层面对税务成本进行控制，防范税务风险；二是纳税人权益保护与税收救济，依法维护纳税人合法权益，防止税务部门滥用权力，维护税法的公平与正义。

## 二、税务管理的目标

政府税务管理的根本目的是促进征纳双方的税法遵从。政府税务管理坚持法治、文明、公平、效率的依法治税原则，坚持依法规范征管，促进自愿遵从，以最大限度地降低税收流失率，降低征税成本，不断提高税收征收管理的质量与效率。把纳税服务、纳税评估、税款追征、税务稽查等措施取得的实绩与税收征管预算安排联系起来，进行质效评价，是现代税收征管的通行做法，也是衡量税务机关税收征管能力和效率的一个重要指标。经济决定税收，税收数据是经济发展的晴雨表。随着经济增速放缓，今后一个时期，税收收入极有可能进入低增长区间。在这样一个区间内，通过推进税源专业化管理，促进遵从，减少流失，使税收收入保持与经济发展相协调，是税收工作的根本之道，也是税务机关在当前情况下既要赢得理解、支持，又要保证收入质量的必然选择。

企业税务管理的目标主要包括依法履行纳税义务、规避涉税风险、控制纳税成本。依法履行纳税义务，是指企业按照税法规定，在充分享有税收优惠政策的基础上，严格遵从税收法律、法规，确保税款及时、足额缴纳，避免出现任何法定纳税义务之外的纳税成本或纳税损失。规避涉税风险，是指企业的涉税行为因未能正确有效地遵守税法规定而导致企业未来利益的可能损失，具体表现为企业涉税行为影响纳税遵从的准确性而导致多缴税或少缴税，应规避此类风险。控制纳税成本，是指企业为履行纳税义务，尽可能减少相应会发生的纳税成本。当企业的应纳税额不变时，控制纳税成本就可以达到增加纳税收益的目的。企业税务管理的三个具体目标相辅相成。不同企业的目标会有所差异，同一企业在不同时期目标的侧重点也不一样。对于规模大、业务复杂的大型企业来说，有效防止纳税风险的发生是进行税务管理的首要目标，而这个目标的实现也离不开依法履行纳税义务和控制纳税成本。

### 三、税务管理的原则

#### (一) 政府税务管理的原则

1. 法治原则。法治是现代税收的最高准则和基本特征，依法治税是税务管理的灵魂，贯穿于政府税务管理的始终。税收法定是实现现代税务管理的主要原则，税收法定要求从法治政府的角度，对税收法治从征税主体的征税权和纳税主体的纳税义务两方面做出法律规范，强调征税权的行使必须限定在法律规定的范围内，确定征纳双方的权利义务必须以法律规定为依据，并对征税对象、计税依据等税收要素以及征税程序做出明确规定。

2. 统一领导、分级管理的原则。统一领导是指全国性税收立法和管理制度的制定必须在中央政府统一领导下进行；分级管理是指根据财政分税体制划分的中央税和地方税的具体税种，分别由中央政府和地方政府行使管理权。统一领导和分级管理，既体现着中央与地方集权与分权的辩证统一，又体现着中央与地方在可能出现矛盾时的处事原则。在财权与事权上，体现着纵向管理的权责制度，明确中央与地方在税务分配中的责、权、利关系。在收入管理上，凡属中央税和中央、地方共享税，管理权限在中央；凡属地方税，其管理权限在地方。统一领导、分级管理的原则，是充分体现我国国情、调动中央与地方积极性行之有效的税务管理原则。

3. 管理的有效性原则。管理的有效性原则具体反映在有效的管理者与管理有效性的辩证关系上。现代税务管理的有效性，更多地反映在政府广泛运用政治、经济、法律、科技等综合性方法，提升税务机关的工作绩效，改进纳税服务方式，优化税收营商环境，提高税收治理和征管能力，从而实现公共利益。政府的税收行为，应当而且必须充分地反映和代表人民群众的根本利益，即通常所讲的取之于民、用之于民，充分体现法治、文明、公平、效率的治税思想和以人为本的税收实践。

#### (二) 企业税务管理的原则

企业税务管理的原则是指企业在涉税管理活动中遵循的主要原则。

1. 合法性原则。合法性原则是指企业税务管理必须以国家现行法律法规为依据，依法管理纳税事务，以保证企业在法律允许的范围内进行有效的税务管理活动，同时充分利用税法规定的各种优惠政策实现税收负担最小化的目的。

2. 事前性原则。事前性原则是指企业在税务管理活动中应当事先谋划，在进行事前计划安排的前提下，充分利用国家税收优惠政策，从中选择最佳的涉税方案。事前性意味着税务管理应当注重纳税义务产生前的活动安排，即要对企业自身的生产经营状况进行事先的谋划和安排，其目的是能够满足税收优惠政策所规定的条件，或者满足低税率所规定的条件，或者能够最大限度地减轻税法所确认的交易额。只有在事先经过精心筹划、认真研究的前提下，企业才能将纳税风险与纳税成本控制在经济业务发生之前，确保税务管理有效性的实现。

3. 全过程管理原则。所谓全过程管理，包括两层含义：一是从企业生命周期来说，自筹划企业成立开始一直到企业清算结束，在整个过程中都需要对涉税事项进行管理；二是指企业具体涉税业务从头到尾都需要进行税务监控，不能有任何一个涉税环节处于税务管理的“真空”状态。只有这样，企业税务管理才能真正落到实处。

4. 全员参与原则。企业纳税活动不仅涉及企业的每个部门，还直接影响企业的每个员工。企业的高层管理者拥有企业各种业务活动的最终决策权，其决策行为最终决定了企业税负的高低；而对于企业的每个员工来说，和他们最直接相关的是个人所要负担的所得税；另外，企业开展税务管理活动所制定的各种税务管理制度能否最终被执行，取决于每个员工自觉纳税意识的建立和遵从行为的执行。因此，全过程管理和全员参与原则是相辅相成的关系，它要求企业从上至下都要树立正确的纳税意识。

5. 成本效益原则。企业税务管理的成本效益原则是指企业在进行税务管理过程中进行多种税收方案的比较分析，选择成本效益最优化的方案，力争用最小的代价获取最大的收益。

6. 整体性原则。整体性原则是指企业税务管理应以企业整体效益最佳为宗旨，以整个企业效益最大化为最终目标。整体性原则体现在两个方面：一是从税收负担的整体出发，不能仅仅着眼于单个的税种；二是从生产经营的整个过程出发，不能仅仅关注某一个过程或者某一个阶段。由于企业缴纳的税收不仅仅是某单一税种，而且各税种之间可能存在此消彼长的关系，如果没有全局整体意识，那么某一种税收的节约，可能会导致另一种税收的增加，它们之间相互抵消，不仅不能使税务管理活动增效，反而会造成成本的增加。

### 四、政府税务管理与企业税务管理的联系与区别

政府税务管理是政府税务机关凭借国家赋予的政治权力并代表国家组织财政收入、保证国家参与国民收入分配活动的组织管理系统，是一种国家管理社会经济活动的税收专业性职能管理行为。企业税务管理是一种融合自身生产经营特点的内部组织行为，是通过依法规范自身业务流程、约束自身涉税行为、优化自身纳税方案来实现其管理目标的内部组织活动。二者既有联系又有区别。

#### （一）政府税务管理和企业税务管理的联系

政府税务管理和企业税务管理的主要联系在于，它们是依据同样的国家有关税收法规、政策，从税款征收与税款缴纳两个不同侧面对税务问题进行管理，也就是说二者遵从的税收法律法规是一致的；企业税务管理从属于政府税务管理，即企业税务管理必须服从税务机关的管理，接受税务机关的检查、指导和监控。

#### （二）政府税务管理和企业税务管理的区别

政府税务管理与企业税务管理的区别主要体现在以下几个方面：

1. 管理主体不同。企业税务管理的主体是企业自身；政府税务管理的主体则是国家及其税务机关。

2. 管理目标不同。企业税务管理是一种依法的自律性管理，力求通过强化自身管理来达到降低税负、依法维护自身权益的目标；政府税务管理的目标则是保证政府税款及时准确足额征收入库。

3. 管理内容不同。企业税务管理的内容是对企业纳税过程中涉及的人、财、物、信息等资源进行计划、组织、协调与控制；政府税务管理的内容则是对税收征收和使用全过程进行决策、计划、组织、协调和监督。

# 第二节 税务管理理论

## 一、税收的经济学分析

### (一) 税收是国家组织财政收入、保证实现其职能需要的主要财源

税收的这一作用是与税收的财政职能相对应的，在任何社会形态下税收都具有这一作用，只不过因经济发展水平、经济运行机制、财政收支状况的不同，其作用程度不同而已。在实践中，各国的税收收入在其财政收入中一般占80%—90%的比重。因为在财政的诸多收入形式中，只有税收可以为财政取得可靠稳定的收入，并且不需要直接偿还，是国家的永久性收入。

### (二) 税收是国家对经济实行宏观调控的重要经济杠杆

税收延伸到社会经济生活的各个领域，通过税收对经济实行宏观调控主要反映在以下三个方面：

1. 总量调节，即调节社会总需求与总供给的平衡。社会总需求与总供给的平衡，不仅要求总量一致，还要求结构一致。如果总需求大于总供给，会出现物价上涨和通货膨胀；如果总需求小于总供给，则会出现经济萧条和失业。税收对这些情况均可以进行调节：一是运用税收总量调节；二是运用税收政策进行调节。总需求大于总供给时，一方面增加税收总量加大供给，另一方面运用税收政策限制消费与投资；总需求小于总供给时，一方面减少税收总量压缩供给，另一方面运用税收政策鼓励消费与投资。

2. 结构调节，即实现资源的优化配置。资源配置是指通过对现有的人力、物力、财力等社会经济资源的合理分配，实现资源结构的合理化，使其得到最有效的使用，获得最大的经济效益和社会效益。市场经济下的资源配置主要是发挥市场的决定性作用，但是市场调节有一定的盲目性，需要国家从全社会的整体利益出发，通过宏观调控实现资源的合理配置。

(1) 调节生产结构。生产结构包括生产力地域结构、产业结构以及再生产各环节之间的关系等。税收对这些方面都有重要的调节作用。

①从生产力地域结构看：生产力在各个不同地区的配置，不仅受自然资源条件、交通运输条件、经济协作条件等客观因素的影响，而且还受税收政策的影响。如果各地区税收政策没有差别，生产力就会涌向客观条件较好的地区，出现各地区经济发展不平衡的现象。如果在税收政策上根据各地区不同情况区别对待，对客观条件较差的地区给予一定的优惠待遇，就会促进这些地区的经济发展，使生产力地域结构更加合理。如我国在西部开发过程中，对西部地区就给予了一些优惠政策。

②从产业结构看：合理的产业结构，对提高宏观经济效果、促进国民经济的良性循环具有重要意义。调整产业结构，不外乎两种途径：一是调整投资结构，因为产业结构是由

投资结构形成的。各种产业的发展，在很大程度上取决于该产业的盈利水平。税收对产业的盈利水平具有重要影响。在价格不变的情况下，增加税收会减少利润，从而限制某种产业的发展；反之，减少税收会增加利润，从而鼓励某种产业的发展。二是调整资产存量结构，改变现有产业的发展方向。在计划经济时代，我国主要靠对企业实行“关、停、并、转”的行政手段来实现。在市场经济时代，除了必要的行政措施外，主要是通过市场竞争、优胜劣汰来进行，通过对不同产业实施差异化的税收政策，来发挥税收的调节作用。

③从再生产各环节关系看：正确处理生产与流通的关系，是保证再生产顺利进行的重要条件。而生产与流通的关系，又主要表现为工业与商业的关系。税收可以影响工商业的利润水平，对工商业结构具有重要的调节作用。如我国在社会主义改造时期，在税收上采取了“工轻于商”的政策，有力地促进了工业的发展。

（2）调节消费结构。税收不仅可以调节生产结构，而且可以调节消费结构。商品或服务的消费结构除取决于购买者的消费偏好之外，还受商品或服务的比价关系影响。通过对产品或服务消费课税，即对购买或使用的某种商品或服务课税，可以改变商品或服务的比价关系，影响购买者或使用者的物质利益，改变产品或服务的需求结构和消费结构。例如，有甲、乙两种商品，它们的生产工艺、外观功能、生产成本、盈利水平等基本相同，现在若对甲产品征税，使其价格提高，则消费者会转而购买乙产品。

（3）调节分配结构。税收在调节生产与消费方面，除了通过调节生产与消费来发生作用外，还可通过控制分配结构、调节积累与消费基金的比例来发生作用。例如，通过对个人所得征税，可以控制消费基金的数额。积累基金主要用于购置生产资料，消费基金主要用于购置生活资料。控制了积累基金与消费基金的数额，就可以影响生产资料与生活资料的供求关系，影响生产与消费的关系。

3. 收入分配调节。

（1）调节企业利润水平（级差收入）。在市场经济条件下，每个企业都是相对独立或完全独立的商品生产者和经营者，都是自负盈亏的市场主体，都要以自己的利润作为发展生产和改善生活的主要来源。因此利润的多少，直接关系到企业的切身利益，利润水平是否合理，成了能否促进并加强经营管理并在同等条件下开展竞争的重要因素。合理的利润水平应该能反映企业主观努力的大小，与企业经营管理的好坏相适应。如果企业经营管理得好，利润就高，反之则低。但在现实经济生活中，企业利润水平的差异是由很多因素构成的，如经营管理水平、价格、自然资源、技术设备、地理位置等，其中有很多是客观因素。由这些客观因素形成的企业利润水平不合理的差异，一般称为级差收入，它并不反映企业主观努力情况，也不反映企业的经营管理水平。经营管理水平高的企业，可能会因为客观条件较差而利润较少；经营管理水平低的企业，则有可能因为客观条件较好而利润较高。这显然是不合理的，会造成企业之间的苦乐不均，挫伤企业的积极性。因此，为了促进企业公平竞争，保证不同的企业能有平等的竞争环境，国家有必要对企业的级差收入进行调节，即通过征税，把级差收入集中到国家手中，尽可能排除客观因素对企业利润水平的影响，比如对由于自然资源禀赋不同而造成的级差收入，可以通过征收资源税等来调节。

（2）调节个人收入差异。改革开放以来，我国在收入分配上采取效率优先、兼顾公平的原则。劳动者个人报酬引入竞争机制，打破平均主义，实行多劳多得，合理拉开差距。但是这也带来了一些问题，就是居民的收入差距呈现不断扩大的趋势。这一问题如果不能得到正确解决，不仅会影响经济发展，而且还会带来社会的不稳定。税收作为调节个人收入分配不公的重要手段，作用日益突出。个人所得税在这方面的作用尤为突出，因为它拥有较多的调节方法，如累进税率、免税、生计费用扣除等。2018 年，我国个人所得税改革通过实行分类综合征收模式、引入专项附加扣除、提高基本费用扣除标准以及调整税率级次等措施，进一步提高了个人所得税调节收入的有效性，提高了税收的公平性。

（3）缩小地区间收入差距。地区发展不平衡是世界各国尤其是大国的普遍现象。协调地区之间经济的发展，逐步缩小地区发展差距，不仅是一个重大的经济问题，而且具有重要的社会意义和政治意义。税收可以发挥积极的调控作用，如给予不同地区不同的税收优惠政策，促进欠发达地区经济的发展，从而缩小地区间经济发展的差异。

### （三）税收是维护国家主权、促进对外经济贸易往来的主要政策工具

1. 维护国家主权。税收权力是国家主权的一部分。国家在对外经济交往中，通过税收行使国家主权，争取在平等互利的基础上开展国际经济往来。如中国履行来源地原则，对外国企业和外籍个人在我国取得的收入征税，一方面是遵循国际惯例，另一方面也体现了我国的税收主权。

2. 保护本国经济。通过关税对进口的不同商品规定差别税率，体现国家鼓励和限制的政策，以此来调节进出口产品的品种和数量，达到既保护国内工农业生产，又有利于引进所需要商品的目的。

3. 吸引外资。通过涉外税种的各项优惠待遇，吸引外国投资者向我国境内投资，引进外国资本、先进的生产技术和先进的管理经验。

### （四）税收是国际竞争与合作的工具

随着经济全球一体化的发展，国与国之间的竞争与合作也越来越频繁，在这方面，税收往往成为双方谈判的重要砝码。例如，在我国加入世界贸易组织谈判中，关税就是一个很重要的内容。同时，为了促进商品、服务、资本、技术、人才等跨境有序流动，避免各国重复征税、解决国际税收争端、打击跨境逃避税，各国纷纷通过签订双边或多边税收协议、税收征管协定等，在税务方面加强合作就显得十分重要和迫切。比如，在世界经济合作与发展组织（OECD）协调下，世界多国签订了《实施税收协定相关措施以防止税基侵蚀和利润转移（BEPS）的多边公约》，共同应对跨国企业税基侵蚀和利润转移这一世界共性问题。

### （五）税收是服务国家决策、维护正常经济秩序的重要手段

税收深入社会再生产过程的各个阶段，是经济发展的“晴雨表”，税收数据具有广泛性、及时性和可靠性的特点。税收收入的行业结构、产业结构、地区结构、所有制结构，可以全面反映国民经济结构的状况及其发展。同时，税收深入到企业经济核算的各个环节，不同税种的收入情况，可以全面反映企业的生产经营状况。根据税收数据折射出来的宏观和微观经济运行情况，国家可以制定相应的政策与措施，对国民经济结构及企业生产经营活动进行适当的调节。

税务机关通过对纳税人履行纳税情况的检查，对违反税法者给予相应处罚，既可以保

证国家财政收入的及时取得，也可以发现企业是否存在非法经营等违法行为，对于维护正常经济秩序、打击违法犯罪、营造公平公正的市场环境均具有重要作用。

## 二、税收的博弈分析

博弈古称“博戏”，博弈论主要研究参与博弈的人在相互影响下的决策行为。博弈论（Game Theory）源于人们对扑克牌游戏、国际象棋、市场竞争的数学研究，所分析的是“两个或两个以上的比赛者或参与者选择能够共同影响每一个参加者的行动或战略的方式”，博弈分析的目的是使用博弈规则决定均衡。自 1944 年冯·诺伊曼（John Von Neumann）与摩根斯坦（O. Morgenstern）合著的《博弈论与经济行为》一书出版以后，作为应用数学分支的现代博弈论（亦称对策论）正式形成并在经济学等社会科学研究领域得到应用。此后博弈论作为一种分析工具逐渐为大家所认知。博弈论的描述包括参与人、行动、信息、策略、支付、结果和均衡等构成要素，但其最基本的要素包括参与人、策略和效用函数。博弈的策略包括各种为达到政治目的所采取的政治行为，博弈的效用包括政治权力或资源的分配状况。[①]

从博弈论的角度来看，在税收征收过程中，由于信息不对称性和税收成本的存在，使得征纳双方之间存在着微妙的博弈关系，这种博弈关系是一种非对抗性的博弈，这是对税务管理最本质的界定。

税收信息不对称的问题在世界各国普遍存在。所谓税收信息不对称，是指税务机关掌握的经济税源信息和纳税人自身所掌握的经济税源信息存在差异。从质上说，后者掌握的信息要比前者更加真实；从量上讲，后者掌握的信息量亦比前者大。在现实生活中，基于这种不对称性，当纳税人受到利益的驱使，不可能将自己掌握的税源信息向税务机关和盘托出，而税务机关由于受信息收集机制不畅、处置成本过高以及大量现金交易等的制约，也无法全部掌握纳税人的真实情况。纳税人由此产生逃税的动机和行为，导致国家税款的大量流失。

在税收博弈结构中，参与人双方即纳税人和征税者各有两种纯战略选择：逃税和不逃税，稽查和不稽查，二者之间存在混合战略纳什均衡。在纳税申报制度下，假定纳税人是风险中性者，且稽查的边际收入大于稽查的边际成本，并排除纳税人用应纳税款贿赂税务稽查人员等特殊情况，纳税人获得的预期收益以其可支配收入表示，在欺骗征税者逃税时是 $y-tx$，逃税被查出罚款后为 $(1-t)y-\pi(y-x)$。其中，$y$ 是纳税人的实际所得，为外生变量，纳税人知道而税务机关不知道；$t$ 是税率，为正的常数；$x$ 是向征税者的申报所得，为纳税人的决策变量，$x \leq y$；$\pi$ 是税务机关查出后对未申报所得征收的罚款率，$\pi>0$。诚实申报纳税后的支付为 $(1-t)y$。税务机关得到的预期收益是考虑稽查成本和补税罚款后的净入库收入，不稽查时在纳税人逃税和不逃税情况下分别为 $tx$ 和 $ty$；对某一纳税人进行稽查需要花费固定成本 $\Psi$，这时在纳税人逃税和不逃税情况下净税收入分别是 $ty+\pi(y-x)-\Psi$ 和 $ty-\Psi$。参与人的预期收益如表 1-1 和图 1-1 所示。

---

① 陶小兵：《中国税制改革主体的博弈解析》，载《市场研究》2017 年第 9 期，第 8—10 页。

**表 1－1　　征税人与纳税人对应不同纯战略组合的收益矩阵**

| 预期收益 | | 征税人 | |
|---|---|---|---|
| | | 稽查 | 不稽查 |
| 纳税人 | 逃税 | $(1-t)y-\pi(y-x), ty+\pi(y-x)-\Psi$ | $y-tx, tx$ |
| | 不逃税 | $(1-t)y, ty-\Psi$ | $(1-t)y, ty$ |

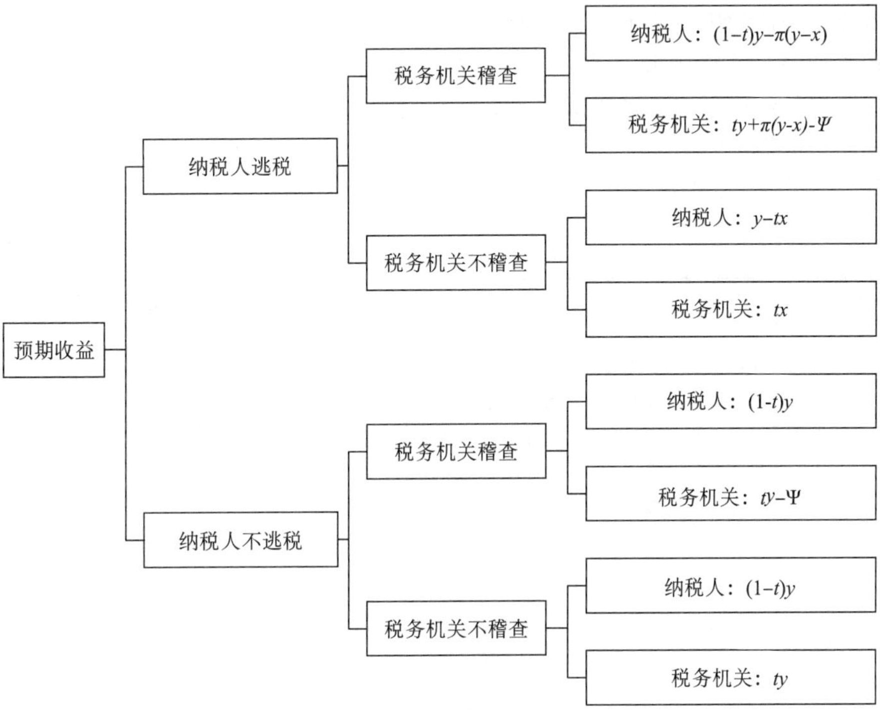


**图 1－1　征纳双方预期收益博弈模型**

假定税务机关分别以 $\rho$ 和 $1-\rho$ 的概率选择稽查和不稽查，纳税人以 $\gamma$ 和 $1-\gamma$ 的概率逃税和诚实申报。给定 $\rho$，纳税人选择逃税和不逃税的预期收益分别为：$[(1-t)y-\pi(y-x)]\rho+(y-tx)(1-\rho)$ 和 $(1-t)y\rho+(1-t)y(1-\rho)$。

解二者相等时的 $\rho$，$\rho^*=t/(t+\pi)$，即如果税务机关稽查的概率 $\rho<\rho^*$，纳税人的最优选择是逃税；$\rho>\rho^*$ 时，纳税人的最优战略是诚实申报；$\rho=\rho^*$ 时，纳税人随机决定逃税还是不逃税。

给定 $\gamma$，税务机关选择稽查和不稽查的期望收益分别是：$[ty+\pi(y-x)-\Psi]\gamma+(ty-\Psi)(1-\gamma)$ 和 $\gamma tx+ty(1-\gamma)$。

同理，解二者相等的 $\gamma$，$\gamma^*=\Psi/(y-x)(\pi+t)$，即如果纳税人逃税的概率 $\gamma<\gamma^*$，税务机关的最优选择是不稽查；如果纳税人逃税的概率 $\gamma>\gamma^*$，税务机关的最优选择是稽查；而当 $\gamma=\gamma^*$ 时，税务机关随机决定稽查与否。因此，税务博弈得出的混合战略纳什均衡是：$\rho^*=t/(t+\pi)$，$\gamma^*=\Psi/(y-x)(\pi+t)$，即税务机关以 $t/(t+\pi)$ 的概率稽查，纳税人以 $\Psi/(y-x)(\pi+t)$ 的概率选择逃税。

从上述分析可见，纳税人逃税的概率及应纳税款的多少（$y$，$t$），与对逃税的惩罚 $\pi$ 及稽查成本 $\Psi$ 有关。具体说来，纳税人逃税的概率与稽查成本成正比，与逃税惩罚轻重成反比，即对逃税惩罚越重，纳税人逃税的概率就越小；稽查成本越高，纳税人逃税的概率就越大。而稽查成本又取决于征管方机构的合理分布及各机构的征管效率，所以可从加大逃税处罚力度、合理分布税收征管机构及提高征管效率等方面来抑制逃税行为，减少税收流失。

随着改革开放和民主法治进程的加快、国民税法遵从度的提高，政府征税行为与纳税人纳税行为的博弈，正在由“矛盾双方”向“和谐共赢”方向转变。同时，在法治、伦理道德等因素的约束下，税务管理在发展演变过程中，也由“执法”范式向“服务”范式、“信任”范式转变。三种不同范式下，税务管理的特征与促进纳税遵从的实现路径也各不相同（如表 1－2 所示）。

表 1－2　　税务管理的三种不同范式

| 类型 | 特征 | 实现路径 |
| --- | --- | --- |
| “执法”范式 | 在该范式下，税务机关将纳税人作为潜在的罪犯来看待，重点就是通过反复的检查和严厉的处罚来对违法行为进行制止。这是历史上税务机关常规的范式，它与基于犯罪经济学的税收标准经济模型相一致 | 除“纳税登记、纳税检查、税款征收”外，可采用：除非纳税人说明收款个人或公司，否则不允许其对现金进行扣除；要求选中的纳税人提供更多的信息；扩展源泉扣缴；扩大各地区间的信息共享，以及各地区和中央政府间的信息共享 |
| “服务”范式 | 该范式的依据是，纳税遵从的付出将获得政府提供的服务来补偿。在承认执法作用的同时，也承认税务管理在向纳税公民提供服务方面的作用 | 提高“消费者友好度”，将纳税人视为客户，而不是潜在的罪犯 |
| “信任”范式 | 该范式与道德、社会规范和其他“行为经济学”因素在遵从决策中的作用相一致 | 推进纳税文化变革，例如大众传媒、邀请其他机构来推动纳税遵从、解决人们认为自己遭受了不平等的待遇这一问题 |

博弈论启迪我们，税务管理所追求的最佳目标是征纳双方都能做到认真遵从税法，并由此实现真正和谐的征纳关系。而实现这样一种构建的基础，是相互间的真诚与信任，是伦理与道德的自我约束，更是法治税收构筑的基石。如何做到三种范式的有机结合，形成合力，对于税务管理实践中处理好税法的刚性与执法的柔性间的关系，无疑具有重要的意义。

## 三、税收的新制度经济学分析

### （一）制度的内涵

诺斯（Douglass Cecil North）认为，制度是一个社会的游戏规则；或者更规范地说，制度是构建人类相互行为的人为设定的约束。制度包括正式规则（比如，宪法、普通法、规章等），非正式规则（比如，行为规范、习惯和道德约束等）以及它们的实施特征。

在新制度经济学分析框架里，制度作为研究的对象，有着丰富的内涵。

1. 制度是社会的规则。制度是为了调整人与人之间的相互关系，而人与人之间的关系之所以需要调整，则是因为资源相对于人们的欲望和需要总是稀缺的。制度的出现正是为了协调个体之间的利益冲突，构建稳定的社会秩序。

2. 制度通常具有公共产品的性质。制度的供给过程中不可避免地会遇到“搭便车”的问题。由于人们的主观效用不同，所以，制度面前人人平等反而意味着一种制度总是要对一部分人有利，而要强迫享受不到利益的另一部分人接受它。

3. 制度与人的动机、行为有着内在的联系。根据马克思主义的基本原理，社会生产力发展水平及其经济基础决定着上层建筑、意识形态及其制度的形成，这与制度形成中的成本—收益计算以及利益均衡并不冲突。新制度经济学家反复强调，新制度经济学应该从现实的组织体制出发，同时也要从现实中的人出发。因为实际的人是在由现实制度所赋予的制约条件中活动的。人们的任何社会经济活动都离不开制度，什么事能做，什么事不能做，实际上就是一个制度（即规则）问题。

4. 制度的作用存在失灵的问题。一方面，制度的出现首先是为了降低人们相互交换中的不确定性；另一方面，制度又提供了一个社会的激励机制。有效的激励机制，能使个人从事生产性努力的收益率接近于或至少正比于社会从他的这种努力中得到的收益率。但并不是所有的制度都能够提供有效的激励机制，如经济学文献中常见的“寻租行为”。

### （二）制度的构成

制度通过提供一系列规则界定人们的选择空间，约束人们之间的相互关系，从而减少环境中的不确定性，减少交易费用，保护产权，促进生产性活动。新制度经济学认为，制度提供的一系列规则由国家规定的正式约束、社会认可的非正式约束和实施机制构成。这三个部分就是制度构成的基本要素。

1. 正式约束（Formal Constraints）。正式约束是指人们有意识创造的一系列政策法则。正式约束包括政治规则、经济规则和契约，以及由这一系列的规则构成的等级结构，从宪法到成文法和不成文法，到特殊的细则，最后到个别契约，它们共同约束着人们的行为。

2. 非正式约束（Informal Constraints）。非正式约束是人们在长期交往中无意识形成的、具有持久的生命力并构成代代相传的文化的一部分。主要包括价值信念、伦理规范、道德观念、风俗习性、意识形态等因素。在非正式约束中，意识形态处于核心地位。因为它不仅可以蕴涵价值观念、伦理规范、道德观念和风俗习性，而且还可以在形式上构成某种正式制度安排的“先验”模式。对于一个勇于创新的民族或国家来讲，意识形态有可能取得优势地位或以“指导思想”的形式构成正式制度安排（或正式约束）的“理论基础”和最高准则。

3. 实施机制。制度构成的第三个部分是实施机制。新制度经济学派认为，在经济活动的复杂交换中，交换品具有许多有价值的特征，衡量成本很高，实施不可能自动进行，欺骗、违约行为会阻碍复杂交换的出现，因此必须建立制度为合作者提供足够的信息，监测对契约的偏离，通过强制性的措施保证契约的实施。这根源于以下几个原因：一是交换的复杂程度。交换越复杂，那么建立实施机制就越必要。二是人的有限理性以及机会主义行为动机。三是合作者双方信息不对称，容易导致对契约的偏离。强制性的实施机制是任何契约能够实施的基本前提。在现代经济社会中，人们把正式规则与非正式规则都界定为一种契约关系。

（三）制度的有效性

一项制度安排如果能够有效发挥作用，必然符合以下准则：

第一，该制度安排必须具有一般性。哈耶克（F. A. Hayek）在其1973年出版的《法律、立法与自由》（Law, Legislation and Liberty）一书的第一卷《规则和秩序》（Rules and Orders）中将“一般性”定义为“适用于未知的、数目无法确定的个人和情境”。

第二，该制度安排必须在两种意义上具有确定性。首先它必须是可认识的或者说明晰的；其次它必须就未来的环境提供可靠的指南。因此，确定性规则意味着，正常的公民应该能够清晰无歧义地看懂制度安排所传递的信号，清楚地知道违规的后果，并能够恰当地使自己的行为符合制度安排的要求。含糊、多变的法律、法规违背了确定性原则。

第三，制度必须具有开放性，允许行为人通过创新行动对新环境做出反应。

以上三项准则又总称为普适性原则（Universality）。普适性属于人们所理解的“公正（Justice）”的组成部分。违背普适性原则一般都会削弱对制度安排的服从和规则的明晰性，并因此而削弱制度的规范性、协调性品质。

第四，制度安排必须具有可实施性，这一点非常关键。亚当·斯密和哈耶克都曾经指出：“通向地狱的路是用良好愿望的砖石铺砌成的。”这句话所指的就是那些尽管具有良好意愿但是并不恰当的制度安排。

新制度经济学的这些观点对税收法律制度、税收体制和税收管理实施机制以及税收文化道德的建设与实施具有很大的借鉴意义。一般而言，有关税收的各项法律、法规和体制、机制及税收道德规范应当满足一般性、确定性、开放性和可实施性的要求。但在现实中，囿于制度制定者的个人能力、水平以及一个国家政治、经济、社会、文化环境的制约，一个国家的税收法律法规和制度要完全满足这四项准则较不容易。事实上，许多国家的税务管理都在根据所在国经济社会的发展不断实施着制度、体制和机制的创新。

## 四、税收遵从理论

税收遵从又称纳税（人）遵从，主要是指纳税人依照税法的规定履行纳税义务，包括向国家准确申报并及时足额缴纳应缴税款，并且服从税务机关及其税务执法人员符合法律法规的管理行为。税收遵从的衡量指标主要有：潜在纳税人和登记纳税人之间的差额——反映没有登记的纳税人数量；登记注册的纳税人与实际申报的纳税人之间的差额——反映未申报的纳税人数量；纳税人申报的税额与根据法律应缴纳的税款之间的差额——反映逃税的程度；纳税人申报的税款或税务部门估计的税款与实际缴纳之间的差额——反映拖欠税款的程度。其中，纳税人申报的税额占其实际应纳税额的比率通常称为遵从率，这是一个相对客观和易于测量的指标。对于个人所得税来说，遵从率还可用纳税人申报的应税所得额除以其实际应税所得额来表示。总之，遵从率的提高意味着纳税人申报真实性程度的提高。

（一）税收遵从管理模型

经济合作与发展组织（OECD）专家在各成员国税收实践的基础上，综合纳税人行为的影响因素、纳税人的遵从态度以及税务机关的遵从策略，提出了税收遵从管理模型，即BISEP 模型（如图 1－2 所示）。

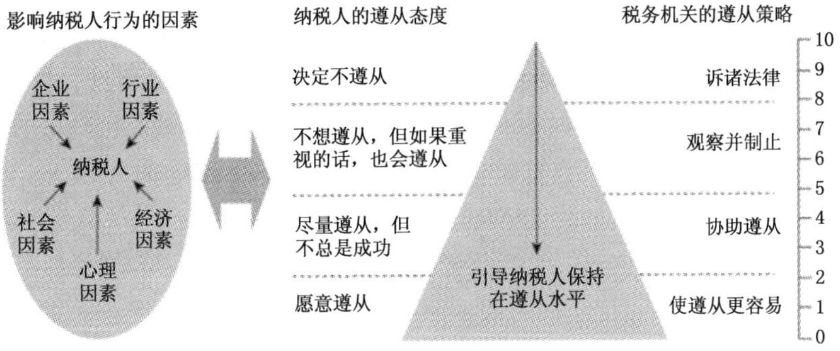


图 1－2　BISEP 模型和纳税人遵从态度及税务机关遵从策略

BISEP 模型认为，影响纳税人行为的因素包括五个方面：企业因素（Business）、行业因素（Industry）、社会因素（Sociological）、经济因素（Economic）、心理因素（Psychological）。这些因素的综合影响和作用，使得我们可以根据其遵从态度把纳税人分为四类，相应地，税务机关所采用的遵从策略也可以分为四类：（1）对于愿意遵从的纳税人，税务机关可以为其提供高效便捷的服务以方便其纳税，与其建立并保持良好的关系以保证其始终自觉自愿地完成纳税义务。（2）对于试图遵从但并非总是成功的纳税人，税务机关应及时发现这类人群，通过宣传辅导咨询等方式为他们扫清完成纳税义务过程中的各种障碍，尽可能为其纳税提供方便，帮助他们实现税收遵从。（3）对于不想遵从，但如果税务机关予以关注，也会遵从的纳税人，税务机关要加以特别关注，通过提示提醒和宣传引导，晓以利害，阻止他们的不遵从意识转化为行为，并提供配套的服务措施，促使其完成纳税义务。（4）对于决定不遵从的纳税人，税务机关需要采取相应方式予以震慑和惩罚，并以此对前三类纳税人以警示，从而保障纳税遵从、公平纳税环境的形成。

这一模型的价值在于使税务机关对纳税人行为有更清晰的了解，并揭示出税务机关的遵从策略。

### （二）范拉伊模式分析框架下的税收遵从影响因素分析

1981 年，经济心理学家范拉伊发表了题为《经济心理学》的著名论文，提出了范拉伊模式，利用这一分析框架，可以对税收环境进行分析归纳，进而总结出促进纳税遵从行为的有效措施。

心理学认为行为是基于个人意识的反应。图 1－3 显示了影响纳税人意识的各种因素关系。税收环境（Environment，E）主要包含税收制度、税法建设、税收征管模式等。总体环境（General Environment，GE）受到政治经济体制及其发展水平、历史文化等因素的影响。同时，税收环境（E）也会影响纳税人的税收环境知觉（Perceived Environment，E/P），主要包括应纳税额预期、对各种税收行为对应后果的预期、对税负分担的公平感等。直接影响纳税人纳税遵从行为（Behavior，B）的并不是税收环境 E，而是其税收环境知觉 E/P。税收环境（E）和税收环境知觉（E/P）通过个人经历、社会交往和大众传媒联系在一起。公众一般通过三种途径获取有关税收环境的信息，形成 E/P：第一，客观的税收环境部分地被纳税人观察到，每个纳税人都会从自己与税收环境相接触的经历中形成对税收环境的看法。第二，人际交往影响纳税人对税收环境的知觉。人们在判断税负是否公平、税款使用是否合理等问题时总是互相影响。第三，大众传媒。大部分民众只通过网络、报纸、杂志、广播和电视等大众媒体来获取税收环境方面的信息，而传媒会忽视一些税收事件，同时过分重视另一些事件，从而“创造”相关话题。因此，在公众税收环境知觉的形成过程中，税收宣传教育及社会舆论的影响不容小觑。

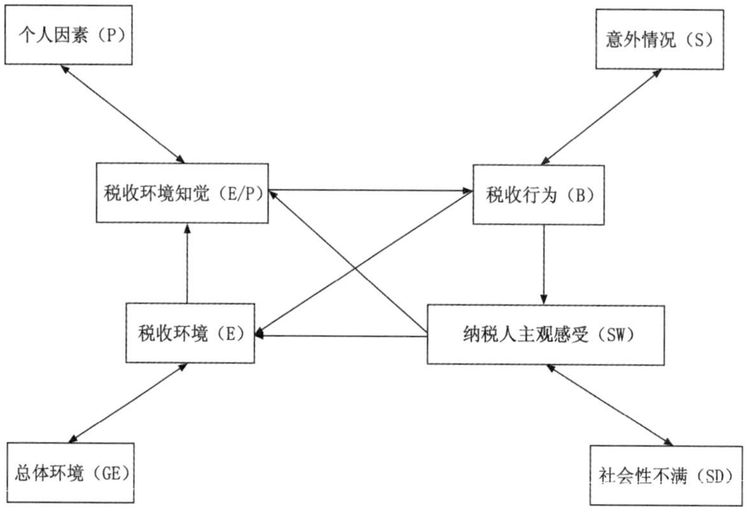


**图 1-3 影响税收遵从的各种因素关系**

注：E：Environment；GE：General Environment；E/P：Perceived Environment；P：Personal Factors；B：Behavior；S：Situations；SW：Subject Well - being；SD：Societal Discontent

税收环境知觉（E/P）与个人因素（Personal Factors，P）之间也存在相互影响。个人因素 P 既包括家庭结构、教育程度、年龄、职业等社会人口因素，也包括个人的目标、价值观、期望、认知方式等。税收环境知觉（E/P）影响包括纳税、逃税、避税、抗税等在内的税收遵从行为（B）。E/P 和 B 之间的关系类似于“觉察—评价—行为”的顺序，即税收环境中觉察到的信息被评估，纳税人在税收行为之前形成对税收环境的初步看法；评估后的信息将引致纳税或避税等行为意向。同时，纳税人在行为实行之后会进一步了解税收环境，甚至可能导致看法的改变。

意外情况（Situations，S）发生（如紧急情况、事故、疾病等）也可能阻止税收遵从意向的实现。

纳税人主观感受（Subject Well - being，SW）受税收行为 B 影响，这包括纳税行为过程中对税务机关及其他相关政府部门的意见以及对政府所提供公共产品的满意程度。纳税方便快捷、税务机关服务周到、公共产品质优量多等，都将提高纳税人主观感受的满意程度。个人经历、社会交往和大众传媒同样也影响纳税人的主观感受。利用新闻媒体讴歌依法纳税的先进事迹，对偷税漏税等违法现象予以曝光，将提高依法纳税公民的主观感受。

纳税人主观感受可以用税收行为预期收益与实际收益的落差来描述。如果预期收益远远高于实际收益，则主观感受会较低。

纳税人主观感受和纳税人的社会性不满（Societal Discontent，SD）也有一定关系。纳税人的满意感受影响其日常的快乐情绪和对社会政治经济制度的满意感；同时，社会性不满也会影响纳税人的主观感受。对社会存有根本性不满或不信任的人，从纳税行为中体会到的自豪感和满足感自然要少得多。如果税收宣传与税务机关和政府部门的行事方式不一致，就必然会引致纳税人的不满。

图 1－3 中的循环显示，税收环境（E）、税收环境知觉（E/P）、税收行为（B）和纳税人主观感受（SW）这四组可变因素既互相独立，又互有特定联系，它们之间的相互作用构成了范拉伊模式的主循环。这四组要素在某一研究设计中是自变量，在另一研究设计中则可能是因变量；与此同时，这四组要素还分别与总体环境（GE）、个人因素（P）、意外情况（S）和社会性不满（SD）这四项要素相互影响。

因此，公众的税收环境知觉（E/P）和纳税人主观感受（SW）交织在一起，影响着税收行为（B）的重复发生。只有使税收环境知觉（E/P）和纳税人主观感受（SW）之间形成良性互动，纳税人意识才能得到强化。良好的纳税人意识，意味着同时具备正确充分的税收环境知觉（E/P）和满意的纳税人主观感受（SW），意味着纳税人对自身主体地位和权利义务的正确认识以及对税法的理性认知和认同，与之相随的必然是纳税人税收遵从度的提高。

# 第三节
# 税务管理体制

## 一、税务管理体制

税务管理体制的核心是中央与地方政府之间税收立法权、税收征收管理权的权限划分以及税收征收管理机构设置的问题。税务管理体制有广义和狭义之分。

### （一）广义税务管理体制

广义税务管理体制是指中央和地方之间划分税务管理权限的制度，体现了税务管理集权与分权的关系。税务管理权限包括税收立法权、税法解释权、税种的开征或停征权、税法的调整权、税收的减免权或加征权等。按照各国对税务管理权限的划分，广义的税务管理体制大体分为三种类型：分税制型；中央立法集权型；中央立法、地方管理型。

2018 年，我国实行了国税地税征管体制改革。省级和省级以下国税地税机构合并，具体承担所辖区域内的各项税收、非税收入征管等职责。国税地税机构合并后，实行以国家税务总局为主与省（区、市）人民政府双重领导管理体制。

国税地税征管体制改革的多重制度效应和政策红利逐步显现。① 一是有助于构建优化高效统一的税收征管体系。国税地税合并后，实行以国家税务总局为主与省区市人民政府双重领导管理体制。管理链条缩短，在税费收入的规范性和执行上更加刚性，必将为未来税费制度改革、统一政府收入体系、规范收入分配秩序创造条件，夯实国家治理现代化基础。二是有助于纳税人办税便利化的提升。国税地税合并，有望从根本上解决税收征收上的“两头跑”“两头查”问题，维护纳税人和缴费人的合法权益，减轻办税和缴费负担，促进优化营商环境。三是有助于税收征管效率的全方位提升。国税地税合并之后，垂直管理体制将在很大程度上规避地税征收率低的问题，征收率的提升会缩小法定税率和实际税率的差异，同时明确企业对纳税程度的预期，也有利于未来减税政策能够落到实处。四是有助于新时代税收征管流程再造。国税地税征管体制改革，不只是国税地税机构的合并，也是税务部门领导体制、运行机制、管理方式、职能职责的一场深刻变革，更是执法和服务标准、业务流程等方面的集成创新。省级新税务机构成立后，新成立的大数据和风险管理局、税收经济分析处以及其他部门形成专业分工、优势互补的税收数据应用处理联动机制，对税收数据进行“链条式”加工处理。在专业化职责分工的支撑下，税务部门运用大数据构建起以风险管理和信用管理“双轮驱动”的新型税务管理体系。

### （二）狭义税务管理体制

狭义税务管理体制是指税务机关内部组织架构设置及相应税务管理职能划分的制度安排，是税务机关履行税务管理职责的组织保障。

组织架构是指一个组织整体的结构，一般有层级制和扁平式两种类型。层级制组织架构的编排呈金字塔式，这是一种最早也是最简单的组织架构形式。在这种组织架构中从上到下实行垂直管理，下一级接受上一级的管理。层级制组织架构具有结构严谨、等级森严、分工明确、便于监控等优点。但层级制组织架构下机构臃肿、人浮于事、管理成本高、管理效率低、信息传递不畅、权力过于集中在上层、不利于人才的开发和充分利用等缺点也很明显。扁平化组织架构是相对于层级制而言的一种组织架构形式，其组织架构的编排呈长方形状。扁平式组织架构相对于层级制组织架构管理层次明显减少，但管理幅度明显增加。扁平化组织架构减少了管理层级，因此信息传递速度快、失真少，便于高层领导了解基层情况；同时，将管理资源和权力下放于基层，以服务对象需求为驱动，在提高服务质量的同时，也充分利用了管理资源，降低了管理成本。扁平化的组织架构是现代企业普遍采用的一种组织模式，也必将成为现代行政管理组织架构的一种发展趋势。

任何一个国家的税务管理都是建立在一定的组织架构之上的。在现代税务管理实践中，税务管理组织架构主要有三种类型。第一种类型是层级制的税务管理组织架构。大多数国家包括我国的税务管理组织架构都是层级制的。我国税务机关的管理层级“账面数”有总局、省局、市局、县局、分局 5 个层级，如果考虑副省级城市当中的复合机构，考虑分局下面的没有名分的征管点，则中国税务管理层级就会大于 5 个层级。我国多层级税务管理机构中，省及省以下税务局均不同程度承担税务管理职责，但与纳税人直接打交道的主要在县局和分局。第二种类型是扁平化的税务管理组织架构。如美国、澳大利亚等国的

① 财税专家：《国地税合并意义重大　效应将逐步显现》，中国税务网，2018 年 6 月 20 日。

国家税务局不是一个管理下级税务机关的行政管理机构，而是一个实体化的税务管理机构。第三种类型是层级制下扁平化的税务管理组织架构。日本、韩国、德国等国采用了这种架构。这些国家的税务管理机构都是层级制的，但他们的管理层级比较少，一般不超过三个层级，且除了中央级之外，每一个层级都是一个扁平化、实体化的征管机构。

我国的国家税务总局是国务院直属机构，是我国税务管理工作的最高职能机构（正部级），主要职责是：具体起草税收法律法规草案及实施细则并提出税收政策建议，与财政部共同上报和下发，制定贯彻落实的措施；负责对税收法律法规执行过程中的征管和一般性税政问题进行解释，事后向财政部备案；承担组织实施税收及社会保险费、有关非税收入的征收管理责任，力争税费应收尽收；参与研究宏观经济政策、中央与地方的税权划分并提出完善分税制的建议，研究税负总水平并提出运用税收手段进行宏观调控的建议；负责组织实施税收征收管理体制改革，起草税收征收管理法律法规草案并制定实施细则，制定和监督执行税收业务、征收管理的规章制度，监督检查税收法律法规、政策的贯彻执行；负责规划和组织实施纳税服务体系建设，制定纳税服务管理制度，规范纳税服务行为，制定和监督执行纳税人权益保障制度，保护纳税人合法权益，履行提供便捷、优质、高效纳税服务的义务，组织实施税收宣传，拟订税务师管理政策并监督实施；组织实施对纳税人进行分类管理和专业化服务，组织实施对大型企业的纳税服务和税源管理；负责编报税收收入中长期规划和年度计划，开展税源调查，加强税收收入的分析预测，组织办理税收减免等具体事项；负责制定税收管理信息化制度，拟订税收管理信息化建设中长期规划，组织实施金税工程建设；开展税收领域的国际交流与合作，参加国家（地区）之间的税收关系谈判，草签和执行有关协议、协定；办理进出口商品的税收及出口退税业务；以税务总局为主、与省区市党委和政府对全国税务系统实行双重领导；承办党中央、国务院交办的其他事项。

国家税务总局在各省、自治区、直辖市和计划单列市设立正厅级的省级税务局，主要职责是：负责贯彻执行党的路线、方针、政策，加强党的全面领导，履行全面从严治党责任，负责党的建设和思想政治建设工作；负责贯彻执行税收、社会保险费和有关非税收入法律、法规、规章和规范性文件，研究制定具体实施办法，组织落实国家规定的税收优惠政策；负责研究拟定本系统税收、社会保险费和有关非税收入中长期规划，参与拟定税收、社会保险费和有关非税收入预算目标并依法组织实施，负责本系统税收、社会保险费和有关非税收入的会计统计核算工作，组织开展收入分析预测；负责开展税收经济分析和税收政策效应分析，为国家税务总局和省委、省政府提供决策参考；负责所辖区域内各项税收、社会保险费和有关非税收入征收管理，组织实施税（费）源监控和风险管理，加强大企业和自然人税收管理；负责组织实施本系统税收、社会保险费和有关非税收入服务体系建设，组织开展纳税服务、税收宣传工作，保护纳税人、缴费人合法权益；承担涉及税收、社会保险费和有关非税收入的行政处罚听证、行政复议和行政诉讼事项；负责所辖区域内国际税收和进出口税收管理工作，组织反避税调查和出口退税事项办理；负责组织实施所辖区域内税务稽查和社会保险费、有关非税收入检查工作；负责增值税专用发票、普通发票和其他各类发票管理，负责税收、社会保险费和有关非税收入票证管理；负责组织实施本系统各项税收、社会保险费和有关非税收入征管信息化建设和数据治理工作；负责本系统内部控制机制建设工作，开展对本系统贯彻执行党中央、国务院重大决策及上级工作部署情况的督查督办，组织实施税收执法督察；负责本系统基层建设和干部队伍建设工作，加强领导班子和后备干部队伍建设，承担税务人才培养和干部教育培训工作。负责本系统绩效管理和干部考核工作；负责本系统机构、编制、经费和资产管理工作；完成国家税务总局和省委、省政府交办的其他工作。

## 二、税务管理实施机制

税务管理实施机制是税务机关在税收法律制度、税务管理体制框架下，围绕“提高纳税遵从度和纳税人满意度，降低税收流失率和征纳成本，提高税务管理的质量与效率”的目标，按照税务管理流程建立的覆盖税务管理全过程，业务流程与监督流程相融合，横向联动、纵向互动、内外协作的立体化运行体系。

### （一）税务管理实施机制的特征

1. 税务管理活动法治化。法治、文明、公平、效率体现着依法治税的根本要求，税务管理活动的法制化是税务管理过程的具体体现，主要表现为税务管理行为的规范化，税务管理横向、纵向、内外协作的规范化，税收执法岗位责任的规范化和税务管理绩效考评的规范化。

2. 税务管理业务流程化。税务管理业务流程化是流程管理理念在税收征管中的实际应用，是对税务管理的全过程监控。科学的税务管理机制可在规范业务流程的同时实施有效监控，有利于强化对纳税服务、税收执法、行政管理等各环节的全过程实时监控，及时发现问题、解决问题，实现监督管理的科学化、制度化和日常化，推动税务管理各项工作高效有序开展，在实现服务优化、执法规范的同时，有效防范税收执法风险，提升综合治税的效能。

税务管理业务流程化是将所有的税收管理活动都视为一个流程，注重税务管理活动的连续性，以全流程的观点来取代个别部门或个别活动的观点，强调全流程的绩效表现取代个别部门或个别活动的绩效，打破职能部门本位主义的思考方式，将流程中涉及的下一个部门视为顾客，鼓励各部门的成员互相合作，共同追求流程的绩效。

税务管理业务流程是坚持以风险管理为导向、以信息技术为依托、以专业化管理为重点的税收管理综合流程，是旨在降低税收流失率、降低征税成本、提高征管效能、最终实现税法遵从的一组相互关联、相互作用的税务管理活动的总和。税务管理活动由纳税义务人和税务机关以及税务机关内部不同岗位分别共同完成，活动之间不仅有严格的先后顺序限定，而且活动的内容、方式、责任等也都必须有法定的安排和界定，以使不同的税务管理活动在不同岗位角色之间进行流转成为可能。活动与活动之间在时间和空间上的转移有较强的规律性。

税务管理综合流程的实现，不仅是税务管理机制确立的重中之重，而且是政府税务组织体系和企业涉税管理组织体系的内在要求，对建立健全税务管理机制，从制度上保证征税者和纳税者在组织系统的各层级、各部门之间明确职责分工、清晰业务流程、实现内部管理流转有序，保证税务管理体系的协调运作，提升税务管理的整体效能具有积极的作用。本节主要讨论政府税务管理业务流程化的有关问题，关于企业涉税管理的业务流程，将在企业税务管理中专门阐述。

（二）政府税务管理流程

依据税务管理现代化的具体要求，政府税务管理流程化由税务管理基本流程、税收风险管理流程、税收数据信息与情报管理流程构成，并在此基础上实现高度融合，形成现代税务管理综合流程。

1. 税务管理基本流程。税务管理基本流程是指税务管理法律制度确定的，普遍存在于税务管理中，为实现纳税遵从目标，遵循特定逻辑、次序展开的一系列税务管理活动的总和。税务管理基本流程是税务管理的核心流程，它以纳税人自我评定制度为基础，以评价确定申报真实性、准确性、合法性为重点，体现现代税务管理的内在运行规律。

基于对税务管理内在运行规律的分析，结合发达国家的税务管理实践，税务管理基本流程的过程逻辑是：纳税人自我评定、自主申报；税务机关提供纳税服务、开展纳税评估或税务审计；税务机关对纳税人违反税务法律的行为有权依法开展违法调查；对不及时履行缴纳税款义务的纳税人有权实施欠缴税款的追征措施；纳税人对税务管理有异议，有权提请行政复议、行政诉讼，获得税收救济。因此，税务管理基本流程主要包括五个方面：纳税服务、税务审计或纳税评估、税款追征、违法调查（税务稽查）、争议处理（如图1－4所示）。

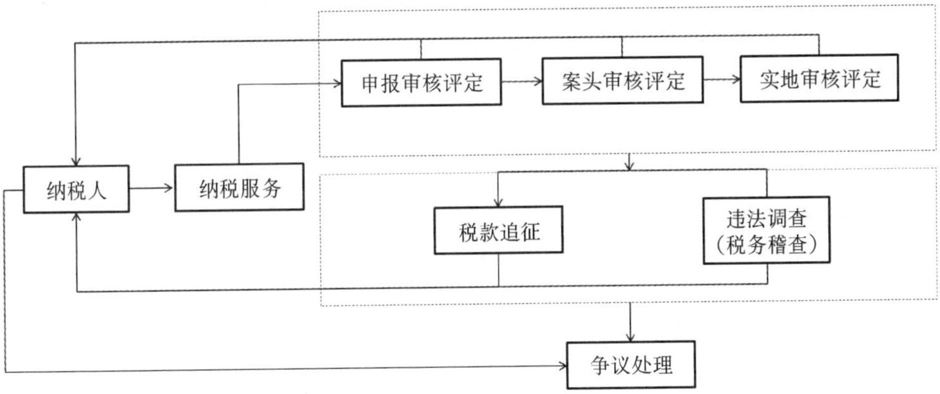


**图1－4　税务管理基本流程图**

纳税服务是由税务机关向税务行为相对人提供的一种法定服务，是税务机关对相对人实施的一种具体的行政行为。在纳税服务过程中，税务机关主要有两大职责：一是为纳税人自我评定税收义务提供支持和帮助，主要是帮助纳税人正确理解和应用税收法律、法规政策，解决自我评定过程中遇到的税法适用不确定性等问题。二是为纳税人履行申报纳税义务提供办税服务，通过及时受理纳税人的纳税申报，帮助纳税人办理相关涉税事宜，以满足纳税人的多元化需求。

税务审计或纳税评估本质上是一种行政执法行为，是税务机关对纳税人自我申报的纳税义务履行情况进行检查、审核、确认或调整的执法活动。税务审计或纳税评估在整个税务管理基本流程中处于核心地位，也是税务风险管理的主要手段。税务审计或纳税评估对内能及时发现税收征管中的薄弱环节和存在的问题，有效地提高税源监控能力，有利于提高纳税质量和税收管理水平；对外能帮助纳税人准确理解和掌握税法，减少并纠正纳税人、扣缴义务人因对税法理解偏差产生的涉税问题，降低纳税人因税收违法而被追究责任的风险，最终提高纳税人的税法遵从度。

税款追征是指在实际的税款征缴过程中，由于征纳双方的疏忽、计算错误、逃避缴纳税款等原因造成纳税人、扣缴义务人未缴或者少缴税款，税务机关依法对未征少征的税款要求补缴、对未缴少缴的税款进行追征的制度。追征税款的前提条件是纳税人、扣缴义务人未缴或少缴了应纳税款。纳税人未按照规定期限缴纳税款，扣缴义务人未按照规定期限解缴税款的，税务机关应当责令其限期缴纳或者解缴。纳税人未按照规定期限缴纳税款的，扣缴义务人未按照规定期限解缴税款的，按日加收税款滞纳金。税款追征有如下一些主要特点：一是税款追征是对税收债务的追征。当纳税人怠于履行税收债务清偿义务时，税务机关行使法定的追征权。二是征收程序具有双重性。基于征纳双方形成的公法上的债权债务关系，税款追征除了适用行政程序规则外，有时还适用相关民事程序规则。三是债务追征的强制性更加突出。与其他债务追偿程序相比，法律为税款追征权的行使制定了严格的强制执行程序，授权税务机关采取一切必要的措施，追征税收债务。税收债权不仅优先于普通的债权，还优先于税收债务形成之后出现的各类抵押、质押权等。四是税收债权也具有时效性。对于税收债务，税法普遍规定了追征期，超过法定期限，税务机关即丧失这一权能。

违法调查（税务稽查）是依法对纳税人、扣缴义务人和其他涉税当事人履行纳税义务、扣缴义务情况及涉税事项进行检查处理，以及围绕检查处理开展的其他相关工作。违法调查（税务稽查）的任务是根据国家税收法律、法规，查处税收违法行为，保障国家税收收入，维护税收秩序，促进依法纳税，保证税法的实施。为此必须以事实为依据，以国家发布的税收法律、法规、规章为准绳，依靠人民群众，加强与司法机关和其他有关部门的配合。

税务争议是指纳税人、扣缴义务人与税务机关就税务登记、征收方式、税收管辖和其他涉及税务管理的问题产生的争议。税务争议处理手段包括税务行政复议、税务行政应诉、税务行政赔偿、税务行政补偿四部分。依照法定程序，依法处理各种税务争议是法律赋予税务机关的重要职责，是一个国家税收法律救济的重要组成部分。

2. 税收风险管理流程。在税收实践中，征管资源的有限性决定了税务机关要对所有纳税人按照税收征管全流程进行管理是不现实的，由此引入了税收风险管理流程。税收风险管理作为一种理念和方法，贯穿于整个税收活动之中。对税务机关而言，税收风险管理有助于提高纳税遵从度，提升纳税人满意度，降低征税成本，同时也减少了税款流失；对纳税人而言，它既可以减少征税对生产经营产生的消极影响，又可以有效降低其在时间、人力和资源上的支出。税收风险管理流程是指将风险管理的理念和方法贯穿于税收征管运行全过程的活动。借鉴 OECD 国家税收风险管理的理念和方法，对进一步深化税务管理科学化、专业化、精细化，全面推进税务管理现代化，具有十分重要的作用。根据管理学基本原理，税收风险管理流程如图 1－5 所示。

**图 1－5　税收风险管理流程图**

3. 税收数据信息与情报管理流程。要想使税务风险管理流程得以顺利实施，就必须解决税收征纳双方之间的信息不对称问题，建设现代化的税收数据情报管理体系就成为不可或缺的重要一环。换句话说，税收风险管理主要依靠税收数据情报管理，没有科学严密的税收数据情报管理就没有风险管理。所以，必须建立与税收风险管理过程及其主要环节相配套，以税收数据情报管理规划、数据采集、数据存储、数据加工、数据分析、情报交换、知识管理等为主要环节的税收数据情报管理流程。税收数据情报管理流程如图 1－6 所示。

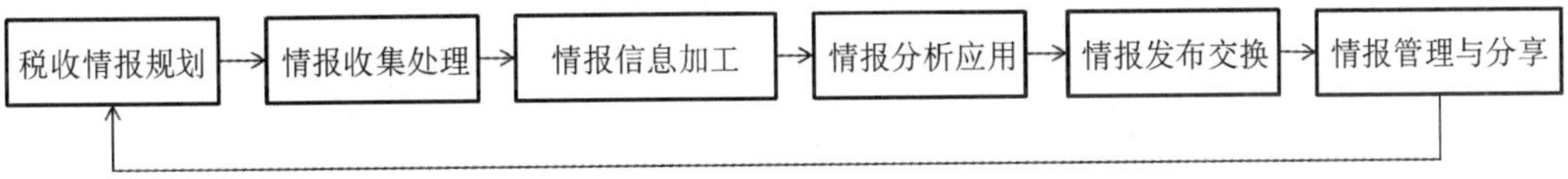


**图 1－6 税收数据情报管理流程图**

4. 税务管理三大流程的相互融合。根据上述税务管理三大流程之间的逻辑关系，需要将税收风险管理流程融入税务管理基本流程，并由此建立风险管理导向下的税务管理基本流程（如图 1－7 所示），以解决税务机关征管资源的有限性与对纳税人的纳税申报作出及时、全面、深入的审核、评定这一繁重任务之间的矛盾，从而更具效率地履行税收评定等税收征管法定职责。同时，需要将税收数据情报管理流程融入税收风险管理流程，以弥补税收风险管理流程中数据情报管理方面的不足，将数据情报应用作为开展风险管理的前置步骤和过程支撑，实现数据情报管理环节与风险管理环节相互融合、相互促进，进而实现风险导向、情报驱动的风险管理方式（如图 1－8 所示）。

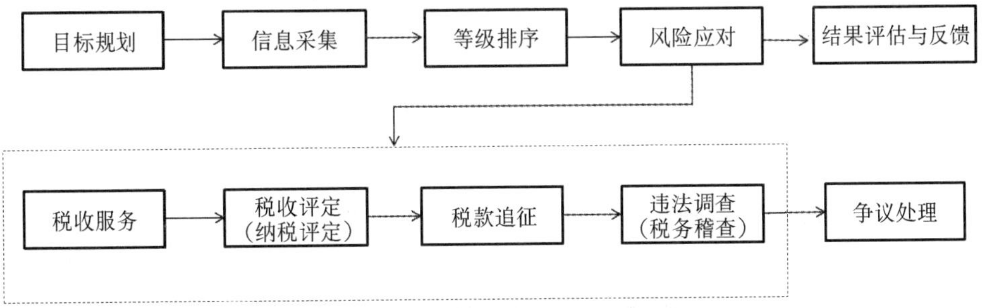


**图 1－7 风险管理导向下的税务管理基本流程**

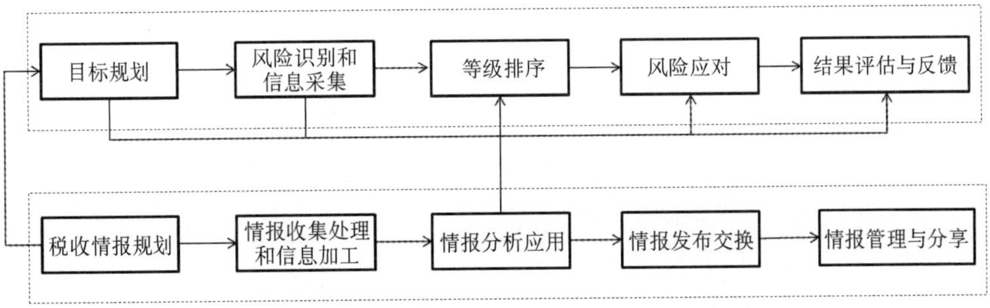


**图 1－8 风险导向、情报驱动的风险管理方式**

5. 税务管理三大流程的全面融合。将风险管理的理念贯穿税务管理全过程，以数据信息情报管理为支撑，实现风险管理流程、数据情报管理流程与税收管理基本流程的全面融合，形成以数据情报管理为驱动、风险管理为导向的税收征管流程体系。

（1）数据情报管理是税收风险管理流程的前提和基础。数据情报管理是税收风险管理流程的前提和基础，没有数据情报管理流程就没有税收风险管理流程。风险管理的生命在于数据情报管理能力：没有数据情报支持就没有不断深化的风险识别；没有数据情报支持就没有有效的风险应对处理；没有数据情报管理体系就没有高质量的风险管理。全面实施税收风险管理必须健全完善数据情报管理的体制机制，建立统一的规范化、专业化、信息化的数据情报管理流程，与税收风险管理流程相融合，从宏观战略和应用技术等不同层面持续提升税收风险管理的综合能力。

（2）风险管理是税务管理基本流程运行的科学前置。通过衡量纳税人不遵从的可能性，最具效率地配置人力、财力和技术资源，推动服务管理方式创新和税务管理体制变革。将现代风险管理理念引入税收征管工作，是一种积极、主动的管理，它以最小的税收成本代价降低税收流失，能创造出稳定有序的征管环境，有利于建立和谐的征纳关系，有效提升税源管理的质量和效率。因此，税收风险管理的目标和任务就是实现税收收入及时足额入库、实现纳税遵从最大化，这与整个税务管理的目标、任务是一致的，只有规范和实施科学有效的税收风险管理流程才能更具效率地实施基本流程。

（3）税务管理基本流程是税收数据情报管理流程和税收风险管理流程的基础和落脚点。税务管理基本流程体现了税务管理的五大基本职能，即纳税服务、税收评定（纳税评估）、税款追征、违法调查（税务稽查）、争议处理。这五大职能也是税务管理工作的中心，税务机关主要就是围绕这五大职能开展工作达到税务管理的目的。因此，基本流程是数据情报管理流程和风险管理流程的基础和落脚点。数据情报管理是为风险管理服务，旨在使风险管理最优化，风险管理的最终目的是通过资源最优配置提高税务管理效能。总而言之，数据情报管理和风险管理都是为税务管理服务的，都要围绕税务管理基本流程实施。

由此可知，现代税务管理将信息管税、风险管理的理念贯穿税务管理全过程，以数据信息情报管理为平台、风险管理为导向，实现数据情报管理流程、风险管理流程与税务管理基本流程的全面融合，不断对税收征管流程进行再造和创新（如图 1－9 所示）。

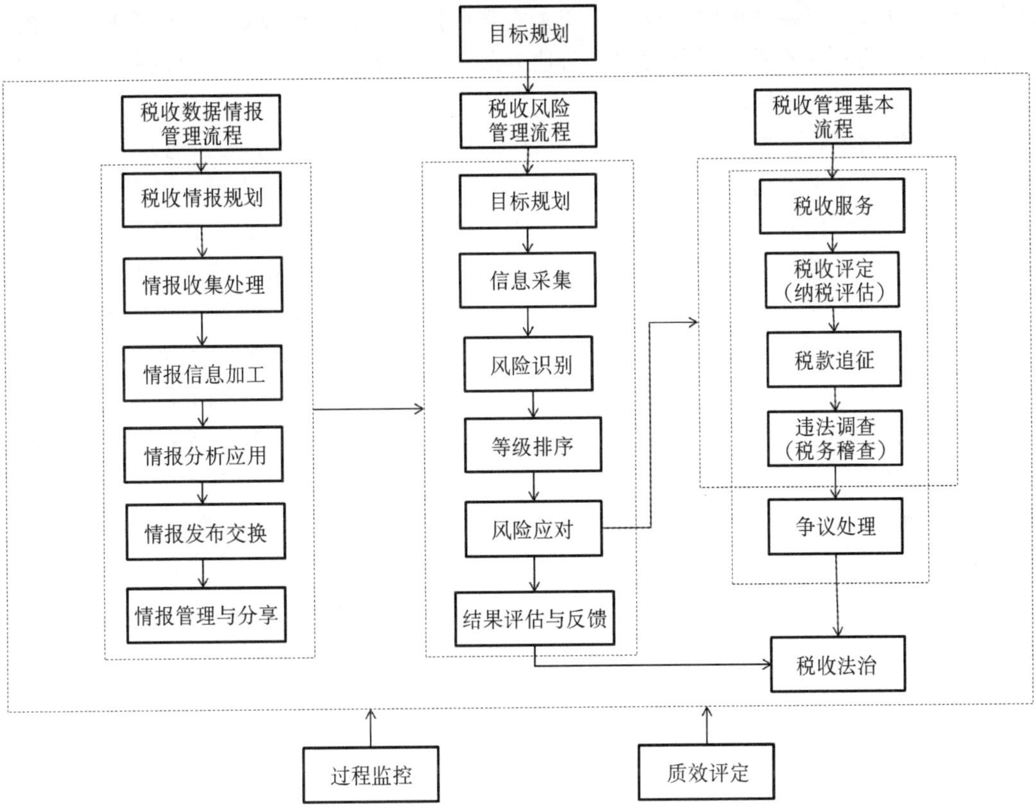


图 1－9　税务管理综合流程

# 第四节　税收征管体制改革

改革开放以来，随着中国财税管理体制的改革，税务机构经历了从税务一家，到国税地税机构分设，再到国税地税合作，最终国税地税机构合并的过程，体现出鲜明的渐进性特征和较强的中国特色。税收征管体制改革始终围绕财政体制改革的大背景稳步推进。2018 年国税地税机构合并，整体上属于税收征管体制改革，这既是国家行政体制改革框架中的重要组成部分，也为下一步深化财税体制改革提供了坚实的保障。①

我国 1994 年开始实行分税制税务管理体制，遵循“统一领导，分级管理”的原则。“统一领导”是指税法统一，税权集中，在中央统一领导下，赋予地方政府一定的税务管理权，以便因地制宜地处理税收问题；“分级管理”是把税务管理的统一性和灵活性结合起来，以调动全国各方面的积极性。从总体上说，根据事权与财权结合的原则，按税种划

① 李平：《税收征管体制改革：历史与逻辑的脉络》，载中国财经网，2018 年 8 月 7 日。

分中央与地方收入，将维护国家权益、实施宏观调控所必需的税种划分为中央税；将同经济发展直接相关的主要税种划分为中央与地方共享税；将适合地方征管的税种划分为地方税，充实地方税税源，增加地方税收收入。

我国分税制税收管理体制20多年来取得了显著成效，为调动中央和地方两个积极性、建立和完善社会主义市场经济体制发挥了重要作用，但与经济社会发展、推进国家治理体系和治理能力现代化的要求相比，我国税收管理体制从大的方面看，存在着财权与事权不相匹配的问题。从税收机构分设与职能管理看，存在职责不够清晰、执法不够统一、办税不够便利、管理不够科学、组织不够完善、环境不够优化等问题，必须加以改革完善。

2018年3月13日，十三届全国人大一次会议在北京人民大会堂举行第四次全体会议。受国务院委托，国务委员王勇向十三届全国人大一次会议作关于国务院机构改革方案的说明。该说明第二点第十一条明确指出："改革国税地税征管体制。将省级和省级以下国税地税机构合并，具体承担所辖区域内的各项税收、非税收入征管等职责。国税地税机构合并后，实行以国家税务总局为主与省（区、市）人民政府双重领导管理体制。"2018年6月15日上午，全国各省（自治区、直辖市）级以及计划单列市国税局、地税局合并且统一挂牌。2018年7月20日，全国省、市、县、乡四级新税务机构全部完成挂牌。在国税地税合并过程中，各级税务局有3.4万个一级和内设机构被撤销，省局、市局、县局、乡镇分局、税务所都如期平稳地"挂牌"和"三定"，有2万多名干部由正职转为副职。同时，新税务机构面临新个税法的落地实施、大规模的减税降费等多重"大考"，改革的力度规模、涉及范围及触及利益都十分巨大。

这一改革是政府构建规范、高效、统一的税收征管体系和纳税服务体系的前提，将对深化税制改革、推进税收治理现代化产生深远影响。国税地税合并，通过资源的优化配置和"互联网+税务"一体化的信息化建设，不仅有利于降低税收征管成本，提高服务效能和征管效率，更有利于提升税务人员的专业素质，提高纳税服务质量，优化税收营商环境。

## 复习思考题

### 一、名词解释

税务管理　纳税遵从　税收法定原则　税收实体法　税收程序法　税收管理体制　税收管理实施机制　税收管理基本流程　税收风险管理流程　税收数据情报管理流程

### 二、简答题

1. 简述税务管理的目标和原则。
2. 简述政府税务管理和企业税务管理的联系与区别。
3. 简述纳税遵从的影响因素。
4. 简述我国的税收管理体制。

## 三、论述题

1. 试述博弈论在税务管理中的地位与作用。
2. 试述新制度经济学关于正式约束、非正式约束的理论在税务管理中的运用。
3. 如何理解当前我国税收征管体制改革的必要性和发展趋势？
4. 如何理解税务管理三大流程的联系、再造及其融合？

## 参考文献

[1] 国家税务总局成都市税务局课题组，柳华平，苗小松．基层税务机关法务管理优化的路径选择 [J]．税务研究，2019 (12)：108—112.

[2] 茅孝军．从双重领导到垂直领导：省域税务机关管理体制的最终走向 [J]．地方财政研究，2019 (11)：76—83.

[3] 蔡昌，赵新宇．“互联网 + 税务”带来的变革 [J]．新理财，2019 (06)：51—54.

[4] 杨欢．“互联网 +”视角下纳税服务的优化研究 [D]．江西财经大学，2019.

[5] 李平．税收征管体制改革：历史与逻辑的脉络，中国财经网，2018 年 8 月 7 日．浏览时间：2020 年 2 月 20 日。

# 第二章 Chapter 2 税务基本管理

【本章提要】

本章简要介绍了税务基本管理，包括税务登记管理、账簿和凭证管理、发票管理、纳税申报管理、税款征收管理等税务基础管理知识，着重介绍了税务登记、发票管理、税款征收管理。

【学习目的】

通过本章的学习，掌握税务登记管理的基础，并结合实际学习最新“一照一码户”登记的知识；熟悉发票管理、纳税申报管理及税款征收管理的相关细则；了解税款征收的相关措施。

## 第一节 税务登记管理

### 一、税务登记的概念

税务登记是指税务机关根据税法规定，对纳税人的生产、经营活动进行登记管理的一项法定制度，也是纳税人依法履行纳税义务的法定手续。税务登记又称纳税登记，它是税务机关对纳税人实施税收管理的首要环节和基础工作，是征纳双方法律关系成立的依据和证明，也是纳税人必须依法履行的义务。税务登记范围是纳税人、扣缴义务人。税务登记包括设立登记、变更登记、停业复业登记、注销登记和外出经营报验登记等。通过税务登记，税务机关可以全面、及时地掌握本地区各行各业的纳税人户数及税源分布情况，便于科学合理地调配征管力量，有效组织税收征管工作。纳税人依法办理税务登记后，就可以向税务机关申请领购发票和有关税收票证，并可依法享受税收优惠，使其正当的生产和经营活动受到法律保护。

随着我国“多证合一，一照一码”登记制度改革的推行，对纳税人实行“一照一码户”登记管理也逐渐普遍，由于篇幅限制和《中华人民共和国税收征收管理法》尚在修订的原因，税务登记仍作为基础知识介绍，在本节最后将简要介绍“一照一码户”登记的内容。

## 二、税务登记的管理

### （一）税务登记的内容

税务登记是税收征收管理的基础性和重要性工作，为此，我国在《中华人民共和国税收征收管理法》和《中华人民共和国税收征收管理法实施细则》的基础上又制定了《税务登记管理办法》。根据《税务登记管理办法》的规定，税务登记主要涵盖设立登记，变更登记，停业、复业登记，注销登记，外出经营报验登记，证照管理，非正常户管理，法律责任八个方面的内容。

1. 设立登记。指企业，企业在外地设立的分支机构和从事生产、经营的场所，个体工商户和从事生产、经营的事业单位（以下统称“从事生产、经营的纳税人”），向生产、经营所在地税务机关申报办理税务登记。

2. 变更登记。纳税人税务登记内容发生变化的，应当向原税务登记机关申报办理变更税务登记。

3. 停业、复业登记。实行定期定额征收方式的个体工商户需要停业的，应当在停业前向税务机关申报办理停业登记，停业期限不得超过一年。纳税人在申报办理停业登记时，应如实填写停业复业报告书，说明停业理由、停业期限、停业前的纳税情况和发票的领、用、存情况，并结清应纳税款、滞纳金、罚款。纳税人按申报停业登记时的停业期限准期复业的，应当在停业到期前向主管税务机关申报办理复业登记；纳税人提前复业的，应当在恢复生产经营之前向主管税务机关申报办理复业登记。纳税人停业期满未按期复业又不申请延长停业的，视为已恢复生产经营，税务机关将其纳入正常管理，并按核定税额按期征收税款。

4. 注销登记。按照《税务登记管理办法》第五章的规定，需要办理税务登记的情形主要有三种：一是纳税人发生解散、破产、撤销以及其他情形，依法终止纳税义务的；二是纳税人被工商行政管理机关吊销营业执照或者被其他机关予以撤销登记的；三是纳税人因住所、经营地点变动，涉及改变税务登记机关的。

5. 外出经营报验登记。纳税人到外县（市）临时从事生产经营活动的，应当在外出生产经营以前，持税务登记证到主管税务机关开具“外出经营活动税收管理证明”（以下简称“外管证”）。纳税人外出经营活动结束，应当向经营地税务机关填报“外出经营活动情况申报表”，并结清税款、缴销发票。纳税人应当在“外管证”有效期届满后10日内，持“外管证”回原税务登记地税务机关办理“外管证”缴销手续。

6. 证照管理。税务机关应当加强税务登记证件的管理，采取实地调查、上门验证等方法进行税务登记证件的管理。税务登记证式样改变，需统一换发税务登记证的，由国家税务总局确定。纳税人、扣缴义务人遗失税务登记证件的，应当自遗失税务登记证件之日起 15 日内，书面报告主管税务机关，如实填写“税务登记证件遗失报告表”，并将纳税人的名称、税务登记证件名称、税务登记证件号码、税务登记证件有效期、发证机关名称在税务机关认可的报刊上作遗失声明，凭报刊上刊登的遗失声明到主管税务机关补办税务登记证件。

7. 非正常户管理。已办理税务登记的纳税人未按照规定的期限申报纳税，在税务机关责令其限期改正后，逾期不改正的，税务机关应当派员实地检查，查无下落并且无法强制其履行纳税义务的，由检查人员制作非正常户认定书，存入纳税人档案，税务机关暂停其税务登记证件、发票领购簿和发票的使用。

8. 法律责任。纳税人不办理税务登记的，税务机关应当自发现之日起 3 日内责令其限期改正；逾期不改正的，由税务机关责令限期改正，可以处 2 000 元以下的罚款；情节严重的，处 2 000 元以上 10 000 元以下的罚款。纳税人通过提供虚假的证明资料等手段，骗取税务登记证的，处 2 000 元以下的罚款；情节严重的，处 2 000 元以上 10 000 元以下的罚款。纳税人涉嫌其他违法行为的，按有关法律、行政法规的规定处理。扣缴义务人未按照规定办理扣缴税款登记的，税务机关应当自发现之日起 3 日内责令其限期改正，并可处以 1 000 元以下的罚款。

### （二）税务登记的实践

在税收征管的实践中，随着我国“放管服”改革向纵深推进，一方面，迫切需要改进现有税务登记制度，进一步简化办税流程，提高办税质效，为市场主体创新创业提供优良环境；另一方面，《中华人民共和国税收征收管理法》尚在修订的进程中，由于法律修订的程序较为复杂，难以在对其中的税务登记条款修订后再改革现有税务登记制度，更何况这一改革不仅有利于市场主体，而且符合法律修订的方向，所以在法律依据不够充分的情形下推出了税务登记证和组织机构代码证、社会保险证等多证整合，实现了“多证合一、一照一码”注册登记制度。由此，“一照一码户”登记也逐渐普及开来。

1. 逐步简化的税务登记手续。为了提升政府行政效率，降低市场主体创设的制度性交易成本，激发市场活力和创新力，我国进行了多次的税务登记改革。在经历了“三证合一”“五证合一”后，“多证合一”也逐渐在全国推行。2017 年国务院办公厅发布的《国务院办公厅关于加快推进“多证合一”改革的指导意见》指出，为了进一步优化营商环境，要确保“多证合一”登记制度改革在 2017 年 10 月 1 日前落到实处，取得成效。“多证合一”登记制度即在全面实施企业、农民专业合作社工商营业执照、组织机构代码证、税务登记证、社会保险登记证、统计登记证“五证合一、一照一码”登记制度改革和个体工商户工商营业执照、税务登记证“两证整合”的基础上，将涉及企业（包括个体工商户、农民专业合作社）登记、备案等有关事项和各类证照进一步整合到营业执照上，实现“多证合一、一照一码”。

由“三证合一”到“五证合一”再到“多证合一”，是利国利民的重大举措。对于企业而言，切实简化了企业办事流程，为企业带来了多重便利。首先为企业节省了时间。对于被整合的证照，企业无须再办理，只需到市场监管部门办理“一照一码”营业执照即可，减少了企业往返各部门奔波之苦，为企业节省了大量的时间和精力。其次为企业节约了成本。原来登记要到多个部门提交多套材料，现在只需要准备一套登记资料。最后使企业办事更方便。由于“一照一码”营业执照具有唯一性、兼容性、稳定性、全覆盖性的特征，企业到相关部门办事只带营业执照即可，再无须带一摞证照办事，因而企业办事更简单、便利。对于国家建设而言，第一，税务登记制度不断改革是贯彻中央关于推进供给侧结构性改革决策部署，推进简政放权、放管结合、优化服务的重要内容，是进一步推动政府职能转变、深化行政审批制度改革的重要途径，是深化商事制度改革、进一步释放改革红利的重要抓手。第二，深化税务登记制度改革对于推动市场在资源配置中起决定性作用和更好地发挥政府作用，构建“互联网+”环境下政府新型管理方式、营造便利宽松的创业创新环境和公开透明平等竞争的营商环境，建立程序更为便利、内容更为完善、流程更为优化、资源更为集约的市场准入新模式，促进提高劳动生产率具有重要意义。

2. “一照一码户”登记。“多证合一、一照一码”登记制度是信息报告制度的重要基础。国家税务总局围绕构建“自主遵从、优质便捷”的纳税服务体系，适应税收征管体制改革的新机构、新职责、新变化，回应纳税人和缴费人的新需求、新期盼，组织编写了《全国税务机关纳税服务规范（3.0 版）》（以下简称《纳服规范 3.0 版》），其中对“一照一码户信息确认”和“一照一码户信息变更”的内容和流程进行了规范。

对于“一照一码户”登记信息的确认，具体规定如下：

（1）已实行“多证合一、一照一码”登记模式的纳税人，首次办理涉税事宜时，对税务机关依据市场监管等部门共享信息制作的“‘多证合一’登记信息确认表”进行确认，对其中不全的信息进行补充，对不准确的信息进行更正。

（2）纳税人办理“一照一码户”登记信息确认无须提供材料。

（3）纳税人采用新办纳税人“套餐式”服务的，可一并办理以下涉税事项：电子税务局开户、登记信息确认、财务会计制度及核算软件备案、纳税人存款账户账号报告、增值税一般纳税人登记、发票票种核定、增值税专用发票最高开票限额审批、实名办税、增值税税控系统专用设备初始发行、发票领用。新设立登记的企业、农民专业合作社完成“一照一码户”登记信息确认后，其加载统一社会信用代码的营业执照可代替税务登记证使用，不再另行发放税务登记证件。

（4）税务部门与民政部门之间能够建立省级统一的信用信息共享交换平台、政务信息平台、部门间数据接口并实现登记信息实时传递的，已取得统一社会信用代码的社会组织纳税人（社会团体、基金会、民办非企业单位）完成“一照一码户”登记信息确认后，税务机关对标注统一社会信用代码的社会组织法人登记证赋予税务登记证的全部功能，不再另行发放税务登记证件。

对于“一照一码户”信息的变更，具体规定如下：

（1）“一照一码户”市场监管等部门登记信息发生变更的，向市场监管等部门申报办理变更登记。税务机关接收市场监管等部门变更信息，经纳税人确认后更新系统内的对应信息。“一照一码户”生产经营地、财务负责人等非市场监管等部门登记信息发生变化时，向主管税务机关申报办理变更。

（2）办理“一照一码户”变更登记的纳税人需要提供的材料包括：经办人身份证原

件和变更信息有关材料的复印件。

（3）税务机关在对纳税人提交的资料进行审核后，打印“变更税务登记表”，提醒纳税人进行确认。办理结束后，在文书表单上加盖印章，一份返还纳税人；电子税务局办理的，将办理结果通过电子税务局反馈给纳税人。

【案例解析】

**纳税人因停业注销税务登记增值税留抵税额能否退税问题**

乙公司主要从事机电设备生产与销售业务，属增值税一般纳税人。因该公司生产设备落后，生产的产品销路不畅导致连年亏损，该公司于2018年12月停业并办理了注销税务登记相关手续。办理注销登记时，该公司尚有9万元增值税留抵税额，那么，乙公司停业注销涉及的增值税留抵税额能否办理退税？

根据《国家税务总局关于企业破产、倒闭、解散、停业后增值税留抵税额处理问题的批复》（国税函〔1998〕429号）文件规定：“对因破产、倒闭、解散、停业而注销税务登记的企业，其原有的留抵税额的处理问题，《国家税务总局关于印发〈增值税问题解答（之一）〉的通知》（国税函发〔1995〕288号）已明确规定：纳税人破产、倒闭、解散、停业后，其期初存货中尚未抵扣的已征税款，以及征税后出现的进项税额大于销项税额后不足抵扣部分（即留抵税额），税务机关不再退税。”

因此，乙公司停业注销涉及的增值税留抵税额不能办理退税。

资料来源：中国税务网，http：//www.ctax.org.cn。作者：中税答疑，2019年1月18日，2020年3月5日浏览。

## 第二节 账簿与凭证管理

### 一、账簿与凭证的概念

账簿是纳税人和扣缴义务人以会计凭证为依据，全面、连续、系统地登记各种经济业务的账册或簿籍。账簿按其作用可分为总账、明细账、日记账和辅助性账簿，按表外形式可分为订本式账簿、活页式账簿和卡片式账簿。通过设置和登记账簿，可以把大量分散的经营活动资料进行集中和归类整理，准确反映经济活动内容及结果，满足企业管理和税款征收需要。

凭证一般是指会计凭证，是纳税人、扣缴义务人用来记录经济业务，明确经济责任，并据以登记账簿的书面证明。凭证可分为原始凭证和记账凭证，前者指经济业务发生时所取得或填制的凭证；后者指由会计人员根据审核无误的原始凭证，按其内容应用会计科目和复式记账方法，加以归类整理，并据以确定会计分录和登记账簿的凭证。通过凭证的填制和审核，不仅可以保证账簿记录的真实性，而且可以检查各项经济业务的合法性，促进纳税人依法经营，照章纳税。

## 二、账簿与凭证的管理

### （一）账簿的设置

《中华人民共和国税收征收管理法》和《中华人民共和国税收征管法实施细则》规定，纳税人、扣缴义务人按照有关法律、行政法规和国务院财政、税务主管部门的规定设置账簿，根据合法、有效凭证记账，进行核算。从事生产、经营的纳税人应当自领取营业执照或者发生纳税义务之日起15日内，按照国家有关规定设置账簿。生产、经营规模小又确无建账能力的纳税人，可以聘请经批准从事会计代理记账业务的专业机构或者经税务机关认可的财会人员代为建账和办理账务。扣缴义务人应当自税收法律、行政法规规定的扣缴义务发生之日起10日内，按照所代扣、代收的税种，分别设置代扣代缴、代收代缴税款账簿。纳税人、扣缴义务人会计制度健全，能够通过计算机正确、完整计算其收入和所得或者代扣代缴、代收代缴税款情况的，其计算机输出的完整的书面会计记录，可视同会计账簿。纳税人、扣缴义务人会计制度不健全，不能通过计算机正确、完整计算其收入和所得或者代扣代缴、代收代缴税款情况的，应当建立总账及与纳税或者代扣代缴、代收代缴税款有关的其他账簿。

### （二）账簿、凭证的保管

《中华人民共和国税收征收管理法实施细则》第二十九条规定，账簿、记账凭证、报表、完税凭证、发票、出口凭证以及其他有关涉税资料应当合法、真实、完整。账簿、记账凭证、报表、完税凭证、发票、出口凭证以及其他有关涉税资料应当保存10年；但是，法律、行政法规另有规定的除外。

### （三）企业财务会计制度的备案及管理

纳税人、扣缴义务人按照有关法律、行政法规和国务院财政、税务主管部门的规定设置账簿，根据合法、有效凭证记账，进行核算。

从事生产、经营的纳税人应当自领取税务登记证件之日起15日内，将其财务、会计制度或者财务、会计处理办法，报送税务机关备案。纳税人扣缴义务人使用电子计算机记账的，应当在使用前将会计核算软件使用说明书及有关资料报送主管税务机关备案。

除法律、行政法规另有规定外，账簿、记账凭证、报表、完税凭证、发票、出口凭证及其他有关涉税资料应当保存10年。

**【案例解析】**

### 故意销毁会计凭证、会计账簿、财务会计报告判刑

1. 案例概况：2014年11月28日始，被告人陈国会任中山市美丝宝电器有限公司（以下简称“美丝宝公司”）法定代表人，并负责公司财务。2017年6月18日，美丝宝公司停工停产后，陆续有供货商到公安机关报案称该公司诈骗货物。2017年8月15日，被告人陈国会被传唤至公安机关。公安机关为查明美丝宝公司是否涉嫌诈骗等，要求被告人

陈国会提供该公司的会计凭证、会计账簿等相关单据。被告人陈国会经公安机关多次催交仍以种种理由拒不提供。后经公安机关调查，发现被告人陈国会将该公司部分会计凭证、会计账簿藏于孙某处，并于同年9月11日从孙某处缴获美丝宝公司2014年1月至2017年3月记账凭证39本、2017年纳税申报表3本和2014—2016年应收付明细账、多栏账、明细分类账、日记账、总分类账共15本。经鉴定，上述美丝宝公司2014年1月至2017年3月期间的39本记账凭证，汇总核算金额共计72 611 603.7元。

2. 法院判决：

广东省中山市第二人民法院认为，被告人陈国会无视国家法律，隐匿依法应当保存的会计凭证、会计账簿，情节严重，其行为已构成隐匿会计凭证、会计账簿罪，应依法惩处。公诉机关指控被告人陈国会犯隐匿会计凭证、会计账簿罪的事实清楚，证据确实、充分，罪名成立，法院予以支持。依照《中华人民共和国刑法》第一百六十二条之一第一款之规定，判决如下：

被告人陈国会犯隐匿会计凭证、会计账簿罪，判处有期徒刑二年，并处罚金五万元。

资料来源：威科先行财税信息库：《陈国会隐匿、故意销毁会计凭证、会计账簿、财务会计报告一审刑事判决书》（2018）粤2072刑初1098号，https：//taa. wkinfo. com. cn，2020年3月4日浏览。

# 第三节 发票管理

## 一、发票的概念

发票是指在购销商品、提供或接受服务以及从事其他经营活动中，开具、收取的收付款凭证。它是企业财务收支的法定凭证之一，是企业会计核算的原始凭证，是税务检查的重要依据。

根据税务管理的需要，目前使用的发票按是否通过税控设备开具并纳入防伪税控系统分类主要有两大类，即需要通过税控设备开具的发票和不需要通过税控设备开具的发票。①

### （一）需通过税控设备开具的发票

一是增值税专用发票（折叠式）。根据《国家税务总局关于增值税发票管理等有关事项的公告》规定，自2020年2月1日起，增值税小规模纳税人（其他个人除外）发生增值税应税行为，需要开具增值税专用发票的，可以自愿使用增值税发票管理系统自行开具。选择自行开具增值税专用发票的小规模纳税人，税务机关不再为其代开增值税专用发票。因此，自2020年2月1日起，增值税一般纳税人和小规模纳税人均可领购。二是增值税普通发票（折叠式、卷式、电子发票）。一般纳税人和小规模纳税人均可领购，票面

① 中华会计网校，http：//www. chinaacc. com，2020年3月4日浏览。

税款一般不可作为进项抵扣或扣除。三是机动车销售统一发票（折叠式）。凡从事机动车零售业务的单位和个人，在销售机动车（不包括销售旧机动车）收取款项时，必须开具税务机关统一印制的新版“机动车销售统一发票”，作为车辆上牌凭证，税款可作为进项抵扣；二手车经销企业、经纪机构和拍卖企业，在销售、中介和拍卖二手车收取款项时，必须开具“二手车销售统一发票”。

#### （二）不需通过税控设备开具的发票

一是通用机打发票（折叠式、卷式）。联次和规格多样，一般为未达起征点纳税人和某些特殊行业的企业领用。二是通用定额发票（订本式）。单张发票金额固定，无须打印即可开具，通常为个体定额户和某些特殊行业的企业领用。

纳税人在申领发票时，应根据实际情况选择发票种类，未达起征点纳税人不强制使用税控系统开具发票。

其他特殊发票：电子客票形成单、中国铁路总公司及其所属运输企业（含分支机构）自行印制的铁路票据。

### 二、发票的管理

#### （一）发票领用

根据《中华人民共和国发票管理办法》规定，需要领购发票的单位和个人，应当持税务登记证件、经办人身份证明、按照国务院税务主管部门规定式样制作的发票专用章的印模，向主管税务机关办理发票领购手续。主管税务机关根据领购单位和个人的经营范围和规模，确认领购发票的种类、数量以及领购方式，在5个工作日内发给发票领购簿。随着信息技术在税务领域的普及，纳税人领用发票的途径也更为多样，可通过办税服务厅（场所）、电子税务局、自助办税终端办理。

税务机关要根据纳税人税收风险程度、纳税信用级别和实际经营情况，合理确定发票领用数量和最高开票限额，及时做好发票发放工作，保障纳税人正常生产经营。纳税人因实际经营情况发生变化提出增加发票领用数量和最高开票限额，经依法依规审核未发现异常的，主管税务机关要及时为纳税人办理“增版”“增量”。对纳税人增值税异常扣税凭证要依法依规进行认定和处理，除存在购销严重背离、虚假纳税申报、税务约谈两次无故不到等涉嫌虚开发票的情形外，不得限制纳税人开具发票。对于已经由税务机关按照政策规定和流程解除非正常户的纳税人，主管税务机关应当在2个工作日内恢复其税控系统开票功能，保障纳税人正常开具发票。有关纳税人领用发票的重点关注事项如下：

1. 纳税人领购发票所需具备的前提条件：

（1）纳税人状态为正常；

（2）纳税人未被停供发票；

（3）纳税人有有效的票种核定；

（4）纳税人有对应票种的可领用数量；

（5）一窗式比对无异常记录或异常已处理；

（6）纳税人信用等级不为D类；

（7）纳税人无逾期未申报；

（8）纳税人无欠税。

2. 新办纳税人首次申领增值税发票。为了进一步深化税务系统“放管服”改革，优化税收营商环境，方便新办纳税人首次申领增值税发票，按照国务院关于进一步压缩企业开办时间的要求，税务总局发布《国家税务总局关于新办纳税人首次申领增值税发票有关事项的公告》（以下简称《公告》），压缩新办纳税人首次申领增值税发票时间。《公告》指出，新办纳税人首次申领增值税发票主要包括发票票种核定、增值税专用发票（增值税税控系统）最高开票限额审批、增值税税控系统专用设备初始发行、发票领用等涉税事项。自 2018 年 8 月 1 日起，首次申领增值税发票的新办纳税人办理发票票种核定，增值税专用发票最高开票限额不超过 10 万元，每月最高领用数量不超过 25 份；增值税普通发票最高开票限额不超过 10 万元，每月最高领用数量不超过 50 份。各省税务机关可以在此范围内结合纳税人税收风险程度，自行确定新办纳税人首次申领增值税发票票种核定标准。该事项办结后，纳税人还需办理增值税税控系统专用设备的初始发行或变更发行。税务机关对增值税专用发票（增值税税控系统）最高开票限额审批（10 万元以下）提供“最多跑一次”服务。纳税人在资料完整且符合法定受理条件的前提下，最多只需要到税务机关跑一次。

3. 发票领用分类分级管理。为优化纳税服务和加强税收管理，税务总局制发《国家税务总局关于进一步做好纳税人增值税发票领用等工作的通知》，就积极推进发票领用分类分级管理问题作出规定。对于税收风险程度较低的纳税人，按需供应发票；对于税收风险程度中等的纳税人，正常供应发票，加强事中事后监管；对于税收风险程度较高的纳税人，严格控制其发票领用数量和最高开票限额，并加强事中事后监管。要求国家税务总局各省、自治区、直辖市和计划单列市税务局积极探索依托信息技术手段，通过科学设置预警监控指标，有效识别纳税人税收风险程度，并且据此开展发票领用分类分级管理工作。对于纳税信用 A 级的纳税人，按需供应发票，可以一次领取不超过 3 个月的发票用量；纳税信用 B 级的纳税人可以一次领取不超过 2 个月的发票用量。以上两类纳税人生产经营情况发生变化需要调整发票用量的，按照规定及时办理。目前北京市税务局已经发布《增值税专用发票分类分级管理办法》。

### （二）发票开具和保管

1. 发票开具。增值税一般纳税人销售货物、提供加工修理修配劳务和发生应税行为，使用增值税发票管理系统开具增值税专用发票、增值税普通发票、机动车销售统一发票、二手车销售统一发票、增值税电子普通发票。已办理税务登记的小规模纳税人（包括个体经营者）以及国家税务总局确定的其他可以代开增值税专用发票的纳税人发生增值税应税行为、需要开具增值税专用发票时，可向主管税务机关申请代开。需要注意的是，自 2020 年 2 月 1 日起，增值税小规模纳税人（其他个人除外）发生增值税应税行为，需要开具增值税专用发票的，可以自愿使用增值税发票管理系统自行开具。选择自行开具增值税专用发票的小规模纳税人，税务机关不再为其代开增值税专用发票。

纳税人应在互联网连接状态下在线使用增值税发票管理系统开具发票，系统可自动上传已开具的发票明细数据。纳税人因网络故障等原因无法在线开票的，在税务机关设定的离线开票时限和离线开具发票总金额范围内仍可开票，超限将无法开具发票。纳税人开具发票次月仍未连通网络上传已开具发票明细数据的，也将无法开具发票。纳税人需连通网络上传发票数据后方可开票，若仍无法连通网络，需携带专用设备到税务机关处理。按照有关规定不使用网络办税或不具备网络条件的特定纳税人，以离线方式开具发票，不受离线开票时限和离线开具发票总金额限制。特定纳税人需携带专用设备和相关资料到税务机关进行存根联数据采集。以离线方式开具发票的纳税人，因金税盘、税控盘同时损坏等原因不能报税的，纳税人应提供当月全部增值税发票到税务机关进行数据采集。

2. 红字增值税专用发票开具申请。纳税人开具增值税专用发票后，发生销货退回、开票有误、应税服务中止以及发票抵扣联、发票联均无法认证等情形但不符合作废条件，或者因销货部分退回及发生销售折让，需要开具红字专用发票的，需取得税务机关系统校验通过的“开具红字增值税专用发票信息表”。一般纳税人转登记为小规模纳税人，在一般纳税人期间发生的增值税应税销售行为，发生销售折让、中止或者退回等情形，需要开具红字发票的，按照原蓝字发票记载的内容开具红字发票；开票有误需要重新开具的，先按照原蓝字发票记载的内容开具红字发票后，再重新开具正确的蓝字发票。自行开具增值税专用发票的小规模纳税人以及税务机关为小规模纳税人代开增值税专用发票，需要开具红字专用发票的，按照一般纳税人开具红字专用发票的方法处理。需要开具红字增值税专用发票的，按以下方法处理：

（1）购买方取得专用发票已用于申报抵扣的，购买方可在增值税发票管理系统中填开并上传“开具红字增值税专用发票信息表”，在填开“开具红字增值税专用发票信息表”时不填写相对应的蓝字专用发票信息，应暂依“开具红字增值税专用发票信息表”所列增值税税额从当期进项税额中转出，待取得销售方开具的红字专用发票后，与“开具红字增值税专用发票信息表”一并作为记账凭证。

购买方取得专用发票未用于申报抵扣、但发票联或抵扣联无法退回的，购买方填开“开具红字增值税专用发票信息表”时应填写相对应的蓝字专用发票信息。

销售方开具专用发票尚未交付购买方，以及购买方未用于申报抵扣并将发票联及抵扣联退回的，销售方可在增值税发票管理系统中填开并上传“开具红字增值税专用发票信息表”。销售方填开“开具红字增值税专用发票信息表”时应填写相对应的蓝字专用发票信息。

（2）纳税人已使用增值税发票管理系统的，可在开票系统中申请并获取校验结果，即在开票系统中通过上传“开具红字增值税专用发票信息表”（也可凭“开具红字增值税专用发票信息表”电子信息或纸质资料到税务机关申请校验），系统自动校验通过后，生成带有“红字发票信息表编号”的“开具红字增值税专用发票信息表”，并将信息同步至纳税人端系统中。

（3）销售方凭税务机关系统校验通过的“开具红字增值税专用发票信息表”开具红字专用发票，在增值税发票管理系统中以销项负数开具。红字专用发票应与“开具红字增值税专用发票信息表”一一对应。

（4）纳税人也可凭“开具红字增值税专用发票信息表”电子信息或纸质资料到税务机关对其内容进行系统校验。

3. 发票保存。开具发票的单位、个人应当按照税务机关的规定存放和保管发票，不得擅自损毁。已经开具的发票存根联和发票登记簿，应当保存 5 年。保存期满，报税务机关查验以后销毁。丢失发票时，应当于发现丢失当日书面报告税务机关，并登报声明作废。

### （三）发票缴销

纳税人因信息变更或清税注销，跨区域经营活动结束，发票换版、损毁等原因按规定需要缴销发票的，到税务机关进行缴销处理。税务机关对纳税人领用的空白发票做剪角处理。需要进行发票缴销的情形主要有：

1. 临时到本省、自治区、直辖市以外从事经营活动的单位或者个人，向经营地税务机关领用经营地的发票。纳税人跨区域经营活动结束，应当向经营地税务机关结清税款、缴销发票。

2. 开具发票的纳税人应当在办理信息变更（指纳税人因住所、经营地点变动，涉及改变主管税务机关的）或者在清税注销的同时，办理发票的缴销手续。

使用增值税发票管理系统的纳税人办理清税注销时，应将结存未用的纸质增值税发票送交主管税务机关进行剪角作废，同时作废相应的发票数据电文。

3. 纳税人应在税务机关通知发票换版时，对领用尚未填开的空白发票进行缴销。

## 三、电子发票

电子发票是单位和个人在购销商品、提供或者接受服务以及从事其他经营活动中，开具、取得的收付款的电子凭证。电子发票与传统纸质发票的区别主要有两点：一是从传统的物理介质发展为数据电文形式；二是打破了以纸质发票作为会计记账凭证的传统，具备了发票会计档案电子记账的条件。①

自 2015 年 8 月 1 日起，国家税务总局在北京、上海、浙江和深圳开展了电子增值税发票系统试点工作。试点纳税人使用升级版开具电子增值税普通发票，发票票样、技术、业务标准、应用模式全国统一，便于纳税人使用，有利于税务管理和大数据应用。2016 年 3 月，国家税务总局印发的《关于深化行政审批制度改革切实加强事中事后管理的指导意见》提出，要逐步推行电子发票，推广使用增值税发票管理新系统，实行所有发票网络化运行，推行发票电子底账。

推行电子增值税发票系统有利于促进社会进步，节约社会资源，为纳税人营造健康公平的税收环境，是税务机关推进税收现代化建设、实现“互联网 + 税务”的重要举措。与传统纸质发票相比，纳税人申领、开具、流转、查验电子发票等都可以通过税务机关统一的电子发票管理系统在互联网上进行，发票开具更快捷、查询更方便。具体来看，主要体现在以下三方面：一是有利于企业节约经营成本。电子发票不需要纸质载体，没有印制、打印、存储和邮寄等成本，企业可以节约相关费用，大大降低经营成本。二是有利于消费者保存使用发票。消费者可以在发生交易的同时收取电子发票，并可以在税务机关网站查询验证发票信息。在凭电子发票进行相关售后维修服务时，可以对电子发票进行下载或打印，解决了纸质发票查询和保存不便的缺陷。三是有利于税务部门规范管理和数据应

① 《经济日报》官方微信账号，2017 年 8 月 3 日，2020 年 3 月 5 日浏览。

用。企业通过增值税发票系统升级版开具电子发票后，税务机关可以及时对纳税人开票数据进行查询、统计、分析，及时发现涉税违法违规问题，有利于提高工作效率，降低管理成本。税务机关还可利用及时完整的发票数据，更好地服务宏观决策和经济社会发展。

2018 年 8 月 10 日，国家税务总局深圳市税务局与腾讯联合开出全国首张区块链电子发票。区块链电子发票是指发票的全部流转阶段全部在区块链这一分布式计算处理载体下运作的发票。区块链电子发票与传统电子发票以及简单的电子发票上链的最大区别，体现在其具有防伪、防篡改的特性。[①] 传统电子发票采用税控码的方式防伪，即使电子发票上链，本质上防伪技术没有变化，而区块链电子发票上的数据从生成、传输、储存到使用都会盖上“时间戳”，并通过特定算法加密。若想更改某一节点的数据，至少获得此节点 50% 的节点的同意。因此篡改信息几乎不可能完成。这样能避免开具发票填写不实、不开、少开等问题，保障税款及时、足额入库；而且通过区块链管理平台，还能实时监控发票开具、流转、报销全流程的状态，对发票实现全方位管理。

此外，区块链电子发票具有操作简便和节省成本的优点。由于区块链发票打通了发票申领、开票、报销和报税的全流程，发票使用人可以直接通过微信自助申请开票、一键报销，发票信息将实时同步至企业和税务局，且报销状态实时可查。正是由于手机端即可操作的优点，区块链发票解决了公司报销需要打印和无法批量查询真伪、开票成本高的难题，大大节约了人力成本和时间成本，同时也节约了纸张，为环保做出贡献。

区块链技术性出具通用性类发票是“互联网技术 + 税收”的紧密结合物质，根据分布式系统数据储存、点对点通信的共识体制、加密技术等一系列发展很多年的成熟技术确保发票信息的保密安全系数、不能伪造性、追溯性，以轻巧的技术性保持方法保持发票的防伪标识，便捷追溯发票的来源，健全发票管控流程。“税链”区块链电子发票服务平台将发票的有关方相互连接，可保持发票全自动领料、全自动验旧、全自动核算、全自动检查、防止发票反复报账、避免红冲发票报账等作用，处理经营者领票繁、验旧烦、核算难、反复报账等困扰难题，进一步减少经营者运营成本和税款风险性，提高经营者幸福感。

**【案例解析】**

### 虚开增值税专用发票罪与非法购买增值税专用发票罪的区别

在 2019 年“年度影响力十大税务司法审判案例”中，“合慧伟业商贸（北京）有限公司等虚开增值税专用发票案”名列第四位，法院提出了一个新的观点，即将“为他人虚开”“让他人为自己虚开”认定为“非法出售、购买增值税专用发票罪”。

1. 基本事实：2012 年 8 月至 2013 年 3 月，被告单位合慧伟业公司在没有真实交易的情况下，以购进钢材名义取得被告单位天正博朗公司、恩百泽公司虚开的增值税专用发票，虚开税款数额为人民币 1 600 余万元，涉案增值税专用发票已抵扣。被告人赵伟作为合慧伟业公司的实际负责人、被告人刘会洋作为天正博朗公司、恩百泽公司的法定代表人

---

① 王涛：《“区块链发票”才是真正电子发票!》，载《中外管理》2020 年第 1 期。

全面负责上述公司的经营，并由其决策、指派公司员工从事相关活动。

2. 一审判决：犯虚开增值税专用发票罪。

3. 二审判决：犯非法购买增值税专用发票罪。

一审判决定性为虚开增值税专用发票罪，二审判决定性为犯非法购买增值税专用发票罪；前者判处有期徒刑十年六个月，后者判处有期徒刑两年六个月。不论是案件定性还是处罚结果，差异可说是天壤之别。问题的关键就在于，如何区别虚开增值税专用发票罪和非法购买增值税专用发票罪。

（1）目的犯与行为犯的区别。认定构成虚开增值税专用发票罪时，需要行为人主观上具有骗取国家税款目的，客观上造成了国家税款损失。而非法购买增值税专用发票犯罪是一种行为犯，主观上行为人只要对非法买卖的行为有认知即可，无须附加其他主观目的；客观上只要实施了非法买卖的行为，无须造成一定的危害后果。

（2）侵害对象不同。虚开增值税专用发票侵犯的是增值税专用发票内容如实开具制度，非法购买增值税专用发票犯罪侵犯的是增值税专用发票领购制度。所以，《发票管理办法》第二十二条规定："开具发票应当按照规定的时限、顺序、栏目，全部联次一次性如实开具，并加盖发票专用章。"第十五条规定："需要领购发票的单位和个人，应当持税务登记证件、经办人身份证明、按照国务院税务主管部门规定式样制作的发票专用章的印模，向主管税务机关办理发票领购手续。"

（3）经济收益不同。虚开增值税专用发票罪并不要求开票方获得直接的经济收益，但至少受票方有骗取国家税款的目的，且客观上也造成了国家税款损失。非法购买增值税专用发票犯罪则要求购买方至少认知到会获得超过购买发票费用金额的发票经济收益。

资料来源：税屋网，http：//www. shui5. cn。作者：刘金涛，2019 年 11 月 12 日，2020 年 3 月 5 日浏览。

# 第四节 纳税申报管理

## 一、纳税申报的概念

纳税申报是纳税人在发生纳税义务后按照税法规定的期限和内容向主管税务机关提交有关纳税书面报告的法律行为，是界定纳税人法律责任的主要依据，是税务机关税收管理信息的主要来源和税务管理的一项重要制度。

自行申报纳税制度是《中华人民共和国税收征收管理法》对纳税人的明确要求，是现代税收征管的基础，也是税务机关提供优质服务、实施有效征管和税务稽查的前提。建立这项制度是适应我国社会主义市场经济发展的必然要求，相对于计划经济条件下和改革开放初期对纳税人实行的查账征收、查定征收、查验征收等税收征收方式，自行申报纳税主要依靠纳税人独立完成纳税申报程序。

纳税申报资料是纳税人提供给税务机关的第一手税源资料，有利于保证应征税款的准确性。税务机关根据纳税申报资料办理征收业务过程中，通过审核计算应收税额、开具完税凭证等，了解纳税人的经济活动情况，掌握和分析税源的变化情况。税务机关通过对纳税资料的分析可以了解纳税人涉税行为的正确性和发展趋势，及时、准确地征收税款，及时发现涉税违法行为的线索和动向，防止税款流失。同时，通过对纳税资料的综合分析可以全面掌握经济运行状况，把握国家经济运行趋势，积极运用税收杠杆调节经济，促进经济和社会发展。

## 二、纳税申报的管理

### （一）申报对象

纳税申报的对象是指按照国家法律、行政法规的规定，负有纳税义务的纳税人或者是负有代扣代缴义务的扣缴义务人。纳税人（含享受减免税的纳税人）、扣缴义务人无论本期有无应纳、应缴税款，都必须按税法规定的期限如实向主管税务机关办理纳税申报。享受减免税的纳税人，也应按期办理纳税申报。

### （二）申报期限

申报期限，是指法律、行政法规规定或者税务机关依照法律、行政法规的规定确定纳税人、扣缴义务人向税务机关申报应纳或者应解缴税款的期限。纳税申报期限是根据各个税种的特点确定的，各个税种的纳税期限因其征收对象、计税环节的不同而不尽相同；同一税种也可以因为纳税人的经营情况不同、财务会计核算不同、应纳税额大小不等，申报期限也不一样，可以分为按期申报纳税和按次申报纳税。按期纳税申报，是以纳税人发生纳税义务的一定期间为纳税申报期限，不能按期纳税申报的，实行按次申报纳税。如遇国家法定的公休假日，可以顺延。

1. 增值税、消费税的纳税期限分别为 1 日、3 日、5 日、10 日、15 日、1 个月或者 1 个季度。纳税人的具体纳税期限，由主管税务机关根据纳税人应纳税额的大小分别核定；不能按照固定期限纳税的，可以按次纳税。纳税人以 1 个月或者 1 个季度为 1 个纳税期的，自期满之日起 15 日内申报纳税；以 1 日、3 日、5 日、10 日或者 15 日为 1 个纳税期的，自期满之日起 5 日内预缴税款，于次月 1 日起 15 日内申报纳税并结清上月应纳税款。纳税期限遇最后一日是法定休假日的，以休假日期满的次日为期限的最后一日；在期限内有连续 3 日以上法定休假日的，按休假日天数顺延。

2. 企业所得税分月或者分季预缴。企业应当自月份或者季度终了之日起 15 日内，向税务机关报送预缴企业所得税纳税申报表，预缴税款。企业应当自年度终了之日起 5 个月内，向税务机关报送年度企业所得税纳税申报表，并汇算清缴，结清应缴应退税款。

3. 个人所得税改革后，新增了汇算清缴制度。《中华人民共和国个人所得税法》规定：居民个人取得综合所得，按年计算个人所得税；有扣缴义务人的，由扣缴义务人按月或者按次预扣预缴税款；需要办理汇算清缴的，应当在取得所得的次年 3 月 1 日至 6 月 30 日内办理汇算清缴。预扣预缴办法由国务院税务主管部门制定。非居民个人取得工资、薪金所得，劳务报酬所得，稿酬所得和特许权使用费所得，有扣缴义务人的，由扣缴义务人按月或者按次代扣代缴税款，不办理汇算清缴。纳税人取得经营所得，按年计算个人所得税，由纳税人在月度或者季度终了后15日内向税务机关报送纳税申报表，并预缴税款；在取得所得的次年3月31日前办理汇算清缴。纳税人取得利息、股息、红利所得，财产租赁所得，财产转让所得和偶然所得，按月或者按次计算个人所得税，有扣缴义务人的，由扣缴义务人按月或者按次代扣代缴税款。纳税人取得应税所得没有扣缴义务人的，应当在取得所得的次月15日内向税务机关报送纳税申报表，并缴纳税款。纳税人取得应税所得，扣缴义务人未扣缴税款的，纳税人应当在取得所得的次年6月30日前缴纳税款；税务机关通知限期缴纳的，纳税人应当按照期限缴纳税款。居民个人从中国境外取得所得的，应当在取得所得的次年3月1日至6月30日内申报纳税。非居民个人在中国境内从两处以上取得工资、薪金所得的，应当在取得所得的次月15日内申报纳税。纳税人因移居境外注销中国户籍的，应当在注销中国户籍前办理税款清算。

鉴于2020年是个人所得税纳税人办理汇算清缴的首个纳税年度，为方便纳税人，切实减轻纳税人的办税负担以及税务机关的办税成本，国家税务总局出台了以下过渡性办法：

（1）2019年度已预缴税额大于年度应纳税额且申请退税的。包括2019年度综合所得收入额不超过6万元但已预缴个人所得税；年度中间劳务报酬、稿酬、特许权使用费适用的预扣率高于综合所得年适用税率；预缴税款时，未申报扣除或未足额扣除减除费用、专项扣除、专项附加扣除、依法确定的其他扣除或捐赠，以及未申报享受或未足额享受综合所得税收优惠等情形。

（2）2019年度综合所得收入超过12万元且需要补税金额超过400元的。包括取得两处及以上综合所得，合并后适用税率提高导致已预缴税额小于年度应纳税额等情形。

纳税人办理2019年度汇算的时间为2020年3月1日至6月30日。在中国境内无住所的纳税人在2020年3月1日前离境的，可以在离境前办理年度汇算。

为便利纳税人，税务机关为纳税人提供高效、快捷的网络办税渠道。纳税人可优先通过网上税务局（包括手机个人所得税APP）办理年度汇算，税务机关将按规定为纳税人提供申报表预填服务；不方便通过上述方式办理的，也可以通过邮寄方式或到办税服务厅办理。

选择邮寄申报的，纳税人需将申报表寄送至任职受雇单位（没有任职受雇单位的，为户籍或者经常居住地）所在省、自治区、直辖市、计划单列市税务局公告指定的税务机关。

4. 其他税种，税法已明确规定纳税申报期限的，按税法规定的期限申报。税法未明确规定纳税申报期限的，按主管税务机关根据具体情况确定的期限申报。

纳税人、扣缴义务人、代征人按照规定的期限办理纳税申报或者报送代扣代缴、代收代缴税款报告表、委托代征税款报告表确有困难，需要延期的，应当在规定的申报期限内向主管国家税务机关提出书面延期申请，经主管税务机关核准，在核准的期限内办理。纳税人、扣缴义务人、代征人因不可抗力情形，不能按期办理纳税申报或者报送代扣代缴、代收代缴税款或委托代征税款报告的，可以延期办理。但是，应当在不可抗力情形消除后立即向主管税务机关报告。

### （三）申报内容

纳税申报内容主要在各税种的纳税申报表和代扣代缴税款报告表中体现，还有的是在纳税申报表附表的财务报表和有关纳税资料中体现。纳税人、扣缴义务人的纳税申报和代扣代缴、代收代缴税款报告的主要内容包括：税种、税目、应纳税项目或者应代扣代收税款项目，适用税率或者单位税额，计税依据，抵扣项目、扣除项目及标准，应纳税额或者代扣、代收税额、税款所属期限等。

### （四）申报方式

随着网络科技的不断发展，纳税申报方式也在不断升级，现阶段我国主要纳税申报方式有直接申报、邮寄申报、数据电文申报等。

1. 直接申报。这是最传统的一种申报方式，是指纳税人自行到税务机关办理申报业务。

2. 邮寄申报。这是指纳税人使用统一规定的纳税申报专用信封，并以邮政部门的收据作为申报凭据，以寄出的邮戳为实际申报日期。

3. 数据电文申报。这是指经税务机关确定的电话语音、电子数据交换和网络传输等电子方式进行纳税申报，其申报日期以税务机关计算机网络系统收到该数据电文的时间为准。

### （五）法律责任

《中华人民共和国税收征收管理法》第六十二条规定：“纳税人未按照规定的期限办理纳税申报和报送纳税资料的，或者扣缴义务人未按照规定的期限向税务机关报送代扣代缴、代收代缴税款报告表和有关资料的，由税务机关责令限期改正，可以处二千元以下的罚款；情节严重的，可以处二千元以上一万元以下的罚款。”第六十四条规定：“纳税人不进行纳税申报，不缴或者少缴应纳税款的，由税务机关追缴其不缴或者少缴的税款、滞纳金，并处不缴或者少缴的税款百分之五十以上五倍以下的罚款。”

**【案例解析】**

#### 企业发生疫情防控公益性捐赠支出如何进行企业所得税纳税申报

2020 年春节期间我国受“新型冠状病毒感染肺炎”的影响，武汉急需大量救灾物资，全国多地众志成城驰援武汉，向武汉发起捐赠。对于企业发生的疫情防控的公益性捐赠支出应如何进行企业所得税申报？

解析：企业享受疫情防控公益性捐赠支出全额税前扣除政策的，采取“自行判别、申报享受、相关资料留存备查”的方式，并将捐赠全额扣除情况填入企业所得税纳税申报表相应行次。在季度预缴申报时，相应捐赠支出可以作为当期成本费用，在计算应纳税所得额时全额扣除。在年终企业所得税汇算清缴申报时，通过填报 105070“捐赠支出及纳税调整明细表”的第 2 行“二、全额扣除的公益性捐赠”的第 1 列“账载金额”和第 4 列“税收金额”，在计算应纳税所得额时全额扣除。

资料来源：中国税务网，www. ctax. org. cn，2020 年 2 月 21 日，2020 年 3 月 5 日浏览。

# 第五节 税款征收管理

## 一、税款征收的概念

税款征收是税务机关依照税收法律、法规规定将纳税人应当缴纳的税款组织征收入库的一系列活动的总称，是税收征收管理的核心内容，是税务登记、账簿票证管理、纳税申报等税务管理工作的目的和归宿。税款征收的主要内容包括税款征收的方式、程序，减免税的核报，核定税额，税收保全措施和强制执行措施的设置与运用以及欠缴、多缴税款的处理等。

税款征收包括两个方面：一是税务机关作为征税主体，必须依法行使税收行政执法权并承担相应的义务与责任。二是纳税人或扣缴义务人作为纳税主体或税款扣缴主体，必须依法履行纳税义务或税款扣缴义务并承担相应的法律责任。

税款征收中征纳关系有以下几个特征：一是征纳法律关系的双方当事人中，必有一方是税务机关，税务机关是征纳法律关系的主体。二是征纳双方的权利和义务是由国家法律、法规预先确定的，不能自由设定或选择。三是征纳法律关系双方主体地位不具有平等性，行使国家征税权的税务机关始终处于主体地位。

## 二、税款征收的管理

### （一）税款征收原则

1. 税务机关是征税的唯一行政主体。这里所指的税务机关是广义的含义，是我国税务机关、海关和财政机关等征税管理机构的统称。除税务机关、税务人员以及经税务机关依照法律、行政法规委托的单位和个人外，任何单位和个人不得进行税款征收活动。

2. 税务机关只能依照法律、行政法规的规定征收税款。税务机关代表国家向纳税人征收税款，不得任意征收，只能依照法律、行政法规的规定征收税款，既不得在税法生效之前先行向纳税人征收税款，也不得在税法尚未失效时停止征收税款，更不得擅立章法，新开征一种税。未经法定机关和法定程序的调整，征纳双方均不得随意变动。在税款征收过程中，税务机关应当按照税收法律、行政法规预先规定的征收标准进行征税。税务机关不得擅自增减改变税目、调高或降低税率、加征或减免税款、提前征收或延缓征收税款以及摊派税款。

3. 税务机关征收税款必须遵守法定权限和法定程序。税务机关必须按照法律或者行政法规规定的审批权限和程序进行操作，否则就是违法。《中华人民共和国税收征收管理法》第三十三条规定："地方各级人民政府、各级人民政府主管部门、单位和个人违反法律、行政法规规定，擅自作出的减税、免税决定无效，税务机关不得执行，并向上级税务机关报告。"

4. 税务机关征收税款或扣押、查封商品、货物或其他财产时，必须向纳税人开具完税凭证或开付扣押、查封的收据或清单。《中华人民共和国税收征收管理法》第三十四条规定："税务机关征收税款时，必须给纳税人开具完税凭证。扣缴义务人代扣、代收税款时，纳税人要求扣缴义务人开具代扣、代收税款凭证的，扣缴义务人应当开具。"

5. 税款、滞纳金、罚款统一由税务机关上缴国库。税务机关应当按照国家规定的税收征收管理范围和税款入库预算级次，将征收的税款缴入国库。对审计机关、财政机关依法查出的税收违法行为，税务机关应当根据有关机关的决定、意见书，依法将应收的税款按照税款入库预算级次缴入国库，并将结果及时回复有关机关。

6. 税款优先原则。《中华人民共和国税收征收管理法》第四十五条规定："税务机关征收税款，税收优先于无担保债权，法律另有规定的除外；纳税人欠缴的税款发生在纳税人以其财产设定抵押、质押或者纳税人的财产被留置之前的，税收应当先于抵押权、质权、留置权执行。纳税人欠缴税款，同时又被行政机关决定处以罚款、没收违法所得的，税收优先于罚款、没收违法所得。"对于税款优先原则有以下几点注意事项。

（1）对于法律上另有规定的无担保债权，不能行使税收优先权。如在破产程序中，职工的工资属于债权，但考虑到职工基本生活的保障这一更高的人权宗旨，职工的工资优先于国家的税收而受到清偿。

（2）纳税人发生欠税在前的，税收优先于抵押权、质权和留置权的执行。纳税人欠缴的税款发生在纳税人以其财产设定抵押、质押或者纳税人的财产被留置之前的，税收应当先于抵押权、质权、留置权执行。应当注意的是其中包含两个前提：纳税人有欠税和欠税发生在前。纳税人应缴纳税款的期限届满至次日即是纳税人欠缴税款的发生时间。

税收优先于发生在其后的抵押权、质权、留置权的规定，包含两层含义：其一，税收优先于发生在其后的抵押权、质权、留置权，执行额度以纳税人应纳的税款为限。例如税务机关处置纳税人的抵押财产后，抵押财产的处置价值超过纳税人的应纳税额、滞纳金和必要的处置费用的，超出部分应该退还纳税人；纳税人抵押的财产价值不足以缴纳税款和滞纳金的，税务机关应要求纳税人以其他财产补足。其二，欠税的纳税人，可以以其财产设定抵押、质押，其财产也可能被留置，但是此时的抵押、质押等担保物权不能影响税收，即根据税收优先的原则，对有欠税的纳税人，税务机关对其设置抵押、质押或被留置的财产有优先处置权，以保障国家依法取得税收收入。

（3）税收优先于罚款、没收非法所得。纳税人在生产经营以及其他活动中，如果实施了违反行政管理法律、法规的行为，则有关的行政机关（如市场监管、财政、人社、公安等行政部门）可以依法予以罚款、没收违法所得等行政处罚。虽然罚款、没收违法所得也应上缴国库，但为了保障国家税收收入，如果此时纳税人欠缴税款，则税款的征收应优先于罚款、没收违法所得。

税收优先于罚款、没收非法所得的规定，包含两层含义：其一，纳税人欠缴税款，同时又被税务机关决定处以罚款、没收非法所得的，税收优先于罚款、没收非法所得。其二，纳税人欠缴税款，同时又被税务机关以外的其他行政部门处以罚款、没收非法所得的，税款优先于罚款、没收非法所得。

### （二）税款征收方式

1. 查账征收。查账征收是指税务机关按照纳税人提供的账表所反映的经营情况，依照适用税率计算缴纳税款的方式。适用于账簿、凭证、会计等核算制度比较健全，能够据以如实核算生产经营情况，正确计算应纳税款的纳税人。

2. 核定征收。核定征收是指税务机关对不能完整、准确提供纳税资料的纳税人，采用特定方法确定其应纳税收入或应纳税额，纳税人据以缴纳税款的一种征收方式。

（1）核定征收的适用范围。根据《中华人民共和国税收征收管理法》第三十五条规定，核定征收适用于以下几种情况：依照法律、行政法规的规定可以不设置账簿的；依照法律、行政法规的规定应当设置账簿但未设置的；擅自销毁账簿或者拒不提供纳税资料的；虽设置账簿，但账目混乱或者成本资料、收入凭证、费用凭证残缺不全，难以查账的；发生纳税义务，未按照规定的期限办理纳税申报，经税务机关责令限期申报，逾期仍不申报的；纳税人申报的计税依据明显偏低，又无正当理由的。税务机关核定应纳税额的具体程序和方法由国务院税务主管部门规定。

（2）核定征收的方式。核定征收的方式主要有以下几种：

一是查定征收。查定征收是指由税务机关根据纳税人的从业人员、生产设备、原材料消耗等因素，在正常生产经营条件下，对其生产的应税产品，查实核定产量、销售额并据以征收税款的一种方式。适用于生产规模较小、账册不健全，但是能够控制原材料和进销货的纳税人。

二是查验征收。查验征收是指税务机关对纳税人的应税商品，通过查验数量，按市场一般销售单价计算其销售收入并据以征税的方式。适用于经营品种比较单一，经营地点、时间和商品来源不固定的纳税人。

三是定期定额征收。定期定额征收是指税务机关通过典型调查，核定商户的营业额和所得额并据以征税的方式。适用于无完整考核依据的小型纳税人。

（3）核定应纳税额的方法。一是参照当地同类行业或者类似行业中经营规模和收入水平相近的纳税人的税负水平核定。二是按照营业收入或者成本加合理的费用和利润的方法核定；或者按照耗用的原材料、燃料、动力等推算或者测算核定。三是按照其他合理方法核定。采用以上所列一种方法不足以正确核定应纳税额时，可以同时采用两种以上的方法核定。

3. 代扣代缴。代扣代缴是指支付纳税人收入的单位和个人从所支付的纳税人收入中扣缴其应纳税款并向税务机关解缴的行为。

4. 代收代缴。代收代缴是指与纳税人有经济往来关系的单位和个人借助经济往来关系向纳税人收取其应纳税款并向税务机关解缴的行为。

5. 委托代征。委托代征是指税务机关为了解决税务人员不足的问题，根据国家法律、法规的授权，并根据加强税款征收、保障国家税收收入实际需要，依法委托给其他部门和单位代为执行税款征收任务的一种税款征收方式。

### （三）税款缴库方式

《税款缴库退库工作流程》规定了两种税款缴库方式。一是手工缴库，是指税务机关、纳税人、扣缴义务人、代征代售人等向银行传递“税收缴款书（银行经收专用）”

“税收缴款书（出口货物劳务专用）”，由银行据以收纳报解税款后缴入国库的缴库方式。手工缴库包括直接缴库和汇总缴库两种形式。二是电子缴库，是指税务机关将记录纳税人、扣缴义务人、代征代售人应缴税款信息的“税收电子缴款书”通过横向联网电子缴税系统发送给国库，国库转发给银行，银行据以收纳报解税款后缴入国库的缴库方式。

1. 直接缴库。直接缴库的，由纳税人持“税收缴款书（银行经收专用）”或“税收缴款书（出口货物劳务专用）”，直接到银行缴纳税款，银行据以收纳报解税款后缴入国库。直接缴库时，纳税人应当在税款缴库凭证载明的税款限缴日期内，到银行办理税款的缴纳；超过税款限缴日期的，由税务机关计算纳税人应缴滞纳金，开具税款缴库凭证，纳税人到银行办理税款和滞纳金的缴纳。

2. 汇总缴库。汇总缴库分为税务机关汇总缴库和扣缴义务人、代征代售人汇总缴库。税务机关汇总缴库的，由纳税人、扣缴义务人、代征代售人向税务机关缴纳或者解缴税款，税务机关根据所收税款，汇总开具“税收缴款书（银行经收专用）”，向银行解缴，银行据以收纳报解税款后缴入国库，应予缴库的税务机关代保管资金和待缴库税款，按纳税人分别开具“税收缴款书（银行经收专用）”；扣缴义务人、代征代售人汇总缴库的，由纳税人向扣缴义务人、代征代售人缴纳税款，扣缴义务人、代征代售人根据所扣、所收税款，汇总开具“税收缴款书（银行经收专用）”，向银行解缴，银行据以收纳报解税款后缴入国库。

3. 电子缴库。电子缴库全称为“财税库银税收收入电子缴库横向联网”，即财政部门、税务机关、国库、各商业银行（含信用社）利用信息网络技术，通过电子网络系统办理税收收入征缴入库等业务，税款直接缴入国库，实现税款征缴信息共享的缴库模式。电子缴库主要采取划缴入库方式。不具备划缴入库条件的，采取自缴入库方式。在电子缴库信息发送方式上，电子缴款书等税收收入电子缴库信息由税务机关发送国库，国库转发到纳税人开户银行和财政部门。随着横向联网工作的深化，逐步实现税务机关与财政部门、国库相互之间的直接联网，完善税收收入电子缴库业务程序和信息共享方式。

**（四）税款的退还和追征**

税款的退还是指在发生超纳、误纳的情况下，税务机关依职权或应纳税人的要求，将已入库多征的税款依法退还给原纳税人的制度。纳税人超过应纳税额缴纳的税款，税务机关发现后应当立即退还。纳税人自结算缴纳税款之日起 3 年内发现的，可以向税务机关要求退还多缴的税款并加算银行同期存款利息，税务机关及时查实后应立即退还；涉及从国库中退库的，依照法律、行政法规有关国库管理的规定退还。

税款的追征是指在实际的税款征缴过程中，由于征纳双方的疏忽、计算错误等原因造成的纳税人、扣缴义务人未缴或者少缴税款，税务机关依法对未征少征的税款要求补缴，对未缴少缴的税款进行追征的制度。

税务机关对超过纳税期限未缴或少缴税款的纳税人可以在规定的期限内予以追征。根据《中华人民共和国税收征收管理法》及其实施细则有关规定，税款的追征具体有以下三种情形：

第一，因税务机关的责任，致使纳税人、扣缴义务人未缴或者少缴款的，税务机关在 3 年内可以要求纳税人、扣缴义务人补缴税款，但是不得加收滞纳金。

第二，因纳税人、扣缴义务人计算错误等失误，未缴或者少缴款的，税务机关在 3 年内可以追征税款，并加收滞纳金；有特殊情况的（即数额在 10 万元以上的），追征期可以延长到 5 年。

第三，对因纳税人、扣缴义务人和其他当事人逃税、抗税、骗税等原因而造成未缴或者少缴的税款，或骗取的退税款，税务机关可以无限期追征。

## 三、税款征收措施

### （一）关联企业纳税调整制度

《中华人民共和国税收征收管理法》第三十六条规定："企业或者外国企业在中国境内设立的从事生产、经营的机构、场所与其关联企业之间的业务往来，应当按照独立企业之间的业务往来收取或者支付价款、费用；不按照独立企业之间的业务往来收取或者支付价款、费用，而减少其应纳税的收入或者所得额的，税务机关有权进行合理调整。"

企业与其他企业或经济组织之间在资金、经营、购销等方面，存在直接或者间接的拥有或者控制关系；直接或者间接地同为第三者所拥有或者控制；以及在利益上具有相关联的其他关系的，将被认定为关联企业或有关联关系的企业。

1. 关联企业纳税调整制度的适用范围。纳税人与其关联企业之间的业务往来有下列情形之一的，税务机关可以调整其应纳税额：

（1）购销业务未按照独立企业之间的业务往来作价。

（2）融通资金所支付或者收取的利息超过或者低于没有关联关系的企业之间所能同意的数额，或者利率超过或者低于同类业务的正常利率。

（3）提供劳务，未按照独立企业之间的业务往来收取或者支付劳务费用。

（4）转让财产、提供财产使用权等业务往来，未按照独立企业之间的业务往来作价或者收取、支付费用。

（5）未按照独立企业之间业务往来作价的其他情形。

2. 调整方法。纳税人有上述所列情形之一的，税务机关可以按照下列方法调整计税收入额或者所得额：

（1）按照独立企业之间进行的相同或者类似业务活动的价格。

（2）按照再销售给无关联关系的第三者的价格所应取得的收入和利润水平。

（3）按照成本加合理的费用和利润。

（4）按照其他合理的方法。

### （二）责令缴纳

《中华人民共和国税收征收管理法》第三十七条规定："对未按照规定办理税务登记的从事生产、经营的纳税人以及临时从事经营的纳税人，由税务机关核定其应纳税额，责令缴纳；不缴纳的，税务机关可以扣押其价值相当于应纳税款的商品、货物。扣押后缴纳应纳税款的，税务机关必须立即解除扣押，并归还所扣押的商品、货物；扣押后仍不缴纳应纳税款的，经县以上税务局（分局）局长批准，依法拍卖或者变卖所扣押的商品、货物，以拍卖或者变卖所得抵缴税款。"

### （三）征收滞纳金

征收滞纳金是税收管理中的一种行政强制措施。《中华人民共和国税收征收管理法》第三十二条规定："纳税人未按照规定期限缴纳税款的，扣缴义务人未按照规定期限解缴税款的，税务机关除责令限期缴纳外，从滞纳税款之日起，按日加收滞纳税款万分之五的滞纳金。"征收滞纳金的适用范围如下：

1. 因纳税人、扣缴义务人计算错误等失误，未缴或者少缴税款的，税务机关在3年内可以追征税款、滞纳金。对此规定，有特殊情况的，追征期可以延长到5年，包括税款和滞纳金；对逃税、抗税、骗税的，税务机关追征其未缴或者少缴的税款、滞纳金或者所骗取的税款，不受此规定期限的限制。

2. 纳税人需要延期缴纳税款的，应当在缴纳税款期限届满前提出申请，税务机关应当自收到申请延期缴纳税款报告之日起20日内作出批准或者不予批准的决定；不予批准的，从缴纳税款期限届满之日起加收滞纳金。

3. 对虚开增值税专用发票或者虚开可抵扣税款的其他发票（凭证）的企业，除补缴税款、加收滞纳金外，各地税务机关要依法从严、从重处罚。对涉嫌构成犯罪的，要按有关规定及时移送公安机关，追究其法律责任。

4. 对于非居民企业，无论盈利或者亏损，均应按照规定参加所得税汇算清缴，而对企业未按规定期限办理所得税汇算清缴的，主管税务机关除责令其限期办理外，对发生税款滞纳的，按照《中华人民共和国税收征收管理法》的规定，加收滞纳金。

5. 企业清算时，应当以整个清算期间作为一个纳税年度，依法计算清算所得及其应纳所得税。企业应当自清算结束之日起15日内，向主管税务机关报送企业清算所得税纳税申报表，结清税款。企业未按照规定的期限办理纳税申报或者未按照规定期限缴纳税款的，应根据《中华人民共和国税收征收管理法》的相关规定加收滞纳金。

### （四）纳税担保

纳税担保是指经税务机关同意或确认，纳税人或其他自然人、法人、经济组织以保证、抵押、质押的方式，为纳税人应当缴纳的税款及滞纳金提供担保的行为。

1. 纳税担保措施的适用范围。《中华人民共和国税收征收管理法》第三十八条规定："税务机关有根据认为从事生产、经营的纳税人有逃避纳税义务行为的，可以在规定的纳税期之前，责令限期缴纳应纳税款；在限期内发现纳税人有明显的转移、隐匿其应纳税的商品、货物以及其他财产或者应纳税的收入的迹象的，税务机关可以责成纳税人提供纳税担保。"

2. 纳税担保的形式。纳税担保主要包括纳税保证、纳税抵押、纳税质押三种形式。

（1）纳税保证。纳税保证是指纳税保证人向税务机关保证，当纳税人未按照税收法律、行政法规规定或者税务机关确定的期限缴清税款、滞纳金时，由纳税保证人按照约定履行缴纳税款及滞纳金的行为。纳税保证人是指在中国境内具有纳税担保能力的自然人、法人或者其他经济组织。纳税担保能力是指法人或其他经济组织财务报表资产净值超过需要担保的税额及滞纳金两倍以上的；自然人、法人或其他经济组织所拥有或者依法可以处分的未设置担保的财产价值超过需要担保的税额及滞纳金的。

纳税保证的适用范围包括：税务机关有根据认为从事生产、经营的纳税人有逃避纳税义务行为的；欠缴税款、滞纳金的纳税人或者其法定代表人需要出境的；纳税人同税务机关在纳税上发生争议而未缴清税款，需要申请行政复议的；税收法律、行政法规规定可以提供纳税担保的其他情形。

纳税保证人同意为纳税人提供纳税担保的，应当填写纳税担保书，经纳税人、纳税保证人签字盖章并经税务机关签字盖章同意方为有效，纳税担保自签字盖章即日起生效。纳税人在规定的期限届满未缴清税款及滞纳金的，税务机关在保证期限内书面通知纳税保证人，纳税保证人自收到通知书之日起 15 日内缴纳税款及滞纳金，履行担保责任。纳税保证人未按规定期限缴纳税款及滞纳金的，由税务机关发出责令限期缴纳通知书，责令纳税保证人在限期 15 日内缴纳。逾期仍未缴纳的，经县以上税务局局长批准，对纳税保证人采取强制执行措施。

（2）纳税抵押。纳税抵押是指纳税人或纳税担保人不转移对抵押财产的占有，将该财产作为税款及滞纳金的担保。纳税人逾期未缴清税款及滞纳金的，税务机关有权依法处置该财产以抵缴税款及滞纳金。

可以抵押的财产包括：抵押人所有的房屋和其他地上定着物；抵押人所有的机器、交通运输工具和其他财产；抵押人依法有权处分的国有的房屋和其他地上定着物；抵押人依法有权处分的国有的机器、交通运输工具和其他财产；经设区的市、自治州以上税务机关确认的其他可以抵押的合法财产。以依法取得的国有土地上的房屋抵押的，该房屋占用范围内的国有土地使用权同时抵押。以乡（镇）、村企业的厂房等建筑物抵押的，其占用范围内的土地使用权同时抵押。

不得抵押的财产有：土地所有权；土地使用权，上述抵押范围规定的除外；学校、幼儿园、医院等以公益为目的的事业单位、社会团体、民办非企业单位的教育设施、医疗卫生设施和其他社会公益设施（但可用除教育设施、医疗卫生设施和其他社会公益设施以外的财产为其应缴纳的税款及滞纳金提供抵押）；所有权、使用权不明或者有争议的财产；依法被查封、扣押、监管的财产；依法定程序确认为违法、违章的建筑物；法律、行政法规规定禁止流通的财产或者不可转让的财产；经设区的市、自治州以上税务机关确认的其他不予抵押的财产。

纳税人提供抵押担保的，应当填写纳税担保书和纳税担保财产清单，标明财产价值以及相关事项。纳税担保书和纳税担保财产清单需经纳税人签字盖章并经税务机关确认。

在抵押物灭失、毁损或者被征用的情况下，税务机关应该就该抵押物的保险金、赔偿金或补偿金要求优先受偿，抵缴税款、滞纳金；抵押权所担保的纳税义务履行期未满的，税务机关可以要求将保险金、赔偿金或补偿金等作为担保财产。

（3）纳税质押。纳税质押是指经税务机关同意，纳税人或纳税担保人将其动产或权利凭证移交税务机关占有，将该动产或权利凭证作为税款及滞纳金的担保。纳税人逾期未缴清税款及滞纳金的，税务机关有权依法处置该动产或权利凭证以抵缴税款及滞纳金。

纳税质押分为动产质押和权利质押。动产质押包括现金以及其他除不动产以外的财产提供的质押。权利质押包括汇票、支票、本票、债券、存款单等权利凭证提供的质押。对于实际价值波动很大的动产和权利凭证，经设区的市、自治州以上税务机关确认，税务机关可以不接受其作为纳税质押。

### （五）税收保全

税收保全措施是指税务机关为了保证税款按期、足额入库，对可能由于纳税人的行为或者某种客观原因，致使以后税款的征收不能保证或难以保证的情形，采取限制纳税人处理或转移商品、货物或其他财产的措施。

1. 税收保全措施的适用范围。《中华人民共和国税收征收管理法》第三十八条规定："税务机关有根据认为从事生产、经营的纳税人有逃避纳税义务行为的，可以在规定的纳税期之前，责令限期缴纳应纳税款；在限期内发现纳税人有明显的转移、隐匿其应纳税的商品、货物以及其他财产或者应纳税的收入的迹象的，税务机关可以责成纳税人提供纳税担保。如果纳税人不能提供纳税担保，经县以上税务局（分局）局长批准，税务机关可以采取税收保全措施。"

2. 税收保全措施的形式。税收保全措施的形式包括书面通知纳税人开户银行或者其他金融机构冻结纳税人的金额相当于应纳税款的存款；扣押、查封纳税人的价值相当于应纳税款的商品、货物或者其他财产。

3. 税收保全措施的终止。税收保全措施的终止有两种情况：一是纳税人在规定的期限内缴纳了应纳税款的，税务机关必须立即解除税收保全措施；二是纳税人超过规定的期限仍不缴纳税款的，经县以上税务局（分局）局长批准，终止保全措施转入强制执行措施，即书面通知纳税人开户银行或者其他金融机构从其冻结的存款中扣缴税款，或者拍卖、变卖所扣押、查封的商品、货物或其他财产，以拍卖或者变卖所得抵缴税款。

4. 税收保全措施执行过程中的注意事项。个人及其所扶养家属维持生活必需的住房和用品，不在税收保全措施的范围之内。个人所扶养家属，是指与纳税人共同居住生活的配偶、直系亲属以及无生活来源并由纳税人扶养的其他亲属。生活必需的住房和用品不包括机动车辆、金银饰品、古玩字画、豪华住宅或者一处以外的住房。税务机关对单价5 000元以下的其他生活用品，不采取税收保全措施。

税务机关执行扣押、查封商品、货物或者其他财产时，必须由两名以上税务人员执行，并通知被执行人。被执行人是公民的，应当通知被执行人本人或成年家属到场；被执行人是法人或者其他组织的，应当通知其法定代表人或者主要负责人到场；拒不到场的，不影响执行。税务机关扣押商品、货物或者其他财产时，必须开付收据；查封商品、货物或者其他财产时，必须开付清单。

纳税人在限期内已缴纳税款，税务机关未立即解除税收保全措施，使纳税人的合法利益遭受损失的，税务机关应当承担赔偿责任。

### （六）税收强制执行

税收强制执行措施是税务机关对未按规定期限履行税款缴纳等法定义务的纳税人、扣缴义务人等税收管理相对人，依法采取的强制性收缴的措施。税收强制执行措施是税收保全措施的延续，更加体现了税收的强制性。

1. 税收强制执行措施的适用范围。《中华人民共和国税收征收管理法》第四十条规定："从事生产、经营的纳税人、扣缴义务人未按照规定的期限缴纳或者解缴税款，纳税担保人未按照规定的期限缴纳所担保的税款，由税务机关责令限期缴纳，逾期仍未缴纳的，经县以上税务局（分局）局长批准，税务机关可以采取强制执行措施。"因此，从适用对象上看，税收强制执行措施不仅适用于从事生产经营的纳税人，也适用于扣缴义务人和纳税担保人；从适用条件上看，必须告诫在先，执行在后；从适用时间上看，必须在责令纳税人限期缴纳期满后执行；从适用程序上看，必须得到县以上税务局（分局）局长的批准。

2. 税收强制执行措施的形式。《中华人民共和国税收征收管理法》第四十条规定："税收强制执行措施的形式有：书面通知其开户银行或者其他金融机构从其存款中扣缴税款；扣押、查封、依法拍卖或者变卖其价值相当于应纳税款的商品、货物或者其他财产，以拍卖或者变卖所得抵缴税款。"

3. 税收强制措施执行过程中的注意事项。个人及其所扶养家属维持生活必需的住房和用品，不在强制执行措施的范围之内。

实施扣押、查封、拍卖或者变卖等强制执行措施时，应当通知被执行人或其成年家属到场，否则不能直接采取扣押和查封措施。但被执行人或其成年家属接到通知后拒不到场的，不影响执行。同时，应当通知有关单位和基层组织，他们是扣押、查封财产的见证人，也是税务机关执行工作的协助人。

税务机关将扣押、查封的商品、货物或者其他财产变价抵缴税款时，应当交由依法成立的拍卖机构拍卖；无法委托拍卖或者不适于拍卖的，可以交由当地商业企业代为销售，也可以责令纳税人限期处理；无法委托商业企业销售，纳税人也无法处理的，可以由税务机关变价处理，具体办法由国家税务总局规定。拍卖或者变卖所得抵缴税款、滞纳金、罚款以及扣押、查封、保管、拍卖、变卖等费用后，剩余部分应当在 3 日内退还被执行人。

税务机关滥用职权违法采取税收强制执行措施、强制执行措施不当，使纳税人、扣缴义务人、纳税担保人的合法权益遭受损失的，应当依法承担赔偿责任。

**（七）阻止出境**

《中华人民共和国税收征收管理法》第四十四条规定："欠缴税款的纳税人或者其法定代表人需要出境的，应当在出境前向税务机关结清应纳税款、滞纳金或者提供担保。未结清税款、滞纳金，又不提供担保的，税务机关可以通知出境管理机关阻止其出境。"

对决定不准出境的人员，税务机关应当按照规定及时通知出入境边防检查机关予以协助，或者提请公安机关出入境管理机构不予签发出（国）境证件。

**【案例解析】**

### 税收保全措施是否合法?

#### 一、案情介绍

原告：江西某能源发展有限公司

被告：国家税务总局南昌经济技术开发区税务局

法院审理查明，2019 年 1 月 18 日，被告向原告作出经税通〔2019〕0002 号《税务事项通知书》，载明："你公司应更正 2018 年 12 月的消费税申报表。"该通知已依法向原告送达。同日，被告向农商银行经开支行作出赣新经冻通〔2019〕001 号《冻结存款通知书》，冻结原告存款账户（10×××56）号的存款 1.5 元。次日，被告向江西银行象南支行作出赣新经冻通〔2019〕002 号《冻结存款通知书》，冻结原告存款账户（79×××18）号的存款 150.06 元；向招商银行子安路支行作出赣新经冻通〔2019〕003 号《冻结存款通知书》，冻结原告存款账户（79×××02）号的存款 8 797 400.99 元。后经被告主要领导签批同意冻结措施。2019 年 3 月 8 日，被告分别对招商银行子安路支行、农商银行经开支行、江西银行象南支行作出赣新经解冻通〔2019〕001 号、002 号、003 号《解除冻结存款通知书》，决定从 2019 年 3 月 11 日起解除对原告存款账户号存款的冻结。

## 二、法院观点

本案中，法院认为 2019 年 1 月 18 日，被告在对原告的法定代表人及财务人员进行询问后，仅向原告作出经税通〔2019〕0002 号《税务事项通知书》，要求原告更正 2018 年 12 月的消费税申报表，即采取税收保全措施，作出赣新经冻通〔2019〕001 号、002 号、003 号《冻结存款通知书》，冻结原告三个存款账户号的存款，共计 8 797 552.55 元，被告未按照上述法律规定履行责令原告限期缴纳应纳税款、责成原告提供纳税担保等程序，故被告作出的行政行为程序违法。

## 三、案件分析

关于税务机关作出税收保全措施首先需要满足第一个条件：税务机关有根据从事生产、经营的纳税人有逃避纳税义务行为。只有先满足第二个条件，才能采取进一步的措施，即第二个条件在规定的纳税期之前，责令纳税人限期缴纳应纳税款，纳税人在限期内是否缴纳应纳税款又可分三种情况进行处理：第一种，纳税人在限期内缴纳了应纳税款，则税务机关不得再采取税收保全措施；第二种，纳税人在限期内未缴纳应纳税款，根据《中华人民共和国税收征收管理法》第四十条规定，由税务机关责令纳税人限期缴纳，逾期仍未缴纳的，经县以上税务局（分局）局长批准，税务机关可以采取强制执行措施；第三种，在限期内发现纳税人有明显的转移、隐匿财产的迹象，税务机关可以责成纳税人提供担保，纳税人不能提供担保的，税务机关才可以采取税收保全措施。

本案中税务机关之所以败诉，就是因为税务机关并未遵守先责令纳税人限期缴纳税款或责令纳税人提供担保等程序规定，直接采取了税收保全措施，直接侵犯了纳税人程序上的权利及预期利益。因此，税务机关在采取税收保全过程中应当严格遵循税收征管法的有关规定。

资料来源：法税无忧，https：//www.sohu.com，2019 年 9 月 16 日，2020 年 3 月 5 日浏览。

# 复习思考题

## 一、名词解释

税款追征　税务争议　税务登记　账簿　凭证　发票　纳税申报　税款征收　查账征收　核定征收　代扣代缴　代收代缴　委托代征　关联企业纳税调整　纳税担保　税收保

全 税收强制执行

## 二、简答题

1. 简述我国税务登记制度改革的过程。
2. 简述现行纳税申报的期限、内容和方式。
3. 税款征收应遵循哪些原则？
4. 纳税担保有哪些形式？
5. 如何正确实施税收保全措施？
6. 如何正确实施税收强制执行措施？
7. 请分析在实行“一照一码户”登记后是否还需要另行办理税务登记？

## 参考文献


[1] 中华会计网校，http：//www. chinaacc. com。
[2]《经济日报》官方微信账号，2017 年 8 月 3 日 .
[3] 王涛．“区块链发票”才是真正电子发票！[J]．中外管理，2020（01）：48—51.
[4] 中国税务网，http：//www. ctax. org. cn。
[5] 威科先行财税信息库，https：//taa. wkinfo. com. cn。

# 第三章 Chapter 3 税务风险管理

【本章提要】

本章主要讲解了税务风险管理的概念、国内外发展、基本原理及其在税收管理工作中的定位；重点讲述了税务风险管理的流程；简要介绍了大企业税务风险管理的优化，并对《大企业税务风险管理指引（试行）》进行解读。

【学习目的】

通过本章的学习，了解税务风险管理的发展及其在整个税务管理中的地位和作用，掌握税务风险管理的流程以及税收风险指标的分析和判别方法，了解《大企业税务风险管理指引（试行）》的主要内容。

## 第一节 税务风险管理概述

### 一、税务风险管理的概念

#### （一）税收风险

税收风险是影响实现税收征管目标的不确定性。具体而言，是指国家在税收征管过程中，囿于一系列不确定性因素，纳税人未能全面遵从税法，导致出现税收流失，即实际征收税款小于应该征收税款的可能性。税收风险从狭义上讲，主要是指管理性税收风险，表现为两个方面：一是纳税遵从风险；二是税收执法风险。这里讲的主要是纳税遵从风险，即由于纳税人对政策认识不足、工作疏漏等原因造成非故意性不遵从，以及利用征纳双方信息不对称等方式故意或恶意不遵从，形成税收流失的可能性和不确定性。

税收风险的产生是由诸多因素作用引起的。从纳税人偏好的角度看，纳税人会比较遵从成本和不遵从成本，从而做出遵从税法还是逃税的决定。遵从成本越高，不遵从程度也就越高；只有当不遵从成本高于不遵从收益时，才能对不遵从行为起到负激励、负强化作用。从税收制度的角度看，税制和税率的不合理、收入和税负的不公平、征管程序的不公正，容易导致纳税人的不满或产生对立情绪。从政府提供公共服务的角度看，纳税人和政府之间是一种契约关系，纳税人通过缴纳税款，享受政府提供的公共产品。但在现实中，这种关系是不完全等价的，公共支出违背公众意愿，纳税人得不到应有的优质公共服务时，政府公信度下降，也会导致纳税遵从度降低。从税收法治的角度看，税收立法环节的法制环境不完善、不友好，税收执法环节的运转不规范、效率低，税收司法环节的程序缺失，税收监督环节的流于形式等，没能给纳税人创造一个相对公平的纳税环境。从税收征管的角度看，征纳双方存在征纳博弈和信息不对称问题，纳税人利用信息优势为纳税不遵从作掩护，税务机关如果征管不严，会客观上助长逃税、骗税的风气，产生社会性税收风险。从人员素质的角度看，税务人员职业素质和执法水平有待提高，纳税人的道德水平和业务水平也不容乐观。由此可见，引发税收风险的原因复杂多样，税收风险只能控制，无法彻底根除。但税收风险和风险因素之间存在联系，可以通过采取因素分析和控制的方法，来达到降低风险发生概率、减轻风险损失强度的目标。

### （二）风险管理

风险管理是风险管理单位对风险进行识别、衡量、分析，并在此基础上有效地处置和规避风险，降低由风险带来的损失的一种处理方法。风险具有普遍性、客观性、损失性、不确定性，不可能完全避免或消除，因此，降低风险的最有效方法就是要确认并识别风险的存在，从而有效地控制风险，将风险降低到最低程度。风险管理属于管理学范畴，目的是解决管理当中的管理资源配置、管理体制优化和组织目标实现等问题。

### （三）税务风险管理

税务风险管理是将现代风险管理理念引入税收征管工作，旨在实施积极主动管理，最大限度地降低征收成本，创造稳定有序的征管环境，最大力度地防范税收流失，最大限度地规避税收执法风险，从而提升税收征收管理质量和效率的税收管理活动。它包括纳税人税收遵从风险和税务机关执行风险管理两个方面。本章所论述的税务风险管理是狭义的，仅包含纳税人税收遵从风险，是税务机关运用风险管理理论和方法，在全面分析纳税人税法遵从状况的基础上，针对纳税人不同类型不同等级的税收风险，合理配置税收管理资源，通过风险提醒、纳税评估、税务审计、反避税调查、税务稽查等风险应对手段，防控税收风险，提高纳税人的税法遵从度，提升税务机关管理水平的税收管理活动，并在税收管理活动中将税务风险管理贯穿于税收工作的全过程。

### （四）税务风险管理的形成和发展

1. 税务风险管理在外国的发展。20 世纪 90 年代以来，风险管理开始被引入税务管理领域。1997 年 7 月，OECD 通过了风险管理的应用指引，对在税收管理领域中应用风险管理模型进行了简要论述。2002 年初的 OECD 战略管理论坛一致同意，应为促进税收遵从风险管理的实践应用，特别是对中小企业税收遵从风险管理提供更加全面的指导。2002

年5月，来自OECD成员国的许多税务官员在伦敦召开会议，组建了相应的工作小组，明确其工作范围主要是关注影响中小企业国内税收遵从问题。2004年10月，OECD批准了税收管理遵从小组论坛提供的、题为《遵从风险管理：管理和改进税收遵从》的税务风险管理应用指引。澳大利亚、法国、德国、日本、美国等近20个国家税务专家参与文献的起草工作。2008年，OECD在南非开普敦召开了税收管理论坛第四次会议，讨论了大企业税务风险管理的相关问题。OECD国家和欧盟经过20多年的实践，把现代管理科学中的风险管理理论和现代税收管理相融合，推进了税务风险管理的发展，税务风险管理形成了完整的理论体系，主要包括税收缺口理论和模型、服务和执法金字塔理论和模型以及税务风险管理流程和模型，并得到了世界各国的普遍认同。

2. 税务风险管理在我国的发展。近年来，税务风险管理逐渐被引入我国税务系统的税收管理中，受到税务机关和税务人员的广泛关注，并在理论和实践方面得到了长足的发展（见表3-1）。

**表3-1　　中国税务风险管理相关政策**

| 文件或会议 | 发展进程 |
|---|---|
| 2002年国家税务总局发布《2002—2006年中国税收征收管理战略规划纲要》 | 首次正式提出“税收风险”理念，指出税收风险是影响税收征管质效的重要因素，必须引起足够的重视 |
| 2008年全国税务工作会议 | 提出“要继续推行科学化、专业化、精细化管理”，进一步加强税收风险管理，提高税收管理的质量和效率 |
| 2009年全国征管和科技工作会议 | 提出我国“税收风险防范机制不够健全”，亟须“确立信息管税思路、树立税收风险管理理念” |
| 2009年全国税务系统纳税服务工作会议 | “加快税收风险管理机制建设”也被提上议事日程 |
| 2009年国家税务总局发布《大企业税收风险管理指引（试行）》 | 在总则中指出“旨在引导大企业合理控制税务风险，防范税务违法行为，依法履行纳税义务，避免因没有遵循税法可能遭受的法律制裁、财务损失或声誉损害。”这是风险管理在我国税务系统中实施较早的举措之一 |
| 2010年全国税务工作会议 | 提出信息管税就是树立税务风险管理理念，依靠立法大力推进部门信息共享，以涉税信息的采集、分析和利用为基础，寻找和识别税收管理风险点和风险源，并采取有针对性的具体管理措施 |
| 2012年全国税务系统深化税收征管改革工作会议 | 提出要建立以税务风险管理为导向的现代税收征管体系，将税务风险管理贯穿于税收征管的全过程 |
| 2014年4月税总函〔2014〕168号文件《国家税务总局关于加强风险管控做好2013年企业所得税汇算清缴工作有关问题的通知》 | 指出各级税务机关利用汇缴数据，全方位开展风险管理 |
| 2014年国家税务总局专门印发《国家税务总局关于加强税务风险管理工作的意义》［税总发〔2014〕105号］ | 依据2013年度汇算清缴数据开展风险管理，推进企业所得税后续管理工作，进一步加强和规范税务风险管理工作 |

续表

| 文件或会议 | 发展进程 |
| --- | --- |
| 2018 年《国家地税征管体制改革方案》 | 税收经济分析处与各省税务局成立的另一新机构——大数据和风险管理局，形成了优势互补、团结协作的税收经济分析联动机制，将数据“原材料”变成多样化的分析产品，进一步发挥税收数据对经济社会发展决策的参考价值 |

## 二、税务风险管理的实践价值

税务风险管理一个重要的实践价值在于促进税务机关最有效地使用有限的管理资源，使得管理措施最终对于缩小遵从缺口的规模起到最有效的作用。虽然税务机关都拥有一定的管理资源，但是，要保证每一个纳税人在纳税义务发生时都能全面履行纳税义务，这些资源又总是不足的。特别是国际贸易的增长、电子商务的发展、就业模式的变化、经营结构和金融产品的创新、税收策划的商品化等因素，大大增加了纳税遵从风险，也增加了税务机关纳税服务、税收检查及其他遵从干预的复杂性和工作量。这意味着，税务机关必须将有限的管理资源以最具效率的方式加以利用。因此，税务风险管理的一个重要功能，就是帮助税务机关找到确定资源配置策略和遵从目标最大化之间的最佳结合点。

税务风险管理流程是一个结构化的流程，由设计优化的步骤构成，支持税收风险战略管理、风险的分析识别、风险的等级评定、风险的应对处理和风险管理的绩效评估；同时，它是一个循环往复的流程，通过持续的改进来支持税务机关科学决策。从税务机关整个管理运行体系看，风险管理流程与税务管理基本业务流程相融合，就构建了一个以风险管理为导向的税务管理运行体系。纳税人遵从行为以及产生这些行为深层原因的多样性导致什么是税务机关面临的主要风险、哪些纳税人与此相关以及如何对待这些风险才能取得最好的成果等问题的答案日益复杂。税务机关建立一个可执行的纳税遵从风险管理流程，能够为持续解决这些问题构建一种系统可靠的运行机制。税务风险管理模型及流程的应用，对税务机关税收管理体制机制的优化和完善税收管理职能的转变、资源配置策略的选择，以及税收管理方式的改进与转型等，都会产生深刻的影响。

税务风险管理最核心的意义在于如下三点：

第一，税务风险管理是现代税收管理的先进理念和国际通行做法，有利于完善我国税收管理体系，提高治理能力和效率。在税务机关拥有的资源中，人是主要的、最关键的资源，而纳税户是税收管理的对象。税务风险管理是管理有风险的纳税人，特别是风险大的纳税人，因而能够有效提高税务机关的管理效率和治理水平。从这个意义上说，税务风险管理是实现税收现代化的有效举措，是构建科学严密税收征管体系的核心工作。

第二，实施税务风险管理，有利于明确税务管理的重点和难点。把有限的征管资源优先配置到高风险领域和大企业税收领域，能够实现税源管理专业化，推动服务管理方式创新和税收管理体制变革。税务风险管理可以使管理者通过风险理论确定税收管理的重点，把握税收管理的主要矛盾。从这个意义上说，税务风险管理是税收征管改革的突破口。

第三，随着我国经济体制改革的不断深入、市场经济的不断发展，税源分布领域越来越广泛，流动性和隐蔽性越来越强。在实际税源管理过程中，受诸多客观不确定因素的影响，税源并不一定完全形成税收，从而造成税收流失的风险。开展税务风险管理，通过风险分析识别，有助于找准税源管理当中的主要漏洞，从而有效实施风险应对，进而促进税收收入的可持续增长。从这个意义上说，税务风险管理是完成组织税收收入目标的重要抓手。

总体而言，税收风险管理对指导税收实践具有重要价值，但由于起步较晚和环境条件限制，我国在征管理念、社会信用体系以及信息化方面与国际先进水平还有一定差距，在组织体系、资源配置以及税收风险管理的流程、分析监控及应用技术开发等方面还有较大的提升空间，需更积极、深入地探索和研究。

### 三、税务风险管理在税收管理工作中的定位

税务风险管理既是一种先进理念，也是一种有效的手段和方法。它贯穿于整个税务管理工作当中，对税务管理的诸多活动和环节都起着思维方式引领、管理方式优化、治理能力提高的作用。

首先，税务风险管理是加强税种管理的有效方法和手段。在税种管理中，要把税务风险管理的方法与税种管理特点紧密结合起来，研究各税种的风险发生规律，建立税种风险分析指标体系和模型，形成体现税种特点的风险任务，并为开展综合性的统一应对提供专业支撑。

其次，税务风险管理也是加强日常征管的有效方法和手段。在日常征管过程中，要应用税务风险管理方法，按照税务风险管理流程，加强登记、发票、申报、征收等环节的管理。特别是要结合精简审批、减少环节、下放权力等创新税收服务和管理的要求，发挥税务风险管理的优势，加强事前、事中和事后的风险监控，堵塞管理漏洞，提高征管质效。

再次，税务风险管理还是加强大企业税收管理的有效方法和手段。在大企业税收管理过程中，要运用税务风险管理的理念和方法，提升大企业复杂涉税事项的管理层级，发挥各级税务机关的系统优势，实现大企业由基层的分散管理转变为跨层级的统筹管理，促进税收征管整体资源的优化配置。

最后，税务风险管理本身也是一套开放的理念，是一项需要持续改进的系统工程。需要各级税务机关在统一认识、明确任务、建立机制、厘清职责的基础上，不断调整、改革、完善、提升，使之发挥越来越大的作用。

## 第二节 税务风险管理一般流程

税务风险管理的一般流程为：目标规划→数据收集与统计→风险识别→风险分析→风险评估→风险处理→风险反馈→监督评价（见图3－1）。

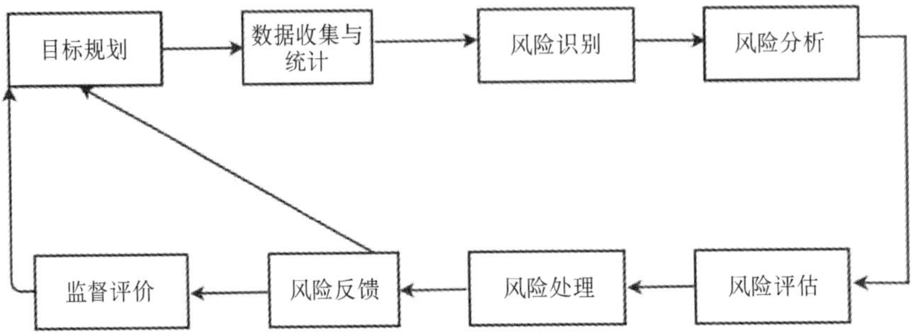


图3-1 税务风险管理流程

## 一、目标规划

目标规划是税务风险管理工作的起点，是管理层对一段时期税务风险管理的工作目标、主要措施、工作重点等做出的决策安排。通过目标规划，可以明确税务风险管理工作的方向与重点，为基层税务机构开展税务风险管理工作提供指引。

## 二、数据收集与统计

数据收集与统计是支撑税务风险管理的重要平台。数据收集与统计的管理包括税收风险情报的采集、分析、筛选、量化、归集以及共享、传递、交换等方面。

## 三、风险识别与分析

税收风险识别是在数据集中等税收信息化建设成果的基础上，围绕税务风险管理目标，应用相关学科的原理和科学合理的方法、模型以及指标体系，利用税务系统内部以及其他第三方的各种涉税数据，从税收经济运行结果入手，寻找、发现可能存在的税收风险点，帮助科学决策，指导税收征管工作的分析活动。

### （一）税收风险识别的内容

一是政策适用性风险，即在税收政策变化后，对纳税人应税行为的应对以及在征减免退的征管过程中政策适用的准确性进行分析评估；二是行为申报风险，指对纳税人做出的经济行为是否切实履行了相关的纳税义务以及登记申报等涉税行为的准确性进行分析评估。

### （二）税收风险识别的方法

不论是宏观识别还是微观识别，其主要思路可以分为税收能力估算法和关键指标判别法两类。

1. 税收能力估算法。税收能力估算法是指应用各种数据和方法估算一定的经济量、经济结构和既定税收制度决定的潜在的最大税收能力，与现实的税收收入数据比较，查找某地区、某税种或某行业税收征管中可能存在的风险及其变动趋势的一种税收风险宏观识别方法。

税收能力估算的结果不仅可以应用于风险识别，还可以应用于税收预测、政策效应评估等方面。税收能力估算主要有自上而下和自下而上两种方法。

（1）自上而下法。自上而下法即利用国内生产总值（GDP）等宏观统计数据，根据税收政策、应用税收经济学、统计学和国民经济核算等学科相关原理、模型和方法估算税收能力的方法。

自上而下法估算主要有两种思路：一是寻找宏观统计数据中与税基比较接近的指标（称为“代理性税基”），然后根据税收政策规定的抵免、优惠的情况调整数据，进而估算税收能力，常用的方法主要有投入产出法、增加值法和可计算一般均衡模型法等。这些方法主要应用于某国或某地区的税种或行业税收能力估算，我国目前已经应用投入产出法和增加值法开展增值税的收入能力估算。二是根据税收与经济的关系，应用税收经济模型，利用宏观经济面板数据或时间序列数据估算税收收入能力。常用的方法主要有随机边界模型法、数据包络模型法以及税柄法等。这几种方法主要应用于国家或地区总体税收能力估算。

自上而下法以宏观经济统计数据为基础，其优点在于数据收集整理成本较小；操作相对简单；时间、人力物力消耗较少。其缺点在于很难确定是否包括了地下经济和非法经济活动；假设条件较多，有些税收政策无法体现；无法提供比较详细的信息。

（2）自下而上法。自下而上法是使用纳税人数据，特别是税务部门掌握的税收申报数据和税收专项调查、检查等数据，以及其他政府、专业机构收集的关于纳税人的细节数据，运用统计学相关原理（如随机抽样等）测算样本的潜在税收收入，进而推算总体税收收入能力的方法。随机抽样时可以不作任何分类直接抽样，也可以根据需要按地区、税种、行业和纳税人类型分类后再随机抽样。总之分类越细，估算结果提供的信息越多。

自下而上法的优点是随机抽样及细致的审计工作使估算结果更可靠，能够提供较详细的估算信息。缺点是难以确保样本抽样遵从随机原则，抽样调查可能出现无响应或低报等情况；账证不健全或灰色交易的存在也会影响测算的准确程度；工作量大，成本较高。

自上而下法和自下而上法各有优缺点，在实践中不能绝对地使用某种方法，而是将二者互补结合。

2. 关键指标判别法。关键指标判别法是指应用与税收密切相关的经济统计指标或企业经营财务指标的异常变动发现税收风险的方法，既可以用于宏观识别，也可以用于微观识别。这部分内容将在本章第三节进行详细叙述，此处不再赘述。

## 四、风险评估

1. 风险评估的意义

对风险进行定量或定性考察，用量化的指标评估其发生的可能性和造成后果的严重性，并建立一个纳税风险的排列矩阵，区分风险的等级，以根据不同的风险等级采取相应的措施。比如，税务机关在目前的人力、财力和物力条件下，根据风险评估结果确定哪些风险是必须进行处理的，哪些风险是暂时可以不用进行处理的。

风险分析阶段的结果是明确风险纳税人的数量、程度、可选择的处理措施和成本费用等。在给定现有的处理形式和现有资源的基础上，风险评估阶段的目标就是选择哪些风险必须予以处理。因此，在这个阶段，无论是有关风险的信息还是可用资源的信息都是必要的。

2. 风险评估指标

评估包括两个量化分析：纳税风险造成后果的严重性度量和纳税风险事件发生的可能性度量。风险值 = 事件概率 × 后果。此数据值越高，则风险越高。对税收收入的直接影响，按照可计量的税收收入来定义风险等级。对税收收入的间接影响，按影响性质分五级：恶劣、很坏、较大、不大、可忽略。事件发生的相对性度量，依据风险要素发生的概率来度量，需要结合具体的环境要素确定。

3. 风险等级排序

风险等级可采用风险积分方式界定。根据风险类型、关键指标风险数量和风险指标权重等情况进行综合分析，计算纳税人的风险积分，以风险积分的形式对各类指标风险进行分级评价。根据风险积分的结果，可对风险事件进行等级排序，如根据风险发生的概率、潜在损失大小等设置风险排序的参数，进行等级排序。然后结合风险事件的风险等级和性质，将风险事件推送至对应的部门进行处理，如高风险事件推送至稽查局处理，中风险事件推送至税源管理部门处理，低风险事件推送至纳税服务部门处理等。

## 五、风险处理

### （一）风险处理的概念

风险处理是税务机关在风险分析识别和等级排序的基础上，通过合理配置资源，采取风险提醒、纳税评估、税务稽查、反避税调查等各种应对策略，对风险对象实施风险应对，消除税收风险，提高纳税遵从度的过程。风险应对是整个风险管理的核心。

税收风险应对机构根据已推送的风险任务和纳税人税收风险点、风险等级、税收风险形成的具体原因，按照一定的规则和差别化应对原则，分别采取相应的策略和措施，防范、控制和化解税收风险。

### （二）税收风险应对责任部门

1. 稽查局。稽查局应对高风险的逃骗抗税，具备查处的职责。

2. 税源管理部门。税源管理部门按其税源信息的收集、整理、掌握和控制、分析的职责，应对中风险。

3. 纳税服务部门。按其税收宣传、纳税提醒、税企信息交流和纳税辅导、纳税信息采集等工作职责，应对低风险。

### （三）税收风险应对工作流程

1. 接收风险监控部门推送的风险任务；

2. 按照应对机构内部分工和征管资源配置状况，将风险任务分配到相应的应对科室，制作任务分配单；

3. 应对科室根据风险任务分配单的具体任务，按照一定的应对方法实施应对处理；

4. 应对结束后，应对机构将风险任务的处理结果，通过反馈流程向推送部门进行反馈。

### （四）税收风险应对方法

1. 纳税提醒。通过发放“纳税提醒函”，对纳税人进行税法宣传、辅导，给纳税人提供自我修正的机会。

2. 约谈和核查。约谈是通过约请纳税人，就需要纳税人说明的疑点问题，约谈纳税人进行说明的过程。核查是根据分析、约谈的具体情况，就存在的疑点问题，对纳税人生产经营、财务核算及纳税情况进行实地核查的过程。

3. 税务稽查。通过实施税务稽查，发现和打击纳税人税收违法行为。

4. 税收核定。税务机关依照税法赋予的核定权，对依法满足税收核定情形的纳税人，经过法定程序核定应纳税额，或有权对收入、费用进行合理调整。

## 六、风险反馈

风险应对机构对纳税人采取应对措施后，应将结果向风险监控机构反馈。税务稽查、巡查核查两种方式可以通过工作任务进行反馈，对于直接推送纳税人由纳税人自查反馈的，由风险管理部门统一推送给纳税服务机构，纳税服务机构根据纳税人申报方式选择发送风险提醒函。取得信息的方法包括主动推送税收风险的推送部门按计划编号，从信息平台中查找应对处理结果，主动作出终结计划；被动推送税收风险应对部门将处理结果从信息系统平台或其他途径报送推送部门或其他需求机构。反馈信息的表现方式包括信息平台内部流程的制作与推送，如外网给纳税人的限期改正通知书、应对机构按法定程序形成的要纳税人签收的决定和通知书等。

## 七、监督与评价

税务风险管理监督是对税务风险管理工作进行事中监管、考核，主要考核税务风险管理从计划目标管理到应对反馈复审全过程规章制度的执行情况。税务风险管理评价是对事项运行结果和风险分布及严重程度进行分析评定，反映税务机关风险管理能力和水平。

税务机关将评价成果应用于规划目标的修订校正，从而形成良性互动、持续改进的管理闭环。通过充分应用过程监督和评价结果，优化识别指标和模型，完善管理措施，提出政策调整建议，实现持续改进。

### （一）税务风险管理监督

监督是对税务风险管理的几个主要工作环节的制度执行、工作规范、流程运行进行全程监管。

1. 规划管理方面，监督是否按规定制定地区风险管理工作规划和风险管理年度工作目标计划等。

2. 数据准备方面，监督风险识别的数据是否全面、实用；征管信息基础数据管理和外部信息采集是否及时、全面、准确；是否按规定加强对税收风险识别指标、模型和识别所需要素分析，保证识别结果的准确性等。

3. 风险识别方面，监督是否严格执行风险识别分析制度，是否制定分期风险识别计划并严格执行计划，是否按规定开展重点行业、重点区域、重点企业的专项风险识别等。

4. 风险推送方面，监督是否执行统一的风险等级分类方法进行风险分级，是否按规定确定各风险指标在综合风险识别中的权重分值，并适时进行维护等。

5. 风险处理方面，监督是否在限期内完成风险应对任务，是否依法对风险进行应对处理，是否存在未按规定处罚、以罚代法等违规现象。

### （二）税务风险管理评价的内容

税务风险管理评价侧重于定量分析，分为单项评价和综合评价。评价也是对税务风险管理的几个主要环节实施过程管理，对各级税务机关、职能部门的税务风险管理单项绩效进行日常管理，在此基础上再定期实施风险存在程度、风险管理能力等方面的综合评价，以便于各级领导作出正确的日常管理决策，不断提高税务风险管理水平。

1. 单项评价。内容主要包括本级税务机关风险管理计划执行率，本级税务机关模型建设数占地区总数比，外部数据采集率，纳税人资料报送率，风险应对有效率等。

2. 综合评价。内容主要包括风险存在程度分布，即分地区、行业、税种风险数据占风险总数比；税务风险管理能力，即单项风险评价指标汇总分值等。

# 第三节 税收风险指标分析和判别

在税务风险管理实践中，风险识别是通过对风险关键指标的分析而进行判别的。关键指标判别法是指应用与税收密切相关的经济统计指标或企业经营财务指标的异常变动发现税收风险的方法。不同的税种、不同的行业应根据不同情况选取关键指标，常见的指标有税负、弹性、收入、抵免、投入产出率等。关键指标判别法既可以用于宏观识别，也可以用于微观识别，指标的异常主要通过相关分析法、指标逻辑关系推断法等方法发现。

相关分析法是指将存在关联关系的项目进行对比，揭示其中的差异，并且判明经济业务和纳税情况可能存在问题的一种风险识别分析方法。通过分析企业的经济活动是否涉及税收关系，重点关注与税收直接关联的事项，找出经济活动事项之间的关联性，从相关事项的异常现象中把握问题的本质。

指标逻辑关系推断法是指在微观税收风险识别分析中，利用采集的企业数据指标之间内在的逻辑关系来推断指标体系中某一特定指标的合理性。如在企业会计报表中，其会计核算过程中的各种时期数与时点数之间、各项收入与各项支出之间都必须严格按照会计准则存在一定的逻辑关系，各项财务指标中任何一项指标如果没有严格按照会计准则得出，都会破坏逻辑关系，露出破绽。

以下从总体分析、财务分析和税种分析三个角度展开介绍。

## 一、总体分析

### （一）存在“理论少缴税款”现象

所谓存在“理论少缴税款”就是根据我国增值税的设计原理和计算方法，用一个相对准确的公式计算出每个企业理论上应纳的增值税额，用这个理论应纳税额减去实际缴纳的税额就是存在的理论少缴税额；也可以理解为理论税负与实际税负的差额。

我国的增值税实行扣税法计算，一些费用项目和购进固定资产的进项税额是可以抵扣的，主要包括运费、固定资产等。同时，我国增值税是按月计算的，所以还应考虑到期初期末留抵税金的影响，其中工业企业生产成本中还包括一些活劳动（非抵扣项目），经测算，一般工业成本中的非抵扣项目占5%以上。综合考虑以上因素，得出商业企业和工业企业理论少缴税款的公式：

商业企业理论少缴税款＝(销售收入－销售成本)×13%－申报应纳税额－运费抵扣－固定资产抵扣－其他“营改增”后允许抵扣的项目－(期初留抵－期末留抵)

工业企业理论少缴税款＝(销售收入－销售成本×95%)×13%－申报应纳税额－运费抵扣－固定资产抵扣－其他“营改增”后允许抵扣的项目－(期初留抵－期末留抵)

由于理论少缴税款从整体上指出了企业存在少缴税款的现象，但是并没有指出具体的会计科目，因此应先从收入、成本、费用、往来等大的结构是否配比并结合其他监控指标来确定存在问题的大致方向，然后再按异常较大的项目进行检查。

#### （二）商业零售企业无票收入低于总收入30%

商业零售企业特别是经营终端消费品的烟酒、食品、手机、家电、服装、汽车修理等企业一般存在无票收入，根据对个体零售纳税人的调查及国有商业零售企业无票收入占总销售收入比例等佐证，绝大部分商业企业无票收入高于销售收入的30%，其无票收入一般在总收入的30%—70%。如果零售企业无票收入低于该比例，那么就可能存在隐瞒收入、少缴税款的行为。

税务机关首先可以检查企业的收款系统和财务记账之间的传递手续和程序是否有漏洞，是否存在可以少记无票收入的环节；其次应对照库存商品明细账实地抽查个别便于计数的商品，以便确认是否少计收入；最后利用进销存公式，用账面数字计算是否存在少记销售收入。

### 二、财务分析

#### （一）当期新增应收账款大于销售收入80%

应收账款是资产负债表项目，属静态项目，核算企业销售后未收回的货款，反映的是期末余额。销售收入反映的是本期发生的营业收入。如果当期新增应收账款大于销售收入的80%，那么原因有两点：一是虚开造成，即企业没有实际交易，少量的收款可能是手续费，货款通过往来暂挂；二是企业乱记账、乱对应科目造成。

首先，对企业客户的离散度审核，如果存在客户离散度大且物流方向或加工不合理，则要进一步对主要客户进行检查，以确定交易是否真实。其次，对企业的货物进行实地检查，没有存货造成的账实不符或异地存货无法查实的，也是证明虚开的一个方面。再次，要对企业的资金来源和使用情况进行检查，即对企业的现金科目、存款科目及银行对账单进行核对，查看企业资金来源渠道、付款方向、对账单是否相符，是否长期存在只走票不动款的现象。有的企业资金来源是向其他个人白条借款，而且长期不还也不用付息，交易以现金、个人银行卡和背书的汇票为主，没有银行对账单，入账的汇票背书单是复印件，背书方向是否真实无法判断，这些都是资金方面的漏洞。最后，对企业收入、成本、费用、毛利结构进行拆分查看，看其结构是否存在某块过大或过小等明显不合理的地方，正常情况下，收入、成本、费用、毛利是有一定比例的，某一方面过大则其他方面会过小，导致不符合常规。

**（二）商贸企业期间费用总额大于销售收入的20%**

商贸企业毛利率一般不会超过20%（个别企业除外），如果期间费用大于销售收入的20%，则存在企业经营无利可图或无法正常运营的可能性，进而存在虚假业务和虚开发票的可能性。此类情况一般是由于非正常费用挤入导致，最常见的有多列运费、修理费等；虚构工资津补贴、个人高息借款利息等不用发票的项目，其中许多项目既多抵进项税、又多列支费用减少所得税。

税务机关应查看利润表中经营费用、管理费用、财务费用哪个项目较大，对较大的项目对照账簿和凭证逐笔检查列支是否合理，并应掌握各种费用的正常标准，对多列支的费用进行调整。

**（三）存货大于销售收入的30%**

商业企业存货是库存商品，工业企业存货是原材料、在产品、产成品等。按照存货周转率的要求，企业的存货一年至少要周转5次以上，即存货为销售成本的20%。在企业存货周转率考核中，低于3次的为不达标，即存货为销售成本的33%以上为不达标，反映为存货太大。

$$\text{存货周转率}=\frac{\text{当期累计销售成本}}{\text{平均存货}}$$

企业超大库存往往是货物已经销售，但不记销售、不转成本、不申报纳税而长期趴在库存中隐藏，使账面库存与实际库存不符，形成库存虚数，从而达到隐瞒收入、少缴税款的目的。

税务机关应从存货明细中的货物购进时间确认是否有购进很长时间但不动用的存货，这种存货一般是有名无实，少计收入；应从余额很大的明细科目看是否存在经常保持大量存货余额但仍在不断购进的存货，这种情况说明企业实际并没有这么多存货，可能存在账实不符、隐瞒收入的情况；应看是否有购进与本企业经营无关的货物。从以上疑点项目中抽取一部分进行账实核对，并做好相应的查验记录，以便取证使用；应注意疑点发布后企业大库存的减少是否合理，企业是否将存货转入其他科目，如转入损失、转入非生产经营用成本或支出、虚假退货、多转成本等。如果企业存货在短期内迅速减少但并没有增加收入，这时应让企业提供库存减少的相应凭据或进一步详细检查，防止人为减少库存但不计收入情况的发生。

**（四）销售成本大于销售收入**

销售成本大于销售收入就是低于成本价销售的行为，但实际上还可能存在人为多转成本的情况。造成成本大于收入的原因主要有以下情况：一是低于进价销售，由于市场行情原因，企业短期或个别交易可能存在低于成本价销售的情况，但如果某企业长期存在低于成本价销售则存在较大异常。可能存在企业上下游勾结串通、人为压低开票价格，使开票价低于实际交易价格，造成较长时期内成本大于收入，从而逃避纳税。二是人为多转成本造成了成本大于收入。三是总代理或包销企业低价销售，隐瞒了厂家的返利，这些商业企业一般与生产企业定有按销量目标返利的合同，这部分返利最少应能抵消企业低于进价销售部分的损失，但这部分返利企业往往不记账。

**（五）预提费用超过销售收入的1%或绝对额在50万元以上**

预提费用主要核算在本期已经发生但应在下期才能支付的费用，如租金、保险费、利息、修理费等。但是个别企业会擅自扩大预提的范围，将运费、工资、电费等也加入预提的范围中，从而增加费用的扣除；或者人为地提高预提标准，将个人借款利息的利率提高等，从而增加费用的扣除。正常的预提费用一般在销售收入的1%以内或绝对额在50万元以内，如果对于一个企业的预提费用超出了限度，应当分别对于预提费用范围和预提费用标准是否合理进行检查和评价。

### （六）待摊费用超过销售收入的1%或绝对额在50万元以上

待摊费用主要核算各种预先已经支付但不能一次摊入本期成本费用，需要在以后各期分摊的各种支出，如开办费、预付的租金、保险费、修理费等。但是个别企业会擅自扩大待摊的范围，将基建支出、与生产经营无关的摊派、集资款、捐献，以及运费、统筹费、违约金等各种杂费列入待摊项目，从而增加成本费用的扣除。正常的待摊费用一般在销售收入的1%以内或绝对额在50万元以内，如果对于一个企业的待摊费用超出了限度，应当对于待摊费用范围是否合理进行检查和评价。

### （七）营业外支出超过销售收入的1%或绝对额超过50万元

营业外支出主要核算与生产经营无直接关系的各项支出。但是个别企业可能将本应由税后列支的各种费用直接进入营业外支出，如各种罚款、滞纳金、违约金、赞助、捐赠、各种赔款等，从而增加支出的列支；或者将对应列入营业外支出的固定资产、流动资产净损失、各种减值准备等提高标准，从而增加支出的列支。正常的营业外支出一般在销售收入的1%以内或绝对额在50万元以内，如果对于一个企业的营业外支出超出了限度，应当对于营业外支出范围和营业外支出列支标准是否合理进行检查和评价。

### （八）有长期投资或短期投资但无投资收益

企业有长期投资或短期投资时，一般应该有投资收益。但是个别企业没有投资收益则是因为两个原因：一是已将投资进行了重组、转让、出售、抵债等，这个时候实际上投资也就不存在了，那么重组、转让、出售、抵债等形成的货物销售和逾价收益则可能少交了增值税和所得税；二是企业隐瞒了全部投资的实际情况，形成了账外经营。此时，应对有长期投资或短期投资但没有投资收益的企业查看其投资项目的性质、坐落地点、机构级次、股份比例及分配方案、纳税方式等，查看是否有应分配所得、是否按规定纳税、有无账外经营等。

### （九）应收账款、其他应收款为负数

当应收账款、其他应收款为负数时，企业实际收到的货款大于应付账款、其他应付款，此时企业多收了货款，正常情况下是不会出现的。造成这种情况的原因有两种：一种是企业为了隐瞒其他真实的业务，从而用错了科目造成，如不设往来对应科目，应收应付均在一个科目核算等；另一种是企业为了隐瞒收入故意将收回的货款记在应收账款、其他应收款的反方造成。此时，应当检查形成应收账款、其他应收款为负数的原因和查看负数的真正来源和去向。

### （十）应付账款、其他应付款为负数

当应付账款、其他应付款为负数时，企业实际收到的货款大于应收账款、其他应收款，此时企业多收了货款，正常情况下是不会出现的。造成这种情况的原因有两种：一种是企业为了隐瞒其他真实的业务，从而用错了科目造成，如不设往来对应科目，应收应付

均在一个科目核算等；另一种是企业为了隐瞒收入故意将收回的货款记在应付账款、其他应付款的反方造成。此时，应当检查形成应付账款、其他应付款为负数的原因和查看负数的真正来源和去向。

## 三、税种分析[①]

### （一）增值税超高税负企业

对于商贸企业来说，税负超过2%，从增值税税负的角度反算企业毛利率，即以2%除以13%得到企业毛利率15.38%，而大多数企业的毛利率超过这一水平。如某企业毛利率是20%，税负应达到2.6%（毛利率20%×税率13%）左右，但在实际经营中，这些企业税负高并不是因为毛利高造成，而是由于不能取得合法有效的进项发票，从而无法抵扣进项税额所致。这部分企业入账的成本费用中有很多发票的取得是与实际经营不符的，即有的是找来的假票，有的是与经营无关的其他发票，有的是代开的其他发票，还有一些是白条入账。这些不合理、不规范的进货发票和费用发票在计算所得税时是不能列支的，那么企业在计算所得税时就可能存在多列费用等隐患，从而造成所得税流失。由于这些企业无法正常取得进项发票，对其业务的真实性很难判断，因此这些企业中极易存在虚开增值税专用发票的隐患。

### （二）增值税超低税负企业

对工业、商业零售、商业批发三大类上市公司的公开财务数据进行统计得出，95%的工业和商业零售企业的毛利率在7%以上，95%的商业批发企业毛利率在0.8%以上。因此，正常经营的工业和商业零售企业的税负应在0.91%（毛利率7%×税率13%）以上，商业批发企业税负应在0.104%（毛利率0.8%×税率13%）以上，超低税负企业属于“尾巴企业”。如将测算的低税负减半，则低于减半税负的企业为超低税负企业，即如果工业和商业零售增值税税负低于0.6%，商业批发增值税税负低于0.07%，则存在税收问题的概率较高，当然对非正常经营和亏损企业则另当别论。对低税负企业应加强日常监控管理，了解企业生产经营的真实情况，掌握单个商品的销售毛利率，测算其合理税负应该是多少；对超低税负企业，要通过评估和稽查手段进行检查剖析，每查一户要彻底解决一户存在的问题。

### （三）所得税超低贡献率企业

根据某企业所得税贡献率与本地同行业企业所得税贡献率的比较，低于同行业平均贡献率的情况，要对企业是否有多计成本、多计费用、少计收入等问题进行核查。

工业和商业零售企业最低毛利率为7%，商业批发最低毛利率为0.8%，企业费用率占毛利率的比例一般为30%—40%，按高费用率40%计算，毛利中最低应有60%是纯利，即工业的纯利率为4.2%（7%×60%），商业的纯利率0.48%（0.8%×60%），那么，工业和商业零售企业的所得税贡献率最低应为1.05%（4.2%×25%），商业批发企业的所得税贡献率最低应为0.12%（0.48%×25%）。对毛利率数值的采用只是按一般正

---

① 资料来源：王敬春：《金三系统下企业涉税数据自查及60项监控指标》，https：//max.book118.com/html/2018/0328/159114951.shtm。

常情况下大多数企业的取值，个别特例企业不足以影响指标的实用性。

若企业的所得税贡献率大于计算出的最低的所得税贡献率一半以上，则企业存在少缴所得税的风险很大，要结合日常对企业利润情况的监控和掌握，将收入、成本、费用进行切块解剖，比较收入、成本、费用对所得税的相关影响，从而有针对性地进行检查。另外，税务机关应对指标出现异常的企业账实结合地进行全面评估检查。

（四）存货与留抵税金不匹配

企业留抵税金主要反映存货中所含的税金，其最大数额不应大于存货13%。造成留抵税金大于存货13%的原因一般有三点：

一是企业销售价格低于进货成本，低于进价销售形成价格倒挂，导致一个时期内销项税额小于留抵的进项税额。这种情况可能涉及关联交易。

二是有非成本因素的税金抵扣过大，如抵扣固定资产、运费、成品油、农产品的进项税额等。国家税务总局通过进项税额控制额判定纳税人进项税额抵扣的真实性。进项税额控制额主要是根据纳税人存货变动情况计算纳税人的进项税额抵扣限额，并与纳税人实际申报抵扣的进项税额相比较，然后用于判断纳税人进项税额抵扣的真实性。

三是进项发票取得不及时，即估价入库的货物已销售，但进项发票滞后取得。

（五）全年有销售收入但无增值税企业

有销售收入但未实现增值税显然是异常状况，出现这种状况的企业往往用以下理由应对税务机关：一是开业初期进货量大，留抵进项税额一直没抵扣完，或是为了完成年度销售任务进货多，全年也没抵扣完，一直有留抵进项税额。二是长年低于进价销售导致不实现税款，主要是经营公用事业产品的企业，如水、电、热力、煤气、天然气、汽柴油等国家控制价格的单位，但实际上国家对这些单位都留有一定的利润空间，或给予一定的补贴。三是对区域总代理企业低价销售产品造成长期不实现税款，主要是区域总代理和生产厂家之间存在关联交易，实际购买价与开票价格不符，厂家通过对总代理考核，在月底或季度末对代理商价格进行调整或让利。四是其他人为压低产品售价，造成购销倒挂或人为虚抵进项等也是造成长年不实现税款的原因。以上几种情形造成的全年不实现税款都存在着较大的隐患，应彻底查清。

## 第四节　大企业税收风险管理

### 一、大企业税收风险管理的概念

（一）大企业税收风险

大企业是从业人员人数、资产总额及增长率、主营业务收入额及增长率、所有者权益额及增长率、增加值额及增长率达到一定标准，对经济发展、社会安全、和谐稳定具有一定作用，跨地区、跨国经营，有较固定的供应链和较强的市场开拓能力，有一定的市场占有率，有较强核心竞争力和发展能力的企业集团。

大企业税收风险是在大企业税务管理过程中遭遇的损失和不确定性。表现为税收制度不健全带来的矛盾性、税收征管水平不高带来的损失性和大企业纳税遵从度不高带来的流失性。它主要包括以下主要类型：

1. 制度风险。因税收法律不健全、不完备，税收政策不确定，税收管理机制不规范等带来的风险。如缺乏法律法规依据时，第三方信息提供方缺乏提供数据的主动性，从而税务机关在大企业税收风险管理中无法获取相关数据或获取数据不及时，导致税款流失。

2. 管理风险。由于税务管理职能交叉或者由于税务机关的执法人员对税收政策理解、执行失范造成的税款流失的风险。

3. 经营风险。是由于大企业自身组织机构庞大、分支机构众多、经营复杂、核算方式复杂、有意进行税收筹划等原因未遵从税法导致的法律制裁、财务损失和名誉损失等风险。

#### （二）大企业税收风险管理

大企业税收风险管理是指税务机关应用风险管理理论，运用相关技术，认识、估计、衡量和分析、科学识别和评估大企业税收风险，根据不同的税收风险制定不同的管理战略，并通过不断完善相关政策规定，提高税收征管水平和大企业税法遵从度的一种科学管理方法。也就是站在国家加强税收管理的立场上，通过对税收法律的完善、税收管理机制的健全、税务管理机构设置的规范、税务管理职能的调整、税收风险管理人才的培养等一系列措施，建立的一种法制健全、职责清晰、职能完善、部门配合、信息共享、手段多样、共同应对的税务管理机制，以提高税务机关对大企业的税收风险管理水平，使大企业的税收风险降到最低。

### 二、大企业税务管理方式的风险

大企业税务管理分为两个方面：一是企业自身的税务管理，主要依据内控制度管理涉税事宜；二是税务机关对大企业的管理，目前以定点联系企业制度、风险问卷分析复核等方法开展。

#### （一）企业内部管理的税务风险

1. 重大并购、重组和国际交易中时常产生税务风险。大企业管理层对税务风险认识不足，重视不够，在重大交易中往往产生税务风险。如某装备制造企业股权和资产脱壳、置换活动，管理层对税收政策研究不够，涉税环节考虑不足，结果造成该项活动涉税近亿元。

2. 经营活动和会计处理频频触发税务风险。大企业税务风险通常不是来自做假账或账面差错，多是由于执行层疏漏、把关不严，而内控又不够健全造成的。如某企业外购燃煤，由销货方负责运输，接受对方提供运费发票时，财务没有按照流程复核，造成接收假发票，被补税百万元。一些大企业虽然建立了风险内控体系，但税务风险体系都是由财务部门搭建的，税务风险点的描述、识别、控制、防范也是由财务人员提出、设计的，是自己给自己查缺补漏，财务部门与其他部门间缺少沟通，往往触发税务风险。

3. 过度税收筹划导致税务风险。部分大企业的会计活动和税收筹划受行业潜规则影响，打政策“擦边球”，主动制造税务风险。如某外资银行的账簿凭证不按照要求装订成册，提前计提会议费，以限额扣除费用挤占非限额项目，将超行业标准发放的福利分散于各项费用中，以油料发票入账，过度筹划。

4. 涉税信息不对称、不透明的风险。目前，有的大企业的会计核算系统没有在税务机关备案，税务机关很难掌握其真实的经营情况。

### （二）税务机关管理现状隐含的税务风险

1. 税收政策风险。一是政策多变，影响企业经营预期；二是某些政策针对性不强，不能有效解决实际问题；三是某些政策规定不够准确，带来不确定性。

2. 人员素质风险。目前，基层税务干部素质还不能完全适应税务风险管理的需要，其经济和行业分析知识、专业化服务水平还不能满足新征管模式的需要；且税务机关尚未建立适时、顺畅的大企业政策答疑平台，相关问题不能得到快速解决。

## 三、我国大企业税务风险管理的优化

### （一）企业方面

1. 决策层要重视税务风险管理。决策层应该具备一定的“税务思维”，将税务风险管理与企业整体发展战略通盘考虑来确定风险管理目标，有效支持企业经营和整体战略目标的实现。要主动与税务机关建立联系，沟通企业战略规划、重组、并购和海外经营等信息，了解国家税收政策，增加透明度。

2. 管理层要承担起管理税务风险的责任。财务、税务等管理部门要重视税务风险，担当起控制税务风险的责任，组织、监督各涉税部门，在源头上把好关，在流程中严格手续，风险发生后及时处理，避免税务风险放大。

3. 完善税务风险管理制度。一是完善组织机构。应按照国家税务总局《大企业税务风险管理指引（试行）》的要求，设立、健全和完善税务风险内控机构。二是完善识别和评估机制。要全面、系统、持续地收集内、外信息，识别、分析、评价经营活动和业务流程中的税务风险。三是完善信息和沟通程序。应明确税务信息收集、处理和传递程序，确保部门内部、本部门与其他部门、本部门与董事会等决策层的沟通反馈。四是完善监督改进机制。要定期对税务风险管理机制的有效性进行评估审核，不断改进和优化。

### （二）税务机关方面

1. 提高认识。应通过教育和培训，进一步提高基层税务干部对税务风险管理的认识，增强对已取得成果的了解，积极行动，使其成为落实大企业税务风险管理新举措的重要力量，保证这一改革真正贯彻到位。

2. 建立健全大企业管理机构。设立具有全面职能的大企业管理机构，直接负责大企业的税务风险管理，提供全方位的纳税服务。通过建立“大企业税收论坛”，发布、解释税收政策、管理方法和服务举措，展示工作透明度、确定性和对税务风险的关注，企业通过这些途径对税务机关管理和服务提出反馈，帮助其改进。提供个性化纳税服务，建立双向透明的沟通协调机制，优化政策服务水平，提供个性化服务，确保纳税服务的优质、高效。

3. 全面开展风险评估。应以国家税务总局《大企业税务风险管理指引（试行）》为范本，对企业内控机制进行测评分析，建立风险评估制度，集中开展风险评估，通过定期“体检”方式，为企业提供点对点的风险预警信息，帮助其设计税收管理流程和风险控制方法，有效降低税务遵从风险。通过专业化机构、制度、手段和队伍，形成“四位一体”的管理体系，有效管理大企业税务风险。

## 四、《大企业税务风险管理指引（试行）》

我国大企业数量不多，却是我国国民经济的主体和税收的主要来源，是真正的“关键少数”。为这部分“关键少数”做好大企业税收管理，税务机关责无旁贷。大企业由于往往采用集团化运作，很多大企业甚至跨区域、跨行业经营，企业内部组织多样，业务种类繁多，环节复杂，导致大企业税收风险较大。2009 年，国家税务总局出台了《大企业税务风险管理指引（试行）》后，大企业税收风险管理工作得到进一步完善。2015 年，中共中央办公厅、国务院办公厅印发《深化国税、地税征管体系改革方案》，加强了大企业税收风险管理工作的统筹安排，全国税务部门积极探索，上下联动，全面提升大企业税收管理工作质量，经济分析与风险分析成效初显。

《大企业税务风险管理指引（试行）》并非是强制性的法令形式的要求，其旨在引导企业建立全方位的税收风险管理和内部控制机制，以参与企业制度建设的方式提前介入企业纳税管理环节，实现税务管理环节的前移，辅导企业提前防范税收风险，变发现型控制为预防型控制；重在引导企业自我管理，变被动管理为主动管理，实现自我遵从。《大企业税务风险管理指引（试行）》不是强制要求企业而是引导企业实施相关风险管理，充分尊重企业选择，切实体现纳税服务，有利于建立和谐税收征纳关系。目前一些企业在制度基础、风险理念和管理风格等方面还存在较大差异，若强制要求企业高起点实施风险管理，会存在一些现实困难，也违背纳税服务的本意。因此，《大企业税务风险管理指引（试行）》意在引导具备条件的企业争取一步到位全面建立税收风险管理体系，而指导基础相对薄弱的企业按照《大企业税务风险管理指引（试行）》的要求，结合自身实际情况，分步骤、有重点地实施。其内容包括总则、税务风险管理组织、税务风险识别和评估、税务风险应对策略和内部控制、信息与沟通、监督和改进六个部分内容。

### （一）总则

总则提出《大企业税务风险管理指引（试行）》的宗旨、目标、要求和制度。对于税务风险管理工作，国家税务总局重在引导，而企业是实施的主体，大企业税务风险管理的目标包括企业战略规划合规合法、经营决策与日常活动合规合法、税务事项的会计处理合规合法、纳税申报及税款缴纳实操事务合规合法、税务凭证资料保管准备和报备合规合法，并提出了建立税务风险管理制度、评价风险管理的有效性、建设风险管理文化、治理层和管理层的职责、风险管理成效考核评价、形成全面风险管理体系六大要求。

### （二）税务风险管理组织

1. 机构岗位（见图 3－2）。

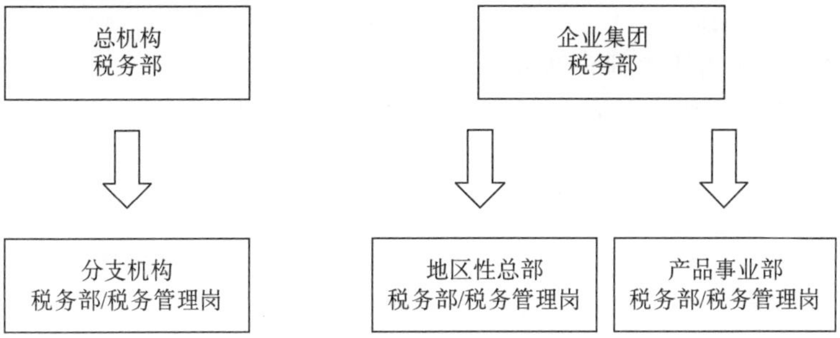


**图 3－2 税务风险管理组织**

2. 职责权限（见图 3－3）。

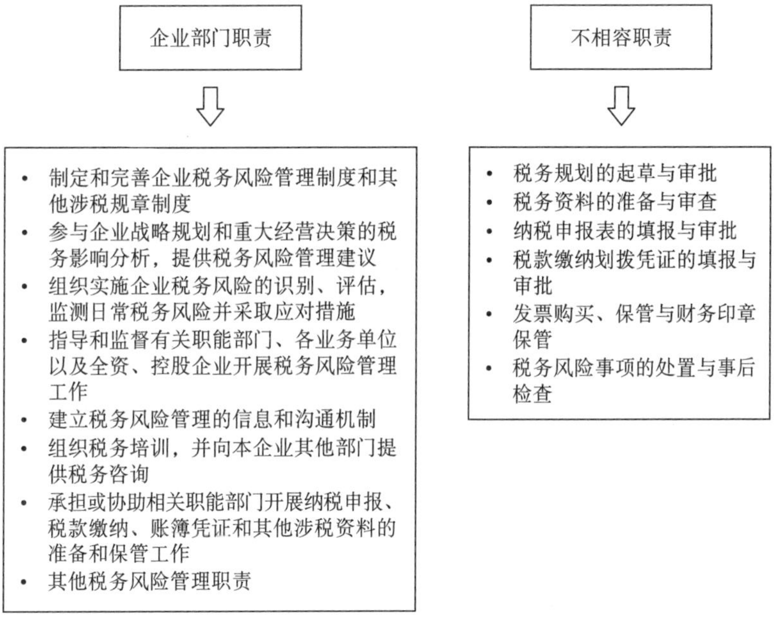


**图 3－3 税务风险管理组织职责权限**

3. 涉税人员素质。涉税人员素质包括专业资质、业务素质、职业操守和后续教育几个方面。

**（三）税务风险识别和评估**

1. 风险识别。企业税务风险可能存在于以下几个方面：董事会、监事会等企业治理层以及管理层的税收遵从意识和对待税收风险的态度；涉税员工的职业操守和专业胜任能力；组织机构、经营方式和业务流程；技术投入和信息技术的运用；财务状况、经营成果及现金流情况；相关内部控制制度的设计和执行；经济形势、产业政策、市场竞争及行业惯例；法律法规和监管要求；其他有关风险因素。

2. 风险评估。

（1）评估周期：定期。

（2）评估主体：企业税务部门、相关职能部门、中介机构。

（3）评估方法：动态。

**（四）税务风险应对策略和内部控制**

1. 风险应对原则：成本效益、以风险评估为前提、在整体管理控制体系内、有效、合理、全面。

2. 风险控制机制：人工控制、自动化控制、预防性控制、发现性控制。

3. 风险控制策略：重大税务风险适用全流程控制；特殊业务流程适用关键环节控制。

4. 企业税务风险管理控制的类型：企业战略规划、重大经营决策、重要经营活动、日常经营活动、高频低风险活动。

**（五）信息与沟通**

税务风险信息与沟通见图3－4。

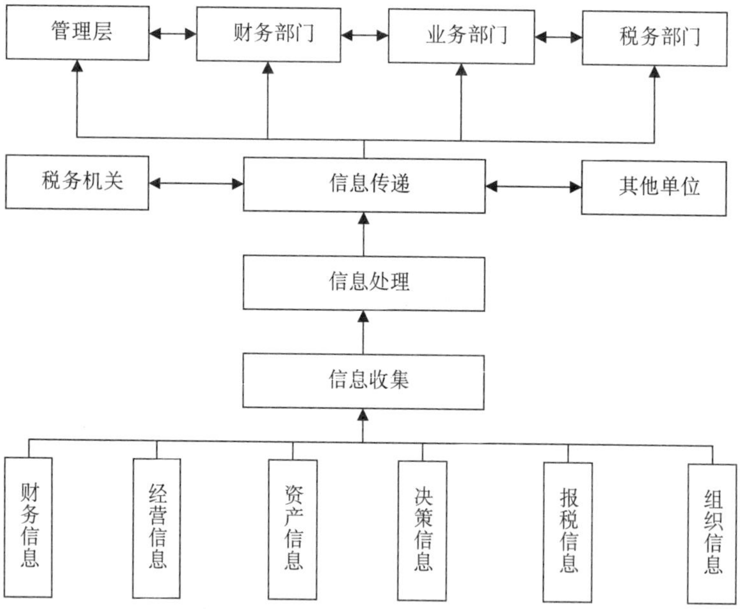


**图3－4 税务风险信息与沟通**

在信息与沟通中，企业可综合运用自动控制、计算机申报、税务日历、文档管理、法规库等技术手段。

**（六）监督和改进**

企业税务风险的监督和改进需要发挥税务机关、企业税务部门、中介机构、内控机构的联动作用（见图3－5）。

## 五、税务风险管理的趋势与挑战

税务管理的长远目标不是侦查逃税并进行制裁，而是确保纳税遵从。风险管理是基于普遍的和基本的理论原理，一旦被应用于税务管理时，就是一种不断发展的工作和思维方式。目前，风险管理或多或少仅是用作风险分析的一种方式，主要着眼于更好地筛选税务审计或税务稽查对象等。随着风险管理方法的发展，其使用方式条理更强、使用技术更

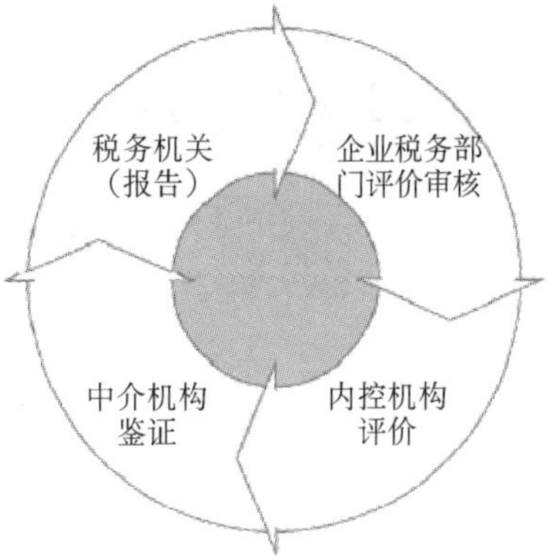


图 3-5 税务风险监督与改进

为先进，同时这种演变将继续推进。尽管风险管理是税务机关最优使用资源的工具，但是也应看到它的局限性，正如减少不遵从纳税行为或打击税收欺诈行为的解决方案需要更多的结构性办法一样，有时税法本身也代表一类必须予以处理的风险，这就需要通过改变法律框架本身而不是管理手段来实现。在实践中，许多因素都可能直接影响到风险管理决策。比如，税务机关财力资源的变化可能会大大影响其处理的所有识别到的风险的能力；政府对待具体的税收立法变化的立场，例如官员的权力，它可能代表处理风险的机会；工作人员技能的弱点或缺陷或可能会严重阻碍税务机关处理主要风险的能力。并且，由于经济的飞速发展，伴随着数字经济时代的来临，互联网行业、金融行业不断蓬勃发展，随之而来的是新的税务风险，很多原有的税务风险识别手段无法识别出新兴行业存在的税务风险，给税务机关带来了巨大的挑战。

随着国税地税征管体制改革的逐步深化，税收大数据平台建设、“互联网+”智慧税务、电子税务局等将持续深入推进，逐步建成精简、高效、廉洁、公平的税务运作模式，全方位地向纳税人提供优质、规范、透明、符合国际水准的管理与服务。显然，上述目标是建立在高效统一的税收征管体系、健全的大数据税务风险管理体制、增强税费治理能力的基础之上。税务风险管理是税务机关的核心职能之一，税务机关应当按照信息管税思路，强化税务分析，提高税务风险管理效能，为推动税务管理现代化提供新的生产力。税务机关针对不同风险级别的企业，应当结合纳税信用管理，制订企业管理办法、建立行业管理模型进行监控。大数据税务风险管理需要理念创新、制度创新，更需要方法论的创新，这是全局性、方向性、战略性举措，要求税务部门强化顶层设计，让互联网、云计算、大数据与税收业务高度融合，以数据资产为核心进行全流程、全要素的运作，有效实施税务风险管理，精准提供纳税服务，建立“服务+执法=遵从”的集约高效的现代税收征管体制，进而需要在纳税人之间，纳税人与税务人之间，税务机关与其他政府部门、中介组织之间形成全方位、开放、融合的税务生态体系。

## 复习思考题

### 一、名词解释

税收风险　风险管理　税务风险管理

### 二、简答题

1. 简述税收风险形成的原因。
2. 简述税务风险管理的基本原理和实践价值。
3. 简述税务风险管理的主要流程。
4. 如何进行税收风险指标的分析和判别？
5. 简述《大企业税务风险管理指引（试行）》的主要内容。

### 三、案例分析题

试用本章所列税务风险识别指标分析一个餐饮业企业的税收风险。

## 参考文献

[1] 马龙珠．税收新常态下加强税收风险管理的思考［J］．经济研究参考，2017（05）：75—78.

[2] 白玉明，黄盛阳．从税务遵从报告视角探析大企业税务风险管理［J］．税务研究，2017（11）：110—115.

[3] 陈晓蕾．税务风险管理问题研究［D］．财政部财政科学研究所，2015.

[4] 孙存一．大数据视角下的税收风险管理［J］．税务研究，2019（07）：107—111.

# 第四章 Chapter 4
# 互联网大数据管税

【本章提要】

税务风险管理的核心资源是税收数据情报。税收数据情报管理的本质是对涉税信息、数据、情报来源的分析，从根本上解决税收征纳双方信息不对称所导致的税源信息真实性问题。本章首先介绍税收数据情报管理的基本理论，在此基础上介绍我国在“互联网＋”时代税收数据情报管理和应用方面的发展举措：数据管税、“互联网＋税务”行动规划、金税三期工程及区块链。

【学习目的】

通过本章学习，掌握税收数据情报管理的特征和流程，深入了解数据管税、“互联网＋税务”行动规划和金税三期工程的内涵及新兴技术区块链的相关内容。

## 第一节
## 税收数据情报管理概述

### 一、税收数据情报管理的内涵

税收数据情报是指各级税务机关在日常税收征管活动中，使用合法手段获取、经过专业技术分析加工、采取一定标准格式、通过规定程序批准、传递给各级风险管理部门使用的、用以解决税务风险管理中具体问题的特定涉税知识和信息。税收数据情报包括税务机关各项管理活动中由各种内部数据信息转化而来的情报，以及对加强税收管理有一定作用的外部情报。税收数据情报从税收管理的不同层面分为以下几种：战略性情报，能够给高级决策者提供洞察力和目标指引，以全面设定战略和制定政策；操作性情报，在计划编制、资源调度和选案活动中支持所有层次的决策者；战术性情报，在案件特别行动中支持决策者。

税收数据情报管理的工作内容概括为“四项工作、两个领域”。“四项工作”包括：收集数据情报工作、建立数据情报库工作、数据情报研究工作以及数据情报风险推送工作。“两个领域”包括：一是全面汇总数据情报。建立数据情报库，开发检索系统，提高数据情报的使用效率；二是将信息加工成可以利用的数据情报。通过采用合理的方式，收集有关税收管理、税收系统内外部数据、企业的涉税信息并进行科学分析和处理，得出具有可操作性的结论，及时传递给税收管理决策层，为税收管理决策提供准确、可靠的依据。税收数据情报管理的本质是对涉税信息、数据、情报来源的分析，从根本上解决税收征纳双方信息不对称所导致的税源信息真实性问题。

## 二、税收数据情报管理的特征

### （一）税收数据情报管理具有保密性和限制性

税收信息往往属于个人隐私或者商业秘密，税收数据情报在管理过程中也应作为密件进行处理。在国家税务总局颁布的相关文件中对税收数据情报的使用和披露都作出了限制。例如，《国际税收情报交换工作规程》第16条规定：“由外国税务主管当局提供的税收情报应作密件处理。制作、收发、传递、使用、保存或销毁税收情报，应按照《中华人民共和国保守国家秘密法》《中共中央保密委员会办公室、国家保密局关于国家秘密载体保密管理的规定》《经济工作中国家秘密及其密级具体范围的规定》以及有关法律法规的规定执行。”

### （二）税收数据情报管理具有较强的针对性

税收数据情报管理具有特定的目的性，它依据信息化技术，有效实现税收数据情报与税收风险的有机结合，充分发挥税收数据情报的实时性、有效性和针对性特征，切实提高税收风险管理应对水平、科学化决策水平，从而更加高效地服务税收中心工作。

### （三）税收数据情报管理具有权利义务对等性

税收数据情报管理制度是不同地区、部门和国家按照对等原则，经过部门间、政府间磋商，为调节其相互之间的税收信息共享机制和加强税收合作而制定的规范性文件。各国家、地区和部门都在创立一种行为规则，即每一方所负担的义务表现为他方所享有的相应权利。实际上，各方的权利义务之规定就是双方（多方）必须遵守的规则。这些权利义务总的来讲是对等的，税收数据情报管理也就同样具有对等性的特征。

## 三、税收数据情报管理的流程

税收数据情报管理流程是指税务机关遵循数据、信息、情报、知识的内在逻辑，对税收数据情报开展的采集、加工、存储、分析、处理、传递和应用等工作所形成的管理过程。

为建立适应税务风险管理要求的税收数据情报专业化管理体系，需要不断强化税收数据情报管理意识，建立和完善数据情报管理体制机制，提升数据情报管理信息化能力，向风险导向的情报驱动方式转变。为与税务风险管理过程及其主要环节相配套，需要建立健全以税收数据情报管理规划、数据采集、数据存储、数据加工、数据分析、情报交换、知识管理等为主要环节的税收数据情报管理流程，即税收情报规划—情报收集处理—情报信息加工—情报分析应用—情报发布交换—情报知识管理。

#### （一）税收情报规划

税收情报规划是指税务机关充分依据风险管理目标规划，对一定时期内税收数据情报管理的工作目标、工作重点、主要措施、实施步骤等作出的具有系统性、全局性的谋划。

#### （二）情报收集处理

情报收集处理是指税务机关依据税收情报规划，按照工作目标、工作职责和工作流程，收集、处理内外部原始数据的过程。其最终目标是依托现代信息技术实现原始数据的广泛采集、有效存储和方便读取。

#### （三）情报信息加工

情报信息加工是指税务机关对原始数据进行加工、整理的过程。这一过程对收集的结构化和非结构化的原始数据进行清洗、匹配、转换和存储，为情报分析应用提供稳定、可靠的数据源。

#### （四）情报分析应用

情报分析应用是指税务机关开展风险分析识别的过程。这一过程通过引用、设置模型库中不同主体的成熟模型，进行特定目的的固化分析；通过组合数据、使用工具、借鉴模型、数据挖掘等手段，进行数据规律分析，实现税收数据情报的共享与使用。

#### （五）情报发布交换

情报发布交换是指税务机关进行情报发布和情报交换的过程。依托统一的信息平台，高效开展情报发布和情报交换工作，保证税收情报在各层级税务机关之间的充分交流、良性互动，实现情报共享，从而提升风险管理效能。

#### （六）情报知识管理

情报知识管理是指税务机关定期对情报收集、情报加工、情报分析应用等工作进行归纳总结，形成情报知识的过程。其目标是形成规范的情报知识并进行分类归集，从而便于检索应用，最终实现情报知识的共享。

## 第二节 大数据管税

### 一、信息管税

2009 年 6 月，国家税务总局确定了信息管税思路，明确将“以票管税”向“信息管税”转变作为今后税收征管工作的主要发展方向。

信息管税是指以现代信息技术为依托，以对涉税信息的采集、分析、应用为主线，树立税收风险管理理念，加强业务与技术的高度融合，着力解决征纳双方信息不对称问题，不断提高纳税人（或扣缴义务人）的税法遵从度和税务部门的税收征管水平。信息管税是税收征管思路的重大调整，是税收征管模式的重大转变，是税收管理走向科学化、精细化的必由之路，是降低税收成本、增加税收收入的有力抓手，其内涵包括以下五个方面：

（一）树立税收风险管理理念是信息管税的先导

以科学的风险管理理论为基础，以现代信息技术为支持的税收风险管理，能够进一步推动税收征管的科学化、专业化、精细化管理，加强税源监控，防止税款流失。落实信息管税，必须把树立税收风险管理理念作为重要的基础性工作抓实、抓好，使这一理念深入人心。

（二）信息的采集和利用是信息管税的核心

落实信息管税，必须明确涉税信息流在现代税收管理中的核心作用，切实抓好信息采集、信息整理与存储、信息加工与分析、信息传递与处理等核心工作。当前，信息的采集和利用要着力在三个环节上进一步提高水平：一是强化信息采集。要按照统一规范的原则，建立涵盖税收所有业务的涉税信息指标体系，形成统一的数据采集标准和操作规范。二是提高信息质量。要建立健全相关考核制度，规范电子数据的录入，提高基础数据质量。三是深化数据分析利用。要建立起上下级税务机关协同配合的有梯次的涉税信息分析机制，发挥不同层级税务机关在涉税信息分析中的作用，既有宏观分析、区域分析，又有行业分析、具体纳税人的分析。

（三）加强业务与技术融合是信息管税的关键

信息管税的过程，实际上是征管业务与信息技术高度融合的过程。在这个过程中，既要强调发挥信息化的支持保障作用，又要注重管理业务的创新，要通过业务和技术的高度融合，避免出现“两张皮”现象，切实提高信息管税的效能。

（四）健全税源管理体系是信息管税的落脚点

落实信息管税的最终目的是加强税源管理。税源管理是整个税收征管工作的核心和基础。信息化条件下加强税源管理，必须以信息系统为依托，以涉税信息工作流为核心，建立健全信息化、专业化、立体化的税源管理体系。信息化、专业化、立体化的税源管理体系的本质就是强调涉税信息在税源管理中的核心作用，实现信息采集、利用和税源监控的纵向互动、横向联动，有针对性地采取相应的服务与管理措施，堵塞征管漏洞，防止税收流失。

（五）信息管税是全面提高税收征管水平的必由之路

信息管税，是税收征管工作思路的重大变革，体现了以信息化带动征管现代化的必然要求，抓住了信息这个税收管理的关键因素，是逐步破解征纳双方信息不对称这一征管难题、全面提高税收征管工作水平的必由之路。

## 二、数据管税

《“十三五”国家信息化规划》指出，物联网、云计算、大数据、人工智能、机器深度学习、区块链、生物基因工程等新技术驱动网络空间从人人互联走向万物互联，网络化、数字化、智能化将无处不在。以互联网、物联网、云计算、人工智能、5G 等技术为代表的第三次技术革命方兴未艾，深刻影响着人类的生产生活方式，也同样为税务机关利用大数据针对海量涉税信息进行比对、分析和应用提供支持，为信息管税升级、为大数据管税奠定基石，为高质量推进新时代税收现代化提供载体和动力。

### （一）数据管税的内涵

数据管税指在信息管税的基础上，采集海量网络涉税信息并通过大数据技术加以整合生成涉税大数据，并在此基础上依据有关涉税大数据分析结果，不断优化纳税服务，提升税收征管水平。随着互联网技术的日新月异，利用大数据技术捕捉纷繁复杂的涉税信息，加强系统数据资源管理，推进数据化管税，成为税务管理现代化的基本趋势。

### （二）数据管税的必要性

1. 纳税人数量攀升。随着国家鼓励“大众创业、万众创新”及扶持小微企业、民营企业发展等政策的实施，纳税人数量大幅提升，使得税务机关人均管户大幅增加。

2. 纳税人经营方式日趋复杂。新情况、新事物层出不穷，纳税人的组织形式、经营方式、经营业务不断创新，产业分工日益专业化、精细化，技术型、知识型、信息型产业对经济的支撑作用日益明显，在为税收提供巨大税源的同时，也给税收征管工作带来了一系列的难题和挑战，传统管理方式已不能完全适应征管工作发展的新要求，现有的征管力量和水平也远远不能适应这种复杂税收征管工作的需要。

3. 征纳双方信息不对称的问题日益突出。随着我国经济发展日新月异、突飞猛进，集团企业大量涌现，纳税人跨行业、跨省、跨国经营越来越普遍。受现有体制和经济环境的影响，税务机关很难准确掌握纳税人生产经营的涉税信息，给税收征管工作带来困难。

总而言之，由于税收征管所面临的形势尤其是纳税人情况的变化，税收管理员管户、以票控税等传统管理方式已不能解决疏于管理和权力过于集中的问题。数据管税作为突破此困境的有力抓手，旨在处理海量涉税信息，强化税源监控，堵塞征管漏洞，推进执法规范，提高工作效率，利用科技手段为纳税遵从提供便利，引导纳税人自我修正履行纳税义务过程中出现的偏差，防范和化解不遵从风险，实现税收管理的科学化、精细化目标。数据管税是在信息管税基础上的又一次税收征管工作革新，更是对传统征管方式的一场革命。

### （三）数据管税的实现途径

1. 转变传统征管理念，确立数据管税基本思路。随着经济社会的深入发展，纳税人的组织形式、经营方式、经营业务不断创新，征纳双方信息不对称现象日益突出，税收征管的复杂性和工作难度明显加大。传统管理方式和征管水平由于已不能完全适应新阶段税收征管工作的需求而亟待改革。数据管税作为“互联网＋”时代税收工作发展的必然趋势，在破解征纳双方信息不对称困境的同时为税务部门落实科学发展观、推进税收征管转型提供了有力抓手。各级税务机应改变传统的工作思路，树立税务风险管理理念，确立用数据加强税收征收管理的新思路。

2. 依托社会综合治税平台，找准数据管税切入点。信息不共享乃至“信息孤岛”是导致目前税务机关管理缺位的主要因素之一。解决这一问题的切入点和突破口是实现全社会的综合治税，而综合治税的核心则是进一步体现和放大政府的主导作用，并推动政府各部门和社会各界积极参与，建立第三方数据传递和共享体系，构建全面、实时、动态的税源监控网络，完善数据平台建设，建立高效、快捷、安全的数据传输渠道，形成数据规范、格式统一、覆盖全面、资源共享的第三方信息数据库。

3. 加强征管业务与数据技术融合，提高数据管税效能。实现数据管税既要发挥现代数据技术的支持保障作用，又要注重传统税收管理业务的创新。从宏观层面来看，国家税务总局设置数据中心，利用计算机系统对涉税数据进行处理，构建各级税务机关共享的数据平台；从省级层面来看，省级税务局借助社会综合治税平台，将通过第三方信息数据库形成的涉税数据工作流融入征管软件中，构建综合性税源信息数据库，实现数据采集、利用和税源监控的纵向互动、横向联动，为健全数据化、专业化、立体化的税源管理体系奠定基础。

4. 将风险管理理念作为数据管税的先导，搭建税源监控预警体系。通过数据收集、风险评估预警处理和管理评价在层级部门之间进行互动管理，从而实现涉税数据、税源、税收三者间的有机转化。税务机关应以风险管理理念为先导，形成“税源管理、税款征收、税收分析、纳税评估和税务稽查”五位一体的税源监控预警机制，有效解决税务机关各部门间相互脱节、数据阻隔的问题，推动涉税数据管控成果的转化。此外，税务部门应在整理使用涉税数据时及时向数据采集单位反馈，以确保数据应用落实到位。

5. 建立科学完善的考核奖惩机制，确保外部税源数据管控体系良性运转。各级政府应将综合治税工作纳入年度目标考核范围并引入可操作指标进行监督评价。一级政府加强对各职能部门配合的考核，确保第三方税源数据传递、委托代征工作运行规范，通过推进社会综合治税工作来实现加大外部税源数据管控力度和保证财政收入稳定增长的宏观目标；税务部门加强对委托代征部门或单位的考核，确保代征税款政策稳定落实，完成涉税数据、税源、税收的有机转化；税务机关加强对内部工作人员数据征管水平的考核，不断提升征管队伍的整体素质，保证数据管税工作逐步走上制度化、规范化轨道并在全国普及。①

【案例解析】

### 厦门：“跑”赢群众的腿　大数据让税收更“有数”

近年来，税收工作正凭借大数据技术不断地走向精准化、智能化、科学化，将大数据融入税收工作中，不是一道选择题，而是一条没有止境的自我突破之路。大数据潮流已是不可逆之势，在这场时代赛跑中，厦门税务正在奋力向前。“我们会将推动‘大数据 + 税务’新模式落地生根作为一项长期战略任务”，厦门市税务局党委书记、局长张曙东表示，“让服务更有温度，宣传更有深度，管理更有力度。”

此前，政务信息系统广泛存在“各自为政、条块分割、烟囱林立、信息孤岛”的老大难障碍，该如何打破“服务壁垒”，盘活大数据资源呢？近年来，厦门市政务部门致力于不断“打破信息孤岛、拔掉数据烟囱”，抓好信息化基础建设，持续构建政务数据共享

① 薛伟宏：《加强数据管税的实践与探索》，载《江西经济报》，2011 年 12 月 30 日第三版。

开放体系，实现政务服务模式变革，成功打造一座“高智商”的智慧之城。

据介绍，厦门由治理走向“智理”，搭建起全市跨部门、跨层级的信息共享、数据同步、业务协同的完整体系。截至目前，厦门市民基础数据库已覆盖了厦门100%人口，数据总量超5亿条。其中，税务部门依托大数据共享平台，清理和取消了优惠事项证明材料，实行涉税资料清单管理，逐步实现税收优惠备案改为资料留存备查，大数据的聚、通、用真正实现了让数据替人跑腿。

大数据聚合也为群众的办税体验带来了前所未有的新鲜感和便捷感，群众不再要用腿“跑部门”，取而代之的是大数据平台上的部门内部协调，审批效率大幅提升。常到厦门市行政服务中心办理业务的某房产中介人员小曹告诉记者：“因为工作原因，我经常要陪客户来这里办理二手房交易的涉税业务。现在多部门实现数据共享后，我们只需要取一个号，在一个窗口就可以办理完所有业务，平均8分钟就可以全部搞定。”

在厦门，点开抖音或今日头条平台，在不同的区域，你会看到来自“减税降费在厦门”账号推送的不同的内容；在软件园区你会看到最新的《集成电路设计和软件产业企业所得税的政策公告》；在创业基地你可以看到小税哥在给你讲小微企业税收减免红利……为什么不同的区域会看到不同的税收宣传内容呢？

其实，这份重点宣传对象名单是通过大数据得出来的。减税降费是党中央国务院作出的重大决策。厦门税务依托新媒体公司大数据算法优势，分析记录每个用户的兴趣、位置、职业等多个维度信息，对其进行税收宣传内容的个性化推荐，真正做到“千人千面”“给你想看的”精准宣传目标。

厦门本土的国家级众创空间青瓦创业基地也在这份重点宣传对象名单上，该基地运营负责人许馨方是“减税降费在厦门”账号的粉丝之一。许馨方说：“没想到税务部门现在这么接地气，我们收到的这些关于个税新政、小微企业普惠性税收减免、增值税降税等推送内容对我们来说都是非常实用的，也让基地的创客们有了更多的创业动力和激情。”厦门税务已在今日头条和抖音平台推出减税降费主题融媒体作品196条，推荐给590万用户，阅读量超531万人次。

毫无疑问，想要发展高技术、高成长、高附加值企业，需要不断更新发展理念，也需要不断开拓打造新的营商高地。厦门敢为人先，破除原有思维框架，与互联网平台合作，2019年1月率先上线手机端税银服务平台，实现税收数据、资金、平台等重要资源的流动聚合。

该服务平台是厦门税务与腾讯、微众银行合作，依托税收和信用等级大数据，小微企业的法人代表微信刷脸认证后，免担保、无抵押，全程线上办理，最快15分钟银行贷款即可到账，随时借随时还，满足小微企业“短、小、频、急”的资金需要。系统上线半年来，授信额超3亿元，受到中小企业的热烈欢迎。

成立于2015年的智童时刻（厦门）科技有限公司是一家专注于人工智能早教领域的新兴公司。该企业法定代表人郭长琛说：“创业四年来，一直是通过股权融资获得发展资金。如今这个平台操作更简便、利率适当，将为企业提供更多的融资选择。”

资料来源：摘自央广网，http：//www.cnr.cn，2019年8月30日。记者：郭婕妤；通讯员：肖雨，江肖玮。

## 第三节 “互联网＋税务”行动计划

2015年3月5日，在十二届全国人大三次会议上，李克强总理在政府工作报告中首次提出“互联网＋”行动计划。“互联网＋”行动计划重点促进以云计算、物联网、大数据为代表的新一代信息技术与现代制造业、生产性服务业等的融合创新，发展壮大新兴业态，打造新的产业增长点，为“大众创业、万众创新”提供环境，为产业智能化提供支撑，增强新的经济发展动力，促进国民经济提质增效升级。

国务院“互联网＋”发展战略的实施和税务系统信息化程度的不断提高，让如何更有效地运用互联网开展税收治理成为迫切任务。2015年9月，按照《国务院关于积极推进“互联网＋”行动的指导意见》要求，国家税务总局结合税收工作实际制定了“互联网＋税务”行动计划，旨在把互联网的创新成果与税收工作深度融合，拓展信息化应用领域，推动效率提升和管理变革。充分运用互联网思维，引入云计算技术，发挥大数据优势，推进物联网应用，始终重视纳税服务，不断激发管理活力，拓展税收服务新领域，打造便捷办税新品牌，建设电子税务新生态，引领税收工作新变革，更广范围、更深程度、更高层次地依托“互联网＋”力量，为税收改革发展奠定坚实基础，为税收现代化注入恒久动力，为税收服务国家治理提供强劲支撑。

较之已经开展多年的信息管税，以“互联网＋税务”行动计划为载体全面推进税务管理现代化，重在全面创新以互联网为基础的征管、税制和服务体系，打造“互联网＋税务”下的税务管理新格局。

### 一、行动计划的定位

#### （一）描绘“互联网＋税务”的行动计划蓝图

“互联网＋税务”行动计划明确了“5大板块、20项重点行动”计划，勾勒出2020年普惠税务、智慧税务蓝图。众包互助、创意空间、应用广场、在线受理、申报缴税、便捷退税、自助申领、移动开票、电子发票、发票查验、发票摇奖、监督维权、信息公开、信息定制、智能咨询、税务学堂等重点行动计划的实施，将推动互联网创新与税收工作的深度融合，为纳税人提供高效、便捷、贴心、实用的服务，有效降低社会运作成本，真正实现普惠税务；电子发票、数据共享、涉税大数据、涉税云服务、移动办公等重点行动计划的实施，将结合现有税务信息后台核心系统，打造全覆盖、全流程、全联通的智慧税务，提升治税能力，把控“制数权”，实现各类数据整合分析的增值应用，促进中国税务大数据的形成，使之成为国家宏观经济决策的重要依据、中国经济发展的晴雨表，更好地为经济社会服务。

#### （二）厘清工作关系

一是“互联网＋税务”是对现有信息系统的创新、拓展、丰富和提升。“互联网＋税务”不是简单地将传统业务搬到互联网上，而是基于互联网生态圈构建税务管理新模式，拓展税收服务新领域，促进税收业务新变革，是税收信息化适应互联网时代发展理应包含的新内容、呈现的新形态、达到的新高度。二是税务系统各相关层级之间的关系，是既规范又开放、既充满活力又系统有序的关系。国家税务总局重点负责做规划、做规范、做总结、做推广，统筹实现部分基础性、重点性项目；各省税务机关在“互联网+税务”行动计划指导下，结合本地实际，积极推进重点任务的落实，不断探索创新，丰富“互联网+税务”的内容；市、县税务机关在省税务机关的指导下积极参与、自主创新，贡献智慧。三是“互联网+税务”行动计划的实现需要开放包容、内外协作。“互联网+税务”行动的关键是创新，而创新的思想和行动往往诞生于具体实践中，没有定式。“互联网+税务”行动必须以互联网思维谋划，以包容的胸怀和开放的架构，以选优激励的良性互动机制，调动社会各界的参与热情和创新动力，充分吸收、转化互联网应用探索过程中的优秀成果，形成全社会竞相参与、创新思维竞相喷发的生动格局。

#### （三）有序推进“互联网+税务”行动

“互联网+税务”行动计划本着统筹规划、整体布局的原则，明确了推进“互联网+税务”的工作思路和工作机制，区分创新主体和创新领域，各有侧重、统分结合、分类推动，从上到下、从内到外予以推动、指导和规范“互联网+税务”行动计划的实施。“互联网+税务”行动计划明确了各级税务机关在实施过程中应当坚守网络与信息安全底线，在开发互联网应用系统时应与信息安全保障同步规划、同步建设和同步运行，确保系统安全稳定运行。

### 二、行动计划的要义

#### （一）“互联网+税务”需要规范有序、协同创新

税务系统体系庞大、层级众多，东、中、西部发展不平衡。在实施“互联网+税务”行动计划过程中，国家税务总局注重发挥司令部作用，做好顶层规划，明确方向和重点；出台规范标准，保障行动安全有序；做好总结和评价，激发税务系统上下、内外的创新活力。部分重点行动由国家税务总局统筹组织推进，形成成熟产品后部署推广。各省税务机关作为“互联网+税务”的应用主体，应按照国家税务总局部署，结合本地实际，积极推进行动计划具体任务的落实。部分基础扎实、实施条件充分的省市，可根据纳税人需求，积极探索丰富“互联网+税务”的内容。

#### （二）“互联网+税务”的核心是以纳税人为中心

“互联网+”核心理念之一是强调用户体验，具体到税务部门也就是以纳税人为中心。“互联网+税务”的效果如何，纳税人的感受最深、最直接。基于此，“互联网+税务”行动计划站在纳税人的角度，转变理念，设计了办税服务板块、发票服务板块，大力推进移动开票、电子发票，以重点解决纳税人感受到的难点、痛点、堵点；整合网上办税事项，打通纳税服务的“最初一公里”和“最后一公里”，提供 7×24 小时不间断涉税服务。

#### （三）“互联网+税务”是不断创新、迭代发展的

“互联网+税务”是动态发展的，它涵盖了已经开展的、正在探索的和将要实施的各

项工作，并将随着互联网应用程度的深入、应用模式的创新而不断丰富、不断进化。因此“互联网 + 税务”行动计划是顶层设计，将已做的、正在做的、未来要做的以及持续改进的纳入一个大的框架中，做到从大处着眼、小处入手，快速部署、持续更新。

### （四）“互联网 + 税务”需要与社会各界进行互动、协作

税务部门实施“互联网 + 税务”行动计划不能自说自话、闭门造车。第一，行动的目标是更好地服务社会公众和纳税人。在推进“互联网 + 税务”行动时，应强调需求反向驱动，不仅注重听取纳税人的意见，更重要的是与纳税人随时互动，让其参与到纳税服务创新中来，充分汲取大众智慧。第二，“互联网 + 税务”行动还要与其他部门的“互联网 +”行动相呼应、相配合。依托互联网形成跨部门协同治理格局，提升政府治理能力。第三，“互联网 + 税务”处于全社会互联网的大生态圈中。应积极借助于成熟的社交平台、支付平台、应用平台，借鉴互联网开放共享、众筹协同、链接融合等业务模式，快速构建税务互联网应用平台，显现互联网优势。

“互联网 + 税务”行动计划设计了社会协作、信息服务板块并建立税企直通车，畅通与纳税人的沟通渠道，突出“税务搭台，各方唱戏”，使得税务机关能够更精准地提供服务，提高纳税服务的针对性和有效性；同时也可广泛获取外部信息资源，为建立税务大数据奠定基础。实施“互联网 + 税务”借助社会各界力量时，应充分借助已有优势并充分考虑社会力量的发展变化，保证合作项目持续化发展；此外更要严防涉税敏感信息和纳税人商业机密、个人隐私的泄漏，保护知识产权，确保技术可控。

## 三、行动计划的工作重点

“互联网 + 税务”行动计划重点推进 5 大板块、20 项行动。

### （一）社会协作板块

该板块包括众包互助、创意空间、应用广场在内的 3 项行动，重点引导社会参与，发挥社会各界的积极性和创造力。近年来，随着互联网的广泛普及，大众智慧得到极大释放，基于互联网的创业创新正在成为我国经济活动中最具活力的部分，众创、众包、众扶、众筹等新模式、新业态孕育兴起。互联网与税务工作的深度融合，需要纳税人、社会公众和社会各界的广泛参与。只有发挥大众的智慧，才能推动税收工作发生质的转变。

1. “互联网 + 众包互助”。以税务机关为主导，纳税人自我管理、志愿互助的理念，引入互联网众包协作模式，建立交流平台，调动纳税人积极性，鼓励纳税人相互解答涉税问题，将纳税人发展为“大众导税员”。充分发挥第三方公共社交平台作用，利用即时通信工具用户基数大、使用快捷等特点，设立特定用户群，税务人员和纳税人相互交流，形成良好的办税咨询互助机制。

2. “互联网 + 创意空间”。通过网站、主流社交工具等途径，建立面向纳税人、税务人、社会公众的创意空间，征集运用互联网改进税收工作的创新项目和创意点子，博采众长，营造开放包容的环境。借势用户创新、大众创新、开放创新的大潮，激发市场主体和社会各界参与“互联网 + 税务”的热情，降低创新成果转化门槛，形成协作共创的良好生态。

3. “互联网 + 应用广场”。国家税务总局建设纳税人软件应用广场，开辟官方软件发

布渠道，供纳税人免费下载使用。建立统一审核和发布制度，兼容并蓄，为各级税务机关和社会力量开发的纳税人软件提供发布途径和展示平台。促进各地区应用软件资源共享，减少重复开发建设，提升互联网税务应用整体水平；开发便民办税工具箱，统一纳税人办税登录入口，通过网上办税导航工具，为纳税人提供统一、准确、清晰的办税指引。开发和推广报表生成、在线申报、税款计算等办税工具，与税收政策调整同步升级和发布。开发移动离境退税辅助工具，为境外游客办理离境退税提供便捷指引。

（二）办税服务板块

该板块包括在线受理、申报缴税、便捷退税、自助申领在内的4项行动，重点是在总结各地创新和实践经验的基础上，以纳税人需求为导向，进一步对网上办税业务进行优化与提升，让纳税人多跑“网路”、少跑“马路”，为纳税人提供从足不出户到如影随形的办税体验。办税服务板块与税收核心业务系统衔接紧密，与纳税人办理日常税收业务息息相关。该板块的创新需要前台系统和后台系统有效贯通，既需要税收业务流程的优化和重构，也需要稳固强大的基础支撑平台。

1. “互联网＋在线受理”。适应推进“三证合一”“一照一码”登记制度改革的需要，实现纳税人通过互联网对自身基础信息的查询、更新和管理，网上办理临时税务登记和扣缴义务人登记，开放税务登记信息网上查验。为纳税人提供认定、优惠办理等事项的网上申请、资料提交、办理进度查询等服务，实现在线办结，对备案类优惠事项，以多种形式提供简洁便利的网上备案。在满足安全技术规范和纳税人涉税信息保密的前提下，将涉税查询业务向移动终端应用、第三方平台延伸。通过及时便捷的涉税查询，让纳税人感受到办税业务有迹可循、有处可查，随时随地掌握办税进度，提高税收工作透明度。

2. “互联网＋申报缴税”。为纳税人提供便捷高效的网上申报纳税平台，实现申报纳税网上办理全覆盖和资料网上采集全覆盖。拓展多种申报方式，实现纳税人多元化申报。在保障安全的前提下，将操作简便、流程简洁的申报功能拓展到移动互联网实现。通过互联网推送方式，在税款征收和稽查执行环节，向未在规定时限内缴纳税款或查补税款的纳税人进行催报催缴。拓展互联网税款缴纳渠道，支持银行转账、POS机、网上银行、手机银行、第三方支付等多种税款缴纳方式，保障纳税人支付环境安全。借助银行等金融机构的第三方信息，探索自然人实名认证、在线开户，逐步通过互联网实现面向自然人的个人所得税、车船税申报纳税等业务。

3. “互联网＋便捷退税”。适应新业态，以互联网理念改造退税流程，打通外部申请与内部审批流程的衔接，实现退税业务办理电子化、网上一站式办结。优化出口退税和一般退税流程，提供网上申请、单证审核和业务办理进度的跟踪。

4. “互联网＋自助申领”。依托互联网平台，创新发票领购形式，提供发票网上申领服务，实现发票自动验旧，引入现代物流服务配送纸质发票，打造线上与线下相结合的发票服务新体系。优化纳税人税收证明办理，提供完税证明、中国税收居民身份证明等各类税收证明的网上办理，支持通过互联网平台和自助办税终端开具打印，实现税收证明的在线真伪查验。

（三）发票服务板块

该板块包括移动开票、电子发票、发票查验、发票摇奖在内的4项行动。重点以增值税发票系统升级版为基础，解决纳税人发票应用中的“痛点”“热点”问题，创新服务方式，把最大的便利还给纳税人，同时减轻税务机关的负担，实现纳税人和税务人的双赢。

1. “互联网 + 移动开票”。利用移动互联网高效便捷的优势，推进随时随地开具发票。以增值税发票系统升级版为基础，深化数字证书与移动技术的融合，实现纳税人利用手机等掌上设备开具增值税发票，开创移动互联网开票新时代，服务“大众创新、万众创业”。

2. “互联网 + 电子发票”。适应现代信息社会和税收现代化建设需要，以增值税发票系统升级版为基础，利用数字证书、二维码等技术，制定统一的电子发票数据文件规范，保障电子发票的安全性。吸收社会力量提供电子发票打印、查询等服务，推动电子发票在电子商务及各领域的广泛使用，提高社会信息化应用水平。探索推进发票无纸化试点，降低发票使用和管理成本，逐步实现纸质发票到电子发票的变革。

3. “互联网 + 发票查验”。建立全国统一的发票查验云平台，全面实现全国发票一站式云查验服务。提供网页、移动应用、微信、短信等多渠道查验服务，让社会公众和广大纳税人随时、随地、随需查验发票，提升社会公众对发票的认知度和信任度，遏制虚假发票，维护正常的税收秩序和社会经济运行秩序。

4. “互联网 + 发票摇奖”。重构有奖发票，将有奖发票“搬”上互联网，让信息多跑路、群众少跑腿，与社会力量合作，支持传统金融账户和微信钱包、支付宝钱包等新兴互联网金融账户，改变有奖发票手工操作的不便。通过移动终端“扫一扫”等方式，实现发票即时摇奖、即时兑奖、奖金即时转入金融账户的新模式，提升用户的抽奖体验和参与感，调动消费者索要发票的积极性，促进税法遵从。

### （四）信息服务板块

该板块包括监督维权、信息公开、数据共享、信息定制在内的 4 项行动，重点体现通过互联网加强公开监督、税企互动、涉税信息共享等内容。互联网既对政府部门的信息公开和共享提出更高要求，也为税务部门信息服务提供更加快捷高效的渠道和平台。

1. “互联网 + 监督维权”。提供纳税信用等级情况互联网查询，定期通过互联网站向社会公布稽查案件公告、黑名单信息、执法程序等，形成有效的监督制约机制。实现纳税人满意度评价线上线下全覆盖，为纳税人提供便捷的评价渠道。充分利用互联网开展调查工作，面向纳税人及社会公众征集对税收工作的需求、意见和建议，以多元化形式提高参与度和有效性。拓展纳税人投诉维权方式，使纳税人可随时随地举报投诉，对投诉举报事项的处理情况实时跟踪，并对受理结果进行评价，提高税收工作的透明度。

2. “互联网 + 信息公开”。推进和完善网上涉税信息公开，为纳税人提供标准统一、途径多样、及时有效的涉税信息公开查询手段，推进政务公开，及时发布税收法规、条约等信息。优化税务门户网站界面体验，通过门户网站以及微博、微信、手机 APP、短信、QQ、税企邮箱等渠道，为纳税人提供多元化全方位的税收宣传，增强税收宣传的时效性、针对性。建立全国统一的税收法规库，完善信息发布平台和发布机制，实现各渠道税法宣传内容更新及时、口径统一、准确权威。

3. “互联网 + 数据共享”。加强与有关部门、社会组织、国际组织的合作，扩大可共享数据范围，丰富数据共享内容，让纳税人和税务人充分感受到互联网时代数据资源共享带来的便利。满足部门间的信息共享需要，促进政府部门社会信用、宏观经济、税源管理等涉税信息共享。收集各类数据资源，并进行归集整理、比对分析，实现数据的深度增值应用，提高税收治理能力。与金融机构互动，依据纳税人申请，将纳税信用与信贷融资挂钩，信用互认，为企业特别是小微企业融资提供信用支持。推进数据开放，通过互联网渠道逐步向社会开放税务部门非涉密脱敏数据信息和部分业务系统数据查询接口，与各类主体分享税收大数据资源。

4. “互联网 + 信息定制”。针对不同行业、不同类型的纳税人实施分类差异化推送相关政策法规、办税指南、涉税提醒等信息，提供及时有效的个性化服务。提供涉税信息网上订阅服务，按需向用户提供信息和资讯。基于税务风险管理，向特定纳税人推送预警提示，让纳税人及时了解涉税风险，引导自查自纠。

（五）智能应用板块

该板块包括智能咨询、税务学堂、移动办公、涉税大数据、涉税云服务在内的 5 项行动，重点是利用创新技术推进咨询服务、执法管理、干部培训等工作向科学化、智能化发展，并积极促进大数据、云计算、人工智能、物联网等新技术在“互联网 + 税务”中的融合应用，不断提升治税能力。

1. “互联网 + 智能咨询”。通过互联网站、手机 APP、第三方沟通平台等渠道，实现 12366 热线与各咨询渠道的互联互通和信息共享。扩大知识库应用范围，将 12366 知识库系统扩展提升为支撑各咨询渠道的统一后台支持系统，提高涉税咨询服务的准确性和权威性。探索开发智能咨询系统，应用大数据、人工智能等技术，自动回复纳税人的涉税咨询，逐步实现自动咨询服务与人工咨询服务的有机结合，提升纳税咨询服务水平。

2. “互联网 + 税务学堂”。建设功能完备、渠道多样的网上税务学堂，并与实体培训相结合，实现面向纳税人和税务干部的线上线下培训辅导。提供在线学习、课件下载、数字图书馆、互动问答、课程计划、预约报名、教学评估等各项功能。利用网站、手机、即时通信软件等形式与纳税人互动交流，实现全方位、多层次纳税辅导。

3. “互联网 + 移动办公”。在保证信息安全的基础上充分运用移动互联网，将税务干部的办公平台由税务专网向移动终端延伸。探索移动办公，以互联网思维驱动税务内部管理、工作流程、工作方式的转变，满足不同人员、不同岗位便捷获取信息、及时办理公务的需求，提升行政效能。实现税务稽查、督查各类人员实时查询税务内部系统信息，综合利用现场数据和情报数据，完成内部审批程序，现场出具稽查等相关执法文书，提升税收执法监督能力；实现舆情信息的主动推送，提升风险应对能力；实现不受时间、空间限制在线处理公文，推动执行监督、绩效考核、人才培养的痕迹化和数字化管理，提升行政管理能力；实现对信息系统运维监控平台的访问，实时接收日常运维告警，及时处理简单的突发故障，提升信息系统运维能力。

4. “互联网 + 涉税大数据”。将手工录入等传统渠道采集的数据和通过互联网、物联网等新兴感知技术采集的数据以及第三方共享的信息有机整合形成税收大数据。运用大数据技术，开发和利用好大数据这一基础性战略资源，支撑纳税服务、税收征管、政策效应分析、税收经济分析等工作，优化纳税服务，提高税收征管水平，拓展税收服务国家治理的新领域。在互联网上捕捉、收集、筛选涉税数据和公开信息，通过分析挖掘，为纳税人提供更精准的涉税服务，为税源管理、风险管理、涉税稽查、调查取证等工作提供信息支持。通过舆情监控，及时了解纳税人的关注和需求，采取应对措施，提高税收工作的针对性和有效性。

5. “互联网 + 涉税云服务”。在保证系统和信息安全的前提下，充分利用社会云计算资源，采用购买社会服务的方式，与云服务商合作，在面向社会公众的云计算平台上部署用户多、访问量大的互联网应用系统。通过整合、优化和新建的方式，将传统基础设施体系的改造与云计算平台的建设结合，搭建标准统一、新老兼顾、稳定可靠的税务系统内部基础设施架构，逐步形成云计算技术支撑下基础设施建设、管理和维护的新体系，提高基础设施对应用需求的响应周期，降低成本，为“互联网 + 税务”的各项行动提供高效的基础设施保障。

【案例解析】

## 以纳税人和缴费人为中心，聚焦办税缴费服务中的“堵点、痛点、难点”<br>“互联网 + 税务” 让办税更顺畅

2019 年 11 月 20 日，全国税务系统第一台集成业务平台系统的“智能微厅”在山西转型综合改革示范区率先投入使用。该平台实现了新办纳税人从业务开办到注销等所有涉税事项办理全程自动无感一次性办结……如今，伴随着“互联网 +”、大数据和人工智能等元素的植入，税务部门为纳税人和缴费人量身定制的网上办税平台——电子税务局，日渐成为全新纳税服务生态体系的“重头戏”。

### 一、疏堵点让办不通的事“通起来”

繁峙县柏家庄乡地处偏远，这几天锦盛食品超市刚刚开张，乡亲们像赶集一样进进出出。不过，最高兴的还是店主张晋华。

张晋华说：“在我们这儿开间小超市，虽然挣不了大钱，可方便稳定。说到这里，不得不感谢党和政府一年更比一年好的政策福利。比如开店这件事，以前办手续就得十天半个月，如今在电子税务局的‘套餐式’服务下，几分钟就搞定了。”

张晋华口中的“电子税务局”，便是山西省 2018 年 11 月 1 日上线运行的山西省电子税务局，该系统新开发上线的业务功能多达 171 项，优化完善原有业务 49 项，集成整合的业务功能 42 项。采访中，“多跑网路”的纳税服务举措，让不少财务人员点赞。

“注销难”是纳税人反映比较集中的难题。山西省率先实现网上开具“清税证明”功能，即未办理税务登记的纳税人，可以免登录享受电子税务局公众服务，通过实名认证后，直接打印“清税证明”，大大方便了企业。

冯林是运城市万荣县建材化工个体工商户。2019 年上半年，他在办税服务厅“清税注销业务专窗”申请企业注销。工作人员受理申请后，当场出具了“清税证明”，冯林为此竖起了大拇指。

国家税务总局山西省税务局征管处魏军丽说：“每一次入企调研，我们都会征求纳税人的意见，逐步完善系统。除了‘清税证明’网上‘一站式’办理外，我们还增加了

‘车辆购置税申报套餐’功能，通过后台调取机动车统一发票信息，自动生成车架号等车辆信息、合格证信息等，传递给公安交管部门，实现车购税办税无纸化。与省外汇管理局联合开发服务贸易等项目对外支付税务备案‘网路办’项目，实现了备案人足不出户即完成备案。”

山西省电子税务局共推出了网页版和手机端微信办税两种渠道。网页版纳税人端已上线351项功能，手机端已上线29项功能。全省注册用户98万户，占到总管户的近95%，网上申报率达99%以上，发票领用率达81%，专用发票代开率达93%，新办纳税人套餐使用率达91%，即办注销率达90%，已基本形成“网上办税为主、自助办税为辅、线下办税兜底”的办税模式。

## 二、击痛点让办得慢的事“快起来”

2019年12月3日，“叮”的一声，吉县超正果业有限责任公司负责人丁振荣收到了一条短信，一笔16 099.46元的资金打到了公司账户上，这是一笔来自税务部门退税的税款。

吉县超正果业有限责任公司是一家从事苹果出口的民营企业，在此之前丁振荣喜中带忧。喜的是有一批苹果出口泰国了，忧的是不知道出口退税是否能够办下来。

“没想到出口退税办理的速度这么快，从开始办理到退税成功仅用了3天的时间，而且不用来回跑税务局，只要在网上把相关资料填好就行，实在是太方便了！”丁振荣说道。

退税速度快的背后是税务系统靠前服务、主动服务，也就是电子税务局创新推出的“免填单式”退税。即纳税人只需通过微信、电子邮件或传真等方式将退税所需实证资料图片发送给税务人员进行审核和留存，并提供退税储蓄卡号，即可启动退税流程，由税务人员帮助纳税人远程办理退税，办理完毕直接将应退税款退回到纳税人提供的银行卡中，有效提升了退税业务便捷度。

事实上，近年来，山西省税务系统为了便利化办税，频出新招。特别是针对财务知识缺乏的个体工商户，不断优化办税功能，拓宽办税渠道，有效解决新办纳税人来回跑、反复跑等问题，打造了便捷的“互联网+税务”服务体系，打通惠民优商的“最后一公里”。

电子税务局针对跨区域涉税事项业务环节多、申报税种多、纳税人需往返次数多的特点，优化“跨区涉税事项套餐”功能，将增值税、城市维护建设税、教育费附加费、地方教育费附加费、印花税、企业所得税6个税费种的申报表进行“一表集成”；针对小微企业数量多、覆盖面大、财务人员专业知识匮乏、申报表填写困难等情况，自主设计了增值税纳税申报指引表，纳税人只需填写不含税销售额等3—5个数据，系统自动判断是否享受减免优惠，自动生成增值税申报表，自动计算减免税额。

据统计，2019年以来电子税务局网上共发放电子发票5 131万余份，有77.1%的纳税人单次领用份数超过了500份。

### 三、破难点让获得感“强起来”

“新一批减税降费政策实施后，想知道咱企业这个月减了多少税，登录‘直通车’一查便知。”2019 年 11 月 25 日，阳泉华盛矿用设备厂有限公司相关负责人刘女士高兴地说。

刘女士提到的“直通车”是国家税务总局阳泉市税务局经过一个多月的测试、技术升级后上线的“减税降费直通车”平台。纳税人只需登录“阳泉税务”微信公众服务号，点击“减税降费直通车”，输入纳税人识别号，相关减税降费明细分项便一目了然。

阳泉市税务局的“减税降费直通车”是电子税务局根据纳税人申报缴款、发票使用取得、税收优惠、纳税信用、生产经营情况等信息，为纳税人生成“我的画像”的缩影。

电子税务局上线之后，山西省税务系统以纳税人和缴费人需求为导向，以深化数据应用服务为引领，发挥大数据优势创新融合、开放共享，着力破解办税缴费特别是减税降费过程中的难点问题，通过充分运用税收大数据精准描绘纳税人需求“画像”。由此，纳税人可以在税收优惠板块查询已经享受的税费优惠红利；通过发票使用板块即可把握自己发票使用状况，并根据累计使用情况合理调整发票用量；通过经营状况板块直观掌握企业经营收入、资产、负债情况以及了解与企业关联的供货商和客户情况；通过对纳税人各项指标的综合评价，即可形成纳税人信用等级，纳税人可以此作为向银行或有关机构提供纳税情况的证明等。

山西省税务局征管处处长高向东表示，电子税务局在提高数据共享共用方面取得了很大的进步。系统可以智能化、点对点推送并预填申报表数据，自动生成 90% 以上的数据项，压缩 90% 以上的申报时间。利用“金税三期”并库后增值税和附加税费数据实时共享关联的特点，将代开发票需缴纳的 5 个税费种类关联成一个二维码，实现“一码缴税”，压缩 80% 的办税时间。特别是在电子税务局增设“我要求助”等功能，纳税人在办税过程中遇到问题，随时可以通过“我要求助”进行在线咨询，实时解决纳税人网上办税遇到的问题，明显提升了网上办税体验。

资料来源：2019 年 12 月 10 日《山西日报》，记者：任志霞。

## 第四节 金税三期工程

### 一、实施背景和意义

金税工程是经国务院批准的国家级电子政务工程，是国家电子政务“十二金”工程之一，是税收管理信息系统工程的总称，自 1994 年开始，历经金税一期、金税二期、金税三期工程建设，为我国税收工作取得巨大成就和不断进步做出了重要的贡献。金税一期于 1994 年正式启动，在全国初步建立了增值税计算机稽核、增值税防伪税控和增值税税控收款机三大系统，使税收征管信息化建设迈出了坚实的一步。金税二期是1998年国家税务总局在总结一期试运行经验的基础上提出的，由11个子系统组成，主要目标是建立增值税管理信息系统，加强第一大税种增值税的管理。金税二期工程实施以来，全国税务系统共推广应用了包括综合征管系统、增值税管理信息系统、出口退税系统等在内的37个全国统一应用软件。这些系统的推广应用，在全国税务系统形成了规范的税收征管省级应用集中格局。系统在不同程度上覆盖了税收管理的各个层级、部门和业务，在全国税务系统基本实现了IT基础设施的统一和规范，逐步建成了以省局运维为主、总局运维为后盾的运维管理模式，其效果表现为优化了纳税服务，强化了税收执法，规范了内部管理，促进了纳税遵从和税收收入持续、稳定增长。但受主客观因素影响，税收管理信息化建设仍存在一些不容忽视和亟待解决的突出问题，主要表现在：部分税务机关和领导干部尚未牢固树立促进纳税遵从、强化税收风险管理、推动信息管税等基本理念，忽视观念、制度创新以及业务和技术的融合；对税收管理信息化缺乏统一规划和标准，存在系统林立、信息孤岛、重复建设、信息难以共享等问题，且信息安全形势严峻。经验、教训表明，金税三期工程建设势在必行。实施金税三期必须更新观念，统一规划和标准，以业务为主导、以技术为支撑，加强业务与技术的高度融合，整合资源，分步实施。

2009年启动的金税三期在金税一期、二期基础上进一步完善，确立了以提高纳税服务、实施风险管理、发展现代信息技术系统为指导思想的三大战略目标。金税三期工程的实施将带来积极的影响：一是优化纳税服务，通过信息网络为纳税人提供优质、便捷、全方位的税收服务，逐步实现纳税人可以足不出户轻松办税，从而大大减轻纳税人的办税负担。二是统一国税地税核心征管应用系统版本，实现业务操作和执法标准统一规范，促进税务部门管理职能变革，实现全国数据大集中，并利用及时全面准确的数据信息提高决策的科学化水平和税收征管水平，有效降低税收成本。三是有力推动国家电子政务建设，促进政府部门间信息共享和协作，为提高国家宏观经济管理能力和决策水平提供全方位支持，从而对国家经济建设和社会发展产生积极而重要的作用。

2013年，金税三期工程在重庆、山东、山西等国税局、地税局系统单轨上线运行；2015年1月8日，金税三期工程优化版应用系统在广东、内蒙古、河南等国税局、地税局单轨上线；2016年，金税三期工程优化版在全国范围内逐步推广。

## 二、工程目标

国家税务总局实行金税三期工程明确了三个战略目标：提高纳税服务、实施风险管理、发展现代信息技术系统。一方面，金税三期工程借鉴国际税收管理的先进理念和经验，将促进税法遵从作为税务机关的主要任务和战略目标，优化服务、规范执法；树立税收风险管理理念，为实施风险管理提供信息化支撑；运用国际先进、成熟的信息技术建设现代化的税收管理、服务信息系统，以提高服务和执法的质效等。另一方面，针对中国行政层级的多级性和中央与地方财权的复杂性，原国税地税系统业务和管理的差异，东、中、西部地区以及城市、农村经济发展的不平衡等特殊环境和客观因素形成中国特色。

（一）总体目标

金税三期的总体目标是：既要达到国际先进水平，又要具有中国特色，要完成“一个平台、两级处理、三个覆盖、四个系统”的建设，形成一个年事务处理量超过100亿笔、税务机关内部用户超过80万人、纳税人及外部用户超过亿人（户）的全国税收管理信息系统，统一全国原国税地税征管应用系统版本，规范全国税收执法，实现全国征管数据应用大集中，实时监控全国征管数据，统一、规范纳税服务平台，优化纳税服务，建设决策支持平台，及时、完整、准确地为决策、管理提供信息，进一步提高税法遵从度和税收征收率。

1. “一个平台”。“一个平台”是建立一个包含网络硬件和基础软件的统一的技术基础平台。其主要任务是：逐步建立覆盖税务总局，原国税地税各级机关以及与其他政府部门的网络系统；逐步建成基于互联网的纳税人服务网络平台；坚持“按功能配置、集中统一管理”的原则，完成包含业务处理、在线分析、存储系统、数据交换、网络、安全和系统管理七大功能的硬件设备平台的建设；构建电子税务应用组件平台；建立覆盖物理环境、网络层、系统层、数据库层、应用层信息安全的安全管理体系和安全技术体系；保证税务工作在统一、安全、稳定的网络化信息技术平台的支撑下平稳运行。

2. “两级处理”。“两级处理”是依托统一的技术基础平台，逐步实现税务系统的数据信息在税务总局和省级税务局集中处理。其主要任务是：在“一个平台”的支撑下，结合各地实际情况，逐步建立总局、省局两级数据处理中心和以省局为主、总局为辅的数据处理机制，实现涉税电子数据在总局、省局两级的集中存储、集中处理和集中管理，使业务流程更加简化，管理和监控更加严密，纳税服务更加简便，系统维护更加便捷，系统运行更加安全。同时，支持数据总体分析，实现宏观分析与微观分析相结合、全局分析与局部透视相结合，全面提升数据综合利用水平，提高决策支持能力。

3. “三个覆盖”。“三个覆盖”是应用信息系统逐步覆盖所有税种，覆盖税务管理的重要工作环节，覆盖各级税务机关并与有关部门联网。其主要任务是：通过金税三期工程的建设，建立税务应用信息系统并在税务系统全面配置，完善税务网络布局。

4. “四个系统”。“四个系统”是指通过业务的重组、优化和规范，逐步形成一个以征收管理和外部信息为主，包括行政管理和决策支持等辅助业务在内的四个信息管理应用系统。其主要任务是：建立以税收业务为主要处理对象的征收管理系统，以外部信息交换和为纳税人服务为主要处理对象的外部信息系统，并配套建设以税务系统内部行政管理事务为处理对象的行政管理系统和面向各级税务机关税收经济监控、分析和预测的决策支持系统。

（二）建设目标

1. 利用信息技术手段，改造税收管理流程，实现税务管理现代化，以提高税收管理的质量和水平。具体包括：建立严密、高效、科学、完整的纳税人基本信息监控机制、发票管理监控机制、税款征收运行机制、纳税评估机制、税务检查机制、税务审理机制、税务执行机制、税收会计核算机制、税收管理决策支持体系、涉税文书运行机制、税务人员执法行为监控机制和税收成本控制机制，以提高税收管理质量和水平、提升税收征收率和降低纳税成本。

2. 拓展服务渠道，丰富服务内容，逐步为纳税人提供优质、便捷、全方位的服务。具体包括：为纳税人提供面对面服务、邮寄申报、电话办税、网络办税等多种便捷的办税渠道和办税方式；为纳税人提供税收政策咨询，纳税信息查询，纳税事宜申请，数据电文报税，意见反馈（监督、建议、批评、举报），税务公告，宣传培训等更全面的服务。

3. 建立部门之间数据交换、信息共享、业务联动的运行机制，为政府宏观经济决策提供依据。具体包括：逐步建立与相关部门间的信息交换机制，制定信息交换所需的标准、规范；逐步实现与相关部门之间的信息共享。在国家法律、法规规定的范围内对外提供税务部门管理职能内的共享信息，获取其他部门管理职能内的共享信息；在国家电子政务网络平台和部门间专网平台的基础上，逐步实现与业务相关部门间基于网络的业务联动，提高管理效率。

## 三、主要内容

金税三期工程的主要内容覆盖了所有税种、税收工作的主要工作环节以及各级税务机关，并与有关部门实现信息共享。金税三期工程总体业务架构包括核心征管、纳税服务、外部信息交互、管理决策、税库银、行政管理。

### （一）核心征管

核心征管是金税三期工程最重要的内容，按照流程管理理念设计开发，强调执法的统一规范，具体内容涵盖税收征管业务，主要包括税务登记、发票管理、税收优惠、税务认定、税务证明、纳税申报、税款征收、票证管理、评估审计、稽查业务、税收法制、综合业务等，实现了全国税收征管业务统一版本管理。

### （二）纳税服务

金税三期工程将纳税服务建设目标定位于建成基于全国大集中模式下的统一的纳税服务平台，建成以纳税人为中心、以纳税人需求为导向、以持续提高纳税人满意度和税法遵从度为目标的纳税服务系统，为纳税人提供多渠道、多样化、内容统一又强调个性化服务的全新服务体系，为税务人员提供一个统一的后台服务管理平台，并和核心征管、外部信息交互、决策管理等系统全面集成，实现全业务支撑的纳税服务体系建设。为保持系统的持续拓展性，纳税服务系统还结合税务系统信息化建设实际，为税务机关保留系统提供统一的接口和服务，实现服务内容的可持续发展。纳税服务共包括咨询服务、提示提醒、预约服务、纳税人学校、常用链接、办税日历、投诉检举、通知通告、评价调查、办税指南、公用下载、办税地图等业务内容。

### （三）外部信息交互

金税三期工程在国家税务总局和省局搭建两级数据交换平台，利用现代信息化手段，实现了各级税务机关与相关外部门机构的业务信息及数据的安全可靠交换与共享。税务机关从外部第三方收集、整理和应用纳税人涉税信息，为税源税基源头管控提供相关信息支持。外部信息交换系统主要由交换平台和交换应用、信息资源目录、交换配置、外部信息交换库和第三方信息库组成。交换平台负责对外部门进行协议适配，并将接收到的外部门报文转换为金税三期标准报文，发送给交换应用；交换应用负责对接收的组织机构代码信息、海关信息等外部门的业务数据进行采集、整理、比对等，定期将采集的税务数据与外部门实现信息共享；交换配置负责对交换平台和交换应用进行配置，若业务改变，只需要修改配置，不用再进行开发；信息资源目录负责对第三方信息资源的管理；交换库用来存放外部门交换的数据信息；第三方信息库存储准确无误的外部门交换的数据信息。

（四）管理决策

金税三期工程管理决策业务基于风险管理理念设计开发，以统一决策支持为目标，强化涉税信息的共享与利用。主要包括征管状况分析、报表管理、税收收入核算、电子档案管理、风险管理、政策评估、绩效管理、知识管理、统计查询等内容。

（五）税库银

税库银系统是金税三期工程的重要组成部分。税库银系统利用现代信息网络技术，进行税务、国库、银行等部门的信息交换和及时数据处理，办理税收收入征缴、入库、退库、更正、免抵调、对账等业务，为纳税人提供快速、便捷的税款缴纳方式，实现税款资金的实时划缴和当日入库，实现数据传送无纸化、操作程序标准化、账务核对电子化、监控管理实时化、对外服务人性化。

（六）行政管理

金税三期工程运用 SOA 技术在低成本下实现对现有行政管理内部资源的重构和重组，建成综合办公、财务管理、人事管理和纪检监察四个系统，实现行政管理工作流程电子化和跨部门之间、下级与上级机关之间信息互联互通，有利于行政管理业务的标准化、规范化、科学化，提高行政运行效率。

【案例解析】

### 科技强税：为税收现代化插上“金色翅膀”

一支笔、一个本、一把算盘，是几十年前税务人手中的工具；计算机、互联网、大数据等信息化设备和技术，则是如今税务人手中的工具。

几十年来，税务人手中的工具发生了巨大的变化，效率不断提升，为税收事业的发展奠定了基础。这背后，对应的是税收信息化从无到有、从有到强的过程。

没有税收信息化就没有税收现代化。党的十八大以来，经济社会快速发展、纳税人数量急剧增加、企业经营模式日益复杂——在这样的背景下，税收信息化已不仅是税收事业发展的内在需求，更是以人民为中心发展理念在税收领域的必然要求。近年来，以金税三期工程建设为代表的税收信息化建设速度加快，为税收现代化建设插上“金色翅膀”。

#### 一、金税三期——国家治理现代化的税收实践

办税越来越方便，是纳税人近几年来的突出感受。

“2018 年国地税合并后，办税流程已经大大简化，如今原国税、地税两个‘金三’系统又融合成一个，以后办税更省事了。”2019 年 3 月 1 日，北京市门头沟区双吉制药有限公司会计陈雪梅在办税窗口成功办理了纳税申报业务，成为国家税务总局北京市税务局“金三”系统并库上线成功后办理的首笔业务。

与此同时，全国各地税务部门的“金三”系统均实现了并库，纳税人的办税效率、税务人的办事效率均得到有效提升。

金税工程是国家电子政务“十二金”工程之一，从1994年上半年到2001年上半年，先后经历了一期和二期建设阶段。2008年，金税三期工程正式启动。

经历了数年精心设计、分步分批试点后，2016年金税三期在全国税务系统上线。这个全国统一的税收信息系统投入运转，标志着中国的税收管理步入“大数据”集成管理时代。

金税三期的特点是什么？一组数据或许可为这个宏大的工程“画像”。

税务总局和南海两大数据中心、近80万税务系统内部用户、9 700万条法人登记信息、8亿自然人基础信息；连通12个部委机关、2个国家信息共享平台。每年可支持处理涉税业务超过100亿笔，提供24小时不间断技术支持。

“它打破了地区和部门间的数据壁垒，可以说用一张‘大网’实现了全国税收数据的大集中、全互联。”国家税务总局征管和科技发展司司长饶立新说。

每一秒钟，金税三期系统都在高效采集并同步处理着全国范围的税收数据，全景化呈现全国税收收入进度和税款明细。不仅如此，还通过持续优化升级，有效挖掘了税收数据“金山银库”的价值，为营改增等税制改革及实施更大规模减税降费提供了有力支撑。

“目前，金税三期实现了全国税务系统在基础平台、应用软件、业务标准等方面的统一，促进了税收执法的规范性，有效降低了税收征纳成本，大幅提高了税收征管效能，对税收发展带来了革命性影响。”饶立新表示。

## 二、“互联网＋税务”行动计划——服务型政府的重要内容

在四川，小凉山区寰岛波罗水力发电办税员李路安在手机APP办妥了多项税收事项，再也不用赶几十公里的盘山小道，到办税服务厅办理业务了。

高温笼罩下的厦门，企业会计小天在办公室里用手机办税小程序，足不出户就办妥了报税。

掌上办税、一网通办、全城通办……近几年来，“互联网＋税务”实践不断拓展，取得丰硕成果——这些成果体现在纳税人逐年提升的满意度里，也体现在逐年减少的平均办税时间里。

按照国家实施“互联网＋”行动计划的部署，2015年，税务部门实施“互联网＋税务”行动计划，规划了20项重点行动，大力推进税收管理和纳税服务网络化、信息化、智能化。

“目前，各地围绕‘互联网＋税务’创新实践，以网上办税、移动办税和自助办税等多种方式，为纳税人提供Anytime、Anywhere、Anyway、Anything的‘4A’办税体验。”饶立新说。

近几年来，“互联网＋税务”行动计划在税务系统全面开花，形式多样、愈加深入：开通全国统一的增值税发票查验平台，有效解决纳税人发票查验难等问题，2017年1月全国上线以来，累计为纳税人提供增值税发票查验服务2亿多次；2016年下半年开始，整合改造升级网上办税服务厅，2018年12月推出全国规范统一的优化版电子税务局，使

纳税人缴税更方便快捷……

“互联网＋税务”实践，是服务型政府建设在税收领域的具体体现。税务人利用互联网技术实现纳税服务的升级换代，以税收服务方式流程的“简”，换来纳税人获得感的“加”。

### 三、增值税发票管理新系统——“第一税种”税收安全的防护网

2018 年 11 月 1 日，增值税发票风险监控平台发出警示，济南某公司在上午 10：50—10：54 期间有异常开票行为，金额较大，且没有进项，只有销项。这一异常的“小动作”被监控平台的“火眼金睛”紧紧盯住。

“监控平台有风险提示！立即推送基层开展快速核查反馈！”国家税务总局货物和劳务税司工作人员马上开始操作。

接令后，济南市税务局迅速对企业进行发票锁定和申报锁定。同时，税务总局运用监控平台开展拓展分析。“短短一个多月时间，查处涉案企业 463 户，查处虚开发票金额达 64.4 亿元。”济南市税务局稽查局局长潘更生介绍。

这个“厉害”的软件，源于增值税发票管理新系统与增值税发票风险快速反应工作机制共同营造起来的“防护网”。

作为我国收入规模最大的税种，增值税的税收安全事关重大。而增值税“环环抵扣”“凭票抵扣”的特点，使得增值税专用发票成为增值税税收安全的关键。

利用信息化手段建立一套新的防控机制成为国家税务总局保障税收安全的当务之急。

一方面，国家税务总局依托大数据建设增值税发票管理新系统，对交易双方名称、交易商品种类及数量金额等发票信息全要素“一网打尽”，实时监控发票流向、流量、价格、规模，从源头到末端实现全闭环管理，“最小颗粒度”地捕捉和反映各行业、各地区经济运行状况，精准发现和应对利用发票涉税违法行为。

另一方面，国家税务总局于 2018 年建立增值税发票风险快速反应机制，通过发票信息的比对分析，向基层推送税收流失风险线索，基层迅速核查。“从反馈的情况来看，核查准确率超过 90%，有效防范了虚开发票、非法买卖假发票等问题。”国家税务总局货物和劳务税司副司长林枫介绍。

“中国税务部门面对如此多的纳税人，运用增值税发票管理新系统和增值税发票风险监控平台有效管控税收风险，顺利推行营改增，充分表明了中国实现税收现代化的决心，展示了中国税务部门高效的执行力。”税收征管论坛主席暨英国皇家税务和海关总署署长爱德华·楚普赞叹道。

不仅如此，近年来，国家税务总局着手建立“云平台”，实现了增值税发票、出口退税、个人所得税三大“子系统”与金税三期“主体生产系统”的数据对接，全面形成了数据大集中格局，智慧税务生态初现，为兴税强国提供了强大的科技支撑。

科技强税，信息兴税。信息时代，谁掌握了数据，谁就掌握了主动权。插上税收信息化这双“金色翅膀”，税收现代化建设定能飞得更快、更稳。

资料来源：摘自 2019 年 12 月 4 日《中国税务报》，记者：何乐。

# 第五节
# “区块链+税务”

2019年10月24日下午，中共中央政治局就区块链技术发展现状和趋势进行第十八次集体学习。中共中央总书记习近平在主持学习时强调：区块链技术的集成应用在新的技术革新和产业变革中起着重要作用。要把区块链作为核心技术自主创新的重要突破口，明确主攻方向，加大投入力度，着力攻克一批关键核心技术，加快推动区块链技术和产业创新发展。

## 一、区块链的概述

### （一）区块链的定义

中本聪（2008）在《比特币：一种点对点的电子现金系统》中首次阐述了基于P2P网络、加密、时间戳、区块链等技术的电子现金系统的构架理念，这标志着区块链的正式诞生。

区块链是一种由多方维护，使用密码学保证传输和访问安全，能够实现数据一致存储、难以篡改、防止抵赖的记账技术，也称为分布式记账技术。梅兰妮·斯万（2015）将区块链的发展分为1.0、2.0、3.0三个阶段：区块链1.0指以比特币为代表的虚拟货币的支付及流通；区块链2.0指其在金融、智能合约等方面的技术落地；区块链3.0则标志着将应用领域扩大至经济社会的各个领域，建立可编程社会，实现万物互联互通。

区块链一经出现便凭借其所特有的去中心化、公开透明、不可篡改、可追溯等优势迅速引起金融、物流、公共管理、数字版权、保险、公益等领域的革新。在“互联网+税务”的背景下，推广区块链技术在财税领域的应用更是具有重要的战略意义。2018年8月10日，全国第一张区块链电子发票在深圳成功开出，充分说明推广区块链技术在税务管理领域的应用具有极大前景。

### （二）区块链的特征

1. 去中心化。区块链技术不依赖额外的第三方管理机构或硬件设施，没有中心管制，依靠自成一体的区块链本身并通过分布式核算和存储实现各个节点间信息的自我验证、传递和管理。去中心化是区块链最突出最本质的特征。

2. 开放性。区块链技术基础是开源的，除了交易各方的私有信息被加密外，区块链的数据对所有人开放，任何人都可以通过公开的接口查询区块链数据和开发相关应用，因此整个系统的信息高度透明。

3. 独立性。基于协商一致的规范和协议，区块链系统不依赖其他任何第三方。所有节点能够在系统内自动安全地验证、交换数据，不需要任何人为干预。

4. 不可篡改性。区块链机制规定：只要不能掌控全部数据节点的51%就无法肆意操控修改网络数据。这使区块链本身变得相对安全，避免了主观人为的数据变更。

5. 匿名性。除非有法律规范要求，各区块节点的身份信息不需要公开或验证，信息传递可以匿名进行。

（三）区块链的核心技术

1. 分布式账本。分布式账本技术是指在多个节点或多个网络进行数据共享的去中心化数据存储技术，在此技术下，交易记账由分布在不同地方的多个节点共同完成，避免了单一记账人被控制或者被贿赂而记假账的可能性；且每一个节点均记录完整账目、互不干涉，便于共同监督交易的合法性。

2. 非对称加密。存储在区块链上的交易信息是公开的，但是账户身份信息是高度加密的，只有在数据拥有者授权的情况下才能访问，从而保证了个人隐私和数据安全。

3. 共识机制。共识机制是指解决分布式系统一致性所需的共识算法，即所有记账节点之间通过此机制达成共识以认定记录的有效性，防止人为篡改。

4. 智能合约。智能合约是一种旨在以信息化方式传播、验证或执行合同的计算协议，允许在没有第三方的情况下进行可追踪且不可逆转的可信交易。在以代码的形式将交易履行的判定条件写入区块链后，系统在达到履约条件后基于不可篡改的数据自动化执行预先定义的规则和条款。

（四）区块链的分类

区块链按照对外开放程度可以划分为公有区块链、联盟区块链、私有区块链。

1. 公有区块链。世界上任何个体或者团体都可以发送交易，且交易能够获得该区块链的有效确认，任何人都可以参与其共识过程。其系统最为开放，可供任何人参与区块链数据的读取和维护。公有区块链是最早的区块链，也是应用最广泛的区块链。

2. 联盟区块链。由某个群体内部指定多个预选节点作为记账人，其他接入节点可以参与交易，但不过问记账过程，其他任何人可以通过该区块链开放的 API 进行限定查询。其系统半开放，需要注册许可方可访问。从使用对象来看，联盟链仅限于联盟成员参与，其规模可以大到国与国之间，也可以限定在不同的机构、企业之间。

3. 私有区块链。仅仅使用区块链的总账技术进行记账，由特定公司或个人独享该链的写入权限。其系统最为封闭，仅限于企业、国家机构或者单独个体内部使用。

## 二、"区块链 + 税务"的契合性

区块链技术所特有的去中心化、不可篡改、可追溯、智能合约等特征及机制与税务工作具有天然的契合性。在"互联网 + 税务"的大背景下，区块链技术必将引发巨大变革，为传统税收事业开创新局面。

（一）去中心化与信息共享

区块链技术的去中心化有利于实现信息共享。区块链本质是一种去中心化的分布式账本，各节点均独立储存完整数据，有效避免了单个节点对数据的控制。每个节点都有自己的数据库副本，以确保数据真实准确，严防他人篡改。税务部门作为纳税人税收数据的"中心"，通过授权允许纳税人访问部分数据，在保护纳税人隐私的同时赋予纳税人更多的自主权，使区块链去中心化的核心理念与政府主导监管的税务管理模式相契合。此外，信息储存结构的去中心化也与消除征纳税双方的信息不对称及实现信息共享、社会共治的税收治理理念相适应。

（二）不可篡改性和数据可靠性

区块链技术的不可篡改性和共识机制能有效保障涉税信息真实可靠。在区块链的基本架构中，如果要对区块链中的数据进行修改，需要获得整个系统 50% 以上节点的控制权，这在一般情况下很难实现。因此，在较为成熟的区块链系统中，节点数量多、算力大，数据难以被篡改，从而极大保证了数据的安全性；共识机制作为区块链技术的重要组件，在很大程度上确保整个区块链系统中不同节点之间的相互信任。在共识机制的作用下，区块链数据库中的信息记录需要经过大多数节点的确认，任何一个节点想要对其中的数据进行修改，就需要经过其他节点的共同确认，以保证数据记录的准确性、不可篡改性。区块链技术的不可篡改性和共识机制能够保证涉税数据的安全可靠，同时提高信息共享的便捷性与准确性，这与税务管理中保障涉税数据真实准确、不可篡改的原则要求相一致。

（三）可追溯性与信息链条

区块链技术的可追溯性能够打通涉税链条并实现对往期数据的追溯。在区块链系统中，交易产生的所有数据信息都会被记录，并按照时间顺序在每一节点冗余保存，从而实现了数据信息的可追溯性，保证税务机关在税收征管中对相关交易链条的完整追溯，从源头上有效追溯或打击逃避税行为。此外，涉税数据的可追溯性对于历史成本、现值、可变现净值等价值计量属性的选择以及会计核算结果的准确性也有一定的佐证力。

（四）智能合约与纳税成本

区块链技术的智能合约机制能够降低合约的执行成本。智能合约基于区块链上可靠且不可篡改的数据，通过预先设定好的条款自动执行设定规则。将其应用于税务管理工作后，可以在区块链系统中预先设定好收入确认条件和纳税义务发生时点等规则，待交易事项满足预定条件时，便可通过合约机制自动完成交易活动的纳税义务。这样的自动机制可以有效降低税收征管成本，提高税收征管效率。①

## 三、“区块链 + 税务”的应用前景

（一）“区块链 + 税务”的基本管理

1. 取代纸质发票。针对纸质发票申领、开具等耗时长、成本高、浪费人力物力等特点，税务机关通过在税务管理工作中引入区块链电子发票，利用分布式记账技术、基于共识机制完成数据的多方写入、共同维护，实现各交易节点实时开票；并通过全程链条可追溯，帮助税务机关实时监控发票使用者的身份信息及发票流向，防止虚开、漏开发票，促进纳税遵从，提高税收征管水平。目前，区块链电子发票已成功在深圳落地。

2. 简化税收征管流程。基于区块链智能合约实现即时预扣税款，免除税务机关征收税款时对纳税人的资料审查及税款催收，避免纳税人进行烦琐的资料报送及政策学习，简化税收征管流程，降低征纳税成本，在为税务机关“减负”的同时释放企业活力，激发企业的创造价值。

---

① 蔡昌，赵艳艳，戴梦妤：《基于区块链技术的税收征管创新研究》，载《财政研究》2019 年第 10 期。

（二）“区块链+税收风险管理”

利用区块链的共识机制，建立以税务机关为中心，市场监管、海关、银行、公安、法律、交通等部门协同的合作网络，针对纳税人的营业执照、货物资金流向、存款账户、判决公告、行程去向等信息实现数据共享、职能互动，及时预防风险、捕捉风险、抵御风险、管控风险，构建以预防为主、惩治为辅的纳税人经营风险预警体系，提高税务管理效率。

（三）“区块链+税收数据情报管理”

利用智能合约将不同政策适用条件以代码形式嵌入区块链，每个节点根据触发条件实现税种及税收优惠政策的自动匹配，节省纳税人的时间、精力，解决纳税人信息不对称难题。利用密码学哈希算法等技术将社会中的各项交易集合为块链式的数据网，各节点实时传输、即时验证，保证交易数据自动更新、可追溯且不可篡改，利于税务机关及时核实信息真伪，推进税收工作的有效开展。

（四）“区块链+税务监督检查管理”

税务机关可通过在区块链技术形成的完整涉税信息链条内嵌入自动预警机制，有效管控断裂链条及异常数据传输，实现精准控制、快速稽查；也可以通过自动预警或智能合约即时实现税收保全或强制执行，减轻税务机关实地稽查的工作负担，有效降低因不规范执法导致的涉税争议，有助于合理管控税收风险，预防系统性风险的发生。

（五）“区块链+税收信用体系管理”

基于区块链共识与激励的信用公示系统引入 POS 机制建立税收征信体系。在 POS 共识机制中，币龄高的超级节点通过运行和维护网络获取奖励，从而维持运行节点的强烈动机。税务机关可以以此为鉴，将纳税信用与币龄相挂钩，并给予高币龄纳税人一定的税收优惠。纳税信用通过纳税人纳税遵从程度、税收违法情况等进行全方位综合评判并分级，反向施压促使纳税人自我评估、主动改正，全面提高纳税遵从度，促进建立统一的社会信用评判口径。

（六）“区块链+关税与进出口税收管理”

应用区块链技术形成统一的数据网，同时利用智能合约机制自动查验离境商品的流通信息、海关核验信息、发票使用信息等，并根据预设规则触发自动退税程序，实现物流、发票流、资金流的融会贯通，在提升退税效率的同时保证资金、货物、合同等交易信息全面、真实、准确，有效打击虚开发票、骗取出口退税等违法犯罪行为，降低国家的税收损失。

（七）“区块链+国际税收管理”

依据区块链可追溯、不可篡改等特征引入超级记账本实时追踪国际关联企业的交易，根据资产、负债、销售额等财务指标触发智能合约机制进行企业间数据的自动比对分析，并智能匹配各国适用法律法规实现税收在国家间的合理分配，减少国际税收争议；通过分布式记账技术实现跨国公司之间及其与税务机关之间的实时信息交换，避免税基侵蚀和利润转移，降低征纳双方成本。

（八）“区块链+税务管理现代化”

区块链去中心化的本质特征要求各节点彼此对等、共同完成节点任务以维持链条的正常运转，从而清晰划分节点责任，厘清各部门的服务边界，形成多主体共同参与、互相监管的格局，深化放管服改革，在推动“区块链＋税务”深入发展的同时促进治理体系和治理能力的现代化。

【案例解析】

### 深圳开出第600万张区块链电子发票

2019年8月6日下午，王先生会见客户后打车回到公司楼下，在扫码支付车费后，他熟练地在手机上自助开具了电子发票。这张发票的开出，标志着深圳诞生了第600万张区块链电子发票。

“没想到我亲自见证了深圳第600万张区块链发票的诞生，一年前我还每到月底都要经历一番找发票、贴发票、跑报销‘剪刀糨糊大战’呢！”王先生告诉记者，他所在的公司每个月都有一定金额的交通补贴，员工需凭交通发票领取。他现在出行无论是搭乘出租车还是公交地铁，都养成了随时开发票的习惯。

“以前纸质发票要留意随时收集保管，攒一个月交给公司财务报销，现在区块链电子发票可以在手机小程序上发送报销，公司财务也不再要求我们自己‘贴发票’了，比纸质发票方便多了！”王先生开心地说。

区块链电子发票是区块链技术与税收治理基于海量数据的结合，具有简化税收流程，推动税收可持续发展的优点，同时能够间接促进国家治理的现代化。使用者最直观的感受即“无须纸质发票，无须专用设备，全程手机自助操作，交易即开票，开票即报销”。

2018年，国家税务总局深圳市税务局开始加强对区块链技术的研究，从纳税人用票痛点、堵点出发，提炼区块链电子发票需求，联合相关科技公司研究解决方案，掌握了拥有完全知识产权的区块链电子发票技术。自2018年8月10日深圳国贸旋转餐厅开出首张区块链电子发票后，深圳税务部门就在与社会民生息息相关的交通行业大力推广区块链电子发票。

2019年3月18日，首张轨道交通区块链电子发票在深圳地铁福田站开出，宣告深圳区块链电子发票推广至交通领域。5月30日，深圳市税务局联合市交通运输局、腾讯公司共同打造的“出租车助手”小程序正式上线。这个出租车行业电子发票应用平台覆盖全市超过2万台出租车，为乘客提供随时随地随手开具区块链电子发票的全新用票体验，为全市59家出租车公司每年节省约1 000万元纸质发票印制成本。小程序上线短短两个多月，累计开票量已达30万张。

“以往送乘客到达目的地后，我都要停车至少两三分钟打印发票，尤其是早上交通高峰期，乘客着急上班打卡，后面等着的车又着急走，一直按喇叭催，很尴尬。现在有区块链电子发票，乘客随时自助开票，再不用坐在车里等了，我们出租车也节省了打印纸质发票的时间和成本。”谈及区块链电子发票的优点，出租车司机刘师傅赞不绝口。

除了乘坐出租车，使用乘车码搭乘深圳市地铁全线均可开具电子发票。“你看，从微信扣费记录进入乘车记录页面，查看需要开发票的行程，点击‘开具发票’按钮，填完抬头信息一‘提交’，发票就开好了，特别简单。”上班族骆先生在扫乘车码搭地铁前往福田站时向记者演示了区块链电子发票“链上开票”的“速度”。

区块链电子发票在深圳交通领域的推广，让出行更便捷、报销更方便，深受广大深圳市民欢迎。据统计，目前，深圳有超过 5 300 家企业注册使用区块链电子发票，累计开票金额达 39 亿元，覆盖超过 113 个明细行业。其中深圳交通运输行业总开票量累计超过 227 万张，日均约有 2 万人次乘车人开具区块链电子发票。

据了解，“微信支付开具区块链电子发票”是区块链电子发票与移动支付平台对接的第一站。随着发票场景的继续扩展，区块链电子发票系统未来还可以打通其他移动支付平台，接入更多开票服务商，让发票与移动支付“如影随形”，区块链电子发票有望“飞入寻常百姓家”，扩展至更多与民生息息相关的行业。

资料来源：摘自 2019 年 8 月 9 日《中国税务报》，作者：吴俊，栾萌，崔颜。

## 复习思考题

### 一、名词解释

“互联网 + 税收行动计划”

### 二、简答题

1. “互联网 + 税收行动计划”的基本任务是什么？
2. 与信息管税相比，数据管税体现了哪些优势？
3. “区块链 + 税务”有哪些应用场景？请举例说明。

## 参考文献

[1] 薛伟宏．加强数据管税的实践与探索 [N]．江西经济报，2011 - 12 - 30 (03).

[2] 郭婕妤，肖雨，江肖玮．厦门：“跑”赢群众的腿 大数据让税收更“有数”[EB/OL]．http：//news. cnr. cn/native/gd/20190830/t20190830_524756596. shtml，2019 - 08 - 30/2020 - 03 - 05.

[3] 任志霞．以纳税人和缴费人为中心，聚焦办税缴费服务中的“堵点、痛点、难点”“互联网 + 税务”让办税更顺畅 [N]．山西日报，2019 - 12 - 10 (09).

[4] 任乐．科技强税：为税收现代化插上“金色翅膀”[N]．中国税务报，2019 - 12 - 04 (01).

[5] 蔡昌，赵艳艳，戴梦妤．基于区块链技术的税收征管创新研究 [J]．财政研究，2019 (10).

[6] 吴俊，栾萌，崔颜．深圳开出第 600 万张区块链电子发票 [N]．中国税务报，2019 - 08 - 09 (01).

# 第五章 Chapter 5 税源专业化管理

【本章提要】

税源管理是税务管理的核心。需要在税源传统管理的基础上，加强税源专业化管理，从而提升税源监控能力，提高征管效率。基于税收基本管理、信息管理、风险管理及其高度融合下的综合管理，本章重点讲述了税源专业化管理的内涵及其对税收征管体系所带来的变革，并就税源专业化管理框架下的税源分级分类管理、重点税源管理、中小税源管理和零散税源管理分别进行了阐述。

【学习目的】

通过本章的学习，掌握税源专业化管理的含义及本质要求；税源分级分类管理的内涵及发展路径；重点税源、中小税源及零散税源的主要特征及管理措施。

## 第一节 税源专业化管理

### 一、税源专业化管理的内涵

税源管理是税务机关根据税收法律、法规对税收收入的来源渠道通过一系列科学的、规范的、现代的方法和手段，进行全方位的信息跟踪和纳税控制，保证税收收入实现的一系列税收管理活动。税源管理是税收征管工作的核心，而企业作为税收来源的最主要渠道，必然成为税务机关税源管理的重心。

随着经济全球化和我国工业化、信息化、市场化、国际化的深入发展，纳税人数量不断增多，企业组织形式、经营方式呈现多样化，跨国家、跨地区、跨行业的总分机构、母子公司、关联公司等企业集团大量涌现，企业税务处理团队化、电算化、智能化水平日益提高。征纳双方信息不对称，税源管理人员少和纳税人户数多等矛盾日益突出，税源管理的复杂性、艰巨性不断加大，只有以风险管理为导向，落实信息管税要求，通过税源专业化管理，把有限的征管资源用于风险大的行业和企业，才能适应形势的发展。因此，大力推进税源专业化管理，优化纳税服务，强化税源管理，提高征管质效，意义重大，势在必行。

为在新形势下深入贯彻落实税收管理科学化、专业化、精细化的要求，进一步提高税收征管质量和效率，2010 年 10 月，按照全国税务工作会议关于探索税源专业化管理新模式的要求，国家税务总局出台了《国家税务总局关于开展税源专业化管理试点工作的指导意见》。根据该“意见”，税源专业化管理是指：“根据纳税人的实际情况和征管规律，以税收风险管理为导向，以纳税人规模、行业及其缴纳的税种等对税源进行分类，优化征管资源配置，建立专业化人才队伍，完善运行机制，以信息化为支撑，达到提高征管质量和效率的目的。”税源专业化管理在税源管理上突破了现有按属地、划片管户的单一方式，实行对外按纳税人属地、规模、行业、管理风险等分类，对内在坚持管户与管事相结合的同时，探索按重要事项、环节等分工，组织形式上实行个人和团队相结合的一种管理模式。其实质是对原有管制型税源管理体系的流程再造，以形成先进的专业化税源管理体系，推进国家税收管理体系优化和创新。

理解税源专业化管理的内涵要注意把握以下几点：

### （一）税源专业化管理需要实现管理对象科学分类，税源科学分类是税源专业化管理的基本立足点

税源专业化管理的核心是差异化管理，需要准确把握纳税人的特点和规律，突出重点，将有限的征管资源用好用活，因此，我们认为对纳税群体进行科学分类是税源专业化管理的基本立足点。税务机关应在认真分析本地纳税人构成和税源结构特点的基础上，对管理对象进行科学分类，探索把握同一类型纳税人的风险特征和管理规律，根据纳税人的需求和管理的需要，有针对性地采取管理和服务的措施，提高税源管理的针对性与实效性。

### （二）税源专业化管理需要实行管理事项的适度分离

随着经济的发展以及国际化、全球化的推进，纳税人的数量成几何级数增长，纳税人的经营状况在不断地发生深刻变化，原来传统的“人盯人”“各事统管”“单兵作战”已不能适应当前税收征收管理的需要。要解决“人少户多”的矛盾，根本出路在于专业化管理，实行税源管理事项的适度分离，即按照风险管理导向和纳税人分类管理要求，考虑税源管理难易程度和相应的专业技能要求，将税源管理事项分为基础管理类事项和风险管理类事项两大类，并按照“整体联动、事项分级”的管理要求，合理界定各级税务部门的具体管理事项，科学开展管理事项的分层分级，因事设岗，分岗定责，实现上下级之间、部门之间优势互补，整体联动，变“各事统管”为“专事专管”，变“单兵作战”为“团队作业”。

**（三）税源专业化管理需要实现管理主体科学分工，落实机构职能调整、进行管理职责分解是税源专业化管理的主要保障**

税源专业化管理的最高愿景是提升征管的组织效能，提高征管的质量和效率，改善和引导遵从，把有限的管理资源配置在刀刃上，用最小的投入取得大的征管效益。随着金税三期工程等信息化建设的不断推进，信息集中已成为事实。信息集中后，实际上把税务总局、省级、市级、县级、分局级税务机关压缩在同一个征管平台上，各级都是征管实体，都负有相应的征管责任，因此需要实现管理主体科学分工，建立上下协同的税源专业管理互动机制。要求各级税务机关要分工明确，调度有力，执行力强，运转有序，形成一个闭环的运转系统。尤其是对跨区域大企业的管理，要积极探索有效的团队管理方式，把分散的管理链条有序地串联、整合起来，形成管理的合力。

**（四）税源专业化管理需要实现管理方法、手段科学高效，实施信息管税和强化风险管理是税源专业化管理的主要方法和手段**

信息支撑是税源专业化管理的重要特征，大力实施信息管税是做好税源专业化管理的基础，现代信息技术发展为实现税收管理方式和手段的创新提供了条件，税务机关需要建立符合信息化条件下税收征管新趋势、新特点的税源专业化管理格局，以信息化推动专业化，加强征管业务与信息技术的融合，自觉适应信息技术的广泛应用为税收管理带来的深刻变化。在信息化条件下，以风险管理为导向的税源专业化管理更需要依托信息技术与业务的融合，实现税源管理风险的分析、识别、排序、推送和应对，使信息管税和风险管理成为税源专业化管理的重要方法和手段。

## 二、税源专业化管理的基本任务

根据《国家税务总局关于开展税源专业化管理试点工作的指导意见》，税源专业化管理的基本任务包括如下几个方面：

**（一）对税源科学分类，提高管理的针对性和实效性**

根据当地经济发展水平、税源的分布以及机构人员状况，一般在县（区）范围内，突破属地管理界线，以规模、行业及其缴纳的税种为主，兼顾风险和存续期等，将纳税人大体分为重点税源和一般税源（包括中小税源和个体工商户）两类；有条件的地方可扩展到地市范围，重点税源一般是指企业数量占当地企业总数比重较小（20%左右）、年税收收入占当地税收总收入比重较大（80%左右）的纳税人；重点税源以外的其他纳税人则为一般税源。也可以根据当地产业结构、行业分布情况，按行业进行分类。

**（二）优化资源配置，合理调整机构和岗位职责**

1. 合理调整税源管理机构职责。在对税源科学分类的基础上，对省以下直接面向纳税人、负责税源管理的机构职责进行调整。在原则上保持现有税源管理机构不变的基础上，按照重点税源和一般税源的分类调整管理机构的职责；使原有按片管户的税源管理机构改变为按规模（行业、税种）分类的税源管理机构。重点税源管理机构，要配强、配齐管理力量，按户开展税源日常管理，根据风险预警开展纳税评估；一般税源管理机构，可按税源管理事项实施专业化岗位管理；在税源管理机构内部可根据行业特点设置相应的管理部门和人员，以摸索行业管理规律。各地可结合实际，因地制宜对机构职责进行调整。

2. 合理调整税源管理岗位职责。税源管理岗位主要承担户籍管理、宣传辅导、催报催缴、档案管理、发票管理、定额管理、欠税管理、信息采集、调查核实、纳税评估、任务执行 11 项职责。改变之前分户到人的管理办法，根据税源分类和税收管理员实际合理调整税源管理岗位职责。对重点税源，一般设置日常管理和纳税评估两类岗位；对一般税源，可设置日常管理、综合事务、纳税评估等岗位，按岗位履行相应的税源管理职责；纳税评估岗应配备综合素质较强的人员，逐步形成专业化评估团队。

（三）建立和培养税源专业化管理人才队伍

各级税务机关需根据税源专业化管理的需要，对税源管理人才进行专业分类，将纳税评估、反避税、数据分析以及行业管理等人才合理配置到相应的管理岗位，充分发挥其专业特长。注重税源专业化管理人才技能的提高，针对岗位需要加强教育和培训，逐步健全专业人才激励机制，不断完善税源管理专业人才能级管理制度，逐步建立起一支综合素质高、专业技能强的税源专业化管理人才队伍。针对纳税评估对高素质复合型人才的需要，需加强对纳税评估人才的选拔和培养，可通过试行等级评估员办法，逐步建立专业化的评估员队伍。

（四）建立税源专业化管理运行机制

按照“信息管税”的思路，要形成立体化的税源管理体系，建立健全纵横结合、内外协作的运行机制，形成税源管理合力。

1. 建立纵向互动机制。从总局、省局、市局、县局、分局（所）到税收管理员，各级都应履行相应的税源管理职责。上下级税务机关之间对税源和征管状况监控分析工作密切配合、形成合力。税务总局负责全国税源与征管状况监控分析工作，制定战略规划、指标体系；负责定点联系大企业的指导与服务；负责全国重点税源的监控分析；建立纳税评估模型和风险管理平台及特征库；分析、下达全国税源风险预警指标和重点评估任务，指导省以下税务机关开展税源和征管状况监控分析工作，并进行督查、考评。省局负责制定本级税源和征管状况监控分析工作规划、制度，建立本级风险预警指标体系、评估模型和风险特征库，根据上级发布的风险预警指标和评估重点，结合本地实际，下达税源监控、管理任务，组织、监督、考核本地税源管理工作。市（地）局、县（区）局、分局（所）根据上级下达的风险预警指标和评估重点，结合本地实际，组织、监督、考核本地税源管理工作，并及时反馈落实情况。税收管理员按岗位职责要求，根据上级下达的风险预警指标和评估重点及相关工作任务，结合实际，抓好落实。对跨国、跨地区、跨行业大企业的税源管理与服务，由各级大企业管理部门及相关税源管理部门紧密配合，综合实施。

2. 建立横向联动机制。各级税务机关须建立健全税源监控、税收分析、纳税评估、日常检查、反避税、税务稽查等的联动机制，进一步落实各部门的税源管理职责和协作制度。征管科技部门负责拟订税源管理和征管状况监控分析的规划、制度、方案，根据各税种管理部门设置的风险预警指标、税种评估办法汇总建立健全风险预警指标体系、评估模型，并负责综合评估的沟通协调；收入规划部门负责税收经济分析和重点税源风险预警；税种管理部门负责与本部门职责相关的风险预警指标设置、评估办法和税收分析；大企业管理部门负责所联系企业的税源管理与服务；国际税收管理部门负责反避税、国际税收征管协作和非居民税源管理与服务；稽查部门负责以查促管；纳税服务部门负责纳税服务工作的协调统筹；人事部门负责税源管理机构、岗位职能调整、人员配备以及能级、绩效管理；电子税务管理部门负责税源和征管状况监控分析所需数据的抽取、提供，以及数据维护、相关信息系统的完善等技术支持工作；教育部门负责税源管理专业人才的培训。

要通过税收分析为纳税评估确定疑点、指明方向；通过纳税评估引导税法遵从，为税务稽查提供案源；通过税务稽查打击涉税违法犯罪，并向管理环节反馈查处结果；税源监控通过采集涉税信息及汇总归纳分析、评估、稽查反映的问题，改进和加强日常管理；形成各部门、各环节联动配合的税源管理机制。

各级税务部门之间要进一步加强税源管理协作和信息交流，在纳税服务、税务登记、定额核定、认定评定、税种控管、欠税公告、纳税评估、税收检查、委托代征等方面加强沟通合作，堵塞税收管理漏洞。

3. 建立外部协作机制。各级税务机关应加强与地方政府相关部门和社会各界的沟通协作，建立经济税源信息（第三方信息）的共享机制，完善综合治税、协税护税的体制；对个体工商户、临时经营、房屋租赁等零散税源可根据实际，依法实施委托征收；进一步规范、发挥税务代理机构在税源管理中的积极作用。

4. 建立综合管理机制。各级税务机关要成立税源和征管状况监控分析领导小组和工作小组，领导小组组长由各级税务机关主要领导担任，成员由各业务部门主要领导组成，负责定期召开税源和征管状况监控分析工作会议，审议制定工作规划和规程，统一监控分析税源变化，统一下达风险预警指标和纳税评估重点，统一督导、反馈和考核税源管理和征管状况。工作小组由各级税务机关业务部门有关人员组成，负责税源和征管状况监控分析的日常工作。工作小组办公机构设在各级征管科技部门。各税种分析、评估工作由牵头部门负责统一组织、综合实施，避免对纳税人重复评估、检查。

**（五）强化信息技术对税源专业化管理的支撑**

各级税务机关要充分发挥现代信息技术对税源管理的支撑作用。要多渠道及时、完整、准确地采集税源信息，加强信息的整理、存储和管理，确保信息质量；要逐步建立和应用纳税评估模型，深化数据的分析与利用，提高风险分析、纳税评估的效率和质量；要逐步建立税收风险识别、排序、任务下达、处置、反馈、考评的税收风险管理平台，有效防范税收风险；要加强业务与技术融合，以业务为主导，以技术推动业务的创新并提供保障。

**（六）修订完善税收管理员制度**

按照推进税源专业化管理的要求，全面落实“信息管税”思路，修订完善《税收管理员制度（试行）》，进一步明确职责范围、合理归并岗位、规范工作要求、强化监督措施，逐步建立起与税源专业化管理相适应的税收管理员制度，充分发挥税收管理员在税源管理中的基础作用。根据税源专业化管理的要求，将税收管理员明确为省以下税务机关面向纳税人负责税源管理的工作人员；在将税收管理员职责简化为 11 项的基础上，将其岗位归并为日常管理、综合事务、纳税评估 3 类；因地制宜地设置重点税源和一般税源的相关岗位；以培养专业化税源管理人才队伍为目标，逐步建立绩效考核和能级管理制度。

## 三、税源专业化管理对税收征管体系的变革

实施税源专业化管理是一场管理方式的深刻变革，是一场新的革命，将改变原有的管理格局，彻底转变人们对税收管理的思想观念、思维方式、工作方法，并将引发对税收征管体系持续而深入的变革创新。

### （一）组织机构按专业化重组，实现扁平化、实体化

根据专业化管理的要求，组织机构将实现重组，纳税服务将得到加强，其独立性更强、范围更广，所有与纳税人打交道的事情将基本集中到纳税服务机构，原有的管理机构将按税源管理的要求分为大企业管理局、一般税源管理局，而在税源管理局内部则按专业分工，分为调查执行机构、风险应对机构和评估分析机构。市、县局将成为管理的主体，机关和管理分局一体化。机构扁平化，权限上收，实行集中统一管理。

### （二）“团队”概念的引入从根本上改变了以往以税收管理员“人管户”的形式，强调团队的专业化分工和协作

在税务机关内部逐渐形成以行业、企业规模、区域等内容为分类的税源监控和管理团队，并根据分工分别负责税收政策、基础信息、巡查服务、稽核执行和纳税评估等工作。这种团队的管理模式，强调的是环节间的流程化运作和环节内的团队化合作，将传统管理模式中由税务专管员或管理员个人完成的活动，转化为团队完成。部门间更加强调协调统一，单兵作战将不复存在。

### （三）“专业”岗位的定位突破了层级和属地管理限制

在细分税源的规模和所属行业的框架下，根据企业和所属行业的专业特点实现专业化、差别化管理。更加突出重点税源的管理地位和重要性，大企业单独管理有利于保证收入的稳定增长，一般税源按行业分等分级，实施团队管理，原有管理员的责任区不复存在。在信息技术的支撑下，以风险管理为导向，以分级分类为基础，以纳税评估为重点，责任大家担，风险共应对。税务干部按照各自的专业分工进行操作，依靠网络平台办理各项税收事务，进行信息交互、税收宣传和税收执法。

### （四）纳税服务更加优质高效，人性化、个性化、柔性化进一步增强

由于纳税服务机构得到了进一步的强化，纳税服务平台的功能得到进一步加强，纳税服务将从传统的服务走向标准化和现代化，纳税服务的质量将会得到新的提高，手段将更加先进，方法更灵活，效率更高。纳税服务将充分体现人性化、个性化。以纳税人的需求为第一信号，围绕纳税人的需求开展针对性较强的服务，纳税人对服务的满意度将得到新的提升。

### （五）税收风险管理将放在突出位置，普遍应用风险模型来评估和应对税收风险

税源专业化管理实施后，税收风险管理在日常管理中的位置更加突出，它将成为一个风向标，引导税收的管理方向。税收风险建立风险评估模型是关键，各部门将把建模作为风险管理的基础，普遍建立各种行业的风险模型，并运用风险模型对税收风险有效控制和应对。

【案例解析】

## 税源专业化管理意味着什么?

——长沙国税“拆墙行动”系列报道之一

2014 年 4 月 21 日，当长沙凯湖电子科技有限公司的许胜凯来到长沙市税务局直属分局办理税务登记时，发现不需要再找专管员，他所要办理的事项只需在大厅就可以完成了，一件事要多部门审批的麻烦解决了。“过去要找很多部门处理，现在流程简化了，只要备齐资料往窗口一递就可以了。”

这一变化，源于 2013 年 11 月，长沙市国税局向全体纳税人发出公开信，宣布开始推行税源专业化管理。

### 纳税户猛增，“人盯人”盯不住了

### 税源专业化管理的好处：防范和降低税收风险，优化提升纳税服务

相关人员介绍税源专业化管理是基于税务机关内部专业分工和管理对象专业分类相统一的税源管理模式。

过去实施的以“管户制”为主要特征的税收管理模式，已实行数十年，通常实行划片包干，按街道、乡镇等划分片区，每个片区设一个或几个税收管理员，每个税收管理员包干管若干户，每一户纳税人都有一个对应的税收管理员。纳税人办理涉税事情，往往要找管理员审核签字。

然而，伴随着经济规模的扩大，从 2005 年到现在，长沙国税登记在册的纳税户从 6.3 万户增加到 14.7 万户，税收规模从 138 亿元猛增到 725 亿元，而全市国税人员仅从 2 100 名增加到 2 300 名。再靠“人盯人”这种粗放、简单的办法一户一户去管，很难管好，也难以满足纳税人越来越高的服务需求。

同时，税收管理员大包大揽，权力过于集中，与纳税人多是单独打交道，缺乏制约监督，容易产生廉政问题。

而新的税源专业化管理，则是根据征管业务流程，对税务机关内部实行专业分工，调整管理职能；对纳税人按规模、行业和特殊事项等分类，实行分类管理。

变管户为管事。打破传统的“划片分户到人，一人各事统管”的管理方法，取消税收管理员固定管户制度，将各县市区国税局税源管理科的职责分解为基础管理、涉税调查、风险应对三大类。

“简单来说，就是纳税人的一切事项都可以在大厅完成，所办事项的审批在我们内部流转。而税管员也不再统管一片区域的涉税事项，而由他们组成一个个风险防控团队对企业涉税风险进行防控。”孙险峰说。

### 纳税人不希望因为和税管员关系不好而增加额外成本

### 税源专业化管理让纳税人：阳光下办事，提高办税效率

“对于纳税户而言，实际上也更加方便了。”纳税人所办所有事项都可以在大厅解决。“办理登记、购买发票、申报征收、税款缴纳……都可以在一个窗口完成。”而过去则根据不同事项分设不同的窗口，现在全部改成了综合服务窗口。纳税人所办事项在窗口内流

转，减少审批环节，只要纳税人资料齐全，一般都能即时办理。长沙市国税局直属分局纳税服务科科长倪文告诉记者。

税源专业化管理要求国税局内部优化重组流程，提高办税效率。全面梳理涉税征管业务种类，简化审批事项，缩短审批时限。

对于纳税人而言，办税服务厅负责受理纳税人主动发起的全部涉税事项，即时办理业务当场办结，限时办理业务统一受理、内部流转、限时办结、窗口出件，无须纳税人多头奔波。

家润多超市办税员范文蓉对此深有体会：过去报税，申请发票，得请税管员签完字了，又要请副局长签字，有时候碰上相关人员不在家，往往一天之内办不完，现在一个多小时就办完了。

阳光、团队的执法，破除了暗箱隐患，企业也再不用花力气“经营”与税管员的关系了。

“不是每个企业都可以和税管员处理好关系，如果关系不好，有些事就不知道要找谁。”胜益君年经贸有限公司会计曾元师说：过去，税管员统管着企业涉税的一切事宜，有时候态度也不是那么好。现在办事全部集中在窗口，服务好多了。“对于我们纳税人而言，就喜欢公事公办，平等做事，在阳光下，不希望因为和税管员关系不好就增加额外的成本。”

资料来源：《税源专业化管理意味着什么?》，载2014年4月25日《湖南日报》第3版。

## 第二节 税源分类分级管理

根据我国目前税收征管的现状，税务机关应根据纳税人规模数量、组织架构、经营特点、核算方式、利益诉求等发展变化，依据税源专业化管理的要求，实施分类分级管理，以适应纳税人需求和时代发展的需要。

### 一、纳税人分类分级管理的内涵

#### （一）纳税人分类分级管理的概念[①]

分类分级管理是通过对被管理对象在特性、发展规律、重要程度等方面的差异进行评估分析，合理确定分类标准和范围，并将不同层级管理者的管理资质纳入考量，在此基础上对被管理对象进行科学分类和对管理事项层级进行合理设置，进而实施差异化管理的一种管理方式。

纳税人分类分级管理是指在保持税款入库级次不变的前提下，对纳税人和涉税事项进行科学分类，对税务机关各层级、各部门管理职责进行合理划分，运用风险管理的理念和

① 中华人民共和国国家税务总局：《纳税人分类分级管理办法》（税总发〔2016〕99号，2016年6月28日）。

方法，依托现代信息技术，提升部分复杂涉税事项的管理层级，将有限的征管资源配置于税收风险或税收集中度高的纳税人，实施规范化、专业化、差异化管理的税收征管方式。它是税务机关对内分级、对外分类与先进征管手段和技术相结合的新型税收征管方式。各级税务机关是实施分类分级管理的主体，应当落实管理责任，加强协作沟通，防范管理漏洞，逐步实现固定管户向分类分级管户、无差别管理向差异化管理、事前审核向事中事后监管、经验管理向大数据管理的转变。

（二）纳税人分类分级管理的原则[①]

1. 专业分工原则。将纳税人按照一定标准分类后，税务机关也应相应地在征管时进行分工，相互配合，提高征管效率。

2. 监督制约原则。税务机关在征管时应遵循监督制约的原则，通过权力制约和监督手段提高工作的正确性和严谨性。

3. 依法治管原则。注重从规范立法和顶层设计方面推进纳税人分类分级管理，建立健全税收法制体系，增强税收执法的统一性和规范性。

4. 科学效能原则。优化征管资源配置，对纳税人实施科学分类，对涉税事项进行合理分级，发挥不同层级税务机关的比较优势，通过差异化管理提高整体税收征管效能，确保税收征管机制的“纵向联动、横向互动、内外协调”的有序运转。

## 二、分类管理

税收由征纳双方构成，征收方是税务机关，纳税方是企业和个人。分类管理不仅是针对纳税人，而且涉及税务机关，因此，应当对征纳双方进行科学化分类，并在科学化分类的基础上实行专业化管理。

（一）科学化分类是实施分类管理的前提

纳税人包括企业纳税人和个人纳税人。其中企业纳税人包括企业、事业单位、社会团体以及其他取得收入的组织，个人纳税人包括个体工商户和自然人。企业纳税人分类以规模和行业为主，兼顾特定业务类型；自然人分类以收入和资产为主，兼顾特定管理类型。自然人按照收入和资产分为高收入、高净值自然人和一般自然人。对征收方而言，按照工作流程和事项，对税务机关的税源管理职责划分为日常管理与服务、税源监控与评估、税务稽查三大块，同时在分清工作职责的基础上对税务干部工作按照能力与经验进行合理的分类，分配到相应的职责岗位上。

（二）专业化管理是实施分类管理的举措

1. 企业按照规模进行分类。大企业和重点税源企业经营规模较大，财务管理相对健全，企业尤其是上市企业要求实行内部控制，其中包括与税收相关的财务方面的内部控制，因此纳税遵从度较高。对这些企业税务机关推行个性化的服务，积极解决企业的合理涉税诉求，同时对企业的税收风险内部防控机制提出建议，指出税收管理的薄弱环节和涉税风险点，强化事前风险防范和事中风险控制管理，以防范重大税收风险。

---

① 李学慧：《鄂尔多斯市杭锦旗国家税务局纳税人分类分级管理问题研究》，内蒙古大学硕士学位论文，2018年。

一般税源企业相当于税源管理中的“潜力股”，随着企业的做大做强，一般税源企业可能变为重点税源企业，要充分发挥税收的杠杆作用，引导一般税源企业的健康发展。对一般税源企业推行行业化管理。行业是所有企业共有的特征，按行业进行分类管理可以对企业进行横向比较，尤其对购进货物、生产经营、市场销售等流程相类似的企业参考性更强。另外，税务机关可以运用行业指标分析工具，设置行业风险预警指标，制定动态的行业管理指南，深化对一般税源企业的管理。

一般税源中也包含个体工商户，其数量在整个税源体系中所占比重较大，而其贡献的税收收入占总税收收入比重较少。对此类税源管理一般存在两种主流观点：一是“放弃不管”。考虑一般税源的征管难度较大、征管成本较高，而税收收入较少，选择“放弃不管”似乎更能实现以降成本方式提高税收收入的目的。二是“必须要管”。该观点从防止税收流失的视角认为，如果放弃不管，企业很可能将相关收入分解以实现完全避免纳税义务。

2. 自然人分类分级管理。[①] 高收入者多纳税，低收入者少纳税或者不纳税，这才符合税收公平原则。然而，在现实中，不少高收入者纳税很少甚至不纳税，如一些企业高管通过“一元年薪”进行避税。这不仅破坏了税收公平，也造成了税收流失。而将纳税人按收入、资产进行分类分级管理，有望堵上富人纳税的漏洞。根据国家税务总局出台的《纳税人分类分级管理办法》，整体来看，分类分级管理后，针对高收入群体的税收征管力度无疑有所加强，既提高了风险分析识别能力，也形成了相对完整的应对机制。

3. 对涉税事项进行分类。涉税事项是指与纳税人办理涉税业务和税务机关实施税收管理相关的事项，具体可分为纳税服务事项、基础管理事项、风险管理事项和法制事务事项。纳税服务事项是指《全国税务机关纳税服务规范》规定依纳税人申请由税务机关受理的涉税事项，主要包括税务登记、税务认定、发票办理、申报纳税、优惠办理、证明办理、业务咨询、权益维护等事项。基础管理事项是税务机关依职权发起的日常管理事项，主要包括数据采集、户籍管理、审查核实、税源调查、外部协作、委托代征、纳税担保、税收保全、强制执行、税务行政处理和处罚等事项。风险管理事项是指围绕分析确认纳税人税法遵从状况而开展的税收管理事项，主要包括数据集中管理、风险管理规划、风险分析识别、风险任务管理、风险应对、风险应对过程监控、效果评价、风险分析工具设计维护等事项。其中数据集中管理主要包括数据存储、数据加工、数据交换、数据调度等事项；风险应对主要包括风险提示提醒，纳税评估（或税务审计、反避税调查），税务稽查事项。法制事务事项是指与税收法制工作直接相关的涉税事项，主要包括政策法规管理、争议处理、重大税收案件审理等事项。

实行税源专业化管理，税收工作流程发生变化，税务干部的工作分工也同时发生变化。专业化的管理要求具备专业化的人才，因此要加强对现有税务干部的业务培训，建立专业化的税源管理团队，培养税收分析、纳税评估、税务稽查、反避税以及行业税源管理的专业化人才，提高税务干部专业化的岗位技能水平；同时，要建立评价激励机制，为专业化人才的培养创造各方面积极的条件。

---

① 张海英：《纳税人分类分级管理为公平加分》，载《上海金融报》第 2 版，2017 年 12 月 15 日。

### 三、分级管理

分级管理意味着各个层级实体化的问题。目前，我国税务机关层级为：总局、省局、市局、县（区）局和分局（所）。这是在税源专业化管理模式之下，各层级将分级承担风险管理责任。

一般税源企业和一般自然人主要由县税务机关负责管理，大企业、重点税源企业和高收入高净值自然人由各级税务机关分级负责管理。纳税服务事项和基础管理事项主要由县税务机关负责管理，风险管理事项和法制事务事项由各级税务机关分级负责管理。

国家税务总局主要负责全国性的数据采集、数据集中管理、风险管理规划、风险任务管理、风险应对过程监控、效果评价、风险分析工具设计维护；组织实施区域性、行业性的税收风险分析；组织实施大企业、高收入高净值自然人等纳税人的税收风险分析；组织实施具有全国重大影响的反避税调查和税收违法案件查处；组织实施全国税务稽查随机抽查工作；负责全国性政策法规管理和重大税收案件审理；其他应当由国家税务总局承担的事项。

省税务机关主要负责本级数据采集、数据集中管理、风险管理规划、风险任务管理、风险应对过程监控、效果评价、风险分析工具设计维护；负责本级重点税源企业和区域性、行业性的税收风险分析；协助国家税务总局开展大企业、高收入高净值自然人等纳税人的税收风险分析；负责本级高收入高净值自然人以及特定管理类型自然人的税收风险分析；负责国家税务总局推送和本级确定风险任务的应对工作；负责辖区内政策法规管理和重大税收案件审理；其他应当由省税务机关承担的事项。

市税务机关主要负责本级数据采集、风险任务管理；负责本级重点税源企业的税收风险分析；协助省税务机关开展税收风险分析；负责省税务机关推送和本级确定风险任务的应对工作；负责辖区内政策法规管理和重大税收案件审理；其他应当由市税务机关承担的事项。

县税务机关主要负责纳税服务事项、基础管理事项；协助市税务机关开展税收风险分析；负责市税务机关推送风险任务的应对工作；负责本级重点税源企业、一般税源企业、一般自然人的风险管理；负责纳税担保、税收保全、强制执行、税务行政处理和处罚工作；其他应当由县税务机关承担的事项。

税源专业化管理是新形势下进一步强化税收征管工作的必然举措，实施分类分级管理，体现税源管理的专业化、纳税服务的专业化以及税务干部培养的专业化，是税源精细化、科学化管理的重要途径。正确处理税收征纳双方的关系，从我国目前税收征管现状着手，以税源专业化管理为基础，实施分类分级管理，促进税收征管质量的提高。

### 四、深化税源分类分级管理

#### （一）建立专业化、团队型税源管理队伍

实施分类分级管理不是简单地将纳税人分类，而是依托信息资源，运用专业化手段对税源进行科学化、精细化管理，这对税收管理员的素质也提出了更高的要求。所以必须以分类分级管理为核心，合理划分税源和管理层次，按不同环节和管理事项划分税源管理岗

位，细化税源管理人员职责，使每个环节或事项都有专门的人员进行管理，以细化分工方式，促进专业化管理水平提高。对纳税评估、行业管理等重点事项应通过专事专管、团队作业的方式履行管理职能，拓宽税源管理的广度和深度，实现税源管理“质”的提升。

（二）建立多渠道、实用型信息采集机制

提高税源监控水平的难点和关键在于税务机关如何掌握纳税人的信息。税收信息来源复杂多样，既有内部信息，也有外部信息，不同的岗位所掌握的信息不同，税源管理对不同类型企业所需求的信息也不尽相同。为此，应采取多种渠道，着重在实用型上做文章，进一步整合信息资源，切实增强信息的完整性、准确性和有效性。一是规范信息采集范围。采取“共性”与“个性”指标分类采集的方式。“共性”指标指当前税务部门规定企业上报的资料，纳税人应将规定的内容、范围定期上报；“个性”指标则根据企业的规模、行业特点和工作需求，分类确定信息采集要素，并将部门之间、上下之间与税源管理各环节相串联，力求信息采集及时、全面、准确。二是拓宽信息采集渠道。密切与地税、工商、质检、海关、银行、房管等部门的合作，充分采集与纳税人生产经营密切相关的涉税信息，丰富税源管理信息资源，弥补内部信息不完整的不足，提升信息管税水平。

（三）建立易操作、清晰型监督评价体系

实施分类分级管理，必须建立客观、公正、有效的监督评价体系。在内容设置上，要突出操作性、必要性，不搞“一刀切”，要突出税收执法权及重点事项的监督。如重点税源管理主要考核管理与监控、宏观税负分析、组织收入等内容；中小税源主要考核户籍管理、行业管理、定税管理、税控发票票表比对等内容；在监督方式上，要从“结果式”向“过程式”转变，侧重各管理层级、各岗位的监督制约，注重执法监督向过程纵深延伸，将执法监督的重点由事后监督转移到事中监督和过程监督上；在评价标准上，要在“质”上求突破，要健全并完善以计算机评价为主、以人工考核为辅的动态监控考核机制，以减少指标的人为影响，特别是要克服以往看底稿、查台账的做法，要注重从执法的准确性、纳税人的遵从度及工作成效方面着手，不断提升监督评价效能。

【案例解析】

**吉首地税：二分局探索实施税源分类分级管理**

2016年以来，吉首地税二分局根据所辖税源分布的实际，结合分局管理员岗位业务素质与年龄因素，把税源管理按纳税额度、注册类型、自有房产土地与缴纳企业所得税等因素将税源管理岗位分为重点税源管理岗、自有房产土地税与企业所得税管理岗、增值税纳税人管理岗、非企业单位纳税人管理岗。分类的依据是：上年度纳税额40万元以上，且连续经营的企业为重点税源由专人管理；自有房产土地税与企业所得税纳税人，针对税源业务复杂的特点，由分局熟悉业务的年轻人实施管理；增值税纳税人由于涉税业务相对简单，由年龄大的人员实施管理；非企业单位由专人兼管。对重点税源采取团队式管理方式，以管事为主兼顾管户，不断提高税收管理工作深度和广度。一般税源实行管事与管户相结合、以管事为主的方式进行管理，并规范相关企业管理，提高企业的纳税遵从度。

吉首地税分局通过对税源分类和管理模式的科学确定，彻底改变了那种大户小户一起抓、大事小事一样办的税收征管模式，不仅方便了纳税人，也保证了管理员每月有十天去企业巡查，深入了解企业生产经营情况，有针对性地剖析企业财务状况，了解更多、更全面的涉税信息。新的征管模式运行，吉首地税分局将不断总结经验，摸索办法，建立科学、切实的征管方法，制定相应的考核指标，为深化税源管理提供有力的数据和信息资源，从而加强对税源的管控。

资料来源：湖南省湘西州地方税务局网站，http：//zt. xxnet. com. cn，2016 年 3 月 31 日。

# 第三节 大企业税源管理

## 一、大企业税源的含义及专业化管理的必要性

### （一）大企业税源的含义

大企业专指国家税务总局确定并牵头管理的、资产或纳税规模达到一定标准的企业集团。

### （二）大企业税源专业化管理的必要性

随着经济全球化和我国社会主义市场经济的发展，我国纳税人的数量不断增多，同时，企业规模庞大，税收集中度高。

2015 年，我国年度纳税额 4 亿元以上的企业共 946 户，缴纳税收 50 162. 61 亿元，占 2015 年全国税收收入的 38. 72%；年度纳税额 3 亿元以上的企业共 1 069 户，缴纳税收 50 271. 49亿元，占 2015 年全国税收收入的 39. 85%；年度纳税额 2 亿元以上的企业共 1 389户，缴纳税收 51 434. 28 亿元，占 2015 年全国税收收入的 39. 70%。再以地区为例，2017 年，总部在深圳的千户集团共 80 户，千户集团及其成员企业在深圳纳税达 2 471. 74 亿元，占深圳税收收入的 40. 8%，为深圳经济社会发展作出了突出贡献；2018 年，湖南省共有“千户集团”企业 421 家，第一季度缴纳税收 470 余亿元，占全省税收收入比重 39. 60%。大企业内控制度若不健全，就可能导致成百万或上千万元的税收流失；一项税收政策的不确定或不理解，就可能导致大企业上亿元的税收风险。因此，积极推进大企业税源专业化管理，把有效的税务资源投入高风险领域的税源管理，是现代大企业税收管理的客观要求。同时，大企业的组织形式和经营方式呈现多样化的特征，企业集团大量增加，经济主体跨境、跨地区、跨行业相互渗透，企业核算的电子化、团队化、专业化水平不断提高，税源管理的复杂性、艰巨性、风险性不断加大，征纳双方信息不对称等矛盾日益突出，传统的税收管理员属地管户、粗放的税源管理方式已难以适应新形势的要求，必须更新理念，探索大企业税源专业化管理，提高征管质量和效率。

## 二、大企业税源管理的措施[①]

### （一）遵循基本原则

一是依法实施。按照法定权限与程序执行好各项税收法律法规和政策，切实维护税法的权威性和严肃性。二是求实创新。要从实际出发，因地制宜，学习借鉴国际税收管理的先进理念和经验，勇于创新税源专业化管理的方式、方法和手段，积极探索不同税源的特点和管理规律。三是积极稳妥。大企业税源专业化管理是一项长期、复杂、艰巨的工作，涉及面广，工作难度大，要统筹兼顾，精心组织，在充分调研的基础上，制订科学细致的工作计划和方案，积极稳妥地组织各项工作的有序开展。

### （二）加强税收风险管理

将风险管理理念贯穿税源管理全过程，把有限的征管资源优先用于风险大的纳税人，实现管理资源的优化配置。按照风险识别、等级排序、应对处理、绩效评估等设计税收风险管理流程，建立风险预警指标体系、评估模型及风险特征库，根据不同类型纳税人的不同风险，采取纳税辅导、风险提示、纳税评估、税务稽查等风险应对措施，促进纳税遵从度提高。

### （三）实施信息管税

实现大企业税源专业化管理，解决征纳双方信息不对称问题是重点。以涉税信息的采集、分析、应用为主线，建立健全相关机制，大力推进信息管税。利用信息平台，实现税收信息共享、异地数据协作、分析模型指导，及时把预警信息送达征管一线，促进税源管理扁平化，提高大企业税源管理效率。

### （四）组建专业团队

实施税源专业化管理，要注重税源专业化管理人才的培养和技能的提高，针对专业化分工需要加强教育和培训，组建专业人才结构合理的团队，应对不同规模、行业的税收风险管理和电算化税务审计等高深技术含量的税源管理工作。

# 第四节 重点税源管理

## 一、重点税源的含义及特征

### （一）重点税源的含义[②]

重点税源企业是指省以下税务机关牵头管理的、资产或纳税规模达到一定标准的企业纳税人，具体标准由省税务机关确定。

---

① 焦瑞进：《以创新社会管理为主题，推进大企业税源专业化管理》，载《中国税务》2012 年第 2 期。

② 国家税务总局：《纳税人分类分级管理办法》（税总发〔2016〕99 号，2016 年 6 月 28 日）。

### （二）重点税源的确定原则

1. 一般原则。一般原则是以增值税一般纳税人为对象，以增值税、消费税为主要税种，同时兼顾其他税种，以企业上年实际税收收入完成情况为依据，逐级确定各级重点税源标准，原则上达到当地“两税”收入的60%以上。重点税源企业在年初确定后，年度内不作调整，新产生的达到重点税源标准的企业在次年纳入管理。

2. 其他原则。其他原则相对适用于税源结构分散、纳税人规模普遍不大的基层税局。主要是管理一般性原则额度范围以外、但对本部门税收收入在一定时段内产生一定影响的企业。包括：（1）辖区内重点行业、特殊行业中具有一定规模的企业；（2）涉及政策调整范围的有关企业；（3）经济、税收规模发展不匹配的企业；（4）新增投产、具有一定规模的有关税源；（5）具有一定规模且相关涉税指标异常的企业等。

## 二、重点税源管理的措施

### （一）建立科学严密的重点税源管理员制度

一是建立和完善“管户”与“管事”相结合的税收管理员制度，以构建起全面提升税收征管水平的有效载体。二是合理配置人力资源，科学调整重点税源管理岗位。三是加大对重点税源管理员的培训力度。四是建立奖惩激励机制，落实重点税源户管理责任。

### （二）强化动态管理，形成良好分析机制

重点税源分析不仅强调动态的个性的企业信息的掌握和分析，而且须坚持经常性，长期有效地积累数据分析成果，摸清税源变化规律，增强分析的深度，提高效率，形成良好的分析机制。每月要及时对企业各环节的涉税相信息与企业纳税申报相关数据进行比较、印证，进行全面、详细的分析总结。定期深入重点税源企业进行实地调研，及时了解和掌握企业的生产经营、资金运营、税收入库和税源变化情况；及时了解、监控税源企业经营变化的趋势，对重点税源企业的收入进行分析和预测，并进行持续有效的跟踪管理，及时发现、掌握征管的薄弱环节和税源潜力。

### （三）建立重点税源管理协调机制

加快建立社会综合治税网络，采集获取重点税源企业的外部信息是重点税源监控管理必不可缺的重要环节。尽快实现与市场监管、银行等相关部门的微机联网，建立健全相关信息交流传递制度，确保各项征管信息采集完整、真实、准确有效，从而强化税收分析预测，着力实现对重点税源的动态监控。

### （四）强化重点税源监控长效机制

首先，完善相关税收法规，明确重点税源纳税人的报表填报义务与责任。其次，建立重点税源长效管理机制，确保不因为人员岗位轮换等各种因素而影响数据资源的连续性，建立、健全重点税源资料归档保管工作。

### （五）评估与辅导并举

通过对重点税源的纳税评估，督促企业加强会计核算，理顺各层次的纳税环节，纠正某些纳税违规行为，使企业从会计核算到纳税行为都向制度化、规范化迈进，使各项税收规定在重点企业得到全面的贯彻落实。同时可以进一步掌握企业的真实情况，了解税源底数，提高对重点税源的监控能力。

（六）坚持信息化管税

充分利用现代信息化技术支撑，将网上申报系统、征管系统和企业“一户式”档案进一步完善，提高信息采集量，并与第三方信息、重点税源数据库有机结合，减少手工填报和数据审核的工作量，保证数据质量。发挥信息支撑作用，充分利用现有数据与第三方信息的比对分析，利用税收计会统报表管理软件（TRS）强大的数据分析功能，提高税源分析质量，拓展数据应用效能。

（七）坚持重点税源户管理制度

首先，税收管理员在日常管理活动中要及时掌握重点税源户的生产经营变化情况并进行有深度的分析，进而掌握重点税源户经营能力和税源实现能力。其次，及时进行数据采集，通过指标体系确定适合本地区的企业经营数据峰值和警戒值及同一指标的区间上下限数值，通过设立预警指标，发现指标差异，查清原因，发现问题。再次，通过纳税评估真实地掌握纳税人生产经营情况、税收负担率，从而更有效地对纳税人的纳税申报进行监督和控制，促使其提高纳税申报的真实性。最后，对纳税申报户进行适度抽查或重点检查，确保审理质量，发挥稽查的打击和震慑作用。

## 第五节 一般税源管理

### 一、一般税源的含义及特征

一般税源企业是指除大企业、重点税源企业以外的企业纳税人。一般税源的主要特点有：税源零散，数量多、规模小、单位税收少。一般税源企业的组织机构普遍比较简单，管理方面随意性强，家族式管理现象普遍存在。在财务管理方面，会计岗位设置不全，财务核算难以做到准确、及时和完整，无法对企业进行财务监督管理。许多企业为了节约成本，聘请兼职会计代理记账。兼职会计一般仅根据企业提供的资料来进行财务核算、纳税申报，对于一些不能税前列支或者明显违反企业真实经营情况的费用，“睁一只眼闭一只眼”，造成税款流失。

因为数量多、规模小，一般税源企业一般不会成为税务机关重点监控对象。不少企业存有逃避纳税的想法，特别是在经营状况不好时，这种动机就更加强烈。他们常常通过隐瞒收入、违规使用发票、应建账而未建账或虚假记账、虚假申报等手法进行逃税。非重点税源管理消耗了税务机关大部分的人力、物力，但税收贡献度却不高，投入产出比较低。

### 二、一般税源管理的措施

（一）加强信息管税，夯实一般税源管理的基础

建立全方位、立体化的信息采集、分析、处理机制。首先，拓宽涉税信息的采集渠道，以社区协税护税组为基础，对辖区进行单元格式的责任划分并明确责任人，开展税源

普查与日常巡查，及时发现各种隐蔽、零散税源，分种类建立一般税源台账并实时更新。其次，完善信息传递制度，明确受托代征机构和协税护税组涉税信息的报送标准、报送时限、报送格式及责任人，提高信息交换效率。再次，提高信息利用效率，税务机关将其他部门提供的涉税信息与核心征管系统中的登记户数、纳税申报、发票开具、税款核定等数据进行比对，对发现的漏征漏管户、临时税务登记户、税负明显偏低户等，及时督促其办理相关证照，进行税款核定和税负调整，并将处理结果反馈给信息提供部门，形成信息采集、分析、利用、处理、反馈一体化的税源信息管理链条，为税源管理科学化、精细化夯实基础。

**（二）加强过程控制，把握一般税源管理的关键环节**

强化对关、停、并、转的日常核查，及时发现走逃迹象，并依法处理，减少非正常户的出现；纳税人出现解散、撤销、破产情形的，税收管理员应督促其及时清算税款及欠税；严格定额核定程序，科学核定定额，并予以公示，引导纳税人及时申报缴纳；严格减免税把关，经营主体发生变化不符合减免税条件或减免税期满的及时恢复征税；实施分类管理，根据纳税人的经营规模、财务核算水平和税收优惠等方面的差异，将纳税人分为查账征收户、定期定额户、未达起征点户和减免税户、临时经营户四类，并分别采取不同的管理措施。通过对重点环节的监控，形成对零散税源的税收制约。同时，推广集约化管理，增强一般税源管理社会综合治税合力。

**（三）完善行政委托和行政协助制度，防范零散税源管理不作为风险**

行政委托是行政主体将其职权的一部分依法委托给其他组织或个人行使的法律行为，委托代征即是典型的行政委托行为。由于受委托者以委托机关的名义实施管理行为和行使职权，由委托机关承担法律责任，所以税务机关在委托代征行为中要严格约束受托人的行为，对其执法行为严加培训，明确双方权利、义务和法律后果，规范各种文书和票据的使用，杜绝由文书填制问题引起的程序违法问题。税务行政协助是指税务机关以外的其他单位和个人，对税务机关行政执法活动予以协助。要以法律的形式确定税收行政协助的法律地位，明确金融机构、司法机关、税务代理机构、工商、交通运输、邮政等行政管理部门，以及企业、街道居委会等其他单位和个人的不同行政协助义务，若协助单位或个人不履行或者不适当履行义务，将承担由此引起的法律后果。同时，通过建立税收行政协助网络和信息库，建立税收行政协助联席会制度，理顺税收行政协助法律关系和运行程序，保证及时完成被请求的税收行政行为。

**（四）正确认识“税收成本”，为一般税源管理的持续完善、创新更新理念**

摒弃对“税收成本”的狭隘认识，不能仅因为零散税源管理“投入大、产出小”，占收入总量比重小，就放松或放弃管理。税收管理作为重要的社会功能，不能像做生意那样追求“利润最大化”，“税收成本”不能只算经济账，还要算税负公平、征管质量等账。税务机关的重要职能之一就是应收尽收，应管尽管，把所有的税源都纳入管理范围，不能出现管理死角。一个很小的管理死角，对税收公平的打击和对纳税意识的消弭都不能小觑。规范管理，使税收能够真实地反映经济发展状况，也是必须付出的“税收成本”。降低税收成本的根本在于推进征管方式改革，提高税务管理信息化水平。只有征管手段更先进、征管理念更科学，才能以更低的成本支撑起更大的税收总量。

## 复习思考题

### 一、名词解释

税源管理　税源专业化管理　大企业税源　重点税源　一般税源

### 二、简答题

1. 税源专业化管理的内涵及基本任务是什么？
2. 税源专业化管理对原有税收征管体系带来了什么样的变革？
3. 应如何进一步完善税源分级分类管理？
4. 大企业税源的确定原则及管理措施是怎样的？
5. 重点税源应如何管理？
6. 如何做好一般税源管理？

### 三、案例分析题

某铜业股份有限公司，2005 年成立并取得一般纳税人资格，注册资本 18 000 万元，主要生产经营空调、冰箱等冷、热交换用铜管产品，是行业标准制定单位，省级扶持重点企业之一。经营规模为年销售收入 30 多亿元，已被多家知名公司认定为首席供应商，国内一级市场占有率达 60%；同时，该公司产品还被列入“中国高新技术商品出口目录”，远销美、日等国家和地区。企业在省内外所属子公司及关联企业有 11 家。企业内部财务、物流均实现信息化管理。

该企业 2014 年内销销售收入 18.37 亿元，销项税金 3.1 亿元，进项税金 3.3 亿元，已缴增值税额 188 万元，留抵税额 1 113 万元，税负 0.1%，出口销售收入 7.9 亿元，免抵退税额 4 349 万元；2015 年内销销售收入 27.84 亿元，已缴增值税额 1 213 万元，税负 0.45%，出口销售收入 10.69 亿元，免抵退税额 2 833 万元，低价贴牌销售成员企业产品在该企业中占有相当的比重。

试从税源专业化管理角度分析上述案例存在的问题，税务机关针对以上情况应如何应对？

## 参考文献

［1］中华人民共和国国家税务总局．纳税人分类分级管理办法（税总发〔2016〕99 号，2016 年 6 月 28 日）．

［2］李学慧．鄂尔多斯市杭锦旗国家税务局纳税人分类分级管理问题研究［D］．内蒙古大学，2018.

［3］张海英．纳税人分类分级管理为公平加分［R］．上海金融报，2017－12－15.

［4］焦瑞进．以创新社会管理为主题，推进大企业税源专业化管理［J］．中国税务，2012（02）．

# 第六章 Chapter 6 税收收入规划核算与税收分析

【本章提要】

税收收入规划核算与税收分析是税务机关进行税务管理的关键举措。本章扼要介绍了税务统计管理的作用和内容，以及税务调查尤其是经济税源调查的内容、类型、基本方式和基本方法。在此基础上，介绍了税收收入预测的工作程序、指标和基本方法，并对税收能力估算和税收分析的内容与方法进行了说明，最后简要介绍了税收会计核算体系和流程及税收会计报表的编制。

【学习目的】

通过本章的学习，了解税务统计管理和经济税源调查的内容和方法；熟悉税收收入预测、税收收入能力估算和税收分析的程序和方法；掌握税收会计核算体系的构成以及税收会计报表的编制原则。

## 第一节 税务统计管理与经济税源调查

### 一、税务统计管理

税务统计是社会经济统计的组成部分，是根据税收工作的要求，反映税收、税源、税政活动情况，按照统一的制度和方法进行的一项专业统计，也是税收工作实现科学管理的重要手段。税务统计包括税收统计、税源统计和征管统计三个方面。税收统计是对税款征收入库情况的统计，反映分税种、分地区、分时期、分预算级次等税收收入情况。税源统计是对税收来源情况的统计，反映税款征收对象、经济类型、行业、税种、产品、课税数量、销售收入额、所得额、平均纯益率、平均税率等情况。征管统计是对税收征收管理、执行税收政策和税务机关等情况的统计，反映机构设置、人员配备、减免税、查补漏欠税、罚没处理和税收票证使用结存等情况。

税务统计的任务是及时、系统地收集、整理、分析和提供准确的税务统计资料，如实反映税收计划的执行情况、税收政策的实施效果和税源发展变化的情况，为领导机关进行宏观决策、制定税收政策、编制税收计划和监督、检查税收计划的执行情况提供可靠依据。

### （一）税务统计的特点

税务统计是社会经济统计的重要组成部分，是税务部门征收管理的专业统计。

社会经济统计与税务统计既有共性，又各有其特殊性。二者的共性主要体现在研究对象的数量方面，包括数量的多少、现象之间的数量关系、质量互变的数量界限。但是，税务统计也有其特殊性，具体体现在以下三个方面：

1. 数量性。税务统计的分析研究工作是以经过加工整理的税收、税源、税政统计的数字资料作为依据的。

2. 社会性。税务统计反映了税收活动参与社会分配的规模。税收业务体现的分配活动是在全社会范围内实现的，是一种社会性很强的经济现象，可在一定程度上反映社会分配状况。

3. 综合性。国家税收来源于国民经济的各个部门、各个行业和各种经济类型。税务统计的指标内容反映了税收来源的增减变化；税收收入结构变化反映了产业结构、产品结构的变化情况和国民经济发展变化的情况。

### （二）税务统计管理的作用

1. 为税收计划服务。税务统计反映税收来源、税源结构、税源分布、税源的增减变化和税收计划的执行情况所提供的绝对数、相对数、平均数，是编制税收计划和检查计划执行情况的主要依据。

2. 为制定税收政策服务。税务统计是税收政策实施效果的综合反映，税务统计提供的资料，是制定税收政策和检验税收政策实施效果的重要依据。

3. 为征收管理工作服务。税务统计通过统计图表、资料，反映纳税单位和税收收入的分布与变化，征收力量的配备是否合理，企业纳税是否及时，偷、漏税款的清理以及减、免税等情况，以利于改进和加强征收管理工作。

4. 为国民经济各部门服务。税务统计资料的内容与国民经济各部门息息相关，是国民经济发展变化的一个侧面反映，可以为国家综合经济部门提供有价值的资料，协助研究各经济部门的发展动向、规律和预测全面的发展趋势。

5. 为各级领导决策服务。税务统计提供了比较全面的资料，有利于各级领导加强对税收工作的正确领导，及时指导、检查税收工作，确保完成税收任务。

### （三）税务统计资料的整理和分析运用

1. 税务统计资料。税务统计资料主要包括原始凭证和税务统计台账。

（1）原始凭证。原始凭证是基层征收单位按一定的格式对各种税收进行征收时所做的记录，是征解工作中未加工整理的第一手资料。征收时填用的凭证，是税收税源的最初记载，它包括解缴入库、退库以及自收税款、划解税款等种类税收兼征的回执联、报查联、工商企业纳税申报表、征收清册等。税务统计资料是否正确，关键是抓好原始记录工作，为了保证税务统计资料的正确性，要求填写的票证、征收清册等必须正确、完整。

（2）税务统计台账。税务统计台账是根据基层单位税收管理以及核算工作需要，用一定的格式将零散的原始记录按时间顺序经常进行登记，系统地积累资料，并定期进行总结的账册。税务统计台账的内容和格式一般与统计报表项目、指标内容相同，以便于产生统计报表。

2. 税务统计资料整理。统计资料整理是根据统计研究任务的要求，对统计调查取得的原始资料进行整理、加工、汇总，使之系统、有条理地反映总体特征、发展规律和趋势的综合统计资料。统计资料整理包括定期税务统计资料整理、专题统计资料整理和历史统计资料整理等。

定期统计资料整理是基层税务机关按照税务统计报表项目指标的要求设置统计台账或统计汇单，根据缴款书、完税证报查联和纳税申报表等原始凭证进行汇总、登记，据以产生统计报表；专题统计资料整理是为研究某一问题，对统计资料有针对性地加强整理的一种方法；历史统计资料整理是税务机关根据各时期积累的税务统计报表和各种专题调查资料进行系统加工整理的工作方法，目的是汇编税务统计资料，积累历史资料，这对研究财经税务征管工作以及经济体制改革等均有重要的参考价值。

3. 税务统计资料分析运用。税务统计资料的分析运用是税务统计工作的最终目的。税务统计资料的综合与分析是税务部门借以制定税收政策、指导工作的重要依据。只有通过对积累的税务统计资料进行科学的归类和分组，以反映事物发展变化的规律，才能使税收统计分析发挥作用。

税务统计资料是国家重要的经济信息来源之一。通过税务统计资料分析，可以全面了解税收收入、税源、税政等情况，预测税源分布，为编制税收计划提供依据；通过对税收统计资料的历史数据分析，可以全面评估税收计划的执行情况，以完善收入的组织和征管，检查税收政策执行情况，评估现行的税收制度和税收政策的实施效果，以及为研究税收理论和实践问题提供调研基础，为税收体制改革提供决策参考。

税收统计资料综合分析一般包括：分析各个时期税务部门组织征收的各项收入的发展变化；分析税收收入与生产、流通以及社会消费变化的比例关系；分析各种经济类型、城乡经济结构的变化与税收的关系；分析重点税源、重点企业的发展变化与税收的关系；分析重大经济政策实施和税收政策变动对税收的影响等。

**（四）税务统计报表**

税务统计报表是指按照国家统一规定的统计格式、内容和报送时间、程序向上级机关和国家报告税收计划及税务管理执行情况的一种书面报告。税务统计报表由国家税务总局制定，报国家统计局备案后执行。各省级税务局根据工作需要，增设必要的统计报表时，必须严格按照《统计法》及其实施细则的规定执行，并报同级统计局备案。税务统计报表是各级税务部门定期报告本单位税收计划的完成情况，税务部门各个单位都要按国家统一规定的统计报表格式、内容、报送程序和时间报送统计资料，提供各种信息。

税务统计报表的要求如下：一是资料完整。各种统计报表必须按照规定的指标内容，全面、完整地编报，不得漏填项目。二是数字准确。报表必须依据原始资料，按规定方法准确计算，如实填报，不得弄虚作假。三是口径统一。各种统计报表要按照统一规定的指标口径和时间范围编报，不得随意更改。四是报送及时。各编报单位必须按规定的报送时间向上级单位报送报表，以便上级单位统一汇总。

税务统计报表的填列依据如下：一是各种原始统计报表应根据统计台账并结合统计原始凭证或统计汇总单计算填列。二是各汇总统计报表应根据其下属单位编报的同类统计报表的同类项目数据汇总填列。

税务统计报表根据统计范围分为税收统计报表、税源统计报表和税政统计报表；根据报送时间分为月报、季报和年报；根据报送方式分为书面报表和电子报表。

## 二、税务调查

税务调查是指运用科学方法，有目的、有计划并系统地收集税务资料的工作过程。税务调查是税务统计工作的基础，因此，必须从客观实际出发，深入国民经济各部门进行调查研究。在税务调查中要做到数字准确、资料真实、内容全面、反映及时。

### （一）税务调查的分类

1. 按经济与非经济标志分为经济税源调查和征管调查。经济税源调查是对从事生产经营的单位和个人的收入与支出等经济活动状况进行收集资料的工作过程。它调查的范围较广，包括各种经济性质、国民经济各部门的征税对象和纳税人的生产数量、营业额、所得税、税政减免、平均税额等内容。征管调查是对机构设置、人员配备以及政策执行等情况的调查。

2. 按税制构成要素可分为以下几种：一是对纳税人的调查，即对缴纳税款的主体进行调查，是对税法上规定的负有直接纳税义务的单位和个人所进行的调查活动；二是对征税对象的调查，征税对象的范围相当广泛，如商品生产、销售、加工以及企业实现的利润、商品交易额等；三是对税率进行调查，即对应纳税与征税之间的比例进行调查；四是对减免税、违章处理的调查，即对应纳税额少征部分税款和应纳税额全部免征的调查，以及对偷、逃税的调查。

3. 按调查的时间分为经常性调查和一次性调查。经常性调查是指连续不断地对税收征收活动进行的调查；一次性调查是针对某一方面存在的问题而进行的专题调查。

### （二）统计调查的方法

统计调查方法是指取得税务信息与资料的方法，包括重点调查、典型调查和税务普查。

1. 重点调查是在所有调查对象中，只选择一部分重点单位进行调查。在选择重点单位时，应考虑调查对象在整个税收工作中的地位和所占比重。一般应选择重点税源单位。

2. 典型调查是在分析全部调查对象的基础上，有意识地选择一个或几个有代表性的单位、地区进行深入、系统的调查。选择典型单位时，应坚持从实际出发，对税务调查对象进行全面分析，选择有真正代表性的单位作为典型调查的对象。

3. 税务普查是对调查对象进行一次性的全面调查。一般用来调查某一时点上税务现象的总量。

上述统计调查方法都有各自的特点，在税务统计实际工作中，应按统计的目的和要求灵活地选择运用。

## 三、经济税源调查

### （一）经济税源调查的内容

经济税源调查是税务机关有组织、有计划地对由于经济发展和有关政策变化等原因引起税源、税收变化情况进行的调查研究，贯穿于税收计划管理的全过程，包括经常性税源调查和一次性税源调查，其目的是为了研究国家的经济和税收政策措施对税收的影响，分析税源变化发展趋势，增强组织收入工作的预见性。经济税源调查是税收计划管理过程中的重要环节，它是预测税收收入，编制税收计划，分析、检查和考核税收计划完成情况的基础，亦是税务统计管理的核心内容。经济税源调查包括以下几个方面的内容：

1. 反映重大经济、税收政策变化对税收的影响。在某些时期，为了保证国民经济稳步健康发展，党和国家往往要根据当时的经济形势，采取一些重大的宏观调控政策或措施，如投资取向和投资规模的变化、产业政策的调整、税种的开征与停征、税率的调整等。这些政策和措施的出台，反映到税收上，都会直接或间接地影响到经济税源的变化。因此，要通过经济税源调查，掌握影响税收的主要因素及其影响的规模和程度。

2. 反映国民经济运行变化对税收的影响。税收来源于经济，经济决定税收，税收与国民经济和社会发展息息相关。无论是国民经济总量的变化，还是工业、商业或其他产业部门经济活动的变化，都会反映到税收上，都将对经济税源和税收收入带来影响。因此，经济税源调查既要反映国民经济运行总体变化对税收总额的影响，也要反映国民经济有关部门的生产经营活动变化对税收的影响。

3. 反映征收管理工作和组织收入措施对税收的影响。在组织收入过程中，税务机关采用的征管方式、执行的征管力度和组织收入的措施等，都会直接或间接地影响到税收收入的征收、入库，影响收入的发展水平和完成计划的进度。因此，要通过对经济税源的调查，掌握这些因素对税收的影响范围、程度和规模，以便采取措施更好地抓好组织收入工作。

4. 反映重点税源的发展变化对税收的影响。重点税源即那些在所在地区税收中占有举足轻重地位的辖区、行业、企业或产品，其税源变化对某些地区以致对全国税收收入都有一定的影响作用。因此，要对重点税源胸中有数，就必须经常调查其发展变化情况。

5. 反映潜在税源的发展变化对税收的影响。潜在税源通常是指已经发生或即将发生的经济活动所能够提供的税收能力，潜在税源对未来税收收入的规模和发展速度会产生一定程度的影响。因此，经济税源的调查不仅要着眼于现有的经济税源，还要放眼未来税源的发展变化，加强对潜在的、具有发展前途的经济税源的调查和研究。

6. 反映突发性事件对税源的影响。这里的突发性事件是指对税收活动有所影响的一些不可预知的事件，如火灾、水灾等自然灾害，这些突发性事件的发生对税源会带来一定程度的影响。因此，在税源调查中不可忽视突发事件这一内容。

### （二）经济税源调查的类型

经济税源调查根据调查的目的、方法和形式可以分成多种类型，常用的调查类型主要有：

1. 按其组织形式分为经济税源统计报表调查和专门调查。经济税源统计报表调查是根据税收计划管理工作的需要，按照统一规定的表格形式、指标解释、报送时间和报送程序，依据一定的原始记录，自下而上定期向上级税务机关报告经济税源统计资料的一种报告制度。专门调查是指为了一定的目的而专门组织的一种调查。这种调查属一次性调查，调查的形式包括普查、重点调查、典型调查和抽样调查，如对某地区某企业欠税急剧上升原因的调查就属于专门调查。有些专门调查也可以采用统计报表的形式收集经济税源资料。

2. 按调查时间的连续性不同分为经常性调查和一次性调查。经常性税源调查，是指随着调查对象情况的变化，随时进行连续不断的登记，定期（按月或按季）报送经济税源统计报表的一种调查方式，如重点税源月报表等。一次性调查有两种情况：一种是指由于特殊目的的需要，只进行一次，此后不再重复进行的调查；另一种是此种调查虽不止进行一次，但每次调查之间须间隔一个相当长的时期（如一年以上）才能再次进行，如税源情况普查，一般要几年进行一次，实际相当于一次性调查。

3. 按调查对象范围不同分为全面调查和非全面调查。全面调查就是对调查对象的所有单位都进行调查，又分为定期全面经济税源统计报表调查和普查。非全面调查是指对所要调查对象的一部分单位进行调查，如对某地区重点税源调查。非全面调查又分为重点调查、典型调查、抽样调查及非全面经济税源统计报表调查。需要注意的是，全面调查和非全面调查的划分是相对的，同一项调查，从不同的角度去看，既可能是全面调查，也可能是非全面调查。如某省对所辖某市所有工业企业的税收情况进行调查，从该省的角度来看，属非全面调查，而从该市的角度来看，则是一项全面调查。

### （三）经济税源调查的基本方式

1. 普查。普查是一种专门为某些特定任务的需要而组织的一次性的、全面的经济税源调查。税源普查范围覆盖了被调查经济税源对象的所有单位。这种方式的优点是获得的资料全面、内容完整；缺点是工作量大、费时。税源普查是一种重要的调查方式，是经常性税源调查方式所不能替代的。如 1996 年在全国范围内进行的欠税情况的调查就是一次普查，这次欠税普查摸清了欠税的基本情况、存在的原因，并提出了根治欠税的对策，得到了有关方面和领导的重视。

2. 重点调查。重点调查是一种非全面调查。它是在全部经济税源单位中选择一部分重点单位或重点项目进行调查。这些调查单位（项目）能够突出反映经济税源总体的基本情况，有显著的意义和作用。这种方式的优点是省时、省力，并且可以对调查对象进行比较透彻的分析。例如，某地区有大小烟草企业 13 户，税收占当地税收总收入的 40%，其中有 6 户企业的税收收入又占 13 户企业的 60%。这样，通过对这 6 户企业进行重点调查，就可以基本掌握全区烟草企业的生产、经营和税收情况。

3. 典型调查。典型调查就是从被研究的经济税源对象中，有意识地选取若干有代表性的典型单位进行调查。这种调查与其他调查相比较，其主要特点是单位少。有可能只用少量人力、物力，深入基层，解剖麻雀，就可以对调查对象作深入、具体、细致的调查研究。典型调查具有较大的灵活性，通过典型调查既可以收集有关的数字资料，又可以掌握有关税源具体生动的情况。典型调查的关键是要选好典型单位，要保证选中的单位具有充分的代表性。

4. 抽样调查。抽样调查就是从被研究的经济税源对象的总体中，随机抽选出一部分单位作为总体的代表，以被抽样的这部分单位（称作样本）的指标数值来推算总体指标数值的一种调查。抽样在一定意义上可以起到全面调查的作用，能反映经济税源的总体概况。

上述各种调查方式都有自己的特点和作用，既互相区别，又互相联系，而且有时一次经济税源调查需要几种方式结合运用。同时，调查需要将收集经济税源的数字资料与了解具体情况相结合，充分了解政策逻辑并理解数据背后的政策效果，才能更准确、有效地完成研究目标，达到调查研究的目的。

### （四）经济税源调查的基本方法

经济税源调查应根据调查的目的、要求和调查对象的特点，采取不同的调查方式和方法。收集经济税源资料、进行经济税源调查的具体方法有多样，概括起来主要有以下几种：

1. 直接观察法。直接观察法是由调查人员深入现场，对所要调查的经济税源对象进行直接调查并取得经济税源资料的方法。

2. 报告法。报告法是被调查者根据统一要求，在调查的基础上填报经济税源资料的方法。

3. 采访法。采访法是向被调查者提出问题，由被调查者回答而取得经济税源资料的方法。

在实际工作中，几种方法应灵活运用，应根据经济税源调查对象的特点，采用单一的或几种方法相结合的方式进行调查。

### （五）经济税源调查报告

在对调查资料进行科学加工处理、完成定量分析和定性分析之后，调查研究就进入撰写调查报告阶段。所以说，撰写调查报告是经济税源调查工作的最后一个环节。调查报告一般以书面方式提出对调查问题的看法和建议，供领导决策参考。

1. 经济税源调查报告的类型。经济税源调查报告的类型是由调查的内容和形式决定的，经济税源调查的内容和形式的多样化，决定了调查报告类型的多样化。在税收计划管理工作中常用的税源调查报告主要有两种：

（1）综合型税源调查报告。综合型调查报告是围绕经济税源调查对象的基本情况而撰写的调查报告。其主要特点如下：一是体现完整，即对所调查的经济税源情况作比较全面、系统和完整的描述。如撰写企业欠税情况普查报告，就要反映欠税企业数量、欠税总额、不同经济类型企业欠税情况、不同行业的企业欠税情况、不同欠税原因形成的欠税情况、不同时期的欠税情况、能否清理的欠税情况等。二是体现变化，在进行完整描述之后，还要反映经济税源的变化情况，反映规律与趋势。如欠税普查报告，不仅要写欠税基本情况，还要写欠税的变化，以反映欠税的发展趋势。

（2）专题型税源调查报告。专题型调查报告是围绕某个问题撰写的调查报告。其主要特点如下：一是主题鲜明，针对性强。如关于“商业增值税为何下降”的报告，是专门就商业增值税下降的情况、原因和对策而写的专题调查报告。二是有较强的说服力，通篇只围绕一个问题列举材料和例证。

2. 经济税源调查报告的内容。经济税源调查报告的内容通常包括三部分：

（1）概况介绍，即对所调查的经济税源的基本情况进行综合性的概述，反映主、客观情况，并以数据和典型事例加以印证。

（2）综合分析，即根据调查得到的材料，抓住重点问题，进行定量和定性分析，透过现象看本质，反映经济税源的真实情况、变化原因和存在的问题。

（3）提出解决问题的意见和建议，即针对经济税源的状况和存在问题，提出切实可行的意见和建议。

3. 撰写经济税源调查报告的一般程序。经济税源调查报告的写作程序一般由确定主题、取舍材料、拟订提纲、撰写并修改报告等几个主要过程组成。

（1）确定主题。经济税源调查报告的主题就是报告要讲的中心思想，主题是否明确和有价值，是否能引起领导或有关方面的重视，对调查报告具有决定性的意义。经济税源调查报告的主题要集中，要和调查的主题一致，通过调查报告的主题反映出调查的成果。

调查报告的标题往往是主题的体现。要写好经济税源调查报告，首先要根据调查报告的主题确定报告的标题，使标题与主题吻合；其次要使标题尽可能醒目，有吸引力；再次标题的文字要简短，一目了然。标题可以直截了当地提出税源调查的中心问题，也可以采取先列大标题、然后列出小标题等形式。至于采用什么形式、拟订什么标题，要根据分析报告的内容和形式来决定。

（2）取舍材料。在调查过程中所得到的数字和情况称为“调查资料”，把有用的资料写进调查报告就成为材料。在税源调查中得到的资料很多，其中有些还是无用的资料，不能统统写进报告中去，因此，要对材料进行取舍。第一要选取与主题有关的材料，去掉无关的材料，使主题更加突出、集中；第二要精选那些能够说明问题的本质材料。

（3）拟订提纲。提纲就相当于房屋的框架结构，一旦框架形成，税源调查报告的基本形式也就定了。因此，在动手撰写分析报告之前，要先拟订写作提纲，确定分析报告由哪几个部分组成，都要说明什么问题，要说明的这些问题与经济税源调查的目的有什么样的关系，并列出相应的小标题，确定需要说明的重点问题。

（4）撰写并修改报告。在拟好提纲以后，就可以动手撰写税源调查报告。写作时要注意掌握好三个要点：一是报告的结构要合理，要突出重点，主要问题多写、写透，次要问题少写，点到即可；二是语言要通俗易懂，对生僻的专业名词要进行解释，多摆事实讲道理，论理要深入浅出；三是要会使用资料，让资料说话，既要有典型事例，又要有分类资料，还要有反映总体情况的综合资料。要用观点统帅资料，用资料说明观点。

税源调查报告的初稿完成后，要反复审查和修改。要审查报告的基调是不是符合调查的目的和要求，所用资料是否准确、真实，得出的概念、观点是否正确，提出的建议意见是否积极有效，文字表述是否简明畅达。

# 第二节
# 税收收入预测

## 一、税收收入预测概述

### （一）税收收入预测的概念和作用

税收收入预测就是以充分掌握影响税收收入变动的因素和税收历史资料为基础，以统计方法、数学方法为主要手段，对未来税收收入的趋势和前景做出比较恰当的推算与判断。税收收入预测是税收计划管理的一项前瞻性工作，也是税收计划实行科学管理的重要体现。科学的税收收入预测，对提高税收计划的准确性、促进税收收入目标的顺利实现、推进税收决策的科学化具有重要的作用。一方面，税收收入预测为税收决策提供科学依据。在税收管理中，经常要做出各种决策。正确决策的前提是在对客观经济税源调查研究的基础上做出科学的预测。没有科学的预测作为依据，必然会做出盲目的、主观臆造的决策。另一方面，税收收入预测为制定税收计划提供了依据。制订税收计划不仅要掌握和分析实际税源资料，而且要掌握和分析未来经济税源的发展变化。对未来经济税源的发展变化有了科学的预测，制订出的税收计划就有了切实可行的依据，就可以把税收计划建立在既积极又稳妥的基础上。在税收计划的执行过程中，分析计划能否完成或超额完成，要利用科学的预测方法对税收计划执行的可能结果进行预先推测，以便及时采取措施，保证税收收入目标的实现。

### （二）税收收入预测的内容和分类

1. 税收收入预测。税收收入预测是以整个税收工作的发展趋势作为研究对象的，其具体内容主要包括四个方面：

（1）经济税源的发展变化。根据国民经济统计资料和专题调查资料以及经济主管部门提供的情况，预见经济税源（如国内生产总值、工农业产值、社会消费品零售总额、销售收入、主要产品产量等）的发展变化情况及对税收收入的影响。

（2）税收计划完成进度。根据税收统计资料，在对客观经济税源发展态势做出准确预测的基础上，对税收收入在预测期可能达到的水平及完成计划目标的可能程度做出推测，从而便于及时采取对策，确保计划目标的实现。如税收收入，中央、地方税收，主要税种、税目的预计完成情况。

（3）税收政策实施情况。在深入调查研究的基础上，预见税收政策对税收收入的影响，以便及时提供政策实施的反馈信息，为有关部门修正政策提供依据。如开征、停征税种、调整税目，调高调低部分产品税率以及对部分地区、行业实现减免税等。

（4）税收征管措施落实效果。根据不同时期、不同地区所采取的加强税收征管的措施、办法来预见其对税收收入的影响，从而揭露矛盾，发现优劣，促进征管水平提高。

2. 税收收入预测的分类。对税收收入预测的分类有各种划分方法，一般分为以下几种：

（1）按预测对象的范围分为宏观税收收入预测和微观税收收入预测。宏观税收收入预测是指根据国民经济发展变化和税收收入本身的发展趋势对整个税收收入的预测，是总体的、综合的预测；微观税收收入预测是指对一个税种、一个品目、一个行业或一个企业的税收收入的预测，是部分的、局部的预测。

（2）按预测对象距现在的时间长短分为短期预测、中期预测和长期预测。通常把预测时期在 1 年（含）以内作为短期预测，1 年以上到 5 年（含）以下为中期预测，5 年以上为长期预测。

（3）按预测的方式分为探索性预测和目标性预测。探索性预测是根据过去和现在的发展现状预见和推测未来；目标性预测是首先提出税收收入发展的具体目标，然后预测实现目标的时间、增长速度以及实现的保证措施。

（4）按预测的性质分为定性预测和定量预测。定性预测是指推测税收收入的未来发展方向，虽然也有数量计算，但主要不在于推算未来的数量表现；定量预测是指使用统计方法，对税收统计资料和经济税源资料进行推算，主要目的在于推算税收收入在未来的数量表现。

### （三）税收收入预测的工作程序

1. 确定预测目的。进行一项税收收入预测，首先必须确定这些预测的具体目的。只有目的明确具体，才能据以收集必要的资料，采取适当的方法，取得较好的结果，否则将浪费人力、物力和时间。

2. 收集整理资料。收集的资料包括历史资料、现状资料，要力求完整、准确、适用。一般先要对内部的税源资料加以整理分析，再根据资料对外部调查资料进行收集整理，最后对资料进行必要的检验和调整，对不可比的特殊因素予以剔除，去伪存真，去粗取精。

3. 建立预测模型。具体来说，就是要建立一个或多个数学公式来表示税收收入与其他因素之间的关系，一般可分为三类：一是时间关系模型，即表示税收与时间关系的模型。如趋势预测模型，用于研究税收收入随时间变化的发展趋势及其过程。二是相关关系模型，即表示税收与影响因素关系的模型。如回归预测模型，用于研究税收收入受工农业生产、商品流通、价格等相关因素的发展变化影响的程度及结果。三是结构关系模型，即表示税收收入与其他预测对象之间相互关系的模型。如投入产出模型，用于研究税收收入与税收成本之间的比例关系。

4. 选定预测方法。税收收入预测方法很多，每一种方法都有其特点和适用范围。如能对各种预测方法进行深入细致的理解，掌握其特性和应用条件，并在实际预测中正确选用，就可以提高预测结果的准确性。因此，在选择方法时，要观察税收收入资料的统计图形，看其适用哪一种方法，并且几种方法同时采用，相互比较，以提高预测的准确性。

5. 科学预测。将整理的税收资料代入预测模型中计算出预测趋势值；然后，根据掌握的税收政策、重点税源变化、征管工作措施等因素，进行补充综合，确定最后的预测值。

6. 评价预测结果，改进预测方法。如果预测值与实际值相差较大，要及时分析原因，检查税收收入是否发生了明显变化，有哪些不可比因素，收集的资料是否准确可靠，采用的预测方法是否恰当，以便改进预测模型。

（四）税收收入预测的指标体系

任何一种预测工作的开展都主要是由定量研究开始的，而定量研究必须由科学的指标体系来支持。从税收收入角度来看，建立税收收入预测指标体系应遵循三个原则：

一是按照从经济到税收的指导思想来建立税收收入预测指标体系。经济决定税收，所以，税收收入是随着国民经济的发展而变化的，应将反映经济的指标和反映税收的指标相关联所形成的指标体系作为税收收入预测指标体系。

二是从税收自身发展规律来建立税收收入预测指标体系。税收收入是税法在经济各领域中发挥作用的重要体现形式，从税法的角度看，一些税种是随着经济增长的，而一些税种是控制、调节经济的，利用税收自身变化规律来建立税收收入预测指标体系是符合客观规律的。

三是从重点税源的角度来建立微观经济运行与税收关联的税收收入预测指标体系。税收主要来源于大中型企业和重点行业，可以通过重点行业未来经济状况的调查来预测税收收入形势，使微观经济运行与税收收入建立相关关系，从而建立可靠的税收收入预测指标体系。

可以设计税收收入预测指标体系的指标有以下这些：

1. 经济运行指标。经济运行指标有国内生产总值与税收收入总额；工业增加值与工业消费税、增值税税额；社会消费品零售总额与商业增值税额；进出口总额与海关代征税额和出口产品退税额；银行各项贷款余额与银行缴纳税额；企业利润与所得税额等。

2. 经济含量指标。经济含量指标有各类企业户数、固定资产额度、职工工资状况等。

3. 税收收入指标。反映收入级次的指标有中央级税收收入、省级税收收入、地市级和县区级税收收入；反映收入构成的指标有流转税类、资源税类、所得税类、财产行为税类、特定目的税类的各个税种收入等。

4. 重点税源企业指标。反映企业基本情况的指标有工业总产值、工业增加值、销售收入、销售成本、税收收入等；反映企业主要产品的指标有产品产量、销售数量（课税数量）和实现税额；反映企业资金状况的指标有货币资金、生产资金、产成品资金、银行贷款余额、应收账款和应付账款等。

## 二、税收收入预测的基本方法

（一）直接推算法

直接推算法是调查与预测对象有密切关系的指标，通过这些指标来直接推算预测对象的方法。常用的有以下几种：

1. 点面推算法。点面推算法是指采取典型调查或者抽样调查的方法取得一个点或一个局部的资料，据以推算总体的预测方法。如在预测个体税收时可以将各地区个体纳税户按纳税多少分为高、中、低三种类型，在三种类型中分别选取一些有代表性的典型户进行调查，获取各类型的平均税收额，即可测出该地区的个体税收总额。

用点面推算法预测税收会产生两种误差：一种是预测误差；另一种是代表性误差。因为点的资料或局部的资料并不能完全代表整体，所以用部分来推算总体就不可避免地会产生误差；另外，点和部分的预测数本身就存在误差，因此，在利用局部推算整体预测数时，应特别注意局部资料的代表性。

2. 比例推算法。比例推算法是根据预测对象与某一已知数之间存在的比例关系，从已知比例去推算预测对象值的方法。例如，要预测一个地区本年征自工业环节的税收收入，如果我们已调查了该地区本年工业产值预计完成情况，就可根据上年的百元工业销售产值税收率去推算本年可以实现多少税收收入；也可以根据近几年或上年的GDP税收含量（宏观税负）来推算本年的税收预期目标。

3. 速度推算法。速度推算法是根据税收收入的发展速度（或平均发展速度）来推算同类税收现象未来时期数值的方法。

其预测公式是：$A = A_1 \times XK$

其中，$A$ 为预测期的预测值；$A_1$ 为本期实际值；$X$ 为平均发展速度；$K$ 为 $t$ 期向前预测的时期数。

4. 本年月（日）均收入推算法。即根据本年已实现税收的月（日）均数来推算全年收入的一种方法。

例如，某市在20×9年5月中旬末已累计入库消费税128万元，该月法定征收日期为25天，已过17天，现要求预测到5月末止可能入库多少消费税。

以 $X_1$ 代表到期末可能完成的税收数，$X_2$ 代表期初至计算期时止的实际平均日征收税收数，$X_3$ 代表累计完成的税收数，$t$ 代表本期剩下的制度征收工作日数，则：

$$X_1 = (X_2 \times t) + X_3 = \left(\frac{128}{17} \times 8\right) + 128 = 188.2\text{（万元）}$$

这种方法的优点在于和本年度税源及税收实际征收入库联系紧密，测算较符合实际。缺点在于欠税底数难以摸清，可收回数难以准确估计。

5. 后期收入推算法。这分为两种情况：

（1）本年后期收入平移法。即以上年后几个月的税收收入作为本年后几个月收入的一种方法。计算公式为：本年收入=1至本月实际收入+后几个月的上年同期收入

例如，某地20×9年1—9月实际入库税收90亿元，上年第四季度入库45亿元，则20×9年全年收入预测情况为：90+45=135（亿元）

这种方法不足之处在于考虑不严密，既未体现出税源，亦未体现出增长，测算的误差会较大。

（2）上年后期收入增长法。即本年后几个月的税收收入以上年同期为基期增长一定幅度从而预测全年的一种方法。计算公式为：

本年收入=1至本月实际收入+后几个月的上年同期收入×(1至本月累计增幅)

例如，某地20×9年1—9月实际入库90亿元，同比增长10%，上年第四季度入库税收45亿元，则20×9年全年收入预测情况为：90+45×(1+10%)=139.5（亿元）

这种方法的优点在于操作简便易行，考虑的因素较少；不足之处在于如果税收入库不均衡，势必会引起较大误差。实际中，第四季度收入因收欠较多，因而数字较大，前9个月的收入增幅不能代表第四季度增幅。

### （二）趋势预测法

1. 直线趋势预测法。直线趋势预测法是对税收收入完成指标所组成的时间数列资料，

用数学方法配合一个恰当的直线模型进行税收收入预测的方法。根据数学知识，配合直线趋势的数学模型是：$Y = A + Bt$，其中，$Y$ 代表趋势值，即税收收入预测值；$t$ 代表时间，即自变量；$A$ 代表趋势直线的起点值；$B$ 代表单位时间的变化量。若选用一定的预测方法估计模型中的未知参数 $A$、$B$ 值，将 $A$ 和 $B$ 的估计值代入模型中，即可得 $t$ 期的趋势（即预测值）。

2. 分段平均数法。分段平均数法就是将税收收入组成的时间数列分为若干段，每段分别计算平均数，从而得出一条趋势直线，来预测未来税收收入发展趋势的方法。分段平均数法又可分为下面两种：一是两端平均法，即将时间数列资料分成若干段后，只计算首尾两段的平均数。一般用简单平均法。二是半数平均法，即将时间数列资料分为两段，分别计算每段的平均数。

采用这种方法时要注意当时间数列资料是奇数项时，可舍去最初一期资料或变动最大的一期资料。

3. 最小平方法。最小平方法就是利用时间数列资料分析长期趋势，并配合趋势直线模型 $Y = A + Bt$ 来预测未来的方法。

最小平方法有两个条件：一是原时间数列资料数值与对应趋势值的偏差平方和为最小；二是该偏差和等于零。

4. 非直线趋势预测法。税收收入的发展受多种因素的影响，如工农业生产变化、价格和税收政策调整、征管工作措施等。因此，从长期来看，其发展趋势不一定都是呈直线形的，有时往往呈曲线形。当税收收入的时间数列资料表现为曲线趋势时，就必须配合曲线去预测未来的发展前景，从而获得比较正确的预测结果。曲线预测法有很多种，如二次曲线趋势、对数曲线趋势、指数曲线趋势等。

### （三）季节变动预测法

季节变动是一种非常普遍的现象，其影响非常广泛。如季节性税源，在一年的各月中，由于征收期不同，各月的收入呈现出明显的季节变化，有的月份是收入旺季，有的月份是收入淡季，那么，预测这种税源的税收收入就要采用季节变动预测法。

### （四）相关与回归预测法

1. 相关与回归预测法的基本原理。相关与回归预测法是分析因变量与自变量之间的相关关系，用回归方程表示，并根据自变量的数值变化去预测因变量数值变化的方法。其中因变量就是要预测未来的税收收入，自变量则是与税收收入有密切关系的一个或几个变量，如国内生产总值、社会消费品零售总额、价格总水平等因素。

2. 二元回归预测法。预测模型为：$\hat{y} = a + bx$，式中 $y$ 为因变量，即税收收入；$x$ 为自变量，即影响因素；$a$、$b$ 为未知参数，用最小平方法可求得。计算 $a$、$b$ 参数的公式如下：

$$b = \frac{\sum xy - \bar{x}\sum y}{\sum x^2 - \bar{x}\sum x}$$

$$a = \bar{y} - b\bar{x}$$

其中，$\bar{x}$ 为影响因素数据的平均值；$\bar{y}$ 为税收收入的平均值。

3. 多元回归预测法。测定两个以上影响因素和税收收入的关系，就要运用多元回归预测法。一般常用的是二元回归预测法，其预测模型为：

$$y = a + bx_1 + cx_2$$

其中，$y$ 为因变量，即税收收入；$x_1$、$x_2$为自变量，即影响因素；$a$、$b$ 和 $c$ 为未知参数，根据最小二乘法，可得出求解 $a$、$b$ 和 $c$ 的方程组：

$$\sum y = na + b\sum x_1 + c\sum x_2$$

$$\sum x_1 y = a\sum x_1 + b\sum x_1^2 + c\sum x_1 x_2$$

$$\sum x_2 y = a\sum x_2 + b\sum x_1 x_2 + c\sum x_2^2$$

与一元回归预测法不同的是，判断税收收入与影响因素之间相关关系的显著性，一般是计算复相关系数，公式如下：

$$R_y = \sqrt{1 - \frac{\sum(y_i - \hat{y})^2}{\sum(y_i - \bar{y})^2}} = \sqrt{1 - \frac{\frac{\sum(y_i - \hat{y})^2}{n}}{\frac{\sum y^2}{n} - \left(\frac{\sum y}{n}\right)^2}}$$

其中，$y$ 为根据回归模型计算出来的预测值，$\sum$ 为求和符号。标准差一般用下列公式来计算：

$$S_y = \sqrt{\frac{\sum(y_i - \hat{y})^2}{n - m - 1}}$$

式中，$m$ 为自变量个数，$n$ 为样本数。

## 三、税收收入能力估算

### （一）税收收入能力估算的含义及意义

税收收入能力也称为税收能力、纳税能力，是指在既定的税制下一个国家或地区在经济运行中所形成的税收储量，是一个税收潜在能力的概念，它指的是可征税收的总能力。税收收入能力取决于经济发达程度、经济效益及收入分配均衡程度三个因素，税收收入能力的大小与前两个因素呈正相关关系，与最后一个因素呈负相关关系，即经济越发达，税收收入能力越高；在既定税制下，经济效益越好，税收收入能力越高；收入分配越是不均衡，可征税收越多。税收收入能力估算，就是通过建立相关数学模型等科学办法，对应纳税额进行测算，评估税收努力程度，以合理确定转移支付和税收收入目标。税收收入能力估算一般要遵守三个原则：一是客观性原则，即税收收入能力估算的结果必须能客观地反映税收收入能力；二是重要性原则，要求准确地估算对税收收入能力有重要影响的税种，主要是增值税、所得税等；三是现实性原则，要求从现有条件出发，以数据定方法，即根据实际掌握的数据确定相应的估算方法。

税收收入能力估算对于税收计划管理具有重要意义：一是可以掌握税收收入能力的规模，挖掘税收收入潜力，合理确定税收收入目标，提高组织收入的主动性；二是通过运用大量客观的经济指标，建立合理的估算模型来测定应征税款，可以有效解决依靠“基数法”计算下达税收计划带来的负面影响；三是运用税收收入能力来考核各地税收征收努力程度，可以从总体上对各地组织收入工作做出客观、公正的评价。此外，在评价税源质量、提供完善税制和建立规范的财政转移支付制度的准确依据、规划税务经费规模、设置机构等方面，税收收入能力估算都有重要作用。因此，税收收入能力估算日益受到中高层税务机关重视，其应用价值已逐步凸显。

（二）税收收入能力估算的基本方法

税收收入能力估算也就是估算标准化税收收入（或称“代表性税收收入”），即标准化税基与标准化税率的乘积。用公式表示就是：

标准化税收收入 = 标准化税基 × 标准化税率

此外，还要考虑征收效率，即征税努力程度。

1. 标准化税基的确定。标准化税基是对某个宏观总量指标经过调整后得到的，它接近某种税的法定税基。调整的主要依据是税收政策以及与税收相关的地区效益状况。标准化税基也可以是实际税基或替代税基。确定标准化税基的主要方法有两种：

一是总量估算方法。即确定某一与税收收入有一定相关量的总量指标为总税基，通过必要的调整去测算税收收入。常用的有个人所得法（用居民收入总额定义为个人所得，以个人所得代表总税基进行估算），生产总值法（用某地生产的商品、劳务的总增值额代表总税基进行估算），税源总额法（用调整后的生产总值和未能包括的个人所得相加作为总税基估算）等。

二是分税种估算方法。即按照税种分别确定某一税种的税基，将各税种税基相加，得出总税基，再进行税收收入能力估算，这种办法便于实行，因而最为常用。分税种确定税基，要根据不同税种的征税依据分别估算。比如，用个人所得法确定个人所得税的税基，用生产总值法确定增值税的税基，用产量法确定消费税税基，用利润总额法确定企业所得税税基等。但是，分税种估算方法工作量十分庞大，而且一些数据也不易取得。

2. 标准化税率的确定。标准化税率可以使用法定税率，也可以使用平均税率，在税基与宏观经济指标具有明确的对应关系以及税率单一的情况下，可直接用法定税率作为标准化税率，在税率档次较多的情况下，可以将税收的实际收入额占总税基的比重定为标准化税率，即对各地区高低不同的税率进行加权平均。采用平均法测算，数据容易取得且较为准确，但它与法定税率之间还有一定的差距，并不能完全反映出法定的税收收入。

3. 代表性税收收入和征收效率的测定。将各税种标准化收入加总即为标准化或代表性税收总收入，它与实际征税能力的差额即为征收效率（税收努力程度）。征收效率的具体测定办法是：得到标准收入后，取实际收入与标准收入比值最大的地区为 1，将各地区实际收入与标准收入的比值与 1 比较，得到征收效率；用各地区实际收入除以各地区征收效率，得到各地区税收收入能力的估算值。

# 第三节 税收分析

## 一、税收分析的内涵及形式

税收分析是运用科学的理论和方法，对一定时期内税收与经济税源、税收政策、税收征管等相关影响因素及其相互关系进行分析、评价，查找税收管理中存在的问题，进而提出完善税收政策、加强税收征管措施建议的一项综合性管理活动。它是税收管理的重要内容和环节，是促进税收科学化、精细化管理，充分发挥税收职能的重要手段。税收分析是准确判断税收经济形势、正确指导组织收入工作、客观把握税收经济政策效应、切实提高税收征管质量与效率的重要手段。做好税收分析工作，对于发挥税收组织收入、调控经济和调节分配职能具有十分重要的意义。

税收分析应从宏观和微观两个层面进行。宏观分析反映全国或地区、税种、行业税收总量等宏观领域税收与经济总量的关系，包括税收与经济关系研究、税源测算、纳税能力估算等。宏观分析运用税负比较、弹性分析等手段从宏观层面揭示税收增长与经济发展是否协调、税源管理和征收情况是否正常。微观分析反映微观领域税款征收入库情况。通过对企业生产经营活动的监控分析、与同行业平均税负比较以及纳税评估等手段，及时发现企业财务核算和纳税申报中可能存在的问题，发现征管的薄弱环节，进而提出堵塞漏洞、加强征管的建议。

税收分析有常规分析和专题分析两种形式。常规分析主要反映当期（月、季、年）税收收入的总体情况和形势，其主要内容有：准确判断和客观描述税收收入形势；深入透彻地分析税收增减变化的原因，进行各主要税种、行业的税收与相关经济情况的对比分析；发现税源变动、征收管理以及政策执行中存在的问题；预测收入趋势，提出加强税收管理、完善税收政策的措施建议。专题分析主要对税收中特定问题或现象进行分析，通常包括：对问题或现象进行客观描述；对问题或现象产生的根源进行分析；对发展趋势做出预测；提出改进的措施建议。各类分析既相对独立又密切相关。在实际工作中，要将各种分析有机结合起来，全面、完整地反映税收和税源状况，及时、准确地反映税收管理中存在的问题，提出有价值的意见和建议，通过全面分析，提高税收征管的质量和效率。

## 二、税收分析指标体系

税收分析指标体系包括基础指标和分析指标。基础指标主要包括税收计统业务指标、税收征管业务指标和经济指标；分析指标按分析工作需要根据基础指标加工而成。

税收计统业务指标包括税收月（旬）快报、会计统计报表、重点税源监控资料、税收分析档案等目前计统部门核算、统计的数据指标。税收征管业务指标包括税收征收管理系统、出口退税管理系统以及其他管理软件中的税务登记、纳税申报、税款征收和入库等相关数据指标。经济指标主要包括与税收分析相关的国内生产总值、工商业增加值、社会消费品零售总额、物价、企业利润总额、进出口贸易额等宏观经济指标以及行业、企业生产经营情况指标。

分析指标主要由基础指标经过运算加工而成，用于反映税收内部状况、税收与经济关系以及税收征收管理水平等情况。

要统一指标定义，规范指标口径，确保各项数据及时、准确、完整。加强部门之间的协调配合，建立稳定顺畅的信息交流机制。同时，应运用各种先进工具加强对各类数据的整理和应用，充分挖掘数据利用价值。

## 三、税收分析方法与内容

### （一）税收分析方法

税收分析方法包括对比分析法、因素分析法以及数理统计分析法。三种具体方法的介绍如下：

1. 对比分析法。对比分析法通过各项税收指标之间或者税收与经济指标之间的对比来描述税收形势、揭示收入中存在的问题。税收数据的对比分析通常包括规模、结构、增减、进度、关联税种等方面的对比分析，税收与经济的对比分析主要采用税负和弹性两种方法。

2. 因素分析法。因素分析法从经济、政策、征管以及特殊因素等方面对税收、税源进行分析。其中，经济因素包括经济规模、产业结构、企业效益以及产品价格等变化情况；政策因素主要是指税收政策调整对税收、税源的影响；征管因素主要包括加强税源管理和各税种管理、清理欠税、查补税款等对税收收入的影响；特殊因素主要是一次性、不可比的增收、减收因素。

3. 数理统计分析法。运用一元或多元统计分析、时间序列分析等数理统计理论和方法，借助先进统计分析工具，利用历史数据，建立税收分析预测模型，对税收与相关影响因素的相关关系进行量化分析。

### （二）税收分析内容

税收分析内容具体包括税负分析、税收弹性分析、税源分析和税收关联分析等。

1. 税负分析。税负分析分为宏观税负分析和微观税负分析。宏观税负分析包括地区税负、税种税负、行业税负等分析，如地区税收总量与地区生产总值对比、工商业增值税与工商业增加值对比、企业所得税与企业利润对比、行业税收与相关经济指标对比等，反映宏观层面的税负情况；微观税负分析是针对企业层面的税负分析，通常采取同行业税负比较的方式，揭示企业税负与同行业税负的差异，查找税收征管漏洞。

2. 税收弹性分析。税收弹性分析分为总量弹性分析和分量弹性分析。总量弹性分析是从全国（地区）税收总量和经济总量上进行弹性分析，分析税收增长与经济增长是否协调；分量弹性分析是从税种、税目、行业以及企业税收等分量上与对应税基或相关经济指标进行细化的弹性分析，分析税收增长与经济增长是否协调。进行弹性分析时要注意剔除税收收入中特殊因素的影响，以免因特殊的增收、减收因素影响真实的弹性，掩盖税收征管中的问题。

3. 税源分析。税源分析是通过企业生产经营活动的投入产出和税负率等指标的分析对企业财务核算和纳税申报质量进行评判。利用工商、银行、统计以及行业主管等外部门数据，细致测算并判断企业税源状况。通过对宏观经济数据的分析，开展税种间税基关系的研究，开展增值税、企业所得税等主要税种的纳税能力估算，从宏观层面测算分析各地税源状况和征收率，减少税收流失。

4. 税收关联分析。税收关联分析是对有相关关系的各种税收、税源数据进行对比分析，包括发票销售额与申报表应税销售额，申报应征税收与入库税款和欠税，增值税与所得税，宏观经济和企业财务经营状况与税收、税源等关联数据分析，有效地发现企业纳税申报、税款征收和入库中存在的问题，加强税收管理。

【案例解析】

## 兴安盟财政局关于 2019 年 1—9 月税收收入情况分析的报告

兴安盟财政局 2019 年 1—9 月税收收入情况分析报告如下：

### 一、9 月当月组织收入完成情况

2019 年 9 月，兴安盟各项税费收入完成 151 321 万元，同比增加 63 546 万元，增长 72.4%。其中，税收收入完成 117 646 万元，同比增加 71 787 万元，增长 156.5%；社会保险费收入 28 802 万元，同比减少 5 097 万元，下降 15%。其他收入 4 873 万元，同比减少 3 144 万元。

**（一）引绰济辽工程入库耕地占用税带动税收增长，个税、房产税等受减税政策影响同比减收**

企业所得税本月入库 790 万元，同比减少 942 万元，下降 54.4%，主要是卷烟制造业本月入库企业所得税 409 万元，同比减少 997 万元。个人所得税受起征点提高 5 000 元和专项扣除新政策影响，同比减少 899 万元，下降 42.6%，其中工资薪金所得按 10%—25% 税率征收部分减少 593 万元。资源税本月入库 802 万元，同比增加 233 万元，增长 40.9%，主要是加强水资源税征收管理力度，水资源税同比增收 337 万元。耕地占用税本月入库 76 725 万元，同比增收 76 561 万元，主要是内蒙古引绰济辽供水有限公司本月入库耕地占用税 75 425 万元，导致耕地占用税大幅度提升。土地增值税增收 469 万元，增长 73.2%，主要是房地产企业有大量新建项目预征土地增值税。受小微企业普惠政策减免影响，房产税、城镇土地使用税、印花税同比分别减收 57 万元，187 万元、266 万元。社保费收入本月合计 28 802 万元，同比减少 5 097 万元，下降 15%。

**（二）制造业税收收入受烟厂销量减少及增值税进项税额增多影响减少，一次性耕地占用税带动电力行业大幅增收**

制造业本月入库税款 21 166 万元，同比减少 6 200 万元，主要受乌兰浩特市卷烟厂销量下降、增值税进项税额同比增长、税收同比下降 5 673 万元影响。电力行业本月入库税款 77 262 万元，同比增收 76 156 万元，主要是内蒙古引绰济辽供水有限责任公司入库一次性耕地占用税 75 425 万元，导致本期电力行业税收同比大幅提高。

## 二、1—9 月组织收入完成情况

截至 9 月末，全盟税务系统组织各项税费收入 83.6 亿元，同比增收 9.18 亿元，增长 12.4%。税收收入累计完成 64.57 亿元，同比增收 20.06 亿元，增长 45.1%，其中，中央级收入 31.28 亿元，同比增收 4.22 亿元，增长 15.6%；地方级收入 33.29 亿元，同比增收 15.84 亿元，增长 90.8%。社会保险费收入 15.84 亿元，同比减收 10.88 亿元，下降 40.72%。其他收入 3.19 亿元，同比增收 0.02 亿元，增长 0.55%。

按照全盟一般公共预算收入口径统计，截至 9 月末，全盟税务系统各项收入完成 30.94 亿元，同比增长 100.2%，占全盟一般公共预算收入 38.54 亿元的 80.28%，已经提前完成公共预算任务 29.77 亿元。其中，税收收入完成 29.79 亿元，同比增长 106.7%；非税收入完成 1.15 亿元，同比增长 10.1%。

## 三、1—9 月税收收入主要呈现以下特点

### （一）总体上看，一次性税收和 2018 年延期税款等不可比因素造成税收高增长与经济发展水平不相符

由于全盟经济数据统计局只发布到 8 月底，所以现就 1—8 月经济指标数据与税收收入进行比较。总体上看，规模以上工业增加值累计增长 13.8%、全社会用电量累计增长 13%、社会消费品零售总额累计增长 3.9%，从主要经济指标上可以反映出全盟经济总体稳中有进，增长平稳，而 1—8 月税收收入增幅达到 32.3%，明显与地区经济发展水平不相符。分项看，1—8 月全盟规模以上工业增加值按可比价计算同比增长 13.8%，而工业增值税入库 5.52 亿元，同比增长 11.4%，主要受减税降费影响，税收增幅略低于相关经济指标增幅；全社会用电量累计增长 13%，而电力行业实现税收 9.69 亿元，同比增长 4.58 倍，主要是内蒙古引绰济辽供水有限责任公司 1—8 月入库耕地占用税合计 8.2 亿元导致电力税收收入猛增。

1—9 月税收继续受一次性税收和非即期收入的影响，增幅达到 45.1%。一是引绰济辽工程项目前三季度入库耕地占用税合计 15.76 亿元，2018 年同期入库 0.55 亿元，同比增加 15.19 亿元，占全部税收收入的 24.37%；二是 2018 年延期税款 4.68 亿元，在上半年全部入库。

### （二）分税种看，"增消"两大税种、耕地占用税增量较大，个税受减税政策和 2018 年一次性税收影响，同比大幅减收

国内增值税完成 14.82 亿元，同比增收 1.43 亿元，增长 10.7%，主要是建筑服务行业受重点税源企业工程结算影响，累计入库增值税 3.75 亿元，同比增加 1.06 亿元，增长 39.3%；国内消费税完成 18.79 亿元，同比增收 4.31 亿元，增长 29.8%，主要是乌兰浩特市卷烟厂、烟草公司入库 2018 年缓缴消费税 4.42 亿元，带动消费税大幅度增收；企业所得税完成 4.32 亿元，同比减收 0.02 亿元，下降 0.4%；受减税政策及 2018 年一次性税收影响，个人所得税完成 1.36 亿元，同比减少 1.27 亿元，下降 48.3%。受引绰济辽工程

项目一次性税收影响，耕地占用税大幅度增收，实现税收16.56亿元，同比增加15.79亿元。受减税降费影响，房产税、城镇土地使用税、印花税减收明显。

**（三）分行业看，卷烟业、批零业、电力、房地产业、建筑业、公共管理等行业增收，黑色金属、金融业、制酒业等行业减收**

2019年1—9月，全盟7个重点税源行业增收，按增收额大小依次是电力业、卷烟制造业、建筑业、采矿业、房地产业、批发零售业、公共管理，合计增收22.2亿元。全盟3个重点税源行业减收，黑色金属、制酒业、金融业减收，合计减收0.7亿元（见表6-1）。

**表6-1　兴安盟2019年1—9月重点税源行业收入情况**

| 项目 | 合计 | 卷烟 | 电力 | 黑色金属 | 金融 | 房地产 | 批零 | 采矿 | 制酒 | 建筑业 | 公共管理 |
|---|---|---|---|---|---|---|---|---|---|---|---|
| 税额（亿元） | 59.44 | 22.04 | 17.42 | 0.88 | 2.99 | 4.10 | 3.78 | 1.55 | 0.46 | 4.98 | 1.24 |
| 增减额（亿元） | 21.50 | 4.05 | 15.60 | -0.02 | -0.64 | 0.36 | 0.16 | 0.57 | -0.04 | 1.28 | 0.18 |
| 增速（%） | 56.67 | 22.51 | 857.14 | -2.22 | -17.63 | 9.63 | 4.42 | 58.16 | -8.00 | 34.59 | 16.98 |
| 占比（%） | 92.06 | 34.13 | 26.98 | 1.36 | 4.63 | 6.35 | 5.85 | 2.40 | 0.71 | 7.71 | 1.92 |

**（四）分地区看，各地区税收对重点税源企业依赖程度较高，全盟八个征收单位，税收收入六增两减，差异较大**

1—9月，全盟6个征收单位税收实现正增长，增幅较大的分别是扎赉特旗局实现税收17.72亿元，同比增收14.49亿元，增长448.52%，主要是受2019年一次性入库耕地占用税15.43亿元影响，税收大幅度提升；其次为突泉县实现税收收入3.03亿元，同比增收1.29亿元，增长74.3%，主要是重点税源企业内蒙古鑫泰建筑安装（集团）有限公司2019年入库税款0.82亿元，同比增收0.42亿元。2个征收单位减收，分别是二分局同比下降57.93%、科右中旗同比下降3.96%。

## 四、税收收入增减因素分析

**（一）从经济层面看：经济是决定税收的重要因素，税收依赖于经济发展情况**

1. 烟草制造业（乌兰浩特卷烟厂）受到销量及销售结构调整影响，销售收入同比增加。1—9月累计销售收入28.58亿元，同比增加1.68亿元，增长6.25%。前三个季度实现销量194 517大箱，同比增加6 880大箱，其中甲类烟销量39 039大箱，同比增加7 993大箱，占总销量的20.07%；乙类烟155 478大箱，同比减少1 113大箱，占总销量的79.93%；1—9月缴纳上年即期税款4.06亿元，税收收入完成22.19亿元，同比增收4.19亿元，增长23.31%。

2. 房地产开发固定资产投资额累计增长36.4%，2019年施工活动项目数303个，新开工项目159个，建筑业、房地产行业效益良好，两个重点行业税收实现增长，共计缴纳税款9.08亿元，同比增加1.64亿元，增长22.04%，带动税收收入增长。

3. 原煤开采量累计增长463.4%，煤炭开采和选洗业税收收入0.83亿元，同比增收0.63亿元，增长323%。

**（二）从政策上看：减税降费力度持续升温，受减税降费政策影响部分税种下降明显**

全盟税务系统积极主动落实各项减税降费工作任务，使优惠政策落地见效，截至9月末，新增减税降费减免税额3.11亿元。其中，2019年新出台减税政策持续出台和减税力度升级，税收减免1.49亿元，2018年减税政策在2019年翘尾减税1.34亿元。社会保险费新增减免0.24亿元。

各项减税降费政策对2019年全盟组织收入影响明显。受个人所得税改革政策影响，个人所得税减收四成以上。1—9月，个人所得税完成1.36亿元，同比减收1.27亿元，下降48.3%，其中工资薪金个人所得税10%—25%税率部分，因级距变化、减除标准提高和增加专项扣除，收入出现大幅度下滑。受自治区政府出台的“六税两费”减半征收政策影响，前三季度房产税、城镇土地使用税和印花税分别下降40%、64.6%和16.1%。

**（三）从税务稽查层面看：狠抓案件查处工作，全力开展扫黑除恶，净化税收环境，落实“双随机一公开”接受社会监督**

按照盟委、行署的工作部署，全盟税务系统狠抓案件查处工作，依法打击税收违法行为，整顿地方税收秩序并落实“双随机一公开”，接受社会监督。截至9月30日，全盟稽查立案检查41户，查结17户，查补收入121.26万元，其中查补税款78.04万元，滞纳金14.55万元，罚款28.67万元，组织企业自查20户，查补收入140.98万元。

**（四）从社保费方面看，收入受政策影响同比下降**

社会保险费累计入库15.84亿元，较上年同期减少10.88亿元，下降40.7%。一是受2018年灵活就业人员补缴政策影响，2018年同期经办机构对符合补缴政策的灵活就业人员继续出具补缴核定单，延长补期限，补缴的养老保险合计10亿元左右，2019年同期没有此项收入；二是城乡居民医疗保险费个人缴费标准由180元/人调整为260元/人，同时缴费人数同比上年增加1 400多人，所以城乡居民医疗保险费同比上年同期增收0.46亿元。综合以上因素导致2019年前三季度社保费用同比大幅度下降。

资料来源：内蒙古自治区兴安盟财政局。

## 第四节 税收会计核算体系

### 一、税收会计

税收会计是以直接负责税款征收、入库业务的税务机关为会计主体，以货币为主要计量单位，以合理凭证为记账依据，按照规定的制度和方法，通过记账、算账、结账和编制会计报表，正确反映和监督税收资金活动过程及其结果的一种专业会计。税收会计是国家预算会计的组成部分。税收会计按照一定的会计核算程序进行工作，具有会计的一般特点，但税收会计的核算对象主要是国家税收资金，除了按照税法或其他有关规定办理部分退税与提取转作另一种性质资金退库外，税收会计将征收的税收资金用划解的办法解缴国家金库，不进行成本核算和办理预算支出，所以税收会计是一种适合税收工作特点的“收入会计”。

除具有一般会计的特征外，税收会计还具有本身的特点，主要表现在四个方面：一是与财政总预算会计具有统一性。税收会计核算和反映的内容是财政预算收入的主要部分，必须与财政预算收入和财政总预算会计反映的有关内容相一致。二是实行“收付实现制”。这里的收付实现制并不是完全意义上的收付实现制，主要是以本期或本年实际征收、入库、提退数作为核算基础。三是只核算收支余额，不进行成本核算，不办理预算支出。四是与税收统计之间有着紧密的联系。税收票证既是税收会计的原始凭证，也是税务统计的原始资料。税收会计和税务统计都反映出税收计划的执行情况，都是编制税收计划所需要的资料，税收会计报表也是税收统计的依据，应口径统一，相互协调。

### （一）税收会计的核算主体

税收会计主体是指税收会计的核算单位，明确税收会计的主体，就是要明确什么样的税务机关必须进行会计核算。凡是直接负责税款征收、入库业务的税务机关都必须组织税收会计核算工作。

根据税务机关对税收资金管理任务的不同，会计主体分为以下四种类型：

1. 直接管理税收资金上解的单位（以下简称“上解单位”）。上解单位直接负责税款的征收、上解业务，而不负责与金库核对入库税款和从金库办理税款退库业务的税务机关。它是入库单位的基层核算单位，核算税收资金从应征到上解的过程。为了满足上解单位考核税收任务的需要，还必须将税款的提退也纳入其核算范围，以便提供税款上解净额指标。

2. 直接管理税收资金入库的单位（以下简称“入库单位”）。入库单位指直接负责与金库核对入库税款和从金库办理税款退库业务，而不直接负责税款的征收和上解的税务机关。它是上解单位和混合业务单位的上级核算单位，核算税收资金从应征到入库（提退）的全过程。

3. 双重业务单位。指既直接负责税款的征收、上解业务，又直接负责与金库核对入库税款和从金库办理税款退库业务的税务机关，它核算税收资金从应征到入库（提退）的全过程。

4. 混合业务单位。指与乡（镇）金库的设置及其职责相对应，对规定在乡（镇）金库入库的税款，除负责征收业务外，还负责办理在乡（镇）金库的入库和退库业务，对规定在支库入库的税款，只负责征收上解业务，而不负责入库和退库业务的税务机关。它是入库单位的基层核算单位，核算税收资金从应征到上解过程及部分税收资金的入库和提退过程。设置乡金库的地区可以按混合业务单位组织会计核算，也可以按上解单位组织业务核算，具体按哪种单位组织核算，由各地税务机关自定。

### （二）税收会计核算对象

税收会计核算的对象主要是税金。从来源方面，可分为应征税金、多缴税金、暂收款项三类。应征税金是指纳税人发生应税收入或应税行为后，根据税法规定，向税务机关申报或由税务机关直接核定以及纳税检查中查出的应该向国家缴纳的税金。应征税金从纳税人角度看，表现为应退出企业资金运动的那部分资金，即应缴税金；从征收机关看，表现为税收资金的取得和形成来源，即应征税金。多缴税金是因各种原因，致使纳税人、代征代收单位（人）超过其应缴税款而多缴的税金，这部分税款应退还给纳税人或代征代收单位（人），但在退还之前，多缴税金是一部分已征税金的形成来源。暂收款是指税务机关按照税法规定向纳税人收取的预缴纳税保证金、发票保证金和拍卖款。从分布和存在的形态来看，暂收款可分为待征税金、减免税金、上解税金、待解税金、在途税金、入库税金、提退税金、呆账税金、损失税金和保管金共九类。

## 二、税收会计核算体系

税收会计核算包括设置会计科目、确定记账方法、填制记账凭证、登记账簿和编制会计报表等会计业务。它们之间相互联系，构成了整个会计核算体系。

### （一）设置会计科目

税收会计科目是对税收会计核算对象的具体内容，按照税收资金运动的过程和税收征管的需要进行科学分类的项目。它是设置账户、组织会计核算的依据。税收会计科目是按照提供信息指标的详细程度分层次设置的，全部会计科目成为一个多层次的科目体系。对会计对象具体内容进行总括性分类的名称，即总分类科目，也称为“一级”或“总账科目”，是会计科目体系的最高层次。在一级科目下，依次按照不同的详细程度，还可分为二级科目和三级科目等若干层次。二级科目是对一级科目的进一步分类，又称“子目”；三级科目是对二级科目的进一步分类，又称“细目”。二级科目及二级科目以下各层科目统称为“明细科目”。

### （二）确定记账方法

记账方法是为完成会计核算任务，对经济业务活动确定会计分录的记账方法。

我国税收会计采用借贷记账法，这是以“借”“贷”为记账符号，利用复式记账原理全面反映税收资金运动过程的一种记账方法。“借”“贷”反映资金数量的增减变化随会计科目性质的不同而不同。“借”方表示资金占用类增加、资金来源类减少；“贷”方表示资金占用类减少、资金来源类增加。借贷记账法的记账规则是“有借必有贷，借贷必相等”。

### （三）税收会计凭证

税收会计凭证是指记录经济业务、明确经济责任的书面证明或电子凭证，是登记账簿的依据，包括原始凭证和记账凭证两种。

### （四）税收会计账簿

会计账簿是由一定格式的账页所组成，以会计凭证为依据，按照会计科目，运用会计账户形式，全面、系统、连续地记录税收资金活动情况的簿籍。税收会计账簿分为总账、明细账、日记账、辅助账簿。

### （五）税收会计核算程序

会计核算程序即会计凭证、账簿、会计报表和账务处理程序相结合的方式。税收会计核算程序一般采用税收记账凭证核算程序和税收科目汇总表核算程序等，按照如图 6－1 所示的程序进行。

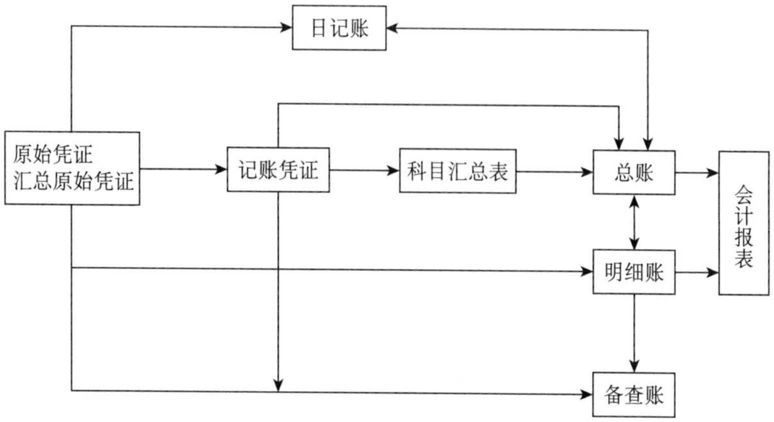


**图 6－1 税收会计核算程序**

1. 根据原始凭证或汇总原始凭证填制记账凭证。
2. 根据原始凭证或汇总原始凭证登记日记账。
3. 根据原始凭证或汇总原始凭证、记账凭证登记明细账和备查账。
4. 根据记账凭证或科目汇总表登记总账。
5. 对总账、明细账、日记账、备查账进行核对。
6. 根据审核无误的总账、明细账编制会计报表。

## 三、税收会计报表的编制

在日常的税收会计核算过程中，税收会计通过确定科目、设置账户、编制和审核凭证、登记账簿等一系列会计统筹方法，将税收资金的运动状况全面连续地记录在有关账簿，为税收管理工作提供了必要的基础资料。由于这些基础资料分散在有关的账簿中，不能综合、直观、概括地反映税收资金的全貌和满足税收管理工作的需要，因此必须将一个核算单位在一定时期内税收资金的征收成果以及税款的应征、在途、减免、入库、提退、欠税等分散的信息进行分类、加工整理，并且以特定的表式全面系统地反映，这就是编制税收会计报表。换句话说，税收会计报表实质上是日常会计核算资料的总结，是以税收会计账簿资料为主要依据，以货币为主要计量单位，通过一系列的税收指标，集中反映税收会计报告期内税收资金运动情况的书面报告。

由于使用者对信息资料的需求不同，税收会计报表的种类、指标及其组成也有所不同，同时随着国家有关税收政策的调整，也需进行相应报表指标口径的调整。通常的税收会计报表按报送时期的不同分为月报表和年报表两种。月报表是税收资金平衡表，包括应征、待征、在途税金明细报表，入库税金明细报表，待清理呆账税金明细报表，提退税金明细报表；年报表是查补税金明细报表和减免税金明细报表。

### （一）税收会计报表的设置原则

税收会计核算涵盖了税收政策涉及的全部范围和税收资金运动全部过程，因此，为把税收会计核算的信息合理地、恰如其分地揭示出来，供各级领导和有关部门及时掌握税收工作情况，税收会计报表的设置应遵循以下原则。

1. 合理设置税收会计报表的周期。

2. 合理设置税收会计报表的指标。

3. 既要反映税收资金运动过程的全貌，又要反映税收资金运动过程各环节的分布情况。

4. 依据税收会计核算的目的和任务来设置报表。

(二) 税收会计报表的编制原则

编制税收会计报表是会计部门一项常规而又繁重的工作，为了准确及时地反映税收资金运作情况，充分发挥税收会计报表的作用，在税收会计报表的编制过程中应遵循以下原则：

1. 数字真实。

2. 计算准确。

3. 内容完整。

4. 编报及时。

## 复习思考题

### 一、名词解释

税务统计　税务统计台账　税务统计报表　税务调查　经济税源调查　税收收入预测　税收收入能力　税收会计　税收会计报表

### 二、简答题

1. 税务统计管理的作用体现在哪些方面？
2. 经济税源调查的内容有哪些？
3. 经济税源调查有哪些基本方式？
4. 税收收入预测有哪些基本方法？
5. 如何进行税收收入能力估算？
6. 简述税收分析的方法与内容。
7. 税收会计核算体系的内容有哪些？

## 参考文献

[1] 国家税务总局．关于印发《税收分析工作制度》的通知［Z］. 2007-04-13.

[2] 国家税务总局办公厅．关于《微观税收分析基本方法》的通知［Z］. 2006-01-23.

[3] 国家税务总局．关于切实加强税收分析工作的通知［Z］. 2005-05-23.

[4] 国家税务总局北京市税务局. 2019年政府信息公开年度报告［EB/OL］. http://beijing.chinatax.gov.cn/bjswjwz/xxgk/zfxxgk/gknb/202001/t20200123_446640.html，2020-01-23/

2020 - 02 - 09.

［5］兴安盟财政局关于 2019 年第三季度税收收入情况分析的报告［EB/OL］. http://czj.xam.gov.cn/czj/1188283/1188309/1188312/2972654/index.html，2019 - 10 - 27/2020 - 02 - 09.

# 第七章 Chapter 7 纳税评估管理

【本章提要】

纳税评估是税源管理工作的基本内容，是处置税收风险、促进纳税遵从的重要手段。本章在简要介绍纳税评估内涵、特点、意义和定位的基础上，重点介绍了纳税评估的流程、分析方法和通用分析指标，并就纳税评估与专业管理、分类管理、税务稽查等相关工作的关系进行了梳理和分析。

【学习目的】

通过本章的学习，了解纳税评估的内涵和意义，熟悉纳税评估的工作流程，掌握纳税评估的分析方法和分析指标，从而进一步从税源监控、税款征收入库的角度，提高税收征收的管控能力。

## 第一节 纳税评估概述

### 一、纳税评估的内涵

纳税评估，有的国家称之为税收评定（Tax Assessment），如美国；有的国家称之为税收核定，如德国；而中国台湾称之为核课，中国香港称之为评税，均指税务机关对纳税人的申报纳税情况或对未按期申报的纳税人应履行纳税义务情况进行核实、确定的程序，是税务局的主要工作职责和法定程序。其核定的过程既可以利用一定的分析系统，将大量第三方信息与申报情况比对，进行办公室评定，也可以采取实地检查的方式调查取证，确定纳税人申报的准确性，最终由税务机关对纳税人未缴少缴税款进行确定并通知纳税人执行。在核查过程中，如果发现纳税人有故意偷税的情况，涉嫌犯罪的，则交由犯罪调查部门进一步调查核实，对其进行相应的责任追究。

国家税务总局制定的《纳税评估管理办法》中，将纳税评估定义为：税务机关利用获取的涉税信息，依法对纳税人（包括扣缴义务人）纳税申报情况的真实性和合法性进行审核评价，并作出相应处理的税收管理活动。纳税评估是在纳税人履行申报缴纳税款义务之后，税务机关进行税源管理的必经程序，是具有法律效力的执法行为，目的是对纳税人的申报情况进行核实，及时发现、纠正并处理纳税人纳税行为中的错误，提高纳税申报的质量与税收监控管理的水平。经过纳税评估程序，确定纳税人依法实际应纳税款，促进纳税遵从。因而，纳税评估是税源管理工作的基本内容，是处置税收风险、促进纳税遵从的重要手段。

纳税评估工作主要由基层税务机关的税源管理部门及其税收管理员负责，重点税源和重大事项的纳税评估也可由上级税务机关负责。纳税评估的对象为主管税务机关负责管理的所有纳税人及其应纳所有税种。纳税评估主要工作内容包括：根据宏观税收分析和行业税负监控结果以及相关数据设立评估指标及其预警值；综合运用各类对比分析方法筛选评估对象；对所筛选出的异常情况进行深入分析并作出定性和定量的判断；对评估分析中发现的问题分别采取税务约谈、调查核实、处理处罚、提出管理建议、移交稽查部门查处等方法进行处理；维护更新税源管理数据，为税收宏观分析和行业税负监控提供基础信息等。

## 二、纳税评估的特点

### （一）不以证明纳税人恶意违法为目的

纳税评估是税务机关对纳税人自我申报的纳税义务履行情况进行检查审核、确认或调整的执法活动。其目的不是为了证明纳税人恶意违法，而是对纳税人的纳税义务履行情况进行审核确认，促进纳税人税法遵从。纳税评估是税务机关对纳税人自主申报行为进行处理，对真实、完整、全面的申报行为进行确认，通过对虚假、片面、不完整的申报行为进行调整，最终保证税款及时、足额入库。这是税收合作信赖原则在税收管理中的具体体现，也是纳税评估与税务稽查的区别之一，没有充足的证据支撑，税务机关不能对纳税人是否依法纳税提出怀疑。

### （二）可以进行多次评估

税务机关根据实际需要可以多次对纳税人进行评估。受掌握的信息情报、具备的技术条件等因素影响，税务机关的初次纳税评估可能不够充分，税务机关保留进一步评估的权力，可以根据新出现的情况，对同一纳税人后出现的计税依据进行再次评估。

纳税评估的目的是对纳税人是否正确履行纳税义务进行审核确认，如果纳税人举证证明其已经按规定履行了纳税义务，或者经纳税评估将涉税风险疑点排除，则纳税评估应当终止。本次评估结束之后，如税务机关通过风险识别发现纳税人还有新的涉税风险的，税务机关可以开展下一次评估。因不同的选案标准会产生不同的评估任务，税务机关应当对评估任务进行整合，避免重复评估。

### （三）征纳双方均有证明责任

在纳税人自主申报制度下，纳税申报的真实性、准确性的说明和举证责任主要由纳税人承担。纳税评估的过程，是征纳双方围绕纳税人纳税义务履行中的争议问题有根据地提出质疑、纳税人针对评估人员的质疑进行说明并提供证明材料、评估人员对纳税人提交的证明材料进行核实的过程。如果纳税人履行了说明义务，税务机关仍然怀疑其纳税申报的真实性、准确性，则税务机关应承担举证责任。

### （四）纳税评估中检查方法灵活多样

纳税评估的实施主要包括案头检查与实地检查两种方式。在具体的实施过程中，纳税评估实施中的检查方法有电话、约谈、信函、资料检查、调账检查、第三方调查和现场调查等。需要说明的是，这些检查方法之间没有从属关系、没有先后关系、没有递进关系。在具体的评估个案中，评估人员采用什么样的检查方法，由评估人员根据评估工作的需要选择使用。在具体的评估检查中，可以采用其中一种方法，也可以多种方法并用，直到排除或查清涉税疑点问题为止。

## 三、纳税评估的意义

### （一）纳税评估是防止虚假纳税申报的有效手段

在纳税人自主申报制度下，纳税申报的真实性、准确性的说明和举证责任主要由纳税人承担，税务机关只负责审核确认。因此，纳税评估的目的是对纳税人自主申报及其说明、证明等情况的真实性、准确性进行的进一步核实、确认。纳税评估的信息资料不仅包括税务机关内部采集的信息，还可以通过信息网络获取其他经济管理部门的外部信息。通过掌握税基和纳税人的资金周转情况，了解资金的来龙去脉，可以对纳税申报进行监控。

### （二）纳税评估可以通过信息反馈机制，解决征收管理中“疏于管理、淡化责任”的问题

纳税评估处于税款征收与税务稽查的中间环节，税款征收与税务稽查的结果，可通过纳税评估反馈到税务登记、发票管理、行政审批等各个征管环节，既可保证税收征管各个环节的协调统一，又可剖析问题，区分责任。

### （三）纳税评估是一个纳税服务过程

税务机关通过信息化手段，设置能够了解和掌握纳税人财务核算和相关经营情况的纳税申报表，并结合审查账簿报表，可以及时发现并纠正纳税申报中的错误与偏差，帮助纳税人提高纳税申报质量；纳税评估通过约谈、举证等方式，可以有效解决纳税人因主观疏忽或对税法理解错误而产生的涉税问题，充分体现税务行政执法教育与惩戒相结合的原则。

## 四、纳税评估在税收管理流程中的定位

### （一）纳税评估在税收征管程序的必经和核心环节

在纳税人自主申报制度下，完整的税收征管程序包括纳税人申报、税收机关纳税评估、税款征收、欠税追征、违法调查、税收争议处理。其中，后三项是税收征管程序的或然环节，只有在特定情况下才会启动。前三项是税收征管的必经环节，而纳税评估又居于核心定位。纳税人申报是整个征管程序的发起环节；税款征收是保障环节，税款及时、足

额入库是税收征管的最终目的；而纳税评估是核心环节，如果没有纳税评估，纳税人申报便具有不确定性，申报纳税完全成为纳税人的自主行为，就会造成国家税款流失的风险，无法保证税款及时足额征收入库。只有经过税务机关的评估确认，纳税人的申报行为才能被最终认可，才能发生法律效力。

### （二）纳税评估是最主要的税收风险应对策略

在税收风险应对过程中，根据风险等级大小，可采取风险提醒、纳税评估、税务审计和反避税调查、税务稽查等差异化应对策略。其中，风险提醒是一种税务行政指导行为，不具有强制力，且只针对具体行业、具体风险点，税务机关平时运用较少；税务审计和反避税调查往往只针对个别复杂案件，基层税务机关较少接触，且其应对方式与纳税评估较为接近，可视为特殊的纳税评估方式；税务稽查是税收执法手段的最后一道屏障，是最严厉的税收执法手段，其专司偷税、逃避追缴欠税、骗税、抗税案件的查处，打击范围有限，因而具有“少而精”的特点；而纳税评估作为日常征管工作中的一项重要管理手段，具有“多而广”的特点，因而是纳税评估最主要的税收风险应对策略。

## 第二节 纳税评估的流程

纳税评估一般程序分为五部分，具体包括：评估准备、评估检查（案头）、评估检查（实地）、评估处理、评估实施支持。实质上纳税评估核心程序为评估准备、评估检查和评估处理三个阶段（见图7－1）。

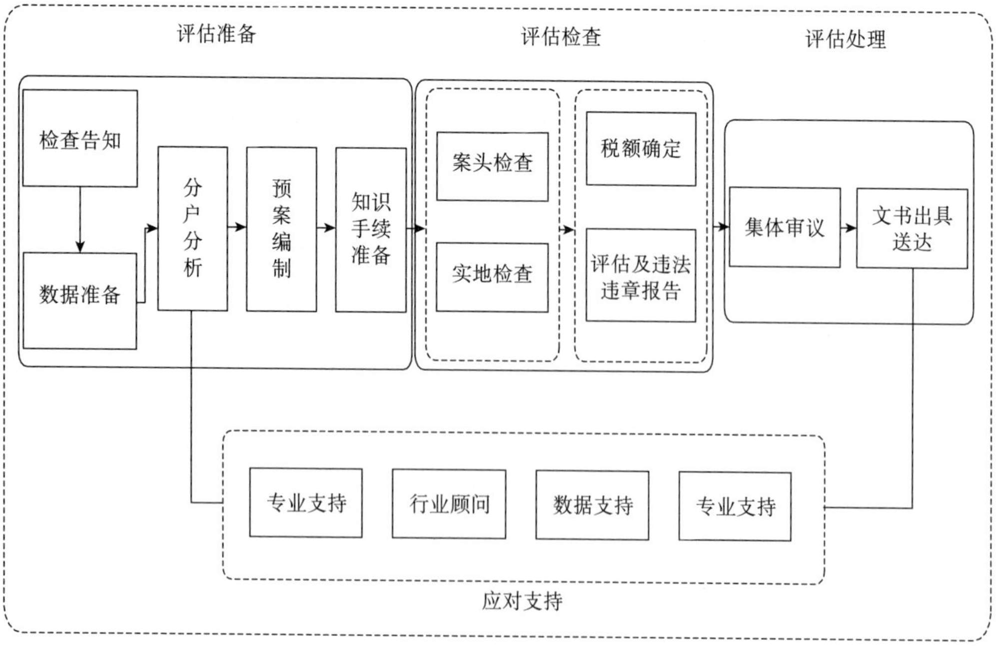


图7－1 纳税评估流程

## 一、评估准备

纳税评估的准备阶段，是纳税评估活动的重要组成部分，也是纳税评估的基础环节和首要环节。通过纳税评估准备阶段的工作，可以为做好整个纳税评估夯实基础，同时评估准备的是否充分一定程度上也决定着纳税评估的质量和效率。评估准备阶段具体包括检查告知、数据准备、应对分析、预案编制与评审、知识和手续准备等环节。其中，纳税评估准备阶段的检查告知事项是对纳税人税收管理行政参与权和知情权的保护，数据准备事项是税务机关行使法律赋予的税收征收管理权的直接表现，而应对分析、预案编制等事项是税务机关强化税收风险管理的内在要求（见图 7－2）。

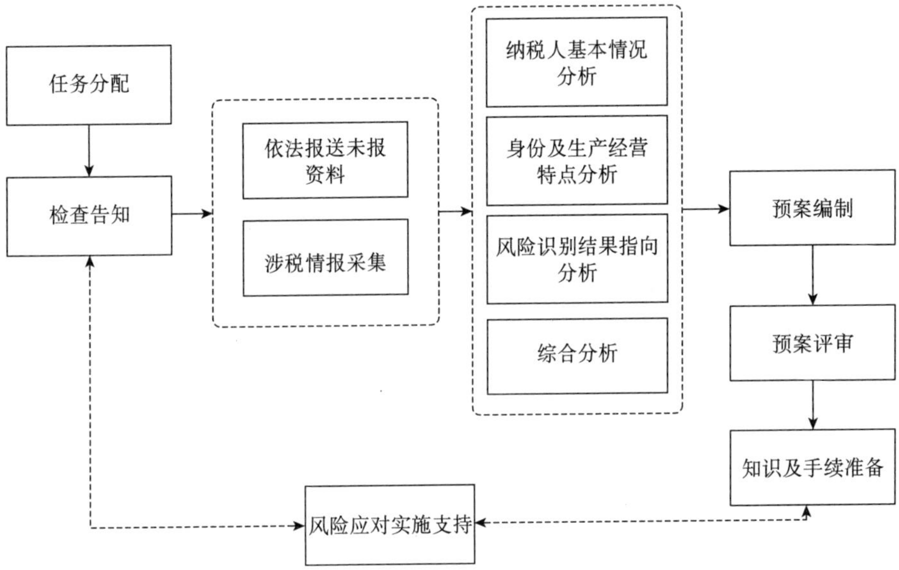


**图 7－2　评估准备流程**

### （一）检查告知

税收检查是税务机关基于税收法定职权，对纳税人、扣缴义务人及其他纳税义务人是否遵守税收法律法规和履行纳税义务的情况进行调查核实的行政行为，是税务机关行政执法的重要组成部分。

风险应对分析人员或竞标管理人员在接收应对任务、评估实施前应根据《税收征管法》及其实施细则的要求，制作“税务检查通知书（检通一）”或“税务事项通知书（检查告知）”，并送达纳税人，告知风险应对纳税人税务机关将根据其纳税申报信息依法开展税务检查及风险应对以及纳税人拥有的权利和应尽的义务。同时约定好税企双方联系人员、联系方式。原则上对于在本环节能够确定应对检查人员的，使用“税务检查通知书（检通一）”；对于不能确定应对检查人员的，使用“税务事项通知书（检查告知）”。对直接送达存在困难的，在书面说明原因或收集整理相关证据后，可邮寄送达。对于有可能影响应对检查的情形，可以直接进行数据准备，无须再检查告知。

### （二）数据准备

数据情报的真实性、准确性和完整性在一定程度上制约着税收征管质量和效率的提高。为确保税务机关及时、有效地获取纳税评估所必要的数据信息情报，现行税收法律制度一方面授权税务机关可依法获取涉税数据信息情报，另一方面规定纳税人及相关义务人应当依法履行涉税数据信息的报送义务，另外规定了纳税人及相关义务人应当依法接受并配合税务机关开展的税收调查、税收检查，并切实提供涉税资料、履行举证说明义务。

1. 数据准备的内容。

（1）纳税人依法报送的纳税申报、账簿记录、涉税文件资料等。在纳税评估过程中，税务机关可以直接根据纳税人依法报送的纳税申报、账簿记录、涉税文件等资料核实、确定或调整纳税人的计税依据和应纳税额。

（2）第三方获得的数据。对于从第三方获得的数据，税务机关应当确保数据的来源合法，数据本身的真实性和准确性由提供数据的该第三方负责。

（3）公开资料采集的数据资料。对于通过公开资料采集的数据资料，如上市公司披露的报告、行业协会公开的资料、互联网上发布的新闻等，税务机关应当确保该数据来源合法，引用准确。

2. 数据准备的方法。

（1）在对风险应对纳税人进行应对分析之前，判断纳税人依法应报的涉税资料是否已全部报送，如未全部报送，则责令其立即补充报送。

（2）如仅依靠纳税人的申报资料难以深入开展应对分析的，应要求其报送与纳税申报相关的其他涉税资料。

（3）应对分析人员可按程序审批同意后，依法要求除该纳税人以外的相关部门、单位或者个人等第三方提供必要资料。

（4）由于纳税人报送了虚假涉税资料，导致难以开展风险应对分析的，应当出具“责令限期改正通知书”，责令纳税人在规定的期限内报送真实、准确的涉税资料，并追究其相应的法律责任。

### （三）应对分析

在数据准备完成后，分析人员应根据应对分析模板，从多个角度对风险应对纳税人进行应对分析，并逐步深入到具体分析项目，提出可能存在的涉税疑点及应对建议。

应对分析内容包括纳税人基本情况分析、身份及生产经营特征分析、风险识别结果指向分析、综合分析等。其中，纳税人基本情况分析是指对纳税人基础信息、当前和历史税收表现、情报交换等方面所开展的分析，同时提出身份及生产经营特征分析的方向，形成《纳税人基本情况分析报告》。身份及生产经营特征分析是指对基本情况分析时了解到的纳税人特定身份、交易行为、所处行业、特定税收政策等方面所展开的分析，形成《身份及生产经营特征分析报告》。风险识别结果指向分析是指对省、市税务局根据风险级别指标、模型、项目及案例进行风险识别后发布的纳税评估任务中纳税人存在的异常指标或涉税疑点，按照“分析、排除、细化”的步骤，剖析异常指标成因，细化无法排除的涉税疑点，找出隐藏在异常指标或涉税疑点背后的具体风险事项，形成《风险识别结果指向分析报告》。综合分析是指对纳税人基本情况分析、身份及生产经营特征分析、风险识别结果指向分析中的异常指标和涉税疑点进行汇总、合并、排除，提出综合分析应对建议，形成《单户综合分析报告》并提交至预案编制岗。

对涉税风险全部排除的纳税人，应描述全部涉税风险排除理由，形成《风险排除纳税人报告》，并提交应对实施预案评审。

（四）预案编制与评审

预案编制人员根据接收到的《单户综合分析报告》中列示的涉税疑点和应对建议，进行《应对实施预案》的编制，明确不同风险应对事项对应的检查内容、检查方式、纳税人需要举证的资料及人员安排建议等。在预案编制时，如需要税收政策支持、行业顾问、数据支持、保障支持等帮助的，应制作《业务咨询与数据支持申请》，向相关部门提出申请。另外对于大企业纳税评估、复杂事项纳税评估、特殊业务纳税评估的《应对实施预案》编制可以采取竞标方式管理，通过评审选取相对较好的《应对实施预案》。

《应对实施预案》编制完成后应提交集体审议。预案评审应围绕应对分析是否完整、预案内容是否齐全、应对事项是否明确及检查方式是否恰当等并以集体会议形式开展，评审情况及结论应制作审议记录。

对于评审通过的《应对实施预案》及《单户综合分析报告》等资料，有序推送至相应的应对检查岗或应对检查团队，由其开展知识及手续准备。

对于接收应对过程中新发现但在《应对实施预案》中未列示的涉税风险提出检查申请，并进行审批，审批通过后进行检查，审批不通过的作为非常规情报处理。

（五）知识和手续准备

应对检查人员或应对检查团队在接收审议通过的《应对实施预案》后，按照预案内容及相关资料，做好应对检查过程中所涉及的知识和手续准备等各项工作。

1. 知识准备。

（1）研读随同风险应对任务一并推送的《应对实施预案》及应对分析资料，掌握纳税人的基本情况、身份及生产经营特征、风险识别结果等具体内容，明晰具体的风险应对事项。

（2）通过学习行业生产经营知识、剖析典型案例等，了解纳税人的行业经营特点，主要包括：产品工艺流程、产品应用范围（对象）、主要原辅材料、主要生产设备、主要能源耗用等内容。

（3）研读相关法律法规，主要包括：①应对内容可能涉及的税收法律法规，确保在应对过程中能够正确把握和应用；②了解纳税人生产经营过程中可能涉及的其他法律法规（如《环境保护法》《合同法》的相关内容），以便对其举证的材料具备一定的识别判断能力。

2. 手续准备。对已确定的检查事项，根据选择的检查方式，在区别不同情况、履行相应的审批手续后，做好依法需出示的相关文书准备工作，如“询问通知书”“税务检查通知书”“纳税评估报告”等。

## 二、评估检查

应对检查人员或应对检查团队根据评审通过的《应对实施预案》及应对分析资料，

在做好应对准备的基础上，原则上按照“先案头检查，后实地检查”的方式实施评估检查，评估检查包括案头检查和实地检查两类（如图 7－3 所示）。

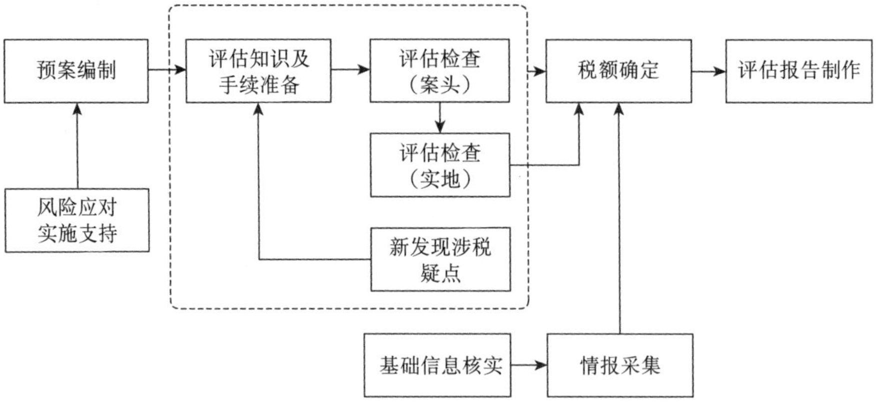


图 7－3 评估检查流程

（一）案头检查

案头检查是税务机关在其办公场所对纳税人履行税收义务状况进行检查、审核、确定或调整的执法活动。税务人员依靠足够的数据信息情报、税收法律等实现对纳税人计税依据、应纳税额的确认或调整。案头检查也有一定的局限性，也有难以取证的问题，在一些具体问题上，难以作出纳税人税收义务履行情况的准确判断，无法得出税额确认或调整的结论。所以，案头检查作为纳税评估的主要实践形式，并不排斥实地检查作为纳税评估重要实践形式的价值和地位。案头检查方式包括电话、信函、约谈、资料检查、账簿检查和第三方调查六种。

1. 电话。电话是指通过电话向纳税人询问与纳税有关的问题和情况，以确认或排除涉税疑点的方式。电话业务流程如图 7－4 所示。

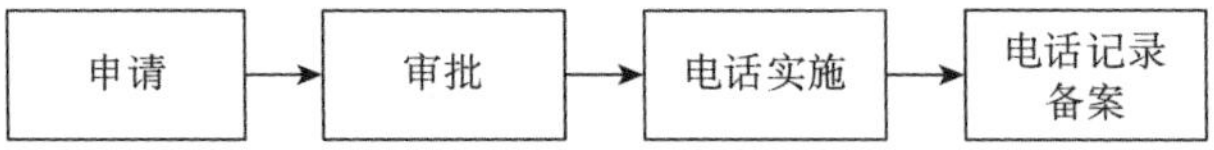


图 7－4 电话业务流程

（1）按照应对实施预案确定的风险事项，经单位负责人审批同意后，通过电话向纳税人询问与涉税疑点有关的问题和情况，并告知相应的法律责任和税务机关可能采取的后续措施，询问结束后制作电话录音的文字记录，制作“电话记录”，作为案头检查的固定证据。

（2）电话询问结束后，应将整个电话询问检查情况，制作成“案头检查工作底稿”，并将相关资料进行备案归档。

2. 信函。信函是指通过信函的方式向纳税人询问与纳税有关的问题和情况，以确认或排除涉税疑点的方式。信函业务流程如图 7－5 所示。

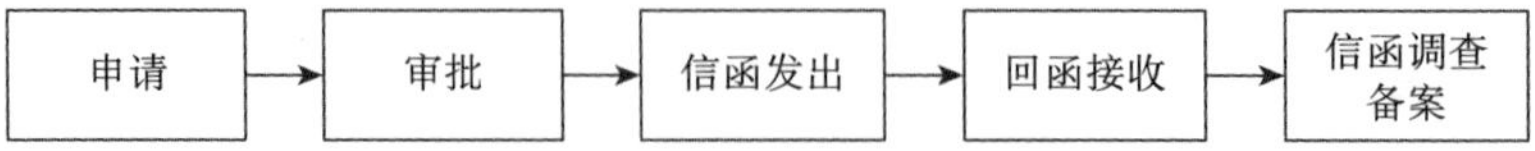


图 7－5 信函业务流程

（1）按照应对实施预案确定的风险事项，经单位负责人审批同意后，通过实体或电子邮件方式向纳税人寄发“询问通知书（信函）”并附送达回证，告知其存在的涉税疑点，要求其在规定时间内核实，并提供相关举证材料（举证材料必须加盖公章）。

（2）纳税人可以通过上门回复、邮寄回复、网络回复等方式向税务机关进行反馈，并将信函调查相关资料进行备案归档。

（3）对回复情况进行分析，制作“案头检查工作底稿”，并进行备案归档。

3. 约谈。约谈是指要求风险应对纳税人的相关人员在约定的时间到税务机关办公场所就涉税疑点进行说明解释并提供举证，以确认或排除涉税疑点的方式。

约谈业务流程如图 7 -6 所示。

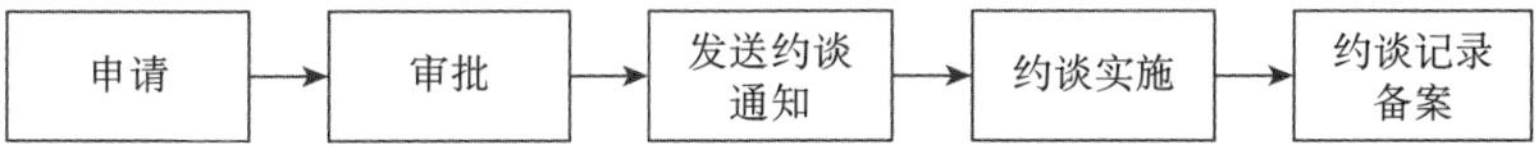


**图 7 -6 约谈业务流程**

（1）要求纳税人的相关人员在约定的时间到税务机关办公场所就涉税疑点进行举证说明。启动约谈前，应根据纳税人存在的涉税疑点，整理编写约谈提纲，确定约谈的时间、地点、对象和内容，经单位负责人审批同意后制作“询问通知书（约谈）”，并送达纳税人。

（2）约谈时，评估约谈人员应告知被询问人的权利和义务，运用一定的约谈方法和技巧就相关涉税问题进行询问，纳税人应就相关涉税问题进行举证说明。如果纳税人提交书面说明或者相关材料的，应当保存原件；保存原件确有困难的，应当及时复印、影印，并要求纳税人签字盖章。

（3）约谈人员不得少于两名，约谈过程中应制作“询问笔录”。

（4）约谈结束后，应将整个约谈情况进行分析整理，制作“案头检查工作底稿”，并进行备案归档。

4. 资料检查。资料检查是指需要纳税人进行举证的，应对检查岗责成纳税人提供与纳税有关的文件、证明材料和相关资料并进行审核、分析，以确认或排除涉税疑点的方式。资料检查业务流程如图 7 -7 所示。

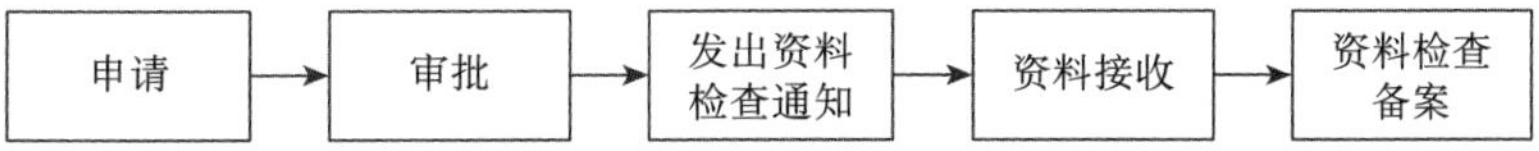


**图 7 -7 资料检查业务流程**

（1）按照应对实施预案确定的风险事项，需要纳税人提供资料进行举证的，经单位负责人审批同意，出具“税务事项通知书（提供资料）”及其附件“提供资料清单”，送达纳税人。对纳税人提供的资料对照“提供资料清单”清点无误后，双方在清单上签字，并注明收到时间，加盖税务机关印章。

（2）对纳税人提供的资料进行审核、分析，制作“案头检查工作底稿”，并将相关资料进行备案归档。

5. 账簿检查。账簿检查是指应对检查岗通过将纳税人的账簿、记账凭证、报表和其他有关资料调回税务机关并进行检查，用以确认或排除涉税疑点的方式。账簿检查业务流程如图7－8所示。

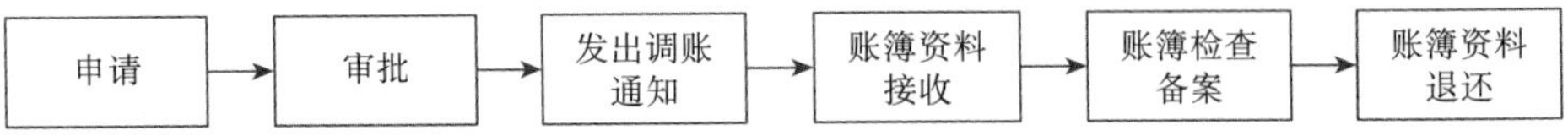


**图7－8　账簿检查业务流程**

（1）按照应对实施预案确定的风险事项，需要调取纳税人以前或当年度的账簿、记账凭证、报表和其他有关资料的，应按照《税收征管法》确定的批准权限，履行审批手续，出具“调取账簿资料通知书”和“调取账簿资料清单”，送达纳税人。对纳税人提供的账簿资料清点无误后，双方在清单上签字，并注明收到时间，加盖税务机关印章。

（2）按照应对实施预案确定的风险事项，对调回的纳税人账簿、记账凭证、报表和其他有关资料实施检查，制作“案头检查工作底稿”，并将相关资料进行备案归档。检查结束后，需在《税收征管法》规定的期限内将账簿资料完整退还纳税人。

（3）退还账簿资料时，由被查对象清点无误后，双方在清单上签字，并注明退还时间，加盖被查对象印章。批准调取以前年度账簿的，应当在3个月内完整退还；批准调取当年账簿的，应当在30日之内完整退还。

6. 第三方调查。第三方调查是指评估检查中需要对被查纳税人提供的涉税资料加以佐证的，向有关单位调查与其纳税相关的各种信息，以确认或排除涉税疑点的方式。第三方调查业务流程如图7－9所示。

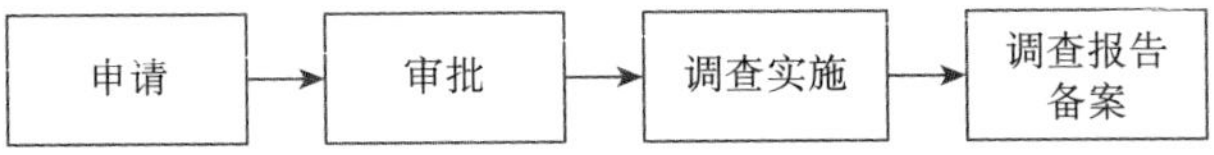


**图7－9　第三方调查业务流程**

（1）按照应对实施预案确定的风险事项，案头检查中需要对纳税人提供的涉税资料加以佐证的，经审批同意后，可向有关单位或部门，调查与该纳税人相关的各种信息，制作相应的检查记录，并进行备案归档。

（2）如果外部数据提供方是辖区内的纳税人，可以按照内部规定权限报批，向其出具“税务事项通知书（提供资料）”和“提供资料清单”，要求其提供与相关纳税人有关的涉税信息资料。第三方拒不履行协助配合义务的，可将不配合的情况反馈给相关部门，提请对第三方启动税收检查任务，从而获取有关纳税人的情报。

（3）对需要查询纳税人或扣缴义务人在银行或者其他金融机构存款账户的，经县以上税务局（分局）局长批准后，出具“检查存款账户许可证明”，到对应银行实施检查。

（4）对需要检查纳税人托运、邮寄应纳税商品、货物或者其他财产的有关单据、凭证和有关资料的，应当按照内部规定权限报批，出具“税务检查通知书（检通二）”，由两名以上具有执法资格的税务人员送交车站、码头、机场、邮政企业及其分支机构，并出示执法身份证件，实施检查。

（5）对第三方提供的各种信息进行分析，制作“案头检查工作底稿”，并将相关资料进行备案归档。

### （二）实地检查

根据《实地检查工作预案》内容，结合案头检查情况，评估检查人员对于无法核实涉税风险点和纳税人举证资料的，提出实地检查申请，经审批通过后，到纳税人生产经营场所、货物存放地实施实地检查，查看其生产经营活动，检查纳税人应纳税的商品、货物或者其他财产，排除或确认《实地检查工作预案》中明确需实地检查或者案头检查未能消除的涉税疑点。实地检查业务流程如图7-10所示。

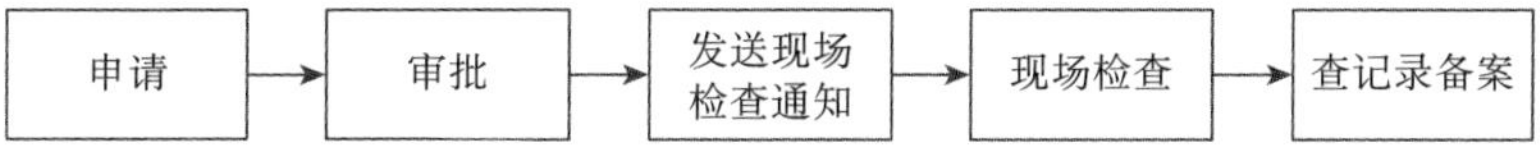


图7-10　实地检查业务流程

1. 经单位负责人审批同意后，按照《税收征管法》的相关规定，到纳税人生产、经营场所和货物存放地，查看其生产经营活动，检查纳税人应纳税的商品、货物或者其他财产，对纳税人以纸质、电子或其他介质为载体的相关记录和文件进行现场检查，或对其实物资产进行现场核查，并记录检查情况。

2. 现场检查应由两名以上有执法资格的检查人员实施。检查时应当向纳税人出示税务检查证和“税务检查通知书（检通一）”，告知纳税人权利、义务及法律后果。

3. 检查告知环节已制作送达“税务检查通知书（检通一）”的，不再出具文书；未制作送达的，需出具“税务检查通知书”及文书送达回证。

4. 实地检查结束，需要制作“实地检查工作底稿”，并进行备案归档。

### （三）税额确定

1. 税额确定一般程序。对评估检查阶段能够确认或排除全部涉税风险点的纳税人，根据评估检查情况确定应纳税额，并制作“税额确定意见书”，经审核同意后，约谈纳税人，告知调整其税收义务的事由、依据、调整后的计税依据和应纳税额，以及纳税人依法享有说明、举证的权利等。税额确定的一般流程如图7-11所示。

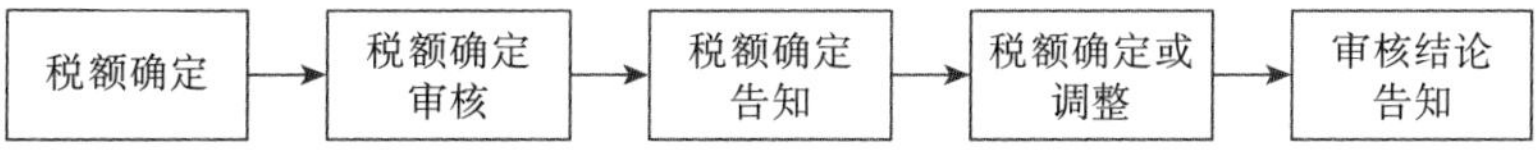


图7-11　税额确定的一般流程

（1）税额确定（一般）。税务机关没有证据证明纳税人在账簿、发票凭证、纳税资料的设置、使用、保管和申报方面违反相关法律规定的，可以推定纳税人会计核算健全；对生产、经营规模小又确无建账能力的纳税人，经批准后建立收支凭证粘贴簿和进货销货登记簿的，按照税收法律、法规规定的程序和方法，选择计算公式、进行数据准备并做好证据固定，确定其应纳税额。根据“案头检查工作底稿”内容，结合税额确定（检查）情况，制作“税额确定意见书”，并提交审核。

（2）税额确定（一般）审核。税额确定审核岗人员，根据“税额确定意见书”内容，对“税额确定（一般）”过程中确定的税额和已固定的证据，初步进行合理性审核。

（3）税额确定告知。审核同意后，制作“询问通知书（约谈）”，送达纳税人，告知调整其税收义务的事由、依据、调整后的计税依据和应纳税额、缴款期限，以及纳税人依法享有说明举证的权利等。

（4）税额确定或调整的处理。对告知的检查结论无异议的，纳税人应当在约定的缴款期限内对历史申报情况进行修正申报；对告知的检查结论有异议的，纳税人应当书面陈述理由并提供相关佐证资料，应对检查人员接收到纳税人提供的举证资料后，应当就纳税人提出异议的部分重新进行审核。审核后认为纳税人提供的理由及证据可以采信的，应对“税额确定意见书”进行相应调整；认为不予采信的，应维持“税额确定意见书”中的结论。

（5）约谈人员根据约谈情况，制作“询问（调查）笔录（纳税申报审核结论告知）”。

2. 税额确定的核定程序。税额核定是税务机关在纳税人不能真实、完整、准确、及时提供纳税资料的情况下，评定应纳税额的一种方式。税额确定的核定流程如图 7－12 所示。

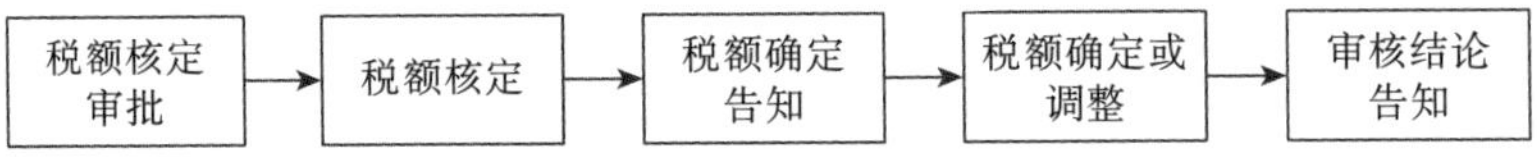


**图 7－12　税额确定的核定流程**

（1）收集、固定证据资料，判断是否符合税额确定（核定）的法定条件。选择以核定方式对纳税人的应纳税额进行确定的，需经所在部门分局长审批同意。

（2）税额确定（核定）。经审批同意后，税务人员根据收集、固定的证据资料，依税种选择具体核定方法、计算公式，确定其调整税额。采用一种方法不足以正确核定应纳税额时，可以同时采用两种或两种以上的方法核定。税额确定后制作“税额确定意见书”，并将其提交审核。

（3）税额确定（核定）审核。税额确定审核岗人员，根据“税额确定意见书”内容，对“税额确定（核定）”过程中已固定的证据和确定的调整税额，进行合理性审核。

（4）税额确定（核定）告知。审核同意后，制作“询问通知书（约谈）”，送达纳税人，告知调整其税收义务的事由、依据、调整后的计税依据和应纳税额，以及纳税人依法享有的说明举证权利等。

（5）对告知的检查结论无异议的，纳税人应当在约定的缴款期限内对历史申报情况进行修正申报；对告知的检查结论有异议的，纳税人应当书面陈述理由并提供相关佐证资料。应对检查岗接收到纳税人提供的举证资料后，应当就纳税人提出异议的部分重新进行审核。审核后认为纳税人提供的理由及证据可以采信的，应对“税额确定意见书”进行相应调整；认为不予采信的，应维持“税额确定意见书”中的结论。

**（四）新发现涉税风险处理**

在案头检查或实地检查过程中，发现纳税人存在《应对实施预案》或《实地检查工作预案》列示以外的其他涉税疑点，应作为新发现的涉税风险，制作《新发现涉税风险报告》，提交预案评审人员审批。审批通过的，实施税收检查；审批不通过的，作为情报采集内容。

**（五）基础信息核实和信息采集**

在案头检查、实地检查过程中，应当核实纳税人的相关基础信息，制作“基础信息核实表”。

对核实发现实际信息与登记信息不符的，制作“责令限期改正通知书”，要求纳税人在限期内到办税服务厅申请办理变更税务登记。

在案头检查、实地检查过程中，应当同时做好情报采集工作，并根据采集内容进行情报录入、情报推送。情报采集范围包括纳税人最新的生产经营相关信息。

#### （六）纳税评估报告及违法违章处理报告制作

风险应对检查完成后，应当具体描述应对情况，并据此拟订应对处理意见，制作《纳税评估报告》。另外，应对检查人员在违法违章证据收集完成后，应根据纳税人违法违章事实，作出违法违章处罚建议，制作《违法违章处理报告》，并将应对过程中的报告、文书及其他相关资料进行卷宗立卷，制作“卷宗目录”，并提交检查卷宗审核。

### 三、评估处理

纳税评估处理，就是对基于前期评估准备、检查取证过程、评估处理建议已经形成的检查卷宗进行复核，并提交集体审议后，出具评估文书进行案卷归档的工作。评估处理流程如图7－13所示。

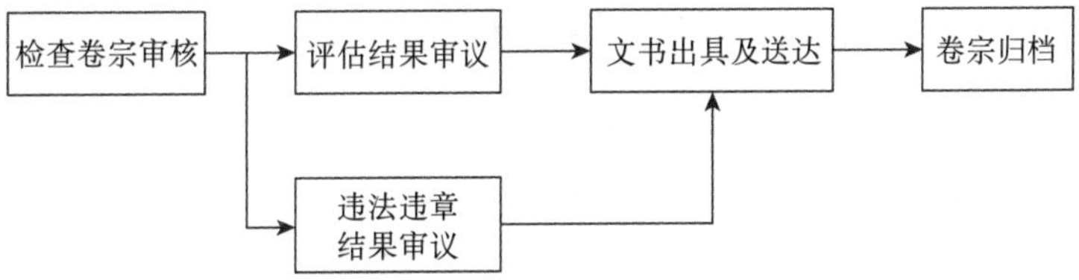


图7－13　评估处理流程

#### （一）检查卷宗审核

检查卷宗资料的审核重点是对证据形式合法性、涉税事实、证据资料、法律适用、处理建议等内容进行审核。

检查卷宗审核人员应对纳税应对过程中的卷宗进行审核、审议，并根据审议结论进行处理。处理完成后，及时整理风险应对资料，并进行文书销号。

应对检查部门（团队）负责人接收本单位提交的卷宗资料，对应对检查程序、检查内容和相关工作进行初审，作出初审意见，出具《检查卷宗审核结论》。

#### （二）纳税评估报告审议

对经检查卷宗审核后提交的《纳税评估报告》及《检查卷宗审核结论》进行集体审议，作出集体审议结论。纳税评估报告审批应以集体会议审议形式开展，审议情况及结论应制作审议记录，参加人员应签字确认。

审议同意后，根据审议结论，采取不同的处理措施：对于税额确定的一般程序、税额确定的核定程序情形的，将任务推送至应对文书出具及送达节点；对于提请税务稽查的，将任务推送至转稽查审核节点；对于应对中止的，进行卷宗归档后暂停检查；对于应对终结的，进行卷宗归档后任务结束。

#### （三）应对文书出具及送达

应对检查人员根据风险应对报告审议结论，对应对过程中未发现涉税问题或纳税人就税额确定程序中告知的涉税问题进行自我修正的，不再出具应对处理文书；对纳税人在应对人员检查“税额调整告知”环节确定的期限内未自我修正的，制作“税务处理决定书”，并采用适当的送达方式送达纳税人。

对于纳税人未按照“税务处理决定书”要求进行自我修正申报的，应出具“税务事项通知书（限期缴纳税款）”并以适当的送达方式送达纳税人，责令其在规定期限内缴纳税款。如果逾期仍未按照要求缴纳税款且未提出异议的，启动税款追征。

（四）违法违章处理报告审议

违法违章审议人员应对评估检查过程中，就违法违章情形、处理建议进行集体审议，审议情况应做好审议记录，并制作同意处理意见或终止违法违章处理或退回补正的结论。

（五）卷宗归档

应对检查岗在应对处理完成后，应及时按户归集、整理风险应对相关资料，形成完整的“卷宗目录”，对已出具的对外文书进行文书销号处理，并根据档案管理要求将案卷交由档案管理部门归档处理。

【案例解析】

**案例1**

在对某地板生产企业进行纳税评估中，通过案头检查发现该纳税人消费税一直为零申报。为核实该纳税人是否生产实木地板，经审批，评估检查人员开展实地检查。检查人员按检查程序及检查要求通过现场调查，在该公司原料仓库中，发现了实木地板原料基材、实木地板包装箱、油漆、标贴等辅料；经过进一步检查，发现两条实木地板生产线。纳税人承认公司生产实木地板，未申报缴纳消费税的事实。

**案例2**

2017年税务人员对某房地产公司进行纳税评估，发现该公司在某繁华地段开发了一批别墅，2016年开发完工后，给公司的股东每人分配了一套，别墅的建造成本1 000万元，对外售价1 800万元。在年终进行企业所得税汇算清缴时，没有进行纳税调整。

# 第三节 纳税评估分析方法及通用分析指标

## 一、纳税评估分析方法

### （一）纳税评估的主要数据来源

1. “一户式”存储的纳税人各类纳税信息资料，主要包括：纳税人税务登记的基本情况，各项核定、认定、减、免、缓、抵、退税审批事项的结果，纳税人申报纳税资料，财务会计报表以及税务机关要求纳税人提供的其他相关资料，增值税交叉稽核系统各类票证比对结果等。

2. 税收管理员通过日常管理所掌握的纳税人生产经营实际情况，主要包括：生产经营规模、产销量、工艺流程、成本、费用、能耗、物耗情况等各类与税收相关的数据信息。

3. 上级税务机关发布的宏观税收分析数据，行业税负的监控数据，各类评估指标的预警值。

4. 本地区的主要经济指标、产业和行业的相关指标数据，外部交换信息，以及与纳税人申报纳税相关的其他信息。

### （二）纳税评估重点审核内容

1. 纳税人是否按照税法规定的程序、手续和时限履行申报纳税义务，各项纳税申报附送的各类抵扣、列支凭证是否合法、真实、完整。

2. 纳税申报主表、附表及项目、数字之间的逻辑关系是否正确，适用的税目、税率及各项数字计算是否准确，申报数据与税务机关所掌握的相关数据是否相符。

3. 收入、费用、利润及其他有关项目的调整是否符合税法规定，申请减、免、缓、抵、退税，亏损结转、获利年度的确定是否符合税法规定并正确履行相关手续。

4. 与上期和同期申报纳税情况有无较大差异。

5. 税务机关和税收管理员认为应进行审核分析的其他内容。

对实行定期定额（定率）征收税款的纳税人以及未达到起征点的个体工商户，可参照其生产经营情况，利用相关评估指标定期进行分析，以判断定额（定率）的合理性及是否已经达到起征点。

### （三）纳税评估分析方法

纳税评估可根据所辖税源和纳税人的不同情况采取灵活多样的评估分析方法，主要包括：

1. 对纳税人申报纳税资料进行案头的初步审核比对，以确定进一步评估分析的方向和重点。

2. 通过各项指标与相关数据的测算，设置相应的预警值，将纳税人的申报数据与预警值相比较。

3. 将纳税人申报数据与财务会计报表数据进行比较、与同行业相关数据或类似行业同期相关数据进行横向比较。

4. 将纳税人申报数据与历史同期相关数据进行纵向比较。

5. 根据不同税种之间的关联性和钩稽关系，参照相关预警值进行税种之间的关联性分析，分析纳税人应纳相关税种的异常变化。

6. 应用税收管理员日常管理中所掌握的情况和积累的经验，将纳税人申报情况与其生产经营实际情况相对照，分析其合理性，以确定纳税人申报纳税中存在的问题及其原因。

7. 通过对纳税人生产经营结构，产品能耗、物耗等生产经营要素的当期数据、历史平均数据、同行业平均数据以及其他相关经济指标进行比较，推测纳税人实际纳税能力。

## 二、纳税评估通用指标及功能

### （一）收入类评估分析指标及其计算公式和指标功能

$$主营业务收入变动率=\frac{本期主营业务收入-基期主营业务收入}{基期主营业务收入}\times 100\%$$

如主营业务收入变动率超出预警值范围，可能存在少计收入问题和多列成本等问题，运用其他指标进一步分析。

### （二）成本类评估分析指标及其计算公式和功能

$$单位产成品原材料耗用率=\frac{本期投入原材料}{本期产成品成本}\times 100\%$$

分析单位产品当期耗用原材料与当期产出的产成品成本比率，判断纳税人是否存在账外销售问题、是否错误使用存货计价方法、是否人为调整产成品成本或应纳所得额等问题。

$$主营业务成本变动率=\frac{本期主营业务成本-基期主营业务成本}{基期主营业务成本}\times 100\%$$

主营业务成本变动率超出预警值范围，可能存在销售未计收入、多列成本费用、扩大税前扣除范围等问题。

### （三）费用类评估分析指标及其计算公式和指标功能

$$主营业务费用变动率=\frac{本期主营业务费用-基期主营业务费用}{基期主营业务费用}\times 100\%$$

与预警值相比，如相差较大，可能存在多列费用问题。

$$营业（管理、财务）费用变动率=\frac{本期营业（管理、财务）费用-基期营业（管理、财务）费用}{基期营业（管理、财务）费用}\times 100\%$$

如果营业（管理、财务）费用变动率与前期相差较大，可能存在税前多列支营业（管理、财务）费用问题。

$$成本费用率=\frac{本期营业费用+本期管理费用+本期财务费用}{本期主营业务成本}\times 100\%$$

分析纳税人期间费用与销售成本之间关系，与预警值相比较，如相差较大，企业可能存在多列期间费用问题。

$$成本费用利润率=\frac{利润总额}{成本费用总额}\times 100\%$$

其中，成本费用总额＝主营业务成本总额＋费用总额

与预警值比较，如果企业本期成本费用利润率异常，可能存在多列成本、费用等问题。

税前列支费用评估分析指标：工资扣除限额，“三费”（职工福利费、工会经费、职工教育经费）扣除限额，交际应酬费列支额（业务招待费扣除限额），公益救济性捐赠扣除限额，开办费摊销额，技术开发费加计扣除额，广告费扣除限额，业务宣传费扣除限额，财产损失扣除限额，呆（坏）账损失扣除限额，总机构管理费扣除限额，社会保险费扣除限额，无形资产摊销额，递延资产摊销额等。

如果申报扣除（摊销）额超过允许扣除（摊销）标准，可能存在未按规定进行纳税调整，擅自扩大扣除（摊销）基数等问题。

（四）利润类评估分析指标及其计算公式和指标功能

$$主营业务利润变动率=\frac{本期主营业务利润-基期主营业务利润}{基期主营业务利润}\times 100\%$$

$$其他业务利润变动率=\frac{本期其他业务利润-基期其他业务利润}{基期其他业务利润}\times 100\%$$

上述指标若与预警值相比相差较大，可能存在多结转成本或不计、少计收入问题。

税前弥补亏损扣除限额：按税法规定审核分析允许弥补的亏损数额。如申报弥补亏损额大于税前弥补亏损扣除限额，可能存在未按规定申报税前弥补等问题。

营业外收支增减额：营业外收入增减额与基期相比减少较多，可能存在隐瞒营业外收入问题。营业外支出增减额与基期相比支出增加较多，可能存在将不符合规定支出列入营业外支出。

（五）资产类评估分析指标及其计算公式和指标功能

$$净资产收益率=\frac{净利润}{平均净资产}\times 100\%$$

分析纳税人资产综合利用情况。如指标与预警值相差较大，可能存在隐瞒收入，或闲置未用资产计提折旧问题。

$$总资产周转率=\frac{利润总额+利息支出}{平均总资产}\times 100\%$$

$$存货周转率=\frac{主营业务成本}{（期初存货成本+期末存货成本）\div 2}\times 100\%$$

分析总资产和存货周转情况，推测销售能力。如总资产周转率或存货周转率加快，而应纳税税额减少，可能存在隐瞒收入、虚增成本的问题。

$$应收（付）账款变动率=\frac{期末应收（付）账款-期初应收（付）账款}{期初应收（付）账款}\times 100\%$$

分析纳税人应收（付）账款增减变动情况，判断其销售实现和可能发生坏账情况。如应收（付）账款增长率增高，而销售收入减少，可能存在隐瞒收入、虚增成本的问题。

$$固定资产综合折旧率=\frac{基期固定资产折旧总额}{基期固定资产原值总额}\times 100\%$$

固定资产综合折旧率高于基期标准值，可能存在税前多列支固定资产折旧额问题。要求企业提供各类固定资产的折旧计算情况，分析固定资产综合折旧率变化的原因。

$$资产负债率=\frac{负债总额}{资产总额}\times 100\%$$

其中，负债总额=流动负债+长期负债；资产总额是扣除累计折旧后的净额

分析纳税人经营活力，判断其偿债能力。如果资产负债率与预警值相差较大，则企业偿债能力有问题，要考虑由此对税收收入产生的影响。

## 三、纳税评估通用指标的配比分析

（一）主营业务收入变动率与主营业务利润变动率配比分析

正常情况下，二者基本同步增长。当比值 $<1$ 且相差较大、二者都为负时，可能存在

企业多列成本费用、扩大税前扣除范围问题；当比值>1且相差较大、二者都为正时，可能存在企业多列成本费用、扩大税前扣除范围等问题；当比值为负数且前者为正、后者为负时，可能存在企业多列成本费用、扩大税前扣除范围等问题。

对产生疑点的纳税人可从以下三方面进行分析：一是结合“主营业务利润率”指标进行分析，了解企业历年主营业务利润率的变动情况；二是对“主营业务利润率”指标也异常的企业，应通过年度申报表及附表分析企业收入构成情况，以判断是否存在少计收入问题；三是结合“资产负债表”中“应付账款”“预收账款”和“其他应付款”等科目的期初、期末数进行分析，如出现“应付账款”和“其他应付账款”红字和“预收账款”期末大幅度增长等情况，应判断存在少计收入问题。

### （二）主营业务收入变动率与主营业务成本变动率配比分析

正常情况下二者基本同步增长，比值接近1。当比值<1且相差较大，二者都为负时，可能存在企业多列成本费用、扩大税前扣除范围等问题；当比值>1且相差较大，二者都为正时，可能存在企业多列成本费用、扩大税前扣除范围等问题；当比值为负数且前者为正、后者为负时，可能存在企业多列成本费用、扩大税前扣除范围等问题。

对产生本疑点的纳税人可以从以下三个方面进行分析：一是结合“主营业务收入变动率”指标，对企业主营业务收入情况进行分析，通过分析企业年度申报表及附表“营业收入表”，了解企业收入的构成情况，判断是否存在少计收入的情况；二是结合“资产负债表”中“应付账款”“预收账款”和“其他应付账款”等科目的期初、期末数额进行分析，如“应付账款”和“其他应付账款”出现红字和“预收账款”期末大幅度增长情况，应判断存在少计收入问题；三是结合主营业务成本率对年度申报表及附表进行分析，了解企业成本的结转情况，分析是否存在改变成本结转方法以及少计存货（含产成品、在产品和材料）等问题。

### （三）主营业务收入变动率与主营业务费用变动率配比分析

正常情况下，二者基本同步增长。当比值<1且相差较大、二者都为负时，可能存在企业多列成本费用、扩大税前扣除范围等问题；当比值>1且相差较大、二者都为正时，可能存在企业多列成本费用、扩大税前扣除范围等问题；当比值为负数且前者为正、后者为负时，可能存在企业多列成本费用、扩大税前扣除范围等问题。

对产生疑点的纳税人可从以下三个方面进行分析：一是结合“资产负债表”中“应付账款”“预收账款”和“其他应付账款”等科目的期初、期末数进行分析，如“应付账款”和“其他应付账款”出现红字和“预收账款”期末大幅度增长等情况，应判断存在少计收入问题；二是结合主营业务成本，通过年度申报表及附表分析企业成本的结转情况，以判断是否存在改变成本结转方法以及少计存货（含产成品、在产品和材料）等问题；三是结合“主营业务费用率”“主营业务费用变动率”两项指标进行分析，与同行业的水平比较，通过“损益表”对营业费用、财务费用、管理费用的若干年度数据分析三项费用中增长较多的费用项目，对财务费用增长较多的，结合“资产负债表”中短期借款、长期借款的期初、期末数进行分析，以判断财务费用增长是否合理，是否存在基建贷款利息列入当期财务费用等问题。

### （四）主营业务成本变动率与主营业务利润变动率配比分析

当二者比值大于1且都为正时，可能存在多列成本的问题；当前者为正、后者为负时，视为异常，可能存在多列成本、扩大税前扣除范围等问题。

（五）资产利润率、总资产周转率、销售利润率配比分析

综合分析本期资产利润率与上年同期资产利润率、本期销售利润率与上年同期销售利润率、本期总资产周转率与上年同期总资产周转率。如本期总资产周转率－上年同期总资产周转率>0，本期销售利润率－上年同期销售利润率≤0，而本期资产利润率－上年同期资产利润率≤0时，说明本期的资产使用效率提高，但收益不足以抵补销售利润率下降造成的损失，可能存在隐匿销售收入、多列成本费用等问题。如本期总资产周转率－上年同期总资产周转率≤0，本期销售利润率－上年同期销售利润率>0，而本期资产利润率－上年同期资产利润率≤0时，说明资产使用效率降低，导致资产利润率降低，可能存在隐匿销售收入问题。

（六）存货变动率、资产利润率、总资产周转率配比分析

比较分析本期资产利润率与上年同期资产利润率，本期总资产周转率与上年同期总资产周转率。若本期存货增加不大，即存货变动率≤0，本期总资产周转率－上年同期总资产周转率≤0，可能存在隐匿销售收入问题。

# 第四节　行业纳税评估模型

## 一、行业纳税评估模型的内涵

行业纳税评估模型是运用科学的技术和方法，通过对行业涉税信息进行筛选、整理、测算、分析，归纳出行业经营特点、经营规律，并建立以若干个行业指标和公认指标为峰值的税控预警指标体系和数学模型，形成对该行业纳税人进行评估分析的指导。

建立行业评估模型的意义表现在：一是有效破解基层税源监控的瓶颈。采集数据有的放矢，避免盲目、重复，参照建立税源监控台账，加强动态管理。二是税收分析的有效补充。提供精确参考，及时筛选虚假申报资料，确保分析的实效性。三是能充分展现行业经营规律，同时有利于核实税基，提高对现有税源、潜在税源的掌控能力。加强行业税源管理，最大限度减少管理上的漏洞，营造公平的税收环境，增强税务管理的效能。四是揭示企业生产工艺流程和主要数据指标的配比关系，反映行业涉税共性问题，实现税源的长效管理；同时加强了纳税评估选案的准确性和实效性，减少重复、无效劳动，提高评估的精准度。五是促进纳税人提高财务和税收核算水平，促进企业内部管理不断规范，提高税法遵从度，充分发挥纳税评估以评促管的作用。六是实现两个“减负”，解决“一多一少”“一高一低”的矛盾。

## 二、建立行业纳税评估模型的原则

### （一）数据来源的外部性原则

建立纳税评估模型，通过税收机关内部所掌握的“一户式”纳税人的各类信息资料，

进行同行业对比分析，固然有助于发现一些疑点和问题，但往往只能就账面数据测算。一旦企业数据不真实，或者同行业都利用统一的方法避税，这种测算就没有意义，也很难发现问题。因此采集、运用相关外部数据来进一步测算企业真实的生产能力显得尤为重要。外部数据的来源渠道如图 7 – 14 所示。

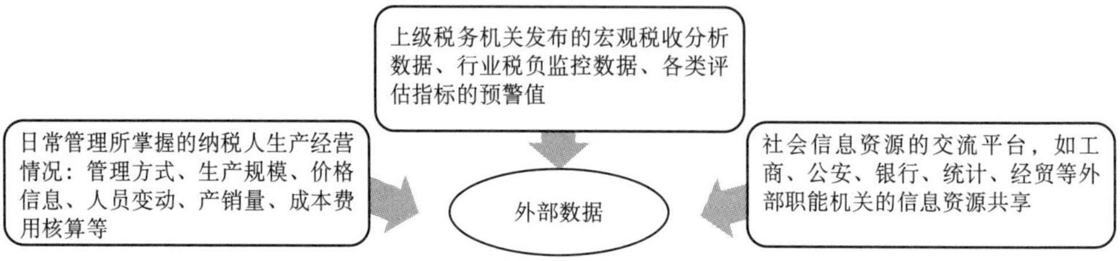


**图 7 – 14　外部数据来源**

### （二）行业推测的可比性原则

在建立行业纳税评估模型时，应充分考虑可比性。可比性越大，数据越有行业代表性。因此从时间、空间、数量、规模等方面对同行业进行标准鉴定很有必要（见图 7 – 15）。

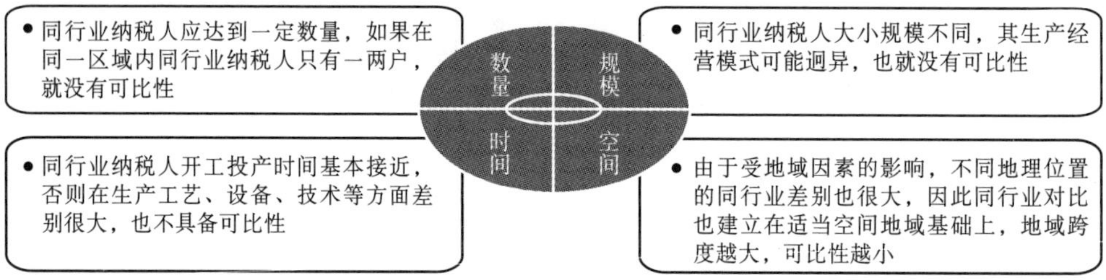


**图 7 – 15　可比性原则的具体内容**

### （三）模型判断的动态性原则

行业纳税评估遵循固定的模型，评估模型建立后，指标和数据应该是随着企业的生产经营变化而变化的。要善于从变化中发现、总结规律，对各项指标、数据以及公式进行维护、更新，只有这样才能准确地、真实地进行纳税评估，避免给企业带来涉税风险、给税务机关带来执法风险。

## 三、行业纳税评估模型的要素

行业纳税评估模型要素见表 7 – 1。

**表 7 – 1　　模型要素**

| 模型五要素 | 具体内容 |
|---|---|
| 行业总体情况以及特点 | 行业的运行特征及发展趋势 |
| | 行业市场状况及财务效益情况 |
| | 行业主要产品及产品分类 |
| | 产量及品种结构变化情况 |
| | 行业主要内部控制机制 |

续表

| 模型五要素 | 具体内容 |
|---|---|
| 行业生产经营流程 | 按照不同的主要产品、技术设备、原材料对该行业的工艺流程进行比较详细的描述 |
| | 注重工艺流程中的关键环节对企业、行业投入产出的影响以及对税收实现的影响 |
| 行业税收风险控制点 | 分析行业自我管理的能力以及企业内控制度的薄弱环节 |
| | 总结和提炼日常征管中发现的问题，如隐匿销售、延滞申报、列支运费与经营情况不配比以及发票开具不规范等 |
| 行业评估指标及方法 | 选定关键性指标，确定其相关参数表以及指标计算公式等，通过运用数学模型对海量数据进行分析，不断增强纳税评估的准确性 |
| 行业税收管理建议 | 根据行业特点、税收风险及相应的评估结果，对税收征管工作提出积极的改进建议，以达到“以评促管”的作用 |

## 四、行业纳税评估模型建立的一般程序

行业纳税评估模型建立的一般程序应包括以下步骤：行业分类、典型剖析、模型推导、模型验证及完善。

### （一）行业分类

实行行业分类管理是按行业建立纳税评估模型的理论基础和依据。

目前我国行业分类标准的依据是《国民经济行业分类（GB/T 4754－2017)》，该标准的分类口径较宽泛，为了进一步提高行业纳税评估模型的可比性，需要按照行业的规模大小、工艺流程异同、纳税信誉等级、财务核算健全与否等标准，对其进一步细分与归类。

### （二）典型剖析

典型剖析是指税务部门针对不同行业，选择不同规模、类型的纳税人进行调查，深入剖析，寻找行业评估切入点的过程。典型剖析一般由区县级（含）以上税务机关纳税评估管理部门指定的基层税务部门负责实施，具体分为三个步骤：

1. 案头分析。案头分析相对于实地分析，是指评估人员在其办公场所，针对纳税人的风险点，选择运用相应的检查方法，分析推测纳税人的具体涉税疑点，对需要核实的疑点明确有关核实内容和方式的过程。此时，不仅要充分利用征管系统的内部信息，还要大量收集有关外部信息。评估人员可选择采用电话、信函、约谈、资料检查、账簿检查、第三方调查等方式。

2. 实地调查。在案头分析基础上，评估部门需要补充收集评估对象其他与生产、经营有关的信息，进一步进行实地调查，最大限度地掌握企业的具体情况、产品结构、生产规模、生产工艺、经营方式等方面的特点，把握关键环节，排除或确认案头分析未能消除的涉税疑点，找准行业评估切入点。

3. 行业剖析。在充分掌握和分析数据资料的技术上，深度挖掘行业的共性问题，形成相应的评估思路并初步确定评估行业的关键性指标、基本方法和重点控制环节。

### （三）模型推导

模型推导是区县级（含）以上税务机关纳税评估管理部门在典型剖析的基础上，围绕已确定的关键性指标进一步采集部分企业的相关数据，完成行业评估指标的公式分解和模型推算的过程。

1. 涉税信息采集分析。涉税信息的真实、完整、及时关系到纳税评估模型的有效和准确，因此，涉税信息采集工作要做到有的放矢。对采集的涉税信息归集分类、逐一分析，从企业生产经营、财务核算的实际出发，确定与税收关联性强的财务指标体系和行业公认标准，实行信息分类采集制度。

2. 评估分析指标确定及其峰值的测算。对行业进行深入分析，明确该行业具有确定性的行业指标和公认指标。确定评估分析指标，首先可以直接参照与企业生产经营客观依存度较大且难以更改的因素，如耗电量等指标；其次可根据能量化的指标来测算该行业应该达到的符合实际的标准值及变动幅度值。

3. 行业纳税评估模型的建立。行业纳税评估模型的建立应包括以下内容：行业特点、生产工艺流程、生产经营规律、行业标准以及评估思路、评估指标、评估数学模型、税控预警目标和其他需要说明的问题。纳税评估模型必须实现纳税人涉税指标和行业指标的有机结合和相互制约。

### （四）模型验证及完善

将建立起的行业评估模型投入实践中进行检验，根据评估实际结果与预警值的比对，对评估模型中的缺陷反复进行修改，验证纳税评估模型的合理性和准确性；同时，进一步推广纳税评估模型，通过该模型发现问题，指导日常纳税评估工作的开展。

## 复习思考题

### 一、名词解释

纳税评估　行业纳税评估模型

### 二、简答题

1. 纳税评估的内涵和意义是什么？
2. 纳税评估在整个税收管理流程中处于什么样的位置？
3. 简述纳税评估的主要流程。
4. 简述纳税评估的分析方法。
5. 简述行业纳税评估模型应具备哪些要素？

### 三、案例分析题

1. M置业公司设立子公司Z房地产公司，并将A地块土地使用权转让给Z房地产公司。约定转让价格为54 000万元，这一价格包括土地已发生成本21 100万元，欠缴土地出让金9 900万元，土地过户税金6 000万元，土地溢价款17 000万元。X投资公司负责为Z房地产公司筹集未缴纳的土地出让金、土地过户税金以及地块开发、建设需要的项目资金，并在A地块过户到Z房地产公司后，收购其51%的股权。协议还明确了三方关于A地块拆迁、合作开发项目以及收益分配等事宜。

评估人员发现，2017年9月，M置业公司向主管税务机关提交了无偿划转A地块土地使用权给其子公司Z房地产公司的土地增值税清算资料。随后M置业公司以当时土地评估价42 700万元，向主管税务机关申报缴纳了增值税、土地增值税、印花税等税费，Z房地产公司随后办理了A地块的土地使用权证。

而公安机关提供的X投资公司、M置业公司及Z房地产公司的情况说明资料中显示，按照三方协议，2017年11月至2018年5月，X投资公司共取得信托贷款59 560万元，并以统借统贷形式全额支付给Z房地产公司，用以向M置业公司支付土地转让的相关费用和后续开发项目，相关款项的说明资料中同时还有一条信息——X投资公司委托H建设公司向M置业公司支付与A地块相关的款项9 214万元。

针对上述疑点，请运用纳税评估的方法和一般程序对该公司进行纳税评估分析和处理。

资料来源：税屋网，www. shui5. cn。

2. 某省软件企业为独立核算的纳税人，符合财税〔2012〕27号和财税〔2016〕49号文件的条件享受“两免三减半”。该企业2019年度实现主营业务收入99 706万元，申报应纳企业所得税3 731. 41万元，享受过渡期优惠减半征收，入库企业所得税1 865. 70万元。评估人员运用金税三期系统查看了纳税人税务登记、季度申报、税款入库、财务会计报表信息等税源信息，查看分析了申报数与其相对应税基、税率等要素和企业状况的逻辑关系，通过合理性分析、配比性分析、趋势分析法等人机结合的分析方法，利用评估分析指标对该企业各项财务数据进行分析，通过锁定异常指标，初步确定可能存在的问题和下一步约谈的重点。该软件企业2019年度企业所得税申报情况见下表。

| 类别 | 行次 | 项目 | 金额（元） |
| --- | --- | --- | --- |
| 利润总额计算 | 1 | 一、营业收入（填表A101010） | 997 056 890. 09 |
| | 2 | 减：营业成本（填表A102010） | 605 295 337. 42 |
| | 3 | 税金及附加 | 31 641 282. 22 |
| | 4 | 销售费用（填表A104000） | |
| | 5 | 管理费用（填表A104000） | |
| | 6 | 财务费用（填表A104000） | |
| | 7 | 资产减值损失 | 256 409 850. 01 |
| | 8 | 加：公允价值变动收益 | |
| | 9 | 投资收益 | 60 748 179. 36 |
| | 10 | 二、营业利润（1－2－3－4－5－6－7＋8＋9） | 164 458 599. 8 |
| | 11 | 加：营业外收入（填表A101010） | |
| | 12 | 减：营业外支出（填表A102010） | |
| | 13 | 三、利润总额（10＋11－12） | |

续表

| 类别 | 行次 | 项目 | 金额（元） |
|---|---|---|---|
| 应纳税所得额计算 | 14 | 减：境外所得（填写 A108010） | |
| | 15 | 加：纳税调整增加额（填写 A105000） | 1 583 498. 96 |
| | 16 | 减：纳税调整减少额（填写 A105000） | 16 312 161. 44 |
| | 17 | 减：免税、减计收入及加计扣除（填写 A107010） | 16 151 449. 88 |
| | 18 | 加：境外应税所得抵减境内亏损（填写 A108000） | |
| | 19 | 四、纳税调整后所得（13－14＋15－16－17＋18） | 149 256 229. 76 |
| | 20 | 减：所得减免（填写 A107020） | |
| | 21 | 减：弥补以前年度亏损（填写 A106000） | |
| | 22 | 减：抵扣应纳税所得额（填写 A107030） | |
| | 23 | 五、应纳税所得额（19－20－21－22） | 149 256 229. 76 |
| 应纳税额计算 | 24 | 税率（25%） | 0. 25 |
| | 25 | 六、应纳所得税额（23×24） | 37 314 057. 44 |
| | 26 | 减：减免所得税额（填写 A107040） | 18 657 028. 72 |
| | 27 | 减：抵免所得税额（填写 A107050） | 0 |
| | 28 | 七、应纳税额（25－26－27） | 18 657 028. 72 |
| | 29 | 加：境外所得应纳所得税额（填写 A108000） | 0 |
| | 30 | 减：境外所得抵免所得税额（填写 A108000） | 0 |
| | 31 | 八、实际应纳所得税额（28＋29－30） | 18 657 028. 72 |
| | 32 | 减：本年累计实际已缴纳的所得税额 | 11 923 188. 58 |
| | 33 | 九、本年应补（退）所得税额（31－32） | 6 733 840. 14 |
| | 34 | 其中：总机构分摊本年应补（退）所得税额（填写 A109000） | 0 |
| | 35 | 财政集中分配本年应补（退）所得税额（填写 A109000） | 0 |
| | 36 | 总机构主体生产经营部门分摊本年应补（退）所得税额（填写 A109000） | 0 |

资料来源：税屋网，www. shui5. cn（有所修改）。

请根据题目中所给的信息和数据，运用纳税评估分析指标，分析该企业可能存在的税收风险点。

## 参考文献


[1] 本书编委会．行业纳税评估方法与案例［M］．中国税务出版社，2007（01）.

[2] 崔志坤，李菁菁，刘磊．信息管税平台体系的构建方案［J］．税务研究，2015（08）：105—108.

[3] 胡若洋．基于财务报表分析的纳税评估改进研究［D］．江苏大学，2017.

[4] 刘尚希，孙静，王亚军．大数据思维在纳税评估选案建模中的应用［J］．税务

研究，2015（10）：7—11.

［5］王雪绒．建立现代化税收征管体系的制约因素［J］．税务研究，2015（02）：80—84.

［6］夏晨华．企业纳税评估与风险控制［M］．中国税务出版社，2011（01）.

［7］肖小莅．基于指标体系法的房地产行业纳税评估模型研究［D］．湖南大学，2019.

［8］于晓虹．中小企业增值税纳税评估模型的构建——基于随机森林技术的实证分析［J］．税务研究，2018（11）：66—72.

［9］张营周，王浩，张现营．房地产业增值税纳税评估指标体系构建［J］．财会月刊，2018（05）：68—71.

# 第八章 Chapter 8

# 税务监督检查管理

【本章提要】

本章介绍了税务检查的内涵，包括其概念、基本内容、检查方法及程序；梳理了税务审计的相关内容，重点阐释大企业税务审计基本程序，并结合“优化税收营商环境”进行案例解析；同时介绍了税务稽查的内涵，包括其分类、职能、基本方法和稽查流程等；最后分析了纳税评估、税务审计和税务稽查三种税务监督检查形式的联系和区别。

【学习目的】

通过本章的学习，了解税务监督检查管理内涵；掌握税务检查、税务审计、税务稽查的特点、基本内容、方法、工作流程；通过案例分析，掌握我国税务检查、税务审计的工作现状；掌握税务稽查选案、检查、审理、执行的具体步骤；明确税务监督检查方式的联系与区别。

## 第一节 税务检查

### 一、税务检查概述

#### （一）税务检查的内涵

税务检查，是税务机关以国家税收法律、行政法规为依据，对纳税人、扣缴义务人履行纳税义务和扣缴义务情况进行的检查和处理工作的总称。工作要素包括检查主体、检查依据、检查客体、检查范围、检查目标等。检查主体是国家各级税务管理部门，按现行机构设置，各级税务稽查局或各级税务局内的检查科都是税收检查的实际执行主体。税务检查的客体是与纳税人的纳税行为有关的经济活动，包括纳税人的生产经营、财务管理、已经发生的纳税行为纳税申报和缴纳等多方面内容。

税务检查的基本依据是国家税收法律，包括税收基本法、税收实体法、税收程序法。国家税务总局颁布的《税务稽查规范》也是税务检查工作中重要的法律依据。有些地方性的税收规定或者由地方税务机构代征代收的地方性收费的有关规定虽然没有经过正式的立法程序，但是在地方范围内具有法律效力，也是税务检查的基本依据。另外财务会计法律规定也是税收检查必不可少的依据。除了上述的法律规定外，其他与纳税人财务核算有关的法律、制度都是税务检查的依据，包括相应的经济法律规定和《刑法》的有关规定。

税务检查的根本目的是保证实现国家的治税思想，保证国家税收收入能够根据税收法律的规定及时足额缴入国库。税收调节经济的功能和作用是通过纳税人依法纳税活动体现出来的，纳税人不依法纳税，税收的职能和作用就不能得以发挥，而税务检查正是纳税人依法纳税的重要保证，因而保证税收杠杆充分发挥作用也是税务检查的工作目的。

**（二）税务检查的范围和对象**

1. 税务检查的范围。税务检查的范围是有关法律明确规定授予税务机关的权力管辖范围。实践中纳税人的生产经营过程与其纳税行为有直接的关系，但是这并不等于税务机关有权对纳税人所有的生产经营行为及产出实物都具有检查权。税务机关必须根据《中华人民共和国税收征收管理法》及其他相关法律的规定，合理行使税务检查权，否则纳税人可以根据有关法律提起行政诉讼，并极有可能在法律的支持下获得赔偿。

2. 税务检查对象的确定。为减轻纳税人负担，税务机关将根据控制检查次数、突出检查重点、实行综合检查的原则有计划地开展税务检查。税务检查对象的确定主要依据以下几个方面：

（1）上级税务机关安排的税收专项检查行业或区域纳税人；

（2）上级税务机关根据纳税人生产经营规模、纳税规模、纳税人产权状况和组织体系以及税收违法案件复杂程度等因素确定的分级分类稽查对象；

（3）上级机关交办的税收违法案件；

（4）公民检举的涉税违法嫌疑人；

（5）相关部门移交的税收违法线索；

（6）其他部门和单位转来的涉税违法线索；

（7）情报交换和协查发现的涉税违法线索；

（8）根据纳税人纳税遵从情况等因素确定；

（9）其他方法确定。

**（三）税务检查的形式**

税务检查形式是指税务机关开展税务检查的具体组织方式。税务检查形式往往因检查时间、检查内容和检查目的的不同而不同，主要有以下几种：

1. 群众性检查。这种检查形式是通过税务机关组织纳税人开展自查或互查的方式，来了解不同行业纳税人或同行业不同纳税人的纳税义务履行情况，属于一般性检查，带有普查性质。

2. 专业性检查。这种检查形式是税务机关组织税务人员对纳税人的各项涉税事宜进行的专业检查，主要有日常检查、专项检查和专案检查等几种形式。

（1）日常检查。日常检查是税务机关组织税务人员依照税收法律、法规的规定，对纳税人履行纳税义务的情况所进行的常规检查。包括日常的税务稽核、税务检查和违章处理。税务稽核是税务机关对纳税人纳税申报资料进行审核的过程，以确保税款申报的准确性，一般由税务机关内部的征收部门负责组织实施。日常税务检查主要是检查纳税人履行纳税义务的情况，主要目的是确保税款及时入库，促使纳税人树立依法纳税的意识，因而，日常税务检查一般由县级税务机关组织实施。其一般要求是：对辖区内所有纳税户的所有申报资料必须进行税务稽核，对辖区内的所有纳税户必须每年实施税务检查1—2次。这种检查方式的优点在于能及时发现问题、迅速解决问题，但缺点是受到检查人员政策水平和业务技能的制约，容易出现漏查现象。

（2）专项检查。专项检查是税务机关根据特定的目的和要求，依据征收管理部门或其他信息部门提供的信息、数据资料，通过分类、分析，选取特定的检查对象进行某个方面或某些方面的检查，以实现特定的检查目的。

（3）专案检查。专案检查是税务检查部门对上级指示、有关部门转办、征收管理部门提供、公民举报以及国际、省际情报交换等案件线索进行的专门检查。这种检查形式往往适用于对重大案件的查处。

3. 联合性检查。联合性检查是多个部门联合组织开展的检查形式，主要有以下两种：

（1）税务机关内部各部门之间的联合检查。包括征收部门与检查部门的联合检查，检查部门之间的联合检查。其特点是检查力量强、检查效果好。

（2）税务部门与其他经济部门之间进行的联合检查。一般由税务机关会同企业主管部门、财政、银行、物价等部门进行综合检查，促使企业加强内部监督，遵守财经纪律。其特点是检查范围广，查处问题全面，解决问题及时，能发挥综合治理的效果。

总之，税务检查的形式是多种多样的，税务机关应依据检查需要、结合企业实际，灵活运用。在检查工作中，为加快检查进度、提高检查效果，应注意将专业检查与群众检查相结合，实现税务检查的预期目标。

## 二、税务检查的基本内容和方法

### （一）税务检查的基本内容

1. 税务检查的一般内容。主要包括检查纳税人税收法律规定的执行情况、纳税人对会计法及财务制度的落实情况以及检查纳税人的财务资料和与纳税有关的财产实物。

2. 税务检查的具体内容。税务检查的具体内容是指税务检查部门对各税种的具体检查。我国目前开征的税种较多，但无论税收使用权和管理权如何划分，纳税人都必须接受不同税务机关对其不同税种缴纳行为的详细税务检查。不同的税种，其检查的内容和方法会有所不同。

### （二）税务检查的基本方法

1. 全查法和抽查法。根据税务检查中检查财务会计资料的范围，可以将税务检查的基本方法分为全查法和抽查法。

（1）全查法。全查法是指税务机关对纳税人进行税务检查时，对其被检查期内的全部会计资料进行检查，进而发现有关纳税问题的一种方法。由于全查法检查的内容全面，因而，检查效果比较好。但是采用全查法进行税收检查需要投入较多的人力物力，税务检查的成本较高。全查法一般适用于检查财务制度不健全、纳税态度不端正、纳税行为不守法的纳税人。

（2）抽查法。抽查法是指税务机关对纳税人进行税务检查时，抽取其被检查期内的部分会计资料予以检查，进而发现有关纳税问题的一种方法。由于采用抽查法实施检查时，被检查的会计资料有限，因此，与其他方法相比，抽查法具有检查时间短、检查成本低的特点。抽查法适用于检查财务制度健全、守法纳税的纳税人。

2. 顺查法和逆查法。根据税务检查中检查会计资料的顺序，可以将税务检查的基本方法分为顺查法和逆查法。

（1）顺查法。顺查法是指税务机关对纳税人进行税务检查时，顺着会计核算的程序检查会计资料，即先检查会计凭证、再检查会计账簿、最后检查会计报表的检查方法。采用顺查法检查纳税人的纳税资料可以从会计核算的起源上，根据会计核算的逻辑关系逐步缜密地发现问题，检查的效果好。但是这种方法的检查成本较高，一般适用于检查经营规模小、财务核算混乱的纳税人。

（2）逆查法。逆查法是指税务机关对纳税人进行税务检查时，逆着会计核算的程序检查会计资料，即先检查会计报表、再检查会计账簿、最后检查会计凭证的方法。采用逆查法检查纳税人的纳税资料，可以利用财务资料之间的钩稽关系，在较短的时间内发现问题。目前这种方法在实践中广泛使用。

3. 联系查法和侧面查法。根据税务机关税务检查中被选定的检查资料，可以将税务检查方法分为联系查法和侧面查法。

（1）联系查法。联系查法是指税务机关对纳税人进行税务检查时，以纳税人的财务会计资料为检查对象，利用财务资料之间的钩稽关系发现纳税人的有关纳税问题。

（2）侧面查法。侧面查法是指税务机关在税务检查中，通过对纳税人财务资料以外的相关情况和资料进行检查分析，从而发现问题的一种方法。

4. 指标对比法和数字控制法。

（1）指标对比法。指标对比法是指税务机关在税务检查中，通过对比纳税人不同历史时期相同经济指标的数字变化和不同纳税人相同经济指标的不同数字变化，分析判断纳税人的纳税行为的一种方法。采用指标对比法进行检查时必须注意以下问题：一是分析指标数字的变化要剔除物价等不可比因素的影响；二是分析指标数字的变化要与查账相结合；三是不能把指标对比法作为唯一的检查方法使用。

（2）数字控制法。数字控制法是指税务机关进行税务检查时，通过不同经济数据之间的相互控制关系分析判断纳税人纳税行为的一种方法。比如根据纳税人流动资产的质量分析企业的生产经营状况、根据纳税人的库存材料分析纳税人的产量等、通过纳税人能源消耗量判断纳税人的实际生产量等。采用数字控制法分析纳税人的纳税行为时，同样要注意不可比因素对各类数字的影响。

## 三、税务检查的程序

### （一）税务检查机关的工作程序

税务检查的工作程序包括：选案、实施、审理、处理决定执行四个环节。这四个环节实行分工负责，形成相互合作、相互制约、彼此促进的运行机制，以保证准确有效地执行税法。

1. 检查选案。这是税务检查的第一个环节。选案部门主要职能是在各种案源信息中确定检查对象，并向检查实施部门下达检查任务及跟踪税务检查情况。

2. 检查实施。这是税务检查的第二个环节，也是核心环节。实施部门主要职能是按照税收法律、法规、规章及检查方案所确定的范围、种类、方式和内容等要求，采取科学有效的方法，有目标有步骤地依法进行税务检查。

3. 检查审理。这是税务检查的第三个环节。审理部门主要职能是在实施部门查明案件事实的基础上，依法核准案件事实、审查辨别证据、分析认定案件性质并提出处理意见。

4. 处理决定执行。这是检查工作的最后一道工序。执行部门主要职能是将发生法律效力的税务处理决定付诸实施，完成税务检查任务，使税法得以真正实施。

### （二）税务检查人员进行税务检查时的工作程序

1. 检查前，发出“税务检查通知书”，并附“税务文书送达回证”通知被查对象；在群众举报或税务机关有根据认为纳税人有税务违法行为，或者预先通知有碍检查的，可在书面通知的同时实施检查。检查人员应当 2 人以上并出示税务检查证；检查金融、军工、尖端科学等保密单位时，还应出示“中华人民共和国税务检查证”。[①]

2. 采取询问方式检查时，检查人员询问当事人、证人和利害关系人，要事先向被询问人送达“询问通知书”，同时填制文书送达回证，询问过程中不得对当事人和证人引供、诱供或逼供。同时应有专人记录，并制作“询问（调查）笔录”，并在询问前告知被询问人的权利与义务（有不回答问题的权利，即沉默权和如实作证的义务）以及不如实提供情况，作伪证、假证应承担的法律责任。询问结束后，“询问（调查）笔录”应交被询问人核对，被询问人没有阅读能力的，应当向被询问人宣读，核对无误后，由被询问人签章、押印，被询问人拒绝的，应当注明。如果笔录有差错、遗漏，允许被询问人更正或补充，核对无误后，再由被询问人在改动和补充处签章、押印。

3. 实施账务检查时，原则上应在被查对象的业务场所进行，也可以责成被查单位将账簿、记账凭证、报表和其他有关资料携带到税务机关接受检查。必要时可采取调账检查，由检查人员持局长审批的“调取账簿资料通知书”送达被查单位，填制文书送达回证，将被查对象的账簿、记账凭证、报表和有关资料调回稽查局检查。调取账簿资料时，必须向被查对象开具“调取账簿资料清单”。调取被查对象以前年度的涉税资料，应在 3 个月内退还。调取被查对象当年涉税资料的，须经市以上的税务局局长批准，并在 1 个月内退还。

---

① 根据国家税务总局公告 2018 年第 32 号，国税地税合并后，启用新的税务检查证件。

4. 调查取证时，需要取得证据原件的可向当事人开具“提取证据专用收据”；不能取得原件的，可以复印、复制或照相，但必须注明原件的保存单位（或个人）和出处，由原件保存单位（或个人）签注“此件由我单位（或个人）提供，与原件核对无误”字样，并由其签字、押印。要将空白发票调出查验时，使用主管领导审批的“调取空白发票收据”；确需对已使用的发票进行查验并作为重要证据材料使用时，凭主管领导审批的“发票换票证”办理相关手续。

5. 在检查从事生产、经营的纳税人以前纳税期纳税情况的过程中，发现纳税人有逃避纳税义务行为，并有明显的转移、隐匿其应纳税商品、货物以及其他财产或者应纳税收入迹象的，稽查实施部门可根据有关情况，依法采取冻结存款，查封、扣押商品、货物或其他财产及阻止出境等税收保全措施。如被查对象存在拒绝检查人员检查、实施部门发出“限期提供资料通知书”后拒绝提供财务资料、实施部门发出“询问通知书”后拒绝接受询问情况的，经主管领导批准后，税务检查实施部门可要求公安机关协助检查。

# 第二节
# 税务审计

## 一、税务审计概述

税务审计是税务机关运用现代审计技术和方法，结合企业生产经营、税务管理及其他相关信息，对税收风险较高的大企业进行全面、系统的分析、审核和评价。其主要职能分为两种：一是服务职能，帮助企业进行纳税筹划；二是监督职能，对企业偷漏税行为进行监督，以防止社会、国家财产损失。这两方面的职能都体现出税务审计应用在社会发展当中的必要性。① 目前税务审计在我国的具体应用主要为涉外税务审计和税务风险管理审计。

税务审计具体包括案头审计和现场审计两个环节。在案头审计中，注重应用计算机审计手段，对接大企业集团的 ERP（企业资源计划）系统，批量采集电子数据，进行分析、识别，锁定现场审计对象；现场审计阶段，对企业内控机制有效性进行测试，根据测试结果确定实质性测试的范围和内容，有针对性地开展审计查证，由税务机关投入征管力量，对不愿主动配合又不涉嫌偷骗税的大企业纳税人进行强制性管理。

税务审计的目标是提高大企业的纳税遵从度。这一目标的实现需要以税企合作为基础，丰富大企业税收管理的风险应对手段，增加自查程序，并将纳税人自查补税与经税务机关检查后补税的处置差异体现出来，鼓励纳税人进行自查。在多种应对手段中，确立税务审计程序为针对较高风险大企业纳税人的主要应对手段。税务审计的理念鼓励企业与税务机关合作，目的在于实现长效、持续的管理，特别是对管理对象相对固定的大企业税收

① 欧阳苏：《当前税务审计中存在的问题及改进策略》，载《财会学习》2019 年第 33 期。

管理而言，深入、动态地了解大企业，比一次性查补税收的意义更显重要。在深入、动态了解管理相对人的基础上，处理企业涉税问题、查补税收的效率会大幅提高。从世界各国大企业发展状况来看，税收合规已经成为大企业经营合规的重要内容。

从大企业审计工作来看，大企业最主要的税收风险在于对税收政策的理解方面，因此税务审计工作要从税务机关的角度出发，帮助企业建立高效的税务风险防范机制，为大企业合规经营、发展壮大创造良好的条件。当前我国大企业实力日益雄厚，越来越多的公司在发达国家及地区上市，这些国家及地区对上市企业财务事项的信息披露要求较高，因此，企业税收风险的管控工作愈加重要，同时税务审计也可以监督、指导企业财务工作，帮助大企业树立良好的企业形象，提高企业影响力。目前，我国大企业对于税务合规相当重视，并已经逐渐认同税务审计工作的重要性。①

## 二、大企业税务审计的基本流程

税务审计工作分为案头审计和现场审计。案头审计环节以税务总局和省税务局为主，采取集中统筹管理、集中分析数据、集中集团业务、集中管理经验和集中人才团队“五个集中”的管理方式，全面了解企业风险状况，深入查找企业涉税疑点，通过风险等级排序，为分类应对提供依据。现场审计环节，税务总局和各级税务机关联动，共同开展。税务总局和省税务局除选择部分典型企业直接开展现场审计外，要以案头审计发现的涉税疑点为抓手，加强对各地现场审计工作的督导和检查。要认真做好股权转让、跨境投资、关联交易三个事项的风险分析排查和应对工作，在审计报告中较全面地反映三个事项的审计情况和结果。主要任务包括：

### （一）案头审计

1. 税务总局组建案头审计团队，对集团公司总部及部分典型企业或部分重点涉税事项进行重点案头审计，并将发现的共性税收风险点及重点涉税事项评估审计结果推送各地税务机关。省税务局组建案头审计团队，对除税务总局开展案头审计外的本地成员企业纳税申报数据、电子财务数据等各种涉税信息进行全面案头审计，保质保量地完成分户案头审计工作任务，不得将案头审计工作任务简单推送下级税务机关。

2. 税务总局和省税务局案头审计团队根据企业自查情况和案头审计风险点情况，对企业集团各成员企业税收风险状况进行等级排序，确定分类应对的企业名单：一是对涉嫌偷逃抗骗或者拒绝税务机关进行风险管理的成员企业，上报税务总局税收风险管理工作领导小组办公室统筹处理；二是对企业自查不彻底、不认真或自查后仍未排除税收风险的成员企业，组织各地通过现场审计（或特别纳税调整调查）的方式进行应对；三是对其余成员企业，结合企业全面自查工作情况，将案头审计发现的税收风险点有针对性地提示企业自行整改。

3. 省税务局汇总形成本地区全面案头审计工作报告，于规定日期前上报税务总局。全面案头审计工作报告包括按 6 户企业集团分别归集本地区成员企业自查情况、案头审计方案具体落实情况、案头审计结果、风险分类应对建议和拟定的现场审计工作方案等。风

---

① 朱士万，荣怡：《以税务审计为核心的大企业税收风险管理研究》，载《天津经济》2017 年第 12 期。

险分类应对建议包括建议提示企业自行整改的企业名单，建议提请税务总局开展现场审计或启动特别纳税调整的企业名单，建议省以下税务机关分别开展现场审计的企业名单，建议上报税收风险管理工作领导小组办公室统筹处理的高风险企业名单及理由。各地对每户企业集团开展现场审计的户数应当不低于该集团所属的本地重点税源企业户数的60%，省税务局应选择其中一定比例的企业直接开展现场审计。税务总局汇总分析各地案头审计的工作情况，确定各级现场审计或启动特别纳税调整的企业名单，整理各地上报的高风险企业名单统筹处理。

**（二）现场审计**

1. 税务总局约谈企业集团总部，告知现场审计企业名单、工作安排、需准备的资料清单以及其他需要配合的事项。各地税务机关确定现场审计对象后，发出《税务事项通知书》提前通知企业。

2. 税务总局、各省税务局和地市税务局分别组建工作团队开展现场审计。税务总局可以适时选择部分重点企业开展现场审计，及早发现税企争议问题和共性税收问题，研究处理办法，更好地指导各地工作开展。税务总局现场审计工作团队吸收审计对象所在地税务机关人员参加，现场审计的后续工作由所在地省、市、县税务局相应处理。

3. 各省税务局团队选择每户集团中1—2户开展现场审计的成员企业（开展过内控调查的成员企业优先），参考内控调查报告对企业内控情况的评价，对其内控制度和程序的设计与执行是否完整有效开展符合性测试；在案头审计和符合性测试基础上，对本地所有现场审计对象开展实质性测试，核实涉税风险疑点；及时汇总现场审计情况，要求企业相关人员在提供的资料上签章（字）确认。

4. 现场审计工作团队拟定初步审计意见，听取企业陈述和申辩意见，形成现场审计报告，经集体审议后把现场审计过程中已经核实确认并且税法规定明确的税收风险，及时报送组建工作团队的国税局、地税局，由其推送企业所在地税务机关落实。

5. 对各地在现场审计中遇到的税企双方存在争议的一般性税收政策问题，由省税务局大企业税收管理部门征求本地税政部门的意见后处理，并将处理情况报税务总局备案；对税企双方存在争议的重大和共性的税收政策问题，由税务总局统一研究处理，明确相关政策适用。各地税务机关根据税务总局的审计意见，对本地成员企业存在的税收风险进行核实处理，及时将企业整改落实情况汇总上报税务总局。

6. 税务总局和各省税务局要组成督导组，抽查和指导下级税务机关的现场审计工作。税务总局督导组将重点针对案头审计阶段推送任务的落实情况、现场审计工作组织开展情况以及税务总局统一研究明确的重大共性税收政策问题的落实情况等进行抽查，抽查结果将作为绩效考核的重要依据。

**【案例解析】**

### 优化税收营商环境背景下：税务检查与税务审计

为深入贯彻党中央、国务院关于进一步构建稳定、公平、透明、可预期营商环境和持续深化“简政放权、放管结合、优化服务”改革的决策部署，释放国税地税征管体制改革红利，国家税务总局发布多项有关优化税收营商环境的政策文件。各省、市税务机关均在税务检查、税务审计方面采取重要举措。

国家税务总局浙江省税务局为优化税收营商环境，促使企业专心经营和开拓市场，发布《关于进一步促进民营经济高质量发展的实施意见》，提出要开展包容性执法、规范税务检查，具体包括完善税务行政处罚裁量基准，推行“首违不罚”，对违法行为轻微并及时纠正、没有造成危害后果的，不予行政处罚；在规范税务检查方面，坚持“无风险不检查、无审批不进户、无违法不停票”。《关于进一步促进民营经济高质量发展的实施意见》的提出，明确了征纳责权，优化税收营商环境，为民营经济高质量发展破解难题、提振信心。

优化服务离不开规范管理。甘肃税务系统从纳税人实际需求出发，严格规范进户执法工作，明确要求，除风险应对及立案查处任务外，对纳税人稽查一律实行“双随机、一公开”，规定不得计划外实施检查，防止重复检查、多头检查等行为，引导纳税人对涉税风险进行自我评估和纠正。在同一年度对同一纳税人不得重复实行纳税评估、税务审计和税务稽查，同一事项原则上不得重复进户，对无风险的纳税人避免不当打扰。根据案件的不同形态实施分类处理，切实做到宽严相济，罚当其责，宽严有据。甘肃省税务系统严格推行执法全过程记录制度，充分利用信息技术手段，强化对进户稽查、日常检查税收执法活动全过程留痕和可回溯管理，使税收执法有迹可循；推行重大执法决定法制审核制度，重大执法决定未经法制审核或审核未通过的，不得作出决定；推行行政执法公示制度，从制度源头为企业“松绑”、为群众“解绊”、为市场“腾位”，让行政执法“晒”在阳光下。落实执法公示制度，依法及时主动向社会公开有关非诚信纳税、重大税务行政处罚、行政许可事项税收执法信息，加大税收违法“黑名单”曝光力度，接受社会监督。

在税务审计方面，各省、市税务机关重视信息技术对于企业税务风险管理的作用。如国家税务总局本溪市税务局税收风险管理局充分运用信息技术，将各项指标集成在一起。经过反复测试与验证，在税收风险管理平台实现了单户纳税人多重疑点信息的合并汇总。同时，平台还上线了对纳税人已下发任务的重复性检测功能，有效防止了多部门对单户纳税人的重复性打扰。截至 2019 年 12 月，共建立分析指标 89 个，识别出疑点数据 7 366 条，并且已全部处理完毕。国家税务总局宁波市税务局运用大数据挖掘技术，建立了风险特征库、指标体系和风险管理模型，对纳税人涉税风险特征进行归集。最终成形的企业画像中，出现频次较高的行为是少计收入、多列成本费用。从实践来看，出现这种情况的企业，特别是大企业，多数是遵从意愿出现了问题。而大数据的应用，方便了税务机关的税收风险管理工作，有助于税务机关对大企业的税务审计工作，提高大企业纳税遵从度。

资料来源：国家税务总局；《中国税务报》，2018 年 12 月 27 日；《甘肃日报》，2018 年 7 月 4 日。

# 第三节 税务稽查

## 一、税务稽查概述

### （一）税务稽查的内涵

税务稽查是税务局稽查局（简称“稽查局”）依法对纳税人、扣缴义务人和其他涉税当事人履行纳税义务、扣缴义务情况及涉税事项进行检查处理，以及围绕检查处理开展的其他相关工作。税务稽查是税收监督管理的最后一道防线，能够有效堵塞税收征管漏洞，提高税收征管质量和效率，拉动整个社会纳税遵从水平的提高。

税务稽查的基本内涵主要包括税务稽查主体、客体、内容及职责。稽查主体一般是省以下税务局的稽查局，稽查局在所属税务局领导下开展税务稽查工作。稽查客体包括纳税人、扣缴义务人和其他涉税当事人。税务稽查内容是纳税义务、扣缴义务情况及涉税事项。其中“涉税事项”包括需查证的事项，例如纳税人托运、邮寄应纳税商品、货物或者其他财产的有关单据、凭证和有关资料；纳税人、扣缴义务人在银行或者其他金融机构的存款账户；案件涉嫌人员的储蓄存款。税务稽查职责包括检查处理以及围绕检查处理开展的其他相关工作。其中“检查处理”包括选案、实施、审理和执行四个环节。根据税收法律的规定，稽查局具有检查处理涉嫌偷税、逃避追缴欠税、骗税、抗税以及虚开发票等税收违法行为的法定职责。

### （二）税务稽查的分类

按照税务稽查案源分类，税务稽查可以分为日常稽查、专项稽查、专案稽查三类。

1. 日常稽查。日常稽查是稽查局有计划地对税收管辖范围内纳税人及扣缴义务人履行纳税义务和扣缴义务情况进行检查和处理的执法行为，其目的在于发现、分析和掌握税收违法活动的动向和规律，查处税收违法行为。

2. 专项稽查。专项稽查是稽查局按照上级税务机关的统一部署或下达的任务对管辖范围内的特定行业，或特定的纳税人，或涉税事项进行的专门稽查。

3. 专案稽查。专案稽查是指稽查局依照税收法律法规及有关规定，对纳税人、扣缴义务人履行纳税义务、扣缴义务情况所进行的调查和处理的执法行为。专案稽查的对象来源于确定的线索，具有明显的税收违法嫌疑。专案稽查适用于举报、上级交办、其他部门移交、转办及其他所有涉嫌税收违法案件的查处。

### （三）税务稽查的职能

税务稽查职能是指税务稽查执法活动所固有的功能。一般而言，税务稽查的基本职能主要包括惩戒职能、监控职能、收入职能和教育职能。

1. 惩戒职能。惩戒职能是指稽查局在查处税收违法行为过程中，通过依法给予稽查对象行政处罚及其他制裁，起到惩罚与诫勉税收违法行为的作用。惩戒职能来源于法律赋予稽查局的税收行政处罚权，体现了税收的强制性。

2. 监控职能。监控职能是指稽查局通过检查纳税人和扣缴义务人有关生产经营情况、会计核算情况以及有关申报纳税与代扣代缴税款情况的过程，起到监控稽查对象是否全面、准确、及时履行法定义务情况的作用。

3. 收入职能。收入职能是指稽查局通过稽查执法活动所起到的增加税收收入的作用。稽查的收入职能由税收的财政职能所决定，是惩处税收违法行为及实现稽查以查促管结果的体现。

4. 教育职能。教育职能是指通过稽查执法对税收违法案件的查处，可以教育稽查对象和其他纳税人、扣缴义务人，从而起到引导纳税遵从的作用。税务稽查的教育职能一方面可以通过对稽查对象的检查、处理和处罚过程来实现；另一方面还要通过公告、新闻发布会、媒体曝光等宣传手段扩大稽查执法的影响面，以形成教育广大纳税人、震慑税收违法活动的效果。

## 二、税务稽查的基本方法

### （一）账务检查方法

账务检查方法，即书面资料检查方法，是指对稽查对象的会计报表、会计账簿、会计凭证等有关资料进行系统审查，据以确认稽查对象缴纳税款的真实性和准确性的一种方法。账务检查既可以对纳税人进行实地检查，也可以进行调账检查。账务检查方法按照查账的顺序分为顺查法和逆查法，按照查账的详细程度分为全查法和抽查法，按照查账的技术方法分为审阅法和核对法。

1. 全查法与抽查法。

（1）全查法。全查法又称精查法或详细审查法，是指对稽查对象在检查期内的所有涉及经济业务的信息资料，采取严密的审查程序，详细地进行审核检查的一种方法。全查法适用于规模较小、经济业务较少、会计核算简单、核算对象比较单一的企业，或者为了发现重大问题而进行的专案检查，以及在整个检查过程中对某些（某类）特定项目、事项所进行的检查。全查法对于管理混乱、业务复杂的企业，以及税务稽查的重点项目、事项的检查十分适用，一般能取得较好的效果。

（2）抽查法。抽查法亦称抽样检查法，是指从被查总体中抽取一部分资料进行审查，再依据抽查结果推断总体的一种方法。抽查法具体又分为两种：一是重点抽查法，即根据检查目的、要求或事先掌握的纳税人有关纳税情况，有目的地选择一部分会计资料或存货进行重点检查；二是随机抽查法，即以随机方法，选择纳税人某一特定时期或某一特定范围的会计资料或存货进行检查。抽查法不仅在检查的基础、环境、内容上与详查法不同，而且使用的基本方法也不同。抽查法一般适用于那些会计核算水平较高、内部控制较强、纳税态度较好的企业。

2. 顺查法与逆查法。

（1）顺查法。顺查法又称正查法，是指按照会计核算的顺序，从检查会计凭证开始，以凭证核对账簿，再以账簿核对会计报表，通过逐步审查核对，从中发现账证不符、账账不符、账实不符以及涂改、计算差错等问题。顺查法优点是检查系统、全面，方法运用简单，不易遗漏环节；缺点是工作量大，重点不够突出。一般只适用于检查规模较小、凭证资料较少以及经营管理和财务管理混乱、存在重大问题和一些特别重要项目的检查。

（2）逆查法。逆查法又称倒查法，是指按照会计处理程序的相反方向，从检查分析会计报表开始，对报表分析的疑点进行追踪检查至账簿、会计凭证的一种检查方法。逆查法的优点是采用这种方法比较省时省力，能够迅速抓住重点，及时发现问题，是税务稽查工作较常用的一种方法。从检查技术上看，逆查法主要运用了审阅和分析的技术方法，根据重点和疑点，逐个进行追踪检查。一般适用于财务核算正规、账务资料健全、内部控制管理严格、会计凭证资料多的大中型企业，但不适用于某些特别重要项目的检查。

3. 审阅法和核对法。

（1）审阅法。审阅法是指对稽查对象有关书面资料的内容进行详细审查、研究，发现疑点线索，取得税务稽查证据的一种检查方法。审阅法适用于所有企业经济业务的检查，尤其适合于有数据逻辑关系和核对依据内容的检查。

（2）核对法。核对法是指对书面资料的相关记录或是对书面资料的记录和实物进行相互核对，以验证其是否相符的一种检查方法。核对法作为一种检查方法，在检查过程中用于查实有关资料之间是否相符是有一定限度的，在采用核对法对稽查对象的会计资料或其他资料进行核对和验证时，必须相应结合其他检查方法的运用，才能达到检查目标的要求。

（二）调查验证方法

调查验证方法是指在税务稽查过程中，采用实地盘存、外部调查、观察、查询等方法，对稽查对象与税收有关的经营情况、营销策略、财务管理、库存等进行检查、核实的方法总称。根据稽查对象和稽查目的的不同，调查验证方法可分为实地盘存法、外调法、观察法、查询法。

1. 实地盘存方法。实地盘存法是指税务检查人员到现场对被查对象的货币资产、实物资产进行盘点和清查，确定其形态、数量、价值、权属等内容与账簿记录进行核对比较，从中发现账实不符和财物短缺、损失、隐瞒销售和虚增成本等问题的一种方法。实地盘存方法是账务检查方法的延续和补充。通过专项盘点，可以查出纳税人有无账外经营的现象。如，核对纳税人“银行对账单”和清点现金实物可以检查白条抵库，坐支或挪用现金，私设小金库、隐瞒收入的情况。实地盘存法适用于财务管理混乱、账簿资料不健全的纳税人。

2. 外调法。外调法是指对有疑点的凭证、账项记录或者其他经济业务，通过派出稽查人员到稽查对象以外、与该项业务相联系的单位（或个人）进行实地调查，或者委托对方税务机关协查，以查实问题的一种检查方法。外调法主要用于外部证据的核实、取证。外调包括函调和派人外调。

3. 观察法。观察法是指稽查人员通过深入检查现场，如车间、仓库（包括外部仓库）、营业场所以及基建工地等，对被查事项或需要核实的事项进行实地视察和了解，考察企业产、供、销、运各环节的内部管理状况，控制程序和各方面的实际情况，从中发现薄弱环节和存在的问题、获取相关证据的一种方法。

4. 查询法。查询法是指对审查过程中发现的疑点和问题，通过调查、询问的方式，查实某些问题，取得必要的资料，以帮助进一步检查的一种调查方法。根据查询方式的不同，查询法又可以分为面询法、函询法。

（三）对比分析方法

对比分析方法是指运用不同的分析技术，对与企业会计资料有内在联系的财务管理信息以及税款缴纳情况进行系统和重点的审核分析，以确定涉税疑点和线索、进行追踪检查的一种方法。常用的对比分析方法包括比较分析法、控制计算法、因素分析法和相关分析法等。

1. 比较分析法。比较分析法是指将企业会计资料中的有关项目、数据，在相关的时期之间、指标之间、企业之间及地区、行业之间，进行静态或动态对比分析，从中发现问题、获取检查线索的一种分析方法。比较分析法的种类较多，常用的有绝对数比较分析法、相关比率比较分析法、构成比率比较分析法。

2. 控制计算法。控制计算法又称数学计算法或平衡分析法，是指运用可靠的或科学测定的数据，利用数学等式原理来推测、证实账面资料是否正确以发现问题的一种检查方法。常用的方法有：以产控耗、以耗控产、以产控销、以支控销等。

3. 因素分析法。因素分析法是指将影响某一事项的各个因素分离出来，在此基础上分析各个因素变动对该事项的影响及影响程度，以便进一步查明原因的一种分析方法。包括连环替代法、差额分析法、指标分解法、定基替代法。

4. 相关分析法。相关分析法是指将存在关联关系的被查项目进行对比，揭示其中的差异，判明经济业务可能存在问题的一种分析方法。对于稽查对象而言，一项经济业务的发生，必然会引起一连串相关活动的变动，这既是由经济活动的相关性所决定的，同时也是由经济活动的规律所决定的。

## 三、税务稽查的流程

国税地税合并后，国家税务总局出台《全国税务稽查规范（1.0 版）》，指引税务稽查人员正确、规范、高效、安全执法，从业务流程到内部管理，从业务依据到风险提示，从事前准备到事后监控，形成了完整闭合的税务稽查工作流程。按照该规范，税务稽查工作流程依次为选案、检查、审理、执行。

（一）税务稽查选案

税务稽查选案是税务稽查的起点和基础，是按照一定的方式、方法和要求，对纳税人各项信息数据进行采集、分析、筛选，最终为税务稽查的实施确定具体检查对象的过程。选案包括主动选案和被动选案，选择方式目前呈现多元化、规范化、科学化趋势。其中，主动选案主要是日常稽查和税收专项检查对象的确定，一般采取随机选择方式；被动选案主要是上级交办案件和群众检举案件等对象的确定。

税务稽查案源的筛选主要是通过计算机、人工或者二者相结合，对各类税务信息进行收集、分类、分析、比对和数据处理，从而在所管辖的纳税人、扣缴义务人中，选出最有嫌疑的被查对象。容易成为稽查案源筛选对象的一般有以下情况：

1. 营业额大但长期亏损或微利经营；

2. 长期亏损但生产经营规模不断扩大；

3. 营业额大且微利经营，但销售对象或订单来源单一；

4. 有直接长期股权投资或其他关联关系，但不进行关联往来申报；

5. 税收优惠期间利润高，优惠期满后利润率下降较大；

6. 增值税留抵税额大，但存货余额小且明显不匹配；

7. 常规判断企业盈利能力强，但个人所得税申报金额较低；

8. 向境外（或关联企业与个人）大额支付商标使用权费、管理服务费等非实质性劳动支出；

9. 关联交易迹象明显。

稽查对象确定后，选案部门填制“税务稽查立案审批表”，附有关资料，经稽查局局长批准后立案检查。经批准立案检查的，由选案部门制作“税务稽查任务通知书”，报经稽查局负责人签发后，下达税务稽查任务。

税收违法检举案件管理是税务稽查工作的重要方面，是指单位、个人采用书信、电话、传真、网络、来访等形式，向税务机关提供纳税人、扣缴义务人税收违法行为线索的行为。2019 年国家税务总局审议通过《税收违法行为检举管理办法》，其中规定市（地、州、盟）以上税务局稽查局设立税收违法案件举报中心。国家税务总局稽查局税收违法案件举报中心负责接收税收违法行为检举，督促、指导、协调处理重要检举事项；省、自治区、直辖市、计划单列市和市（地、州、盟）税务局稽查局税收违法案件举报中心负责税收违法行为检举的接收、受理、处理和管理；各级跨区域稽查局和县税务局应当指定行使税收违法案件举报中心职能的部门，负责税收违法行为检举的接收，并按规定职责处理。

### （二）税务稽查检查

税务稽查检查是指依照法定程序和权限，对接受立案检查案件进行任务分配，对税务稽查对象进行核查、询问、调查取证并提出处理建议和依据，将检查结果及相关资料移交给稽查审理部门的工作。

检查应当由两名以上检查人员共同实施，并向被查对象出示税务检查证和“税务检查通知书”。检查前，应当告知被查对象检查时间、需要准备的资料等，但预先通知有碍检查的除外。实施联合检查的，应当出示各自的税务检查证和“税务检查通知书”。同时，检查应当自实施检查之日起 60 日内完成；确需延长检查时间的，应当经稽查局局长批准。

1. 稽查检查的方法。

（1）实地检查。实地检查也称现场检查，是指稽查人员根据选案确定的稽查对象和实施检查的方案，到纳税人、扣缴义务人的生产经营场所和货物存放地对其账簿、报表、凭证及生产经营等情况实施税务检查的一种稽查方式。

（2）调账检查。调账检查是指稽查局按照法定的程序和手续，将稽查对象的账簿、凭证、报表及有关资料调回税务机关实施税务检查的一种稽查方式。调取稽查对象的账簿资料，除了财务核算资料之外，还应当包括被查对象账外与纳税有关的账簿资料及内部管理资料。

（3）跨辖区检查。跨辖区检查是指稽查局在实施实地检查和调账检查后，发现被查对象有关的涉税资料在管辖区之外或与被查对象有关的上、下游企业或其他关联企业或个人在管辖区之外，需要到异地开展稽查的一种稽查方式。跨辖区检查一般可以采取委托协查和异地调查的方法进行。

2. 税收保全措施。稽查局有根据认为纳税人有不履行纳税义务可能的，可以在规定的纳税期之前，责令限期缴纳应纳税款；在限期内发现纳税人有逃避纳税义务行为，并有明显的转移、隐匿其应纳税的商品、货物以及其他财产或者应纳税收入迹象的，经所属税务局局长批准，可以依法采取税收保全措施。

3. 相关文书制作。检查过程中，检查人员应当制作“税务稽查工作底稿”，记录案件事实，归集相关证据材料，并签字、注明日期。检查结束前，检查人员可以将发现的税收违法事实和依据告知被查对象；必要时，可以向被查对象发出“税务事项通知书”，要求其在限期内书面说明，并提供有关资料；被查对象口头说明的，检查人员应当制作笔录，由当事人签章。检查结束时，应当根据“税务稽查工作底稿”及有关资料，制作“税务稽查报告”，由检查部门负责人审核后，在5个工作日内移交审理部门审理，并办理交接手续。

### （三）税务稽查审理

税务稽查审理是指税务机关的专门机构按照规定的职责和程序，对稽查检查终结的涉税案件依法进行审核和作出处理决定的过程。由各级稽查局专门负责案件审理的部门组织实施。

首先，稽查审理部门接收稽查检查实施部门提请审理的涉税案件并进行登记。其次，实施审理时，审理人员应当认真审阅“税务稽查报告”及所有与案件有关的案卷资料，并对内容进行确认。主要包括：稽查对象主体是否准确；执法程序是否合法；事实是否清楚；证据是否充分等。再次，审理部门应当运用适当的方法对证据的关联性、合法性、真实性进行审查，确认可以作为定案依据的真实、合法、有效证据，排除不能作为定案依据的虚假、无效的证据。最后，审理部门接到稽查检查部门提交的“税务稽查报告”及有关资料后，应当在15日内提出审理意见。但检查人员补充调查的时间和向上级机关请示或者向相关部门征询政策问题的时间不计算在内。案情复杂确需延长审理时限的，经稽查局局长批准，可以适当延长。

1. 审理程序。稽查审理根据案件的具体情况通常分为三个层次：

（1）对一般性案件，由稽查局内设的审理部门指定专人进行审理，制作“稽查审理报告”，报稽查局局长审定。

（2）对涉案税额达到一定标准的案件以及疑难案件，由审理部门提请稽查局集体审定。

（3）对重大案件以及稽查局难以确定的疑难案件，由稽查局提请税务局案件审理委员会审定。

2. 相关文书制作。审理部门通过对案件的全面审理后，认定涉税事实，作出案件审理结论，制作“稽查审理报告”“税务处理决定书”和“税务行政处罚决定书”，并移送税务稽查部门执行。

审理结论主要有同意“税务稽查报告”和不同意“税务稽查报告”两种。稽查“审理报告”报经稽查局局长审批后，审理部门应根据局长的审批意见和处理权限，办理案件处理的手续，根据案件的性质制作决定书，对于查无问题的案件应制作“税务稽查结论”。涉嫌犯罪案件，经审理认为当事人的税收违法行为已经构成犯罪嫌疑，在审理结论中应表明该税收违法行为的违法事实涉嫌犯罪的事由，提出依法移送公安机关立案侦查的意见。需要移送司法机关查处的税收违法案件，填制“涉嫌犯罪案件移送书”，经所属税务局局长批准后，依法将相关资料和清单一并移送公安机关。

案件审理终结后，应及时将“税务处理决定书”“税务行政处罚决定书”“不予税务行政处罚决定书”“税务稽查结论”等文书移送税务稽查执行部门。

### （四）税务稽查执行

稽查执行是指税务机关依照法定程序和权限，督促稽查对象履行税务处理（罚）决定的过程。稽查执行由各级稽查局专门负责案件执行的部门组织实施，是案件查处必不可少的重要环节，对于维护税收法律法规的严肃性、增强打击税收违法活动的力度、挽回国家税款的损失、保护当事人的合法权益、保证税务稽查成果的真正实现都有着非常重要的作用。

稽查审理部门在涉税案件处理完毕后，将税务处理文书移交给执行部门。执行部门应对文书的正确性等进行审核，对不符合执行受理条件的案件，应及时将处理文书退回审理部门。执行部门必须确定两名或两名以上独立的稽查人员负责案件的执行。符合执行受理条件的案件，执行部门应按规定的程序和方式，主要有直接送达、留置送达、委托送达、邮寄送达等方式，在 7 日内送达给当事人。

税务处理决定文书一经送达，即具有法律效力。被执行人必须按照规定的期限和方式，将查补税款、滞纳金、罚款及应没收的非法所得及时足额地缴入国库；同时，被执行人应按照税务处理决定的要求，将缴库凭证的复印件连同税务稽查调整账务记录复印件报送执行部门，由其归入案卷存档。

如当事人不履行税收法律法规规定的义务，税务机关可依法采用强制手段来强迫当事人履行义务的措施，这是国家税收强制力的具体体现。税收强制执行措施包括税务行政强制执行和司法强制执行。

（1）税务行政强制执行。其实施方式有两种：一是书面通知其开户银行或者其他金融机构从其存款中扣缴税款；二是扣押、查封、依法拍卖或变卖其价值相当于应纳税款的商品、货物或者其他财产，以拍卖或变卖所得抵缴税款。

（2）司法强制执行。司法强制执行是指税务机关依法作出的已经发生法律效力的税务行政处罚决定，在负有义务的当事人不履行其义务时，申请人民法院强制其履行义务的一种措施。其前置条件是，只有在当事人对税务行政处罚决定逾期不申请行政复议、不提起行政诉讼、也不予履行的情况下，作出税务行政处罚决定的税务机关才可以申请人民法院强制执行。

案件执行完毕后，执行人员应认真整理案件执行的有关资料，审核案件执行结果的正确性。对执行无误的涉税案件，应及时制作“执行报告”。“执行报告”报经批准后，执行部门应制作案件资料移交清单，将“执行报告”连同案件执行的有关资料移交给审理部门，由审理部门统一组卷归档。移交时，交接双方应按照规定办理执行资料的交接手续。

【案例解析】

## 构建新型税务稽查体系

### 一、国税地税合并之后的税务稽查

2018 年 6 月 12 日，国家税务总局党委书记、局长王军在全国税务系统机构改革动员部署视频会议上指出，国税地税征管体制改革合并了国税地税稽查局，管理体制更顺了，拳头攥得更紧了，稽查力量更强了。特别是在市一级以跨区域稽查模式为主，相对集中稽查资源，提升管理层级，将大大增强执法独立性和震慑力。

“国家税务总局在前期广泛调查研究的基础上，就进一步优化税务稽查机构设置、破解稽查执法难题作出了详细部署。”国家税务总局稽查局局长郭晓林介绍，稽查机构改革的一个显著特点就是建立以跨区域稽查机构为主的稽查体系。

提层级——实施跨区域稽查机构设置，打破现有的行政区划，将稽查机构适当向上提升，破除现有的利益藩篱，保证执法的独立公正，实现机构扁平化、资源集约化、职责清晰化、运行高效化的目标。

壮筋骨——加强有关税改业务学习以及打击虚开发票、骗取出口退税的实务学习，注重实战练兵，帮助干部更快更好地适应新的工作要求。按照素质高、能力强、作风硬的要求，以懂征管、熟政策、通法律、能查账、善执法为标准，打造一支文武兼备、能打胜仗的稽查队伍。

促联动——切实加强与公安、海关、人民银行、检察院、法院等部门的联系协作，在案件查办、资金查询、信息互通、工作互助等方面争取更多支持，形成打击涉税违法犯罪的合力，优化税收工作外部环境。

稽查机构的整合、稽查力量的重塑，已经发挥出积极的作用。2018—2019 年，深圳、上海、沈阳等地开展“鹰击 1 号”集中收网行动，抓获犯罪嫌疑人 50 名，捣毁虚开发票窝点 32 个；税务总局驻广州特派办会同相关部门有效查处“1·19”系列虚开骗税案件，实现源头虚开、下游骗税和地下钱庄洗钱全链条打击，抓获犯罪嫌疑人 34 名，涉案金额 17 亿元。

“2018 年税务机构改革，各地在撤销县级税务稽查局基础上，设立 729 个跨区稽查局。”郭晓林介绍，省际风险提醒、情报推送、风险调查等工作有序开展，跨区域风险管理协作机制逐步完善，千户集团风险管理闭环不断优化，增值税发票风险快速反应机制运转良好。

### 二、“互联网 + 税务”背景下的税务稽查

我国税收征管在简政放权和优化服务的同时，切实加强事中事后监管，优化税务执法方式，不断健全完善税收大数据和风险管理机制，“防打结合”依法严厉整治利用“假企业”“假出口”虚开骗税行为，努力做到对市场主体干扰最小化、监管效能最大化。各地税务机关全面落实“双随机、一公开”监管要求，对除综合整治非法发票、骗税、虚开

以及高风险案源以外的案源，实施“双随机”抽查全覆盖，并依法公开随机抽查相关信息，杜绝“选户”和“选人”过程中的人为因素干扰，规范税务检查程序和执法过程，实现“阳光稽查”。

2019年，税务部门通过逐步健全以风险为导向的“双随机、一公开”新型监管模式，深化纳税信用社会化运用，强化“信用+风险”动态管理，推进打虚打骗两年专项行动，精准打击“假企业”“假出口”等涉税违法犯罪行为，有效维护了公平公正的良好税收秩序。2018年8月至2019年底，税、警、关、银密切协作，共检查涉嫌虚开骗税企业22万户，主动投案自首2 501人。

奋进新时代，展现新作为。站在机构改革新的起点，税务部门将加快构建以大数据为依托、以大风控为基础、以大稽查为震慑的现代税收征管大格局，为营造公平稳定、可预期的营商环境持续贡献税务力量。

资料来源：中国政府网，http：//www.gov.cn，2019年1月11日。

# 第四节

# 税务监督检查方式的联系与区别

税务检查是税务机关以国家税收法律、行政法规为依据，对纳税人、扣缴义务人履行纳税义务和扣缴义务情况进行的检查和处理工作的总称。目前在税收实践中，大企业管理部门对大企业实施的税务检查称为税务审计，而税源管理部门、稽查部门实施的税务检查分别称为纳税评估、税务稽查。

纳税评估、税务审计和税务稽查是税务机关对纳税人开展监督、审核的有效工具，是税收征管体系的重要组成部分。建立有效的纳税评估、税务审计和税务稽查制度，可以堵塞偷税、逃税的漏洞，为纳税人提供公平、合理的纳税环境，对进一步改善和提高税收征管水平有至关重要的作用。纳税评估、税务审计和税务稽查三者之间既有联系，也有区别。①

## 一、联系

一般来说，纳税评估主要针对的是当期纳税行为，在纳税人当期申报纳税过程中开展税源真实性的评估，同时为税务审计和税务稽查提供选案对象。税务审计是一个复杂的过程，在纳税人纳税状况存在问题时，对以往和现在纳税人的纳税情况作审核检查，是更为全面和细致的审核，一般贯穿于整个税收管理期间。税务稽查则是税务机关代表国家依法对纳税人的纳税情况开展检查、监督，具体包括日常稽查、专项稽查和专案稽查，是税收管理工作中的执法活动。

税收管理分为事前管理、事中管理和事后管理三部分。纳税评估属于事中管理，税务

① 周克清：《纳税评估、税务审计与税务稽查的联系与区别》，载《中国税务报》2013年1月23日。

稽查属于事后管理，税务审计则贯穿于三个管理过程，但更强调事后管理。纳税评估和税务审计为税务稽查的选案提供参考，减少选案的盲目性。

纳税评估、税务审计和税务稽查均属于税收风险管理中的风险应对环节，目的都是促进纳税人和扣缴义务人依法纳税，提高税法遵从度。并且，三者之间呈互补的关系：纳税评估作为税收管理的第一道防线，是税务审计和税务稽查对象的主要来源之一，而税务稽查是纳税评估和税务审计的最终执法行动，同时为纳税评估和税务审计系统的完善提供信息资源。

## 二、区别

纳税评估、税务审计、税务稽查是税务管理的重要手段。执行主体皆为税务机关，但在性质、程序以及处理方式上有本质区别。纳税评估、税务审计与税务稽查三者之间的区别体现在以下几方面：

一是三者目的不同。纳税评估主要是通过对纳税人当期税源真实性的评估，提高纳税人依法履行纳税义务的能力，同时提高稽查选案的准确性。而税务审计以税收法律、会计准则及其他法规为依据，由税务机关检查纳税人财务信息的完整性、真实性、准确性等，以求确定纳税人合法、真实、完整、准确地核算和申报应纳税额。[①] 税务稽查的目的主要是查处偷税、骗税等税收违法行为，保障税收，促进依法纳税和税收秩序的好转。

二是主体和客体不同。纳税评估主要是由基层税务机关的税源管理部门和税收管理员负责；客体主要是指当期管理范围内的所有纳税人、扣缴义务人的纳税活动。税务审计的主体主要是指经授权或政府委托的税务机关；客体则不仅包括纳税人现在的涉税经济活动，还包括纳税人以前的涉税经济活动。由此可知，税务审计的主体和客体范围要远大于纳税评估。税务稽查由税务稽查局负责，主体简单明确；客体针对性较强，主要指有偷税、逃避追缴欠税、骗税和抗税等税收违法嫌疑的纳税人或扣缴义务人的各项活动。

正因为如此，在客体选择上，三者适用不同的方法，一般来说计算机自动筛选、人工分析筛选和重点抽样筛选适合纳税评估；循环选择法、纳税大户选择法和行业选择法适合税务审计；而税务稽查除了计算机选案分析外，其主要客体来源是由有关部门转办、上级交办。

三是工作程序和工作地点不同。纳税评估的程序是：确定对象—实施分析—询问核实—评估处理—反馈建议和维护更新税源管理数据，这决定了纳税评估一般在税务机关办公场所开展。税务审计和税务稽查的程序要复杂得多，一般在税务机关办公场所和审计或稽查对象现场开展。尤为特别的是，税务稽查是三者中唯一存在执行程序的活动。正因为如此，税务审计和税务稽查部门需要经常进入企业开展调查取证。

四是具体作用不同。服务是纳税评估的职能，评价、指导和管理是税务审计的主要职能，惩处、威慑和教育是税务稽查的职能。在纳税行为处理上，纳税评估和税务审计主要起到预警和监督检查的作用，是非执法行为。税务稽查主要通过惩处等打击性措施起到执

---

① 徐彦：《优化我国税务审计工作开展的策略研究》，载《时代金融》2017 年第 33 期。

法作用。纳税评估是税收管理的第一道防线，税务稽查是最后一道防线，税务审计贯穿于税收征管的全过程，具有监督、审核纳税人的职能。

## 复习思考题

### 一、名词解释

税务检查　税务审计　税务稽查

### 二、简答题

1. 简述税务检查的主要方法及流程。
2. 简述税务审计的基本流程。
3. 简述税务稽查的基本方法和流程。
4. 简述纳税评估、税务审计、税务稽查三种税务监督检查形式的联系与区别。

## 参考文献

[1] 欧阳苏．当前税务审计中存在的问题及改进策略［J］．财会学习，2019（33）：194+196.

[2] 朱士万，荣怡．以税务审计为核心的大企业税收风险管理研究［J］．天津经济，2017（12）：44—48.

[3] 周克清．纳税评估、税务审计与税务稽查的联系与区别［N］．中国税务报，2013-01-23（006）.

[4] 徐彦．优化我国税务审计工作开展的策略研究［J］．时代金融，2017（33）：158—159.

# 第九章 Chapter 9 纳税服务管理

【本章提要】

纳税服务属于政府公共服务范畴，本章介绍了纳税服务的内涵与特征、内容与规范，并分析了纳税服务创新发展的内容和趋势。

【学习目的】

掌握纳税服务的内涵和基本内容，了解基层纳税服务规范，把握纳税服务创新发展的基本趋势。

## 第一节 纳税服务概述

### 一、纳税服务的内涵与意义

#### （一）纳税服务的内涵

国家税务总局印发的《纳税服务工作规范（试行）》（国税发〔2005〕165号）对纳税服务进行了描述："税务机关依据税收法律、行政法规的规定，在税收征收、管理、检查和实施税收法律救济过程中，向纳税人提供的服务事项和措施。"从纳税服务提供的主体来看，纳税服务又有广义和狭义之分。

广义的纳税服务是政府、专业服务机构、其他组织或个人（志愿者）为帮助纳税人履行纳税义务、维护合法权益而提供的劳务。广义的纳税服务按照提供主体可以分为四类，即税务机关提供的服务，中介机构（市场）提供的服务，志愿者提供的服务，纳税人互助式的服务。

狭义的纳税服务是税务机关为帮助纳税人理解和遵从税法而提供的一种劳务。本章所指的纳税服务一般是指狭义的纳税服务。

（二）纳税服务的意义

为纳税人提供优质、高效、便捷的服务，是税务部门的重要职责，也是时代发展的要求。在新的经济社会形势下，税务机关做好纳税服务工作具有重要意义。

1. 纳税服务是转变政府职能、建设服务型政府的应有之义。税务部门的执法状况和服务水平关系到党和政府的形象，改进和优化纳税服务工作，是税务部门践行全心全意为人民服务宗旨的具体体现，也是推动建设服务型政府的重要举措。

2. 纳税服务与税收征管是税务部门的核心业务。税务部门为纳税人提供服务的内容和质量直接关系到税法遵从，只有为纳税人提供优质高效的服务，才能更好地引导和促进纳税人自愿遵从税法、依法诚信纳税，纳税服务和税收征管相辅相成，服务工作贯穿于税收征管的全过程。

3. 纳税服务是服务科学发展、共建和谐税收的重要内容。只有不断改进和优化纳税服务，才能更好地发挥税收筹集财政收入和调控经济、调节分配、服务科学发展的职能作用，促进税收征纳关系更加和谐。

4. 纳税服务还是世界税收发展的时代主题。当今世界各国特别是发达国家税务机关都非常重视纳税服务工作，普遍视纳税人为“顾客”，大力创新纳税服务方式和手段，积极维护纳税人合法权益。优化纳税服务已经成为世界各国融洽征纳关系、完善税收管理的普遍选择和共同趋势。

## 二、纳税服务的特征

自“服务型政府”“公共服务”“纳税服务”等概念进入人们视野以来，为提高服务水平，各级政府部门相继制定和实施了一系列与服务相关的政策和制度，并推行了一系列改革，取得了明显进步，但仍存在一些问题，根源在于对服务规律及内在属性的了解和研究不够。充分了解纳税服务具有的特征，对于服务管理者和一线工作人员来说，是为纳税人提供优质高效服务的基础。

（一）纳税服务的一般特征

服务具有生产和消费同步性、不可储存性、无形性和差异性等特征。毋庸置疑，纳税服务属于公共服务范畴，具有服务的一般特征。明晰纳税服务具有服务的一般特征有着重要的现实意义。

1. 由于纳税服务具有生产和消费同步性特征，纳税人作为参与者出现在纳税服务过程中，这要求税务机关必须注意服务设施的物质环境设计和布局。比如，办税服务厅的环境要保持整洁、舒适，布局要合理，噪声不能太大，太大的噪声容易使等待办税的纳税人产生不耐烦和焦躁情绪；网上办税厅的设计布局应考虑纳税人的可接受程度；由于生产和消费是同时进行，在纳税服务过程中，税务工作人员与纳税人的每一个接触点都需要高度关注；工作人员与纳税人接触点越多，出现问题的可能性越大。因此，税务机关必须逐步采取措施，尽可能减少纳税服务过程中工作人员和纳税人的接触点。比如，对非即办事项实行“窗口受理、内部流转、限时办结、窗口出件”就是很好的尝试。

生产和消费的同步性也给纳税服务的质量控制带来难题。服务管理者不要认为只要有了服务标准和规范，有了高素质的服务人员就可以高枕无忧，服务现场的许多因素都可能导致服务质量出现问题，因此，实时关注服务现场对于纳税服务质量非常重要。

2. 纳税服务能力的不可储存性，使充分和恰当地利用服务能力成为纳税服务管理的一大挑战。比如，在办税服务厅，窗口服务人员有时很闲，有时又很忙碌需要加班，这两种情况都是由于纳税人需求的波动性和服务能力的不可储存性而引起的。

办税服务厅是为满足纳税人面对面办理涉税事项的需求而设立的，因此，办税服务厅窗口工作人员的工作时间安排应该充分考虑纳税人的需求及其波动特征。首先，是征期和非征期的需求波动。一般而言，在征期，办税服务厅纳税人较多；在非征期，纳税人较少。其次，是征期内不同的时间段以及同一天不同时点的需求波动。因此，办税服务厅窗口工作人员的上班时间应该根据需求波动来安排，并根据所在地纳税人办税需求的具体波动情况，灵活安排窗口工作人员的上班时间，既保证纳税人正常的办税需求，又满足工作人员调整身心的需要。

3. 由于纳税人对办税服务的需求表现出周期性变化，高峰期和低谷期差别很大，而且这种差别变化具有随机性，难以准确预测。因此，管理人员有三种基本选择：一是通过预约、提醒等方式稳定需求；二是调整服务能力，可以在高峰期增加服务人员、引导纳税人使用自助服务及其他服务方式；三是关注排队问题。无论做出何种选择，纳税人需求的波动都不可能完全消除，因此，在服务过程中难以完全避免排队现象。排队意味着让纳税人等候，等候会对服务过程产生消极作用，增加纳税人的不满意，因此，排队现象一旦出现，服务管理者应当高度关注。

### （二）纳税服务的个性特征

纳税服务是由税务机关提供的非营利性服务，相对于商业服务有着非常明显的个性特征。

1. 纳税服务的主体是税务机关。纳税服务是税务机关依据法律、法规及相关规定必须履行的法定义务，如果行政不作为，严重者将被追究法律责任。

2. 纳税服务的客体是纳税人。

3. 纳税服务的内容是涉税事项及与税收相关联的事项，具体包括纳税咨询、纳税辅导、税款申报、税款缴纳、监督投诉、争议仲裁、损害赔偿等内容。

4. 纳税服务的性质是税务机关依法提供的一种无偿的公共服务。纳税服务属于公共服务的范畴，在提供过程中，税务机关应遵循基本公共服务均等化的理念。基本的纳税服务是所有纳税人的共同需求，满足所有纳税人办理涉税事项的基本需要，税务部门应当按照公平、普遍的原则来提供。公平，即公正、平等，在服务理念上应对所有纳税人一视同仁，表现为服务的规范性和一致性；普遍，是对服务覆盖范围的要求，指基本纳税服务应当考虑满足所有纳税人而不是一部分纳税人的需求。

5. 纳税服务的目标是使纳税人受益或感受便利，这种受益或便利具体表现为获得税收知识，享受政策，减少办税过程中时间、精力、物力成本等；目的是提高税法遵从度。

# 第二节 纳税服务的内容

纳税服务的主要内容包括税法宣传、办税服务、权益保护、信用管理、社会协作五个方面。

## 一、税法宣传

税法宣传就是对税法的宣传活动，是由税务机关发起，主动向纳税人提供税收法律、行政法规、规章、规范性文件及办税流程等信息服务的活动。宣传咨询作为纳税服务工作的组成部分，其最终目的也是提高遵从度，促进纳税人遵从税法。

### （一）日常宣传

日常宣传是税务机关在日常工作中开展的宣传，其内容可以分为两大类：一是税收政策宣传。税收政策宣传是指税务机关对税收政策及解读进行宣传。税收政策包括税收法律、行政法规、税务部门规章、税收规范性文件等。政策解读是为便于对税收文件的理解、执行和宣传，与文件同步起草、同步报批、同步发布的解释性说明。二是办税流程宣传。办税流程宣传指税务机关对涉税事项的办理渠道、报送资料、办理程序、办理方法等进行宣传。

### （二）税收宣传月宣传

税收宣传月宣传是指在每年 4 月的税收宣传月期间，税务机关通过多种渠道、多种形式对社会公众进行的普及性税收宣传活动。从 1992 年开始，税务系统每年定于 4 月集中开展税收宣传，称为“税收宣传月”，2020 年是第 29 个税收宣传月。

税收宣传月的建立，推动了税收宣传工作的规范化和制度化，为新税制改革实施创造了良好条件。宣传形式主要包括：街头宣传、税收宣传“六进”、结合各项竞赛、在线访谈、开放日活动、税企座谈会、星级纳税人评定、编撰专题书籍、制作专题影视作品等形式。

### （三）培训辅导

培训辅导主要指日常培训辅导，即税务机关依托纳税人学堂有组织有计划地为纳税人提供税收法律法规及相关政策培训辅导。基本操作包括三项：第一，省税务机关负责建设网络纳税人学堂，制订重点教学计划；县税务机关负责实体纳税人学堂的建设和网络纳税人学堂的应用，落实上级税务机关下达的教学计划，承担辖区内具体办学任务。第二，实体纳税人学堂的培训辅导课程，纳税人自愿报名，免费参加。第三，实体纳税人学堂培训期间税务机关发放培训资料并开展互动问答；网络纳税人学堂根据政策变动及时更新课件。

### （四）纳税咨询

纳税咨询服务有广义和狭义之分。广义的纳税咨询服务是指纳税人就税务方面的疑问向他人请教，接受咨询的一方通过自身掌握的知识予以回复。这种请教的对象包括中介机构（如税务师事务所、会计师事务所）。狭义的纳税咨询服务指的是税务机关就纳税人对涉税事项的疑问做出指引、回复。税务机关是依法设立的政府职能部门，承担税收征收管理和纳税服务的职能。《税收征管法》规定："税务机关应当广泛宣传税收法律、行政法规，普及纳税知识，无偿地为纳税人提供纳税咨询服务。"这从法律上规定了税务机关的纳税咨询服务职能。纳税咨询的形式主要有如下几种：

1. 电话咨询。社会公众和纳税人通过拨打税务机关对外公开的咨询服务电话提出涉税咨询请求。税务工作人员通过电话中的交谈，就咨询对象提出的涉税问题进行答复。如税收法律、法规条文的查询，税收政策主要规定的查询，办税程序的查询等。

2. 互联网咨询。社会公众和纳税人通过互联网络提出涉税咨询请求，税务机关为其提供解答。互联网咨询以门户网站、即时通信软件等计算机网络为载体，移动新媒体咨询以微信、手机 APP 等移动设备软件为载体，由税收业务专家、具有实际税收工作经验或税收业务水平较高的税务工作人员等组成；以 12366 热线知识库为依托，咨询方式采取在线咨询、留言解答等。互联网咨询与移动新媒体咨询均是当代信息化社会的产物，二者的区分在于载体设备不同，前者为计算机设备，而后者为移动设备，如手机、平板电脑等。众多交流工具均为计算机及移动设备提供了不同版本的支持，如腾讯 QQ、微博、微信等，既可以在计算机设备上运行，也可以在移动设备上运行。相较于互联网咨询，移动新媒体咨询更加便利，不受工作场所限制，方法多样；互联网咨询的优势在于计算机设备功能齐全，能够提供更多形式的咨询。互联网及移动新媒体咨询与其他咨询最大的区别在于前者不仅仅是咨询的手段、方式，更是咨询业务建立、开展、跟踪的集中场所，是纳税咨询的新兴平台，它虽然是虚拟的，但比现场咨询更便捷，不受时间和场所的限制。

3. 面对面咨询。社会公众和纳税人到税务机关提出涉税咨询请求，税务机关为其提供面对面咨询服务。这种咨询方式便于了解公众和纳税人需求，帮助其解决涉税难题。面对面咨询工作量较大的单位，可以设置咨询辅导室，为纳税人提供预约咨询和集中解答。

## 二、办税服务

办税服务是税务机关为方便纳税人准确、及时办理涉税事项、履行纳税义务的重要措施，办税服务质量和效率是检验纳税人满意度的重要标准。税务机关一直致力于通过不断完善服务功能，推行多元办税、优化办税流程、精简涉税资料等手段，帮助纳税人更便捷高效地行使权利和履行义务，以便提升纳税人税法遵从度。

### （一）推行多种办税和缴款方式

税务机关按照"窗口受理、内部流转、限时办结、窗口出件"的要求全面实行"一站式"服务，积极推行全程服务、预约服务、提醒服务、延时服务、首问责任制等办税服务制度。在有条件的地方逐步推进自助办税，并为办税不便的纳税人提供流动服务和上门服务。积极建立网上申报、上门申报、电话申报、邮寄申报等多元化申报纳税体系，方便纳税人快捷办理各种涉税事项。大力推广使用支票、银行卡、电子结算等方式缴纳税款，推行以财、税、库、银横向联网为依托的电子缴税方式。

（二）优化办税流程

税务机关对实际操作中复杂的办税流程依法简并，对税收业务流程进行集中梳理，对能够下放的审批权限和前移的审批事项予以下放和前移。不断优化办税流程，切实解决纳税人办税“多头找、多次跑”和税务机关“重复找纳税人”等突出问题，降低税收成本，提高办税服务效率，切实方便纳税人。

（三）精简涉税资料

加强与政府部门和社会组织的涉税信息共享，充分利用现有信息资源。避免纳税人向税务机关重复报送涉税报表和数据信息，简并报表资料，切实减轻纳税人和基层税务机关负担。

## 三、纳税人权益保护

纳税人权益是国家通过宪法和法律予以保障的纳税人依法行使的权利和享受的利益。纳税人的权利是否行使，取决于纳税人的意愿，纳税人既可以自由行使权利，也可以选择放弃权利。纳税人在行使权利时要遵守《宪法》和其他法律的规定，不能侵害国家、社会、集体的利益，也不能损害其他公民或法人的合法权利和自由。保护纳税人合法权益有利于促进依法行政，加快建设法治政府。保护纳税人合法权益有利于激发经济发展的内生动力，有利于提高纳税人税法遵从度。

随着市场经济的不断发展，纳税人的法治意识、权利主体意识不断增强，维护自身合法权益的要求不断提高。然而，由于长期受到传统思想的影响，部分税务机关和税务工作人员的思想观念还没有从监督管理向服务管理转变，制度性侵权问题仍然存在，个性侵权问题时有发生，这在一定程度上影响着税收和谐关系的建立和纳税人税法遵从度的提高。因此，现阶段需要采取切实措施，夯实纳税人权益保护的基础。

（一）推进办税公开

坚持以公开为原则、不公开为例外，通过办税服务厅、税务网站、纳税服务热线等多种渠道向社会公开纳税人的权利与义务、税收政策与办税流程、服务时限与承诺、行政审批事项、纳税信用等级评定、欠税公告、税款核定、行政收费标准、投诉举报电话等内容，及时更新、细化公开内容，丰富公开形式，保证办税公开的广泛性和有效性，保障纳税人的知情权。

（二）规范执法行为

严格执行税收法律和行政法规，规范税收行政行为。认真落实依法征税，坚决不收“过头税”，坚决防止和制止越权减免税。牢固树立不落实税收优惠政策也是收“过头税”、而且是对纳税人合法权益重大侵害的观念，健全税收优惠政策督促检查、跟踪问效和持续改进机制；规范税务行政裁量权。明确适用规则，规范行政处罚、核定征收、税务审批等领域的行政裁量权，促使基层税务机关和税务人员合法、合理、适度地行使裁量权，杜绝执法的随意性。

（三）完善税收征纳沟通机制

在税收法律、行政法规、税收规章和税收规范性文件的制定过程中注意维护纳税人权益，逐步实施税制改革和重大税收政策调整措施出台前的专家论证、公开征求意见等制度，提高纳税人参与度和税法透明度；加强纳税人需求的动态管理，及时解决本级职权可以处理的纳税人正当、合理需求，及时呈报需要上级税务机关解决的事项。对于暂时不能解决的纳税人合理需求，应当分析原因、密切跟踪，待条件具备时主动采取措施予以解决。对于已经处理的纳税人需求，应通过电话回访、问卷调查、随机抽查等形式，对相关措施的实际效果进行评估，未达到预期效果的，及时采取措施进一步解决。

（四）建立税收风险防范机制

分类梳理纳税人在办税过程中可能遇到的风险，对于未涉嫌税收违法行为或存在偷逃骗税等税收风险的纳税人，可以通过宣传辅导或各种信息化手段事前提示纳税人有可能涉及的纳税风险，帮助纳税人主动防范风险，提高税法遵从度；积极探索大企业税务风险指引。进一步细化征纳双方的权利与义务，发挥各自的优势，共同协作，推动税法遵从。有条件的地区，可协助纳税人建立税务风险控制机制，并通过信息化手段使其融入纳税人的经营管理全过程。

（五）深化行政审批制度改革

大力清理税务行政审批项目，税务部门规章和税收规范性文件一律不得设定行政审批项目。进一步下放审批权限，对能够由基层税务机关实施的审批事项应尽量下放到基层；对法律、行政法规规定由较高层级税务机关审批的事项，凡是可以下放审批权限的，应提出法律、行政法规修改建议；对纳税人主动发起的或能够在办税服务厅受理的审批事项，应通过办税服务厅受理，并按照规定程序办结后告知纳税人；对能够在办税服务厅办结的审批事项，尽量当场办结，并加强后续监督，以确保纳税资料的真实、合法。

（六）加强涉税信息保密

认真执行《纳税人涉税保密信息管理暂行办法》，明确工作职责，严格贯彻涉税保密的相关规定。严格遵守信息披露、提供和查询程序，防止泄露纳税人个人隐私和商业秘密。对于税务机关和税务人员在税收征收管理各环节采集、接触到的纳税人涉密信息，必须在职责范围内接收、使用和传递。强化保密教育，努力增强税务人员的保密意识，切实保障纳税人的保密权。

（七）畅通侵权救济渠道

各级税务机关应按照中央关于注重运用调解手段化解行政争议的要求，积极探索建立税收争议调解机制，避免纳税人合法权益受到侵害。认真做好纳税服务投诉处理工作。严格执行《纳税服务投诉管理办法（试行）》，各级税务机关应配备专门的纳税服务投诉管理人员，健全内部管理机制，畅通投诉受理渠道，规范统一处理流程，建立纳税服务投诉“受理、承办、转办、督办、反馈、分析和持续改进”一整套流程的处理机制。定期对投诉事项进行总结、分析和研究，及时发现带有倾向性和普遍性的问题，提出预防和解决的措施。认真贯彻税务行政复议的规定和制度，简化复议申请手续，畅通复议申请渠道，依法办理复议案件，严格履行复议规定。完善行政应诉制度，积极应诉法院受理的涉税案件，认真履行法院的生效判决和裁定。严格按照《国家赔偿法》执行行政赔偿，保证纳税人受到的损失依法获得赔偿。

（八）构建纳税人维权平台

注重发挥税务机关的职能作用，主导建立纳税人权益保护组织，实现纳税人权益保护组织管理规范化、活动常态化。快速响应纳税人权益保护组织代表纳税人提出的意见、建议和权益维护诉求，并将维护纳税人权益落到实处。充分发挥行业协会、政府相关部门和纳税人的积极性，增进征纳沟通和社会协作，拓展纳税人权益保护工作的广度和深度。

2019 年，为认真贯彻党中央、国务院关于深化“放管服”改革、优化营商环境的部署，进一步规范纳税服务投诉管理，提高投诉办理效率，维护纳税人（含缴费人、扣缴义务人和其他当事人）的合法权益，国家税务总局修订并发布了《纳税服务投诉管理办法》。

#### （九）强化涉税信息服务和中介机构监管

在推进征管改革和信息化建设过程中，尊重纳税人的自愿选择权，以“不增加纳税人成本负担、不增加纳税人工作量、不增加纳税人报送资料”为原则，积极引导纳税人使用各种网络办税系统。加强对涉税服务单位的监管，督促其切实履行服务合同和服务承诺，保证服务质量。加强对涉税中介机构的监管，切实维护纳税人委托税务代理权。健全涉税中介行业管理制度，加强对涉税中介机构的培训和指导，提高涉税中介机构服务能力，促进行业自律和行业健康发展。税务机关和工作人员不得强制纳税人接受税务代理事项，不得指定税务中介代理，切实保障纳税人委托税务代理权的自主自愿实现。

## 四、纳税信用管理

#### （一）纳税信用的含义及管理原则

纳税信用是指纳税人依法履行涉税应尽义务的诚信度。具体来说，是指纳税人在履行税务登记、纳税申报、税款缴纳、发票使用、财务会计核算等法定涉税义务方面，是否依法按时申报和足额纳税，是否自觉遵守国家制定的财税、财务法律法规，财务会计管理制度是否完备，会计资料是否齐全，信息披露是否及时真实，以及有无其他不良行为记录，等等。从理论上来讲，税务机关应对每一位纳税人的纳税信用做出评价，并实施相应的管理与服务。我国现行的纳税信用管理范围采取分级分类负责。2014 年 10 月 1 日起施行的《纳税信用管理办法（试行）》中规定只适用于已办理税务登记，从事生产、经营并适用查账征收的企业纳税人（以下简称“纳税人”）；不包括非独立核算的纳税人、扣缴义务人、自然人、个体工商户和其他类型纳税人。但是，国家税务总局在 2018 年 2 月 1 日发布了《关于纳税信用评价有关事项的公告》（2018 年第 8 号），其中新增了参与纳税信用评价的企业类型，包括：从首次在税务机关办理涉税事宜之日起时间不满一个评价年度的企业（以下简称“新设立企业”）；评价年度内无生产经营业务收入的企业；适用企业所得税核定征收办法的企业。

纳税信用管理遵循客观公正、标准统一、分级分类、动态调整的原则。客观公正，是指税务机关在实施纳税信用级别评价时主要依据纳税人税法遵从的记录和积累，依法办事，实事求是，不偏不倚，保持独立性。标准统一，是指对所有的纳税人进行纳税信用级别评价时，国家税务总局和地方税务局都采用全国统一的评价指标、统一的指标口径、统一的扣分标准、统一的评价时间、统一的评价程序。分级分类，是指对不同信用级别的纳税人分别规定不同的管理和服务措施，对不同信用级别的纳税人在不同的税收业务处理中实行分类管理。动态调整，一是指信用级别评价结果出来后，税务机关根据纳税人信用信息变化情况对纳税人的信用状态实行动态管理，即根据纳税人信用信息的变化调整以前年度的信用记录或者对未评价年度进行补充评价；二是指国家税务总局可根据税收政策和征管办法的变化，对全国统一的评价指标适时调整和修订。

### （二）纳税信用信息采集

纳税信用信息采集是指税务机关对纳税人纳税信用信息的记录和收集。纳税信用信息采集工作由国家税务总局和省级税务机关组织实施，按月采集。纳税人信用历史信息中的基本信息由税务机关从税务管理系统中采集，税务管理系统中暂缺的信息由税务机关通过纳税人申报采集；评价年度之前的纳税信用记录以及相关部门评定的优良信用记录和不良信用记录，从税收管理记录、国家统一信用信息平台等渠道中采集。税务内部信息从税务管理系统中采集。外部信息主要通过税务管理系统、国家统一信用信息平台、相关部门官方网站、新闻媒体或者媒介等渠道采集。通过新闻媒体或者媒介采集的信息应核实后使用。

### （三）纳税信用管理组织和评价

国家税务总局主管全国信用管理工作，省以下税务机关负责所辖地区纳税信用管理工作的组织和实施。根据国家税务总局开展纳税信用评价工作的要求，各级税务局要统一组织协调本区域范围内的纳税信用评价工作。省及省以下税务局可以轮流主持纳税信用评价工作，也可以设一个工作小组长期负责纳税信用评价工作。

纳税信用评价采取年度评价指标得分和直接判级方式。评价指标包括税务内部信息和外部评价信息。年度评价指标得分采取扣分方式。主管税务机关使用税务管理系统中纳税人的纳税信用信息，按照指标体系和评价标准，以扣分方式计算得分，按得分确定相应信用级别。遵循“无记录、不评价，何时（年）记录、何时（年）评价”的原则。纳税人评价年度内经常性指标和非经常性指标信息齐全的，从 100 分起评；非经常性指标缺失的，从 90 分起评。非经常性指标缺失，是指在评价年度内，税务管理系统中没有纳税评估、大企业税务审计、反避税调查或税务稽查出具的决定（结论）文书的记录。直接判级适用于有严重失信行为的纳税人。外部参考信息在年度纳税信用评价结果中记录，与纳税信用评价信息形成联动机制。

纳税信用级别设 A、B、M、C、D 五级。A 级纳税信用为年度评价指标得分 90 分及以上的；B 级纳税信用为年度评价指标得分 70 分及以上、不满 90 分的；M 级适用于新设立企业或者评价年度内无生产经营业务收入且年度评价指标得分 70 分以上的企业；C 级纳税信用为年度评价指标得分 40 分及以上、不满 70 分的；D 级纳税信用为年度评价指标得分不满 40 分或者直接判级确定的。

### （四）纳税信用结果的应用

税务机关按照守信激励、失信惩戒的原则，对不同信用级别的纳税人实施分类服务和管理。

1. 对 A 级纳税人的激励措施。主动向社会公告年度 A 级纳税人名单；一般纳税人可单次领取 3 个月的增值税发票用量，需要调整增值税发票用量时即时办理；普通发票按需领用；连续 3 年被评为 A 级信用级别（简称“3 连 A”）的纳税人，除享受以上措施外，还可以由税务机关提供“绿色通道”或专门人员帮助办理涉税事项；税务机关与相关部门实施联合激励措施，或结合当地实际情况采取其他激励措施。例如，近年来，很多税务机关与商业银行合作，税务机关及时向银行提供企业的纳税信用评价结果和其他相关信息，银行以企业的纳税信用作为授信的重要依据，给纳税信用高的企业提供一定额度的信用敞口，提供快捷的审批程序。

2. 对B级纳税人的管理和服务。对纳税信用评价为B级的纳税人，税务机关实施正常管理，适时进行税收政策和管理规定的辅导，并视信用评价状态变化趋势，选择性地采用对纳税信用评价为A级纳税人的激励措施，B级的纳税人可以一次领取不超过2个月的发票用量。[①] 在国家税务总局《出口退（免）税企业分类管理办法》中，纳税信用级别为B级和B级以上，是评定出口退税企业管理类别一类的必要条件。

3. 对M级纳税人的管理和服务。对纳税信用评价为M级的纳税人，税务机关实行两项激励措施：取消增值税专用发票认证；税务机关适时进行税收政策和管理规定的辅导。M级纳税人在出口退税企业管理类别中属于二类。

4. 对C级纳税人的管理和服务。对纳税信用评价为C级的纳税人，税务机关应依法从严管理和提供及时的提示、警示和辅导，并视信用评价状态变化趋势，选择性地采用对纳税信用评价为D级纳税人采取的管理措施。在《关于按照纳税信用等级对增值税发票使用实行分类管理有关事项的公告》中，纳税信用C级和C级以上的纳税人，可以取消增值税发票认证；在国家税务总局《出口退（免）税企业分类管理办法》中，出口企业上一年度内纳税信用级别为C级和C级以上，是评定出口退税企业管理类别三类的必要条件。

5. 对D级纳税人的管理。对纳税信用评价为D级的纳税人，税务机关应采取以下8项措施：一是公开D级纳税人及其直接责任人员名单，对直接责任人员注册登记或者负责经营的其他纳税人纳税信用直接判为D级。二是增值税专用发票领用按辅导期一般纳税人政策办理，普通发票的领用实行交（验）旧供新、严格限量供应。三是纳税信用级别为D级的出口企业，出口退税管理类别直接评定为四类，应加强出口退税审核。四是加强纳税评估，严格审核其报送的各种资料。五是列入重点监控对象，提高监督检查频次，发现税收违法违规行为的，不得适用规定处罚幅度内的最低标准。六是将纳税信用评价结果通报相关部门，建议在经营、投融资、取得政府供应土地、进出口、出入境、注册新公司、工程招投标、政府采购、获得荣誉、安全许可、生产许可、从业任职资格、资质审核等方面予以限制或禁止。七是D级评价保留2年，第三年纳税信用不得评价为A级。上一评价年度按照评价指标被评价为D级的企业，本评价年度保留D级评价。因“黑名单”被判D级的，其D级评价一直保留至“黑名单”从公布栏撤出的评价年度，次年不得评为A级。D级企业直接责任人员在被评价为D级之后注册登记或者负责经营的其他企业评价为D级（简称“关联D”）。关联D只保留一年，下一年度重新评价但不得评为A级。八是税务机关与相关部门实施的联合惩戒措施，以及结合实际情况依法采取的其他严格管理措施。

6. 对重大税收违法案件当事人的惩戒。惩戒措施有强化税务管理，通报有关部门；

① 《关于按照纳税信用等级对增值税发票使用实行分类管理有关事项的公告》（2016年第71号文）。

阻止出境；限制担任相关职务；金融机构融资授信参考；禁止部分高消费行为；通过企业信用信息公示系统向社会公示等18项。

## 五、社会化纳税服务

### （一）社会化纳税服务的含义

社会化纳税服务一般是指除税务机关以外，其他营利性专业机构、非营利性专业组织以及税务机关联合其他政府部门和组织等，为指导、帮助和方便纳税人正确履行纳税义务而提供的各种服务的统称。社会化纳税服务有利于维护纳税人的合法权益，优化税收环境；有利于税务部门减轻负担，提高征管质量；有利于促进全社会依法治税和社会管理。

随着社会经济形势的发展变化，我国税收制度日趋复杂，社会化纳税服务的内容和形式也随之发生着深刻的变化。当前，社会化纳税服务的内容和形式多种多样，一般划分为营利性专业机构提供的纳税服务、非营利性专业机构提供的纳税服务，以及基于“整体政府”理念税务机关联合其他部门提供的“无缝化”纳税服务三大类。在我国，营利性专业机构主要是税务师事务所，专门从事与纳税人有关的纳税事宜，服务范围广泛，服务效率和专业化水准较高；还有一些会计师事务所、律师事务所、代理记账公司和其他财务税务咨询机构，根据自身业务擅长提供相对比较单一的服务。非营利性专业组织包括纳税服务志愿者协会、纳税人学校等，为纳税人无偿提供税务咨询、援助和培训等。“无缝化”纳税服务包括政府招商引资部门、海关、工商等部门相关纳税服务，以及税务代征机构等，方便纳税人提高办事效率，减轻负担。

### （二）与税务机关纳税服务的联系与区别

社会化纳税服务是纳税服务体系的一个重要组成部分，与税务机关的纳税服务以及纳税人的自我服务一起共同构成整个纳税服务体系，它们之间彼此独立，又相互依存、互为补充，而不能相互取代。所谓彼此独立，就是指社会化纳税服务组织与税务机关的纳税服务及纳税人的自我服务有明确的权利边界和职能范围，相互之间不能错位、越位和缺位；所谓相互依存、互为补充就是指社会化纳税服务组织主要是按照法律法规相关规定，运用其专业知识和技能为纳税人提供税务机关不能做、纳税人不愿做或即使做也做不好的涉税事宜，其中营利性涉税专业服务在现代税收治理体系中处于非常重要的地位。

社会化纳税服务组织与税务机关都是为纳税人提供纳税服务的主体，因此，二者的服务存在以下共同点：一是服务的对象相同，都是服务于纳税人；二是服务的目的相同，都是促进国家税收法律正确实施，维护国家和纳税人的利益。但是社会化纳税服务组织和税务机关毕竟是两个不同的权利主体，它们在职能上有本质、明确的区分，二者的不同之处表现在：

1. 服务的内容不同。社会化纳税服务组织主要是协助或代为办理纳税人履行法律所规定的义务，依法维护纳税人的合法权益；税务机关主要是创造条件，如建立通畅的信息沟通渠道，提供多元化的纳税申报方式、简便易行的办税程序及服务场所为纳税人履行义务创造条件等。

2. 服务产生的依据不同。社会化纳税服务主要来源于纳税人的自愿委托；税务机关的纳税服务主要来源于税收征管法等法律法规的规定。

3. 服务的性质不同。社会化纳税服务大部分是第三方个性服务、有偿服务；而税务机关的服务是公共服务、无偿服务。这些不同之处，决定了社会化纳税服务在纳税服务体系中具有独特的作用。

### （三）社会化纳税服务的特点

社会化纳税服务也有自身的独自特点：

1. 代理法律关系主体的特定性。由于专业性强，除完全民事行为能力外，还要精通税收、财会及相关法律知识。

2. 代理事项的确定性。代理范围是明确的，服务人员不能超出规定的业务范围办理涉税事宜，不能行使应由税务机关行使的行政管理职能，也不应代替履行纳税人纳税义务。

3. 税务代理主体的组织性。由于专业服务一般个人难以完成，需要团队协同应对，职业风险一般个人也难以承受，因此要求专业化、组织化程度较高的机构承担。

4. 维护利益双向性要求执业行为的规范性和职业道德的高约束性。不仅要维护纳税人合法权益，同时要遵守税法标准，维护国家税收和公共利益，从而对执业行为和职业道德提出了更高的要求，坚持客观、独立、公正和诚信原则。

### （四）社会化纳税服务的形式

1. 税务师事务所等营利性专业纳税服务。税务师事务所等营利性专业机构服务围绕纳税人的涉税需求展开，一般分为涉税鉴证类服务和非涉税鉴证类服务。非涉税鉴证类服务主要包括事务性代办业务、合规性准确性审核业务、综合性咨询业务和其他业务；涉税鉴证类服务包括税务审计、涉税鉴证、税务司法鉴定等。据统计，税务师事务所目前开展的具体业务已达100多项。

（1）事务性代办业务。这类业务属于低智识型劳务业务，不必签署专业服务意见。主要包括代办税务登记，代为递送纳税申报表、纳税和退税及减免税申报文书、增值税一般纳税人资格认定申请书等，还包括利用主机共享服务系统为增值税一般纳税人代开增值税专用发票、代开增值税普通发票等。

（2）合规性准确性审核业务。分为纳税申报准备类、涉税审批（备案）类和第三方独立鉴证类业务。

（3）综合性咨询业务。分为内部控制类咨询和外部争议类咨询。

2. 其他社会化纳税服务。

（1）税收志愿者及志愿者组织。这一般由热衷于社会公益事业、具有无私奉献精神和一定专业知识技能的会计师、税务师、律师及高校财税专业师生等志愿者组成税收服务志愿者组织，积极开展税收志愿者活动，服务对象主要是老年人员、残疾人员、下岗人员、遭受重大自然灾害等特殊社会群体的纳税人，有利于关注社会弱势群体，拓宽税法宣传渠道。这在我国还处在探索阶段。

（2）传播媒体。主要是电视（电视广告墙）、报刊、网络等，媒体服务具有受众面广、传播速度快、社会影响力大的特点。主要内容是：将国家税收法律法规和政策以及税务机关征收管理规定措施等向社会发布公告，对违抗税法的不良现象予以揭露和报道，邀请税务机关工作人员或有关税务专家对税收政策进行解读、访谈等。

（3）纳税人学堂。这一般是由税务机关牵头，当地政府部门支持设立的公益性机构。主要目的是优化纳税服务，促进税企沟通。课程内容广泛，涵盖税收基础知识、地方税收优惠政策、税收新政解读、会计处理与税收差异等。税法宣传和辅导培训的服务对象是企业负责人、财务人员、办税人员和社会其他各界，一般不收取费用。

（4）委托代征机构。指为方便纳税人纳税，根据《中华人民共和国税收征收管理法实施细则》有利于税收控管和方便纳税的要求和国家有关规定，接受税务机关委托代征零星、分散和异地缴纳税收的有关单位，须取得“委托代征证书”。服务内容主要包括代征税款、代开普通发票等。代征行为与其他社会化纳税服务方式存在一定的差异，具有征收税款的管理特征和方便纳税人办税的服务特征。

## 第三节 纳税服务体系与纳税服务规范

### 一、纳税服务体系与规范化建设

#### （一）纳税服务体系的内容

1. 科学的税收服务观体系。要以人为本，以纳税人需求为导向，彻底更新和转变思想观念：一是由监督打击向管理服务转变，改变以往注重对纳税人防范、检查和惩罚的观念，以服务促管理，寓管理于服务之中；二是由被动服务向主动服务转变，淡化权力意识，积极、主动、及时地为纳税人提供优质高效、便捷经济的服务；三是将过去作为高标准的职业道德要求转变为基本行政行为规范，并作为行政执法的重要组成部分来落实和考核；四是由片面注重形式向追求内容、形式、效果相统一的转变，通过持久和务实的工作，使纳税服务向长效发展，向实际深入。

2. 法律组织体系。提高纳税服务的法律地位。一是将纳税服务内容以法律的形式明晰化，明确法律责任；二是贯彻落实并进一步完善在全国推行的《纳税服务规范》，把纳税服务的基本内容、操作原则、服务标准、工作方式和岗位责任体系等落到实处；三是参照国际惯例，建立纳税人宪章，把纳税人的权利和税务机关应当为纳税人提供的服务以法规形式明确下来，充分保障纳税人的合法权益；四是建立纳税人参与税务决策的体制，让纳税人有机会参与并影响行政法规、规章和税务行政管理措施的制定。

3. 涉税咨询辅导体系。依托“12366 纳税咨询服务中心”整合资源并对其功能进行延伸，在办税服务大厅专门设立询问服务中心，着重对纳税人进行更深层次的辅导、解答涉税疑难、提供纳税咨询；整理咨询问题库，进行需求分析；建立税收法规公告制度，召开税收政策发布会，进行专题税收知识讲座，开展专项培训，减少纳税人的无知性不遵从；利用互联网进行有针对性的税前、税中、税后辅导，并针对不同纳税服务群体、不同优惠群体开展个性化辅导；健全各项规章制度，明确咨询服务的种类、内容、标准等，同时规定咨询工作人员的职责、权限、义务及相关责任追究办法等。

4. 纳税人服务需求管理体系。建立纳税人服务需求管理体系，对纳税人进行细分，使纳税服务在普遍化的基础上兼顾个性化，利用有限的资源实现更加有效的管理；建立需求分析与征纳沟通机制，研发纳税服务分析系统，通过多种形式掌握纳税人需求，及时改进纳税服务措施，疏导和化解征纳矛盾；健全纳税评估制度，及时发现、矫正和处理纳税人在履行纳税义务过程中出现的过错，提醒并督促其及时进行自我纠正，有效防止和化解征纳双方的风险，为纳税人提供深层次的帮助。

5. 纳税信用评价管理。进一步完善纳税信用等级评定制度，健全纳税遵从奖惩机制。将银行、工商、公安、土地、建设等相关部门信息及时导入税收征管系统，对数据进行整合、对比、分析，准确把握企业经营动态及应纳税情况。实行分类服务管理方式，对纳税信誉等级好的纳税人在管理中应以程序性服务为主，并给予一定的优惠和荣誉，促使其保持较高的纳税遵从度；对纳税信誉等级低下，特别是大额欠税企业进行公告，增强对恶意欠税行为的社会舆论监督，敦促企业提高税法遵从度。

6. 纳税服务流程和组织再造体系。借鉴流程再造理论，全面梳理现有征管制度办法，合理归并、安排流程环节的先后顺序，简化审批手续，减少审批环节，提高审批效率，降低纳税人办税成本。推行办税程序公开制度，公开各项办税程序、方法、步骤、时限以及阶段性进度，提高执法透明度。按照纳税人需求导向原则进行组织再造，归并业务。

7. 纳税成本节减体系。在优化办税程序、简并纳税人报表的同时，整合企业现有的硬件资源，降低涉税系统和设备的购置成本。另外，要提高税收政策的稳定性和可操作性，降低政策的执行成本，提高纳税遵从度。

8. 税收信息化服务体系。进一步整合现有信息化软件，提高基于互联网的办税服务水平。一是推广高效、安全的网上报税系统，突破时间和地域限制，为纳税人提供“智能化”纳税服务；二是构建征管基础信息数字化系统，通过数据分析鉴别并控制可能出现不遵从现象的纳税人，提高政策辅导决策水平；三是减少不必要的业务管理环节，依托信息技术，建立适合专业化管理、便于操作完整的岗责体系，通过信息预警、监控、协调系统，自动控制、考核纳税服务规范和服务质量；四是实现国税局、工商、银行、海关等部门间联网，加强信息交换，提高服务效率。

9. 法律救济体系。建立完善畅通的法律维权渠道。一是广泛开展税收法律宣传，充分告知纳税人应有的权利；二是鼓励纳税人建立互助、自治式的维权服务组织，代表纳税人调解税企矛盾；三是统筹涉税听证、复议、诉讼制度的衔接，加强纠纷申诉调解，使纳税人避免因进入司法程序造成的成本和环境负担；四是建立健全完善积极的错案纠正和责任追究及反馈机制，准确认定税务案件性质和责任人，并落实相应责任。

10. 考评监督体系。建立科学完善、以量化为主、可操作性强、内外结合的纳税服务考核体系。考评结果与工作人员的薪酬与晋升挂钩，从而将纳税服务变成税务机关的一项经常性和日常管理的工作。同时，建立公开的、由社会各界共同参与的外部监督评估机制，通过多种形式，畅通投诉举报渠道，使税务机关能够正确地认识自身的服务现状，及时查找问题和不足并加以改进。

11. 人员素质保障体系。建设政治过硬、业务熟练、作风优良的高素质税务干部队伍，是做好纳税服务工作的重要保证。以提高专业素养和专业技能为重点，实施素质提升计划；

推行执法责任制和过错追究制，进一步规范纳税服务行为；创造公开、平等、竞争的用人环境，按照人员的能力和素质配置岗位，建立一套干部能上能下、能进能出的管理模式。

12. 社会化资源共同参与体系。遵循成本效益的原则，重视专业社会中介（如税务代理）和其他组织（如行业协会、纳税服务志愿者组织）为纳税人提供的税收筹划、政策咨询、法律帮助等纳税服务，鼓励企业自我服务，构成政府、社会组织、企业等主体共同参与的纳税服务体系。

### （二）纳税服务规范化建设

全面推进税收现代化，是国家治理体系和治理能力现代化对税收工作的总要求，是税收改革发展的总目标。在 2020 年 1 月 6 日召开的全国税务工作会议上，国家税务总局提出要加强税务系统党的政治建设和做好各项税收工作，推进新时代税收现代化。优质便捷的服务体系作为税收现代化的重要一环被摆到了突出位置，而现代化的核心特点是标准化、规范化，对纳税服务进行全面系统的规范成为推进纳税服务现代化、税收现代化的内在要求。

1. 政策规范。国家在制定有关税收政策时要具体、明确，应充分考虑到纳税人的政策解读能力，以便于纳税人及时掌握税收政策动态，准确理解税收政策内容。若征纳双方对某一具体税收政策的理解有分歧，税务机关应当及时与纳税人进行沟通，给以权威反馈说明；同时税务系统各部门之间应当保持统一口径，避免因存在多种政策解释给纳税人造成不必要的纳税成本负担。

2. 组织规范。纳税服务的内容纵向覆盖了税收征管的全过程，涉及征收、管理、稽查和税收法制等各个环节，横向则分散于各个税收职能部门。在此基础上，税务机关应当按照扁平化、专业化的要求，优化纳税服务职能配置，科学划分纳税服务在征收管理各环节之间和税收各职能部门之间的层级和职责权限，规范纳税服务组织体系。

3. 理念规范。税务机关应当自觉转变税收服务理念，始终坚持以纳税人为中心，将为纳税人服务贯穿于税收征管的全过程，积极从“管理型”模式逐步向“服务型”模式转变，进一步强化对等、公平、便民意识，优化纳税服务，最大限度地提高征纳双方的互信度。

4. 内容规范。纳税服务的内容规范需要根据税收政策的变动情况适时进行调整和更新。继 2014 年 10 月试行《全国县级税务机关纳税服务规范（1.0 版）》、2015 年 3 月 1 日施行《全国税务机关纳税服务规范（2.0 版）》、2015 年 10 月 1 日施行《全国税务机关纳税服务规范（2.3 版）》到 2019 年 11 月 1 日施行《全国税务机关纳税服务规范（3.0 版）》，可以看出国家对规范纳税服务的重视，规范纳税服务工作的进程正在稳步推进。通过推行“纳税服务规范”并不断升级完善，必将有利于规范、现代、文明的纳税服务体系的逐步构建，促进税收现代化的实现。

## 二、基层纳税服务规范

### （一）服务公开规范

办税公开是税务机关依据国家法律、法规的规定，在税收征收、管理、检查和实施税收法律救济过程中，依照一定的程序和形式，向纳税人公开相关涉税事项和具体规定。推行办税公开，是坚持依法行政的重要体现，是优化纳税服务、提高税收征管质量和效率的必然途径。推行办税公开，必须坚持严格依法、全面真实、及时便捷三个原则。

### （二）服务形象规范

办税服务厅是展现税务机关和税务人员形象的重要窗口，是征纳双方沟通的重要桥梁和纽带。开展办税服务厅标准化建设具有十分重要的意义。服务形象规范包括：办税服务厅整体布局规范、服务标识规范、服务区域规范、服务窗口规范。

### （三）服务模式规范

随着纳税服务的推进，为方便纳税人，税务机关推出了全程服务、全国通办服务、自助服务等服务模式。

全程服务是办税服务厅通过内部衔接机制，使纳税人到税务机关办理涉税业务时，原则上只需要到办税服务厅一个窗口，实现“窗口办理、内部流转、限时办结、窗口出件”的“一站式”服务。

全国通办服务是指跨省（自治区、直辖市、计划单列市）经营企业，可以根据办税需要就近选择税务机关申请办理异地涉税事项。

**小贴士**

全国通办的涉税事项范围确定为4类15项，具体如表9－1所示：

表9－1 全国通办的涉税事项

| 事项类别 | 事项名称 |
|---|---|
| 一、涉税事项报告 | 1. 存款账户账号报告 |
| | 2. 财务会计制度及核算软件备案报告 |
| 二、申报纳税 | 3. 欠税人处置不动产或大额资产报告 |
| | 4. 纳税人合并分立情况报告 |
| | 5. 发包、出租情况报告 |
| | 6. 企业年金、职业年金扣缴报告 |
| 三、优惠办理 | 7. 增值税优惠备案 |
| | 8. 消费税优惠备案 |
| | 9. 企业所得税优惠备案 |
| | 10. 车船税优惠备案 |
| | 11. 印花税优惠备案 |
| | 12. 城市维护建设税优惠备案 |
| | 13. 教育费附加优惠备案 |
| 四、证明办理 | 14. 完税证明开具 |
| | 15. 开具个人所得税完税证明 |

自助办税服务是指纳税人在办税服务厅通过网上办税设备和自助办税终端等，自行办理涉税事宜。

### （四）服务制度规范

为了进一步规范和加强办税服务厅的高效运行，提高办税服务质量和效率，办税服务厅推行了以下工作制度：首问责任制、导税服务、一次性告知、限时服务、延时服务、预约服务、提醒服务、免填单服务。

首问责任制是指首问责任人为纳税人办理或有效指引纳税人完成办理涉税事项的责任制度。首问责任制的业务范围包括涉税业务办理、涉税业务咨询、纳税服务投诉和税收工作建议。

导税服务是指办税服务厅在税款征收期内设置导税台，配备导税人员；在非税款征收期或办税服务厅延伸点不设置导税台和导税人员的，根据实际情况提供导税服务。

一次性告知是指税务机关受理纳税人涉税咨询时，承办人应一次性告知其所办事项的依据、时限、程序、所需的全部资料。受理纳税人办税事项时，对手续、资料不齐全或不符合要求的，承办人应一次性告知其需补充的手续、资料和依据等信息。

限时服务是指办税服务厅工作人员在办理纳税人涉税事项时，如纳税人提供的资料齐全、填写内容准确、符合法定形式，必须依照法律、法规和相关政策规定，在承诺的时限内办结或予以答复。

延时服务是指当办税服务厅工作人员在规定下班时间已到但所受理的涉税事项还没有办结时，主动延长工作时间，继续为纳税人提供办税服务至业务办理完毕的延长工作时间的服务方式。

预约服务是指依“特事特办”“急事急办”的原则，遇纳税人因特殊情况，与办税服务厅预先约定时间办理有关涉税事项，或提出申请由税务人员上门提供纳税服务。

提醒服务是指办税服务厅人员通过有效方式，及时提醒纳税人在法定时限内履行纳税义务或告知纳税人相关税收政策，避免纳税人因工作疏忽或不了解税收政策变化而受到不必要的行政处罚。

免填单服务是指办税服务厅工作人员在受理涉税事项时，根据办税人员提供的资料、证件或口述信息，依托征管信息系统或相关辅助软件，录入纳税人相关涉税申请，打印税务文书，经办税人员核对、修订、补充并签字（章）确认后，按规定程序办理涉税事项。

## 三、《全国税务机关纳税服务规范》概览

### （一）《全国县级税务机关纳税服务规范（1.0）版》

党的十八大提出建设职能科学、结构优化、廉洁高效、人民满意的服务型政府；党的十八届三中全会提出，全面深化改革的总目标是完善和发展中国特色社会主义制度，推进国家治理体系和治理能力现代化。制定实施全国统一的纳税服务规范，是税务机关贯彻党的十八大和十八届三中、四中全会精神，推进转变职能、简政放权，促进依法治税、规范执法、改进作风、提升纳税服务水平的重要举措，也是“便民办税春风行动”制度化、长效化的重要成果。

县级税务机关处于税收工作第一线，直接面对广大纳税人。规范县级税务机关纳税服务工作，对提高纳税人满意度和税法遵从度、树立税务部门良好形象具有重要意义。为此，国家税务总局以县级税务机关为突破口规范纳税服务工作，制定了《全国县级税务

机关纳税服务规范（1.0 版）》[以下简称《纳税服务规范（1.0 版）》]，并于 2014 年 10 月 1 日起试运行。

《纳税服务规范（1.0 版）》借鉴国际纳税服务的有效做法，参考我国服务行业标准体系，以我国现行税收法律法规为依据，系统总结了“十二五”以来我国纳税服务的实践经验，特别是汇集了全国税务部门开展“便民办税春风行动”的一系列创新成果。《纳税服务规范（1.0 版）》通过规范县级税务机关纳税服务工作，旨在解决税务机关服务规范零散、服务标准不一、水平参差不齐、办税程序烦琐和工作中存在的服务过度与服务越位等问题，有效解决服务纳税人“最后一公里”问题，提高纳税人满意度和税法遵从度。《纳税服务规范（1.0 版）》前瞻纳税服务和税收征管发展方向，是当时纳税服务业务的最新指南。

《纳税服务规范（1.0 版）》立足税务部门的前台服务，以纳税人依申请的服务事项为主，适当兼顾税务部门依职权进行服务和管理的事项，还包括服务场所、服务方式、服务用语等文明服务事项，体现了以纳税人为中心、视纳税人为客户的服务理念。具体包括 9 类 72 项 212 个服务事项 1 120 个服务规范。9 类分别为税务登记规范、税务认定规范、发票办理规范、申报纳税规范、优惠办理规范、证明办理规范、宣传咨询规范、权益维护规范、文明服务规范。每一类包括概述和每个服务事项的业务描述、报送资料、基本流程、基本规范和升级规范，最后以“附表”简明概括该类服务规范的主要内容。

服务规范分基本规范和升级规范。基本规范是指基于现行制度规定和征管流程、结合税收工作实际制定的县级税务机关必须做到的基础性服务规范。升级规范是指在总结归纳部分地区已经实现的创新服务措施基础上，按照税收现代化要求制定的提升性服务规范。

《纳税服务规范（1.0 版）》既可为纳税人办税提供具体指引，也是对税务干部开展纳税服务作出的基本规定，体现了最大限度便利纳税人、最大限度规范税务人的要求。

**（二）《全国税务机关纳税服务规范 2.0 版》**

《纳税服务规范（1.0 版）》自 2014 年 10 月 1 日起试行以来，总体运行平稳，各界反应良好。为进一步完善、优化纳税服务规范工作，国家税务总局按照“流程更优、环节更简、耗时更短、效果更佳”的目标和要求，对《纳税服务规范（1.0 版）》的内容进行认真修改完善和提升优化，最终形成了覆盖省、市、县三级税务机关的《全国税务机关纳税服务规范（2.0 版）》，并于 2015 年 3 月 1 日起在全国全面执行。

《全国税务机关纳税服务规范（2.0 版）》立足于税务部门的前台服务，涵盖了纳税人依申请和税务部门依职权的服务事项，具体包税务登记规范、税务认定规范、发票办理规范、申报纳税规范、优惠办理规范、证明办理规范、宣传咨询规范、权益维护规范、文明服务规范 9 大类。每一类规范包括概述和每个服务事项的业务描述、报送资料、基本流程、基本规范和升级规范。其中，基本规范是基于现行制度规定和征管流程，结合税收工作实际制定的税务机关必须做到的基础性服务规范；升级规范是在总结归纳部分地区已经实现的创新服务措施基础上，按照税收现代化要求制定的提升性服务规范。

与《纳税服务规范（1.0 版）》相比，《全国税务机关纳税服务规范（2.0 版）》在以下七个方面实现了升级改进：一是贯彻依法治税，所有服务事项均依法依规进行办理；二是深化简政放权，取消下放税务行政审批，调整缩减审批事项办理期限；三是充实完善内容，在规范县级税务机关服务事项的基础上，对省级、市级税务机关的服务事项也进行了规范；四是提升服务水平，依托税收信息系统，进一步精简办税资料，缩短办理期限，扩大服务事项通办范围和区域；五是强化权益保护，更加注重纳税人合理需求收集和满意度分析，服务小微企业和自然人等纳税群体；六是便于基层操作，按“国地税”“省市县”“审批类”等关键词对服务事项进行了区分标注，便于基层税务机关和广大纳税人对照执行；七是改进后续升级办法，根据税收政策制度变化情况和行政改革需要，及时修订完善规范内容，以活页形式按季动态升级维护。通过推行《全国税务机关纳税服务规范（2.0版）》并不断升级完善，逐步构建规范、现代、文明的纳税服务体系，促进实现税收现代化。

《全国税务机关纳税服务规范（2.0版）》共有9类76项，236个服务事项，1 372个服务规范，其中基本规范903条，升级规范469条，基本规范占总规范的66%。《纳税服务规范（2.0版）》较《纳税服务规范（1.0版）》增加了4项24个服务事项和152个服务规范。进一步取消税务行政审批事项，明确了11项税收优惠资格认定和4项其他事项资格认定适用备案制度，纳税人履行备案手续即可获得的税务认定事项达到了15个，占36项税务认定规范的42%，调整批准类、核准类、事后备案类税收优惠事项，将企业所得税核准类的16个税收优惠业务全部由核准类改为事后备案类。进一步充实完善服务规范事项，明确了不同服务事项税务机关必须提供的基础性服务规范和便民办税的提升性规范的内容。

**（三）《全国税务机关纳税服务规范（2.3版）》**

按照《国家税务总局关于印发〈全国税务机关纳税服务规范〉的通知》（税总发〔2014〕154号）中关于定期更新《全国税务机关纳税服务规范》的工作安排，国家税务总局根据税收政策变动情况对纳税服务规范进行了调整，形成了《全国税务机关纳税服务规范（2.3）版》，并于2015年11月30日起施行。

《全国税务机关纳税服务规范（2.3版）》包含了9类77项245个服务事项，不仅规范了每个服务事项的业务内容、报送资料，还以流程图的形式将涉税事项流程清晰明了地展现给纳税人，一方面便于纳税人了解涉税业务内容和流程，减少纳税成本，另一方面也约束税务机关规范税务人员的工作。

**（四）《全国税务机关纳税服务规范（3.0版）》**

近几年，纳税服务不断改进，为优化营商环境做出了重大贡献。为了深入贯彻党中央、国务院重大决策部署，全面展现“不忘初心、优质便捷”的纳税服务体系，适应税收征管体制改革的新机构、新职责、新要求，回应纳税人和缴费人的新需求、新期盼，国家税务总局组织编写了《全国税务机关纳税服务规范（3.0版）》，并于2019年11月1日起施行。

《全国税务机关纳税服务规范（3.0版）》包含了14类60项201个服务事项，总体是按照“12345”的思路进行编写的——“1”是树立一个理念，即牢固树立以纳税人为中心的理念。“2”是坚持两个原则，即坚持“最大限度便利纳税人，最大限度规范税务人”的原则。“3”是围绕三个契合，即与国税地税征管体制改革后的新机构相契合，与税务部门的新职责相契合，与新的税收征管方式相契合。“4”是做到四个充分吸收，即充分吸收“放管服”优化营商环境系列措施，充分吸收税制改革和减税降费政策举措，充分吸收最新法律法规政策文件规定，充分吸收基层服务纳税人的创新经验。“5”是实现五个全面对接，即与征管操作规范全面对接，做到事项对应清晰、核心内容一致；与电子税务局建设规范全面对接，做到线上线下深度融合；与国务院办事指南要求全面对接，做到重点要素完备、个性要素鲜明；与税务系统“放管服”和优化税收营商环境五年方案全面对接，做到到期目标制度化、远期目标导向化；与优化税收执法方式、健全税务监管体系全面对接，做到放管结合、有序衔接。

《全国税务机关纳税服务规范（3.0版）》与1.0版和2.0版一脉相承，在保持原有框架体例基本不变的基础上，按照国务院对办事指南的新要求进行了相应调整。在编写框架上，根据“放管服”改革要求，将税务登记规范改为信息报告规范；继续保留发票办理规范、申报纳税规范、优惠办理规范和证明办理规范；从服务国家“一带一路”倡议的角度，将出口退（免）税规范、国际税收规范单列；突出生命周期特点，将税务注销规范单列；从纳税人需求出发，将信用评价规范、涉税（费）咨询规范、涉税信息查询规范、纳税服务投诉规范、涉税专业服务规范单列。在编写体例上，《全国税务机关纳税服务规范（3.0版）》保持了原规范中事项名称、业务描述、报送资料、办理地点、办理时间、办理流程、基本规范、升级规范8个要素内容不变；按国务院对办事指南的新要求，增加设定依据、办理机构、收费标准、联系电话4个要素，并增加纳税人注意事项1个要素，进一步提升纳税人体验。从纳税人和缴费人的角度出发，解决纳税人和缴费人“办什么、带什么资料办、哪些渠道办、多长时间办完”的问题；从税务机关角度出发，解决税务人在纳税服务中“怎么办”的问题。同时采取附录形式，增加纳税人服务术语解释、税收优惠项目清单内容，便于查阅、理解和应用。①

【案例解析】

### 丰台税务局开设“专窗”为办税提效

“三定”全面到位、各类申报叠加、多项新政落地……日前，北京商报记者从丰台区税务局获悉，在这场税收业务为出卷人、税务干部为答卷人、纳税人为阅卷人的10月“大考”中，国家税务总局北京市丰台区税务局设“专窗”提升质效，用“专心”优化服务，10月“大征期”平稳顺畅，让纳税人体验到了不一样的“新税务”。

#### “个税专窗”让优惠更近

“你对个税新政策理解得很透彻，实在让人佩服！”在咨询得到满意答复后，北京英穗科技有限公司办税人员王女士对个税咨询专岗干部张华的解答赞不绝口：“之前只知道改革利好，现在通过你们的解答，对政策要求也心里‘有谱’了。”

10月大征期遇上新个税法过渡期政策实施，“碰撞”出了改革红利带来的喜悦，同时也带来了纳税人对政策理解和具体操作的各种困惑和问题。针对这种情况，北京市丰台区

① 资料来源：《全国税务机关纳税服务规范3.0版》的总结。

税务局在各办税服务厅设置了“个税咨询专窗”，为前来办税的纳税人提供个税申报咨询和辅导。

“2019 年 1 月，新个税法开始全面实施，面临的任务可能会更重，对此我们也做了充分的准备，提前开展好窗口干部对新政的预学习、预培训，更全面、更专业地做好政策解答，让纳税人轻松便利地享受优惠。”纪家庙办税服务厅的值班所长赵晨然介绍说。

### “注销专窗”让流程更畅

大厅的另一端，北京云晟商贸有限公司的马女士正在服务厅的注销专窗办理公司的注销事宜。经过简单询问后，窗口干部宫士瑾迅速调出该公司的报税情况，在核准其符合即办注销条件之后即刻为纳税人办理了注销手续。接到清税证明，马女士很意外：“这么快？我以为至少要跑好几趟，没想到才几分钟就注销完了。”

注销新政实施以来，不少纳税人都和马女士一样，感受到了“轻装上阵”的注销流程。据纪家庙办税服务厅值班所长赵绍华介绍，为让纳税人更多地享受到注销新政带来的便利，自 10 月 1 日起，办税服务厅在加强新政策宣传和解读的同时，开设注销专项窗口，进一步落实“一窗受理、内部流转、限时办结、窗口出件”的“套餐式”服务。目前，注销业务的流程和岗位设置已经完全实现了优化，可以 100% 落实“首问责任制”和“一次性告知”制度，彻底改变了“注销难”的传统局面。

### “房土税专窗”让疑难更少

临近下班时，北京国瑞翔科贸有限公司的办税人员张先生送来一封表扬信。据了解，由于财务人员的失误，导致该公司房产税连续两年申报错误，又不知道问题出在哪里，只能对着报税系统干着急。经过“房土税专窗”人员的耐心分析和指导，问题得到了圆满解决。

每年 4 月和 10 月是房产税和城镇土地税的申报征期，虽然报税系统操作并不复杂，但需要格外细心，尤其是一些房源信息和土地信息复杂和变动较为频繁的公司，一旦信息录入错误，就会导致无法申报或申报错误。针对这种情况，纪家庙办税服务厅在 10 月“大征期”伊始便设置了“房土税”的专项窗口，专人负责解决“房土税”申报方面出现的疑难问题，同时做好纳税人的信息录入辅导，实现征期内的人员分流、精准服务，收获了纳税人的频频点赞。

资料来源：国家税务总局北京市税务局网站，2018 年 11 月 22 日。

## 第四节 纳税服务创新发展

随着纳税人权利意识的提高和税收征管的不断深入发展，纳税服务创新的理论研究也应运而生。近年来，我国纳税服务建设成果显著，在转变服务理念、完善服务机制、规范服务形式、创新服务手段方面有了突破性的发展，但是依然存在服务体系不健全、服务内容不全面、服务标准不统一、服务平台不互通、服务效率不够高等问题，亟待通过纳税服务创新发展加以全面系统解决。

## 一、纳税服务创新发展的内容

纳税服务创新发展主要有纳税服务理念的创新发展、纳税服务内容的创新发展、纳税服务机制的创新发展三项基本内容。

### （一）强化纳税服务理念

纳税人是市场经济的主体，是公共财富的创造者，他们希望得到社会的尊重，享受到公平竞争的税收环境和优质高效的纳税服务。税务机关作为纳税服务的供给方，一定要树立“以纳税人为本”的理念，强化“征纳双方法律地位平等”“公正执法是最高层次的纳税服务”等现代税收理念，对纳税人给予足够的尊重，视纳税人为顾客，以纳税人的需求为导向，以纳税人满意为宗旨，创建“服务型机关”。要不断加强对纳税服务工作的调研，从思想建设、理论建设、文化建设和法律制度建设等各方面进行提升，认识到满足纳税人合理要求、保障纳税人合法权益是税务机关及税务人员的法定职责。同时，加强教育培训，转变税务人员纳税服务理念，提高税务人员综合素质，提高为纳税人服务的能力。

### （二）优化纳税服务内容

优化纳税服务要从根本上拓宽服务的内涵，实现纳税服务内容的新突破。税务机关要在继承中发展，以纳税人为中心，不断创新办税服务方式，如定制推送制、主动求问制等形式，构建信息化服务网络，优化征管业务流程，完善纳税服务体系，积极探索为纳税人提供个性化、特色化服务，使办税程序简易、方便，降低纳税人遵从成本，打造纳税服务优质品牌。

### （三）健全纳税服务机制

在协调与推动纳税服务各项工作的过程中，不断推进纳税服务机制的改革创新，是改革的着力点和必经之路。税务部门必须不断完善管理体系，逐步建立一套从宣传、决策、实施到信息反馈、监督考核和责任追究的纳税服务工作机制，建立科学化的纳税服务制度体系，规范纳税服务行为，推进纳税服务标准化，推动纳税服务工作持续开展。积极构建以职能性服务为根本、权益性服务为重点、程序性服务为基础的纳税服务体系，拓宽服务的内涵和外延，形成纳税服务长效发展机制，使纳税服务工作逐步迈上规范化轨道，实现执法规范、征收率高、成本降低、社会满意的服务目标。

## 二、纳税服务创新发展的趋势

纳税服务的主要发展趋势是向电子化、网络化和现代化方向发展。结合国家税务总局对纳税服务的总体规划和要求，未来一段时期，我国纳税服务创新要以解决制约纳税服务发展的突出问题为重点，着重加强纳税服务信息化、集约化、标准化、个性化和社会化建设，不断提高服务质量和效率，降低纳税人的办税成本，促进税收遵从和纳税人满意度提升。

（一）纳税服务信息化

纳税服务信息化是以信息技术为依托，充分发挥信息技术对纳税服务和制度创新的支持作用，优化服务流程，提高服务效率，降低征纳成本，为纳税人提供操作简便、内容丰富的纳税服务，实现纳税服务工作的现代化。计算机技术、网络通信技术、多媒体技术等信息技术的广泛应用，改变了传统的有形纳税服务方式，为创新纳税服务方式提供了成熟的技术平台。如网上办税服务厅系统、网上开票软件推广、多媒体办税员培训、QQ 群服务、专家团队网上现场办公、志愿者网上服务团，等等，满足了信息社会行为方式多样化、纳税服务需求多元化的需要。在互联网时代的大背景下，随着纳税人数量增长和便捷、高效服务需求的增加，信息技术已成为推进纳税服务科学发展的重要依托，信息化给现代纳税服务带来了革命性的变化，信息化纳税服务提供了利用信息化技术手段提高纳税服务工作质效的路径。

（二）纳税服务集约化

纳税服务集约化是在对纳税服务整体形势进行系统分析的基础上，运用科学化的管理手段，整体规划和统筹推进纳税服务各项工作，以发挥纳税服务资源的最大效能。在充分响应纳税人合理需求的基础上，以丰富服务内容、拓展服务渠道、提高服务质效为标准，构建多元化的综合服务平台，以办税服务厅为主体，积极推广网上申报、“同城通办”、自助办税等多元化办税方式。重点推进办税服务厅标准化建设，把优质资源向办税服务厅集中，实现受理、审批、日常催办等业务的全面集中处理；加强推动网上办税功能和纳税服务热线的集约整合，增强平台服务的互动性，稳步推进实体办税服务厅、网上办税服务厅、共驻政务大厅、互相委托代征等多种形式的联合办税。2014 年 2 月启动的“便民办税春风行动”是纳税服务集约化的具体表现。

（三）纳税服务标准化

纳税服务标准化是保障纳税服务工作质量和效率的重要途径，是推进税收现代化建设进程、建立优质便捷的纳税服务体系的重要内容。纳税服务应依据国家税务总局文件的规定，着眼于服务过程的便捷高效，不断优化纳税服务业务流程，不断完善纳税服务岗责体系，不断强化纳税服务绩效考核，努力形成内容科学、标准统一、程序规范的纳税服务运行机制。税务部门应努力建立统一规范的纳税服务标准，围绕税法宣传、纳税咨询、办税服务、权益保护、信用管理和社会服务，制定具体的服务产品、服务内容、服务标准，规范工作流程，重点在提高各类标准的操作性和量化口径上下功夫，努力提高纳税服务工作的专业性和有效性。对服务内容和服务形式进一步细化，简化办税环节，下放审批权限，在全国范围内统一规范办税流程，持续提高纳税服务专业化水平。

（四）纳税服务个性化

纳税服务个性化是根据不同群体纳税人的规模、属性及需求，在标准化基础上推进个性化，设计和提供多元化、多层次的服务项目，探索差别化的纳税服务方式，提高纳税服务的针对性和实效性。通过纳税咨询、办税辅导、网站、第三方调查等多种途径，及时掌握和了解纳税人的需求，在科学分析评估的基础上，实现纳税服务沟通更透明、更公正、更具个性化，使纳税服务需求响应更广泛。建立服务需求管理联动机制，使纳税人的服务需求能够得到快速响应。对大企业致力于提供跨税种的全面优质服务，着重满足其对政策应用、风险防范的服务需求；对小型微利企业及个体工商户推行集群化服务，着重满足其对日常办税、降低税负的服务需求。注重分类税法宣传，实施个性化宣传辅导。探索征纳双方沟通交流策略、规则、内容、方式和程序，建立多样化的征纳双向沟通交流渠道。

在集约化服务基础上，针对纳税人需求优化整合服务工作，有的放矢地推进个性化服务。个性化服务主要体现在三个层面：一是量身定制服务。对重点税源企业服务需求、税收法规政策不明确的疑难涉税事项、纳税争议事项，提供具体的、有针对性的纳税咨询、辅导、权益维护服务。二是批量服务。对有行业共同特点的企业、新办企业、享受同类税收优惠政策的企业等有共同需求的纳税人群体，按照“两个减负”“批量处理”的思路，有针对性地提供服务。三是自助式服务。对面广量大的中小纳税户、一般性的纳税事项，科学划分类别、设置多种服务方式、丰富服务内容，创造供纳税人自由选择的条件，尊重纳税人的选择权，调动纳税人自助缴税的积极性，实现个性化服务，满足纳税人的个性化需求。

### （五）纳税服务社会化

纳税服务社会化是把纳税服务纳入社会公共服务体系，充分发挥社会力量对纳税服务的促进作用，以协作服务、委托服务、志愿服务、援助服务等方式，实现税法宣传、咨询辅导、辅助办税、协税护税、维权服务、纳税信用等级评定社会化，形成税务机关专业服务和社会化服务相结合的纳税服务新机制，让纳税人享受更全面、更高效的纳税服务。纳税服务社会化是经济社会发展到一定阶段的必然产物，是和发达的市场经济相适应的、是整体纳税服务工作不可或缺的组成部分。税务机关应加强与包括税务中介在内的其他部门的合作，借鉴“整体政府”理念，加强与相关政府部门、社会组织的联系，动员社会力量参与到纳税服务工作中，切实拓展为纳税人服务的广度和深度，拓宽协作领域，共同做好纳税服务工作。一是积极拓展社会中介机构提供有偿纳税服务，如发挥税务代理等中介组织的作用；二是鼓励和帮助纳税人之家、行业协会等民间非营利性组织开展无偿纳税服务；三是支持税务志愿者队伍建设，由社会志愿者提供部分纳税服务；四是加强与地税、工商、海关、邮政、银行等部门的协作，拓宽服务领域。

### （六）税收营商环境

税收营商环境是营商环境的一个重要组成部分，指一国整体税制的设计、税收立法程度与法治化水平、税收征管的便利程度等正式的制度安排和非正式的软约束使得经营活动所处的地位和条件，是衡量和评估税收部门发展环境的指标体系。合理地优化税收营商环境，能够促进经济社会平稳健康发展。良好的营商环境不仅是企业健康发展的需要，更是一个国家核心竞争力的重要组成部分。

优化税收营商环境是目前纳税服务的重要任务。税收营商环境作为营商环境重要的一部分，对经济与社会的发展尤为重要。近年来，我国税收营商环境不断改善，世界排名持续提高。2019 年 10 月 24 日，世界银行发布的《2020 年营商环境报告》中显示中国的营商环境世界排名由上年的第 46 名上升至第 31 名。其中，纳税指标全球排名在上一年度提升 16 位的基础上，再度提升 9 位，尤其是纳税次数排名较上年提升 23 位，排名第 15 位，居世界前列；纳税时间排名较上年提升 43 位。税务部门仍会采取一系列有效措施，使中国的税收营商环境更进一步。

## 复习思考题

### 一、名词解释

纳税服务　12366 纳税服务热线　全程服务　同城通办服务　首问责任制　纳税信用　社会化纳税服务

### 二、简答题

1. 简述纳税服务的内涵。
2. 简述纳税服务的特征。
3. 简述纳税服务的主要内容。
4. 纳税咨询的形式主要有哪几种?
5. 社会化纳税服务有哪些形式?
6. 纳税服务创新的发展内容有哪些?

### 三、论述题

1. 基层纳税服务规范包括哪些内容?
2. 纳税服务体系和规范化建设应从哪些方面入手?
3. 如何认识纳税服务创新发展的趋势?

## 参考文献

[1] 魏彤. 减税降费　优化我国税收营商环境 [J]. 纳税, 2019, 13 (27): 16 + 18.
[2] 纳税服务: 构建优质税收营商环境 [J]. 中国税务, 2019 (10): 62—64.
[3] 持续优化的税收营商环境 [J]. 中国税务, 2019 (11): 18.

# 第十章 Chapter 10 关税与进出口税收管理

【本章提要】

本章介绍了关税和进出口税收的基本概念和税收管理政策，重点是关税以及出口货物退（免）增值税的管理。

【学习目的】

通过本章的学习，了解关税的内涵、职能和分类以及进出口税收的组成部分、政策原理和走向，掌握关税管理和出口货物退（免）税管理的知识，知悉企业申报出口退（免）税的实务操作流程。

## 第一节 关税与进出口税收概述

### 一、关税的内涵和职能

#### （一）关税的内涵

关税是由海关代表国家，按照税法和关税政策对进出关境流通的货物和物品征收的一种流转税。

1. 关税的基本属性是一种流转税，是国家取得财政收入的基本形式之一。关税是在流转环节征收的税种之一，因而具备了流转税的所有优缺点，在我国财政收入，尤其是在中央财政收入中占有十分重要的地位。

2. 关税是由海关代表国家征收的税种。海关是依法代表国家征收关税的国家机关。

海关必须得到国家授权，才能依法履行征收进出口关税的权力。

（二）关税的职能

关税是税收的一部分，同样具有税收的基本职能，但具体表现有所不同。

1. 财政收入职能。关税财政收入职能是指关税具有组织财政收入的功能，是其最原始、最基本的职能。关税是最早的税收之一，产生之初的目的就是取得财政收入。在15—19世纪，关税曾经在各国财政收入中占据最重要的位置。第二次世界大战以后，随着以国际贸易为基础的经济全球化，关税收入在国家财政收入中的比例大幅减少，在发达国家中其财政收入职能的重要地位已经被调节经济职能取代。但在部分发展中国家，关税财政收入职能仍然很重要，关税依然是中央财政收入的重要支柱之一。

2. 调节经济的职能。关税与其他税收一样是国家参与社会分配、调节本国经济的手段，体现一定时期国家的政治、经济、对外贸易和产业布局等政策导向。关税税率高低及减免税等规定可以调节国内不同部门、行业、地区等之间的利益分配，引导微观经济主体按照政府调控的意图调整经济行为，实现社会经济资源优化配置。

3. 保护本国经济发展的职能。关税是对进出口商品征收的流转税。它构成进出口商品的成本，通过价格机制将其转化为商品的销售价格，从而影响供给和需求，调节国内生产要素和资源流动方向，达到保护国内产业、促进本国产业发展以及调整国内产业结构的目的。

关税是国家主权的象征，是守护国家政治经济的重要手段。在国际交往和贸易往来中，关税可以有效防止国外的经济入侵和贸易歧视，维护国家主权和保护国内经济的正常发展。由于不同的产业结构表现为不同的商品结构，而关税可对不同的商品制定不同的税率，因此，在世界经济背景下运用关税手段来调节产业结构是比较符合关税自身特点的选择。

## 二、关税分类

根据不同的研究目的，可以按照不同标准或从不同角度对关税进行分类。

（一）按照关税征收的依据进行分类

按照关税征收的依据分类，关税可以分为正税和附加税。

正税是指按照一国进出口税则公布的法定税率而正常征收的关税，包括进口关税、出口关税和过境关税。由于进出口税则是通过立法程序制定的，所以正税具有稳定性和强制性。此外，不同的正税之间不能交叉重复征收。

附加税是指国家出于某种特定目的，在对货物征收正税之外再加征的一种关税，附加税通常是一种临时措施，根据需要随时加征或取消。应该注意，附加税不是一个独立税种，其本身没有独立的税则，从属于正税。关税附加税又可以细分为反倾销税、反补贴税、保障性关税、报复性关税等。

（二）按照应税进出口货物在关境上的流向进行分类

按照应税进出口货物在关境上的流向进行分类，可以将关税划分为进口关税、出口关税和过境关税三种。这是最常见和使用最广泛的一种关税分类方法。

1. 进口关税。进口关税是对输入一国关境且最终目的地也为该国的货物和物品征收的关税，是关税中最主要的一种。由于世界各国所征收的关税大多采用这种税，所以国际上通常所称关税，包括国际关税协定、国际关税谈判所指的关税，除特别说明外，一般均指进口关税。征收进口关税，可以增加进口货物成本，削弱其在进口国市场的竞争能力，保护进口国商品的生产和经济发展。因而，在国际贸易竞争中，进口关税一直是一种重要的和公认的保护手段。

中国征收的关税主要也是进口关税。在进口关税税则中，每个税目都列有相应一种或多种税率。由于征收进口税的目的不同，除了在税则中规定的正税外，有时还征收进口附加税。进口附加税是进口国家在对进口商品征收正常进口税后，出于某种目的再加征的一部分进口税。加征的进口税部分，就是进口附加税。进口附加税不体现在海关税则中，它是为特殊目的而设置的，其税率的高低往往视征收的具体目的而定。一般是临时性的或一次性的。进口国通常把征收进口附加税作为限制外国商品输入的一种临时性措施，因此进口附加税又称为特别关税。

为了促进国际贸易自由化和防止关税壁垒，《关税及贸易总协定》对缔约方的关税正税加以约束。除在规定的例外情况之外，不准征收超过正税的附加税。但为了抵制倾销、补贴，允许缔约方对构成倾销或补贴的进口商品征收反倾销税或反补贴税。所以，目前各国为了实现其特定的保护目的，进口附加税成为非常重要的合法有效手段。进口附加税主要包括以下几种形式：反倾销税、反补贴税、报复性关税和紧急关税（保障措施关税）。

（1）反倾销税。反倾销税是进口国家对在本国实行倾销的进口商品所征收的一种进口附加税，目的是抵制外国商品倾销给本国生产和市场带来的严重危害。反倾销税税额一般按倾销幅度征收，以抵消倾销商品价格与正常价格之间的差额。

《WTO 反倾销协议》中对实施反倾销措施作了明确规定。但是，由于各成员国对于倾销的认定、反倾销的实施方式等问题的认识有分歧，加上国际贸易保护主义的泛滥，反倾销扩大化的趋势明显加强，已经成为当代一种重要的新型非关税壁垒措施。

（2）反补贴税。反补贴税是指对在生产、加工、运输和销售过程中，直接或间接地接受任何补贴的外国进口商品所征收的一种进口附加税。凡进口商品在生产、制造、加工、交易、运输过程中所接受的直接或间接的奖金或补贴都构成征收反补贴税的条件。其目的在于，通过征收反补贴税，增加进口商品的成本，以抵消出口国给予某些企业或行业政策上的特殊扶持而使其出口产品在降低成本方面所获得的额外好处，削弱其在进口国的价格竞争优势，从而保护进口国国内的生产和市场。反补贴税额一般与进口商品所得到的补贴额相等。反补贴税是工业发达国家争夺国际市场的一个重要工具。

《补贴与反补贴措施协议》对国际货物贸易的补贴以及各成员国运用补贴与反补贴措施作了明确规定，防止成员国滥用反补贴措施，阻碍公平贸易。

（3）报复性关税。报复性关税是一国为报复他国对本国商品、船舶、企业、投资或知识产权的不公正待遇而对从该国进口的商品所课征的进口附加税。这些不公平待遇通常包括：①对本国商品征收歧视性差别关税或采取贸易保护措施；②给予第三国比给本国更优惠的待遇；③在与本国的贸易中，“自由贸易”方面做得不够；④对本国产品的知识产权没有提供足够的保护；⑤在与本国的原贸易协定期满时，对新协定提出不合理要求。

报复性关税可以根据需要随时设立，也可以在关税法中设立专门的报复性关税条款，当他国取消上述不公正待遇时，报复性关税也应取消。但报复性关税往往容易引起关税大战。

（4）紧急关税（保障措施关税）。紧急关税又称保障措施关税，是指当某种外国商品在短期内大量涌入进口国内市场，对进口国国内同类产品生产造成了重大损害或产生重大损害威胁时，进口国家为保护国内生产和市场而对该商品征收的一种进口附加税。

根据《关税与贸易总协定》第十九条关于对某些进口产品的紧急措施和世界贸易组织《保障措施协议》的规定，紧急关税是保障措施的主要救济手段之一，是一种临时性关税。因此，当紧急情况缓解后，紧急关税必须撤除，否则容易受到别国的关税报复。

2. 出口关税。出口关税是对输出一国关境的货物和物品征收的关税。在 16—18 世纪，出口关税曾经是欧洲许多国家财政收入的重要来源之一。当时的经济学家普遍认为出口关税是一种方便和合理地取得国家财政收入的方式。到了 19 世纪，欧美资本主义迅速发展，国际市场竞争日益激烈，各国开始认识到关税调节经济的作用。征收出口关税会增加本国出口货物的成本，降低其在国际市场上的竞争力，所以发达国家纷纷削减或废除出口关税。

而在发展中国家，出口关税是政府取得财政收入和保护本国经济的重要手段。许多国家普遍对本国原料和初级产品出口征收关税。但是，世界经济全球化趋势促使发展中国家也开始实施包括缩小出口关税的征收范围在内的降低出口关税措施。

3. 过境关税。过境关税亦称“通过税”，是指对通过一国关境的货物和物品征收的关税。过境货物是指货物的起运地和目的地都在过境国之外的货物。过境关税是关税较早期的一种形式，在中世纪时，成为欧洲各国最盛行的税种之一。到 19 世纪后半期，欧美发达国家相继废除了过境关税。《关税与贸易总协定》第五条规定了自由过境的原则，因此目前很少有国家征收过境关税。我国对过境货物和物品也不征收过境关税。

### （三）按照关税的计税依据进行分类

从价税和从量税是两种最基本的征税依据，二者互相补充。在关税中，由于征税依据的混合采用，还产生了复合税、选择税、滑准税和季节税等计算依据。

1. 从价关税。从价关税是以课税对象的价格为依据计算征收的一种关税，即关税是按照课税对象价格的一定比例计征的。从价计税是关税计征的主要方法，其计算公式为：应纳关税税额 = 完税价格 × 税率。

从价关税是从量关税的对称。与从量关税相比较，从价关税主要有如下优点：（1）税负比较合理。同一种进口商品，质优价高，税额就高，质次价廉的税额就低。（2）计算征收简便，关税收入稳定。物价涨跌均不影响关税的财政作用和保护作用。（3）适用范围广。任何国际贸易都是以计价为主的，从价关税不仅能够体现立法者的意愿，也能适用于各种商品。（4）方便进行关税比较研究和国际谈判。从价税率以百分数表示，便于对关税税负、保护程度等计算与衡量，有利于对各国关税进行比较研究和国际关税谈判。

其缺点主要是：（1）海关估价工作比较复杂，需要一定的专业技术。《WTO 估价协定》规定完税价格以货物的成交价格为基础，这是国际海关的通行做法。（2）对质次价廉的低档商品或倾销商品的进口抑制作用不大。

2. 从量关税。从量关税是以课税对象的实物量为计征依据而计算征收的一种关税。通常以商业惯例中使用的重量、数量、体积、长度等计量单位为课税标准，税率表现为每计量单位的应税税额。其计算公式为：应纳关税税额 = 货物数量 × 单位税额。

与从价关税相比，从量关税的优点是：（1）征税手续简便，容易计算。只核对货物的名称和数量即可计算出税款。（2）对质次价廉的低档商品与质优价高的商品征收同样的税款。因此，抑制质次价廉低档商品进口的作用较大。（3）可有效防止低价伪报进口的偷逃税行为；同时，缓解国际市场价格波动对国内经济的影响。

其缺点主要是：(1) 税负不太合理。对同一种商品不论其价高价低、质优质次，均按同一税率征税。(2) 其保护作用和财政作用较弱。其税额是固定的，与物价无关，而价格变动频繁。(3) 制订税则时需对种类庞杂的各种商品分别确定其每单位的应税金额，费时费力，适用范围有限。除了艺术、文物等销售价格变动幅度很大的商品和一些事先无价可查的新产品之外，适用性较小。

通过上述分析，可以发现从价税和从量税的优缺点是相对的，此长彼短。从量关税征收简便，在国际经济贸易早期，由于商品品种和规格单一、价格差别不大，各国曾大量使用从量关税。但近些年来各国物价上涨已经成为趋势，从量关税的缺点显得突出，而从价关税优点显现，所以绝大多数国家（包括中国）都改用从价关税，或以从价关税为主、从量关税为辅。由于国际经济和贸易形势纷繁复杂，各国根据本国经济发展的需要，仍在不断探索计税依据的合理性。

3. 复合关税。复合关税又称混合关税，是指在关税税则中，对同一税号的货物同时列出从价和从量两种标准，以两种税率分别计算的税额之和作为应税额而征收的一种关税。课征时，或以从价税为主，加征从量税；或以从量税为主，加征从价税。计征手续较为烦琐，但在物价波动时，可以减少对财政收入的影响。有些国家对一些敏感商品或需要保护的商品使用复合关税。

复合关税的计算公式为：应纳税额 = 应税货物数量 × 关税单位税额 + 应税货物完税价格 × 适用比例税率。

4. 选择关税。选择关税是指在关税税则中，对同一种商品同时列出从价和从量两种标准，根据一定的政策目标（从高计征或从低计征）选择其中一种标准而征收的关税。例如当政策目标是从高计征时，实际上是以从量税的定额税率为界限，当按从价标准计算的税额大于定额税率，则按从价标准计征关税；当按从价标准计算的税额小于定额税率，则按从量标准计征关税。

5. 滑准关税。滑准关税亦称滑动关税，是在关税税则中，对同一税号的商品，根据进出口商品价格或数量分档并依次制订不同的税率，依照该进出口商品的价格或数量而适用不同档次税率计征的一种关税。滑动关税的优点在于它能平衡物价，保护国内产业发展，缺点是易于引发经济交易的投机行为，因此各国在采用滑动关税时更为谨慎。

6. 季节性关税。季节性关税是指对同一税号的商品，根据其季节性生产周期的变化制订不同税率计算征收的关税。它通常针对季节性特征比较明显的商品，如鲜货、蔬菜、水果以及与此相关的化肥、农药等生产资料。一般地，国内在此类产品生产旺季（或需求淡季）时，对进口征高关税，对出口征低关税；在此类产品生产淡季（或需求旺季）

时，对进口征低关税，对出口征高关税，以此调节国内市场供求、稳定物价水平。世界范围内，包括中国在内的许多国家普遍征收季节性关税。

7. 差价关税。差价关税简称差价税，又称差额税，是指当外国进口商品的价格低于国内生产的同种（或同类）产品的国内价格时，海关按二者之间的价格差额对进口商品所征收的一种关税。

征收差价关税的目的是拉平进口商品与国产商品的价格，使该种进口商品的税后价格保持在一个预定的价格标准上，以稳定进口国内该种商品的市场价格，保护国内生产。由于国内外同种商品的价格时常变动，它们之间的价格差额也会因之产生波动，因此差价税是一种滑动关税。差价关税没有固定税率，根据进口货物的差价进行计征，是一种“不定额税”。

世界上许多国家征收差价关税，各国具体办法不尽相同，其中最有代表性的是欧盟的差价税。征收差价税是欧盟实施共同农业政策的一项主要措施，其主要目的是为了保护和促进欧盟内部的农业生产。

**（四）按照应税货物的原产地不同进行分类**

按照应税货物的原产地不同进行分类，关税可以分为普通关税与优惠关税。优惠关税又可细分为：特定优惠关税、普遍优惠关税和最惠国待遇关税。

1. 普通关税。普通关税也称一般关税，是指对与本国没有签署贸易或经济互惠等友好协定的国家原产的货物，按照进出口税则中普通税率征收的一种非优惠性关税。这种关税税率一般由本国自主决定，只要国内外情况不发生变化，则长期使用，税率通常较高。

2. 优惠关税。优惠关税，是指对来自特定受惠国的进口货物征收的低于普通税率的优惠税率关税。一般是通过国家间签署贸易或经济互惠等友好协定来实施的，其目的是为了增进与受惠国之间的友好贸易往来。优惠关税又可分为最惠国待遇关税、普遍优惠关税和特定优惠关税三种。

（1）特定优惠关税。特定优惠关税，又称协定关税或特惠关税，是指某一国家对来自特定国家的进口商品给予排他性的特定优惠关税待遇，其他国家不得根据最惠国待遇原则要求享受这种优惠关税待遇的一种关税。特定优惠关税对原产地有详细、明确的规定，以确保特定受惠国家或地区的产品利用特定优惠关税扩大出口，防止非受惠国的产品利用特定优惠关税的优惠，扰乱贸易秩序。

（2）普遍优惠关税。普遍优惠制简称普惠制，是指发达国家对进口原产于发展中国家或地区的工业制成品、半制成品和某些初级产品给予降低或取消进口关税待遇的一种普遍给予优惠的关税待遇。普惠制有普遍性、非歧视性和非互惠性三项基本原则。其目的是促进发展中国家向发达国家出口制成品和半制成品，提高出口效益、增加外汇收入和财政收入，进而加速发展中国家的工业化进程和经济发展。但是由于允许各发达国家自行制订本国的普惠制方案，发达国家为了维护本国经济利益，在提供普惠制优惠措施的同时，规定了一系列限制条件，从而制约了普惠制积极作用的充分发挥。

（3）最惠国待遇关税。最惠国待遇关税是指签约双方相互给予不低于第三方的互惠关税。即对适用最惠国待遇的进口货物，按最惠国税率征收的一种优惠性关税，其税率通常比普通关税低。它是最早出现的，也是最常见的一种优惠关税。一般是通过国家间签署贸易或经济互惠等国际协定来实施，其目的是为了增进签约国之间的友好贸易往来，加强经济合作，但协定不涉及第三国的权利义务。

### 三、进出口税收

#### （一）进出口环节除关税之外的海关税收

目前我国由海关依法负责征收的税收包括关税、进口环节增值税和消费税以及船舶吨税，所征税款都属于中央税收收入。

1. 增值税是对货物或劳务生产、流通环节新增价值征收的一种国家税收。其征税环节涉及生产、流通以及进口各环节。在我国，增值税占我国税收的比例最高。目前，国内生产、流通环节的增值税由税务机关负责征收，进口货物的增值税，经国家授权由海关在进口环节代为征收。

2. 消费税是对特殊消费品征收的一种国家税收，属于流转税的范畴。目前我国仅对某些资源类消费品、污染环境的消费品等少数商品征收消费税。国内的消费税由税务机关负责征收，进口消费品应缴纳的消费税，经国家授权由海关在进口环节代为征收。

3. 船舶吨税是对在中国港口行驶的国际航行船舶（包括外国籍船舶、外商租用的中国籍船舶以及中外合营企业使用的船舶）征收的一种税收。其征收目的是用于航道设施及海上干线公用航标的建设和维护，性质类似于国内征收的车船税，属于使用行为税。在2000年之前，船舶吨税由交通部负责管理，专款专用，并由海关依法代征。而自2001年1月1日起，国务院将船舶吨税纳入中央预算管理，由海关依法负责征收。

#### （二）出口退（免）税政策

出口货物退（免）税，简称出口退税，其基本含义是指对出口货物退还其在国内生产和流通环节实际缴纳的增值税、消费税。出口货物退税制度是一个国家税收的重要组成部分。出口退税主要是通过退还出口货物的国内已纳税款来平衡国内产品的税收负担，使本国产品以不含税成本进入国际市场，与国外产品在同等条件下进行竞争，从而增强竞争能力，扩大出口的创汇。

#### （三）我国进出口环节税收政策趋势

在全球贸易增长放缓、外部环境更趋复杂的背景下，作为宏观经济的重要调控方式，税收在稳定外贸增长、优化外贸结构中发挥着重要作用。2019年以来，为应对国际国内各种风险挑战，更好地服务于更高水平开放型经济新体制的建设，税务部门出台了降低进口关税总水平、完善出口退税机制、促进贸易便利化等一系列稳外贸的政策措施。进出口税收政策趋势主要体现在以下方面：第一，推进出口退税手续便利化，不断提升出口退税效率。全面推行无纸化退税申报，优化出口退（免）税企业分类管理。第二，不断创新税收征管，大力支持外贸新业态发展。实施外贸综合服务企业代办出口退税管理办法，方便中小生产企业办理出口退税。第三，进一步完善出口退税政策，促进对外贸易便利化。逐步实现综合保税区全面适用跨境电商零售进口政策，支持外贸稳中有质增长。第四，积极探索“互联网+出口退税”，做好出口退（免）税服务。利用大数据、云计算等新兴技术进一步拓展出口退税服务的深度和广度。

【案例解析】

## 云南税务：按下出口退税“快进键”

“原本需要10个工作日才能拿到退税款，现在不到一周即可到达企业的账户。”云南瑞丽市瑞杨贸易有限公司负责人张发杨近日对记者表示。张发杨告诉记者，2019年上半年，该企业已收到出口退税款2 319万元，比2018年同期增加1 438万元，为公司拓展海外市场提供了资金保障。

退税速度的明显加快得益于从2019年初开始，云南省税务部门进一步优化出口退税企业分类管理，扩大实施无纸化申报退税的企业范围。记者在采访中了解到，国家税务总局云南省税务局与中国人民银行昆明中心支行沟通协调，启动出口退税无纸化退库试点工作，有效缩短税款退付时间。2019年上半年，全省有737户出口企业实行了出口退（免）税无纸化申报，无纸化退税率达到77.99%。

瑞丽市大通实业有限公司办税员李月华说：“出口退税无纸化、网络化，纳税人足不出户即可完成出口退（免）税申报、实时查看退税进度和审批情况。税务部门还有一对一咨询辅导，帮助公司提高出口退税管理水平。2019年上半年，我们已经获得了退税款4 400万元。”

据云南省税务局货物和劳务税处处长梅书灿介绍，云南省税务部门一方面强化出口退税新政策辅导和培训，梳理出口清单，让企业懂政策、清明细；另一方面加大落实重点出口企业专项联系制度，在全省选定172户重点联系企业，指定专人负责，建立快速反应机制，为企业解答疑惑，并结合企业情况进行个性化出口退税政策辅导，开通绿色通道，全天候办理退税申报，提升退税服务质效。

与此同时，云南省税务部门加大了事中事后监管力度，强化出口退税风险管理。梅书灿告诉记者，云南省税务部门加强对出口企业业务办理情况的综合分析，加大对企业涉税风险预警提示，建立数据共享机制，通过识别风险点强化事中事后管理，借力数据分析、疑点监测、线索排查等多种方式提高备案单证检查精准度。推行双随机抽查申报单证机制，强化信用管理，引导出口企业遵从税法，加大违法违规惩戒力度，充分还权还责于纳税人。将打虚防骗与扫黑除恶、四部委两年打虚防骗专项行动有机结合起来，实现出口企业征退税信息共享，既防范和打击了出口骗税，又提升了征退衔接效能，缩短了退税办理时限。

“税务部门的退税服务越来越好，信用等级高的企业很快就可以拿到退税款。现在出口企业越来越规范，口岸营商环境更公平，这样我们做生意也会更放心。”沧源欣和实业有限公司负责人曾治林说。

梅书灿表示，下一步，云南省税务局将继续优化出口退税管理，做好出口企业分类管理，进一步在一类、二类、三类出口企业中扩大无纸化退税申报的范围，继续推进出口退税办税便利化，服务好云南省外贸的发展。

资料来源：中国税务报，2019年8月23日。

# 第二节
# 关税管理

## 一、关税纳税人

我国《海关法》规定，进口货物的关税纳税人是进口货物的收货人，出口货物的关税纳税人是出口货物的发货人。

## 二、关税税率

### （一）法定税率

根据新的《关税条例》规定，我国进口关税的法定税率包括最惠国税率、协定税率、特惠税率和普通税率。

1. 最惠国税率。最惠国税率适用原产于与我国共同适用最惠国待遇条款的世界贸易组织成员国或地区的进口货物；或原产于与我国签订有相互给予最惠国待遇条款的双边贸易协定的国家或地区的进口货物；以及原产于中华人民共和国境内的进口货物。

2. 协定税率。协定税率适用原产于与我国订有含关税优惠条款的区域性贸易协定有关缔约方的进口货物。

3. 特惠税率。特惠税率适用原产于与我国签订有特殊优惠关税协定的国家或地区的进口货物。2013 年之前，我国对原产于孟加拉国的 18 个税目的进口商品实行曼谷协定特惠税率。

4. 普通税率。普通税率适用原产于上述国家或地区以外的国家和地区的进口货物；或者原产地不明的国家或者地区的进口货物。

### （二）暂定税率

根据现行《关税条例》，对特定进出口货物可以实行暂定税率。实施暂定税率的货物、税率、期限，由国务院关税税则委员会决定，海关总署公布。

暂定税率的商品可分为两类：一类无技术规格，海关在征税时只需审核品名和税号无误后，即可执行；另一类附有技术规格，海关在征税时，除审核品名和税号外，还需对进口货物的技术规格进行专业认定后才能适用。如 2002 年，我国对 209 种进口商品和 23 种出口商品实施了公开暂定税率，执行截止期限为 2002 年 12 月 31 日。公开暂定税率的货品可直接在进口地海关审核征税。

### （三）配额税率

关税配额制度是国际通行的惯例，这是一种在一定数量内进口实行低关税、超过规定数量就实行高关税的办法。根据现行《关税条例》，对特定进出口货物可以实行关税配额管理。实施关税配额管理的货物、税率、期限，由国务院关税税则委员会决定，海关总署公布。如 2002 年我国对小麦、玉米、豆油、羊毛等十种农产品和尿素等三种化肥实行了进口关税配额税率。

**（四）信息技术产品税率（ITA 税率）**

在世界贸易组织（WTO）成立以后，在以美国为首的 WTO 成员方之间又达成了一项旨在使发展中国家的关税水平进一步降低的《信息技术协议》（即 ITA），主要内容是将占全世界电子信息技术产品份额 80% 以上的该类产品关税在 2000 年以前降为零。凡申报进口相关税目产品并要求适用 ITA 税率的单位，须经信息产业部出具证明并经海关确认后方可适用 ITA 税率。

**（五）特别关税**

根据新的《关税条例》规定，特别关税包括报复性关税、反倾销税、反补贴税、保障性关税和其他特别关税。任何国家或者地区对其进口的原产于中华人民共和国的货物征收歧视性关税或者给予歧视性待遇的，海关对原产于该国家或者地区的进口货物可以征收特别关税。征收特别关税的货物、适用国别、税率、期限和征收办法，由国务院关税税则委员会决定，海关总署负责实施。

我国《关税条例》规定，暂定税率优先于最惠国税率实施；按协定税率、特惠税率进口暂定税率商品时，取低计征关税；按国家优惠政策进口暂定最惠国税率商品时，按优惠政策计算确定的税率与暂定最惠国税率二者取低计征关税，但不得在暂定最惠国税率基础上再进行减免。按照普通税率征税的进口货物不适用进口关税暂定税率。对原产于与中华人民共和国未订有关税互惠协议的国家或者地区的进口货物，按照普通税率征税；对原产于与中华人民共和国订有关税互惠协议的国家或者地区的进口货物，按照优惠税率征税。

## 三、关税完税价格

完税价格是指经海关审查确定凭以从价计征关税的价格。货物完税价格的高低直接或间接影响课征关税税额的多少，对于关税纳税人而言，它关系到进出口货物成本的高低。影响其利润的多少，对于国家而言，则关系到国家财政收入和关税职能作用的发挥，因此准确确定进出口货物的完税价格十分重要。我国《海关法》明确规定，无论是进口货物，还是出口货物，其完税价格都是由海关以该货物的成交价格为基础审查确定，成交价格不能确定时，完税价格则由海关依法估定。所以，完税价格的基础是成交价格，但成交价格不能等同于完税价格。成交价格必须满足规定的条件，必须按本国法律经过适当的调整，需要由海关审查接受，才能作为完税价格计算关税。如果成交价格不存在，或者不符合法律规定的条件和要求，则必须采用其他方法来确定货物的完税价格。

我国法律明确规定，进口货物的完税价格包括货物的货价、货物运抵我国境内输入地点起卸前的运输及其相关费用、保险费；而出口货物的完税价格则包括货物的货价、货物运至我国境内输出地点装载前的运输及其相关费用、保险费，但是其中包含的出口关税税额，应当予以扣除（《海关法》第五十五条第二款）。我国既对进口货物征收进口关税，也对部分出口货物征收出口关税，因此在法律法规中应分别明确规定进口货物和出口货物完税价格的费用构成。

### （一）进口货物完税价格

1. 确定方法与适用次序。进口货物的完税价格应由海关以符合法律规定条件的成交价格以及该货物运抵我国境内输入地点起卸前的运输及其相关费用、保险费为基础审查确定。这种以成交价格为基础审查确定的完税价格方法，称为成交价格估价法。这表明，我国进口货物完税价格不仅包括货物本身的成交价格，而且包括进口货物运抵境内的运保费，如果发生了与进口货物运输有关的费用，例如装卸费、港口或机场使用费、理舱平舱费等，也应计入。

如果成交价格不符合有关规定条件，或者成交价格无法确定，那么就由海关依法采用其他的估价方法来估定进口货物的完税价格。法律规定，当成交价格估价法不能采用时，海关经了解有关情况并与纳税人进行价格磋商以后，应依次采用以下方法估定进口货物的完税价格：相同货物成交价格估价法、类似货物成交价格估价法、倒扣价格估价法、计算价格估价法、合理方法。其中在纳税人向海关提供资料提出申请的情况下，可以颠倒倒扣价格估价法与计算价格估价法的适用次序。

2. 成交价格估价法。海关估价首要的也是最重要的方法是成交价格估价法。所谓成交价格估价法，是指海关以货物成交价格为基础，在符合成交价格规定的条件并按有关规定进行费用调整以后，得到货物完税价格的方法。这是海关估价实践中使用最多的一种估价方法。

进口货物的成交价格，是指卖方向我国境内销售该货物时买方为进口该货物向卖方实付、应付的，并按照有关规定调整以后的价款总额，包括直接支付的价款和间接支付的价款。成交价格的特定含义是：必须是实付、应付的价格；必须是向我国境内销售的价格；必须是根据有关规定经过调整的价格。

应计入完税价格的费用：由买方负担的除购货佣金以外的佣金和经纪费；由买方负担的与进口货物视为一体的容器费用；由买方负担的包装材料费用和包装劳务费用；协助（Assist）的费用；作为销售条件，买方必须支付的与进口货物有关的特许权使用费；卖方从买方对该货物进口以后转售、处置或使用所得中获得的收益等。

不应计入完税价格的费用：厂房、机械、设备等货物进口以后发生的建设、安装、装配、维修或技术援助的费用；进口货物运抵我国境内输入地点起卸以后发生的运输及其相关费用、保险费；进口关税、进口环节海关代征税及其他国内税；为在境内复制进口货物而支付的费用；境内外技术培训及境外考察费用；符合规定条件的利息费用等。

3. 其他估价法。绝大多数进口货物都可以采用上述成交价格估价法来确定其完税价格。但是如果进口货物没有成交价格，或者价格不符合成交价格的条件，或者成交价格无法按规定确定时，海关就不能采用成交价格估价法，而必须在经了解有关情况并与纳税义务人进行价格磋商以后，依次采用以下方法确定进口货物的完税价格。只有在前一种估价方法不能使用时，才能选择后一种估价方法来确定完税价格，但倒扣价格估价法与计算估价法例外。

（1）相同货物成交价格估价法。相同货物成交价格估价方法，是指海关以与进口货物同时或者大约同时向我国境内销售的相同货物的成交价格为基础，审查确定进口货物完税价格的估价方法。它是海关无法按成交价格估价法确定进口货物完税价格时所采用的一种估价方法。

这里所称的相同货物，是指与进口货物在同一国家或地区生产的，在物理性质、质量和信誉等所有方面都相同的货物，但表面的微小差异允许存在例如颜色、尺寸的不同。选择的相同货物必须与要估价的进口货物在同时或大约同时进口。所称的大约同时，是指海关接受进口货物申报之日的大约同时，最长不应超过前后 45 日（《审价办法》第五十一条）。

在采用相同货物成交价格估价方法时，应当首先使用同一生产商生产的相同货物的成交价格。在没有同一生产商生产的相同货物的成交价格时，也可以使用同一生产国或者地区其他生产商生产的相同货物的成交价格。如果存在多个符合条件的相同货物的成交价格，应当选择最低的成交价格为基础估定进口货物的完税价格（《审价办法》第二十二条）。

在采用相同货物成交价格估价方法时，应当使用与被估货物具有相同商业水平且进口数量基本一致的相同货物的成交价格。同时，应当以客观量化的数据资料，对该货物与相同货物之间由于运输距离和运输方式不同而在成本和其他费用方面产生的差异进行调整。在没有符合规定的相同货物成交价格的情况下，可以使用不同商业水平或者不同进口数量的相同货物的成交价格。但应当以客观量化的数据资料，对因商业水平、进口数量、运输距离和运输方式不同而在价格、成本和其他费用方面产生的差异做出调整（《审价办法》第二十一条）。

（2）类似货物成交价格估价法。类似货物成交价格估价方法，是指海关以与进口货物同时或者大约同时向我国境内销售的类似货物的成交价格为基础，审查确定进口货物的完税价格的估价方法。它是在海关不能按成交价格估价法和相同货物成交价格估价法确定进口货物完税价格时，所采用的一种估价方法。

这里所称的类似货物，是指与进口货物在同一国家或地区生产，虽然不是在所有方面都相同，但却具有相似的特征、相似的组成材料、同样的功能，并且在商业中可以互换的货物。选择的类似货物必须与要估价的进口货物在同时或大约同时进口。所称的大约同时，同样是指海关接受进口货物申报之日的大约同时，最长不应超过前后 45 日（《审价办法》第五十一条）。

与相同货物成交价格估价方法的规定类似，在采用类似货物成交价格估价方法时，同样应当首先使用同一生产商生产的类似货物的成交价格。在没有同一生产商生产的类似货物的成交价格时，也可以使用同一生产国或者地区其他生产商生产的类似货物的成交价格。如果存在多个符合条件的类似货物的成交价格，同样应当选择以最低的成交价格为基础估定进口货物的完税价格（《审价办法》第二十二条）。

在采用类似货物成交价格估价方法时，应当使用与被估货物具有相同商业水平且进口数量基本一致的类似货物的成交价格。同时，应当以客观量化的数据资料，对该货物与类似货物之间由于运输距离和运输方式不同而在成本和其他费用方面产生的差异进行调整。在没有符合规定的类似货物成交价格的情况下，可以使用不同商业水平或者不同进口数量的类似货物的成交价格。但应当以客观量化的数据资料，对因商业水平、进口数量、运输距离和运输方式不同而在价格、成本和其他费用方面产生的差异做出调整（《审价办法》

第二十一条)。

(3) 倒扣价格估价法。倒扣价格估价方法，是指海关以进口货物、相同或者类似进口货物在境内的销售价格为基础，扣除境内发生的有关费用以后，审查确定进口货物完税价格的估价方法。它是在海关不能采用成交价格估价法、相同货物成交价格估价法以及类似货物成交价格估价法时，所采用的一种估价方法。但是当海关不能采用成交价格估价法、相同货物成交价格估价法以及类似货物成交价格估价法时，如果纳税义务人提出申请，并向海关提供有关资料后，也可以先采用计算价格估价法来确定完税价格。如果计算价格估价法仍然无法确定进口货物的完税价格时，海关可以继续采用倒扣价格估价法来确定完税价格。

倒扣价格估价法的采用涉及两个关键问题：一个是货物在境内的销售价格；一个是需要从境内销售价格中扣除的费用。境内销售价格必须符合多项条件，而扣除的费用是境内销售价格中货物进口以后所发生的多项费用。

#### (二) 出口货物完税价格

由于世界上大多数国家都不对出口货物征收出口关税，而且出口货物的海关估价一般对其他国家的出口利益不会造成影响，因此国际上没有统一的出口货物海关估价制度。但是我国仍然对一部分出口货物征收出口关税，我国参照进口货物估价的规定，自行制定了出口货物完税价格的准则和海关估价方法。相对于进口货物而言，我国出口货物海关估价的规定较为简单。

出口货物的完税价格，确定原则与进口货物相同，也是由海关以该货物的成交价格为基础审查确定(《海关法》第五十五条第一款)。当成交价格不存在，或者成交价格不能确定时，由海关采用其他方法估定其完税价格。在采用其他估价方法时，海关经了解有关情况，与纳税义务人进行价格磋商以后，应依次采用相同货物成交价格估价法、类似货物成交价格估价法、计算价格估价法、合理方法估定出口货物的完税价格(《关税条例》第二十七条)。

出口货物的完税价格，除了应包括以货物成交价格为基础的货价之外，还应包括货物运至我国境内输出地点装载前的运输及其相关费用、保险费(《海关法》第五十五条第二款)。但是如果价格中包含了出口关税税额，则应当予以扣除。

出口过程中发生的某些费用，由于与货物的出口价格没有关系，或者是货物出口以后发生的如下费用，不计入出口货物的完税价格中，包括出口关税税额、货物运至我国境内输出地点装载以后发生的运输及其相关费用、保险费。

### 四、关税税收优惠

#### (一) 免征关税

1. 一票货物关税税额、进口环节增值税或者消费税税额在人民币50元以下的；
2. 无商业价值的广告品及货样；
3. 国际组织、外国政府无偿赠送的物资；
4. 在海关放行前损失的货物；
5. 进出境运输工具装载的途中必需的燃料、物料和饮食用品；

6. 因故退还的中国出口货物，可以免征进口关税，但已征收的出口关税，不予退还；

7. 因故退还的境外进口货物，可以免征出口关税，但已征收的进口关税不予退还。

(二) 酌情减免关税

1. 在境外运输途中或者在起卸时，遭受到损坏或者损失的；

2. 在起卸后、海关放行前遭受损坏的货物，可以根据海关认定的受损程度减征关税；

3. 海关查验时已经破漏、损坏或者腐烂，经证明不是保管不慎造成的。

### 五、关税征收管理

在货物实际进出境时，即在纳税人按进出口货物通关规定向海关申报后、海关放行前一次性缴纳关税。

(1) 进出口货物的收发货人或其代理人应当在海关签发税款缴款凭证次日起 15 日内（星期日和法定节假日除外），向指定银行缴纳税款。

(2) 逾期不缴的，除依法追缴外，由海关自到期次日起至缴清税款之日止，按日征收欠缴税额 5‰的滞纳金。

(3) 已征出口关税的货物，因故未装运出口、申报退关的，经海关查验属实的，纳税人可以从缴纳税款之日起的 1 年内，书面声明理由，连同纳税收据向海关申请退税，逾期不予受理。

(4) 进出口货物放行后，海关发现少征或者漏征税款的，应当自缴纳税款或者货物放行之日起 1 年内，向纳税义务人补征税款。但因纳税义务人违反规定造成少征或者漏征税款的，海关可以自缴纳税款或者货物放行之日起 3 年内追征税款，并从缴纳税款或者货物放行之日起按日加收少征或者漏征税款万分之五的滞纳金。

## 第三节 进出口税收管理

### 一、进口货物与劳务税征收

(一) 进口增值税

对于进口货物，海关收的税包括两部分：进口关税和代征增值税。其中进口环节增值税的课税范围是申报进入我国海关境内的货物，就是说凡是报关进口的应税货物，不论其是国外产制还是我国已出口而转销国内的货物、是进口者自行采购还是国外捐赠的货物、是进口者自用还是作为贸易或其他用途等，均应按照规定缴纳进口环节的增值税。

进口增值税，是指进口环节征缴的增值税，属于流转税的一种。不同于一般增值税对在生产、批发、零售等环节的增值额为征税对象，进口增值税是专门对进口环节的增值额进行征税的一种增值税。纳税人进口货物，凡已缴纳了进口环节增值税的，无论其是否已经支付货款，其取得的海关完税凭证均可作为增值税进项税额抵扣凭证；纳税人应当在海关完税凭证开具之日起 180 天后的第一个申报期结束以前向主管税务机关申报抵扣，逾期不得抵扣进项税额。

纳税人进口货物，按照组成计税价格和规定的增值税税率计算应纳税额，不得抵扣任何税额（在计算进口环节的应纳增值税税额时，不得抵扣发生在我国境外的各种税金）。组成计税价格和应纳税额计算公式为：

组成计税价格 = 关税完税价格 + 关税 + 消费税

应纳税额 = 组成计税价格 × 税率

需要注意的是，进口货物增值税的组成计税价格中已包括已纳关税税额，如果进口货物属于消费税应税消费品，其组成计税价格中还要包括进口环节已纳消费税税额。

进口增值税计算公式：$\text{进口增值税}=\dfrac{\text{关税完税价格}+\text{关税}}{1-\text{消费税税率}}\times\text{增值税率}$

**（二）进口环节消费税**

我国目前仅对 4 类货物征收消费税：第一类：过度消费会对身体健康、社会秩序、生态环境等方面造成危害的特殊消费品，如烟、酒、酒精、鞭炮、焰火；第二类：奢侈品等非生活必需品，如贵重首饰及珠宝玉石、化妆品以及护肤护发品；第三类：高能耗的高档消费品，例如小轿车、摩托车、汽车轮胎；第四类：不可再生和替代的石油类消费品，例如汽油、柴油。

1. 从价计征的消费税。

（1）征税货物种类及其税率。根据《中华人民共和国消费税暂行条例》随附的《消费税税目税率（税额）表》的规定，烟、酒和酒精、化妆品、护肤护发品、贵重首饰及珠宝玉石、鞭炮烟火、汽油、柴油、摩托车和小汽车、电池、涂料等货物为消费税应税货物。

（2）计税价格及税额计算。我国实行从价定率办法计算进口消费税，计税价格由进口货物（成本加运保费）价格（即关税完税价格）加关税税额组成。我国消费税采用价内税的计税方法，因此，计税价格组成中包括消费税税额。

组成计税价格计算公式为：

$$\text{组成计税价格}=\frac{\text{关税完税价格}+\text{关税税额}}{1-\text{消费税税率}}$$

从价计征的消费税税额计算公式为：

应纳税额 = 组成计税价格 × 消费税税率

2. 从量计征的消费税。从量计征的消费应税货物有黄酒、啤酒、汽油、柴油 4 种，实行定额征收。黄酒每吨人民币 240 元，啤酒每吨人民币 220 元，汽油每升 0.2 元，柴油每升 0.1 元。

从量计征的消费税税额计算公式为：

应纳税额 = 单位税额 × 进口数量

按从量税计征消费税的货品计量单位的换算标准是：

啤酒 1 吨 = 988 升

黄酒 1 吨 = 962 升

汽油 1 吨 = 1 388 升

柴油 1 吨 =1 176 升

## 二、出口货物退（免）增值税

目前我国的出口货物税收政策主要有三种形式：一是出口免税并退税。出口免税是指对货物在出口销售环节不征增值税、消费税，这是把货物出口环节与出口前的销售环节都同样视为一个征税环节；出口退税是指对货物在出口前实际承担的税收负担，按规定的退税率计算后予以退还。二是出口免税不退税。出口不退税是指出口货物因在前一道生产、销售环节或进口环节是免税的，因此出口时该货物的价格中本身就不含税，也无须退税。三是出口不免税也不退税。出口不免税是指对国家限制或禁止出口的某些货物的出口环节视同内销环节，照常征税；出口不退税是指对这些货物出口时不退还出口前其所负担的税款。

### （一）适用增值税退（免）税政策的范围

1. 出口企业出口货物。出口企业，是指依法办理工商登记、税务登记、对外贸易经营者备案登记，自营或委托出口货物的单位或个体工商户，以及依法办理工商登记、税务登记但未办理对外贸易经营者备案登记，委托出口货物的生产企业。

出口货物，是指向海关报关后实际离境并销售给境外单位或个人的货物，分为自营出口货物和委托出口货物两类。

生产企业，是指具有生产能力（包括加工修理修配能力）的单位或个体工商户。

2. 出口企业或其他单位视同出口货物。具体是指：

（1）出口企业对外援助、对外承包、境外投资的出口货物。

（2）出口企业经海关报关进入国家批准的出口加工区、保税物流园区、保税港区、综合保税区、珠澳跨境工业区（珠海园区）、中哈霍尔果斯国际边境合作中心（中方配套区域）、保税物流中心（B 型）并销售给特殊区域内单位或境外单位、个人的货物。

（3）免税品经营企业销售的货物（国家规定不允许经营和限制出口的货物、卷烟和超出免税品经营企业《企业法人营业执照》规定经营范围的货物除外）。具体是指：①中国免税品（集团）有限责任公司向海关报关运入海关监管仓库，专供其经国家批准设立的统一经营、统一组织进货、统一制定零售价格、统一管理的免税店销售的货物；②国家批准的除中国免税品（集团）有限责任公司外的免税品经营企业，向海关报关运入海关监管仓库，专供其所属的首都机场口岸海关隔离区内的免税店销售的货物；③国家批准的除中国免税品（集团）有限责任公司外的免税品经营企业所属的上海虹桥、浦东机场海关隔离区内的免税店销售的货物。

（4）出口企业或其他单位销售给用于国际金融组织或外国政府贷款国际招标建设项目的中标机电产品。上述中标机电产品，包括外国企业中标再分包给出口企业或其他单位的机电产品。

（5）生产企业向海上石油天然气开采企业销售的自产的海洋工程结构物。

（6）出口企业或其他单位销售给国际运输企业用于国际运输工具上的货物。上述规定暂仅适用于外轮供应公司、远洋运输供应公司销售给外轮、远洋国轮的货物，国内航空供应公司生产销售给国内和国外航空公司国际航班的航空食品。

（7）出口企业或其他单位销售给特殊区域内生产企业生产耗用且不向海关报关而输入特殊区域的水（包括蒸汽）、电力、燃气。

除另有规定外，视同出口企业出口货物适用出口货物的各项规定。

3. 出口企业对外提供加工修理修配劳务。对外提供加工修理修配劳务，是指对进境复出口货物或从事国际运输的运输工具进行的加工修理修配。

### （二）增值税退（免）税办法

适用增值税退（免）税政策的出口货物劳务，按照下列规定实行增值税免抵退税或免退税办法。

1. 免抵退税办法。生产企业出口自产货物和视同自产货物及对外提供加工修理修配劳务，以及《财政部　国家税务总局关于出口货物劳务增值税和消费税政策的通知》（财税〔2012〕39 号）附件 5 列名生产企业出口非自产货物，免征增值税，相应的进项税额抵减应纳增值税额（不包括适用增值税即征即退、先征后退政策的应纳增值税额），未抵减完的部分予以退还。

2. 免退税办法。不具有生产能力的出口企业或其他单位出口货物劳务，免征增值税，相应的进项税额予以退还。

3. 境内单位和个人提供适用增值税零税率的应税服务，如果属于适用简易计税方法的，实行免征增值税办法。如果属于适用增值税一般计税方法的，生产企业实行免抵退税办法，外贸企业外购研发服务和设计服务出口实行免退税办法，外贸企业自己开发的研发服务和设计服务出口，视同生产企业连同其出口货物统一实行免抵退税办法。

4. 境内单位和个人提供适用增值税零税率应税服务的，可以放弃适用增值税零税率，选择免税或按规定缴纳增值税。放弃适用增值税零税率后，36 个月内不得再申请适用增值税零税率。

5. 境内单位和个人提供适用增值税零税率的应税服务，按月向主管退税的税务机关申报办理增值税免抵退税或免税手续。具体管理办法由国家税务总局商财政部另行制定。

### （三）增值税出口退税率

1. 出口退税率的一般规定。除财政部和国家税务总局根据国务院决定而明确的增值税出口退税率（以下简称“退税率”）外，出口货物的退税率为其适用税率。国家税务总局根据上述规定将退税率通过出口货物劳务退税率文库予以发布，供征纳双方执行。退税率有调整的，除另有规定外，其执行时间以货物（包括被加工修理修配的货物）出口货物报关单（出口退税专用）上注明的出口日期为准。

2. 出口应税服务的退税率。应税服务退税率为应税服务适用的增值税税率，即有形动产租赁服务退税率为 17%，交通运输服务业、邮政业服务退税率为 11%，现代服务业服务（有形动产租赁服务除外）退税率为 6%。

3. 退税率的特殊规定。

（1）外贸企业购进按简易办法征税的出口货物、从小规模纳税人购进的出口货物，其退税率分别为简易办法实际执行的征收率、小规模纳税人征收率。上述出口货物取得增值税专用发票的，退税率按照增值税专用发票上的税率和出口货物退税率孰低的原则确定。

（2）出口企业委托加工修理修配货物，其加工修理修配费用的退税率，为出口货物的退税率。

（3）中标机电产品、出口企业向海关报关进入特殊区域销售给特殊区域内生产企业生产耗用的列名原材料、输入特殊区域的水电气，其退税率为适用税率。如果国家调整列名原材料的退税率，列名原材料应当自调整之日起按调整后的退税率执行。

适用不同退税率的货物劳务，应分开报关、核算并申报退（免）税，未分开报关、核算或划分不清的，从低适用退税率。

**（四）增值税退（免）税的计税依据**

出口货物劳务的增值税退（免）税的计税依据，按出口货物劳务的出口发票（外销发票）、其他普通发票或购进出口货物劳务的增值税专用发票、海关进口增值税专用缴款书确定。

1. 生产企业出口货物劳务（进料加工复出口货物除外）增值税退（免）税的计税依据，为出口货物劳务的实际离岸价（FOB）。实际离岸价应以出口发票上的离岸价为准，但如果出口发票不能反映实际离岸价，主管税务机关有权予以核定。

2. 生产企业进料加工复出口货物增值税退（免）税的计税依据，按出口货物的离岸价（FOB）扣除出口货物所含的海关保税进口料件的金额后确定。

海关保税进口料件，是指海关以进料加工贸易方式监管的出口企业从境外和特殊区域等进口的料件。包括出口企业从境外单位或个人购买并从海关保税仓库提取且办理海关进料加工手续的料件，以及保税区外的出口企业从保税区内的企业购进并办理海关进料加工手续的进口料件。

3. 生产企业国内购进无进项税额且不计提进项税额的免税原材料加工后出口的货物的计税依据，按出口货物的离岸价（FOB）扣除出口货物所含的国内购进免税原材料的金额后确定。

4. 外贸企业出口货物（委托加工修理修配货物除外）增值税退（免）税的计税依据，为购进出口货物的增值税专用发票注明的金额或海关进口增值税专用缴款书注明的完税价格。

5. 外贸企业出口委托加工修理修配货物增值税退（免）税的计税依据，为加工修理修配费用增值税专用发票注明的金额。外贸企业应将加工修理修配使用的原材料（进料加工海关保税进口料件除外）作价销售给受托加工修理修配的生产企业，受托加工修理修配的生产企业应将原材料成本并入加工修理修配费用开具发票。

6. 出口进项税额未计算抵扣的已使用过的设备增值税退（免）税的计税依据，按下列公式确定：

退（免）税计税依据 = 增值税专用发票上的金额或海关进口增值税专用缴款书注明的完税价格 × 已使用过的设备固定资产净值 ÷ 已使用过的设备原值

已使用过的设备固定资产净值 = 已使用过的设备原值 − 已使用过的设备已提累计折旧

已使用过的设备，是指出口企业根据财务会计制度已经计提折旧的固定资产。

7. 免税品经营企业销售的货物增值税退（免）税的计税依据，为购进货物的增值税专用发票注明的金额或海关进口增值税专用缴款书注明的完税价格。

8. 中标机电产品增值税退（免）税的计税依据，生产企业为销售机电产品的普通发票注明的金额，外贸企业为购进货物的增值税专用发票注明的金额或海关进口增值税专用缴款书注明的完税价格。

9. 生产企业向海上石油天然气开采企业销售的自产的海洋工程结构物增值税退（免）税的计税依据，为销售海洋工程结构物的普通发票注明的金额。

10. 输入特殊区域的水电气增值税退（免）税的计税依据，为作为购买方的特殊区域内生产企业购进水（包括蒸汽）、电力、燃气的增值税专用发票注明的金额。

11. 增值税零税率应税服务的退（免）税计税依据。

（1）实行“免、抵、退”税办法的退（免）税计税依据。

①以铁路运输方式载运旅客的，为按照铁路合作组织清算规则清算后的实际运输收入。

②以铁路运输方式载运货物的，为按照铁路运输进款清算办法，对“发站”或“到站（局）”名称包含“境”字的货票上注明的运输费用以及直接相关的国际联运杂费清算后的实际运输收入。

③以航空运输方式载运货物或旅客的，如果国际运输或港、澳、台地区运输各航段由多个承运人承运的，为中国航空结算有限公司清算后的实际收入；如果国际运输或港、澳、台地区运输各航段由一个承运人承运的，为提供航空运输服务取得的收入。

④其他实行“免、抵、退”税办法的增值税零税率应税服务，为提供增值税零税率应税服务取得的收入。

（2）实行“免、抵、退”税办法的退（免）税计税依据为购进应税服务的增值税专用发票或解缴税款的税收缴款凭证上注明的金额。

**（五）增值税免抵退税和免退税的计算**

1. 生产企业出口货物劳务增值税免抵退税计算。

（1）当期应纳税额的计算：

当期应纳税额 = 当期销项税额 -（当期进项税额 - 当期不得免征和抵扣税额）

当期不得免征和抵扣税额 = 当期出口货物离岸价 × 外汇人民币折合率 ×（出口货物适用税率 - 出口货物退税率）- 当期不得免征和抵扣税额抵减额

当期不得免征和抵扣税额抵减额 = 当期免税购进原材料价格 ×（出口货物适用税率 - 出口货物退税率）

（2）当期免抵退税额的计算：

当期免抵退税额 = 当期出口货物离岸价 × 外汇人民币折合率 × 出口货物退税率 - 当期免抵退税额抵减额

当期免抵退税额抵减额 = 当期免税购进原材料价格 × 出口货物退税率

（3）当期应退税额和免抵税额的计算：

①当期期末留抵税额 ≤ 当期免抵退税额，则：

当期应退税额 = 当期期末留抵税额

当期免抵税额 = 当期免抵退税额 - 当期应退税额

②当期期末留抵税额 > 当期免抵退税额，则：

当期应退税额 = 当期免抵退税额

当期免抵税额 = 0

当期期末留抵税额为当期增值税纳税申报表中“期末留抵税额”。

（4）当期免税购进原材料价格，包括当期国内购进的无进项税额且不计提进项税额的免税原材料的价格和当期进料加工保税进口料件的价格，其中当期进料加工保税进口料件的价格为组成计税价格。

当期进料加工保税进口料件的组成计税价格 = 当期进口料件到岸价格 + 海关实征关税 + 海关实征消费税

①采用“实耗法”的，当期进料加工保税进口料件的组成计税价格为当期进料加工出口货物耗用的进口料件组成计税价格。其计算公式为：

当期进料加工保税进口料件的组成计税价格 = 当期进料加工出口货物离岸价 × 外汇人民币折合率 × 计划分配率

计划分配率 = 计划进口总值 ÷ 计划出口总值 × 100%

实行纸质手册和电子化手册的生产企业，应根据海关签发的加工贸易手册或加工贸易电子化纸质单证所列的计划进出口总值计算计划分配率。

实行电子账册的生产企业，计划分配率按前一期已核销的实际分配率确定；新启用电子账册的，计划分配率按前一期已核销的纸质手册或电子化手册的实际分配率确定。

②采用“购进法”的，当期进料加工保税进口料件的组成计税价格为当期实际购进的进料加工进口料件的组成计税价格。

若当期实际不得免征和抵扣税额抵减额大于当期出口货物离岸价 × 外汇人民币折合率 ×（出口货物适用税率 - 出口货物退税率）的，则：

当期不得免征和抵扣税额抵减额 = 当期出口货物离岸价 × 外汇人民币折合率 ×（出口货物适用税率 - 出口货物退税率）

（5）零税率应税服务增值税退（免）税，依下列公式计算：

①当期免抵退税额的计算：

当期零税率应税服务免抵退税额 = 当期零税率应税服务免抵退税计税依据 × 外汇人民币折合率 × 零税率应税服务增值税退税率

②当期应退税额和当期免抵税额的计算：

当期期末留抵税额 ≤ 当期免抵退税额，则：

当期应退税额 = 当期期末留抵税额

当期免抵税额 = 当期免抵退税额 - 当期应退税额

当期期末留抵税额 > 当期免抵退税额，则：

当期应退税额 = 当期免抵退税额

当期免抵税额 = 0

当期期末留抵税额为当期增值税纳税申报表中“期末留抵税额”。

2. 外贸企业出口货物劳务增值税免退税计算。

（1）外贸企业出口委托加工修理修配货物以外的货物：

增值税应退税额 = 增值税退（免）税计税依据 × 出口货物退税率

（2）外贸企业出口委托加工修理修配货物：

出口委托加工修理修配货物的增值税应退税额 = 委托加工修理修配的增值税退（免）税计税依据 × 出口货物退税率

（3）外贸企业兼营的零税率应税服务增值税免退税：

外贸企业兼营的零税率应税服务应退税额 = 外贸企业兼营的零税率应税服务免退税计税依据 × 零税率应税服务增值税退税率

3. 融资租赁出口货物退税的计算。融资租赁出租方将融资租赁出口货物租赁给境外承租方、将融资租赁海洋工程结构租赁给海上石油天然气开采企业，向融资租赁出租方退还其购进租赁货物所含增值税。其计算公式如下：

增值税应退税额 = 购进融资租赁货物的增值税专用发票注明的金额或海关（进口增值税）专用缴款书注明的完税价格 × 融资租赁货物适用的增值税退税率

融资租赁出口货物适用的增值税退税率，按照统一的出口货物适用退税率执行。从增值税一般纳税人购进的按简易办法征收的融资租赁货物和从小规模纳税人购进的融资租赁货物，其适用的增值税退税率，按照购进货物适用的征收率和退税率孰低的原则确定。

4. 退税率低于适用税率的，相应计算出的差额部分的税款计入出口货物劳务成本。

5. 出口企业既有适用增值税“免、抵、退”项目，也有增值税即征即退、先征后退项目的，增值税即征即退和先征后退项目不参与出口项目免抵退税计算。出口企业应分别核算增值税“免、抵、退”项目和增值税即征即退、先征后退项目，并分别申请享受增值税即征即退、先征后退和“免、抵、退”税政策。

用于增值税即征即退或者先征后退项目的进项税额无法划分的，按照下列公式计算：

无法划分进项税额中用于增值税即征即退或者先征后退项目的部分 = 当月无法划分的全部进项税额 × 当月增值税即征即退或者先征后退项目销售额 ÷ 当月全部销售额、营业额合计

6. 实行“免、抵、退”税办法的零税率应税服务提供者如同时有货物劳务（对外加工修理修配劳务）出口的，可结合现行出口货物“免、抵、退”税计算公式一并计算。税务机关在审批时，按照出口货物劳务、零税率应税服务“免、抵、退”税额比例划分出口货物劳务、零税率应税服务的退税额和免抵税额。

**（六）出口退（免）税管理**

根据《国家税务总局关于部分税务行政审批事项取消后有关管理问题的公告》（国家税务总局公告 2015 年 56 号），从 2015 年 8 月 5 日起，出口退（免）税资格认定管理由审批制改为备案制。2018 年 7 月 20 日，全国省、市、县、乡四级国税地税机构全部合并之后，生产企业申报出口退（免）税，原则上由主管征税的县（市、区）以上税务机关负责核准，外贸企业申报的出口退（免）税，原则上由地（市）以上税务机关负责核准。省税务机关可结合本地区实际情况，合理调整出口退（免）税的核准机关。

1. 出口退（免）税备案、变更、撤回。

（1）出口企业或其他单位应于首次申报出口退（免）税时，向主管税务机关提供以下资料，办理出口退（免）税备案手续，申报退（免）税：

①内容填写真实、完整的“出口退（免）税备案表”。

②加盖备案登记专用章的“对外贸易经营者备案登记表”或“中华人民共和国外商投资企业批准证书”。

③“中华人民共和国海关报关单位注册登记证书”。

④未办理备案登记发生委托出口业务的生产企业提供委托代理出口协议。

⑤主管税务机关要求提供的其他资料。

（2）对出口企业或其他单位提供的出口退（免）税备案资料齐全，“出口退（免）税备案表”填写内容符合要求，签字、印章完整的，主管税务机关应当场予以备案。对不符合上述要求的，主管税务机关应一次性告知出口企业或其他单位，待其补正后备案。

（3）“出口退（免）税备案表”中的内容发生变更的，出口企业或其他单位须自变更之日起30日内，向主管税务机关提供相关资料，办理备案内容的变更。出口企业或其他单位需要变更“退（免）税方法”的，主管税务机关应按规定结清退（免）税款后办理变更。

（4）出口企业或其他单位撤回出口退（免）税备案的，主管税务机关应按规定结清退（免）税款后办理。

根据《国家税务总局关于进一步加强出口退（免）税事中事后管理有关问题的公告》（国家税务总局公告2016年1号公告）规定：“出口企业或其他单位如果向主管国税机关声明放弃未申报或已申报但尚未办理的出口退（免）税并按规定申报免税的，视同已结清出口退税款。”

出口企业或其他单位申请注销税务登记的，应先向主管税务机关申请撤回出口退（免）税备案。

2. 出口退（免）税申报及申报期限。

（1）生产企业出口货物免抵退税的申报及申报期限。企业当月出口的货物须在次月的增值税纳税申报期内，向主管税务机关办理增值税纳税申报、免抵退税相关申报及消费税免税申报。

企业应在货物报关出口之日（以出口货物报关单“出口退税专用”上的出口日期为准，下同）次月起至次年4月30日前的各增值税纳税申报期内收齐有关凭证，向主管税务机关申报办理出口货物增值税免抵退税及消费税退税。逾期的，企业不得申报免抵退税。

（2）申报资料。

①企业向主管税务机关办理增值税纳税申报时，除按纳税申报的规定提供有关资料外，还应提供下列资料：主管税务机关确认的上期“免抵退税申报汇总表”；主管税务机关要求提供的其他资料。

②企业向主管税务机关办理增值税免抵退税申报，应提供下列凭证资料：“免抵退税申报汇总表”及其附表；“免抵退税申报资料情况表”；“生产企业出口货物免抵退税申报明细表”；出口货物退（免）税正式申报电子数据；下列原始凭证：a. 出口货物报关单（出口退税专用联）（保税区内的出口企业可提供中华人民共和国海关保税区出境货物备案清单）［2015年5月1日起，企业申报出口退（免）税，不再提供纸质出口报关单（根据国家税务总局2015年26号公告的规定）］；b. 出口收汇核销单［2012年8月以后出口的业务，不再提供出口收汇核销单，出口退税部门在审核审批退（免）税时，不再

审核出口收汇核销单信息（根据国家税务总局2013年12号公告的规定）]；c. 出口发票；d. 委托出口的货物，还应提供受托方主管税务机关签发的代理出口货物证明以及代理出口协议复印件；e. 主管税务机关要求提供的其他资料。

③生产企业出口的视同自产货物以及列名生产企业出口的非自产货物，属于消费税应税消费品（以下简称“应税消费品”）的，还应提供下列资料：“生产企业出口非自产货物消费税退税申报表”；消费税专用缴款书或分割单，海关进口消费税专用缴款书，委托加工收回应税消费品的代扣代收税款凭证原件或复印件。

3. 外贸企业出口货物免退税的申报。

（1）申报程序和期限。企业当月出口的货物须在次月的增值税纳税申报期内，向主管税务机关办理增值税纳税申报，将适用退（免）税政策的出口货物销售额填报在增值税纳税申报表的“免税货物销售额”栏。

企业应在货物报关出口之日次月起至次年4月30日前的各增值税纳税申报期内，收齐有关凭证，向主管税务机关办理出口货物增值税、消费税免退税申报。经主管税务机关批准的，企业在增值税纳税申报期以外的其他时间也可办理免退税申报。逾期的，企业不得申报免退税。

（2）申报资料。

①外贸企业出口退税汇总申报表。

②外贸企业出口退税进货明细申报表。

③外贸企业出口退税出口明细申报表。

④出口货物退（免）税正式申报电子数据。

⑤下列原始凭证：a. 出口货物报关单［2015年5月1日起，企业申报出口退（免）税，不再提供纸质出口报关单（根据国家税务总局2015年26号公告的规定）］；b. 增值税专用发票（抵扣联）、出口退税进货分批申报单、海关进口增值税专用缴款书（提供海关进口增值税专用缴款书的，还需同时提供进口货物报关单，下同）；c. 出口收汇核销单［2012年8月以后出口的业务，不再提供出口收汇核销单，出口退税部门在审核审批退（免）税时，不再审核出口收汇核销单信息（根据国家税务总局2013年12号公告的规定）］；d. 委托出口的货物，还应提供受托方主管税务机关签发的代理出口货物证明，以及代理出口协议副本；e. 属应税消费品的，还应提供消费税专用缴款书或分割单、海关进口消费税专用缴款书（提供海关进口消费税专用缴款书的，还需同时提供进口货物报关单，下同）；f. 主管税务机关要求提供的其他资料。

4. 增值税零税率应税服务退（免）税申报及期限。增值税零税率应税服务提供者收齐有关凭证后，可在财务作销售收入次月起至次年4月30日前的各增值税纳税申报期内向主管税务机关申报退（免）税；逾期申报的，不再按退（免）税申报，改按免税申报；未按规定申报免税的，应按规定缴纳增值税。

5. 出口货物单证备案的规定。出口企业应在申报出口退（免）税后15日内，将所申报退（免）税货物的下列单证，按申报退（免）税的出口货物顺序，填写“出口货物备案单证目录”，注明备案单证存放地点，以备主管税务机关核查。

（1）外贸企业购货合同、生产企业收购非自产货物出口的购货合同，包括一笔购销合同下签订的补充合同等；

（2）出口货物装货单；

（3）出口货物运输单据（包括海运提单、航空运单、铁路运单、货物承运单据、邮政收据等承运人出具的货物单据，以及出口企业承付运费的国内运输单证）。

若有无法取得上述原始单证情况的，出口企业可用具有相似内容或作用的其他单证进行单证备案。除另有规定外，备案单证由出口企业存放和保管，不得擅自损毁，保存期为5年。

视同出口货物及对外提供修理修配劳务不实行备案单证管理。

6. 出口企业分类管理。《国家税务总局关于发布修订后的〈出口退（免）税企业分类管理办法〉的公告》（国家税务总局公告2016年第46号）规定，自2016年9月1日起，税务机关对已按规定办理出口退（免）税资格认定的出口企业和其他单位（以下简称“出口企业”）进行分类管理和服务，分别按照优先退税、正常管理、侧重监管、重点防范的模式，将出口企业按照评定标准划分为一类、二类、三类、四类进行差别化管理。一类出口企业申报出口退（免）税时不需要提供原始凭证，相关电子信息齐全且经预审通过即可，对应的原始凭证留存企业备查；二类、三类出口企业申报出口退（免）税时，应按规定提供原始凭证、资料及正式申报电子数据；四类企业申报出口退（免）税时，在提供原始凭证、资料及正式申报电子数据的基础上，还须报送收汇凭证。税务机关按照规定标准审核一类、二类、三类、四类出口企业的申报信息，对符合相应条件的，应分别自受理企业申报之日起5个、10个、15个、20个工作日内办结出口退（免）税手续。出口企业申报的出口退（免）税存在有关疑点的，须按规定予以核实、排除相关疑点后，方可办理退（免）税，不受办结出口退（免）税手续时限的限制。

同时，主管税务机关对出口企业管理类别实施动态管理，一经发现有关情形，应自发现之日起20个工作日内完成管理类别评定调整工作。

**（七）出口退（免）税业务办理流程**

随着我国改革开放政策的进一步深入，我国与国际的经济合作越来越紧密，同时国际贸易的竞争也越来越激烈，使得我国外贸发展面临的外部环境和形势较为严峻。为鼓励外贸出口，推动对外贸易平衡发展，国家近几年相继出台了多项政策，改善了外贸体制，优化了退税流程，简化了退税办理环节。

根据自2018年5月开始实施的《全国税务机关出口退（免）税管理工作规范（2.0版）》，目前，出口企业从取得进出口经营权到收到出口退税款，基本流程大概要经过以下环节：

1. 出口企业根据“三证合一”或“五证合一”的要求，到属地工商部门办理加载统一社会信用代码的营业执照。

2. 在所属地外经贸部门取得对外贸易经营者备案登记证书；在所属地海关部门办理海关注册登记证书；在所属检验检疫部门获得商检证书；在所属外汇管理部门获得相应审批文件。

3. “三证合一”或“五证合一”的企业，在所属地主管海关办理电子口岸入网资格后，到外汇开户银行取得国家外汇管理局网上应用服务平台用户操作资格。

4. 到所属地主管税务机关申请增值税一般纳税人资格备案。

5. 企业在出口退（免）税首笔申报前，应当从出口退（税）申报系统中生成出口退（免）税备案表，提供相关资料及电子数据，前往所属地税务机关办税服务厅或行政服务中心征税窗口受理岗办理出口退（免）税备案手续，受理岗在 CTAIS 或“金三系统”及出口退税审核系统中维护企业基础信息，并保持税企双方备案数据的一致性。同时，企业申请领购增值税普通发票用于开具出口发票。

6. 企业应向受理岗申请出口退（免）税无纸化申报，对符合条件的，由受理岗在审核系统中录入无纸化标识并将结果反馈给企业。

7. 企业发生货物出口后，将相关数据录入出口退（免）税申报系统，按照会计规定作销售收入的次月通过远程申报或人工操作，按规定进行预申报。经确认电子信息无误后，再进行增值税纳税申报。

8. 企业自出口之日起至次年 4 月 30 日前的最后一个增值税纳税申报期内，收齐有关单证（纸质出口报关单已取消）及形成申报退（免）税的电子数据，向所属地税务机关进行正式申报。由于特别原因无法申报的，可以申请延期申报。

9. 企业在正式申报出口退（免）税的 15 日内，将所申报退（免）税的出口货物装货单、出口货物运输单据及国内运输单据（以出口企业承付运费的）和购货合同，按申报退（免）税的出口货物顺序，填写“出口货物备案单证目录”，注明备案单证存放地点，以备主管税务机关核查。

10. 退税主管税务机关受理岗受理出口企业退（免）税申报，预审通过后，通过出口退税审核系统后台传递至相关审核岗位。

11. 退税主管税务机关相关岗位按规定的时限完成审核流程。

12. 退税主管税务机关审批岗审批完毕后推送到受理岗发放企业通知，完成出口退（免）税申报与审批流程。

13. 退税主管税务机关根据下发的退税计划，通过综合管理岗为企业出具“收入退还书”，并通过税、库、银系统向国库部门传递电子数据；或通过人工方式将纸质资料送到国库部门，由其办理出口退税退库手续。

14. 国库部门根据税、库、银系统传递电子数据或纸质“收入退还书”以及相关资料，办理出口退税退库手续。

**（八）出口退（免）税服务**

根据自 2018 年 5 月开始实施的《全国税务机关出口退（免）税管理工作规范（2.0 版）》，税务机关应从以下四个方面积极做好出口退（免）税服务：

1. 税务机关应积极推进“互联网 + 税务”行动计划，为出口企业提供优质高效便捷的服务。各地税务机关应利用信息技术，实现申报、证明办理、核准、退库等出口退（免）税业务“网上办理”，切实方便出口企业办理退税，提高退税效率。

2. 各级税务机关应加强政策宣传辅导，通过新闻媒体、网站、短信平台、电子邮件、微信等多种途径开展政策宣讲和业务培训，便于出口企业及时收集单证，尽快满足退税申报条件。

3. 各级税务机关要定期提醒出口企业退（免）税申报、审核、退库进度及申报退

（免）税期限等情况，便于出口企业及时、足额获取出口退税。

4. 税务机关可以根据防范骗税风险的形势，引导出口企业建立和完善风险内控机制，促使企业严格管控出口业务的所有环节，帮助企业有效防范骗税风险。

## 复习思考题

### 一、名词解释

关税　正税　附加税　进口关税　反倾销税　反补贴税　报复关税　紧急关税　出口关税　从价关税　从量关税　复合关税　普通关税与优惠关税　最惠国关税　普惠制关税　特定优惠关税　关税完税价格　出口退（免）税

### 二、简答题

1. 关税税率有哪些类别？

2. 进口和出口货物的完税价格分别如何计算？

3. 简述我国生产企业出口货物劳务增值税免抵退税及对外贸企业出口货物劳务增值税免退税的政策基本规定。

### 三、计算题

1. 上海某进出口公司从美国进口货物一批，货物以离岸价格成交，成交价格折合人民币 1 410 万元，其中包括单独计价并已经海关审查属实的向境外采购代理人支付的买方佣金 10 万元，但不包括适用该货物而向境外支付的软件费 50 万元、向卖方支付的佣金 15 万元。另支付货物运抵我国上海港的运费、保险费等 35 万元。假设该货物适用的关税税率为 20%、增值税税率 13%、消费税税率 10%。要求：分别计算该公司应纳关税、消费税和增值税。

2. 某自营出口的生产企业为增值税一般纳税人，出口货物的征税税率为 13%，退税率为 11%。2015 年 10 月的有关经营业务为：购进原材料一批，取得的增值税专用发票注明的价款 180 万元，外购货物准予抵扣的进项税额 30.6 万元，货已验收入库。上月末留抵税款 2 万元；本月内销货物不含税销售额 100 万元，收款 117 万元存入银行；本月出口货物的离岸价格为 30 万美元，汇率 \$1 = ￥6.2，计划分配率为 40%。试计算该企业当期的“免、抵、退”税额。

## 参考文献

［1］国家税务总局关于加快出口退税进度有关事项的公告（国家税务总局公告 2018 年第 48 号）［EB］. http：//www.chinatax.gov.cn/chinatax/n810341/n810765/n3359382/201810/c4016837/content.html.

［2］国家税务总局关于发布《出口退（免）税企业分类管理办法》的公告（国家税务

总局公告 2015 年第 2 号）[EB]. http://www.chinatax.gov.cn/chinatax/n810341/n810765/n1465977/201501/c1672430/content.html.

[3] 国家税务总局关于发布修订后的《出口退（免）税企业分类管理办法》的公告（国家税务总局公告 2016 年第 46 号）[EB]. http://www.chinatax.gov.cn/n810341/n810755/c2217201/content.html.

[4] 国家税务总局办公厅. 关于《国家税务总局关于发布修订后的〈出口退（免）税企业分类管理办法〉的公告》的解读 [EB]. http://www.chinatax.gov.cn/chinatax/n810341/n810760/c2217107/content.html, 2016-7-26.

[5] 国家税务总局. 全国税务机关出口退（免）税管理工作规范（2.0 版）[EB]. http://www.chinatax.gov.cn, 2018-5.

[6] 中华人民共和国进出口关税条例（国务院令第 392 号）[EB]. http://www.customs.gov.cn/customs/302249/302266/302267/2558681/index.html.

[7] 稳外贸，税收"有力道"[N]. 中国税务报，2019-11-12.

[8] 税务总局 16 项措施稳外贸 上半年出口退税增 12.4% [N]. 人民日报，2015-8-18.

[9] 云南税务：按下出口退税"快进键"[N]. 中国税务报，2019-8-23.

# 第十一章 Chapter 11 国际税收管理

【本章提要】

本章介绍了国际税收管理的基本理论和非居民企业的税收管理，重点论述了特别纳税调整管理、BEPS行动计划、国际税收合作与协调以及国际税收管理新趋势。

【学习目的】

通过本章的学习，了解国际重复征税的处理方法、非居民企业税收管理，掌握特别纳税调整管理的方法以及国际税收合作的主要形式，并进一步关注国际税收管理的新趋势。

## 第一节 国际税收管理概述

### 一、国际税收管辖权

#### （一）国际税收管辖权的内涵

国际税收管辖权是指国家在税收领域中的主权，是一国政府行使主权征税所拥有的管理权力。税收管辖权具有独立性和排他性，它意味着一个国家在征税方面行使权力的完全自主性，在处理本国税务时不受外来干涉和控制。

正是由于国家的税收管辖权来源于国家主权，因而它是一种完全独立自主的不受外来干预的权力。一国政府可以在完全独立自主不受外来干预的条件下，依据本国的政治经济状况制定税收政策、确立税制和规定纳税人与征税对象等。这一税收管辖权独立自主的原则，已为各国所承认和遵守。

从一国的角度来看，税收管辖权是一种不受任何约束和限制的权力。但就国与国之间的关系而言，税收管辖权独立自主这一原则本身就包含着各国税收管辖权平等的含义。国际社会是由众多大小不同但主权平等的国家构成的，这一客观事实本身就决定了这一原则并不意味着一国政府可以随意扩大其税收管辖权的范围。一国政府在行使这种权力时，也不可能绝对地不受任何限制和约束。

#### （二）国际税收管辖权的确立原则

国家在确立其税收管辖权时，在客观上不能不受这个国家本身政治权力所能达到的范围的制约，总要受一定原则的约束。税收管辖权的确立与行使以国家主权所能达到的范围，包括人员范围和地域范围为依据。从人员范围看，包括具有该国国籍、在法律上享有权利和承担义务的全部公民，以及居住在境内并受其法律管辖的全部居民；从地域范围看，包括该国领土疆界内的全部空间。选择这两个不同范围作为一国政府行使其征税权力所遵循的指导思想原则，从而就有属人原则与属地原则之分。

1. 属人原则。属人原则是指一国政府依据人员范围作为其行使征税权力所遵循的指导思想原则，亦称居住国原则。遵循这一原则，一国政府在行使其征税权力时，必须受人员范围所制约，即只能对该国的公民或居民（自然人和法人）取得的所得或财产行使征税权力。

2. 属地原则。属地原则是指一国政府依据地域范围作为其行使征税权力所遵循的指导思想，亦称来源国原则。按照这一原则，一国政府在行使其征税权力时，必须受该国领土疆界内的全部空间范围所制约。这个范围包括该国的领陆、领水和领空。由领陆、领水和领空所构成的全部领土空间范围，就是一个主权国家政治权力行使的范围。一国政府只能对在上述范围内发生的所得或财产行使其征税权力。

#### （三）国际税收管辖权的类型①

根据属人原则和属地原则，可将国际税收管辖权分为以下三种类型：

1. 来源地管辖权，又称地域管辖权，是由属地原则衍生出来的。即一国有权对来源于本国境内的全部所得征税，而不管与产生此项所得相关的人员是否在本国境内。

2. 居民管辖权，是由属人原则衍生出来的。即一国有权对本国税法中规定的居民（自然人和法人）取得的全部所得征税，而不管此项所得是否来源于本国境内。

3. 公民管辖权，是由属人原则衍生出来的。即一国有权对拥有本国国籍的公民取得的全部所得征税，而不管此项所得是否来源于本国境内。

税收管辖权的确立在国际上并没有公认的、统一的规则，每个国家都有权依据本国的政治、经济和财政政策，自行选择属人原则和属地原则来确定该国的税收管辖权。

### 二、国际重复征税

#### （一）国际重复征税的内涵

国际重复征税指两个或两个以上国家或地区在同一时期内对同一或不同跨国纳税人的同一征税对象进行分别征收相同或类似的税所形成的交叉重叠征税，一般属于法律性国际重复征税。法律性国际重复征税是由法律上对同一纳税人采取不同的征税原则造成的。

---

① 朱青编：《国际税收》，中国人民大学出版社 2016 年第 7 版，第 25—26 页。

### （二）国际重复征税问题的产生

国际重复征税问题产生于国家间税收管辖权的交叉重叠。税收管辖权的交叉重叠主要有以下几种形式：

1. 收入来源地管辖权与居民管辖权的重叠。世界上绝大多数国家都同时实行收入来源地管辖权和居民管辖权。这样，对于同一跨国纳税人的同一笔跨国所得（如甲国的居民在乙国取得的收入），在收入来源地国家（乙国）根据收入来源地管辖权对这一收入征了所得税，到了纳税人的居住国（甲国）又要对这同一笔收入行使居民管辖权再征一次所得税，从而产生了同一跨国纳税人的同一项跨国所得在两个国家双重征税的问题。收入来源地管辖权和居民管辖权的交叉重叠征税，是构成国际重复征税的根本原因。

2. 居民管辖权与居民管辖权的重叠。国际重复征税问题的产生，还与各国判定居民身份的标准有关。由于各国法律确定纳税人居民身份的标准不同，就会出现同一个跨国纳税人被两个或两个以上国家或地区同时确认为其居民的现象。即使有关国家都采用同样的判定标准，也因各自居民标准的内涵不同而有可能造成居民管辖权之间的重叠。

3. 收入来源地管辖权与收入来源地管辖权的重叠。由于有关国家采取的收入来源地的确定标准不同，也会出现有关国家对同一笔收入同时行使收入来源地管辖权的冲突。

### （三）国际重复征税问题的处理方法

各国的涉外税法和国际税收协定中，处理国际重复征税问题所采用的具体方法主要有免税法和抵免法两种，其中抵免法是普遍采用的。在运用抵免法的过程中，为了鼓励国际投资，有时也往往增加一项税收饶让的内容，作为抵免法内容的附加。税收饶让也称饶让抵免，是指居住国政府对其居民在国外得到减免税优惠的那一部分所得税，视同已经缴纳，并作为税收抵免的依据。这种情况通常见于发达国家与发展中国家签订的税收协定之中。此外，有些国家还选择了扣除法和低税法试图解决国际重复征税问题，也在一定程度上缓和了国际重复征税的矛盾。

1. 免税法。免税法亦称“豁免法”，是指居住国政府对其居民来源于非居住国的所得额，在一定条件下放弃行使居民管辖权，免予征税。这种方法是以承认收入来源地管辖权的独占地位为前提的。在实际应用中，免税法又分为全额免税和累进免税两种形式。全额免税法，是指居住国政府对其居民来自国外的所得全部免予征税，只对其居民的国内所得征税，而且在决定对其居民的国内所得所适用的税率时，不考虑其居民已被免予征税的国外所得。累进免税法，是指居住国政府对其居民来自国外的所得不征税，只对其居民的国内所得征税，但在决定对其居民的国内所得征税所适用的税率时，有权将其居民的国外所得加以综合考虑。这种免税方法主要适用于实行累进所得税制的国家，而且是通过签订双边税收协定的途径实现的。

2. 抵免法。国际上多数国家都通过承认收入来源地管辖权的优先地位来解决重复征税问题，这种做法被称为“抵免方法”或“税收抵免”。对跨国纳税人的同一笔所得，来源国政府可以先于居住国政府行使税收管辖权，即在形成这笔所得的时候，就予以课税，而后，在这笔所得汇回其国内时，居住国政府方可对之课税，并采取抵免的方法来解决双重征税问题。税收抵免方法是解决国际重复征税问题的有效方法，所以这种方法在国际上广为通行。

3. 其他方法。对于国际重复征税问题处理的其他方法主要包括扣除法、低税法等。

（1）扣除法。扣除法亦称“列支法”，即居住国政府对其居民取得的国内外所得汇总征税时，允许居民将其向外国政府缴纳的所得税作为费用在应税所得中予以扣除，就扣除后的余额计算征税。这种方法实际上就是居住国政府将其居民的国外所得的税后收益并入该居民的国内所得一起征税。跨国纳税人并不能由此而享有从应纳居住国政府所得税中全部扣除已纳非居住国政府所得税的权利，重复征税问题仍然不能因此而得到真正解决。

（2）低税法。低税法则是居住国政府对其居民国外来源的所得，采用单独制定较低的税率征收标准，以减少重复征税的因素。低税法只能在一定程度上降低重复征税的数额，即在某种程度上缓和了实际重复征税的矛盾，但不能根本解决重复征税问题。正因为如此，单独采用低税方法的国家也很少。

## 三、国际避税与反避税

国际避税是指跨国纳税人利用两个或两个以上的国际税法和国际税收协定的差别、漏洞、特例和缺陷，通过一系列合法手段，规避或减轻其总纳税义务的行为。税收是国家对纳税人（纳税主体）和征税对象（纳税客体）进行的课证。因此要规避税收，就要避免成为纳税主体和纳税客体。

### （一）国际避税产生的原因

跨国纳税人面对激烈竞争的国际市场，在利益机制的驱使下，不断加强生产经营管理，降低生产耗费，同时千方百计避税，精心研究有关国家的税收法规制度，利用各国税收上的种种差异减轻税负，以谋求利润最大化。除上述主观原因之外，还有可使跨国纳税人国际避税成为现实的客观原因，具体表现在：

1. 各国税收制度的差异。如一些国家税负重，一些国家税负轻；有些国家税制不公平。再如税收管辖权的不同运用，各国征税的客观依据不一以及税率水平、税率形式不同。

2. 各国避免国际双重征税办法的差异。不同的方法会使纳税人税负失衡，像国际上常用的免税法、抵免法以及饶让抵免法等。

3. 各国征管水平及其他非税因素的差异。由于各国税务当局及其官员的征收管理水平不一，也会导致纳税人的税负不同，产生国际避税。同时，并非所有国家都认为国际避税是需要打击的行为。避税在一些国家被认为就是逃税，而在另一些国家则被认为是合法和合理的行为。有些国家正有意或无意地提供被其他国家反对的避税机会，吸引跨国纳税人前去投资经营或从事其他活动。

### （二）国际避税的主要方式

国际避税的基本方式就是跨国纳税人通过借用或滥用有关国家税法、国际税收协定，利用它们的差别、漏洞、特例和缺陷，规避纳税主体和纳税客体的纳税义务，不纳税或少纳税，主要有以下几类：

1. 转让定价避税。转让定价（Transfer Pricing）是指公司集团内部或关联企业之间在销售货物、提供劳务、转让无形资产等时制定的价格。在跨国经济活动中，利用关联企业之间的转让定价进行避税已成为一种常见的税收逃避方法，其一般做法是：高税国企业向其低税国关联企业销售货物、提供劳务、转让无形资产时制定低价；低税国企业向其高税国关联企业销售货物、提供劳务、转让无形资产时制定高价。这样，利润就从高税国转移到低税国，从而达到最大限度减轻其税负的目的。

2. 利用国际避税地避税。国际避税地（International Tax Havens），也称避税港或避税乐园，是指一国为吸引外国资本流入，繁荣该国经济，弥补自身资本不足和改善国际收支情况，或引进外国先进技术以提高该国技术水平，在该国或确定范围内，允许外国人在此投资和从事各种经济活动取得收入或拥有财产可以不必纳税或只需支付很少税收的地区。避税最常见、最一般的手法就是跨国公司在国际避税地虚设经营机构或场所转移收入、转移利润，实现避税。常见的国际避税地有巴哈马、百慕大群岛、开曼群岛、维京群岛等。

3. 滥用国际税收协定避税。国际税收协定（International Tax Treaties）是两个或两个以上主权国家为解决国际双重征税问题和调整国家间税收利益分配关系，本着对等原则，经由政府谈判所签订的一种书面协议。为达到消除国际双重征税目的，缔约国间都要有相应的约束和让步，从而形成缔约国居民适用的优惠条款。目前中国已同 80 多个国家签订税收协定。然而国际避税活动是无孔不入的，一些原本无资格享受某一特定税收协定优惠的非缔约国居民，采取种种巧妙的手法，如通过设置直接的“导管公司”、直接利用双边关系设置低股权控股公司而享受税收协定待遇，从而减轻其在中国的纳税义务。这种滥用税收协定避税的行为还将随着中国对外开放的扩大而产生。

4. 资本弱化避税。[①] 资本弱化（Thin Capitalization）是指在公司的资本结构中，债务融资比重大大超过股权融资比重。通常，跨国公司在向境外子公司投入资金的时候常用此方法来规避税收。其原理在于，相对于股权融资，关联企业间债务融资所产生的利息可以在计算应纳税所得额时扣除，进而减轻其全球总税负。资本弱化是跨国公司进行国际避税的一个重要手段，在高税国投资时使用更多。

5. 利用电子商务避税。电子商务是采用数字化电子方式进行商务数据交换和开展商务业务的活动，是在互联网与传统信息技术系统相结合的背景下产生的相互关联的动态商务活动。在实现了书写电子化、信息传递数据化、交易无纸化、支付现代化的同时，也引起了审计环境、审计线索、审计信息的储存介质、审计的技术方法、审计方式等一系列的重大变化。而这些使国际税收中传统的居民定义、常设机构、属地管辖权等概念无法对其进行有效约束，无法准确区分销售货物、提供劳务或是转让特许权，因而电子商务的迅速发展既推动世界经济的发展，同时也给世界各国政府提出了国际反避税的新课题。

6. 改变居民身份。主要是指跨国纳税人通过跨境迁移，或者在一国境内避免成为该国居民，以改变相关国家的税收管辖权，从而实现规避目标的方式。

### （三）国际反避税的措施

反避税是指国家税务主管机关采取积极的措施，以税收法律法规为依据，针对纳税人利用税法上的漏洞或税法允许的办法，作适当的财务安排或税收策划，达到减轻或解除税负目的的行为，进行防范、制止和纠正的管理行为。国际避税的存在，对国际经济交往和有关国家的财权利益以及纳税人的心理都产生了不可忽视的影响。因此，有关国家针对跨国纳税人进行国际避税所采用的各种方法，采取相应的措施加以限制。国际反避税的措施

---

① 朱青编：《国际税收》，中国人民大学出版社 2016 年第 7 版，第 130—131 页。

主要有以下几个方面：

1. 防止通过纳税主体国际转移进行国际避税的一般措施。

（1）对自然人利用移居国外的形式规避税收，有的国家规定，必须属于“真正的”和“全部的”移居才予以承认，方可脱离与本国的税收征纳关系，而对“部分的”和“虚假的”移居则不予承认。如德国规定，纳税自然人虽已失去本国居民身份，但仍有经济联系的，应连续对其征收有关的所得税，视其为特殊的“非居民”。

（2）对法人利用变更居民或公民身份的形式规避税收负担，有的国家对法人的国际转移给予有条件的允许。荷兰曾规定，准许本国企业在战时或其他类似祸害发生时迁移到荷属领地，而不作避税处理；但对于其他理由的迁移，一般认为是以避税为目的，而不予承认，仍连续负有纳税义务。

2. 防止通过征税对象国际转移进行国际避税的一般措施。国际关联企业之间的财务收支活动、利润分配形式体现着“集团利益”的特征，对这种避税活动给予限制，关键是应坚持“独立竞争”标准，即按照有关联的公司任何一方与无关联的第三方公司，各自以独立经济利益和相互竞争的身份出现，在相同或类似的情况下，从事相同或类似的活动所应承担或归属的成本、费用或利润来考查、衡量某个公司的利润是否正常，是否在公司之间发生了不合理的安排。凡是符合“独立竞争”标准的，在征税时就可以承认，否则，要按照这一标准进行调整，这样就可以达到防止避税的目的。

3. 转让定价调整。对关联企业之间销售货物或财产的定价问题，一直是防止国际避税的一个焦点。其中关键环节是确定一个公平的价格，以此作为衡量纳税人是否通过转让定价方式压低或抬高价格、规避税收。调整转让定价的方法将在第三节详细介绍。

4. 防止利用避税地避税的措施。针对国际避税地的特殊税收优惠办法，一些国家从维护自身的税收权益出发，分别在本国的税法中相应作出规定，以防止国际避税发生。其中美国的防范措施规定最复杂，也最典型。美国《国内收入法典》规定，只要在国外某一公司的“综合选举权”股份总额中，有50%以上分属于一些美国股东，而这些股东每人所持有的综合选举权股份又在10%以上时，这个公司就被视为被美国纳税人控制的外国公司，即外国基地公司。而且这个股权标准只要外国一家公司在一个纳税年度中的任何一天发生过，该公司当年就被视为外国基地公司。在上述条件下，凡按股息比例应归到各美国股东名下的所得，即使当年外国基地公司未分配，也均应计入各美国股东本人当年所得额中合并计税，这部分所得称为外国基地公司所得，其应缴外国税款可以获得抵免，以后这部分所得实际作为股息分配给美国股东时，则不再征税。

5. 防止利用资本弱化避税的措施。[①] 如果一国税务管理机关对本国企业资本弱化的状况不加以规定，并采取一定的限制措施，则会损害该国的税收权益，所以很多国家都采取了措施，防止跨国公司利用资本弱化的方式规避其本应当承担的纳税义务。各国采取限制资本弱化的方式主要有两种：一种是限定允许税前扣除利息的债务规模，即通过公平交易法，假定债务人和债权人不存在关联关系时，其应当或能够承受的债务规模作为允许税前扣除的债务规模；或通过比例法，将股本的一定比例作为允许税前扣除利息的最大债务规

① 朱青编：《国际税收》，中国人民大学出版社2016年第7版，第223—224页。

模，超过规定股本比例的不允许扣除。另一种是直接限定可税前扣除的利息规模。

6. 加强征收管理。近几十年来，许多国家从以下几个方面加强了征收管理，制定了比较严密的税收管理制度。(1) 纳税申报制度。严格要求一切从事跨国经济活动的纳税人及时、准确、真实地向国家税务机关申报自己的所有经营收入、利润、成本或费用列支等情况。(2) 会计审计制度。与纳税申报制度密切相关的是如何对跨国纳税人的会计核算过程及结果进行必要的审核，以检查其业务或账目有无不实、不妥以及多摊成本费用和虚列支出等问题。(3) 所得核定制度。许多国家采用假设或估计的方法确定国际税纳人的应税所得。征税可以基于一种假设或估计之上，这不是对税法的背弃，而是在一些特殊的情况下采取的有效办法。如在纳税人不能提供准确的成本或费用凭证、不能正确计算应税所得额时，可以由税务机关参照一定标准，估计或核定一个相应的所得额，然后据以征税。

### 四、税基侵蚀和利润转移计划

税基侵蚀与利润转移计划（Base Erosion and Profit Shifting Plans，简称 BEPS Plans）是由 G20 领导人背书并委托 OECD 推进的国际税改项目，是 G20 框架下各国携手打击国际逃避税的重要举措。2013 年 6 月，OECD 发布《BEPS 行动计划》，并于当年 9 月在 G20 圣彼得堡峰会上得到各国领导人的同意。

#### （一）BEPS 产生的原因

1. 税收管辖权不对称。各国单独制定税收政策，有可能导致双重征税，也有可能造成双重免税。一方面，跨国公司通过敦促各国进行双边或者多边合作来解决因税收原则差异造成的双重征税问题，然后利用这些税收原则的差异，寻找双重免税的机会；另一方面，各国政府秉承用税收优惠政策吸引国外投资、刺激本国经济发展的理念，采取自我侵蚀税基的策略。

2. 税务监管的缺失。只关注风险或者资产的转移与利润的分配在法律结构上是否相匹配，却忽略了这一转移与分配的过程在经济实质上的一致问题——纳税地点与经济活动发生地及价值创造地相匹配问题。

#### （二）BEPS 行动计划内容

BEPS 行动计划根据其性质和特点分为 5 大类，具体如表 11－1 所示。

**表 11－1　　BEPS 行动计划内容**

| 类别 | 行动计划 |
|---|---|
| 应对数字经济带来的挑战 | 应对数字经济带来的税收挑战 |
| 协调各国企业所得税税制 | 混合错配、受控外国公司规则、利息扣除、有害税收实践 |
| 重塑现行税收协定和转让定价国际规则 | 税收协定滥用、常设机构、无形资产、风险和资本、其他高风险交易 |
| 提高税收透明度和确定性 | 数据统计分析、强制披露原则、转让定价同期资料管理和国别报告、争端解决机制 |
| 开发多变工具促进行动计划实施 | 多边工具 |

各项行动的具体内容：

1. 应对数字经济带来的税收挑战：根据数字经济下的商业模式特点，重新审视现行税收协定和转让定价规则存在的问题，并就国内立法和国际规则的调整提出建议。

2. 混合错配：针对利用同一实体、所得或交易在不同国家税收处理不同，以及滥用协定进行的税收筹划，提出对税收协定范本和国内法的修改建议。

3. 受控外国公司规则：在强化受控外国公司税收规则，防止利润滞留或转移境外避税方面提出政策建议。

4. 利息扣除：在制止利用利息支出和金融工具交易避税方面提出政策建议。

5. 有害税收实践：在 OECD 发起的有害税收竞争论坛的基础上，审议包括非 OECD 成员国在内的各国优惠税制，提出解决有害税收竞争问题的建议。

6. 税收协定滥用：针对各种违反协定立法意图套取优惠待遇的现象，补充完善协定条款，并辅以必要的国内法修订或多边法律工具的开发，防止协定滥用行为。

7. 常设机构：修订税收协定常设机构条款相关内容，以防止通过人为规避常设机构以逃避来源地纳税义务。

8—10. 无形资产、风险和资本以及其他高风险交易：通过制定规则遏制集团内部和关联企业间通过无形资产、风险和资本的人为分配从而转移利润逃避税收的行为。

11. 建立方法论来收集和分析 BEPS 的数据以及采取相应的行动：研究并确定针对 BEPS 行为的数据收集体系，构建分析指标体系，设计监控及预警指标，开展分析研究以估算 BEPS 行为的规模和经济影响。

12. 强制披露原则：为加强税收遵从风险防控，针对纳税人应披露的交易内容、披露方式、相关惩罚措施和信息使用等提出建议性规则框架，以帮助各国设计税收筹划方案披露机制。

13. 转让定价同期资料管理和国别报告：在考虑企业遵从成本的基础上，设计转让定价同期资料通用模板，提高税收透明度并减轻纳税人负担。

14. 争端解决机制：在现有大量双边税收协定不包括仲裁条款、部分国家对纳税人申请相互协商程序有不少限制性规定的情况下，建立更为有效的争端解决机制，切实避免双重征税。

15. 多边工具：开发一个可快速落实行动计划成果的法律工具，例如签署多边协议，以替换和实施现有双边和多边协定条款中部分相关内容。

## 第二节

## 非居民企业税收管理

### 一、非居民企业概述

非居民企业（Non－tax－resident Enterprise）是指依照外国（地区）法律成立且实际

管理机构不在中国境内，但在中国境内设立机构、场所的，或者在中国境内未设立机构、场所，但有来源于中国境内所得的企业。

依照外国（地区）法律成立的企业，包括依照外国（地区）法律成立的企业和其他取得收入的组织。实际管理机构是指对企业生产经营、人员、账务、财产等实施实质性全面管理和控制的机构。

非居民企业的类型包括：

**（一）在中国境内设立机构、场所的企业**

1. 外国企业分公司；
2. 常驻代表机构；
3. 承包工程作业和提供劳务的企业；
4. 国际运输企业；
5. 营业代理人；
6. 其他。

**（二）在中国境内未设立机构、场所，但有来源于中国境内以下所得的企业**

1. 股息、红利等权益性投资收益；
2. 利息所得；
3. 租金所得；
4. 特许权使用费所得；
5. 转让财产所得；
6. 其他所得。

## 二、设立机构、场所的非居民企业管理

**（一）概述**

在中国境内从事生产经营活动的机构、场所，包括：

1. 管理机构、营业机构、办事机构；
2. 工厂、农场、开采自然资源的场所；
3. 提供劳务的场所；
4. 从事建筑、安装、装配、修理、勘探等工程作业的场所；
5. 其他从事生产经营活动的机构、场所。

非居民企业委托营业代理人在中国境内从事生产经营活动的，包括委托单位或者个人经常代其签订合同，或者储存、交付货物等，该营业代理人视为非居民企业在中国境内设立的机构、场所。

**（二）基本政策**

1. 征税对象。非居民企业在中国境内设立机构、场所的，应当就其所设机构、场所取得的来源于中国境内的所得，以及发生在中国境外但与其所设机构、场所有实际联系的所得，缴纳企业所得税。

2. 税率。适用企业所得税税率为25%；但如果取得的所得与设立的机构、场所没有

实际联系的，仅就其来源于我国境内的所得适用20%低税率（实际减按10%征税）。①

3. 纳税地点。在中国境内设立机构、场所的所得，以机构、场所所在地为纳税地点。非居民企业在中国境内设立两个或者两个以上机构、场所的，经税务机关审核批准，可以选择由其主要机构、场所汇总缴纳企业所得税。

## 三、未设立机构、场所的非居民企业管理

### （一）概述

非居民企业在中国境内未设立机构、场所的，或者虽设立机构、场所，但取得的所得与其所设机构、场所没有实际联系的，应当就其来源于中国境内的所得缴纳企业所得税。

上述非居民企业取得来源于中国境内的股息、红利等权益性投资收益和利息、租金、特许权使用费所得、转让财产所得以及其他所得应当缴纳的企业所得税，实行源泉扣缴，以依照有关法律规定或者合同约定对非居民企业直接负有支付相关款项义务的单位或者个人为扣缴义务人。

### （二）基本政策

1. 征收对象。非居民企业在中国境内未设立机构、场所的，或者虽设立机构、场所，但取得的所得与其所设机构、场所没有实际联系的，应当就其来源于中国境内的所得缴纳企业所得税。

2. 税率。适用税率为20%，同时减按10%的税率征收企业所得税。

3. 应纳税所得额。

（1）股息、红利等权益性投资收益和利息、租金、特许权使用费所得，以收入全额为应纳税所得额；

（2）转让财产所得，以收入全额减除财产净值后的余额为应纳税所得额；

（3）其他所得，参照前两项规定的方法计算应纳税所得额。

4. 应纳税额。扣缴企业所得税的应纳税额 = 非居民企业的应纳税所得额 × 适用税率。

5. 纳税地点。

（1）非居民企业在中国境内未设立机构、场所的，或者虽设立机构、场所，但取得的所得与其所设机构、场所没有实际联系的，其来源于中国境内的所得，以扣缴义务人所在地为纳税地点。

（2）扣缴义务人未依法扣缴或者无法履行扣缴义务的，由纳税人在所得发生地缴纳。

6. 纳税义务发生时间。税款由扣缴义务人在每次支付或者到期应支付时，从支付或者到期应支付的款项中扣缴。

到期应支付的款项，是指支付人按照权责发生制原则应当计入相关成本、费用的应付款项。

---

① 《中华人民共和国企业所得税法（2017年版）》（中华人民共和国第十二届全国人民代表大会常务委员会第二十六次会议于2017年2月24日通过修订）第二十七条第（五）项、第三条第三款，http://www.shui5.cn/article/41/117722.html，浏览时间：2020年3月5日；《中华人民共和国企业所得税法实施条例》（2019年4月23日中华人民共和国国务院令第714号修订）第九十一条，http://www.chinatax.gov.cn/chinatax/n810346/n810825/c101434/c28479831/content.html，浏览时间：2020年3月5日。

7. 纳税期限。扣缴义务人未依法扣缴或者无法履行扣缴义务的，非居民企业应于扣缴义务人支付或者到期应支付之日起 7 日内，到所得发生地主管税务机关申报缴纳企业所得税。

扣缴义务人每次代扣的税款，应当自代扣之日起 7 日内缴入国库，并向所在地的税务机关报送扣缴企业所得税报告表。

## 第三节 特别纳税调整

特别纳税调整，也称为反避税，二者在本质上是一样的，只是“反避税”是一个通俗化、中国化的说法，而“特别纳税调整”则是一个专业化、国际化的说法。特别纳税调整是针对“一般纳税调整”而言的，是税务机关出于实施反避税目的而对纳税人特定纳税事项所作的税收调整，包括针对纳税人转让定价、资本弱化、受控外国公司及其他避税情形而进行的税收调整。更通俗地讲，一般纳税调整是基于企业的日常经营，而特别纳税调整则是基于企业存在关联交易、违背独立交易原则的“特别情况”。独立交易原则（Arm's Length Principle）是指没有关联关系的交易各方，按照公平成交价格和营业常规进行业务往来遵循的原则，即完全独立的无关联关系的企业或者个人，依据市场条件下所采用的计价标准或者价格来处理其相互之间的收入和费用分配的原则。

特别纳税调整制度的内容包括税务机关对企业的转让定价、预约定价安排、成本分摊协议、资本弱化、受控外国企业、同期资料以及一般反避税等特别纳税调整事项的管理。

### 一、转让定价管理

转让定价管理是指税务机关对企业与其关联方之间的业务往来是否符合独立交易原则进行审核评估和调查调整等工作的总称。

企业发生关联交易以及税务机关审核、评估关联交易均应当按照独立交易原则，确定转让定价方法。转让定价方法包括可比非受控价格法、再销售价格法、成本加成法、交易净利润法、利润分割法及其他方法。在运用合理的转让定价方法时，应当考虑关联交易各方履行的功能、使用的资产、承担的风险和价值创造因素，确定关联交易的价格或者各方利润。

#### （一）可比性分析

选用合理的转让定价方法应当进行可比性分析，可比性分析可以包括以下方面：

1. 交易资产或者劳务特性。包括有形资产的物理特性、质量、数量等；无形资产的类型、交易形式、保护程度、期限、预期收益等；劳务的性质和内容；金融资产的特性、内容、风险管理等；股权的性质和内容。

2. 交易各方履行的功能、使用的资产和承担的风险。功能包括研发、设计、采购、加工、装配、制造、维修、分销、营销、广告、存货管理、物流、仓储、融资、管理、财务、会计、法律及人力资源管理等，在比较功能时，应当关注企业为履行功能所使用资产的类型和特性。资产包括有形资产、无形资产、金融资产、股权等。风险包括投资风险、研发风险、采购风险、生产风险、市场风险、管理及财务风险等。

3. 合同条款。包括交易标的，交易数量、价格，收付款方式和条件，交货条件，售后服务范围和条件，提供附加劳务的约定，变更、修改合同内容的权利，合同有效期，终止或者续签合同的权利，履行合同能力与行为。

4. 经济环境。包括行业概况、地理区域、市场规模、市场层级、市场占有率、市场竞争程度、消费者购买力、商品或者劳务可替代性、生产要素价格、运输成本、政府管制、地域性特殊因素等。

5. 经营策略。包括创新和开发、多元化经营、协同效应、风险规避、市场占有策略等。

### （二）可比非受控价格法

可比非受控价格法（Comparable Uncontrolled Pricing，CUP）以非关联方之间进行的与关联交易相同或者类似业务活动所收取的价格作为关联交易的公平成交价格。可比性分析应当特别考察关联交易与非关联交易在交易资产或者劳务的特性、合同条款、经济环境及经营策略上的差异，按照不同交易类型具体包括如下内容：

1. 有形资产使用权或者所有权的转让。

2. 金融资产转让，包括金融资产的实际期限、流动性、安全性、收益率。

3. 无形资产使用权或者所有权的转让。

4. 融通资金，包括融资的金额、币种、期限、担保、融资人的资信、还款方式、计息方法等。

5. 提供劳务，包括劳务性质、技术要求、专业水准、承担责任、付款条件和方式、直接和间接成本等。

6. 股权转让，包括公司性质、业务结构、资产构成、所处行业、行业周期、经营模式、企业规模、资产配置和使用情况、企业所处经营阶段、成长性、经营风险、财务风险、交易时间、地理区域、股权关系、历史与未来经营情况、商誉、税收目的、流动性、经济走向、宏观政策、企业收入成本结构及其他因素。

关联交易与非关联交易之间在以上方面存在重大差异的，应当就该差异对价格的影响进行合理调整，无法合理调整的，应当选择其他合理的转让定价方法。

可比非受控价格法可以适用于所有类型的关联交易。

### （三）再销售价格法

再销售价格法（Resale Pricing Method，RPM）以关联方购进商品再销售给非关联方的价格减去可比非关联交易毛利后的金额作为关联方购进商品的公平成交价格。其计算公式如下：

$$公平成交价格 = 再销售给非关联方的价格 \times (1 - 可比非关联交易毛利率)$$

$$其中，可比非关联交易毛利率 = \frac{可比非关联交易毛利}{可比非关联交易收入净额} \times 100\%$$

可比性分析应当特别考察关联交易与非关联交易在履行的功能、使用的资产和承担的风险及合同条款上的差异以及影响毛利率的其他因素，具体包括广告、营销、分销、产品保障及服务功能、存货风险，机器、设备的价值及使用年限，无形资产的使用及价值，有价值的营销型无形资产、批发或者零售环节，商业经验，会计处理及管理效率等。关联交易与非关联交易之间在以上方面存在重大差异的，应当就该差异对毛利率的影响进行合理调整；无法合理调整的，应当选择其他合理的转让定价方法。

再销售价格法通常适用于再销售者未对商品进行改变外形、性能、结构或者更换商标等实质性增值加工的简单加工或者单纯购销业务。

### （四）成本加成法

成本加成法（Cost－Plus Method，CPLM）以关联交易发生的合理成本加上可比非关联交易毛利后的金额作为关联交易的公平成交价格。其计算公式如下：

公平成交价格 = 关联交易发生的合理成本 ×（1 + 可比非关联交易成本加成率）

其中，可比非关联交易成本加成率 $=\frac{\text{可比非关联交易毛利}}{\text{可比非关联交易成本}}\times 100\%$

可比性分析应当特别考察关联交易与非关联交易在履行的功能风险及合同条款上的差异以及影响成本加成率的其他因素，具体包括制造、加工、安装及测试功能，市场及汇兑风险，机器、设备的价值及使用年限，无形资产的使用及价值，商业经验，会计处理，生产及管理效率等。关联交易与非关联交易之间在以上方面存在重大差异的，应当就该差异对成本加成率的影响进行合理调整；无法合理调整的，应当选择其他合理的转让定价方法。

成本加成法通常适用于有形资产所有权或者使用权的转让、提供或者接受劳务、融通资金等关联交易。

### （五）交易净利润法

交易净利润法（Transaction Net Margin Method，TNMM）以可比非关联交易的利润率指标确定关联交易的利润。利润率指标包括资产收益率、营业利润率、息税前营业利润率、完全成本加成率、贝里比率等。各利润指标的计算公式如下：

$$\text{资产收益率}=\frac{\text{净利润}}{\text{资产总额}}\times 100\%$$

$$\text{营业利润率}=\frac{\text{营业利润}}{\text{营业收入}}\times 100\%$$

$$\text{息税前营业利润率}=\frac{\text{息税前利润}}{\text{营业收入}}\times 100\%$$

$$\text{完全成本加成率}=\frac{\text{息税前利润}}{\text{完全成本}}\times 100\%$$

$$\text{贝里比率}=\frac{\text{营业毛利}}{\text{营业费用}+\text{管理费用}}\times 100\%$$

可比性分析应当特别考察关联交易与非关联交易之间在功能风险及经济环境上的差异以及影响营业利润的其他因素，具体包括执行功能、承担风险和使用资产，行业和市场情况，经营规模，经济周期和产品生命周期，成本、费用、所得和资产在各交易间的分摊，会计处理及经营管理效率等。利润指标的选取应当与关联交易的可比性分析一致，应当反映交易各方执行功能、承担风险和使用资产。必要时，可以对财务指标口径进行合理调整。关联交易与非关联交易之间在以上方面存在重大差异的，应当就该差异对利润的影响进行合理调整；无法合理调整的，应当选择其他合理的转让定价方法。

交易净利润法通常适用于无重大无形资产企业的有形资产转让、无形资产转让以及劳务提供等关联交易。

（六）利润分割法

利润分割法（Profit Split Method，PSM）根据企业与其关联方对关联交易合并的实际或者预计利润的贡献计算各自应当分配的利润额。利润分割法主要包括一般利润分割法、剩余利润分割法。一般利润分割法根据关联交易各参与方所执行的功能、使用的资产及承担的风险，采用遵循独立交易原则的利润分割方式，确定关联方各自应当取得的合理利润。剩余利润分割法将关联交易各参与方的合并利润减去分配给各方的常规利润的余额作为剩余利润，再根据各方对剩余利润的贡献程度进行分配。可比性分析应当特别考察交易各方执行的功能、承担的风险和使用的资产，成本、费用、所得和资产在各交易方之间的分摊，地域性特殊因素，会计处理，确定交易各方对剩余利润贡献所使用信息和假设条件的可靠性等。

利润分割法通常适用于参与方具有独特价值贡献、业务高度整合且难以单独评估的关联交易。

（七）其他方法

其他方法包括价值贡献分配法、资产评估方法、可比利润法等。

1. 价值贡献分配法通过分析价值创造因素对跨国集团利润的贡献，将其合并利润在位于不同国家的关联企业之间进行分配。分配时应当考虑与价值贡献相关的资产、成本、费用、销售收入、员工人数等某一个或者某组要素组合。价值贡献分配法通常只适用于难以获取可比交易信息但能合理确定合并利润以及价值创造因素贡献的交易。

2. 资产评估方法包括成本法、市场法和收益法等方法。成本法是以替代或者重置原则为基础，通过评估在当前市场价格下创造一项相似资产所发生的支出确定被测试对象价值的评估方法。成本法适用于能够被替代的资产价值评估。市场法是通过利用市场上同样或者类似资产的近期交易价格，经过直接比较或者类比分析以评估被测试对象价值的评估方法，适用于在市场上能找到与被评估资产完全相同或者相似的可比交易信息。收益法是通过被评估对象的未来预期收益现值来确定其价值的评估方法，适用于企业整体资产和可预测未来收益的单项资产评估。在运用收益法评估无形资产价值时，应当合理确定无形资产的有限经济年限。

3. 可比利润法（Comparable Profit Method，CPM）是指在可比情况下，按非关联企业（可比方）与其他非关联企业从事相同经营活动所取得的利润率（利润水平指标）来推算非关联企业（被检方）在关联交易中应使用的转让价格。如果被检方的利润水平指标与非受控纳税人的经营利润指标相一致，则被检方的利润数额将被确认为公平交易的结果；如果被检方的利润水平指标与可比方的经营利润指标不一致，税务当局就要按可比方的经营利润指标对被检方的利润水平进行调整。[①]

## 二、预约定价安排管理

预约定价安排管理（APA Management）是指税务机关对企业提出的未来年度关联交易的定价原则和计算方法进行审核评估，并与企业协商达成预约定价安排等工作的总称。

企业可以与税务机关就其未来年度关联交易的定价原则和计算方法达成预约定价安排。预约定价安排由负责特别纳税调整事项的主管税务机关受理。

预约定价安排的谈签与执行通常经过预备会谈、谈签意向、分析评估、正式申请、协商签署和监控执行6个阶段。预约定价安排包括单边、双边和多边三种类型。税务机关与企业达成的预约定价安排，只要企业遵守了安排的全部条款及其要求，各地税务局均应执行。

### （一）预约定价安排的适用范围

预约定价适用于自企业提交正式书面申请年度的次年起3—5个连续年度的关联交易和同时满足以下条件的企业：

1. 依法履行关联申报义务。
2. 年度发生的关联交易金额在4 000万元人民币以上。
3. 按规定准备、保存和提供同期资料。

### （二）预约定价安排的基本要求

1. 自主进行。在预约定价安排正式谈判后和预约定价安排签订前，税务机关和企业均可暂停、终止谈判。涉及双边或多边预约定价安排的，经缔约各方税务主管当局协商，可暂停、终止谈判。终止谈判的，双方应将谈判中相互提供的全部资料退还给对方。

2. 保密义务。税务机关与企业在预约定价安排预备会谈、正式谈签、审核、分析等全过程中所获取或得到的所有信息资料，双方均负有保密义务。税务机关和企业每次会谈，均应对会谈内容进行书面记录，同时载明每次会谈时相互提供资料的份数和内容，并由双方主谈人员签字或盖章。

3. 豁免。税务机关与企业不能达成预约定价安排的，税务机关在会谈、协商过程中所获取的有关企业的提议、推理、观念和判断等非事实性信息，不得用于以后对该预约定价安排涉及交易行为的税务调查。

预约定价安排的谈签不影响税务机关对企业提交预约定价安排正式书面申请当年或以前年度关联交易的转让定价调查调整。如果企业申请当年或以前年度的关联交易与预约定价安排适用年度相同或类似，经企业申请、税务机关批准，可将预约定价安排适用于申请当年或以前年度关联交易的评估和调整。

## 三、成本分摊协议管理

成本分摊协议管理（Cost Contribution Aggrement Management）是指税务机关对企业与其关联方签署的成本分摊协议是否符合独立交易原则进行审核评估和调查调整等工作的总称。

---

① 朱青编：《国际税收》，中国人民大学出版社2016年第7版，第179页。

（一）成本分摊协议的内容

1. 参与方的名称、所在国家、关联关系、在协议中的权利和义务。

2. 成本分摊协议所涉及的无形资产或者劳务的内容、范围，协议涉及研发或者劳务活动的具体承担者及其功能风险。

3. 协议期限。

4. 参与方预期收益的计算方法和假设条件、预期收益计量参数的选取理由和计算方法。

5. 参与方初始投入和后续成本支付的金额、形式、价值确认的方法以及符合独立交易原则的说明。

6. 参与方会计准则运用及调整说明。

7. 实际收益与预期收益差异调整方法。

8. 参与方加入或者退出协议的程序及处理规定。

9. 参与方之间补偿支付的条件及处理规定。

10. 协议变更或者终止的条件及处理规定。

11. 非参与方使用协议成果的规定。

（二）成本分摊协议的后续管理重点关注内容

1. 参与方具体承担的功能风险。

2. 参与方投入成本的确认、计量。

3. 参与方计量预期收益的假设条件、参数和方法。

4. 新参与方加入协议的支付标准。

5. 原参与方退出协议的补偿标准。

6. 参与方变更后，各方受益权和成本分摊标准的变化。

7. 实际收益与预期收益存在重大差异时的调整方法。

对于不符合独立交易原则的，税务机关有权实施特别纳税调整。

## 四、资本弱化管理

资本弱化管理是指税务机关对企业接受关联方债权性投资与企业接受的权益性投资的比例是否符合规定比例或独立交易原则进行审核评估和调查调整等工作的总称。

（一）不得扣除利息支出

《企业所得税法》第四十六条所称不得在计算应纳税所得额时扣除的利息支出应当按以下公式计算：

不得扣除利息支出＝年度实际列支的全部关联方利息×（1－标准比例/关联债资比例）

其中，标准比例是指依照《企业所得税法实施条例》第一百一十九条的规定，由国务院财政、税务主管部门规定的比例。

关联债资比例是指企业从其全部关联方接受的债权性投资（以下简称“关联债权投资”）占企业接受的权益性投资（以下简称“权益投资”）的比例。

（二）关联债资比例计算方法

$$关联债资比例=\frac{年度加权平均关联债权投资}{年度加权平均权益投资}$$

其中，年度加权平均关联债权投资 = $\sum_{i=1}^{n}$ $i$ 笔关联债权投资账面金额 × $i$ 笔关联债权投资年度实际占用天数/365

年度加权平均权益投资 = $\sum_{i=1}^{n}$ $i$ 笔权益性投资账面金额 × $i$ 笔权益性投资年度实际占用天数/365。

#### （三）企业关联债资比例超过标准比例的利息支出

如需在计算应纳税所得额时扣除，应当准备、保存并按税务机关要求提供特殊事项文档①，证明关联债权性投资的金额、利率、期限、融资条件以及债资比例等均符合独立交易原则。

### 五、受控外国企业管理

受控外国企业管理是指税务机关对受控外国企业不作利润分配或减少分配进行审核评估和调查，并对归属于中国居民企业所得进行调整等工作的总称。

受控外国企业（Controlled Foreign Company，CFC）是指根据《企业所得税法》第四十五条的规定，由居民企业或者居民企业和中国居民控制的设立在实际税负低于《企业所得税法》第四条第一款规定税率水平 50% 国家的外国企业。

根据《企业所得税法》第四十五条，受控外国企业并非由于合理的经营需要而对利润不作分配或者减少分配的，上述利润中应归属于居民企业的部分，应当计入该居民企业的当期收入。

受控外国企业利润中应归属于居民企业的部分，称为可归属所得。受控外国企业取得所得是否为可归属所得可以按照以下方法判定：（1）分析受控外国企业雇员是否对企业所得有实质性贡献。（2）分析集团价值链及承担关键功能的集团企业，在假设集团企业完全为独立非关联的条件下，判断受控外国企业是否会拥有相应资产、承担相应风险以及获得与资产、风险相应的所得。（3）分析受控外国企业是否有与其获得的所得相符具备相应技能和数量的雇员，以及必要的机构场所。（4）其他合理方法。

计入居民企业当期收入的可归属所得，应当按以下公式计算：

计入居民企业当期收入的可归属所得 = 受控外国企业可归属所得 × 居民企业持股比例

其中，居民企业持股比例按各层持股比例相乘计算。

### 六、同期资料管理

同期资料管理是指税务机关对发生关联交易且符合特定条件的企业，在规定时间内，依法准备同一纳税年度的企业组织结构、生产经营、关联交易、可比性分析、转让定价方法的选择和使用等情况书面资料的管理工作的总称。

#### （一）同期资料

同期资料内容包括主体文档（见表 11－2）、本地文档（见表 11－3）、特殊事项文档。

① 朱青编：《国际税收》，中国人民大学出版社 2016 年第 7 版，第 230 页。

表 11－2 主体文档

| 要点 | 规定 |
| --- | --- |
| 条件 | 符合下列条件之一的企业，应当准备主体文档：<br>（1）年度发生跨境关联交易，且合并该企业财务报表的最终控股企业所属企业集团已准备主体文档；<br>（2）年度关联交易总额超过 10 亿元 |
| 内容 | 主体文档主要披露最终控股企业所属企业集团的全球业务整体情况，包括以下内容：<br>（1）组织架构；（2）企业集团业务；（3）无形资产；（4）融资活动；（5）财务与税务状况 |

表 11－3 本地文档

| 要点 | 规定 |
| --- | --- |
| 条件 | 年度关联交易金额符合下列条件之一的企业，应当准备本地文档：<br>（1）有形资产所有权转让金额（来料加工业务按照年度进出口报关价格计算）超过 2 亿元；（2）金融资产转让金额超过 1 亿元；（3）无形资产所有权转让金额超过 1 亿元；（4）其他关联交易金额合计超过 4 000 万元 |
| 内容 | 本地文档主要披露企业关联交易的详细信息，包括以下内容：<br>（1）企业概况；（2）关联关系；（3）关联交易；（4）可比性分析；（5）转让定价方法的选择和使用 |

特殊事项文档包括成本分摊协议特殊事项文档和资本弱化特殊事项文档。

企业签订或者执行成本分摊协议的，应当准备成本分摊协议特殊事项文档。

企业关联债资比例超过标准比例，需要说明符合独立交易原则的，应当准备资本弱化特殊事项文档。①

**（二）提供同期资料的时限**

主体文档应当在企业集团最终控股企业会计年度终了之日起 12 个月内准备完毕；本地文档和特殊事项文档应当在关联交易发生年度次年 6 月 30 日之前准备完毕。同期资料应当自税务机关要求之日起 30 日内提供。企业因不可抗力无法按期提供同期资料的，应当在不可抗力消除后 30 日内提供同期资料。

**（三）其他要求**

同期资料应当使用中文，并标明引用信息资料的出处来源；应当加盖企业印章，并由法定代表人或者法定代表人授权的代表签章；同期资料应当自税务机关要求的准备完毕之日起保存 10 年；企业合并、分立的，应当由合并、分立后的企业保存同期资料；企业依照有关规定进行关联申报、提供同期资料及有关资料的，税务机关实施特别纳税调查补征税款时，可以依据《企业所得税法实施条例》第一百二十二条的规定，按照税款所属纳税年度中国人民银行公布的与补税期间同期的人民币贷款基准利率加收利息。

**（四）豁免**

企业仅与境内关联方发生关联交易的，可以不准备主体文档、本地文档、特殊事项文

① 资料来源：国家税务总局公告 2016 年第 42 号《国家税务总局关于完善关联申报和同期资料管理有关事项的公告》第十一条、第十二条、第十三条、第十四条、第十五条，http://www.chinatax.gov.cn/chinatax/n810346/n810825/c101434/c3496832/content.html，浏览时间：2020 年 3 月 5 日。

档；企业执行预约定价安排的，可以不准备预约定价安排涉及关联交易的本地文档和特殊事项文档。

### 七、一般反避税管理

一般反避税管理是指税务机关对企业实施其他不具有合理商业目的的安排而减少其应纳税收入或所得额进行审核评估和调查调整等工作的总称。

税务机关可以对企业实施的不具有合理商业目的而获取税收利益的安排，启动一般反避税调查。一般反避税调查适用的安排包括以下形式：（1）滥用税收优惠；（2）滥用税收协定；（3）滥用公司组织形式；（4）利用避税港避税；（5）其他不具有合理商业目的而以获取税收利益为唯一目的或者主要目的的安排。

税收利益是指减少、免除和推迟缴纳企业所得税应纳税额。税务机关判断安排是否存在税收利益时，应当考虑安排的经济实质和安排的结果及其对企业的影响，合理选择能够达成与该安排同等商业目的但没有避税效果的替代安排进行比较。企业与其关联方采取委托、代理、信托和其他方式隐匿关联交易的，税务机关可以根据经济实质认定关联交易。

税务机关应当按照实质重于形式的原则审核企业是否存在避税安排，并重点审核以下内容：（1）安排的形式和实质；（2）安排订立的时间和执行期间；（3）安排实现的方式；（4）安排各个步骤或者组成部分之间的联系；（5）安排涉及各方财务状况的变化；（6）安排的税收结果；（7）安排涉及各方的关系；（8）其他相关内容。

企业的安排属于转让定价、成本分摊、受控外国企业、资本弱化等其他特别纳税调整范围的，应当首先适用其他特别纳税调整相关规定。企业的安排属于受益所有人、利益限制等税收协定执行范围的，应当首先适用税收协定执行的相关规定。对上述规定仍无法消除税收利益的安排，税务机关可以实施一般反避税调查和调整。

## 第四节 国际税收协调与合作

国际税收协调亦称为国际税收合作，是指通过采取经济、法律、税收政策等手段促进内部成员国之间的税收政策趋同或者同一，进而减少甚至是消除商品、技术、劳动力和资本等要素自由流通障碍的国际合作。

由于一国政府总是从自身利益出发来建立税收制度和实施税收管辖权，由此而导致的后果必然包括：（1）国际重复课税，使跨国投资者裹足不前；（2）不符合国际惯例的税收举措，将增加跨国纳税人的纳税费用；（3）各国为吸引外资而滥用税收优惠，不但使税收优惠难以起到应有的激励作用，甚至会引发恶性的国际税收竞争；（4）各国不同的税制，使跨国纳税人在逃（避）税方面有机可乘。因此，为消除可能的国际重复课税，规范互不相同的各国税制，防止无效的国际税收竞争以及预防和制止潜在的国际逃（避）税，必须加强国际税收协调与合作。

国际税收协调与合作的形式主要有：国际税收协定、国际税收情报交换、征管互助等。

## 一、国际税收协定

国际税收协定（International Tax Treaties）是指两个或两个以上的主权国家为了协调相互间在处理跨国纳税人征纳事务方面的税收关系，本着对等原则，通过政府间谈判所签订的确定其在国际税收分配关系的具有法律效力的书面协议或条约，也称为国际税收条约。它是国际税收重要的基本内容，是各国解决国与国之间税收权益分配矛盾和冲突的有效工具。

国际税收协定按参加国的多少，可以分为双边税收协定和多边税收协定。双边税收协定是指只有两个国家参加缔约的国际税收协定，是目前国际税收协定的基本形式。多边税收协定是指有两个以上国家参加缔约的国际税收协定，现在国际上还不多，但代表了国际税收协定的发展方向。国际税收协定按其协调的范围大小，可以分为一般税收协定和特定税收协定。一般税收协定是指各国签订的关于国家间各种国际税收问题协调的税收协定；特定税收协定是指各国签订的关于国家间某一特殊国际税收问题协调的税收协定。

国际税收协定与国内法二者都属于法律范畴，体现国家意志，并且相互依存相互渗透。但国内法协调的是一国内部的税收关系，国际税收协定协调的是一个国家与另一个国家的税收关系，并且二者法律强制力的程度和表现形式是不同的。在处理有关国际税务关系时，如果税收协定与国内税法发生矛盾和冲突时，大多数国家采取的是税收协定优先的做法；也有一些国家将国际法和国内法放在同等地位，按时间的先后顺序确定是优先还是服从。

目前国际上最重要、影响力最大的两个国际税收协定范本——经济合作与发展组织的《关于对所得和财产避免双重征税的协定范本》，即《OECD 协定范本》和联合国的《关于发达国家与发展中国家间避免双重征税的协定范本》，即《UN 协定范本》，是两个国际组织为了协调和指导各国签订双边税收协定或多边税收协定而制定并颁布的示范性文本。各国在签订协定的活动中，不仅参照两个税收协定范本的结构和内容来缔结各自的税收协定，而且在协定大多数的税收规范上都遵循两个协定范本所提出的一些基本原则和要求。

## 二、国际税收情报交换

国际税收情报交换（以下简称“情报交换”），是指避免双重征税协定、情报交换协定或多边税收征管互助协议的缔约方主管当局，为实施协定、协议以及协定、协议所含税种相应的国内法律法规而相互交换所需信息的行为。情报交换主要目的有两个：一是通过核实某些事实，以便正确执行税收协定；二是协助协定、协议缔约方实施其国内税法。情报交换是国际税收征管合作的一个重要方面，日益受到国际社会的重视。

情报交换的类型包括专项情报交换、自动情报交换、自发情报交换以及同期税务检查、授权代表访问和行业范围情报交换等。

### （一）专项情报交换

专项情报交换是指缔约国一方主管当局就国内某一税务案件提出具体问题，并依据税收协定请求缔约国另一方主管当局提供相关情报协助查证的行为。

### （二）自动情报交换

自动情报交换是指缔约国双方主管当局之间根据约定，以批量形式自动提供有关纳税人取得专项收入的税收情报的行为。

### （三）自发情报交换

自发情报交换是指缔约国一方主管当局将在税收执法过程中获取的其认为有助于缔约国另一方主管当局执行税收协定及其所涉及税种的国内法的信息，主动提供给缔约国另一方主管当局的行为。

### （四）同期税务检查

同期税务检查是指缔约国主管当局之间根据同期检查协议，独立地在各自有效行使税收管辖权的区域内，对有共同或相关利益的纳税人的涉税事项同时进行检查，并互相交流或交换检查中获取的税收情报的行为。

### （五）授权代表访问

授权代表访问是指缔约国双方主管当局根据授权代表的访问协议，经双方主管当局同意，相互间到对方有效行使税收管辖权的区域进行实地访问，以获取、查证税收情报的行为。

### （六）行业范围情报交换

行业范围情报交换是指缔约国双方主管当局共同对某一行业的运营方式、资金运作模式、价格决定方式及逃税方法等进行调查、研究和分析，并相互交换有关税收情报的行为。

在反避税的国际合作领域方面，税收情报的交换具有非常重要的意义。税务当局往往把它看作是“协定中的协定”。就情报交换的方式来说，一般有日常交换和专门交换两种。日常交换是指缔约国双方或各方定期交换从事国际经济活动的对方居民纳税人的收入和经济往来资料。通过这种情报交换，缔约国各方税务当局可以了解本国居民纳税人在对方国家的收入和经济往来方面的变化，正确核定应税所得，确保各方税收无遗漏。专门交换是指缔约国一方提出需要调整核实的内容，由另一方帮助调查。

应当指出的是，税收协定明确缔约国双方或各方的税务当局可以通过协商，创造有关交换情报的适当条件，研究解决办法和技术手段，并及时地交换有关防止欺诈或逃、漏税收的情报，这是对有关当局实现情报交换和税务调查目标的充分授权。但是，只有有关当局对这一问题采取严肃认真的态度，税务机关在履行其职责时才能获得有效的帮助。

## 三、征管互助

税收征管互助最早出现在20世纪80年代，即一国应另一国请求，协助或代为行使税收管辖权，以实现跨境欠税追缴或其他跨国税收主张。征管互助有两种方式：一种是双边征管互助，即在双边税收协定中列入与经济合作与发展组织（OECD）税收协定范本第二十七条相似或相同的规定，然后在此基础上税收协定缔约双方相互给予协助；另一种是多边征管互助，即多个国家签署关于相互给予征管互助的多边协议，并在此基础上相互给予协助。目前世界上有两个非常有影响的多边征管互助协议：一个是1988年在斯特拉斯堡诞生的《税收征管互助协议》，任何同意该协议的国家均可通过国内法律程序成为该协议的缔约国。截至目前，已有阿塞拜疆、比利时、加拿大、丹麦、芬兰、法国、冰岛、荷兰、挪威、波兰、瑞典、美国等在该协议上签字；另一个是1989年诞生在北欧的《北欧税收征管互助协议》，是由丹麦、格陵兰岛、芬兰、冰岛、挪威、瑞典等北欧国家共同签署的多边互助协议。

中国政府于2013年8月27日正式签署的《多边税收征管互助公约》（又称为《多边

税收行政互助公约》）是一项旨在通过开展国际税收征管协作，打击跨境逃、避税行为，维护公平税收秩序的多边条约。近年来，这一公约的影响力快速上升，正日益成为开展国际税收征管协作的新标准。

2019 年 4 月 18 日，第一届“一带一路”税收征管合作论坛在浙江乌镇召开。论坛的重要成果是建立了“一带一路”税收征管合作机制，成立了“一带一路”税收征管能力促进联盟，并发布了《乌镇声明》以及《乌镇行动计划（2019—2021）》，并起草了《“‘一带一路’税收征管合作机制”谅解备忘录》。① 由中国牵头建立的“一带一路”税收征管合作机制在提升发展中国家国际税收治理能力和税收征管能力方面，是 G20 税改的一个延伸和重要补充；同时，作为开放型合作新平台，是共商、共建、共享原则的重要体现，支持并遵循普遍接受的国际税收规则，是现代多边税收合作机制和国际税收治理体系的有益补充和完善。② 与单边行动形成反差，反映出发展中国家应对经济全球化带来的国际税收规则改变和征管能力挑战的决心。③ 为改善国际税收治理和重塑国际税收规则，构建增长友好型国际税收环境，推动“一带一路”建设高质量发展搭建了新的国际合作平台④，将有助于“一带一路”国家和地区提高税收治理能力、改善营商环境，有助于促进贸易自由化、投资便利化，进而为促进经济协调发展和包容性增长做出积极贡献。

## 第五节 国际税收管理新趋势

### 一、应对数字经济带来的税收挑战

#### （一）数字经济概念及背景简介

数字经济（Digtal Economy）是指以使用数字化的知识和信息作为关键生产要素、以现代信息网络作为重要载体、以信息通信技术的有效使用作为效率提升和经济结构优化的重要推动力的一系列经济活动。⑤ 数字经济的主要形式有电子商务、应用软件商店、互联网平台、云计算、网络支付等。⑥

---

① 资料来源：《2019 年世界税收十件大事及专家点评》，载《中国税务报》，2020 年 1 月 22 日，http://www.ctaxnews.net.cn/amucsite/amuc/ucmember/ucSearch.html，浏览时间：2020 年 3 月 5 日。

② 资料来源：国家税务总局国际税务司负责人蒙玉英：《中国减税降费具有全球意义》，载《中国税务报》，2020 年 1 月 22 日，http://www.ctaxnews.net.cn/amucsite/amuc/ucmember/ucSearch.html，浏览时间：2020 年 3 月 5 日。

③ 资料来源：中国国际税收研究会会长张志勇：《国际税收多边合作越来越重要》，载《中国税务报》，2020 年 1 月 22 日，http://www.ctaxnews.net.cn/amucsite/amuc/ucmember/ucSearch.html，浏览时间：2020 年 3 月 5 日。

④ 资料来源：中国国际税收研究会副会长兼秘书长、中国税务杂志社社长刘磊：《中国税改具有国际引领性和影响力》，载《中国税务报》，2020 年 1 月 22 日，http://www.ctaxnews.net.cn/amucsite/amuc/ucmember/ucSearch.html，浏览时间：2020 年 3 月 5 日。

⑤ 资料来源：中华人民共和国国家互联网信息办公室网站，政策法规栏目《二十国集团数字经济发展与合作倡议》，2016 年 9 月 29 日，中国网信网，http://www.cac.gov.cn/2016-09/29/c_1119648520.htm，浏览时间：2020 年 3 月 5 日。

⑥ 高金平：《数字经济国际税收规则与国内税法之衔接问题思考》，载《税务研究》2019 年第 11 期，第 70—76 页。

（二）数字经济带来的税收挑战

数字经济区别于传统经济，在发展演变中显现出了大数据、流动性、创新性、交互性等诸多新特征。正是由于这些新特征，为数字经济背景下税收政策的制定与税收征管带来了挑战与变革。[①] 自 2015 年 BEPS 第一项行动计划《应对数字经济的税收挑战》发布以来，数字经济引发的税收问题一直受到理论与实务界的广泛关注。分析如何应对数字经济带来的税收挑战，首先应从明确数字经济带来了何种税收挑战着手。

1. 政策挑战。

一是关联度。体现在无实体交易的情形，以及市场上企业之间和企业内部各主体间互动产生的网络效应，对现有关联度规则的适用性提出了挑战。

二是数据依赖性。数据具有高度流动性，易于收集。但如何对通过电子产品和服务衍生的数据所创造的价值准确估值[②]，估值之后的价值如何分配，以及对个人或企业在交易中提供数据（如免费提供货物、以物换物或其他形式的交易从税务角度应如何定性等）都是亟待解决的问题。[③]

三是收入定性的问题。新的数字产品与传输方式的发展为新商业模式下将收入界定为何种性质带来了不确定性。[④]

2. 税收征管的挑战。

一是征税对象难以确定。[⑤] 运用网络平台交易的种类繁多，交易的对象，如音视频、版权等无实物形态，可通过数据流直接传输到消费者的网络、移动设备中，且容易删除，较难捕获。此外，随着 B2C、C2C 的不断发展，越来越多的自然人加入数字经济的交易中，如何采取更有效的措施对参与数字经济的自然人进行注册、登记和管理变得尤为重要。

二是数字经济对国际征税规则形成了冲击。交易方式的网络化呈现出商家和消费者区域分离的趋势，这与局限在特定行政区域内的传统交易有很大的差异，对如何确定与分配税收管辖权带来了挑战，传统国际税收的显著实体属地课税原则已无法有效监控税源。同时，“去实体化”也使通过常设机构来判定税收权益的规则变得不再合适。[⑥]

三是数字平台兼具企业和市场两种属性，具有“跨边网络外部性”等平台经济特征，引致利润征税地与价值创造地及方式之间存在错配，使部分国家或地区对数字平台征税不足而产生不公平现象。[⑦]

四是对税收征管模式带来了挑战。随着线上交易形式及交易主体的增多，若无平台搭建以及时获取交易数据并完成发票开具，无疑会对当下作为税收管控有效抓手的“以票控税”带来极大的冲击与挑战。[⑧]

（三）各方专家对于应对数字经济税收挑战的建议[⑨]

关于常设机构失效问题，一种观点建议，保留现行认定标准，通过对有关概念范围进

---

① 马卓夫：《数字经济新趋势的税务问题探讨》，中国社会科学院研究生院硕士学位论文，2016 年，第 6、7 页。

② 王灏晨：《欧盟推动对数字经济征税及对我国的影响》，载《宏观经济管理》2018 年第 7 期，第 86—92 页。

③④ 高金平：《数字经济国际税收规则与国内税法之衔接问题思考》，载《税务研究》2019 年第 11 期，第 70—76 页。

⑤⑥⑧ 胡连强，杨霆钧，张恒，李海燕：《基于数字经济的税收征管探讨》，载《税务研究》2019 年第 5 期，第 119—122 页。

⑦⑨ 魏升民：《国内 减税降费 税收法定 数字化 营商环境》，载《中国税务报》2020 年 1 月 22 日，http://www.ctaxnews.net.cn/amucsite/amuc/ucmember/ucSearch.html，浏览时间：2020 年 3 月 5 日。

行扩大或缩小解释，使数字经济新模式可继续适用现行标准；还有一种观点主张，创设新的常设机构认定标准，如借鉴经济合作与发展组织（OECD）“虚拟常设机构”“显著经济存在”做法，在国内税法层面增设“虚拟主体条款”，进一步拓展机构、场所范畴，将数字企业在我国因用户、市场、客户群等要素构成的经济存在纳入其中。

关于“数据创造价值”征税问题，联合国发布的《2019 年数字经济报告》提出，通过个人数据市场或数据信托向平台共享数据的个人提供报酬，或使用集体数据所有权和数字数据基金等建议，有利于为面向“数据创造价值”征税提供良好的基础性条件；也有学者提出了以持续用户关系为基础，向相应税收管辖区分配征税权的改革思路，具有较强的实践指导性和现实可操作性。

关于数字平台征税问题，以 OECD 为代表的一些税务组织和税务专家建议，通过简化立法、征收预提税、识别平台卖家等手段，加快实现面向数字平台特别是平台销售商的有效征税。然而，更多经济学家则呼吁，应重新审视平台经济发展规律及其与传统经济的差异，审慎监管、顺势而为，以更加开放的胸襟、更加包容的态度，支持和促进平台经济实现规范健康发展。

**（四）OECD 应对数字经济税收挑战的成果①**

对于数字经济带来的税收挑战，OECD 于 2019 年 2 月 13 日发布了《税基侵蚀与利润转移项目公开咨询文件：应对经济数字化的税收挑战》。在《公开咨询文件》中，从“修订利润分配与联结度规则”“防止税基侵蚀”两方面提出了应对方案，并将于 2020 年底前制定出一份规范化的最终报告。

1. 支柱一（Pillar Ⅰ）。支柱一目的在于通过对利润分配和联结度规则的一致性审核来重新分配征税权，解决无实体存在的交易活动问题，决定纳税地点和计税依据以及应对用户所在地的管辖地征多少税的问题，并提出了用户参与、显著经济存在、营销性无形资产三个提案。对于如何分配利润，OECD 提出了三种具体方法，分别是修正剩余利润分割法、分步分配法和基于分销法。

2. 支柱二（Pillar Ⅱ）。支柱二目的在于解决 BEPS 遗留问题和最低税率问题，提出了反税基侵蚀提案，具体包含“所得计入”规则和“对税基侵蚀的支付征税”规则，在于帮助打击由于新科技的发展导致的将利润转移到无税或低税地区的现象，确保跨国公司（Multinational Enterprises，MNEs）支付其本应当支付的最低税收，并在传统企业和数字企业之间建立平等竞争的环境。

**（五）创新化的数字工具用以支持税务管理（见表 11－4）**

**表 11－4　　　创新化的数字工具用以支持税务管理**

| 国家 | 数字工具 | 简介 |
|---|---|---|
| 澳大利亚 | Alex 虚拟助理 | 应用于 ato. gov. au 帮助纳税人解决税务问题 |

① 资料来源：OECD（2019），Programme of Work to Develop a Consensus Solution to the Tax Challenges Arising from the Digitalisation of the Economy，OECD/G20 Inclusive Framework on BEPS，OECD，Paris，www. oecd. org/tax/beps/programme－of－work－to－develop－aconsensus－solution－to－the－tax－challenges－arising－from－the－digitalisation－of－the－economy. htm.

续表

| 国家 | 数字工具 | 简介 |
|---|---|---|
| 智利 | 预填增值税纳税申报表（Prefilled VAT Return） | 基于包含于电子税收文件中的信息而产生增值税纳税申报表的一个应用系统 |
| 匈牙利 | 网络收银机（Online Ash Registers） | 将联网的网络收银机应用于税收管理，大大提升了增值税的税收遵从度 |
| 挪威 | 经批准的贷款系统（Consent Based Loan System） | 通过公共部门和财政部门的合作得以开发出此系统 |
| 俄罗斯 | 基于APP端对端解决方案（App Based End – to – End Solution） | 支持微型公司注册并成为合格纳税人，该应用程序简化了基于生物识别技术的纳税人注册过程，注册过程简单快捷，并具有数字纳税功能。它的使用受到简化的统一税率税制的激励 |
| 西班牙 | 高净值人士的大数据工具（Big Data Tool For HNWI） | 用大数据分析工具去计算所有纳税人，包括个人和家庭的实际财富，不管其是否居住于西班牙境内，也不管其是否与关联方有联系 |

资料来源：OECD：forum on tax administration，20th plenary meeting 26 – 28 March，Santiago，Chile，summary report，“Country Stalls：Six countries gave hands – on demonstrations of innovative digital tools”. https：//www. oecd. org/tax/forum – on – tax – administration/events/forum – on – tax – administration – communique – 2019. pdf.

## 二、加快国际争端（争议）的解决

### （一）国际税收争端（争议）的概念

国际税收争端是指不同国家之间或一国政府与跨国纳税人之间在国际税收关系中产生的各种争议的总和，即不仅指有关国家在国际税收利益分配关系中对某项税收利益产生不同主张和要求而产生的争议，还包括一国政府和跨国纳税人在税收征纳关系中对是否征税、如何征税等问题产生不同主张和要求而导致的争议，以及国家间在纳税人税收待遇、防止国际避税、重复征税、避免双重不征税、税收行政互助等问题方面产生的冲突。① 税收争端会引发不确定性、挫伤投资者信心、阻碍经济合作。②

### （二）国际税收争端（争议）产生的原因③

由于经济全球化和贸易自由化的深入发展，跨国人员、技术、服务、所得和资本的流动日益频繁，不同国家基于不同的税收管辖权规则，对跨国征税对象和纳税人行使征税权时，不可避免产生税收分配的冲突。

企业和个人收入和财产国际化现象的普遍存在和不断发展，是国际税收争议产生的客观经济基础；所得税制度的普遍推行，是国际税收争议产生的法律基础；同时，对国家税收主权和纳税人私权关系的不同认识也可能导致产生国际税收争端。

### （三）国际税收争端（争议）的解决机制

1. 相互协商程序 。相互协商程序（Mutual Agreement Procedure，MAP）是国际税收

① 廖益新编：《国际税法学》，高等教育出版社 2008 年第 1 版，第 331 页。

② 廖体忠：《深化国际税收合作 助力“一带一路”建设》，载《国际税收》2019 年第 4 期，第 33—35 页。

③ 赵鹏：《国际税收争议解决机制研究》，华东政法大学博士论文，2015 年，第 18—20 页。

协定中规定的缔约国之间就相互协商税收问题所应遵循的规范化程序，允许来自缔约国授权代表通过协商解决缔约国之间、缔约国与跨国纳税人之间的税务争议。[①] MAP 基于税收协定而具有国际公法效力，大多数国家通过签订税收协定将其引入，成为解决国际税收争议的主要手段。[②]

2. 国际税收争议仲裁解决机制。国际税收争议仲裁解决机制是指主权国家就彼此间发生的或居民纳税人与缔约国对方间的有关税务争议，通过各自选任的仲裁员组成仲裁庭，依据国际法解决税务争议的一种制度。作为一种弥补相互协商程序的不足而发展起来的制度，国际税收仲裁是解决国际税收争议的一种新途径。[③]

3. 国际法院解决国际税收争端（争议）。[④] 国家可以在各种条约和公约中接受国际法院（International Court of Justice）的管辖权，缔约国将决定国际法院有权裁决因公约或条约适用而产生的所有争议。

国际法院用来解决国际税收争议，其价值在于：

（1）改善对纳税人法律保护的需要。国际税收冲突往往会影响到纳税人个体利益，依照协定中的相互协商程序，纳税人可以要求协定缔约双方的主管税务机关尽力解决这些冲突。但是 MAP 并不能保证主管税务机关之间达成协议并且消除与协定不符的征税行为。

（2）传统解决方法的低效。国际法院对于这些承认国际法院管辖权的国家间的税收争议享有管辖权，因此对直接国际税收争议可以由国际法院来解决；而对间接国际税收争议受限于只有国家才能成为国际法院的当事方，所以目前可行的方法是由国际法院提供不具有法律效力的咨询意见，同时又不会损害国家的财政主权。

**【案例解析】**

### 数字服务税下的美法争端

当前全球范围内，数字经济迅速发展，表现之一为互联网科技企业方兴未艾。因其经营的数字产品与服务无形且极易流动，跨境交易的收入很难被相关部门监管到，使价值创造地和利润征税地不匹配，给国际税收规则以及国家间的税收利益带来挑战。

欧盟于 2018 年 3 月 21 日发布了包含短期过渡性方案和长期方案的数字税方案，提议按 3% 的税率，向全球年度总收入超过 7.5 亿欧元、在欧盟境内年度收入不低于 5 000 万欧元的互联网企业的营业收入课税。[⑤] 但在随后 2019 年 3 月 12 日的欧盟财长理事会上，欧盟各国财长未能就“数字收入”征税问题达成一致，最后不得不放弃在欧盟内部开征

---

① 付志宇编：《国际税法》，清华大学出版社 2015 年版，第 146 页。

② 刘付永，王立利：《相互协商程序与国内法律救济措施适用关系检视》，载《国际税收》2019 年第 12 期，第 34—40 页。

③ 梁馨予：《国际税收争议仲裁解决机制研究》，大连海事大学硕士论文，2017 年，第 8 页。

④ 赵鹏：《国际税收争议解决机制研究》，华东政法大学博士论文，2015 年，第 87 页、91 页。

⑤ European Commission: Proposal for a Council Directive Laying Down Rules Relating to the Corporate Taxation of a Significant Digital Presence. COM (2018) 147 Final.

数字税，力图在OECD层面推出数字税方案。[①] 但OECD推进过慢，因此英、法两国率先开展了征收数字税的单边措施。

2019年7月26日，法国数字服务税生效，拟对全球年收入超过7.5亿欧元、在法国用户获得收入超过2 500万欧元的科技公司，征收其从法国用户获取数字服务总收入的3%。由于牵涉美企互联网巨头（GAFA，即Google、Apple、Facebook、Amazon）以及美国的利益——超过30家总部位于美国的互联网公司将成为第一批在法国缴纳数字税的纳税人，预计2019年缴税4亿欧元，2020年达5亿欧元。[②] 因此此方案发布以来，就遭到美方的强烈反对，于2019年7月10日发起了两国间的首次301调查；并于8月19日，美国贸易代表办公室（USTR）就法国数字服务税301调查举行首次听证会。美各方一致认为，法国数字税具有歧视性，有悖于国际税收相关规定，将对美国企业造成巨大负担并阻碍全球经济增长。

美法数字税争端在迅速升级的同时扩展至贸易领域，美发出将对法国葡萄酒开征100%的关税威胁。[③] 法国公共财政总局在2020年2月10日发布的一份声明中确认，对法国数字服务税有缴税义务的企业可以延迟至2020年12月。该措施旨在防止美国可能对某些法国商品征收报复性关税；与此同时，法国、美国和其他国家正在继续讨论解决数字经济税收挑战的多边方案。

## 复习思考题

### 一、名词解释

国际税收管辖权　国际重复征税　国际避税　BEPS　非居民企业　特别纳税调整　转让定价　预约定价协议　成本分摊协议　资本弱化　受控外国企业　一般反避税　数字经济　“一带一路”税收征管合作机制

### 二、简答题

1. 简述国际重复征税的处理方法。
2. 国际避税的主要方式有哪些？
3. 简述BEPS行动计划的主要内容。
4. 特别纳税调整主要包括哪些内容？
5. 国际税收协调与合作的主要方式包括哪些？
6. 国际税收管理的新趋势体现在哪些方面？

① 商务部网站：欧盟放弃开征数字税，http://www.mofcom.gov.cn/article/i/jyjl/m/201903/20190302846451.shtml.

② INSIGHT：France's Digital Services Tax Goes Ahead，Bloomberg Tax，2019年7月29日，相关链接：https://news.bloombergtax.com/daily-tax-report-international/insight-frances-digital-services-tax-goes-ahead-1.

③ French Digital Tax Deal Fails to Win Over Detractors（1），2019年8月28日，彭博税收。相关链接：https://news.bloombergtax.com/daily-tax-report-international/french-digital-tax-deal-fails-to-win-over-detractors?context=article-related.

## 参考文献

［1］付志宇．国际税法［M］．清华大学出版社，2015：146.

［2］高金平．数字经济国际税收规则与国内税法之衔接问题思考［J］．税务研究，2019（11）：70—76.

［3］胡连强，杨霆钧，张恒，李海燕．基于数字经济的税收征管探讨［J］．税务研究，2019（05）：119—122.

［4］梁馨予．国际税收争议仲裁解决机制研究［D］．大连海事大学硕士论文，2017：8.

［5］廖体忠．深化国际税收合作　助力“一带一路”建设［J］．国际税收，2019（04）：33—35.

［6］廖益新．国际税法学［M］．高等教育出版社，2008：331.

［7］刘付永，王立利．相互协商程序与国内法律救济措施适用关系检视［J］．国际税收，2019（12）：34—40.

［8］马卓夫．数字经济新趋势的税务问题探讨［D］．中国社会科学院研究生院硕士学位论文，2016：6—7.

［9］欧盟放弃开征数字税［OL］．商务部网站，http：//www. mofcom. gov. cn/article/i/jyjl/m/201903/20190302846451. shtml.

［10］王灏晨．欧盟推动对数字经济征税及对我国的影响［J］．宏观经济管理，2018（07）：86—92.

［11］赵鹏．国际税收争议解决机制研究［D］．华东政法大学博士论文，2015：18—20.

［12］2019 年世界税收十件大事及专家点评［OL］．中国税务报，http：//www. ctaxnews. net. cn/amucsite/amuc/ucmember/ucSearch. html，2020 - 1 - 22.

［13］中国国际税收研究会会长张志勇．国际税收多边合作越来越重要［OL］．中国税务报，http：//www. ctaxnews. net. cn/amucsite/amuc/ucmember/ucSearch. html，2020 - 1 - 22.

［14］魏升民．国内　减税降费　税收法定　数字化　营商环境［OL］．中国税务报，http：//www. ctaxnews. net. cn/amucsite/amuc/ucmember/ucSearch. html，2020 - 1 - 22.

［15］国家税务总局国际税务司负责人蒙玉英．中国减税降费具有全球意义［OL］．中国税务报，http：//www. ctaxnews. net. cn/amucsite/amuc/ucmember/ucSearch. html，2020 - 1 - 22.

［16］中国国际税收研究会副会长兼秘书长、中国税务杂志社社长刘磊．中国税改具有国际引领性和影响力［OL］．中国税务报，http：//www. ctaxnews. net. cn/amucsite/amuc/ucmember/ucSearch. html，2020 - 1 - 22.

［17］二十国集团数字经济发展与合作倡议［OL］．中国网信网，http：//www. cac. gov. cn/2016 - 09/29/c_ 1119648520. htm，2016 - 9 - 29.

［18］朱青．国际税收［M］．中国人民大学出版社，2016（07）：179.

[19] European Commission: Proposal for a Council Directive Laying Down Rules Relating to the Corporate Taxation of a Significant Digital Presence. COM (2018) 147 final. French Digital Tax Deal Fails to Win Over Detractors (1), https://news.bloombergtax.com/daily-tax-report-international/french-digital-tax-deal-fails-to-win-over-detractors? context=article-related, 2019-8-28.

[20] INSIGHT: France's Digital Services Tax Goes Ahead, Bloomberg Tax, https://news.bloombergtax.com/daily-tax-report-international/insight-frances-digital-services-tax-goes-ahead-1, 2019-7-29.

[21] OECD (2019), Programme of Work to Develop a Consensus Solution to the Tax Challenges Arising from the Digitalisation of the Economy, OECD/G20 Inclusive Framework on BEPS, OECD, Paris, www.oecd.org/tax/beps/programme-of-work-to-develop-aconsensus-solution-to-the-tax-challenges-arising-from-the-digitalisation-of-the-economy.htm.

# 第十二章 Chapter 12 企业税务管理

【本章提要】

本章介绍了企业税务管理的概念以及主要内容，重点介绍了企业风险管理和税务成本控制两个方面；介绍了企业的财务及税务核算体系，其中重点介绍增值税会计核算和所得税会计核算；以及财税差异及纳税调整。

【学习目的】

通过本章学习，掌握企业税务管理的内容、财税核算体系、财税差异及纳税调整等企业税务管理的核心内容。

## 第一节 企业税务管理概述

企业税务管理是现代企业财务管理中一个重要的价值管理体系。税收作为企业财务管理的重要经济因素和财务决策变量，已渗透到企业生产经营的各个部分、各个环节当中。因此，企业税务管理是现代企业管理职能的延伸，更是企业财务管理职能的深化。

企业税务管理是企业在遵守国家税法、不损害国家利益的前提下，充分利用税收法规所提供的包括减免税在内的一切优惠政策，达到少缴纳或递延缴纳税款，从而降低税收成本、实现税收成本最小化的经营管理活动。①

企业税务管理的主体是负有纳税义务的各类企业，管理的具体执行者是企业内部管理

① 潘江颖，梁清德：《浅谈加强企业税务管理》，载《东北财经大学学报》2001 年第 5 期。

人员。随着社会经济的发展、专业化分工的细化，许多企业已将全部或部分企业税务管理工作委托税务咨询机构办理，但税务管理的外包不会影响企业在企业税务管理中的主体地位。企业税务管理的客体是企业纳税全过程。企业纳税过程与企业生产经营的各个方面有着密切的联系，涉及企业投资、筹资、生产、经营等各个环节，涉及与纳税相关的人、财、物、信息等资源的计划、组织、协调与控制。

## 一、企业税务管理的主要内容

企业税务管理的主要内容包括纳税政策管理、纳税成本管理、纳税实务管理、纳税风险管理与纳税争议诉讼管理。①

### （一）纳税政策管理

企业纳税政策管理是纳税管理的基础环节和主要内容，是企业对自身纳税管理活动中所涉及的税收法律法规以及其他经济政策法规的收集、整理、分析，并应用于纳税管理实践的一系列管理活动。企业纳税政策管理有利于提高企业对税法及相关法律法规的理解和认识，纠正过去纳税中存在的错误行为，正确处理未来生产经营活动中出现的涉税问题，从基础环节上促进企业对纳税风险的防范与纳税成本的控制。

### （二）纳税成本管理

纳税成本管理是企业正确运用税法及相关法律法规，对企业将要发生的生产经营活动做出事先安排，对企业已发生或将要发生的生产经营活动进行协调与控制，对企业纳税策略与方案进行统一规划，以降低企业纳税管理成本的一系列活动。纳税成本管理的有效性直接关系到企业纳税管理最终目标的实现，因此是企业纳税管理的中心环节与核心内容。企业纳税成本管理的主要内容包括税款实际计算、支付额的管理及纳税管理活动相关费用的管理。

### （三）纳税实务管理

企业纳税实务管理涉及企业的整个生命周期和所有经营环节，企业从设立开始到正式运营，直到企业清算阶段，整个过程中都存在涉税业务，因而需要进行全程全方位的税务管理。企业在设立阶段涉及税务登记、账簿凭证的税务管理以及发票管理等。企业生产经营活动是周而复始的，其纳税义务产生于生产经营活动中，企业纳税活动将随着纳税义务的产生而产生，随着纳税义务的正确履行而结束，周而复始，直到企业生产经营活动终止。在整个企业的生命周期之内，贯彻全过程的管理原则，按照税收征收征管法的程序对企业所有的纳税环节的纳税程序进行组织、协调、监督、控制，具体内容包括纳税登记管理、纳税账务管理、发票管理、纳税减免申请管理、税款缴纳管理等。

### （四）纳税风险管理

企业纳税风险管理的核心是树立正确的风险防范意识和风险控制理念，它是企业依据税收法律法规及相关经济法规，对其纳税计划、纳税过程和纳税结果进行全面的谋划、分析、评估、处理等组织与协调等管理活动。企业纳税风险管理是企业纳税管理调控职能发挥作用的具体体现，可以及时纠正企业纳税活动中存在的错误，保证企业纳税管理总目标

---

① 汤贡亮，王君彩：《企业税务管理》，经济科学出版社 2014 年版。

的实现。

### （五）纳税争议诉讼管理

由于征纳双方代表不同的利益集团的利益，在对企业纳税行为和结果的认识上经常会出现不一致，从而导致纳税争议。如果企业不能正确、及时地处理并解决这些问题，将给企业生产经营活动造成不良影响，甚至导致企业经济或名誉上的损失。因此，企业应对纳税过程中发生的争议诉讼问题进行管理，以保证纳税管理总体目标的实现。企业纳税争议诉讼管理包括企业对纳税过程中发生的纳税争议进行调查、分析、解决的一系列管理活动，具体来说包括调查分析争议诉讼问题、制订解决争议诉讼问题的方案、组织实施争议诉讼问题解决方案、分析与评估争议诉讼问题解决结果。

税务管理是企业经营管理系统中的一个重要子系统，企业税务管理五个方面的税务管理相互渗透、相互支撑，贯穿于企业税务管理子系统的全过程，而该子系统的健全和有效运行直接影响着企业的整体管理水平和经济效益。

关于企业税务管理流程和企业管理人员涉税责任请参照以前章节的介绍，在此不再赘述。

## 二、企业税务管理的组织形式

结合我国当前企业的实际，企业税务管理的组织形式主要有以下几种类型。

### （一）自我管理形式

自我管理形式是指企业在内部配备税务管理的部门或对岗位实施一系列的管理活动。具体表现为以下三种类型。

1. 由企业财务部门承担税务管理工作，财务人员兼任纳税工作。这种形式的优点是管理人员成本开支较低，缺点是纳税事务处理水平受财务人员对税法及纳税管理技能掌握程度的限制，使企业税务筹划空间利用不足、纳税成本加大、税务风险出现的概率加大，因而比较适应于规模小、纳税事务简单的小型企业。

2. 由企业财务部门承担税务管理工作，下设纳税管理科室，由专人担任税务管理人员。该形式的优点是专人专岗，职责明确，在岗纳税管理人员一般比较熟悉税收的具体政策法规并具有一定的纳税事务处理能力，能较好地利用税收的优惠政策，节约纳税成本并降低纳税风险；缺点是专设岗位增加管理成本。这种组织形式比较适合规模中等、纳税事务较复杂的企业。

3. 企业专门设立独立的税务部门，配备专业人员进行税务管理。该形式是在企业内部专门设置税务管理部门，专职承担企业的税务管理工作，根据企业涉税业务进行不同人员的业务分工，或者依据不同的税务管理职能进行人员的业务分工。该形式的优点是管理规范，操作专业化、系统化，能较为充分地参与企业全过程的税务管理工作，对企业的纳税成本和纳税风险能较好地实施控制。比较适用于规模较大、纳税事务复杂的大型企业。

### （二）委托中介机构或代理税务形式

这种模式主要依靠专业的税务中介机构来完成涉税业务，企业向中介机构支付相应的劳务费用。其优点是：由于聘请专业人士长期为企业提供全方位的纳税管理专业化服务，基本可以保证企业纳税低风险及纳税成本的合理支付，保证企业经营目标的实现；所支付的劳务费用低于企业雇用纳税管理人员的工资，成本较低。如果选择的税务中介机构信誉及专业素质较好，与企业之间有良好的沟通，企业未来的实际税收收益将远远高于所支付的劳务费用。该种形式适用于各类规模、性质的企业，特别受到中小型企业的欢迎。

#### （三）自我管理与中介机构相结合形式

这种方式一方面企业要有相应的税务管理机构和专职的人员进行税务管理工作，另一方面可以聘请税务中介机构的专家介入企业的税务管理。税务专家可以为企业提供综合性的税务咨询服务，如为企业提供税收法律、法规方面的指导，办税实务方面的指导，会计处理方面的指导以及纳税筹划方面的指导。如中大型企业内部设有专人进行纳税管理，处理日常相对简单的纳税事务，当企业遇到复杂的涉税事项或税务难题时可以聘请中介机构的税务专家担任企业税务顾问进行税务咨询，这种方式既能达到减少纳税风险的作用，又能最大限度地节约纳税成本。

在我国，企业税务管理一直以来都被认为应归入财务管理这个大范畴，企业税务管理通常也是由财务部门担任税务管理的职责。从未来的发展和国际趋势来看，企业税务管理越来越受到大型企业的重视，税务管理脱离财务部门，独立设置、配备专人将成为大型企业集团的必然选择。

### 三、企业税务管理的步骤

#### （一）分析企业的基本情况

企业要想实施有效的税务管理，必须对本企业的现在和未来进行深入的分析，对企业现阶段的纳税情况及财务管理情况进行全面的检查，了解企业存在的问题，以便有针对性、有重点地进行税务管理。具体来说，企业需进行以下方面的具体分析：

1. 企业的组织形式。按照财产的组织形式和所承担的法律责任权限，国际上通常把现代企业的组织形式分为独资企业、合伙企业和公司制企业三种类型。不同的企业组织形式会有不同的税负水平，投资者在组建企业后拟设立分支机构时，就必须考虑不同企业组织形式给企业带来的影响。了解企业的组织形式，可以对不同组织形式的企业提出具有针对性的纳税管理目标、制度与措施。

2. 财务情况。企业税务管理要合理合法地降低纳税成本，只有全面详细地了解企业真实的财务情况，特别是与税收缴纳相关的财务情况，才能制定出正确的税务缴纳管理的具体措施。

3. 未来的发展方向和投资意向。明确企业未来的发展方向是便于明确投资方向，即选准投资区域和投资行业。企业的未来发展和投资意向影响着企业税务管理的目标、制度与措施。企业投资时应考虑税收因素，国家对于不同的产业政策在不同的时期会做出相应的调整，税收政策是国家对产业进行扶持或限制的主要手段之一。以所得税为例，国家通过减免所得税的方式扶持的产业主要包括高新技术产业、农业、公共基础建设产业。投资国家鼓励类产业可以享受税收优惠政策。

4. 企业纳税情况。了解企业以前和目前的纳税情况，尤其是纳税申报和缴纳税款情况，对企业纳税管理的有效实施会有很大帮助。作为纳税管理的直接操作者还应了解企业法定代表人的政策水平、开拓精神及对待风险的态度等，以知晓企业未来发展的总体思路。尤其是企业领导人的开拓精神及对待风险的态度对企业纳税管理目标、制度与措施的制定有较大的影响。

### （二）收集整理与企业生产经营相关的财税法规

由于企业生产经营情况不同，所发生的纳税事宜不同，所使用的税收法律法规也不同，因此企业税务管理者在分析企业的基本情况后，应有针对性地收集与企业生产经营相关的税收法律及法规，收集与企业生产经营相关的其他经济法规，以此对照检查企业目前纳税管理中所存在的问题。

### （三）明确税务管理目标

纳税管理目标必须与企业的经营目标相一致。企业是以营利为目的从事经营活动的组织。企业经营活动是在激烈的市场竞争中进行的，充满着风险，有时甚至面临着破产倒闭的危险。可见，企业必须生存下去才可能获利；同时，企业也只有在不断的发展中才能获得永久的生存。因此，企业税务管理的目标要与企业发展的目标相一致，而税务管理目标的确定也是企业采取一系列税务管理制度和措施的先决条件。

### （四）选择适宜的税务管理组织形式

每个企业的生产经营情况不同，企业应依据自身的生产经营情况确定自身所应采取的税务管理组织形式。企业规模越大，业务类型越复杂，其涉税环节和涉税业务会随之增加，税务管理的难度和复杂程度也愈加增强。例如，从事多元化发展的企业相对于单一化经营的企业而言，业务种类较多，涉税事项也较多，因而更需要在企业设立专门的税务部门和岗位人员实施税务管理。必要的情况下，可以聘请税务专家对多元化的专项内容进行专业的税务指导。生产规模较大、资金流动性较强、纳税情况复杂的企业，可在企业财务部门内部设立纳税管理科室，雇用专职纳税管理人员进行纳税管理；生产规模较小、资金流动性较弱、纳税情况比较简单的企业，可在企业财务部门内部设立纳税管理岗位或委托税务中介机构代为进行全部或部分纳税管理，如委托税务中介机构代为进行纳税管理。税务管理的组织形式不同决定了企业不同的税务管理流程和相关制度的贯彻执行。如果企业选择委托税务中介机构代为进行税务管理，那么企业首先应选择商业信誉、服务质量较好的税务咨询机构；其次，应与该税务中介机构签订正式委托合同，明确双方的责任及义务，明确如果因为税务中介机构的责任造成经济损失应如何补偿等问题；最后，应对税务中介机构指定的专业管理人员的业务素质及职业道德进行考察与确认。

### （五）确定合适的纳税管理人员

无论企业确定哪种纳税管理的组织形式，均需要考虑纳税管理人员的任用问题，企业应选用业务素质及职业道德较好的人员从事税务管理工作。

### （六）制定税务管理制度与流程

没有规矩不成方圆，制定税务管理制度与流程是为了促使企业税务管理更加规范且更有效果。针对企业实际纳税情况和纳税管理组织形式所制定的税务管理具体制度，包括纳税管理岗位责任制度、纳税申报管理制度、纳税风险控制制度等。

### （七）研究制订税务管理方案

研究制订纳税管理方案，从广义上讲，是指企业整体纳税管理目标、纳税管理原则、组织管理方法的制订；从狭义来讲，是指企业依据不同发展时期的具体经营要求所进行的具体纳税方案的研究、设计与制订，例如，企业筹资及相关纳税方案的设计、企业成本管理方式的调整与纳税方案的设计与制订。

（八）组织纳税管理方案的实施

组织纳税管理方案的实施包括企业整体纳税方案的实施与不同发展时期具体纳税方案的实施。

（九）信息反馈与归档

对纳税管理过程中所产生的纳税管理信息要及时进行整理、分析、归档，反映给实际管理部门及人员，以纠正错误的行为。

## 四、企业税务管理中应特别注意的问题

（一）树立源头控制的理念

所谓源头控制是指了解企业税负产生的根源，从源头做好税务管控工作。简单地说就是知晓企业承担的税负是什么原因产生的，控制其源头才能达到节税的效果。实践中，人们通常认为企业纳税多少都是财务部门的事情，因为财务部门通常承担着缴纳税款的职责，而且国家税务部门对企业进行税务检查时往往也会直接关注企业的财务会计资料。事实上，财务会计资料是对企业经营业务活动的事后反映，真正给企业带来税负的是企业经营业务活动本身。比如企业缴纳的税种为什么会有区别？其原因在于每个企业的经营活动是不同的，有的企业经营活动是进行生产销售，那么就会产生增值税的缴纳义务，而有的企业是从事进出口业务，还会产生关税的缴纳义务。因此，企业的纳税义务是因企业的涉税业务经营而产生的，企业应该从做出业务经营决策时就做好税务的管控工作，而不是等纳税义务发生时去责成财务部门想办法节税。

（二）熟知税法及其实施细则

企业既要依法纳税、诚信纳税，又要降低纳税成本，前提是熟知税法及其实施细则。税法规定的内容繁多而复杂，而且会因为经济环境的改变不断进行修正，同时作为企业自身而言，其所处的市场环境也会不断发生变化，企业要想达到最优的税务管理目标就需要既了解并掌握税法，还能灵活运用税法为企业税务管理服务。

（三）经常保持与主管税务机关的沟通

经常保持与主管税务机关的沟通，不仅可使企业及时了解和把握税收政策的走向，以便最大可能和最大限度地利用各种税收优惠政策，而且可以及时获得税务机关的具体业务指导和帮助，以减少差错，避免受罚；同时还可以增进征纳双方相互的理解和支持，为企业合理合法节税提供条件。

# 第二节
# 企业税务风险管理

## 一、企业税务风险概述

企业税务风险是由于企业的涉税行为未能正确有效地遵守税法的规定，导致企业未来利益的不确定性和可能的损失。税务风险主要包括两方面：一是企业的纳税行为不符合税收法律法规的规定，税款未缴纳或纳税不足，从而面临补税、罚款、加收滞纳金、刑罚处罚以及声誉损害等风险；二是未充分运用优惠政策而多纳税款，承担了不必要的税收负担。

企业税务风险种类多样，主要分为以下几类（见表12－1）。

**表12－1　　企业税务风险分类**

| 分类依据 | 税务风险 | |
|---|---|---|
| 根据涉税环节划分 | 企业组织结构内部引起的 | 投资结构等 |
| | 涉税政策引发的 | 税率优惠等 |
| | 税务处理方式不当引起的 | 成本费用确认等 |
| | 关联交易引发的 | 有形资产的采购等 |
| | 发票管理工作引发的 | 增值税专用发票使用等 |
| | 其他税务处理引发的 | 纳税申报、税款缴纳等 |
| 根据风险内容划分 | 资金风险 | 企业补缴税款，直接影响现金流 |
| | 违法风险 | 企业税务人员素质低，出现违法行为 |
| | 信誉损失风险 | 企业进行违法涉税行为，导致信誉受损 |
| | 税务政策风险 | 企业违反法律法规的相关规定造成的无形损失 |

加强税务风险管理不仅有利于企业财务管理目标的实现，而且有利于降低企业经营风险（见图12－1）。

经营风险

- 财务风险：企业选择不符合税法规定的税务处理方式，如没有进行纳税调整从而多缴税款
- 法律风险：企业逃税、骗税，被税务机关处以罚款和滞纳金等处罚或责任人承担刑事处罚
- 信誉风险：其他有关经济主体因为企业违法行为而对企业的信用产生怀疑，或者企业因违法而丧失享受某些税收优惠的资格

**图12－1　经营风险内容**

对于企业来说，税务风险只是一种导致企业未来利益损失的可能性风险，只要企业做好税务风险防范工作，深入分析影响公司税务风险的各种因素，就能让企业在做好税收筹

划的同时降低企业的税务风险，达到控制企业税务风险的目的。因此，加强税务风险防控具有重要意义。

第一，积极进行税务风险防控，严格税务审计，有利于企业规避纳税风险，及时发现企业税收管理中存在的问题，有利于企业合理、合法降低企业税负，在为企业节省税收的同时，也为企业带来真正最大的社会经济效益。

第二，企业进行税务风险防控，可以避免发生不必要的经济损失。经常对企业进行税务审计，进行纳税风险控制，能够让企业依法纳税，避免受到税务机关的经济处罚。

第三，企业自身进行税务风险防控，可以避免发生不必要的信用损失。如果企业发生特殊情况，被税务机关认定为逃税、漏税，会对企业的信用造成严重影响，企业纳税信用将会受到严重损失，通过税务风险控制，就可以有效地避免企业纳税风险，增强企业纳税信用。

第四，税务风险可能带来公司管理层的变动和人员受损，引发公司和相关责任人的刑事责任。通过税务风险防控，有效降低税务风险，可以减少相关管理人员的错误，减小或消除税务风险给管理层带来的风险。

总之，企业实行税务风险防控，对于企业来说意义重大，企业通过纳税风险控制，力争实现涉税零风险，不仅可以减少不必要的经济损失以及信用损失，也可以令企业的管理更加有条理，账目更加清楚，更能保证企业的健康发展。

## 二、企业纳税风险点的认定

很多企业都走进一个误区，认为企业税款是在财务部门核算时产生的，放松对其他业务部门的税务管理，因而其他业务部门在各个生产经营环节也缺乏税务风险意识。其实，企业的各项生产经营决策和管理都会对企业税负产生直接或间接的影响。因此，企业要注重生产经营中各个环节的税收风险认定（见图 12－2）。

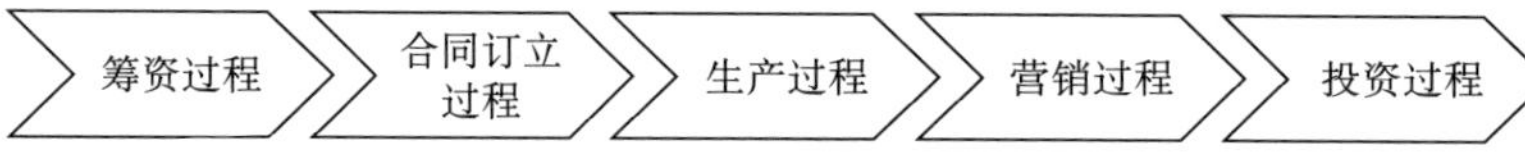


**图 12－2 税务风险流程图**

### （一）筹资过程中的纳税风险点

企业的资金来源主要是两个方面：股东（或企业主）资本投入和从债权人借入。与大企业相比，中小企业通过债权借入资金的渠道少，融资难度大，因此偏向于股东的资本投入。

两种流入形式完全不同的资金，在税收待遇上是不一样的。因向债权人借款而支付的利息，可计入企业的成本费用，在企业所得税税前扣除；而股东必须在税后才能分配利润，取得的收益已经缴纳过企业所得税。因此，这两种资金流入的形式对企业税负有着不同的影响。相应地，企业资本结构的不同，即股权资本与负债资金的比例不同，就会导致企业税务产生差异。

### （二）投资过程中的纳税风险点

企业的投资行为一般来说属于长期行为，在投资决策方面的微小差异都会导致最后巨大的累积效用；另外，投资决策对企业税负的影响往往是隐性和滞后的，很容易被企业忽视，而且投资对税负的影响也是多方面的，不单纯是企业所得税。

在实际投资决策过程中，企业管理层往往更多地关注市场前景、预期效益、经营风险等，而对各项投资可能涉及的税务问题则相对比较忽视，并且认为税务问题是在企业经营之后才发生的，是财务部门核算的工作，所以，在投资决策过程中不需要考虑税务问题。其实这是极端错误的。企业在投资决策过程中如果没有税务风险意识，将有可能给企业带来巨大的税务风险，特别是对于中小企业，很多中小企业本身风险承担力较弱，一旦因为税务问题导致企业投资失败，将可能对企业带来毁灭性的打击。

### （三）生产过程中的纳税风险点

企业生产过程是企业生产运营中最核心的、关键的环节，是为了满足企业客户的需要而必须完成的一项经济活动。这个过程包括产品设计、原材料采购、产品制造、组装等环节。

很多企业都制定了相应的管理制度来管控各个生产流程，从而达到降低生产成本、提高产品质量的目的。但很少有中小企业制定专门的税务风险管理制度，在生产过程中对税务风险进行控制。很多中小企业在生产过程中完全无视税务风险的存在，甚至为了降低产品生产成本，不惜以提高税收成本为代价，其最终结果很有可能是得不偿失，无形中加重了企业税收负担。

### （四）合同订立过程中的纳税风险点

企业进行各项经济活动，往往都以契约的形式来对双方的权利和义务进行约定，因此合同成了在处理各种经济关系时的基本工具。合同决定了企业的经营过程，而在企业的经营过程中又产生了纳税义务。因此，在某种程度上，合同的设计与签订直接决定了企业税负。

很多企业的合同是没有经过税务专家或税务顾问审核的，有的企业甚至都未经财务部门负责人过目。税务风险管理普遍缺位，没有认识到企业税负与合同内容的高度相关性。合同的审核者和签订者大多不熟悉税务，往往在合同的设计、签订过程中忽略了合同内容中交易性质、交易价格、结算方式等因素直接对企业税负产生的影响。企业合同设计、签订时缺乏税务风险意识的具体表现为：

1. 签订合同时，未考虑经济业务的性质，导致企业应税行为税负过重。商品销售合同会涉及增值税、消费税等。但混合销售或兼营行为中，适用的增值税税率还需要根据合同具体内容来确定。

2. 未从税务角度考虑交易价格或交易额，导致企业计税依据偏高。很多企业经常把实际并未形成交易的中间费用也计入合同的交易条款，在不知不觉中提高了计税依据，加重了自身的税负。例如，出租方将承租方发生的物业费、水电费等一并列入租赁合同中，无形中增加了企业名义上的租金收入，加重了自身增值税税负。

3. 没有注意交货方式、付款方式等影响纳税义务发生时间的条款，导致企业迟交或垫付应纳税款。

4. 没有意识到受益和风险分担方式对交易性质的影响，导致企业承担不必要的税负。企业在投资合同中是否包含“共担风险”的条款，为纳税筹划提供了空间。很多企业只注意投资资金的安全、受益率以及投资风险的承受力，而忽略利润分配方式对税收造成的影响，结果缴纳不必要的税款。

5. 营销过程中的纳税风险点。产品营销在企业经营管理中占有非常重要的地位，企业营销的税务管理往往会成矛盾的集中点，而且营销人员大多对税务似懂非懂，只关注自身的有效业绩而不太关注税负的轻重，因此企业营销的税务管理经常会处于比较尴尬的境地。

（1）营销方式的不同给企业带来不同的税负。很多中小企业采用直销模式进行产品营销，根据《国家税务总局关于直销企业增值税销售额确定有关问题的公告》，直销企业的经营模式主要有两种：一是直销员按照批发价向直销企业购买货物，再按照零售价向消费者销售货物；二是直销员仅起到中介介绍作用，直销企业按照零售价向直销员介绍的消费者销售货物，并另外向直销员支付报酬。第一种模式下，货物的所有权已经由直销企业转移给了直销员，符合现行增值税关于销售货物的规定，直销企业的销售额为其向直销员收取的全部价款和价外费用；第二种模式下，直销员仅相当于推销员，在直销企业和消费者之间起到中介介绍作用，直销企业和直销员之间并未发生货物所有权的有偿转移，直销企业的销售额为其向消费者收取的全部价款和价外费用。因此，营销方式不同会给企业带来不同的税负。

（2）促销方式的不同给企业带来不同的税负。在营销过程中，企业有很多种不同的促销手段，不同的方式下其销售额不同，相应的，企业也会承担不同的税负，因此能否正确计算特殊销售方式下的销售额成为企业的一个纳税风险点。根据国家税务总局 2010 年第 2 期《税务公报》及《国家税务总局关于折扣额抵减增值税应税销售额问题的通知》（国税发〔1993〕154 号）第二条第（二）项规定，企业采取折扣销售方式销售货物，如果销售额和折扣额在同一张发票上分别注明的，可按折扣后的销售额征收增值税。销售额和折扣额在同一张发票上分别注明是指销售额和折扣额在同一张发票上的“金额”栏分别注明，可按折扣后的销售额征收增值税；未在同一张发票“金额”栏注明折扣额，而仅在发票的“备注”栏注明折扣额的，折扣额不得从销售额中减除；企业采用销售折让的促销方式，因销售折让、中止或者退回而退还给购买方的增值税额，应当从当期的销项税额中扣减。由此可见，多样的促销手段会给企业带来纳税风险，正确计算应纳税额尤为关键。

## 三、企业纳税风险的管控

### （一）构建税务风险管理流程体系

由于企业管理程序、业务控制模式、财务控制手段等构成了管理流程，不同的管理流程又蕴涵不同的税务风险，因此，只有以公司业务计划、经营策略为依托，建立合理分工、职权责任划分明确的科学税务管理流程体系，才能有效降低税务风险。流程体系如图 12－3 所示。

为帮助企业各层级管理者更好地识别、量化并管理税务风险，应尽量将税务管理信息化，建立企业内部通用信息处理系统（SAP 等）和税务管理专门系统，通过涉税信息数据的记录、汇集、统计和处理，实现企业涉税风险控制前置介入和实时监控。在此基础上以 SAP 系统为依托，以财税部门为核心，重点建立企业税务风险防控体系三大机制。

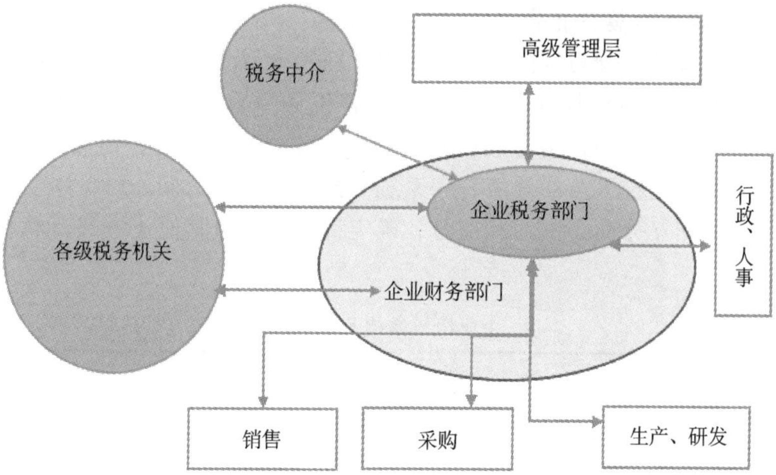


图 12－3　科学税务管理流程体系

1. 建立财税部门和企业高层的反馈监督机制。理解企业税务管理架构、职责分工、税务申报与管理操作模块的特点与潜在问题是企业高层有效防控税务风险的基础。为此，必须首先建立财税部门和企业高层的反馈监督体系，具体如图 12－4 所示。

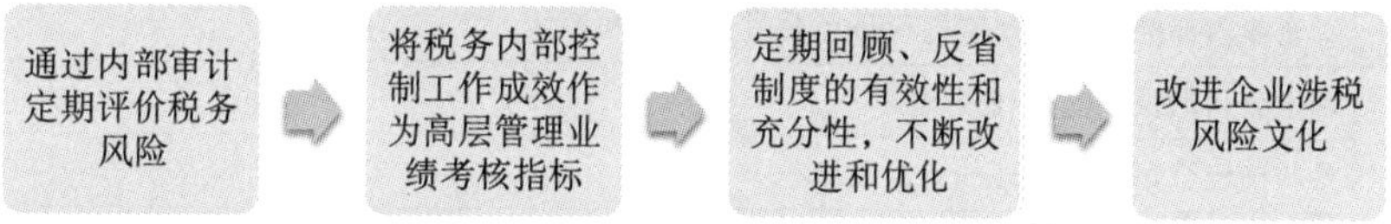


图 12－4　高层反馈机制的具体程序

2. 建立财税部门与业务部门的互动沟通机制。税记录于财务，却产生于业务流程，涉税风险的管理责任分布在财税和业务部门之间，把财务部门的税务风险管理提前贯穿到业务流程中，并使公司在市场、销售、物流等涉税业务环节发生紧密的互动关系，能够有效识别、评估交易环节的税收影响，这是有效降低企业税务风险的关键。

比如在确认销售额时，就需要生产、销售、管理等各个部门的协调配合，才能准确地确定销售时点，并准备好与之相关的原材料供应单、销货单、审核单等同期资料，才能确保税务管理人员能够及时、准确地申报纳税，并将涉税风险降到最低。

3. 建立财税部门与税务机关、培训机构的交流合作机制。由于某些税收政策具有相当大的弹性空间，税务机关在税收执法上，特别在某些模糊和新生事物的税收处理方面，拥有较大的自由裁量权。为此风险体系的设计要走出“认为税务局来查账便是找麻烦”的误区，特别强调与税务机关的外部沟通，争取在税法理解上与税务机关保持一致，获得税务机关的认可。

另外，各种经济、税收、管理因素和防控税务风险的技能因素等，都影响着企业开展税务风险控制工作的深度、广度。企业应加强与有良好信誉的税务中介和培训机构的沟通，对风险管理涉及部门进行定期培训，聘请相关中介服务机构对本公司的涉税环节进行诊断。

### （二）税务风险实施模块化管理

企业的税务风险管理分为事前规划、事中管理和事后改进三大模块进行。

1. 事前规划模块。事前规划阶段主要是完善税务风险管理体系的组织结构，对相关岗位进行职责和权力的划分，实行职责分离管理，建立高级主管、财务总监、税务经理、税务操作人员、采购销售人员的分级管理系统，把税务风险纳入公司整体管控体制内，确保税务管理岗位的相互分离、制约和监督；确定税务部门与其他业务部门的职责和权力划分（见表 12 -2）。

表 12 -2　　企业组织结构及其权力

| 岗位 | 职责和权力 |
|---|---|
| 高级主管 | 结合公司经营理念、组织结构和业务流程，建立税务管理架构和公司涉税风险管理流程 |
| | 对重大集团内跨企业涉税事项进行规划，明确管控责任，制定内部交易的涉税政策 |
| | 监督公司财务部门税务管理 |
| | 税务制度的拟定和发布 |
| 财务总监 | 参与公司重大决策的方案制订 |
| | 分析公司现有流程，确定税务和经营方面的匹配程度，制定纳税战略目标、税收预算计划等 |
| | 重大决策制定前进行税务影响调查、分析和规划 |
| | 对企业内部经营链和要素的税务风险进行监控和评估 |
| 税务经理 | 确定公司的税务优惠利用程度 |
| | 参与确定公司发票管理的条件和流程 |
| | 参与确定公司财务会计处理的规范程度 |
| | 公司纳税过程不确定事项处理：主动与主管税务机关沟通，改善和当地税务部门的关系；向非管辖税务机关咨询，事先协调解决 |
| | 为企业税务争议提供技术支持 |
| | 与税务部门的专项沟通（稽查） |
| 税务操作人员 | 按照部门计划，负责公司税务风险控制策略的制定、实施 |
| | 不断完善基础性数据的收集和分析工作 |
| | 进行公司日常纳税管理，包括：纳税申报表的填报与审批、税款缴纳划拨凭证的填报与审批、税务风险事项的处置与事后检查 |
| | 具体风险管控点的职责执行 |
| | 企业税务信息和会计处理的常规管控 |
| | 定期收集本地税务部门税收任务完成情况、地方性税收政策和税务部门检查计划 |
| | 与税务部门的日常沟通（各级税务机关） |
| 采购销售人员 | 根据税务管理人员意见和供应商或客户确定交易的模式，如保税交易或非保税交易 |
| | 根据税务管理人员意见确定物流和现金流的模式，如发票开具的方式、时间、发票的种类、款项支付的方式 |
| | 保持和税务管理人员的互动，在发生新交易模式后，需征求其意见，以确定对公司最有利的交易模式 |

2. 事中风险识别、评估及应对模块。

（1）税务风险的识别。税务风险的识别方法主要包括风险清单法、财务报表分析法、流程图法、事故树法、现场检查法和风险形势估计法等。常用的方法有三种（见图 12－5）。

**税务风险清单法**：由专业税务人员设计好标准表格和问卷，使用者根据清单逐项检查企业的税务风险，逐步构建本企业的税务风险框架。常见的有税务风险分析自查表、税务调查表等

- 优点：经济方便；
- 缺点：标准化适应的普遍性，决定其没有包含特殊企业的特殊风险，针对性差。

**财务报表分析法**：利用企业的资产负债表、利润表、现金流量表和其他财务资料，将相关数据计算入收入类、成本费用类、利润类指标，与同行业同类企业对比，与企业以前会计期间对比，发现潜在税务风险

- 优点：资料易于取得；研究结果客观可靠，易被外部人员接受；
- 缺点：无法满足企业背景信息的需求。

**流程图法**：将企业生产运营过程按照各阶段绘制成图，如价值流程图和失误流程图，企业根据生产或运营过程的流程图来识别风险

- 优点：清晰形象，基本上能够揭示所有生产运营环节中的税务风险；
- 缺点：只强调事故的结果，并不关注损失的原因。

图 12－5　税务风险识别

（2）税务风险的评估。税务风险评估是在税务风险识别的基础上，运用科学的方法测算损失发生的概率和损失大小，并依据企业自身对风险的态度和风险承受能力，对税务风险的相对重要性以及影响程度进行评价。税务风险评估方法包括定性评估和定量评估（见表 12－3）。

表 12－3　税务风险评估方法分类

| | 分类 | | 具体内容 |
|---|---|---|---|
| 定性评估 | PEST 分析 | | 政治因素：政治、法律环境，政府管制，产业政策等 |
| | | | 经济因素：要素市场与供给水平，劳动力市场，价格水平，财政与税收政策，顾客因素，资本市场，利率、汇率与融资等 |
| | | | 社会因素：社会态度，信念与价值观，人口的年龄结构与受教育程度等 |
| | | | 技术因素：技术变革，技术替代等 |
| | SWOT 分析 | 优势 | 一般包括治理层和管理层对于税务风险的重视程度高 |
| | | | 企业税务人员具有较强的专业胜任能力等 |
| | | 劣势 | 企业管理层对税务风险的重视程度不高 |
| | | | 企业内部控制制度不完善 |
| | | | 信息技术的投入和运用程度较低等 |
| | | 机会 | 近期宏观经济形势好，国家实施产业鼓励政策，行业迅速发展 |
| | | | 有利于企业发展的税收政策出台等 |
| | | 威胁 | 近期宏观经济形势不好，国家实施限制政策，行业发展缓慢 |
| | | | 对企业影响较大的税收政策出台等 |

续表

| | 分类 | 具体内容 |
|---|---|---|
| 定量评估 | 单变量模型 | 美国学者威廉比弗运用单变量预警分析法建立的财务风险预警模型 |
| | 多变量模型 | 运用多种财务比率指标加权汇总而构成线性函数公式来评估预测财务风险的一种模型。如纽约大学奥尔曼教授创造的 Zeta 计分模型、迪肯的线性概率模型、埃德米斯特的小企业模型等 |
| | 其他模型 | 国际上用于风险度量评估的方法还有沃尔评分法、违约率模型等 |

（3）税务风险的应对。企业在进行税务风险评估后，应当采取相应的应对措施，考虑相关措施开展的直接成本、间接成本以及机会成本，与取得的收益进行比较，对发生可能性较小、影响程度不大，而消除或减少这种风险付出的代价太大的税务风险，可以采取保留风险的方法。可以通过内部控制制度的完善，将税务风险控制在可以接受的范围，以减少税务风险。税务风险还可以通过聘请税务代理帮助处理涉税事宜，进行税收筹划，通过合并、重组等手段享受税收优惠，来转移和化解税务风险。

3. 事后改进与检查模块。

（1）加强信息与沟通交流。加强企业与税务机关、企业内部各部门之间、同行业之间的沟通。有效传递信息有利于合理配置资源，建立企业的基础信息系统，在税务风险管理中应用信息技术，将风险管理的基本流程和内部控制系统各环节均纳入信息系统，保证企业财务会计系统的设置与法律法规变动同步，以确保税务信息的准确提供。将企业所涉及的税种、可以享受的优惠政策、办税程序以及每项交易的具体涉税信息和税务风险点纳入税务信息系统，以便于风险管理。

企业风险管理人员应积极参与企业重大经营决策，包括重大投资、并购与重组、重要合同或协议的签订等，及时提供税收方面的建议，将控制税务风险前移，实现税务风险的前瞻化管理；企业应定期与税务及相关主管部门进行沟通，建立起交流的平台，对企业重大涉税事项进行探讨，约定企业具体涉税处理流程，最大限度地控制税务风险；同时，与同行业企业进行交流，借鉴其他企业经验提高自身风险管理水平。

（2）监督与评价。企业税务风险管理体系在运作过程中，随着时间及内外部环境变化、新的税务政策调整和企业税务风险管理目标变化等，需要对税务风险管理体系进行全过程的监督和评价，及时发现问题，确保体系的有效运行。

监督是一种持续的监控，包含于企业正常的、反复的税务风险管理活动中，是实时的、动态的；评价是对企业税务风险管理机制的有效性进行评估审核，不断改进和优化税务风险管理制度和流程，包括定期评价和不定期评价两种方式。监督与评价实现了税务风险管理的动态性和连续性，对当前的税务风险管理方案进行及时的、准确的、科学的评价，做出调整和更新。

# 第三节 财务会计制度与税法差异的纳税调整

## 一、财务会计制度与税法差异的一般分析

按照现行会计准则，全面进行财务会计制度与税收政策法规的差异比较，应注意从概念、规范、规则等基本构成要素入手，从整体上把握二者的差异。

### （一）概念的差异

财务会计制度与税收政策法规的概念差异主要体现在主体、客体、内容、事实四个方面（见表12－4）。

表12－4　财务会计制度与税收政策法规的概念差异

<table>
<tr><th colspan="2"></th><th>财务会计制度</th><th>税收政策法规</th></tr>
<tr><td colspan="2">主体</td><td>会计服务的空间范围，具体表现为特定的单位或组织</td><td>税收法律关系中享有权利和承担义务的单位和个人</td></tr>
<tr><td colspan="2">客体</td><td>企业的经济活动（即资金运动）</td><td>税收法律关系主体的权利和义务共同指向的对象（即课税对象）</td></tr>
<tr><td colspan="2">内容</td><td>资产、负债、所有者权益、收入和费用、利润</td><td>是主体所享有的权利和所承担的义务，是税收法律关系的核心</td></tr>
<tr><td rowspan="2">事实</td><td>法律事件</td><td colspan="2">定义存在差异，如，税法规定企业必须按规定进行税务登记，企业的登记行为是法律事件，会计制度并不要求企业进行相关登记和注册，因此税务登记是税法规定的专有事件</td></tr>
<tr><td>法律行为</td><td colspan="2">定义存在差异，如存货计价方法的确定、无形资产摊销年限的选择等都属于法律行为，作为会计主体和纳税主体有选择的权利。选择的结果可能符合企业利润总额的确认和计量要求，但是不符合税法税前扣除项目的确认和计量要求，就应进行纳税调整，否则企业就应承担相应的税收法律责任</td></tr>
</table>

### （二）基本假设的差异

财务会计制度与税收政策法规基本假设的差异主要体现在主体、持续经营、期间与货币计量四个方面（见表12－5）。

表12－5　基本假设的差异

<table>
<tr><th>基本假设</th><th>财务会计规定</th><th>税法政策法规</th></tr>
<tr><td>会计主体与纳税主体</td><td colspan="2">纳税主体不同于会计主体。例如，按照新企业所得税法的规定，分公司不是一个纳税主体，却可能是一个会计主体；又如，未实行合并纳税的企业集团，不是一个纳税主体，却可能编制合并财务报表，作为一个会计主体。然而在一般情况下，企业所得税纳税主体与会计主体是一致的</td></tr>
</table>

续表

| 基本假设 | 财务会计规定 | 税法政策法规 |
|---|---|---|
| 持续经营假设 | 对一些收入并不是根据持续经营的假设确认的企业，不完全贯彻权责发生制和收付实现制。例如房地产开发企业收到的售房定金，会计上作债务处理，计入“预收账款”科目中核算；而税法上视同收到预收款，需要预交增值税 | |
| 纳税期限与会计期间 | 采用公历年度，呈现出逐渐缩短的倾向，以财务报告批准报出日作为差错划分时间 | 分税种划定的，以税务机关最终受理纳税申报日作为差错划分时点 |
| 货币计量 | 放弃记账本位币的限制，汇率有多种选择，通常应当采用即期汇率进行折算 | 强调人民币为本位币，外币汇率计税折算时，每个税种的具体规定是不尽相同的 |

### （三）核算原则的差异

会计制度与税收制度核算原则的差异主要体现在客观性、相关性、重要性、谨慎性与实质重于形式五个方面（见表12－6）。

**表12－6　　核算原则的差异**

| 相关核算原则 | 会计规定 | 税法规定 |
|---|---|---|
| 客观性原则 | 强调客观真实性，适用于会计核算事项 | 法定真实性优于客观真实性，所得税的真实性仅适用于企业所得税的申报事项 |
| 相关性原则 | 指会计信息应当满足不同的会计信息使用者了解企业的财务情况和经营成果的需要，满足财务报告使用者决策的要求，关注的对象是决策事项 | 指经济性质上的因果性，即应予以确认的费用与期间收入项目具有必然的因果关系，关注的对象是应税事项 |
| 重要性原则 | 判断标准是，企业应当根据其所处环境和实际情况，从项目的性质和金额两方面来判断其重要性 | 判断标准是，从质的方面讲，应以是否影响纳税申报的真实性、合法性、完整性，降低申报可靠性，作为判断条件。从量的方面讲，应以某一会计事项或纳税调整事项的发生达到一定数量时，是否可能对正确纳税产生影响 |
| 谨慎性原则 | 可以提取各项资产减值或跌价准备 | 强调据实扣除和计量的确定性 |
| 实质重于形式原则 | 强调经济业务内容的实质，目的是选择会计核算方法和政策 | 强调有关经济业务认定的实质性法定条件和证据，目的是反避税，选择的措施是特别纳税调整 |

### （四）财务会计报告制度和纳税申报制度的差异

1. 报告目标的差异。财务会计报告目标，是反映企业管理层受托责任履行情况，以正确地评价过去，帮助财务报告使用者做出正确的经济决策，正确地预测企业的未来。纳税会计报告目标，是反映纳税权利和义务的信息，保证税收收入完整，及时入库。二者的差异表现为以下三个方面（见表12－7）。

表 12－7　　报告目标的差异

| 项目 | 财务会计报告 | 纳税会计报告 |
| --- | --- | --- |
| 内容 | 会计信息 | 纳税信息 |
| 相关性 | 与报告使用者的经济决策相关 | 与确定征纳双方的权利义务有关 |
| 重要事项 | 对重要会计事项充分、准确地披露，次要的会计事项，可适当简化处理 | 对重要纳税事项要求按规定程序进行处理并进行专项申报，对次要的纳税事项可以按一般申报程序处理 |

2. 四个环节的差异比较。从核算的角度，二者的差异就表现为财务会计与纳税会计的差异。本书在比较当中，以核算程序的比较为主线，重点阐述确认、计量、记录、报告四个环节的差异。

（1）确认的差异。会计要素实际上是一种信息，是对企业现实生活中存在的各种经济事务和事项的财务描述。

对经济业务的确认，财务会计从内容方面判定该业务应计入何种会计要素，从时间方面判定该业务何时计入某会计要素；纳税会计从内容方面判定该业务属于何种税的征税范围、负有何种税的纳税义务，从时间方面判定该业务何时负有该税种的纳税义务。

（2）计量的差异。财务会计和纳税会计都强调计量的两个内涵：第一是选择计量尺度；第二是选择计量属性。两个会计都强调计量尺度以货币计量为主、实物计量为辅，计量属性以历史成本为主、其他成本为辅。差异见表 12－8。

表 12－8　　计量的差异

| 项目 | 财务会计 | 纳税会计 |
| --- | --- | --- |
| 计量对象 | 通过货币计价、成本计算对具体会计要素的量化 | 通过税率选择、计税依据和税额计算对税制要素的量化 |
| 计量方法 | 没有外部单位的核定计量方法 | 税务机关可以采用核定征收 |
| 关联交易信息质量要求 | 重点是防范关联方之间通过虚假交易提高经营业绩的假象 | 重点是防范关联企业之间转移利润 |

（3）记录的差异。记录的差异也可以称为处理的差异，在研究领域使用会计原理的术语，称为会计记录的差异；在纳税实务领域使用习惯用语，称为业务处理的差异。

会计记录是对经过确认而进入会计信息系统的各项数据，通过预告设置好的各种账户，运用一定的文字与金额，按照复式记账的有关要求在账簿中进行记录的过程。唯有经过会计记录这个基本程序，才有可能最终生成有助于各项经济决策的会计信息。纳税会计记录是对经过确认的应进入纳税信息系统的各项数据，不是通过设置独立的纳税会计账簿，而是以编制纳税调整工作底稿为主要手段，对纳税调整后的确认和计量的结果，借助会计的应缴税费、管理费用、主营业务收入、税金及附加等会计科目进行记录。纳税会计记录的有关规定，有的在相关的会计科目说明中加以明确，有的在税收制度中明确。

（4）报告的差异。财务会计报告是把会计信息系统的最终产品——会计信息传递给各个会计信息使用者的手段。财务报告包括基本的财务报表（核心组成部分）、财务报表附注、财务报表附表和其他财务报告。在财务会计报告这个程序之中，为了最终形成正确的财务报表，必须事前进行账账核对、账证核对与账实核对。而为了确保账实相符，就必须进行财产清查。为此，在财务报告这个程序中，主要需要运用财产清查和编制财务报表两种基本的会计核算方法。

纳税会计报告是把纳税会计信息传递给企业管理层、投资人和税务机关等使用者的手段。纳税会计报告主要是纳税申报表及附表，还包括设立时的初始申报、许可事项和备案事项的专项申报。通过纳税申报，纳税人按规定的程序将有关纳税事项以书面形式向税务机关进行报告。国家税务总局《关于印发〈纳税人财务会计报表报送管理办法〉的通知》（国税发〔2005〕20号）规定，企业应向税务机关报送的财务会计报表属于财务报告的范畴，不属于纳税会计报告。

除法律依据、采用方法和报告内容的不同外，财务会计报告与纳税会计报告的报告体系也不同，执行相同会计核算规范的会计主体，财务会计报告体系是相同的，但是纳税申报体系并不相同。

## 二、收入与成本费用类项目的税法与会计差异及调整

### （一）收入类项目的调整

收入类调整项目中的绝大部分项目属于会计核算时不确认收入，但按照税法规定需要确认应税收入、免税收入或不征税收入的项目。所以，收入类项目中绝大部分项目的账载金额、税收金额不予填报，而是根据税法规定，直接计算填报税收调增金额或调减金额。以下就收入类项目中重点、难点项目的填报进行分析。

1. 接受捐赠收入。执行《企业会计制度》的企业，接受捐赠取得的收入会计处理记入资本公积，不计入当期损益。但是按照税法规定，接受捐赠取得的收入属于企业所得税的应税收入，应当申报缴纳企业所得税，该部分收入纳税申报时作为纳税调整增加项目处理。

2. 不符合税收规定的折扣销售和销售折让。不符合税收规定的折扣销售和销售折让不予在企业所得税前扣除，应当作为纳税调整增加项目处理。根据国家税务总局2010年第2期《税务公报》及《国家税务总局关于折扣额抵减增值税应税销售额问题的通知》（国税发〔1993〕154号）第二条第（二）项规定：企业采取折扣销售方式销售货物，如果销售额和折扣额在同一张发票上分别注明的，可按折扣后的销售额征收增值税。销售额和折扣额在同一张发票上分别注明是指销售额和折扣额在同一张发票上的“金额”栏分别注明的，可按折扣后的销售额征收增值税；未在同一张发票“金额”栏注明折扣额，而仅在发票的“备注”栏注明折扣额的，折扣额不得从销售额中减除。企业采用销售折让的促销方式，因销售折让、中止或者退回而退还给购买方的增值税额，应当从当期的销项税额中扣减。由此可见，多样的促销手段会给企业带来纳税风险，正确计算应纳税额尤为关键。

3. 未按权责发生制原则确认的收入。未按权责发生制原则确认的收入，属于所得税处理与会计处理不一致产生的时间性差异。如果差异发生时调整增加（或减少）了企业的应纳税所得额，差异转回时就应当调整减少（或增加）应纳税所得额。如分期收款销售商品，合同中不存在重大融资成分的，直接按照合同对价作为交易价格入账，确认收入，而税法规定在合同约定的收款日期分期确认收入。所以，销售行为发生的当期，纳税申报时应当调整减少应纳税所得额；而在合同约定的收款日期，按照税法规定确认应税收入后，应当调整增加应纳税所得额。

4. 特殊重组。根据税法规定，企业重组包括企业法律形式改变、债务重组、股权收购、资产收购、合并、分立。企业重组的所得税处理，包括应税重组和免税重组两大类。具体而言，企业重组业务的所得税处理和会计处理的组合，应当包括以下四种类型：一是会计处理确认损益，所得税处理确认应税所得，如非同一控制下应税的企业合并；二是会计处理不确认损益，所得税处理不确认应税所得，如同一控制下免税的企业合并；三是会计处理确认损益，所得税处理不确认应税所得，如非同一控制下免税的企业合并；四是会计处理不确认损益，所得税处理确认应税所得，如同一控制下应税的企业合并。其中前两种类型的资产重组会计处理与所得税处理无差异，纳税申报时无须进行纳税调整；后两种类型的资产重组会计处理与所得税处理存在差异，纳税申报时需要对差异部分进行纳税调整。

5. 一般重组。此处一般重组应当是指会计处理未确认重组收益（或损失），但所得税处理要作为应税所得（或损失），要征收企业所得税（或不予在企业所得税前扣除）的重组形式。

6. 政府补助。在税法上，取得的政府补助有两种情况：第一种，应纳税收入，即企业取得的各类财政性资金，除属于国家投资和资金使用后要求归还本金的以外，均应计入企业当年收入总额；第二种，不征税收入，即对企业取得的由国务院财政、税务主管部门规定专项用途并经国务院批准的财政性资金，准予作为不征税收入，在计算应纳税所得额时从收入总额中减除。在会计上，政府补助可以分为两类：与资产有关的政府补助和与收益有关的政府补助。

在税法上，应纳税收入需要进行纳税调整。在会计上与资产相关的政府补助，分期确认损益；与收益相关的政府补助，按照应收金额或实收金额计量，一次性或分期计入营业外收入。以上两类补助在计算企业所得税时，均应于实际收到政府补助的当年确认收入，企业只需针对收入确认时间的差异作纳税调整即可。

在税法下，不征税收入需要进行纳税调整，与收益相关的政府补助，无论是按照应收金额计量，还是按照实收金额计量，其一次性或分期确认的营业外收入作纳税调减处理，与之相对应的费用作纳税调增处理；与资产相关的政府补助，按实收金额计量，自相关资产达到预定可使用状态时起，在该资产使用寿命内平均分配，分次计入损益，企业应将计入损益的金额作纳税调减处理，并对当期相关资产折旧、摊销作纳税调增处理，资产折旧或摊销调增金额以不征税收入额为限。无论是与收益相关的政府补助，还是与资产相关的政府补助，凡政府补助（递延收益）已作不征税收入处理，如果从取得政府补助的次月起连续60个月未发生相关支出，也未缴回财政部门或其他拨付资金的政府部门，应于第61个月的当年将递延收益一次性调增所得，为避免重复征税，当年及以后期间将递延收益结转损益的金额应作纳税调减处理。以后期间发生的相关费用或相关资产折旧、摊销额，允许在税前扣除，不作纳税调整。

### （二）扣除类项目的调整

在企业所得税中，与会计准则成本费用对应的概念是税前扣除项目，二者的差异体现在两个方面：一是确认的差异；二是计量的差异。

按照税法扣除的标准对企业的扣除项目分成三类：税前全额扣除项目、税前限额扣除项目和税前不得扣除项目。税前全额扣除项目不存在会计和税法差异；税前限额扣除项目和税前不得扣除项目，存在会计和税法差异，需要纳税调整。

1. 职工薪酬核算的扣除项目。在会计核算中，职工薪酬，指企业为获得职工提供的服务而给予各种形式的报酬以及其他相关支出，会计在核算时往往全额扣除。而税法规定，企业发生的合理的工资、薪金支出准予据实扣除，企业发生的职工福利费支出、职工教育经费支出、工会经费、“五险一金”等，在税法规定的标准之内可以据实扣除，超过标准的职工教育经费支出还可以结转以后年度扣除，但多数超过税法规定的部分，不予扣除。由此形成税法与会计的差异，企业在进行所得税纳税申报时，应对会计核算中超过税法规定扣除标准的部分调增收入。

2. 限额扣除的期间费用项目。

（1）业务招待费的限额扣除。企业发生的与生产经营活动有关的业务招待费支出，按照发生额的60%扣除，但最高不得超过当年销售（营业）收入的5‰。

（2）广告费和业务宣传费的限额扣除。企业每一纳税年度发生的符合条件的广告费和业务宣传费，除国务院财政、税务主管部门另有规定外，不超过当年销售收入15%的部分，准予扣除；超过部分，准予在以后纳税年度结转扣除。

（3）公益性捐赠支出的限额扣除。根据企业利润总额的12%计算限额，填报可以在税前扣除捐赠支出的税收金额时，除了要考虑捐赠支出不能超过税法规定的扣除比例外，还要考虑捐赠支出是否符合税法规定的公益性捐赠支出的认定条件，不符合税法规定条件的捐赠支出，不能在企业所得税前扣除。

（4）利息支出的限额扣除。《企业所得税法实施条例》规定，企业为购置、建造固定资产、无形资产和经过12个月以上的建造才能达到预定可销售状态的存货发生借款的，在有关资产购置、建造期间发生的合理的借款费用，应予以资本化，作为资本性支出计入有关资产的成本；有关资产交付使用后发生的借款利息，可在发生当期扣除。关联方利息支出税前扣除规定：在计算应纳税所得额时，企业实际支付给关联方的利息支出，不超过规定比例和税法及其实施条例有关规定计算的部分，准予扣除，超过的部分不得在发生当期和以后年度扣除。

#### （三）企业所得税前不得扣除的项目

1. 向投资者支付的股息、红利等权益性投资收益款项；
2. 企业所得税税款；
3. 税收滞纳金；
4. 罚金、罚款和被没收财物的损失；
5. 超出年度利润总额12%以外的捐赠支出；
6. 赞助支出；
7. 未经核定的准备金支出；
8. 企业之间支付的管理费、企业内营业机构之间支付的租金和特许权使用费，以及非银行企业内营业机构之间支付的利息；
9. 与取得收入无关的其他支出。

### 三、资产类项目的税法与会计差异及纳税调整

#### （一）以公允价值计量资产的税法与会计差异及调整

1. 以公允价值计量资产的初始入账价值与计税基础的差异。会计上以公允价值计量

且其变动计入当期损益的金融资产主要包括交易性金融资产、直接指定为以公允价值计量且其变动计入当期损益的金融资产。而税法的核算范围较为笼统，都按照投资资产进行相关税务处理。以公允价值计量且其变动计入当期损益的金融资产初始成本按公允价值计量，相关交易费用计入投资收益；税法规定企业取得该项资产时实际发生的支出或公允价值加相关税费为计税基础。

2. 以公允价值计量资产在持有期间的税法与会计差异。会计上对于以公允价值计量且其变动计入当期损益的金融资产，于每一会计期末按照该时点的公允价值对其账面价值进行调整，确认公允价值变动损益。税法规定企业持有各项资产期间资产增值或者减值，不得调整该资产的计税基础。因此，在会计期末公允价值变动的情况下，造成该类金融资产的账面价值与计税基础之间的差异。对该类金融资产的纳税调整主要针对本年度增加的此类金融资产，以本年度增加的以公允价值计量且其变动计入当期损益的金融资产的计税基础与账面价值的差额得出本年纳税调整额。

**（二）固定资产的税法与会计差异及调整**

1. 固定资产初始计量的税法与会计差异分析。

（1）分期付款方式购买固定资产。会计处理体现了实质重于形式原则，当企业购买固定资产的价款超过正常信用条件延期支付，实质上具有融资性质的，固定资产的成本以购买价款的现值为基础确定。税法遵循历史成本原则，以购买价款和支付的相关税费以及直接归属于使该资产达到预定用途发生的其他支出为计税基础。

（2）融资租入的固定资产。会计准则规定：在租赁期开始日，承租人应当将租赁开始日租赁资产公允价值与最低租赁付款额的现值二者中较低者作为租入资产的入账价值，承租人在租赁谈判和签订租赁合同过程中发生的、可归属于租赁项目的手续费、律师费、差旅费、印花税等初始直接费用，应当计入租入资产价值。税法遵循历史成本原则，以租赁合同约定的付款总额和承租人在签订租赁合同过程中发生的相关费用为计税基础；租赁合同未约定付款总额的，以该资产的公允价值和承租人在签订租赁合同过程中发生的相关费用为计税基础。

2. 固定资产后续计量的税法与会计差异分析。在固定资产的后续计量上，会计与税法的差异主要体现：

（1）折旧范围不同。会计准则规定，除已提足折旧仍继续使用的固定资产和单独计价入账的土地除外，企业应当对所有的固定资产计提折旧，而税法列示了 7 种不得计提折旧的情况，因此会计计提折旧的范围要大于税法规范的范围。

（2）折旧的依据不同。会计准则规定已计提减值准备的固定资产，还应当扣除已计提的固定资产减值准备累计金额，而税法只允许扣除合理的残值，不允许扣除资产减值损失。

（3）折旧方法不同。会计准则规定企业应当根据与固定资产有关的经济利益的预期实现方式，合理选择固定资产折旧方法。税法要求采用直线法，而且规定了最低折旧年限，对可以选择加速折旧的固定资产范围有严格的限制。

**（三）无形资产的税法与会计差异及调整**

1. 无形资产初始计量的税法与会计差异分析。

（1）分期付款方式购买无形资产。与分期购买固定资产初始计量的差异相同，这里不再赘述。

（2）自行开发的无形资产。对于符合税收优惠条件的研究开发支出在形成无形资产时，会计准则规定：内部开发无形资产的成本包括在满足资本化条件的时点至无形资产达到预定用途前发生的支出总额。而税法规定按照无形资产成本的175%摊销，则计税基础应在会计入账价值的基础上加计75%。

2. 无形资产后续计量的税法与会计差异分析。

（1）摊销年限的确定不同。会计准则将无形资产分为有使用寿命和使用寿命不确定的无形资产，企业应当于取得无形资产时分析判断其使用寿命。无形资产的使用寿命为有限或确定的，应当估计该使用寿命的年限或者构成使用寿命的产量等类似计量单位数量，按照使用寿命进行摊销；无法预见无形资产为企业带来经济利益期限的，应当视为使用寿命不确定的无形资产，在持有期间内不需要摊销。税法不区分无形资产的类别，规定无形资产最低摊销年限是10年。

（2）计算摊销依据不同。会计准则规定，当无形资产未来可收回金额小于其账面价值时，应将无形资产的账面价值减记至可收回金额，并确认减值损失。未来的摊销应当按照扣除无形资产减值准备后的账面价值为基础。税法规定计提的无形资产减值准备在转变为实质性损失前不允许税前扣除。

【案例解析】

宝连公司按企业会计准则的要求及母公司的统一安排，于2019年底计提坏账准备80万元，并于2020年1月底补提2019年底应提未提的固定资产减值准备30万元。2020年度因处置固定资产而转销的固定资产减值准备为25万元，转回坏账准备为10万元，转销存货跌价准备15万元。

上述案例中，因资产减值准备的计提和转回所涉及企业所得税的纳税调整，可以分为纳税调增和纳税调减两种情形，下面分别进行解析。

## 一、资产减值准备计提时的纳税调增

按照企业会计准则的要求，企业在资产负债表日应当判断资产是否存在可能减值的迹象，如存在减值迹象的，应对相关资产进行减值测试，确属已发生减值的，应该计提资产减值损失，并将该损失计入当期损益中。《企业所得税法》规定，企业的资产应以历史成本作为计税基础（除另有规定者外），一般不得调整资产的计税基础。企业实际发生的资产损失，可以在税前扣除。

宝连公司按照企业会计准则的要求及母公司的统一安排所计提的资产减值损失，属于尚未实际发生的损失，不得在税前扣除，在纳税申报时应作纳税调增（以企业所得税年度汇算清缴为例，下同）。那么，企业计提的资产减值准备是否一定要进行纳税调增？应该视具体情况而定。

（1）计提的资产减值损失已计入当期损益中，使利润总额减少，在汇算清缴时，应纳税所得额是在利润总额的基础上通过纳税调整得到的，因此凡是对利润总额与应纳税所得额影响不一致的业务都要作纳税调整。宝连公司于2019年底计提的坏账准备80万元，影响了2019年度的应纳税所得额，因此应全额调增。

（2）计提的资产减值损失未影响当期损益，不需要作纳税调增。调减了下期初留存收益的资产减值损失，是否作纳税调增要取决于汇算清缴时是否已经调减了纳税申报表中的利润总额。按照税法规定，发生在汇算清缴期间的纳税调整事项可以调整应纳税所得额，即如果汇算清缴表中已经调减了利润总额的资产减值损失，应作纳税调增，否则就不需要调增。宝连公司于2020年1月底补提的2019年底应提未提的固定资产减值准备30万元，只是将其作为资产负债表日后事项进行了相关会计处理，在汇算清缴时没有调减2019年度企业所得税汇算清缴纳税申报表中的利润总额，因此可以不作纳税调增。

## 二、资产减值准备转回时的纳税调减

按照企业会计准则的要求，当已计提减值损失资产的价值恢复时，应该在原已计提减值损失的限额内转回；处置有关资产时，应将其所对应的减值损失部分予以转销。无论是转回资产减值准备，还是因处置相关资产而转销资产减值准备，都会增加或是相对增加当期利润总额。只不过转回时，是直接冲减资产减值损失，借记“资产减值准备”，贷记“资产减值损失”；转销时，会因转销资产减值准备而使得结转的资产处置成本减少，因此增加或相对增加了所处置资产的处置损益。资产减值准备转回时的纳税调减问题，同样需要具体问题具体分析。

（1）资产减值准备转回时是否作纳税调减，需要满足两个条件：一是资产减值准备转回时已影响了当期损益；二是所转回的资产减值准备在计提当期已作纳税调增。2020年度宝连公司转销的固定资产减值准备为25万元，转回的坏账准备为10万元，其中转销的固定资产减值准备是于2020年1月底补提的，并且在2019年度汇算清缴时未作纳税调增，虽然增加了本年度的利润总额，但也不能作纳税调减。而转回的坏账准备是在2019年度计提，并在当期已作纳税调增，因此在本年度汇算清缴时可以作纳税调减。

（2）资产减值准备转回时不影响当期损益，无须纳税调减。转回的资产减值准备调增了下期初留存收益的，是否需要作纳税调减取决于汇算清缴时是否已调增了纳税申报表中的利润总额，如果已调增，就应该作纳税调减。2020年度宝连公司转回2019年度计提并已作纳税调增的存货跌价准备15万元。经核实确认，该存货早已销售出去，在销售当年度的盈利状况比较好，就没有将该存货跌价准备转销，拟留待以后年度调增盈余。本年度改变了原来的设想，把它全额转增了资本公积金，该项转回不影响会计利润总额，因此不需要作纳税调减。

从以上分析可以看出，因资产减值准备的计提、转回所造成的纳税调整问题，归根结底是由于会计与税法关于资产的计价基础方面存在差异。《企业所得税法》一般是以资产的历史成本作为计税基础，持有期间不作调整。而在企业会计准则中，历史成本只是资产计价基础中的一种，并且在后续计价时需要对资产减值情况时常进行测试，如发生减值时，就要计提资产减值损失，并将其账面价值减计至可回收金额；价值恢复时，再转回已提的减值损失，从而使得资产的账面价值与计税基础呈现出不一致的现象，二者的差额为可抵扣暂时性差异。

## 复习思考题

### 一、名词解释

税务管理　税务成本　企业税务风险　财务税务一体化　递延所得税　递延所得税负债

### 二、简答题

1. 请简述企业税务管理的内容。
2. 请简述企业税务成本控制的主要手段。
3. 请简述企业税务风险分类。
4. 会计制度与税收制度在核算原则方面有什么差异？
5. 试简述固定资产在计量时的税会差异。

### 三、分析题

长江公司系上市公司，为增值税一般纳税人，适用的增值税税率为13%，适用的企业所得税税率为25%，所得税采用资产负债表债务法核算。2019年初“递延所得税资产”科目余额为320万元，其中，因上年职工教育经费超过税前扣除限额确认递延所得税资产20万元，因计提产品质量保证费用确认递延所得税资产60万元，因未弥补的亏损确认递延所得税资产240万元。长江公司2019年度实现会计利润总额为9 800万元，在申报2019年度企业所得税时涉及以下事项：

（1）2019年12月8日，长江公司向甲公司销售w产品300万件，不含税销售额为1 800万元，成本为1 200万元，适用增值税税率13%。合同约定，甲公司收到w产品后4个月内如发现质量问题有权退货。根据历史经验估计，w产品的退货率为15%。至2019年12月31日，上述已销售产品尚未发生退回。

（2）2019年2月27日，长江公司外购一栋写字楼并于当日对外出租，该写字楼取得时成本为3 000万元，采用公允价值模式进行后续计量。2019年12月31日，该写字楼公允价值跌至2 800万元。税法规定，该类写字楼采用年限平均法计提折旧，折旧年限为20年，预计净残值为0。

（3）2019年1月1日，长江公司以509.66万元购入财政部于当年发行的3年期到期还本付息的国债一批。该批国债票面金额为500万元，票面年利率为6%，实际年利率为5%。公司将该批国债作为持有至到期投资核算。

（4）2019年度，长江公司发生广告费支出9 000万元。公司当年实现销售收入56 800万元。税法规定，企业发生的广告费支出，不超过当年销售收入15%的部分准予税前扣除；超过部分，准予结转以后年度税前扣除。

（5）2019年度，长江公司因销售产品承诺提供保修服务而计提产品质量保证费用200万元，本期实际发生保修费用180万元。

（6）2019年度，长江公司计提职工薪酬8 600万元，当年实际发放8 000万元，余下部分预计在下年发放；发生职工教育经费100万元。税法规定，工资按实际发放金额在税前列支，企业发生的职工教育经费支出不超过工资薪金总额8%的部分，准予扣除；超过部分，准予在以后纳税年度结转扣除。

（7）2019年1月8日以增发市场价值为1 400万元的本企业普通股为对价购入黄河公司100%的净资产，长江公司与黄河公司不存在关联关系。该项合并符合税法规定的免税合并条件，且黄河公司原股东选择进行免税处理。购买日黄河公司各项不包括递延所得税的可辨认净资产的公允价值及计税基础分别为1 200万元和1 000万元。黄河公司适用的企业所得税税率为25%。2019年12月31日，对黄河公司净资产进行减值测试，未发生减值。

长江公司上述交易或事项均按照企业会计准则的规定进行了处理。预计在未来期间有足够的应纳税所得额用于抵扣可抵扣暂时性差异。假设除上述事项外，没有其他影响所得税核算的因素。

要求：

（1）根据上述交易或事项，填列“长江公司2019年12月31日暂时性差异计算表”（金额单位用万元表示，下同）。

（2）计算长江公司2019年度应纳税所得额和应缴所得税。

（3）计算长江公司2019年度应确认的递延所得税费用和所得税费用。

（4）计算长江公司2019年12月31日递延所得税资产余额。

（5）编制长江公司2019年确认所得税费用的相关会计分录。

## 参考文献

［1］潘江颖，梁清德．浅谈加强企业税务管理［J］．东北财经大学学报，2001（05）．

［2］汤贡亮，王君彩．企业税务管理［M］．经济科学出版社，2014．

# 第十三章 Chapter 13
# 企业纳税筹划方法

【本章提要】

本章介绍了企业纳税筹划相关概念、基本理念以及企业设立、投融资、经营时纳税筹划方法。

【学习目的】

通过学习了解和掌握纳税筹划的概念、目标、原则和基本要求，掌握企业纳税筹划的基本理念及企业在设立、投融资和经营中的主要纳税筹划方法。

## 第一节 纳税筹划概述

### 一、企业纳税筹划的内涵和目标

#### （一）企业纳税筹划的内涵

企业纳税筹划是企业在法律允许的范围内，运用国家的税收政策和有关法律规定，对企业的经济活动进行安排，使企业减轻纳税负担的一种理财活动。企业纳税筹划不同于企业税收规划，二者最大区别在于前者的局部性、个体性和后者的全局性、完整性：前者是战术层面的，着重于企业年度或对某一事项的税务安排；后者是战略层面的，着重于企业若干年度或一系列重大项目的税务安排。

企业纳税筹划包括如下几层含义：

1. 行为的合法性。所谓合法性，一方面是指纳税筹划不违反现行的国家税收法律、法规，只在法律法规许可的范围内进行；另一方面指纳税筹划不仅在行为上不违反国家税收法律法规规定，在其结果上也符合立法者的立法意图。合法性是纳税筹划最本质的特性，也是纳税筹划区别于一切税收欺诈行为的根本。

2. 时间的前瞻性。前瞻性指纳税人对各项纳税事宜事先做出安排，在各项经营活动发生之前就把税收当作一个内在的成本进行考虑。纳税行为相对于经济行为而言，具有滞后性的特点，如企业实现销售后，才有增值税或别的税种的纳税义务；收益实现后，才计算缴纳所得税；取得财产后，才缴纳财产税等。这样，从客观上为纳税人提供了纳税义务发生前做出事先安排的可能性。一种纳税行为产生后即对应一种纳税义务，如果事后想改变这种纳税行为，即是税收违法行为。

3. 现实的目的性。纳税筹划的目的就是合理合法地减少税收成本，取得税收收益。纳税筹划着眼于纳税人长期利益的稳定增长，并不能局限于某个具体税种的利益得失。因为企业在日常经营过程中，税收成本只是其中的一个因素。在进行投资、经营决策时，除了要考虑税收因素外，还必须考虑其他多方面的因素，权衡轻重，趋利避害，以达到纳税人总体利益最大化的目的。

4. 行为主体为纳税人。纳税筹划是纳税人或代理人将其所掌握的税收知识、会计知识、法学知识、财务管理知识等综合知识自觉地运用到自己的日常经营行为中，其目的就是在合理合法的前提下，将其税收成本最小化。

### （二）企业纳税筹划的目标

纳税筹划目的不单纯以减轻税负为筹划的最终目标，而是进一步与企业经营活动融合后，将纳税筹划作为一种手段，将企业纳入整个企业经营活动之中，或者融入企业经营活动当中，为经营活动的总目标服务。具体体现在以下几方面：

1. 实现涉税零风险。涉税零风险是指纳税人账目清楚，纳税申报正确，缴纳税款及时、足额，因此不会出现任何关于税收方面的处罚，即在税收方面没有任何风险，或风险极小可以忽略不计的一种状态。这是进行纳税筹划的重要目标所在。纳税人在进行纳税筹划时，总是千方百计地想少缴税款。一般而言，纳税人对纳税筹划的认识大概仅限于此，他们认为只有能够直接获取税收上好处的筹划才是成功的筹划，否则就不是成功的筹划。其实不然，有这样一种状态：纳税人虽然不能直接获取税收上的好处，但却能间接地获取一定的经济利益，更加有利于企业的长远发展与规模扩大，这种状态就是涉税零风险。因而，实现涉税零风险应是纳税筹划追求的首要目标。

2. 纳税成本最低化。纳税人为履行纳税义务，必然会发生成本。在应纳税额不变的前提下，纳税成本的降低就意味着纳税人税收利益的增加。纳税成本包括直接纳税成本和间接纳税成本。直接纳税成本是纳税人为履行纳税义务而付出的人力、物力和财力，间接纳税成本是纳税人履行纳税义务过程中所承担的精神负担、心理压力等。直接纳税成本容易确认和计量，间接纳税成本则需要估算或测算。税制越公平，纳税人的心理就越平衡；税收负担若在纳税人的承受能力之内，其心理压力就小；税收征管越透明、越公正，纳税人对税收的恐惧感便越小。税收成本最低化表现在，强调纳税筹划的目标不应该简单追求纳税绝对额最低，而是追求相对纳税额的降低。在保证其他经济目标不受影响的前提下，如果因为筹划后将原本应该缴纳的税减免或延期，以及将原本应该缴纳的金额较大的税负减少，那都是成功的筹划。如果纳税筹划降低了纳税人税负，却影响了其他经营活动或者经济指标，那么该筹划就可能是得不偿失的。

3. 获得资金时间价值最大化。纳税筹划主要是通过延迟纳税来实现资金时间价值最大化这一目标的。当然，延迟纳税有两种方式：一种是在税法规定的纳税期限内，尽可能在最后时点解缴税款（纳税最晚）；另一种是在税法规定的可以延期的情况下，申请延期纳税。所以，如果合理筹划，纳税人特别是企业纳税人，每期都能合法地无偿使用一定额度的财政资金为企业应用，实际上已经获得了包括资金时间价值在内的极大利益。延迟纳税（纳税最晚）既是纳税筹划的目标之一，也是纳税筹划的手段之一。

4. 帮助企业实现财务目标。纳税筹划目标作为实现企业财务目标的阶段性目标，实际能起到帮助实现企业财务目标的作用，也就是说，纳税筹划的目标之一就是帮助纳税人实现其财务目标。归根结底，纳税筹划是财务活动，它不能超越财务活动的总的原则和目标，即使它与其他财务行为有着很大的不同，但是，它的结果是寓于财务活动成果之中的，不能简单地对其进行独立评价。

纳税筹划目标依托于企业其他财务活动目标，如投资、融资、经营活动，如果没有这些活动的开展，纳税筹划就是无本之木。所以，进行纳税筹划不能本末倒置，撇开财务活动单纯地谈纳税筹划。通过纳税筹划帮助企业更好、更大限度地实现其财务目标，是对纳税筹划目标的合理、准确阐释和定位。

5. 维护企业合法权益。依法治税是一把“双刃剑”，它不仅要求纳税人依照税法规定，及时、足额地缴纳税款，而且要求税务机关依照税法规定合理、合法地征收税款。我国法治建设还不够完善，法治水平还有待进一步提高，在现实社会中，人治的因素还在影响着人们的生活与工作，这就要求纳税人利用纳税筹划工具维护自身在税收领域的合法权益。

对于任何市场经济主体而言，权利与义务总是相伴而生，拥有权利便要承担义务，承担义务也就必然拥有权利。作为市场经济主体的纳税人，一方面应该承担依法纳税的义务，另一方面也就拥有纳税筹划的权利。也就是说，应该缴纳的税款，纳税人应该一分不少地上缴国库，履行自己应尽的义务；不应该缴纳的税款，纳税人可以理直气壮地拒绝缴纳，无论对方是谁，采取什么手段，因为这是纳税人应该享有的权利。

## 二、纳税筹划的原则和基本要求

### （一）纳税筹划的原则

1. 守法原则。守法包括合法与不违法两层含义，即纳税筹划一定不能违反税法，企业进行纳税筹划，应当以国家现行法律为依据，要在熟知税法规定的前提下，利用税制构成要素中税负弹性等进行纳税筹划，从中选择最优的纳税方案。守法的原则是纳税人实施纳税筹划时首先应遵守的最基本原则，纳税筹划必须以合乎法律规定为前提。为此，首先，要全面了解各项税收法律规定，尤其要熟悉并研究各种税收法令制度，为自己的纳税筹划活动构造一个安全的环境。其次，要能正确区分合法与非法。最后，要保持账证的完整。纳税筹划是否合法，必须通过纳税检查，而税务机关检查的依据就是纳税人的会计凭证和记录。若纳税人不能依法取得并保全会计凭证或记录不完整，纳税筹划就有可能无效或打折扣。

2. 事前周密筹划的原则。纳税筹划是一种经济规划，要做到长计划、短安排，周密实施。在经济活动中，纳税人的纳税义务通常具有滞后性，这就从客观上为纳税人对纳税问题做出事前筹划安排提供了可能。另外，纳税人的经营、投资和理财活动是多种多样的，税收规定也具有较强的针对性。纳税人身份和课税对象的不同，导致税收待遇存在差别，这从另一个方面向纳税人展示了可供选择较低税负的机会。总之，纳税人实施纳税筹划具有现实的可能性，但纳税筹划的实施必须在纳税人纳税义务发生之前。这也是纳税筹划的另一个重要特征——筹划性的具体要求和体现。如果纳税人的生产经营活动已经发生，纳税义务已经确定，为了减轻税负再去采用各种手段，即使能达到目的，也不是纳税筹划。

3. 整体性原则。纳税人实施纳税筹划，目的在于合理合法地减轻自己的税收负担。要减轻税收负担，必须在对纳税人主体的经营活动整体的权衡下加以考虑才能取得最大的收益。纳税人进行纳税筹划时，必须从全局出发，把所有经营活动作为一个动态的、与周围密切联系的整体来考虑，才能选择出最优的纳税方案。孤立、片面地看问题，可能在这一环节能减轻税负，而在另一环节又因加重税负而将节税的好处予以抵消。

4. 成本效益原则。随着某一项筹划方案的实施，纳税人在取得部分税收利益的同时，必然会为该筹划方案的实施付出额外的费用，以及因选择该筹划方案而放弃其他方案所损失的相应机会收益。当新发生的费用或损失小于取得的利益时，该项筹划方案才是合理的；当费用或损失大于取得的利益时，该筹划方案就是失败方案。一项成功的纳税筹划必然是多种税收方案的优化选择，我们不能认为税负最轻的方案就是最优的纳税筹划方案，一味追求税收负担的降低，往往会导致企业总体利益的下降。

5. 时效性原则。纳税筹划是在一定的法律环境下，在既定经营范围、经营方式下进行的，有着明显的针对性、特定性。随着时间的推移，社会经济环境、税收法律环境等各方面情况不断发生变化，企业必须把握时机，灵活应对，以适应税收和政策导向，不断调整或制订纳税筹划方案，以确保企业持久地获得纳税筹划带来的收益。时效性原则也体现在充分利用资金的时间价值上。再则，程序性税法与实体性税法如有变动，应遵循“程序从新、实体从旧”的原则，这也是时效性的问题。

6. 风险收益均衡原则。纳税筹划有收益，同时也有风险。风险是指在一定时期、一定条件、一定环境下，可能发生的各种结果的变动程度、某一事项的实际结果与预期结果的偏差。在纳税筹划中可能存在经济波动风险、市场风险与企业经营风险、外部风险与内部风险。企业应当遵循风险与收益适当均衡的原则，采取措施，分散风险，化解风险，选优弃劣，趋利避害。如果无视这些风险，盲目地进行纳税筹划，其结果可能事与愿违，因此企业进行纳税筹划必须充分考虑其风险性。

### （二）纳税筹划的基本要求

要做好纳税筹划工作，纳税人必须符合以下基本要求：

1. 纳税人必须具备丰富的税收相关专业知识。纳税筹划是一项专业性很强的工作，需要有扎实的理论知识和丰富的实践经验来支持。扎实的理论知识要求纳税人熟悉各项税收法律、法规，解决有关税收实体法与程序法的法律、法规、税法的实施细则以及税法中若干问题的具体规定等疑难问题。

2. 把握税法、政策动向的能力。我国的税法在立法体制上有多个层次，既有全国人民代表大会及其常委会制定的税收基本法律，如《中华人民共和国企业所得税法》等，又有国务院制定的税收行政法规，还有财政部、国家税务总局和海关部署制定的税收规章，并且具体的税收法规变化频繁，对一个问题一年中可能有好几个处理文件，稍不注意，使用的法规就可能过时。因此，纳税人应对于各时期的法规应用掌握及时到位。有了这种全面了解，才能策划出不同的纳税方案，并且进行比较分析，优化选择。

3. 有效的沟通能力。沟通能力具体表现在与税务机关的沟通和与企业领导人的沟通两个方面。纳税人提供的筹划方案只有在获得税务机关批准的前提下，才有可能实现其筹划的目的。筹划人如何将一个成功的筹划方案通过自己的沟通技巧获得税务机关的认可，是一个十分重要的问题。这就要求筹划人具有良好的口才，能根据税务机关对筹划方案提出的各种问题，以极其简洁的语言说明其筹划步骤和操作方法，做出有理有据的解释，从而得到税务机关的认可。当然，纳税筹划方案同样也必须经过本企业领导人的同意。企业领导人对生产经营活动的关注点不同，他们虽然都希望通过合理的筹划来为企业获取最大的税收利益，但企业领导人关心的是整个企业的整体利益和长远利益，关心的是企业的长远发展；而筹划人有可能只从当前的利益出发，可能出现与领导人相异的观点。这时就要求筹划人通过自己丰富的理论知识和实践经验，和领导人进行有效的沟通，做出正确的纳税筹划方案。有时候，会出现领导人可能为某些原因对纳税筹划方案不给予支持等情况，这时就更需要具有良好的沟通能力。所以，筹划人应该掌握一定的沟通技巧，既要坚持合理合法的原则，又要通过出类拔萃的口才达到与企业领导人的一致，以谋求企业整体利益的最大化。

4. 良好的职业道德。职业道德是纳税筹划人的精神面貌，它反映了纳税筹划人的品德和气质，集中地体现筹划人的形象。职业道德具体地体现在正确处理好自身利益与国家利益的相互关系上。纳税筹划的前提条件是合法，但在执业过程中难免会遇到对某些涉税事项、涉税环节分不清合法与非法界限的现象，往往会影响筹划合法性的要求。对这种情况，筹划者必须态度鲜明地维护税法的权威性，决不能为了某些私利而放弃原则，更不能受某些利益驱动而主动进行违反税法、损害国家利益的行为。

5. 对筹划方案的针对性、可行性的评估能力。针对性是指在进行具体的筹划时，要针对企业不同的生产经营情况，做到有的放矢。不同的地区、行业、部门和生产经营规模，国家对其有着不同的税收政策法规，因此，在具体的筹划过程中，所形成的思路、看问题的角度以及采用的筹划方式都会不尽相同。可行性和可操作性是指筹划人要针对企业的具体情况量体裁衣，筹划方案应该切实可行。

# 第二节 企业纳税筹划方法

## 一、企业设立时的纳税筹划

企业设立时的纳税筹划包括：企业组织形式的选择、企业注册地的选择、是否招聘残疾人员的选择、开业时间的选择、注册资本中的货币和非货币性资产比例的选择、企业规模（如小型微利）的选择和企业查账征收还是核定定率征收方式的选择。这些不同的选择对企业产生的税收负担是不同的。

一般情况下，企业组织形式分为两类，即公司制企业和非公司制企业。其中公司制企业分为股份有限公司和有限责任公司，非公司制企业主要包括合伙企业和独资企业。如果根据企业的注册地来分类，企业分为居民企业和非居民企业。按照新《企业所得税法》的规定，企业所得税纳税人又分为居民企业和非居民企业。居民企业应当就其来源于中国境内、境外的所得缴纳企业所得税。非居民企业在中国境内设立机构、场所的，应当就其所设机构、场所取得的来源于中国境内的所得以及发生在中国境外但与其所设机构、场所有实际联系的所得，缴纳企业所得税；非居民企业在中国境内未设立机构、场所的，或者虽设立机构、场所但取得的所得与其所设机构、场所没有实际联系的，应当就其来源于中国境内的所得缴纳企业所得税。

我国对公司制企业、合伙企业和个人独资企业实行不同的税收政策规定。国家对公司营业利润在企业环节上课征公司企业所得税，税后利润作为股息分配给投资者，个人投资者还需要缴纳一次个人所得税。而合伙企业或个人独资企业则不然，营业利润不缴公司企业所得税，只课征合伙人或个人投资者分得收益的个人所得税。

如果在公司企业内部对公司进行划分的话，公司分为两对公司关系，即总分公司及母子公司。所谓子公司是指被母公司有效控制的下属公司或者是母公司直接或间接控制的一系列公司中的一家公司；所谓分公司是指作为公司的分支机构而存在，在国际税收中，它往往与常设机构是同义词。当一个企业要进行跨地区经营时，常见的做法就是在其他地区设立下属机构，即开办子公司或分公司。从法律上讲，子公司属于独立法人，而分公司则不属于独立法人，它们之间的不同在于：一是设立手续不同。在外地创办独立核算子公司，需要办理许多手续，设立程序复杂，开办费用也较大，而设立分公司的程序比较简单，费用开支比较少。二是核算和纳税形式不同。子公司是独立核算并独立申报纳税，当地税务机关比较欢迎，而分公司不是独立法人，由总公司进行核算盈亏和统一纳税，如有盈亏，分公司和总公司可以相互抵扣后缴纳所得税。三是税收优惠不同。子公司承担全面纳税义务，分公司只承担有限纳税义务。子公司是独立法人，可以享受免税期限、优惠政策等在内的各种优惠政策；而分公司作为非独立法人，则不能享受这些优惠政策。

在设立企业时，要考虑好各种组织形式的利弊，做好所得税的纳税筹划，再决定是设立公司还是合伙企业，是子公司还是分公司。当企业扩大生产经营需要到国外或外地设立分支机构时，可以在进入地的初期，针对当地情况不熟、生产经营处于起步阶段、发生亏损的可能性较大的情况，考虑设立分公司，从而使外地发生的亏损在总公司冲减，以减轻总公司的负担；而当生产经营走向正轨，产品打开销路可以盈利时，应考虑把分公司变更为子公司，可以在盈利时保证能享受当地税收优惠的政策。

## 二、企业投融资的纳税筹划

企业投融资的税收筹划主要包括两个方面：一是投资行业和投资地区的选择；二是企业融资时利息费用的税务管理。国家为鼓励某些行业的发展，实行不同行业的不同税收政策，充分利用这些行业和地区的税收优惠政策可以达到节税的作用。

### （一）投资于国家鼓励的行业

国家对于需要鼓励发展的行业有税收优惠政策。例如，国家需要重点扶持的高新技术企业，减按15%的税率征收企业所得税。企业购置用于环境保护、节能节水、安全生产等专用设备的投资额，可以按10%从企业当年的应纳税额中抵免；当年不足抵免的，可以在以后5个纳税年度结转抵免。这里的专用设备指《环境保护专用设备企业所得税优惠目录》《节能节水专用设备企业所得税优惠目录》和《安全生产专用设备企业所得税优惠目录》规定的环境保护、节能节水、安全生产等专用设备，且5年内不得转让、出租。企业以《资源综合利用企业所得税优惠目录》规定的资源作为主要原材料，生产国家非限制和禁止并符合国家和行业相关标准的产品取得的收入，减按90%计入收入总额。这里原材料占生产产品材料的比例不得低于《资源综合利用企业所得税优惠目录》规定的标准。依法成立且符合条件的集成电路设计企业和软件企业，在2018年12月31日前自获利年度起计算优惠期，第一年至第二年免征企业所得税，第三年至第五年按照25%的法定税率减半征收企业所得税，并享受至期满为止。财政部、国家税务总局、中国证监会《关于创新企业境内发行存托凭证试点阶段有关税收政策的公告》规定：企业投资者转让创新企业CDR取得的差价所得和持有创新企业CDR取得的股息红利所得，按转让股票差价所得和持有股票的股息红利所得政策规定征免企业所得税。财政部、国家税务总局、国家发展改革委、生态环境部《关于从事污染防治的第三方企业所得税政策问题的公告》规定：自2019年1月1日起至2021年12月31日止，对符合条件的从事污染防治的第三方企业减按15%的税率征收企业所得税。自2019年1月1日起，固定资产加速折旧优惠的行业范围扩大至全部制造业领域。符合条件的技术转让所得可以免征、减征企业所得，即一个纳税年度内，居民企业技术转让所得不超过500万元的部分，免征企业所得税；超过500万元的部分，减半征收企业所得税。开发新技术、新产品、新工艺发生的研究开发费用可以在计算应纳税所得额时加计扣除，即企业为开发新技术、新产品、新工艺发生的研究开发费用，未形成无形资产计入当期损益的，在规定据实扣除的基础上，按照研究开发费用的75%加计扣除；形成无形资产的，按照无形资产成本的175%摊销。另外，国家对文化产业、初创期科技型企业、文化转制企业的发展也规定了税收优惠政策。企业在投资前，应该根据自身的资源和技术优势，充分利用国家的税收优惠政策，选择有税收优惠政策的行业发展。

（二）用足用好债务融资的税收政策

企业融资的渠道有债权融资和权益融资，其中债权融资的利息可以在企业所得税税前扣除，而权益融资只能在税后进行分配。为了防止资本弱化给股东带来的利益损害，我国税收法律对债务融资有各项税收优惠政策规定。企业在进行融资时，应注意以下纳税筹划技巧：

1. 如果集团公司没有充足资金借给下属企业的话，应实行“统借统贷”的借款方式。从前面提到的政策依据可以看出，集团公司统一向银行借款统一借给下属公司使用，不受关联企业中的其他企业债权性投资与其权益性投资比例为2:1的限制。其发生的借款利息只要不超过金融企业同期贷款利率的部分，凭银行开具的金融利息票据可以全部在税前扣除。

2. 如果集团公司有充足的资金借给下属企业的话，一定要选择银行进行委托贷款，即委托银行把钱借给下属企业使用，不能直接把钱借给下属企业使用。否则，下属企业支付给集团公司的利息缺乏金融企业的利息票据而不能在税前扣除。

3. 被投资企业一定要督促投资者在公司章程中规定的期限内或最晚自投资开始的两年内及时到位未到位的资金。因为企业对外借款所发生的利息，其中相当于投资者实缴资本额与在规定期限内应缴资本额的差额应计付的利息，不得在计算企业应纳税所得额时扣除。

（三）以房产投资联营的税收政策

以房产投资联营的行为应根据不同情况区别对待：第一种情况是以房产投资联营，投资企业参与投资利润分配，共担风险。对于这种情况，增值税适用一般计税方法的一般纳税人按照“销售不动产”的9%税率计征，小规模纳税人或选择简易计税办法的一般纳税人按照5%的征收率计征；以房产作投资、入股，视同房屋买卖，由被投资企业缴纳契税；投资企业按照房产计税余值从价计征。第二种情况是投资者只收取固定收入、不承担联营风险。这种固定收入作为投资企业的租金收入，一般纳税人按照“不动产租赁服务”的9%税率计征，小规模纳税人或选择简易计税办法的一般纳税人按照5%的征收率计征；由于房屋产权未发生转移，因此不向被投资企业征收契税，投资企业按照租金收入从租计征。在以房产进行投资联营时，根据企业自身情况，按照不同投资联营方式的相关规定，在以上两种投资方式之间进行合理选择，可以实现税务筹划的目的。

## 三、企业经营中的纳税筹划

企业经营中的税收规划涉及增值税、消费税和关税、企业所得税、个人所得税和其他税的筹划。增值税、消费税和关税等流转税的特点是流转环节越多，流转税就会越多，而且流转税主要产生于工业制造企业、建筑安装行业、房地产行业和其他服务行业的业务流程过程中。由于合同签订决定业务过程，业务过程决定税收，因此，要减少流转税的关键是尽量减少流转环节，必须注意业务流程过程中经济合同的准确签订。当然，分解营业额，巧签经济合同，选择合适的促销方式，合理选择增值税、消费税的纳税义务时间也可以达到降低流转税的目的。而企业所得税的规划主要是对扣除成本的规划，个人所得税的纳税筹划主要是进行合理合法的薪酬设计。

（一）经济合同与税收筹划

为节省税收成本，在签订经济合同时，必须根据业务的特点和有关税收成本准确签订好经济合同。一般要注意以下三点签订技巧：

第一，在合同中要明确有关价格是否含税以及有关税费的实际承担者。

在采购原材料特别是采购固定资产时，涉及金额大，在签订合同时一定要十分谨慎，在合同中已经明确了供应商承担有关的税费负担，但供应商没有缴纳税费的情况下，除非在当地税务局进行了备案手续，否则，有关税费的实际承担人还是购买方，因为有关税收的约定与税法相冲突时，要以税法为准。

第二，在合同中要明确销售产品的销售方式（结算方式），实现增值税的延期纳税，具体可从以下两方面来操作：

一方面，企业在产品销售过程中，在应收货款一时无法收回或部分无法收回的情况下，可选择赊销或分期收款结算方式，并在合同中一定要约定货款的收款日期。《中华人民共和国增值税暂行条例实施细则》（财政部　国家税务总局第 50 号令）第三十八条第（三）项规定："采取赊销和分期收款方式销售货物，为书面合同约定的收款日期的当天，无书面合同的或者书面合同没有约定收款日期的，为货物发出的当天。"基于此规定，企业在签订经济销售合同时，可选择赊销或分期收款结算方式，并在合同中一定要约定货款的收款日期。

另一方面，如果企业的产品销售对象是商业企业，且有一定的赊欠期限，那么在销售合同中可约定采用委托代销结算方式处理销售业务，根据实际收到的货款分期计算销项税额，从而延缓纳税。《中华人民共和国增值税暂行条例实施细则》（财政部　国家税务总局第 50 号令）第三十八条第（五）项规定："委托其他纳税人代销货物，为收到代销单位的代销清单或者收到全部或者部分货款的当天。未收到代销清单及货款的，为发出代销货物满 180 天的当天。"基于此规定，委托代销商品是指委托方将商品交付给受托方，受托方根据合同要求，将商品出售后，开具销货清单，交给委托方，这时委托方才确认销售收入的实现。

（二）选择适当的销售方案

任何企业为了扩大销售、盘活现金流，都会实施不同的销售方案。例如，买一送一、买一赠一、售后返租、满额赠、返券、积分送礼、销售折让、折让销售和抽奖活动。这些销售方案产生的税收成本是不一样的。由于不同的销售方案涉及的流转税税负是不同的，因此，企业在经营过程中，必须先对拟实施的各种营销方案进行涉税比较分析，在此基础上，结合公司的财务发展战略和管理目标，正确选择税收负担低的销售方案。

（三）充分利用税收优惠政策

我国税法中规定了各项税收优惠政策，企业能够充分用足用好各项税收优惠政策，本身就是最好的税务规划。因此，企业要根据自身所处的行业，对相关税收政策进行收集整理，从中提炼出企业能够适用的税收优惠政策，梳理享受税收优惠政策需要的条件，并创造条件加以应用。当然，企业利用税收优惠政策一定要注意以下几点：

第一，企业一定要向当地的税务主管部门问清楚各类减免税的审批机关及其审批权限；

第二，企业一定要向当地税务机关问清楚哪些减免税项目是属于审批类，哪些减免税项目是属于备案类；

第三，纳税人企业应当根据税务机关管理服务的需要，提供留存备查资料，以证实享受优惠事项符合条件。

根据《企业所得税优惠政策事项办理办法》第十二条规定："企业享受优惠事项后，税务机关将适时开展后续管理。在后续管理时，企业应当根据税务机关管理服务的需要，按照规定的期限和方式提供留存备查资料，以证实享受优惠事项符合条件。"其中，享受集成电路生产企业、集成电路设计企业、软件企业、国家规划布局内的重点软件企业和集成电路设计企业等优惠事项的企业，应当在完成年度汇算清缴后，按照《资源综合利用企业所得税优惠目录》"后续管理要求"项目中列示的清单向税务机关提交资料。

## 四、资产重组时的纳税筹划

### （一）资产重组的内涵

资产重组，是指企业资产的拥有者、控制者与企业外部的经济主体进行的、对企业资产的分布状态进行重新组合、调整、配置的过程，或对设在企业资产上的权利进行重新配置的过程。包括企业合并和分立、资产剥离或所拥有股权出售、资产置换等公司资产（含股权、债权等）与公司外部资产或股权互换的活动。基于此分析，资产重组从法律形式上看有四种：合并、分立、出售、置换。其中合并和分立的具体内涵分析如下：

1. 合并。合并，是指一家或多家企业（以下称为"被合并企业"）将其全部资产和负债转让给另一家现存或新设企业（以下称为"合并企业"），被合并企业股东换取合并企业的股权或非股权支付，实现两个或两个以上企业的依法合并。合并可分为吸收合并和新设合并两种方式。吸收合并是指两个以上的企业合并时，其中一个企业吸收了其他企业而存续（对此类企业以下简称"存续企业"），被吸收的企业解散。

2. 分立。分立，是指一家企业（以下称为"被分立企业"）将部分或全部资产分离转让给现存或新设的企业（以下称为"分立企业"），被分立企业股东换取分立企业的股权或非股权支付，实现企业的依法分立。分立可以采取存续分立和新设分立两种形式。存续分立是指被分立企业存续，而其一部分分出设立为一个或数个新的企业。

### （二）资产重组纳税筹划的法律依据

1. 资产重组不征增值税的法律依据。国家税务总局《关于纳税人资产重组有关增值税问题的公告》（国家税务总局公告 2011 年第 13 号）规定："纳税人在资产重组过程中，通过合并、分立、出售、置换等方式，将全部或者部分实物资产以及与其相关联的债权、负债和劳动力一并转让给其他单位和个人，不属于增值税的征税范围，其中涉及的货物转让，不征收增值税。"

2. 资产重组免征契税或减半征收契税的法律依据。财政部、国家税务总局《关于继续支持企业 事业单位改制重组有关契税政策的通知》（财税〔2018〕17 号）规定："企业按照《中华人民共和国公司法》有关规定整体改制，包括非公司制企业改制为有限责任公司或股份有限公司，有限责任公司变更为股份有限公司，股份有限公司变更为有限责任公司，原企业投资主体存续并在改制（变更）后的公司中所持股权（股份）比例超过75%，且改制（变更）后公司承继原企业权利、义务的，对改制（变更）后公司承受原企业土地、房屋权属，免征契税。”同时第三条规定：“两个或两个以上的公司，依照法律规定、合同约定，合并为一个公司，且原投资主体存续的，对其合并后的公司承受原合并各方的土地、房屋权属，免征契税。”第四条规定：“公司依照法律规定、合同约定分立为两个或两个以上与原公司投资主体相同的公司，对分立后公司承受原公司土地、房屋权属，免征契税。”第五条规定：“企业依照有关法律法规规定实施破产，债权人（包括破产企业职工）承受破产企业抵偿债务的土地、房屋权属，免征契税；对非债权人承受破产企业土地、房屋权属，凡按照《中华人民共和国劳动法》等国家有关法律法规政策妥善安置原企业全部职工规定，与原企业全部职工签订服务年限不少于三年的劳动用工合同的，对其承受所购企业土地、房屋权属，免征契税；与原企业超过30%的职工签订服务年限不少于三年的劳动用工合同的，减半征收契税。”

### 五、公益性捐赠的税收筹划

公益性捐赠是企业承担社会责任的一项重要内容，也是企业提升社会形象的重要途径。因此，在现代社会里，大多数企业都非常重视公益性捐赠来回报社会。国家为了提倡和鼓励企业开展公益性捐赠活动，也制定了许多保护和鼓励企业进行公益性捐赠的政策，其中允许所得税前扣除就是一项非常具体、有效的政策，对企业开展公益性捐赠产生重大且深远的影响。《中华人民共和国企业所得税法实施条例》（中华人民共和国国务院令第512号）第五十三条规定：“企业发生的公益性捐赠支出，不超过年度利润总额12%的部分，准予扣除。”这里的公益性捐赠，是指企业通过公益性社会团体或者县级以上人民政府及其部门，用于《中华人民共和国公益事业捐赠法》规定的公益事业的捐赠。对于企业自行直接发生的捐赠以及非公益性捐赠不得在税前扣除。基于此规定，公益性捐赠的纳税筹划应注意两点：一是企业集团一定要充分利用税法规定的公益性捐赠的扣除政策，实现税前扣除最大化。二是适时利用对外捐赠进行纳税筹划。“适时”是指把超过当年税前允许扣除的最大捐赠额的部分，放在第二年元月份进行捐赠，享受第二年的税前扣除政策。

### 六、销售业绩奖的纳税筹划

许多企业为开拓市场，对销售人员实行报酬与销售额挂钩的方法，即每年年终按销售人员实际完成的销售额计算销售人员的销售奖金或提成，并一次发放或分次发放。此种方法对于提高销售人员的工作积极性十分有利，但是从税收角度分析，该方法不仅会增加销售人员个人所得税的税收负担，而且还会使企业多缴纳企业所得税。为了减轻销售人员的纳税负担，很有必要了解销售业绩的纳税筹划技巧。

#### （一）税务的政策法律依据

1. 有关年终奖发放的税收政策规定。国家税务总局《关于个人所得税法修改后有关优惠政策衔接问题的通知》（财税〔2018〕164号）规定：纳税人取得全年一次性奖金，包括年终加薪、实行年薪制和绩效工资办法的单位根据考核情况兑现的年薪和绩效工资，在 2021 年 12 月 31 日前，不并入当年综合所得，以全年一次性奖金收入除以 12 个月得到的数额，按照按月换算后的综合所得税率表（月度税率表），确定适用税率和速算扣除数，单独计算纳税。计算公式为：

应纳税额 = 全年一次性奖金收入 × 适用税率 - 速算扣除数

居民个人取得全年一次性奖金，也可以选择并入当年综合所得计算纳税。自 2022 年 1 月 1 日起，居民个人取得全年一次性奖金，应并入当年综合所得计算缴纳个人所得税。

2. 有关劳务报酬收入的税收政策规定。根据《中华人民共和国个人所得税法》的规定，劳务报酬所得应预扣预缴税额的计算公式为：

劳务报酬所得应预扣预缴税额 = 预扣预缴应纳税所得额 × 预扣率 - 速算扣除数

劳务报酬所得适用 20%—40% 的超额累进预扣率。其中，应纳税所得额为：每次劳务报酬收入不足 4 000 元的，用收入减去 800 元的费用；每次劳务报酬收入超过 4 000 元的，用收入减去收入额的 20%。

对劳务报酬所得一次收入畸高（应纳税所得额超过 20 000 元）的，要实行加成征收办法，具体是：一次取得劳务报酬收入，减除费用后的余额（即应纳税所得额）超过 20 000 元至 50 000 元的部分，按照税法规定计算的应纳税额，加征五成；超过 50 000 元的部分，加征十成。

3. 划分工资薪金所得和劳务报酬所得的依据。根据税法的规定，如果获得收入的人与单位之间建立了雇用和被雇用的关系，则应依照“工资薪金”所得计算个人所得税；如果没有雇用和被雇用的关系，则按照“劳务报酬”所得计算个人所得税。而雇用和被雇用关系的标准是看获得收入的人与单位之间是否签订了劳动合同。从 2019 年 1 月 1 日起，工资薪金、劳务报酬、稿酬、特许权使用费这四项所得为综合所得。

#### （二）纳税筹划方案

为了减轻销售人员获得销售业绩的个人所得税负担，应按照以下技巧进行纳税筹划：

第一，如果销售人员是企业的雇员，即销售人员与企业之间是雇用和被雇用的关系，则公司应对销售人员的差旅费、业务招待费等费用进行剥离，实报实销，然后，对剩下的销售业绩奖按照一次性年终奖的办法计算个人所得税。

第二，如果销售人员与公司之间没有雇用和被雇用的关系，则公司与销售人员应在合同中约定：按照销售额的一定比例在公司实报实销销售人员的差旅费、业务招待费等费用，然后，对剩下的销售业绩奖分次发放。

### 七、奖金发放时的纳税筹划

#### （一）纳税筹划的政策法律依据

根据《国家税务总局关于调整个人取得全年一次性奖金等计算征收个人所得税方法问题的通知》（国税发〔2005〕第 9 号）的规定，个人取得全年一次性奖金或年终加薪，有两种情况计算缴纳个人所得税：其一，个人取得全年一次性奖金且获取奖金当月个人的工资、薪金所得高于（或等于）税法规定的费用扣除额的，以全年一次性奖金总额除以 12 个月，按照《关于个人所得税法修改后有关优惠政策衔接问题的通知》（财税〔2018〕164 号）所附按月换算后的综合所得税率表（以下简称“月度税率表”），确定适用税率和对应的速算扣除数，计算缴纳个人所得税。计算公式：应纳个人所得税税额 = 个人当月取得的全年一次性奖金 × 适用税率—速算扣除数。其二，个人取得全年一次性奖金且获取奖金当月个人的工资、薪金所得低于税法规定的费用扣除额的，用全年一次性奖金减去“个人当月工资、薪金所得与费用扣除额的差额”后的余额除以 12 个月，适用税率和对应的速算扣除数同上，计算缴纳个人所得税。计算公式：应纳个人所得税税额 =（个人当月取得全年一次性奖金 - 个人当月工资、薪金所得与费用扣除额的差额）× 适用税率 - 速算扣除数。

工资、薪金所得项目月度税率表实行的是超额累进税率，只要月收入超过了工资、薪金项目月度税率表中的全月含税应纳税所得额的“临界点”就进入了下一个更高的税率，税负就增加。

（二）纳税筹划技巧

基于以上政策规定，企业给职工发放年终奖时，可以采用以下纳税筹划方案：

企业发放年终奖时，一定要回避纳税“临界点”，即全年一次性奖金总额除以 12 个月的商数必须在工资、薪金所得项目月度税率表中的含税级距之内，如果超过纳税“临界点”，超过的部分就应该下次发放。

【案例解析】

## 案例 1：某企业委托建房的涉税分析

### 一、案情介绍

甲与乙两个公司均为中外合资企业，两企业中中方出资人为同一人，外方投资者也为同一人，中外方出资比例均为 2:8。甲企业注册资本 9 600 万元，乙企业注册资本 4.8 亿元。甲企业主要从事房地产开发业务，乙企业主要经营商品流通、房产租赁、娱乐业等。乙企业于 2018 年 5 月投资兴建一幢楼。由于乙企业没有建房资质，因此以甲企业的名义投资兴建。乙企业将所需资金转至甲企业银行账户，两公司均作“往来”账处理。至 2019 年 8 月，大厦已建成并装修完毕，并于当月办理竣工决算手续。由于甲企业自己没有施工队伍，全部建筑工程均由其他建筑工程公司承建，建筑安装业营业税已由建筑公司和安装公司缴纳，甲企业以建筑安装业发票作为在建工程入账的原始凭证。截至竣工，甲企业“在建工程——华兴大厦”总金额达 5 220 万元。

当甲企业需要将在建工程转至乙企业名下时，在税收上遇到了难题：华兴大厦的财产所有权归属于甲企业，如果要转移至乙企业名下需要按“销售不动产”税目缴纳 5% 的增值税。按当地规定的成本利润率 10% 计算，需缴纳增值税约 287.1 万元（5 220 × 1.1 × 5% = 287.1）。乙企业自己出钱盖楼，最后为了获得它，却需要自己的关联公司缴纳约 287.1 万元的税款。应如何进行税务规划？

### 二、税务规划方案及税负分析

该项业务可采用以下税务规划方案：

乙企业委托甲企业建房，签订“委托代建”合同。

根据现行税法的有关规定，房屋开发公司承办国家机关、企事业单位的统建房，如委托建房单位能提供土地使用权证书和有关部门的建设项目批准书以及基建计划，且房屋开发公司（即受托方）不垫付资金，同时符合“其他代理服务”条件的，对房屋开发公司取得的手续费收入按“现代服务”税目计征增值税，否则，应全额按“销售不动产”计征增值税。这里的“其他代理业务”是指受托方与委托方实行全额结算（原票转交），只向委托方收取手续费的业务。

乙企业应当于2018年5月与甲企业签订一份“委托代建”合同，然后由乙企业直接将工程款支付给施工单位，施工单位将发票直接开给乙企业，或由甲企业将发票转交给乙企业。乙企业据此作“在建工程”入账即可。

乙企业可以通过签订“委托代建”合同，利用增值税不同税目税率的差异进行税收筹划，减轻税收负担。

## 案例2：某工厂分解租金额的节税分析

### 一、案情介绍

某工厂将其闲置厂房及设备整体出租，租金分别为每年120万元和10万元。适用税种（为简化计算，假设不考虑城市维护建设税和所得税）是房产税和增值税，出租厂房的房产税税率为12%，出租厂房和设备的增值税税税率分别为9%和13%。请问应如何进行税务规划？

### 二、税务规划前的纳税分析

因为采用整体出租形式，订立一份租赁合同，则设备与厂房建筑物不分，被视为房屋整体的一部分，因此设备租金也并入房产税计税基数：

房产税 = (120 + 10) × 12% = 15.6（万元）

增值税 = (120 + 10) × 13% = 16.9（万元）（从高适用税率）

合计纳税 = 15.6 + 16.9 = 32.5（万元）

### 三、税务规划方案

采取合同分立方式，即分别签订厂房和设备出租两项合同，或者在一份租赁合同中分别注明厂房租金120万元，设备租金10万元，则设备不作为房屋建筑的组成部分，也就无须计入房产税计算基数，从而可节约房产税支出，总体税负也因此得以降低。

### 四、税务规划后的纳税分析

房产税 = 120 × 12% = 14.4（万元）

出租厂房增值税 = 120 × 13% = 15.6（万元）

出租设备增值税 = 10 × 9% = 0.9（万元）

合计纳税 = 14.4 + 15.6 + 0.9 = 30.9（万元）

通过合同分立，或分解销售额，使企业节税：32.5 − 30.9 = 1.6（万元）

## 案例 3：某公司先分配后转让股权的节税分析

### 一、案情介绍

A 公司拥有 B 公司 100% 的股权，初始投资成本为 100 万元，B 公司截至 2019 年 6 月底账面净资产为 200 万元，其中注册资本 100 万元、盈余公积 30 万元、未分配利润 70 万元，现 A 公司按 220 万元出售予境内 C 企业，应如何进行税务规划使转让所得的税负最低？

### 二、税务规划的法律依据

根据《中华人民共和国企业所得税法（2018 年修正）》第二十六条，企业的下列收入为免税收入："（二）符合条件的居民企业之间的股息、红利等权益性投资收益。"根据《中华人民共和国企业所得税法实施条例》（中华人民共和国国务院令第 512 号）第八十三条："企业所得税法第二十六条第（二）项所称符合条件的居民企业之间的股息、红利等权益性投资收益，是指居民企业直接投资于其他居民企业取得的投资收益。企业所得税法第二十六条第（二）项和第（三）项所称股息、红利等权益性投资收益，不包括连续持有居民企业公开发行并上市流通的股票不足 12 个月取得的投资收益。"《国家税务总局关于贯彻落实企业所得税法若干税收问题的通知》（国税函〔2010〕79 号）明确转让股权收入扣除为取得该股权所发生的成本后，为股权转让所得。企业在计算股权转让所得时，不得扣除被投资企业未分配利润等股东留存收益中按该项股权所可能分配的金额。

### 三、税务规划前的税负分析

由于留存收益包括未分配利润和盈余公积两个部分，上述盈余公积 30 万元、未分配利润 70 万元不得扣减，则 A 企业应确认财产转让所得 120 万元（= 220 − 100），而不是 20 万元（= 220 − 100 − 30 − 70）。企业转让股权所得的企业所得税为 120 × 25% = 30（万元）。上述股权转让产生了重复征税问题，盈余公积 30 万元、未分配利润 70 万元属于税后提取，已经缴纳过企业所得税，A 公司转让股权时，确认股权转让所得，计入应纳税所得，对该部分重复征收企业所得税。

### 四、纳税筹划思路及税务规划后的税负分析

为避免重复征税，可以先将留存收益进行分配，降低净资产，再转让，从而降低转让所得。如 A 企业先将未分配利润 70 万元以股利形式分回，享受符合条件的居民企业之间的股息、红利收入，为免税收入。企业再以 150 万元的价格转让，则股权转让所得 50 万元（= 150 − 100），转让所得的企业所得税为 50 × 25% = 12.5（万元），与税务规划前相比减少 17.5 万元（= 30 − 12.5）。

## 复习思考题

### 一、名词解释

纳税筹划　纳税筹划风险　纳税筹划涉税法律风险　纳税筹划涉税行政执法风险　纳税筹划涉税经济风险　纳税筹划涉税诚信风险　纳税筹划涉税心理风险　法律凭证　会计凭证　税务凭证　战略管理　企业财务战略

### 二、简答题

1. 什么是纳税筹划？如何理解纳税筹划的概念？
2. 企业纳税筹划的目标是什么？应遵循哪些原则？
3. 企业纳税筹划运用不当会带来哪些风险？
4. 请举例说明法律凭证、会计凭证和税务凭证“三证统一”的企业纳税筹划原理。
5. 企业纳税筹划与企业战略管理和财务战略管理之间的关系如何把握？
6. 企业设立时的纳税筹划方法有哪些？
7. 企业投融资的纳税筹划方法有哪些？
8. 企业经营中的纳税筹划方法有哪些？

## 参考文献


[1] 财政部、税务总局、证监会公告 2019 年第 52 号：关于创新企业境内发行存托凭证试点阶段有关税收政策的公告 [EB]. https://law.wkinfo.com.cn/legislation/detail/MTAxMDAxMzEzNDg%3D?searchId.

[2] 财政部、税务总局、国家发展改革委、生态环境部公告 2019 年第 60 号：关于从事污染防治的第三方企业所得税政策问题的公告 [EB]. https://law.wkinfo.com.cn/legislation/detail/MTAxMDAxMzE0NjY%3D?searchId.

[3] 财政部、国家税务总局第 50 号令. 中华人民共和国增值税暂行条例实施细则 [EB]. https://law.wkinfo.com.cn/legislation/detail/MTAxMDAwMTAzNDc%3D?searchId.

[4] 国家税务总局公告 2011 年第 13 号. 国家税务总局关于纳税人资产重组有关增值税问题的公告 [EB]. https://law.wkinfo.com.cn/legislation/detail/MTAwMDE1NDEzMDQ%3D.

[5] 关于继续支持企业 事业单位改制重组有关契税政策的通知（财税〔2018〕17 号）[EB]. https://law.wkinfo.com.cn/legislation/detail/MTAxMDAxMjc0MTg%3D?searchId.

[6] 中华人民共和国企业所得税法实施条例（国务院令第 512 号）[EB]. https://law.wkinfo.com.cn/legislation/detail/MTAxMDAwMDUwOTM%3D?searchId.

[7] 关于个人所得税法修改后有关优惠政策衔接问题的通知（财税〔2018〕164 号）

[EB]. https：//law. wkinfo. com. cn/legislation/detail/MTAwMTE0MjEyMzY%3D?searchId.

[8] 国家税务总局关于调整个人取得全年一次性奖金等计算征收个人所得税方法问题的通知（国税发〔2005〕第9号）[EB]. https：//law. wkinfo. com. cn/legislation/detail/MTAwM-DAyNTQzNjY%3D?searchId.

[9] 关于个人所得税法修改后有关优惠政策衔接问题的通知（财税〔2018〕164号）[EB]. https：//law. wkinfo. com. cn/legislation/detail/MTAwMTE0MjEyMzY%3D?searchId.

[10] 中华人民共和国企业所得税法实施条例（国务院令第512号）[EB]. https：//law. wkinfo. com. cn/legislation/detail/MTAxMDAwMDUwOTM%3D?searchId.

[11] 国家税务总局关于贯彻落实企业所得税法若干税收问题的通知（国税函〔2010〕79号）[EB]. https：//law. wkinfo. com. cn/legislation/detail/MTAwMDAxNDU0MTg%3D?searchId.

[12] 财政部、国家税务总局关于促进企业重组有关企业所得税处理问题的通知（财税〔2014〕109号）[EB]. https：//law. wkinfo. com. cn/legislation/detail/MTAwMDQ4ODU5Mjc%3D?searchId.

# 第十四章 Chapter 14

# 纳税人权利、义务与法律保护

【本章提要】

纳税人的权利、义务与法律保护在税务管理中日益受到重视。本章介绍了纳税人权利和 义务的基本概念，详细阐述了纳税人权利与义务的具体内容；重点梳理了纳税人法律保护中税收行政复议和税务行政诉讼两个方面的知识框架，对二者的内涵、受案范围、管辖、参加人、基本程序及税务行政诉讼的原则等进行了详解。

【学习目的】

通过对纳税人权利、义务及法律保护相关内容的学习，提高对纳税人权利和义务的认识，明确纳税人权利、义务是对等的这一基本理念，深化对纳税人权益保护的理解；了解税务行政复议、税务行政诉讼等税收法律救济的内涵、受案范围、程序及方法等内容。

## 第一节 纳税人权利、义务

### 一、纳税人权利

纳税人是中国税收法律关系的主体，是国家财政的主要承担者。我国税收法治的进展是否良好、国家财政收支的运行是否稳健，与纳税人的权利是否获得有效的保护、义务是否得到切实的履行，有着密不可分的联系。

根据纳税人纳税过程，纳税人权利可以分为税前权利、税中权利和税后权利。

第一，税前权利。税前权利是指纳税人在取得税务登记证成为正式纳税人后到缴纳税款之前应享有的权利，包括以下几种：一是财会设置权。依据《企业会计准则》和《企业财务通则》，纳税人有权选用适合自身情况的财务会计处理方法。二是建议权。纳税人有权通过一些可以得到的便利渠道，从纳税主体的角度出发，对现行税制规定、征管执行方式、税收服务体系等涉及征纳双方的税务事宜，向有关职能部门提出合理化建议。三是知情权。纳税人自办理税务登记开始，即成为税务机关的服务对象，有权得到相应的纳税指导，包括与自身生产经营范围、性质有关的税法规定、具体税种、税率、税务会计处理、税收处罚等，为正确纳税做好必要的准备。

第二，税中权利。缴纳税款是整个纳税活动的中心环节，涉及税款计算、征纳行为、税法处罚等具体事项。纳税人在法律许可的范围内，应正确使用应有的权利，以保护合法、正当的权益。税中权利包括以下几种：一是延期申报或缴款。纳税人因特殊困难不能按照税法规定办理纳税申报或按期缴纳税款，需要延期的，可以提出申请，经税务机关核实批准，可延期申报或缴款。二是委托代理权。纳税人出于某种需要，可以委托规范的税务代理机构依法代办税务事项。三是申请减免权。符合条件的纳税人在法律、行政法规规定的范围内，可向税务机关书面申请减税或免税。四是申辩权。对税务机关作出的处理、处罚决定有异议者，可就有关事实、理由进行陈述申辩。五是拒绝合作权。税务机关检查人员在进行税务检查或处罚时，必须着装上岗或向当事人出示“税务检查证”；采取强制执行措施或税收保全措施时，必须开具收据或开列清单，否则，纳税人有权拒绝合作。纳税完毕后，纳税人有权索取完税凭证。六是申请听证权。当税务机关就纳税人行为作出的处理意见，可能影响到纳税人正当权益时，纳税人有权事先得知处理事项并提出听证申请。

第三，税后权利。税后权利包括以下几种：一是保密权。纳税人为避免重大的经济损失或正当权益遭到侵犯，有权要求税务机关对其提供的一些生产经营状况、财务信息、商业秘密或私人隐私予以绝对保密。二是申请退税权。纳税人多缴税款，在结算纳税之日起3年内，可向税务机关申请退还。三是求偿权。税务机关在执法过程中若因自身原因造成纳税人不应有的直接经济或精神损失时，纳税人有权向有关部门申请索求赔偿。四是复议起诉权。对税务机关作出的处理决定及采取的强制执行措施和税收保全措施不服者，依照法律、行政法规，对不同性质的行为，可以在一定期限内，向作出决定的上一级税务机关申请复议；对复议不服者，可以向人民法院起诉。五是监督检举权。有权监督税务职能部门依法治税行为，检举揭发贪污受贿的不法分子，以保证取之于民的税收真正用之于民。

纳税人的详细权利见表 14－1。

**表 14－1　　纳税人权利表**

| 纳税人权利 | 内容 |
|---|---|
| 知情权 | 纳税人有权向税务机关了解国家税收法律、行政法规的规定以及与纳税程序有关的情况，享有被告知与自身纳税义务有关信息的权利 |
| 保密权 | 纳税人有权要求税务机关对其商业秘密及个人隐私保密 |

续表

| 纳税人权利 | 内容 |
| --- | --- |
| 税收监督权 | 纳税人有权控告和检举税务机关、税务人员的违法违纪行为，如索贿受贿、徇私舞弊、玩忽职守，不征或者少征应征税款，滥用职权多征税款或者故意刁难纳税人等。同时，纳税人也有权检举其他纳税人的税收违法行为 |
| 纳税申报方式选择权 | 纳税人可以直接到办税服务厅办理纳税申报或者报送代扣代缴、代收代缴税款报告表，也可以按照规定采取邮寄、数据电文或者其他方式办理上述申报、报送事项。但采取邮寄或数据电文方式办理上述申报、报送事项的，需经主管税务机关批准 |
| 申请延期申报权 | 纳税人不能按期办理纳税申报或者报送代扣代缴、代收代缴税款报告表的，应当在规定的期限内向税务机关提出书面延期申请，经核准，可在核准的期限内办理。经核准延期办理申报、报送事项的，应当在税法规定的纳税期内按照上期实际缴纳的税额或者税务机关核定的税额预缴税款，并在核准的延期内办理税款结算 |
| 申请延期缴纳税款权 | 纳税人因有特殊困难，不能按期缴纳税款的，经省、自治区、直辖市国家税务局、地方税务局批准，可以延期缴纳税款，但是最长不得超过三个月 |
| 申请退还多缴税款权 | 纳税人超过应纳税额缴纳的税款，税务机关发现后应当立即退还；纳税人自结算缴纳税款之日起三年内发现的，可以向税务机关要求退还多缴的税款并加算银行同期存款利息，税务机关及时查实后应当立即退还；涉及从国库中退库的，依照法律、行政法规有关国库管理的规定退还。税务机关发现纳税人多缴纳税款的，应当自发现之日起10日内办理退库；纳税人发现多缴税款的，税务机关应当自接到纳税人退还申请之日起30日内查实并办理退库手续 |
| 依法享受税收优惠权 | 纳税人依法享有申请减税、免税、退税的权利，即纳税人有权根据法律、行政法规的规定向税务机关申请享受税收优惠的权利 |
| 委托税务代理权 | 纳税人可以委托税务代理人代为办理以下事项：办理、变更或者注销税务登记、除增值税专用发票外的发票领购手续、纳税申报或扣缴税款报告、税款缴纳和申请退税、制作涉税文书、审查纳税情况、建账建制、办理财务、税务咨询、申请税务行政复议、提起税务行政诉讼以及国家税务总局规定的其他业务。按规定必须由纳税人自行办理的其他税务事宜，税务代理人不得办理 |
| 陈述、申辩权 | 纳税人对税务机关所作出的行政处罚决定，享有陈述权、申辩权 |
| 对未出示税务检查证和税务检查通知书的拒绝检查权 | 纳税人在接受税务检查时，有权要求检查人员出示税务检查证和税务检查通知书，未出示税务检查证和税务检查通知书的，纳税人有权拒绝检查 |
| 税收法律救济权 | 纳税人对税务机关作出的决定，依法享有申请行政复议、提起行政诉讼、请求国家赔偿等权利 |
| 依法要求听证的权利 | 在对纳税人作出规定金额以上罚款的行政处罚之前，税务机关会向纳税人送达“税务行政处罚事项告知书”，告知纳税人已经查明的违法事实、证据、行政处罚的法律依据和拟将给予的行政处罚。对此，纳税人有权要求举行听证 |
| 索取有关税收凭证的权利 | 税务机关征收税款时，必须给纳税人开具完税凭证。扣缴义务人代扣、代收税款时，纳税人要求扣缴义务人开具代扣、代收税款凭证时，扣缴义务人应当开具 |

## 二、纳税人义务

纳税人权利和义务是对等的，纳税人在享受相应权利的同时需要履行相应的义务。纳税人义务是指依照宪法、法律、行政法规规定，在税收征纳各环节中应承担的义务，主要包括依法进行税务登记的义务、如实申报纳税的义务、按时缴纳税款的义务、接受依法检查的义务等。具体内容如下：

第一，依法进行税务登记的义务。税务登记主要指纳税人在申请领取工商营业执照、组织代码证、税务登记证的同时，应及时到税务机关备案，并补充有关信息。税务登记内容发生变化后，应及时到税务机关办理变更登记、依法申请停业、复业登记、依法终止纳税义务的注销登记等。

第二，依法设置账簿、保管相关资料。纳税人应当按照有关法律、行政法规和国务院财政、税务主管部门的规定设置账簿，根据合法、有效凭证记账，进行核算；从事生产、经营的，必须按照国务院财政、税务主管部门规定的保管期限保管账簿、记账凭证、完税凭证及其他有关资料；账簿、记账凭证、完税凭证及其他有关资料不得伪造、变造或者擅自损毁。

第三，财务会计制度和核算软件备案的义务。纳税人的财务、会计制度或者财务、会计处理办法和会计核算软件，应当报送税务机关备案。纳税人的财务、会计制度或者财务、会计处理办法与国务院或者国务院财政、税务主管部门有关税收的规定相抵触的，应依照国务院或者国务院财政、税务主管部门有关税收的规定计算应纳税款、代扣代缴和代收代缴税款。

第四，按照规定安装、使用税控装置的义务。国家根据税收征收管理的需要，积极推广使用税控装置。纳税人应当按照规定安装、使用税控装置，不得损毁或者擅自改动税控装置。如纳税人未按规定安装、使用税控装置，或者损毁或者擅自改动税控装置的，税务机关将责令纳税人限期改正，并可根据情节轻重处以规定数额内的罚款。

第五，按时、如实申报的义务。纳税人必须依照法律、行政法规规定或者税务机关依照法律、行政法规的规定确定的申报期限、申报内容如实办理纳税申报，报送纳税申报表、财务会计报表以及税务机关根据实际需要要求纳税人报送的其他纳税资料。

第六，按时缴纳税款的义务。纳税人应当按照法律、行政法规规定或者税务机关依照法律、行政法规的规定确定的期限，缴纳或者解缴税款。

未按照规定期限缴纳税款或者未按照规定期限解缴税款的，税务机关除责令限期缴纳外，从滞纳税款之日起，按日加收滞纳税款万分之五的滞纳金。

第七，代扣、代收税款的义务。法律、行政法规规定负有代扣代缴、代收代缴税款义务的扣缴义务人，必须依照法律、行政法规的规定履行代扣、代收税款的义务。扣缴义务人依法履行代扣、代收税款义务时，纳税人不得拒绝。纳税人拒绝的，扣缴义务人应当及时报告税务机关处理。

第八，接受依法检查的义务。纳税人、扣缴义务人有接受税务机关依法进行税务检查的义务，应主动配合税务机关按法定程序进行的税务检查，如实向税务机关反映自己的生产经营情况和执行财务制度的情况，并按有关规定提供报表和资料，不得隐瞒和弄虚作假，不能阻挠、刁难税务机关及其工作人员的检查和监督。

第九，及时提供信息的义务。纳税人除通过税务登记和纳税申报向税务机关提供与纳税有关的信息外，还应及时提供其他信息。如纳税人有歇业、经营情况变化、遭受各种灾害等特殊情况的，应及时向税务机关说明，以便税务机关依法妥善处理。

第十，报告其他涉税信息的义务。为了保障国家税收能够及时、足额征收入库，税收法律还规定了纳税人有义务向税务机关报告如下涉税信息：

一是纳税人有义务就与关联企业之间的业务往来，向当地税务机关提供有关价格、费用标准等资料。纳税人有欠税情形而以财产设定抵押、质押的，应当向抵押权人、质权人说明欠税情况。

二是企业合并、分立的报告义务。纳税人有合并、分立情形的，应当向税务机关报告，并依法缴清税款。合并时未缴清税款的，应当由合并后的纳税人继续履行未履行的纳税义务；分立时未缴清税款的，分立后的纳税人对未履行的纳税义务应当承担连带责任。

三是报告全部账号的义务。如纳税人从事生产、经营，应当按照国家有关规定，持税务登记证件，在银行或者其他金融机构开立基本存款账户和其他存款账户，并自开立基本存款账户或者其他存款账户之日起 15 日内，向主管税务机关书面报告全部账号；发生变化的，应当自变化之日起 15 日内，向主管税务机关书面报告。

四是处分大额财产报告的义务。如纳税人的欠缴税款数额在 5 万元以上，处分不动产或者大额资产之前，应当向税务机关报告。

## 第二节　纳税人法律保护

纳税人在履行纳税义务的同时享有法律保护的权益和服务。关于纳税人享有的纳税服务，在本书第九章有详尽的介绍。纳税人权益保护在现阶段主要通过税务行政复议和行政诉讼等法律救济方式来实现。

### 一、税务行政复议

#### （一）税务行政复议的内涵

税务行政复议是纳税人、扣缴义务人、纳税担保人及其他税务当事人不服税务机关及其工作人员作出的税务具体行政行为，依法向上一级税务机关提出申请，复议机关经审理对原税务机关具体行政行为依法作出维持、变更、撤销等决定的行为。纳税人、扣缴义务人或者其他当事人认为税务机关具体行政行为侵犯其合法权益的，可向税务机关提出行政复议申请，税务机关受理行政复议申请，并作出行政复议决定。税务机关负责法制工作的机构为复议机构，具体办理行政复议事项。

税务行政复议实行复议前置制度。纳税人、扣缴义务人、纳税担保人同税务机关在纳税上发生争议寻求法律救济时，应先申请行政复议，对行政复议决定不服的，才能依法向人民法院提起行政诉讼。而且，申请行政复议，必须先依照税务机关的纳税决定缴纳或者解缴税款及滞纳金或者提供相应的纳税担保。

税务行政复议的特点如图 14－1 所示。

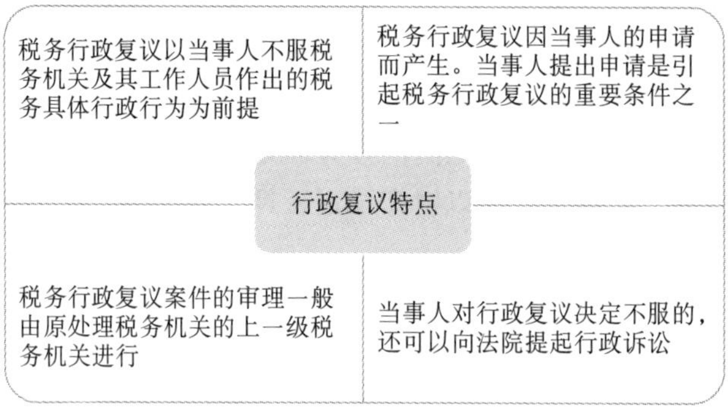


**图 14－1　税务行政复议特点**

### （二）税务行政复议受案范围

根据《税收征管法》《行政复议法》和《税务行政复议规则》的规定，税务行政复议的受案范围仅限于税务机关做出的税务具体行政行为。税务具体行政行为是指税务机关及其工作人员在税务行政管理活动中行使行政职权，针对特定的公民、法人或者其他组织，就特定的具体事项，做出的有关该公民、法人或者其他组织权利、义务的单方行为。具体包括以下一些内容：

1. 征税行为，包括确认纳税主体、征税对象、征税范围、减税、免税、退税、抵扣税款、适用税率、计税依据、纳税环节、纳税期限、纳税地点和税款征收方式等具体行政行为，征收税款、加收滞纳金，扣缴义务人、受税务机关委托的单位和个人做出的代扣代缴、代收代缴、代征行为等。

2. 行政许可、行政审批行为。

3. 发票管理行为，包括发售、收缴、代开发票等。

4. 税收保全措施、强制执行措施。

5. 行政处罚行为：（1）罚款；（2）没收财物和违法所得；（3）停止出口退税权。

6. 不依法履行下列职责的行为：（1）颁发税务登记；（2）开具、出具完税凭证、外出经营活动税收管理证明；（3）行政赔偿；（4）行政奖励；（5）其他不依法履行职责的行为。

7. 资格认定行为。

8. 不依法确认纳税担保行为。

9. 政府信息公开工作中的具体行政行为。

10. 纳税信用等级评定行为。

11. 通知出入境管理机关阻止出境行为。

12. 其他具体行政行为。

纳税人对税务机关作出的上述第 1 项征税行为不服时，必须先依照税务机关根据法律、法规确定的税额、期限，先行缴纳或者解缴税款和滞纳金，或者提供相应的担保，才能提出行政复议申请。对其他具体行政行为不服以及要求税务机关依法履行法定职责未按规定履行的，可直接申请行政复议。

申请人认为税务机关的具体行政行为所依据的下列规定不合法，在对具体行政行为申请行政复议时，可一并向复议机关提出对该有关规定的审查申请，申请人对具体行政行为提出行政复议申请时不知道该具体行政行为所依据的规定的，可以在行政复议机关作出行政复议决定以前提出对该规定的审查申请：（1）国家税务总局和国务院其他部门的规定；（2）其他各级税务机关的规定；（3）地方各级人民政府的规定；（4）地方人民政府工作部门的规定。

**（三）税务行政复议管辖**

税务行政复议的管辖是指税务行政复议机关受理、审查复议案件的权限和分工。我国税务行政复议管辖的基本制度原则上是实行由上一级税务机关管辖的一级复议制度。

1. 基本规定。对各级税务局的具体行政行为不服的，向其上一级税务局申请行政复议；对计划单列市税务局的具体行政行为不服的，向国家税务总局申请行政复议；对税务所（分局）、各级税务局的稽查局的具体行政行为不服的，向其所属税务局申请行政复议。对行政复议决定不服，申请人可以向人民法院提起行政诉讼，也可以向国务院申请裁决。国务院的裁决为最终裁决。

2. 特殊规定。特殊情况下，按下列规定确定管辖：

对下列税务机关的具体行政行为不服的，按照下列规定申请行政复议：

第一，对两个以上税务机关共同作出的具体行政行为不服的，向共同上一级税务机关申请行政复议；对税务机关与其他行政机关共同作出的具体行政行为不服的，向其共同上一级行政机关申请行政复议。

第二，对被撤销的税务机关在撤销以前所作出的具体行政行为不服的，向继续行使其职权的税务机关的上一级税务机关申请行政复议。

第三，对税务机关作出逾期不缴纳罚款加处罚款的决定不服的，向作出行政处罚决定的税务机关申请行政复议。但是对已处罚款和加处罚款都不服的，一并向作出行政处罚决定的税务机关的上一级税务机关申请行政复议。

申请人向具体行政行为发生地的县级地方人民政府提交行政复议申请的，由接受申请的县级地方人民政府依法予以转送。

**（四）税务行政复议参加人**

税务行政复议参加人包括申请人、被申请人及第三人等。

1. 申请人。申请人是指对税务机关作出的税务具体行政行为不服，依据法律、法规的规定，以自己的名义向行政复议机关提起复议申请的纳税人、扣缴义务人、纳税担保人等税务行政相对人。作为税务行政复议的申请人应当具备以下条件：

第一，申请人是税务行政相对人或者直接利害关系人。税务行政相对人是处于被管理地位的自然人、法人或其他组织。在税务行政复议中，申请人主要是指纳税人、扣缴义务人、纳税担保人等行政相对人，也包括信息公开的申请人、举报人等。与税务机关的具体行政行为有直接利害关系的其他人，在税务行政相对人未申请行政复议时，也可以成为行政复议申请人。

第二，必须与被申请税务行政复议的具体行政行为有直接利害关系。按照行政复议法的规定，行政相对人只要主观认为具体行政行为侵犯了其合法权益，就可申请行政复议。

第三，特殊情况下，行政复议申请人按以下规则确定：

一是合伙企业申请行政复议的，应当以核准登记的企业为申请人，由执行合伙事务的合伙人代表该企业参加行政复议；其他合伙组织申请行政复议的，由合伙人共同申请行政复议。

二是股份制企业的股东大会、股东代表大会、董事会认为税务具体行政行为侵犯企业合法权益的，可以以企业的名义申请行政复议。

三是有权申请行政复议的公民死亡的，其近亲属可以申请行政复议；有权申请行政复议的公民为无行为能力人或者限制行为能力人，其法定代理人可以代理申请行政复议。

四是有权申请行政复议的法人或者其他组织发生合并、分立或终止的，承受其权利义务的法人或者其他组织申请行政复议。

五是行政复议期间，申请人以外的公民、法人或者其他组织与被审查的税务具体行政行为有利害关系的，也可以向行政复议机关申请作为第三人参加行政复议。

六是非具体行政行为的行政管理相对人，但其权利直接被该具体行政行为剥夺、限制或者被赋予义务的公民、法人或其他组织，在行政管理相对人没有申请行政复议时，可以单独申请行政复议。

七是同一行政复议案件申请人超过 5 人的，应当推选 1—5 名代表参加行政复议。申请人可以委托 1—2 名代理人参加行政复议。

2. 被申请人。在税务行政复议中，公民、法人或者其他组织对税务机关的具体行政行为不服申请税务行政复议的，作出具体行政行为的税务机关是被申请人。例如，纳税人对税务机关取消其一般纳税人的资格不服，提出复议申请，被申请人是作出取消该纳税人一般纳税人资格的税务机关。

税务行政复议被申请人通常是作出具体行政行为的税务机关。

税务行政复议被申请人的确定，存在一些特殊情况：对扣缴义务人的扣缴税款行为不服的，以主管该扣缴义务人的税务机关为被申请人；对代征行为不服的，以作出委托的税务机关为被申请人。对税务机关与法律、法规授权的组织共同作出的具体行政行为不服的，以税务机关和该组织为共同被申请人；对税务机关与其他组织以共同名义作出具体行政行为不服的，以税务机关为被申请人。对依照法律、法规和规章规定而经上级税务机关批准作出具体行政行为不服的，以批准机关为被申请人。对经重大税务案件审理程序作出的决定不服的，以审理委员会所在税务机关为被申请人。对税务机关设立的派出机构、内设机构或者其他组织未经法律、法规授权而以自己名义作出的具体行政行为不服的，以税务机关为被申请人。

3. 第三人。税务行政复议中的第三人，是指因与被申请复议的具体行政行为有利害关系而参加到行政复议中去的公民、法人或其他组织。第三人可以以自己名义参加复议，也可以委托 1—2 名代理人参加行政复议。

（五）税务行政复议程序

税务行政复议基本流程见图 14－2。

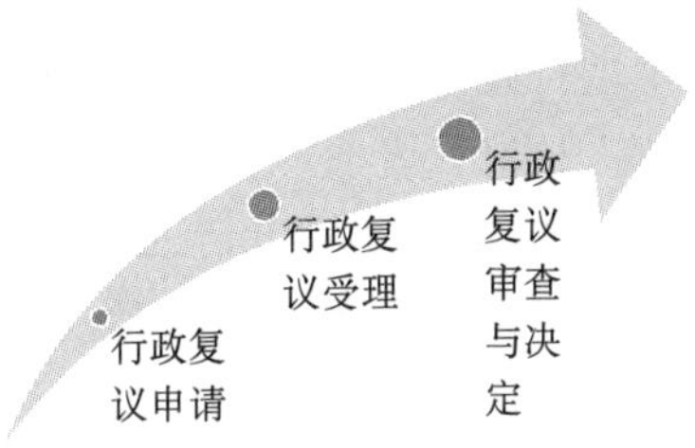


图 14－2　税务行政复议基本流程

1. 税务行政复议的申请。

（1）申请期限。

①一般规定。申请人可以在知道税务机关作出具体行政行为之日起 60 日内提出行政复议申请。因不可抗力或者被申请人设置障碍等原因耽误法定申请期限的，申请期限的计算应当扣除被耽误时间。申请期限按以下情况计算：一是当场作出具体行政行为的，自具体行政行为作出之日起计算；载明具体行政行为的法律文书直接送达的，自受送达人签收之日起计算。二是载明具体行政行为的法律文书邮寄送达的，自受送达人在邮件签收单上签收之日起计算；没有邮件签收单的，自受送达人在送达回执上签名之日起计算。三是具体行政行为依法通过公告形式告知受送达人的，自公告规定的期限届满之日起计算。四是税务机关作出具体行政行为时未告知申请人，事后补充告知的，自该申请人收到税务机关补充告知的通知之日起计算。五是被申请人能够证明申请人知道具体行政行为的，自证据材料证明其知道具体行政行为之日起计算。税务机关作出具体行政行为，依法应当向申请人送达法律文书而未送达的，视为该申请人不知道该具体行政行为。

②特殊规定。申请人必须依照税务机关根据法律、法规确定的税额、期限，先行缴纳或者解缴税款和滞纳金，或者提供相应的担保，才可以在缴清税款和滞纳金之日起或者所提供的担保得到作出具体行政行为的税务机关确认之日起 60 日内提出行政复议申请。申请人依照《行政复议法》的规定申请税务机关履行法定职责，税务机关未履行的，有履行期限规定的，自履行期限届满之日起计算，没有履行期限规定的，自税务机关收到申请满 60 日起计算。

（2）申请方式。申请人申请行政复议，可以书面申请，也可以口头申请。口头申请的，复议机关应当当场记录申请人的基本情况，行政复议请求，申请行政复议的主要事实、理由和时间。

①书面申请。申请人书面申请行政复议的，可以采取当面递交、邮寄或者传真等方式提出行政复议申请。有条件的行政复议机关可以接受以电子邮件形式提出的行政复议申请。对以传真、电子邮件形式提出行政复议申请的，行政复议机关应当审核确认申请人的身份、复议事项。

申请人书面申请行政复议的，应当在行政复议申请书中载明下列事项：一是申请人的基本情况，包括公民的姓名、性别、出生年月、身份证件号码、工作单位、住所、邮政编码、联系电话；法人或者其他组织的名称、住所、邮政编码、联系电话和法定代表人或者主要负责人的姓名、职务。二是被申请人的名称。三是行政复议请求、申请行政复议的主要事实和理由。四是申请人的签名或者盖章；申请行政复议的日期。

②口头申请。申请人口头申请行政复议的，行政复议机构应当依照规定的事项，当场制作行政复议申请笔录，交申请人核对或者向申请人宣读，并由申请人确认。

2. 税务行政复议受理。税务行政复议是依申请的行政行为，只要申请人提出了复议申请，税务复议机关就一定要进行审查，决定是否受理。

税务行政复议机关收到复议申请以后，应当在5日内审查，决定是否受理。对不符合规定的税务行政复议申请，决定不予受理，并书面告知申请人。对不属于该税务机关受理的行政复议申请，应当告知申请人向有关行政复议机关提出。税务行政复议机关收到行政复议申请以后未按照规定期限审查并作出不予受理决定的，视为受理。审查的内容主要有：是否符合法定复议范围；申请人是否在法定期限内提出复议申请；是否有明确的申请人和符合规定的被申请人；申请人是否具备提出申请的主体资格；本机关是否具有管辖权。除此之外还应审查当事人是否已向其他法定复议机关或人民法院提起行政复议或诉讼且被受理；申请人就纳税发生争议，是否按规定缴清税款、滞纳金或提供了有效担保。

3. 税务行政复议的审查与决定。复议机关受理税务行政复议申请后，应及时审查并作出行政复议决定。

（1）税务行政复议的审查。税务行政复议审查，是指税务行政复议机关对申请税务行政复议的案件进行实质性审查的活动。

①税务行政复议的审查准备。行政复议机构应当自受理行政复议申请之日起7日内将复议申请书副本或者行政复议申请笔录复印件发送被申请人。被申请人应当自收到复议申请书副本或行政复议申请笔录复印件之日起10日内提出书面答复，并提交当初作出具体行政行为的证据、依据和其他有关材料。被申请人拒不提供具体行政行为的证据、依据及有关材料的，视为没有举证，要承担具体行政行为被撤销的风险；在行政复议过程中，被申请人不得自行向申请人和其他有关组织或个人收集证据。

对国家税务总局的具体行政行为不服申请行政复议的案件，由原承办具体行政行为的相关机构向行政复议机构提出书面答复，并提交当初作出具体行政行为的证据、依据和其他有关材料。

②税务行政复议的审查形式。行政复议原则上采用书面审查的办法，但申请人提出要求或者行政复议机构认为有必要时，应当听取申请人和被申请人及第三人的意见，并可以向有关组织和人员调查了解情况。对重大、复杂的案件，申请人提出要求或者行政复议机构认为必要时，可以采取听证的方式审查。

③税务行政复议的审查内容。对申请复议的内容，既要审查其合法性，又要审查其合理性。合法性审查的重点是：被申请人行使职权是否合法，作出具体行政行为的事实是否清楚、证据是否确凿，适用法律、法规是否正确，执法的程序是否合法等。合理性审查，主要是对自由裁量权行使情况的审查。在审查自由裁量权行使情况时，申请人与被申请人在行政复议决定作出前可自愿达成和解，也可以在审查期间，由复议机关进行调解。

④税务行政复议的中止。税务行政复议活动的中止，是指行政复议过程中出现法定情

形，复议机关暂停有关复议案件的审查，待有关影响案件正常审查的情形消除后，再继续审查活动。中止只是行政复议审查活动的暂时停止，而不是行政复议活动的终结，中止的原因消除以后，应当及时恢复行政复议案件的审查。中止、恢复行政复议案件的审查，应当告知申请人、被申请人和第三人。

中止的具体情形包括：一是作为申请人的公民死亡，其近亲属尚未确定是否参加行政复议的；二是作为申请人的公民丧失参加行政复议的能力，尚未确定法定代理人参加行政复议的；三是作为申请人的法人或者其他组织终止，尚未确定权利义务承受人的；四是作为申请人的公民下落不明或者被宣告失踪的；五是申请人、被申请人因不可抗力，不能参加行政复议的；六是行政复议机关因不可抗力原因暂时不能履行工作职责的；七是案件涉及法律适用问题，需要有权机关作出解释或者确认的；八是案件审查需要以其他案件的审理结果为依据，而其他案件尚未审结的；九是其他需要中止行政复议的情形。

⑤税务行政复议的终止。行政复议终止，是税务行政复议过程中出现法定情形，复议机关不再继续审理有关案件，终结行政复议活动。行政复议终止的，复议机关无须继续对具体行政行为是否合法和适当进行实质性审查，不需要作出行政复议决定。复议机关应当制发行政复议终止通知书，告知有关当事人行政复议活动已经终结。

终止情形包括：申请人要求撤回行政复议申请，行政复议机构准予撤回的；作为申请人的公民死亡，没有近亲属，或者其近亲属放弃行政复议权利的；作为申请人的法人或者其他组织终止，其权利义务的承受人放弃行政复议权利的；申请人与被申请人依照《税务行政复议规则》第八十七条的规定，经行政复议机构准许达成和解的；行政复议申请受理以后，发现其他行政复议机关已经先于本机关受理，或者人民法院已经受理的。依照行政复议中止情形第一种、第二种、第三种中止行政复议，满 60 日行政复议中止的原因未消除的，行政复议终止。

⑥税务行政复议和解与调解。税务行政复议规则规定：按照自愿、合法的原则，申请人和被申请人在行政复议机关作出行政复议决定以前可以达成和解，行政复议机关也可以调解。具体事项包括：行使自由裁量权作出的具体行政行为，如行政处罚、核定税额、确定应税所得率等；行政赔偿；行政奖励；存在其他合理性问题的具体行政行为。

申请人与被申请人在行政复议决定作出前自愿达成和解协议，经行政复议机构准许后终止行政复议，但申请人不得以同一事实和理由再次申请行政复议；行政复议机关可以按照自愿、合法的原则进行调解。

（2）税务行政复议决定。税务行政复议机关应当在收到复议申请之日起 60 日内，根据事实和法律，对有争议的具体行政行为的合法性和适当性进行审查，依法作出复议决定或作出相应处理。

税务行政复议决定的种类有以下几种：

①维持原具体行政行为。具体行政行为认定事实清楚，证据确凿，适用依据正确，程序合法，内容适当的，作出行政复议决定，维持原具体行政行为。

②责令限期履行法定职责。税务机关应当履行自己的职责而不履行法定职责，损害相对人的利益时，复议机关应当作出行政复议决定，责令其在一定期限内履行法定职责。

③撤销、变更原具体行政行为或确认原具体行政行为违法。具体行政行为涉及的主要

事实不清、证据不足，适用依据错误，违反法定程序，超越或者滥用职权，具体行政行为明显不当的，复议机关应当作出撤销、变更或者确认该具体行政行为违法的决定。申请人在申请行政复议时一并提出行政赔偿请求的，应当对赔偿请求一并依法处理。决定撤销具体行政行为，或者确认具体行政行为违法的，可以责令被申请人在一定期限内重新作出具体行政行为。

## 二、税务行政诉讼

### （一）税务行政诉讼概述

税务行政诉讼是指公民、法人和其他组织认为税务机关及其工作人员的具体税务行政行为违法或者不当，侵犯了其合法权益，依法向人民法院提起行政诉讼，由人民法院对具体税务行政行为的合法性进行审查并做出裁决的司法活动。其目的是保证人民法院正确、及时审理税务行政案件，保护纳税人、扣缴义务等当事人的合法权益，维护和监督税务机关依法行使行政职权。

行政诉讼是人民法院处理行政纠纷、解决行政争议的法律制度，与刑事诉讼、民事诉讼一起，共同构筑起现代国家的诉讼制度。具体来讲，行政诉讼是指公民、法人和其他组织认为行政机关及其工作人员的具体行政行为侵犯其合法权益，依照《行政诉讼法》向人民法院提起诉讼，由人民法院进行审理并做出裁决的诉讼制度和诉讼活动。税务行政诉讼作为行政诉讼的一个重要组成部分，必须遵循《行政诉讼法》所确立的基本原则和普遍程序；同时税务行政诉讼又不可避免地具有本部门的特点。

税务行政诉讼具有特殊性，从税务行政与税务行政复议及其他行政诉讼活动的比较中可以看出，税务行政诉讼具有以下特征：

1. 税务行政诉讼是由人民法院进行审理并做出裁决的一种诉讼活动。这是税务行政诉讼与税务行政复议的根本区别。税务行政复议和税务行政诉讼是解决税务行政争议的两条重要途径。由于税务行政争议范围广、数量多、专业性强，大量税务行政争议由税务机关以税务复议方式解决，只有由人民法院对税务进行审理并做出裁决的活动，才是税务行政诉讼。

2. 税务行政诉讼以解决税务行政争议为前提，这是行政诉讼与其他行政诉讼活动的根本区别，具体体现在：

（1）被告必须是税务机关，或经法律、法规授权的行使税务行政管理权的组织，而不是其他行政机关或组织。

（2）税务行政诉讼解决的争议发生在税务行政管理过程中。

（3）因税款征纳问题发生的争议，当事人在向人民法院提起行政诉讼前，必须先经税务行政复议程序，即复议前置。

### （二）税务行政诉讼的原则

1. 人民法院特定主管原则。即人民法院对税务行政案件只有部分管辖权。根据《行政诉讼法》第十一条的规定，人民法院只能受理因具体行政行为引起的税务行政争议案。

2. 合法性审查原则。除审查税务机关是否滥用权力、税务行政处罚是否显失公正外，人民法院只对具体税务行为是否合法予以审查，并不审查具体税务行为的适当性。与此相适应，人民法院原则上不直接判决变更。

3. 不适用调解原则。税收行政管理权是国家权力的重要组成部分，税务机关无权依自己意愿进行处置，因此，人民法院也不能对税务行政诉讼法律关系的双方当事人进行调解。

4. 起诉不停止执行原则。即当事人不能以起诉为理由而停止执行税务所做出的具体行政行为，如税收保全措施和税收强制执行措施。

5. 税务机关负举证责任原则。由于税务行政行为是税务机关单方依一定和法律做出的，只有税务机关最了解做出该行为的证据。如果税务机关不提供或不能提供证据，就可能败诉。

6. 税务机关负责赔偿的原则。依据《中华人民共和国国家赔偿法》（以下简称《国家赔偿法》）的有关规定，税务机关及其工作人员因执行职务不当，给当事人造成人身及财产损害，应负担赔偿责任。

（三）税务行政诉讼受案范围

税务行政诉讼的受案范围，是指人民法院对税务机关的哪些行为拥有司法审查权。换言之，公民、法人或者其他组织对税务机关的哪些行为不服可以向人民法院提起税务行政诉讼。界定税务行政诉讼的受案范围，便于明确人民法院、税务机关及其他国家机关间在解决税务行政争议方面的分工和权限。

税务行政诉讼的受案范围与税务行政复议的受案范围基本包括：

1. 税务机关做出的征税行为：一是征收税款、加收滞纳金；二是扣缴义务人、受税务机关委托的单位做出代扣代缴、代收代缴行为及代征行为。

2. 税务机关做出的责令纳税人提交纳税保证金或者纳税担保行为。

3. 税务机关做出的行政处罚行为：一是罚款；二是没收违法所得；三是停止出口退税权；四是收缴发票和暂停供应发票。

4. 税务机关做出的通知出境管理机关阻止出境行为。

5. 税务机关做出的税收保全措施：一是书面通知银行或者其他金融机构冻结存款；二是扣押、查封商品、货物或者其他财产。

6. 税务机关做出的税收强制执行措施：一是书面通知银行或者其他金融机构扣缴税款；二是拍卖所扣押、查封的商品、货物或者其他财产抵缴税款。

7. 认为符合法定条件申请税务机关颁发税务登记证和发售发票，税务机关拒绝颁发、发售或者不予答复的行为。

8. 税务机关的复议行为：一是复议机关改变了原具体行政行为；二是期限届满，税务机关不予答复。

（四）税务行政诉讼管辖

税务行政诉讼管辖，是指人民法院受理第一审税务案件的职权分工。具体来讲，税务行政诉讼的管辖分为级别管辖、地域管辖和裁定管辖。

1. 级别管辖。级别管辖是上下级人民法院之间受理第一审税务案件的分工和权限。基层人民法院管辖一般的税务行政诉讼案件；中高级人民法院管辖本辖区内重大、复杂的税务行政诉讼案件；最高人民法院管辖全国范围内重大、复杂的税务行政诉讼案件。

2. 地域管辖。地域管辖是同级人民法院之间受理第一审行政案件的分工和权限，分一般地域管辖和特殊地域管辖两种。

（1）一般地域管辖。指按照最初做出具体行政行为的机关所在地来确定管辖法院。凡是未经复议直接向人民法院提起诉讼的，或者经过复议，复议裁决维持原具体行政行为，当事人不服向人民法院提起诉讼的，均由最初做出具体行政行为的税务机关所在地人民法院管辖。

（2）特殊地域管辖。指根据特殊行政法律关系或特殊行政法律关系所指的对象来确定管辖法院。税务行政案件的特殊地域管辖主要是指：经过复议的案件，复议机关改变原具体行政行为的，由原告选择最初做出具体行政行为的税务机关所在地的人民法院，或者复议机关所在地人民法院管辖。原告可以向任何一个有管辖权的人民法院起诉，最先收到起诉状的人民法院为第一审法院。

3. 裁定管辖。裁定管辖是指人民法院依法自行裁定的管辖，包括移送管辖、指定管辖及管辖权的转移三种情况。

（1）移送管辖。是指人民法院将已经受理的案件，移送给有管辖权的人民法院审理。移送管辖必须具备三个条件：一是移送人民法院已经受理了该案件；二是移送法院发现自己对该案件没有管辖权；三是接受移送的人民法院必须对该案件确有管辖权。

（2）指定管辖。指上级人民法院以裁定的方式，指定某下一级人民法院管辖某一案件。有管辖权的人民法院因特殊原因不能行使对行政诉讼的管辖权的，由其上级人民法院指定管辖；人民法院对管辖权发生争议且协商不成的，由它们共同的上级人民法院指定管辖。

（3）管辖权的转移。上级人民法院有权审理下级人民法院管辖的第一审税务行政案件，也可以将自己管辖的第一审行政案件移交下级人民法院审判；下级人民法院对其管辖的第一审税务行政案件，认为需要由上级人民法院审判的，可以报请上级人民法院决定。

**（五）税务行政诉讼参加人**

1. 原告。税务行政行为的相对人以及其他与行政行为有利害关系的公民、法人或者其他组织，有权作为原告提起行政诉讼。有权提起诉讼的公民死亡，其近亲属可以作为原告提起税务行政诉讼。有权提起诉讼的法人或者其他组织终止，承受其权利的法人或者其他组织可以作为原告提起税务行政诉讼。

2. 被告。一般情况下，作出争议行政行为的税务机关是被告。特殊情况下，按以下方法规定被告：

（1）经复议的案件，复议机关决定维持原行政行为的，作出原行政行为的行政机关和复议机关是共同被告；复议机关改变原行政行为的，复议机关是被告。

（2）复议机关在法定期限内未作出复议决定，公民、法人或者其他组织起诉原行政行为的，作出原行政行为的行政机关是被告；起诉复议机关不作为的，复议机关是被告。

（3）两个以上行政机关作出同一行政行为的，共同作出行政行为的行政机关是共同被告。

（4）行政机关委托的组织所作的行政行为，委托的行政机关是被告。

（5）行政机关被撤销或者职权变更的，继续行使其职权的行政机关是被告。

3. 第三人。公民、法人或者其他组织同被诉行政行为有利害关系但没有提起诉讼，或者同案件处理结果有利害关系的，可以作为第三人申请参加诉讼，或者由人民法院通知参加诉讼。人民法院判决第三人承担义务或者减损第三人权益的，第三人有权依法提起上诉。

4. 诉讼代表人。当事人一方或者双方为二人以上，因同一行政行为发生的行政案件，或者因同类行政行为发生的行政案件、人民法院认为可以合并审理并经当事人同意的，为共同诉讼。当事人一方人数众多的共同诉讼，可以由当事人推选代表人进行诉讼。代表人的诉讼行为对其所代表的当事人发生效力，但代表人变更、放弃诉讼请求或者承认对方当事人的诉讼请求，应当经被代表的当事人同意。

5. 诉讼代理人。诉讼代理人不是案件当事人，只是代理当事人参加行政诉讼。作为被告的行政机关，不能只让律师出庭应诉，被诉行政机关负责人应当出庭应诉。不能出庭的，应当委托行政机关相应的工作人员出庭。

**（六）税务行政诉讼程序**

1. 起诉。税务行政诉讼起诉，是指公民、法人或者其他组织认为自己的合法权益受到税务机关具体行政行为的侵害，而向人民法院提出诉讼请求，要求人民法院行使审判权，依法予以保护的诉讼行为。在税务行政诉讼等行政诉讼中，起诉权是单向性的权利，税务机关不享有起诉权，只有应诉权，即税务机关只能作为被告；与民事诉讼不同，作为被告的税务机关不能反诉。

纳税人、扣缴义务人等税务管理相对人在提起税务行政诉讼时，必须符合的条件见图 14－3。

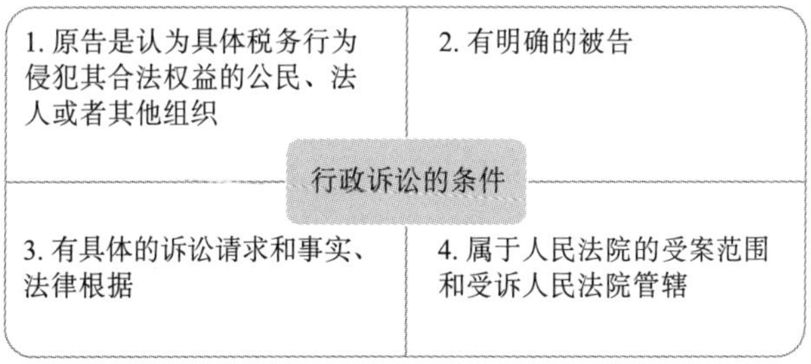


**图 14－3　行政诉讼的条件**

行政诉讼的起诉期限一般为 6 个月内，自知道或者应当知道作出行政行为之日起计算。经复议而不服复议决定，起诉期限为收到复议决定书之日起 15 日。复议机关逾期不作决定的，起诉原行政行为的，起诉期限为复议期满之日起 15 日；起诉复议机关不作为的，可以在复议期满之日起 15 日内向人民法院提起诉讼。行政机关未告知起诉权利或期限的，按最长诉讼时效执行。最长诉讼时效为：因不动产提起诉讼的案件自行政行为作出之日起 20 年，其他案件自行政行为作出之日起 5 年。因不可抗力或者其他不属于其自身的原因耽误起诉期限的，被耽误的时间不计算在起诉期限内。

2. 立案。税务行政诉讼往往立案难。公民、法人或者其他组织与税务机关及其工作人员产生纠纷，往往因税务机关不愿当被告，法院不愿受理，导致许多应当通过诉讼解决的纠纷进入信访等其他渠道。

新修订的《行政诉讼法》强化了对原告起诉权的保障。人民法院应当保障公民、法人和其他组织的起诉权利，对应当受理的行政案件依法受理。行政机关及其工作人员不得干预、阻碍人民法院受理行政案件。人民法院在接到起诉状时对符合法律规定的起诉条件的，应当登记立案；对当场不能判定是否符合本法规定的起诉条件的，应当接收起诉状，出具注明收到日期的书面凭证，并在 7 日内决定是否立案。不符合起诉条件的，作出不予立案的裁定。裁定书应当载明不予立案的理由。原告对裁定不服的，可以提起上诉。起诉状内容欠缺或者有其他错误的，应当给予指导和释明，并一次性告知当事人需要补正的内容。不得未经指导和释明即以起诉不符合条件为由不接收起诉状。人民法院既不立案、又不作出不予立案裁定的，当事人可以向上一级人民法院起诉。上一级人民法院认为符合起诉条件的，应当立案、审理，也可以指定其他下级人民法院立案、审理。

3. 税务行政诉讼的一审程序。人民法院受理税务行政案件后，即进入一审程序。一审程序包括一般程序和简易程序。

（1）一般程序。通常情况下，行政诉讼一审应实行一般程序，具体步骤包括审理前的准备、开庭审理、判决与裁定等。一审作出审理期限一般为 6 个月。人民法院对公开审理和不公开审理的案件，一律公开宣告判决。宣告判决时，必须告知当事人上诉权利、上诉期限和上诉的人民法院。

行政诉讼的判决方式包括：判决驳回原告诉讼请求；判决撤销或者部分撤销行政行为、重新作出行政行为；判决限期履行法定职责和履行给付义务；判决变更原行政行为；判决确认原行政行为无效；判决责令被告采取补救措施并承担赔偿责任；判决确认原行政行为违法但不撤销原行政行为。

法院裁定，适用于程序性事项，人民法院可以对不予受理、准予或不准予撤诉、中止或终结诉讼以及驳回起诉等问题作出书面裁定。

（2）简易程序。行政诉讼一审简易程序，是《行政诉讼法修正案》新增加的程序。

符合下列条件的第一审行政案件，事实清楚、权利义务关系明确、争议不大的，可以适用简易程序：被诉行政行为是依法当场作出的；案件涉及款额 2 000 元以下的；属于政府信息公开案件的。其他案件，当事人各方同意适用简易程序的，也可以适用简易程序。人民法院在审理过程中，发现案件不宜适用简易程序的，裁定转为普通程序。发回重审、按照审判监督程序再审的案件不适用简易程序。适用简易程序审理的行政案件，由审判员一人独任审理，并应当在立案之日起 45 日内审结。

4. 税务行政诉讼的二审程序。二审程序是指税务行政诉讼当事人对第一审法院尚未生效的判决或裁定不服，在法定期限内向上一级法院提起上诉，上一级法院依法进行审理并作出裁判的程序。第二审程序是上一级法院审理上诉案件所适用的程序，故也称上诉审判程序。

（1）上诉权、上诉期限和审理期限。当事人不服人民法院第一审判决的，有权在判决书送达之日起 15 日内向上一级人民法院提出上诉。当事人不服人民法院第一审裁定的，有权在裁定书送达之日起 10 日内向上一级人民法院提起上诉。逾期不提起上诉的，人民法院的第一审判决或者裁定发生法律效力。人民法院审理上诉案件应当在收到上诉状之日起 3 个月内作出终审裁判。

（2）审理方式与判决。人民法院审理上诉案件，应当对原审人民法院的判决、裁定和被诉行政行为进行全面审查。人民法院对上诉案件，一般应当组成合议庭，开庭审理。经过阅卷、调查和询问当事人，对没有提出新的事实、证据或者理由，合议庭认为不需要开庭审理的，也可以不开庭审理。

人民法院审理上诉案件，应根据事实和法律，分别情况作出以下裁判：原判决、裁定认定事实清楚，适用法律、法规正确的，判决或者裁定驳回上诉，维持原判决、裁定；原判决、裁定认定事实错误或者适用法律、法规错误的，依法改判、撤销或者变更；原判决认定基本事实不清、证据不足的，发回原审人民法院重审，或者查清事实后改判；原判决遗漏当事人或者违法缺席判决等严重违反法定程序的，裁定撤销原判决，发回原审人民法院重审。

5. 税务行政诉讼的审判监督程序。审判监督程序又称再审程序，是指人民法院对已经发生法律效力的判决、裁定，发现违反法律、法规的规定，依法再次审理的程序。再审程序不是必经的审判程序，当事人申请再审的，是否再审由人民法院审查后决定。

当事人的申请符合下列情形之一的，人民法院应当再审：不予立案或者驳回起诉确有错误的；有新的证据，足以推翻原判决、裁定的；原判决、裁定认定事实的主要证据不足、未经质证或者系伪造的；原判决、裁定适用法律、法规确有错误的；违反法律规定的诉讼程序，可能影响公正审判的；原判决、裁定遗漏诉讼请求的；据以作出原判决、裁定的法律文书被撤销或者变更的；审判人员在审理该案件时有贪污受贿、徇私舞弊、枉法裁判行为的；原审人民法院的院长、上级人民法院、最高人民法院和人民检察院发现调解违反自愿原则或者调解书内容违法，认为需要再审的。

6. 税务行政诉讼执行程序。行政诉讼的执行是指行政案件当事人逾期拒不履行人民法院发生法律效力的法律文书，人民法院和有关行政机关运用国家强制力量，依法采取强制措施，促使当事人履行义务，从而使生效的法律文书的内容得以实现的一种法律制度。由人民法院强制执行的，需要由当事人向法院提出强制执行申请。

公民、法人或者其他组织拒绝履行判决、裁定、调解书的，行政机关或者第三人可以向第一审人民法院申请强制执行，或者由行政机关依法强制执行。

针对行政机关不自动履行法院生效裁判比较突出的现象，《行政诉讼法》强化了行政机关和相关人员的责任。行政机关拒绝履行判决、裁定、调解书的，第一审人民法院可以采取下列措施：对应当归还的罚款或者应当给付的款额，通知银行从该行政机关的账户内划拨；在规定期限内不履行的，从期满之日起，对该行政机关负责人按日处 50 元至 100 元的罚款；将行政机关拒绝履行的情况予以公告；向监察机关或者该行政机关的上一级行政机关提出司法建议。接受司法建议的机关，根据有关规定进行处理，并将处理情况告知人民法院；拒不履行判决、裁定、调解书，社会影响恶劣的，可以对该行政机关直接负责的主管人员和其他直接责任人员予以拘留；情节严重，构成犯罪的，依法追究刑事责任。

税务法律救济是为受到税务机关侵害的合法权益提供的法律上的恢复和补救，是税收法律制度必不可少的重要组成部分。税务行政复议和税务行政诉讼作为两种不同的权利救济制度，是解决税务行政争议、规范税务行政行为、监督税务机关依法行使行政执法权的重要途径。除了税务行政复议和税务行政诉讼外，税务行政调解和税务行政赔偿也是常见的税务法律救济形式，在此不再详细介绍。

【案例解析】

### 德发公司与广州市地方税务局第一稽查局行政复议上诉案

广东省高级人民法院行政判决书

（2015）行提字第13号

再审申请人：德发房产建设有限公司。

被申请人：广州市地方税务局第一稽查局。

法定代表人：侯某，该局局长。

委托代理人：王某，律师。

委托代理人：张某，该局工作人员。

再审申请人德发房产建设有限公司（以下简称“德发公司”）因诉广州市地方税务局第一稽查局（以下简称“广州税稽一局”）税务处理决定一案，不服广州市地方税务局穗地税行复字〔2009〕8号行政复议决定和广州市中级人民法院（2010）穗中法行终字第564号行政判决，向本院申请再审。本院于2015年6月29日公开开庭审理了本案，再审申请人德发公司，被申请人广州税稽一局，委托代理人王某、张某到庭参加诉讼。现已审理终结。

德发公司向本院申请再审称：

1. 被申请人广州税稽一局不是适格行政主体。1999年10月21日最高人民法院对福建省高级人民法院《关于福建省地方税务局稽查分局是否具有行政主体资格的请示报告》的答复意见（行他〔1999〕25号）认为：“地方税务局稽查分局以自己的名义对外作出行政处理决定缺乏法律依据。”根据上述意见，广州税稽一局并非独立行政主体，不能作为本案的诉讼主体。

2. 被申请人超越职权，无权核定纳税人的应纳税额。《税收征管法实施细则》第九条第一款规定：“稽查局专司偷税、逃避追缴欠税、骗税、抗税案件的查处。”本案不属于“偷税、逃避追缴欠税、骗税、抗税”的情形，不属于稽查局的职权范围，被诉税务处理决定超出被申请人的职权范围，应属无效决定。

3. 被诉税务处理决定认定德发公司申报纳税存在“申报的计税依据明显偏低”和“无正当理由”的证据明显不足。本案整个拍卖过程均依法进行，成交价格亦未低于拍卖保留价，有拍卖效力，再审申请人只能也只应以拍卖成交价作为应纳税额申报缴纳税款。

4. 再审申请人已经按照拍卖成交价足额申报纳税并取得主管税务机关出具的完税凭证，没有任何税法违法违章行为，被申请人无权重新核定应纳税额。在缴纳上述税款后，申请人的纳税义务已全部完成，不存在被诉税务处理决定和原审判决认定的“未按税法规定足额申报缴纳营业税”和“未足额申报缴纳堤围防护费”等所谓“违法违章行为”。

5. 即使再审申请人存在“申报的计税依据明显偏低”和“无正当理由”的情况，被申请人也应当依照《税收征管法》第五十二条行使职权，其在再审申请人申报纳税4年多后进行追征税款和滞纳金，超过了《税收征管法》第五十二条关于税款和滞纳金追征期限的规定。税务机关追征税款和滞纳金，需受到三年追征期限的限制。本案即使存在少缴税款的情形，也是因被申请人和主管税务机关违法不作为及适用法律不当造成的。

综上，请求本院依法撤销广州市人民法院（2010）天法行初字第26号行政判决、广州市中级人民法院（2010）穗中法行终字第564号行政判决和被申请人于2009年9月16日作出的穗地税稽一处〔2009〕66号“税务处理决定书”；判令被申请人退回违法征收的申请人营业税、堤围防护费及滞纳金，以及上述款项从缴纳之日起至实际返还之日止按同期银行贷款利率计算的利息。

广州税稽一局答辩称：

1. 关于答辩人独立执法资格及职权范围的问题。根据《税收征管法实施细则》第九条第二款以及《国家税务总局关于稽查局职责问题的通知》（国税函〔2003〕140号）等文件规定，稽查局的现行主要职责是指：稽查业务管理、税务检查和税收违法案件查处；凡需要对纳税人、扣缴义务人进行账证检查或者调查取证，并对其税收违法行为进行税务行政处理（处罚）的执法活动，仍由各级稽查局负责。答辩人不存在越权执法的问题。

2. 关于答辩人对拍卖成交价格不予认可的问题。《税收征管法》并没有将拍卖成交价格明显偏低的情形排除在外。关于计税依据明显偏低，无正当理由的依据：一是只有唯一竞买人。不符合《中华人民共和国拍卖法》的规定。二是拍卖保证金门槛设置过高。本次拍卖保证金占拍卖保留价的比例高达50%，限制了其他潜在的竞买人参与拍卖竞买。三是拍卖保留价设置过低。不符合《最高人民法院关于人民法院民事执行中拍卖、变卖财产的规定》。四是拍卖的房产已办抵押，拍卖未征询全部抵押权人银行的同意。五是竞买人拍卖前知道拍卖底价，交易双方有诚信问题。委托拍卖前，唯一竞买人曾私下接触拍卖行，拍卖行向其透露底价，违反公平交易原则。事实上，交易双方法定代表人曾经是夫妻关系。

3. 关于追征税款、滞纳金问题。税务机关查补税款是法定的职责，依法作出税务处理决定，系依法履行职责。再审申请人以其自认为合理的价格进行纳税申报，应对其未能如实、依法纳税申报的行为承担法律责任。综上，一、二审法院判决认定事实清楚，证据充分，适用法律正确，程序合法，请求维持原判。

本院再审查明事实与原审查明事实基本一致。

本院认为：本案争议的焦点问题是德发公司将涉案房产拍卖形成的拍卖成交价格作为计税依据，广州税稽一局在税务检查过程中能否以计税依据价格明显偏低且无正当理由为由重新核定应纳税额补征税款并加收滞纳金。结合双方当事人再审期间的诉辩意见，本院对当事人广州税稽一局的执法资格、执法权限、将涉案房产拍卖价格作为计税依据申报纳税是否明显偏低且无正当理由、广州税稽一局追征税款和加收滞纳金是否合法等问题分别评述如下：

**（一）关于广州税稽一局是否具有独立的执法主体资格的问题**

2001年修订后的《税收征管法》第十四条规定：“本法所称税务机关是指各级税务

局、税务分局、税务所和按照国务院规定设立的并向社会公告的税务机构。”2002 年施行的《税收征管法实施细则》第九条进一步明确规定：“税收征管法第十四条所称按照国务院规定设立的并向社会公告的税务机构，是指省以下税务局的稽查局。”据此，相关法律和行政法规已经明确了省以下税务局所属稽查局的法律地位，省级以下税务局的稽查局具有行政主体资格。德发公司主张广州税稽一局不具有独立执法资格，无权作出被诉税务处理决定不能成立。

（二）关于广州税稽一局行使应纳税额核定权是否超越职权的问题

虽然国家税务总局没有明确各级稽查局是否具有《税收征管法》第三十五条规定的核定应纳税额的具体职权，但稽查局查处涉嫌违法行为不可避免地需要对纳税行为进行检查和调查。特别是出现计税依据明显偏低的情形时，如果稽查局不能行使应纳税款核定权，必然会影响稽查工作的效率和效果，甚至对税收征管形成障碍。因此，稽查局在查处涉嫌税务违法行为时，依据《税收征管法》第三十五条的规定核定应纳税额是其职权的内在要求和必要延伸，符合税务稽查的业务特点和执法规律，符合税务局和稽查局的职权范围划分的精神。

（三）关于德发公司以涉案房产的拍卖成交价格作为计税依据申报纳税是否存在“计税依据明显偏低，又无正当理由”情形的问题

根据《税收征管法》第三十五条第一款第六项规定，税务机关不认可纳税义务人自行申报的纳税额，重新核定应纳税额的条件有两个：一是计税依据价格明显偏低；二是无正当理由。德发公司委托拍卖的涉案房产成交价格明显低于估值、最低交易价格标准和成本价，因此，广州税稽一局认定涉案房产的拍卖价格明显偏低并无不当。

拍卖价格可以视为市场的公允价格，对于一个明显偏低的计税依据，并不必然需要税务机关重新核定。但应当明确，拍卖行为的效力与应纳税款核定权，分别受民事法律规范和行政法律规范调整，拍卖行为有效并不意味税务机关不能行使应纳税额核定权，另行核定应纳税额也并非否定拍卖行为的有效性。有效的拍卖行为并不能绝对地排除税务机关的应纳税额核定权，但税务机关行使核定权时仍应有严格限定。

本案中，虽然履行拍卖公告的一人竞拍行为满足了基本的竞价条件，但一人竞拍可能会出现竞价程度不充分的情况，特别是本案以预留底价成交，而拍卖底价又明显低于涉案房产估值的情形，税务机关基于国家税收利益的考虑，也可以不以拍卖价格作为计税依据，另行核定应纳税额。广州税稽一局和广州市地方税务局经复议补充认为，涉案拍卖行为保证金设置过高、一人竞拍导致拍卖活动缺乏竞争，以较低的保留底价成交，综合判定该次拍卖成交价格不能反映正常的市场价格，且德发公司未能合理说明上述情形并未对拍卖活动的竞价产生影响的情况下，广州税稽一局行使核定权，依法核定德发公司的应纳税款，并未违反法律规定。

（四）关于广州税稽一局核定应纳税款后追征税款和加征滞纳金是否合法的问题

税务机关应当在统筹兼顾保障国家税收、纳税人的信赖利益和税收征管法律关系的稳定等因素的基础上，在合理期限内核定和追征。在纳税义务人不存在违反税法和税收征管过错的情况下，税务机关可以参照《税收征管法》第五十二条第一款规定确定的税款追征期限，原则上在三年内追征税款。本案核定应纳税款之前的纳税义务发生在 2005 年，

广州税稽一局自2006年对涉案纳税行为进行检查，经三年多调查，在依法启动的调查程序期间应当予以扣除，因而广州税稽一局2009年重新核定应纳税款并作出被诉税务处理决定，并不违反上述有关追征期限的规定。德发公司关于追征税款决定必须在2008年以前作出的主张不能成立。

根据依法行政的基本要求，没有法律、法规和规章的规定，行政机关不得作出影响行政相对人合法权益或者增加行政相对人义务的决定；在法律规定存在多种解释时，应当首先考虑选择适用有利于行政相对人的解释。同时本案还应考虑德发公司基于对拍卖行为以及地方税务局完税凭证的信赖而形成的信赖利益保护问题。在税务机关无法证明纳税人存在责任的情况下，可以参考《税收征管法》第五十二条第一款关于“因税务机关的责任，致使纳税人、扣缴义务人未缴或者少缴税款的，税务机关在三年内可以要求纳税人、扣缴义务人补缴税款，但是不得加收滞纳金”的规定，作出对行政相对人有利的处理方式。因此，广州税稽一局重新核定德发公司拍卖涉案房产的计税价格后新确定的应纳税额，纳税义务应当自核定之日发生，其对德发公司征收该税款确定之前的滞纳金，没有法律依据。

综上，判决如下：

一、撤销广州市中级人民法院（2010）穗中法行终字第564号行政判决和广州市人民法院（2010）天法行初字第26号行政判决；

二、撤销广州市地方税务局第一稽查局穗地税稽一处〔2009〕66号税务处理决定中对德发房产建设有限公司征收滞纳金的决定；

三、责令广州市地方税务局第一稽查局在本判决生效之日起三十日内返还已经征收的滞纳金，并按照同期基准利率支付相应利息；

四、驳回德发房产建设有限公司其他诉讼请求。

一、二审案件受理费100元，由德发房产建设有限公司和广州市地方税务局第一稽查局各负担50元。

本判决为终审判决。

审判长　×××
审判员　×××
审判员　×××
二〇一七年四月七日

资料来源：http：//www. chinatrial. net. cn/news/10272. html，中国审判。

## 复习思考题

### 一、名词解释

纳税人权利　纳税人义务　税务行政复议　税务行政诉讼

## 二、简答题

1. 简述纳税人权利内容。
2. 简述纳税人义务内容。
3. 简述我国税务行政复议的特点及受案范围。
4. 简述我国税务行政诉讼的特点及受案范围。

## 三、论述题

1. 试述纳税人权益保护的意义及必要性。
2. 我国纳税人权益保护目前存在哪些问题？应如何解决？
3. 试述税务行政复议和税务行政诉讼的程序。

## 参考文献


[1] 陈雷. 税务行政裁量权的法律规制——以税务和解的授权界限为例 [J]. 税务与经济，2018（3）：75—82.

[2] 黄艳好，崔险险. 从税务行政诉讼看税务执法风险——基于168份税务行政诉讼判决的分析 [J]. 税务研究，2020（02）：66—71.

[3] 李晓安. 设立税务法庭：税收司法专业化改革的必然选择 [J]. 税务研究，2020（01）：86—90.

[4] 滕祥志. 涉税信息情报制度中的纳税人权利保护——以比较法为视角 [J]. 国际税收，2019（12）：64—70.

[5] 王国清，费茂清，李文翠. 纳税人理论研究的学术轨迹与展望——基于“权利与义务统一”的视角 [J]. 税收经济研究，2013，18（03）：45—50.

[6] 肖路. 对税务行政诉讼中若干争议问题的思考 [J]. 税务研究，2019（10）：58—61.

[7] 许萍. 论我国税务争议解决机制的完善 [D]. 厦门大学，2017.

[8] 尹勇. 论我国税务行政复议制度存在的缺陷及改进 [D]. 吉林大学，2018.

# 第十五章 Chapter 15 社会保险费的征收管理

【本章提要】

本章介绍了社会保险费的内涵，包括其概念、种类、征纳过程以及最新政策变动情况；详细梳理了各类社会保险费登记、申报的详细流程，介绍了金税工程三期背景下社会保险费征收管理的情况和新机遇，阐释了非税收入与社保费之间的联系和区别。

【学习目的】

通过本章的学习，掌握社会保险费的内涵，了解社会保险费征收管理的流程，熟悉税务机关中非税收入与社会保险职能部门的工作内容、社会保险费与金税工程三期先进技术相结合的成果和前景，把握最新政策变化，对未来社会保险费的发展方向能够作出合理的预测和判断，为进一步的学习奠定必要的理论及分析框架基础。

## 第一节 社会保险费概述

### 一、社会保险的定义

社会保险（Social Insurance）是指国家为了维护社会稳定、保障劳动者权利，强制社会多数成员参加的、具有再分配功能的非营利性的社会安全制度。国家通过立法强制建立社会保险基金，并对社会保险基金实行统筹调剂，为参加劳动关系的劳动者在失业或丧失劳动能力时提供必要的物质保障。从宏观角度来看，社会保险可以保证物质及劳动力的再生产和社会稳定，体现国家的基本政策，保障劳动者的基本权利，是一项利国利民的制度。

社会保险是社会保障体系的核心内容。社会保险属于强制性保险，具有非营利性。国家强制参保对象参加社会保险，社会保险对劳动者提供基本生活保障，即只要劳动者符合享受社会保险的条件，或者与用人单位建立了劳动关系，或者已按规定缴纳各项社会保险费，即可享受社会保险待遇。

## 二、社会保险的种类

在我国，社会保险有五种，分别为基本养老保险、基本医疗保险、工伤保险、失业保险、生育保险。

### （一）基本养老保险

基本养老保险是指劳动者缴费达到法定年限或劳动者达到法定退休年龄后，国家和社会提供物质帮助以保证劳动者获得可靠、稳定的生活来源。基本养老保险包括职工养老保险、新型农村社会养老保险、城镇居民社会养老保险三种，在法律制度层面已经实现了城乡居民的全覆盖。

### （二）基本医疗保险

基本医疗保险指国家为补偿劳动者因疾病风险造成的经济损失而建立的一项社会保险制度。其通过用人单位和个人缴费建立医疗保险基金，对于发生医疗费用的参保人员给予一定的经济补偿，以避免或减轻劳动者因患病、治疗等所带来的经济风险。基本养老保险包括城镇职工基本养老保险、新型农村合作医疗、城镇居民基本医疗保险三个部分，覆盖全部城乡居民，使所有公民实现了“病有所医”。

### （三）工伤保险

工伤保险是指劳动者在工作中或规定的特殊情况下，患职业病、遭受意外伤害或导致暂时或永久丧失劳动能力以及死亡时，劳动者或其遗属从国家和社会获得物质帮助的一种社会保险制度。

### （四）失业保险

失业保险是指国家通过立法强制实行的，由社会集中建立基金，对因失业而暂时中断生活来源的劳动者提供物质帮助的制度。这是社会保障体系的重要组成部分，是社会保险的主要项目之一。

### （五）生育保险

生育保险是指国家通过社会保险立法，对生育职工给予经济、物质等方面帮助的一项社会政策。其宗旨在于通过向生育女职工提供生育津贴、产假以及医疗服务等方面的待遇，保障她们因生育而暂时丧失劳动能力时的基本经济收入和医疗保健，帮助生育女职工恢复劳动能力、重返工作岗位，从而体现国家和社会对妇女在这一特殊时期给予的支持和爱护。

## 三、社会保险费新政

### （一）社会保险费由税务部门统一征收

2018 年 7 月 20 日，国家税务总局发布了《国税地税征管体制改革方案》，明确了基本养老保险费、基本医疗保险费、失业保险费等各项社会保险费在内的征管任务将由税务部门统一征收。

通过改革，税务机关构建起职责清晰、流程顺畅、征管规范、协作有力、便民高效的社会保险费和非税收入征缴体制机制，将有利于为提高社会保险费统筹层次奠定良好基础，有利于为研究推进适时完善缴费比率和推进非税收入法治化进程奠定良好基础，有利于为深化“放管服”改革和进一步激发市场主体活力奠定良好基础。

在税务部门和社保部门双轨并存 20 年后，社会保险费征收机构最终因社保机构的“退出”尘埃落定。这无疑是税务部门继国税地税合并后的又一次重大职能优化。

#### （二）国务院办公厅印发降低社会保险费率综合方案

国务院办公厅于 2019 年 4 月 4 日发布《国务院办公厅印发降低社会保险费率综合方案》。本方案旨在降低社保费率，完善社保制度，稳步推进社保费征收体制改革。具体内容包括：

1. 降低养老保险单位缴费比例。自 2019 年 5 月 1 日起，降低城镇职工基本养老保险（包括企业和机关事业单位基本养老保险，以下简称“养老保险”）单位缴费比例：各省、自治区、直辖市及新疆生产建设兵团（以下统称“省”）养老保险单位缴费比例高于 16% 的，可降至 16%；目前低于 16% 的，要研究提出过渡办法。

2. 继续阶段性降低失业保险、工伤保险费率。自 2019 年 5 月 1 日起，实施失业保险总费率 1% 的省延长阶段性降低失业保险费率的期限至 2020 年 4 月 30 日，自 2019 年 5 月 1 日起，延长阶段性降低工伤保险费率的期限至 2020 年 4 月 30 日，工伤保险基金累计结余可支付月数在 18 至 23 个月的统筹地区可以现行费率为基础下调 20%，累计结余可支付月数在 24 个月以上的统筹地区可以现行费率为基础下调 50%。

#### （三）国家税务总局成立社会保险费司（非税收入司）

2019 年 12 月 12 日，国家税务总局在网站上公布了社会保险费司（非税收入司）负责人任命情况，这代表着“社保入税，税收严管”时代的真正到来。

社会保险费司（非税收入司）是国家税务总局主管税务系统社会保险费和有关非税收入征管工作的职能部门，主要职责是：负责基本养老保险费、失业保险费、工伤保险费、基本医疗保险费和生育保险费等社会保险费以及有关非税收入的征管职责划转、落实以及后续的征收管理各项工作；负责与相关部门的信息共享和工作协调；参与相关政策的制定和法律法规的调整。

## 第二节　社会保险费的征收管理

2018 年 7 月 20 日，中共中央办公厅、国务院办公厅印发了《国税地税征管体制改革方案》，明确自 2019 年 1 月 1 日起，将基本养老保险费、基本医疗保险费、失业保险费、工伤保险费、生育保险费等各项保险费交由税务部门统一征收。税务部门统一征收社保费，有利于将社会保险费基向个人所得税税基靠拢，解决长期存在的费基不实的问题。①

## 一、社会保险费登记

### （一）用人单位参保缴费关联登记

1. 业务概述。社会保险费的单位缴费人应当依照法律、行政法规规定或者税务机关依照法律、行政法规规定确定的申报期限、申报内容申报缴纳社会保险费（省、自治区、直辖市对社会保险费征收机关另有规定的，按其规定执行）。

2. 办理流程。

（1）申请：单位缴费人应当自成立之日起30日内，持下列资料（见表15－1），向主管税务机关领取并填写“社会保险参保缴费关联登记表”，进行社会保险缴费信息登记。

（2）受理：主管税务机关接受申请后，对缴费人提交的证件和资料进行初审。

3. 报送资料。单位缴费人社会保险费缴费信息登记报送资料如表15－1所示。

表15－1　单位社会保险费缴费信息登记报送资料清单

| 序号 | 报送资料名称 | 必报① | 条件报送 |
|---|---|---|---|
| 1 | DJ01 社会保险费缴费登记表（适用单位缴费人）② | √ | |
| 2 | 组织机构代码证证书副本 | | √ |
| 3 | 组织机构代码证书副本复印件 | | √ |
| 4 | 社会保险登记证件原件 | √ | |
| 5 | 社会保险登记证件复印件 | √ | |

注：①必报材料为社会保险费参保缴费关联登记表（适用单位缴费人）。

②《国家税务总局关于印发〈税务机关征收社会保险费及其他基金规费管理类文书式样〉的通知》（税总发〔2015〕160号）。

根据主管税务管理机关的需求，选择是否提供社会保险登记证原件及复印件。未办理税务登记和扣缴义务登记的缴费单位，除以上资料外，还需提供组织机构代码证书副本及复印件。

4. 示例说明（见图15－1）。

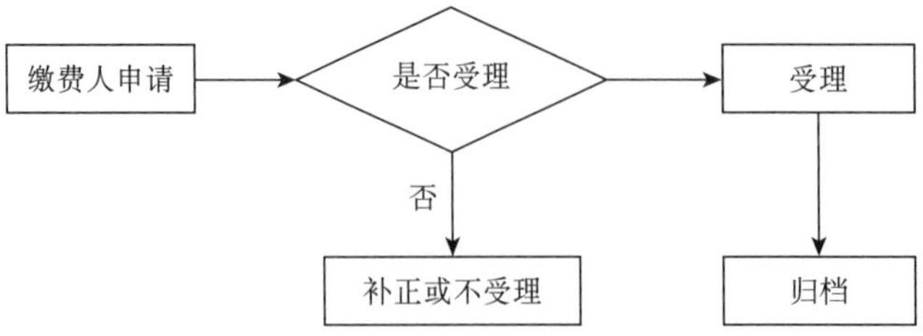


图15－1　员工社会保险费信息登记流程

① 资料来源：《至诚财经》对中国社科院世界社保研究中心执行研究员张盈华的采访，2018年12月19日。

### （二）职工个人参保缴费关联登记

1. 业务概述。职工个人参保缴费信息关联，是将人力资源和社会保障部门、医疗保险部门的职工个人参保登记信息和税务部门税务登记信息关联起来，是社会保险费征管的首要环节，是缴费职工个人纳入税务机关管理的标志。职工个人参保登记，是指用人单位为其建立劳动关系的职工依法办理社保增员、减员。

2. 办理流程。

（1）申请：单位缴费人进行社会保险缴费信息登记之后，携带证件及有关提交材料，选择办理职工个人参保缴费关联登记。

（2）受理：受理单位接受缴费人申请，审核提交资料和证件，对缴费人提交的证件和资料进行初审，确定是否受理。

3. 报送资料。员工社会保险费信息登记报送资料如表 15－2 所示。

表 15－2　　员工社会保险费信息登记报送资料清单

| 序号 | 报送资料名称 | 必报[①] | 条件报送 |
|---|---|---|---|
| 1 | DJ03 员工社会保险费登记表[②] | | √ |
| 2 | 有效身份证件 | √ | |
| 3 | 有效身份件复印件 | √ | |
| 4 | 社会保险登记证件原件 | √ | |
| 5 | 社会保险登记证件复印件 | √ | |
| 6 | DJ044 社会保险费参保员工信息变更表（税总发〔2015〕160 号） | | √ |

注：①必报材料为社会保险费参保缴费关联登记表（适用单位缴费人）。

②《国家税务总局关于印发〈税务机关征收社会保险费及其他基金规费管理类文书式样〉的通知》（税总发〔2015〕160 号）。

4. 示例说明（见图 15－2）。

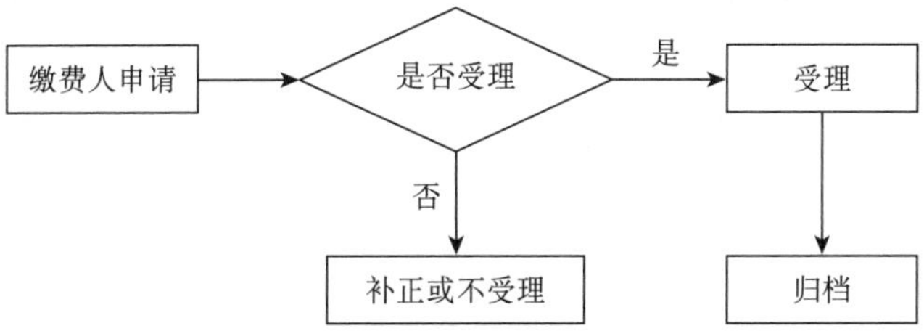


图 15－2　员工社会保险费缴费信息登记流程

### （三）灵活就业人员社会保险费关联登记

1. 业务概述。无雇工的个体工商户、未在用人单位参加社会保险的非全日制从业人员以及其他灵活就业人员参加社会保险的，应当依照法律、行政法规规定或者税务机关依照法律、行政法规规定确定的申报期限、申报内容申报缴纳社会保险费（省、自治区、直辖市对社会保险费征收机关另有规定的，按其规定执行）。

2. 办理流程。

（1）申请：参保人携带证件及有关提交材料，办理灵活就业人员关联登记。

（2）受理：税务机关接受缴费人申请后，对缴费人提交的证件和资料进行初审，确定是否受理。

3. 报送资料。灵活就业人员社会保险费缴费信息登记报送资料如表 15－3 所示。

**表 15－3　灵活就业人员保险费缴费信息登记报送资料清单**

| 序号 | 报送资料名称 | 必报 | 条件报送 |
|---|---|---|---|
| 1 | DJ02 社会保险费缴费登记表① | √ | |
| 2 | 居民身份证 | √ | |
| 3 | 居民身份证复印件 | √ | |
| 4 | 社会保险登记证件原件 | √ | |
| 5 | 社会保险登记证件复印件 | √ | |
| 6 | 居民户口本 | √ | |
| 7 | 居民户口本复印件 | √ | |
| 8 | 社会保险费累计缴费时间证明② | | √ |

注：①《国家税务总局关于印发〈税务机关征收社会保险费及其他基金规费管理类文书式样〉的通知》（税总发〔2015〕160 号）。

②社会保险费累计缴费时间证明的报送条件为已参加社会保险的自然人。

4. 示例说明（见图 15－3）。

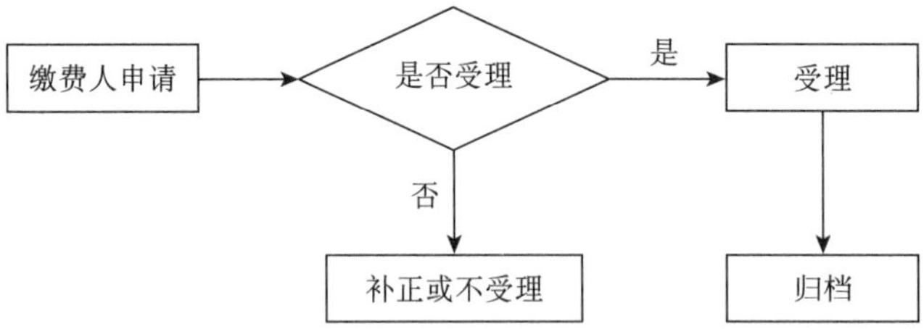


**图 15－3　灵活就业人员社会保险费缴费信息登记流程**

**（四）城乡居民参保缴费关联登记**

1. 业务概述。城乡居民参保缴费信息关联是城乡居民进入社会保险费征管的首要环节，是城乡居民缴费人纳入税务机关管理的标志，适用于全责征收或非全责征收社会保险费的地区。其缴费登记的前提是个人已完成自然人登记，对于没有办理自然人主体登记的个人，需首先进入自然人主体登记流程。

2. 办理流程。

（1）申请：参保人携带有效证件及有关提交材料，选择办理城乡居民参保缴费关联登记。

（2）受理：税务机关接受缴费人申请，对缴费人提交的证件和资料进行初审，确定是否受理。

3. 报送资料。城乡居民参保缴费信息登记报送资料如表 15－4 所示。

表 15－4　　城乡居民参保缴费信息登记报送资料清单

| 序号 | 报送资料名称 | 必报① | 条件报送 |
| --- | --- | --- | --- |
| 1 | DJ02 社会保险费缴费登记表（适用灵活就业人员）② | √ | |
| 2 | 有效身份证件 | √ | |
| 3 | 有效身份证件复印件 | √ | |

注：①必报材料为社会保险费参保缴费关联登记表（适用单位缴费人）。

②《国家税务总局关于印发〈税务机关征收社会保险费及其他基金规费管理类文书式样〉的通知》（税总发〔2015〕160 号）。

4. 示例说明（见图 15－4）。

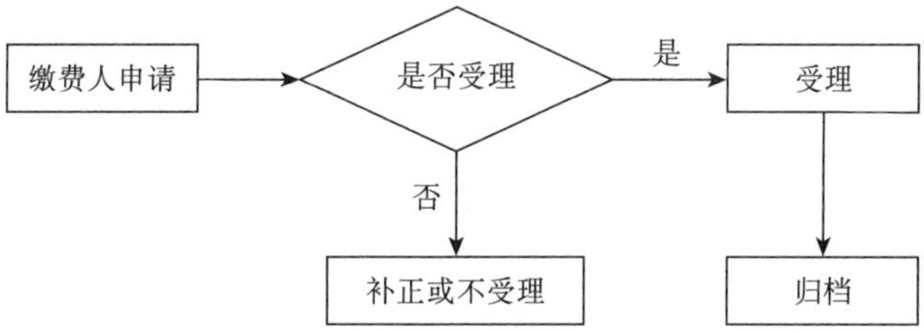


图 15－4　城乡居民参保缴费信息登记流程

（五）建筑业工伤保险参保缴费关联登记

1. 业务概述。建筑业工伤保险参保缴费信息关联，是以工程项目为主体缴纳工伤保险费的首要环节，是税务机关对工程项目进行社会保险费征收的基础，实现了单位信息、社保经办机构、工程项目编号和承建单位的社保登记信息关联。进行建筑业工伤保险参保缴费信息关联前，承建单位必须完成主体登记（如设立税务登记或组织临时登记等）。建筑安装企业在工程项目中标后、开工前，应为工程项目办理工伤保险登记。

2. 办理流程。

（1）申请：缴费单位需填写《社会保险费缴费登记表（使用建筑业）》，并携带相关证件材料，进行参保缴费关联登记。

（2）受理：税务机关接受缴费人申请，对缴费人提交的证件和资料进行初审，确定是否受理。

3. 报送资料。建筑业工伤保险参保缴费信息登记报送资料如表 15－5 所示。

表 15－5　　建筑业工伤保险参保缴费信息登记报送资料清单

| 序号 | 报送资料名称 | 必报 | 条件报送 |
| --- | --- | --- | --- |
| 1 | DJ01 社会保险费缴费登记表（适用单位缴费人）① | √ | |
| 2 | 居民身份证 | √ | |
| 3 | 居民身份证复印件 | √ | |
| 4 | 社会保险登记证件原件 | √ | |
| 5 | 社会保险登记证件复印件 | √ | |

注：①《国家税务总局关于印发〈税务机关征收社会保险费及其他基金规费管理类文书式样〉的通知》（税总发〔2015〕160 号）。

4. 示例说明（见图 15－5）。

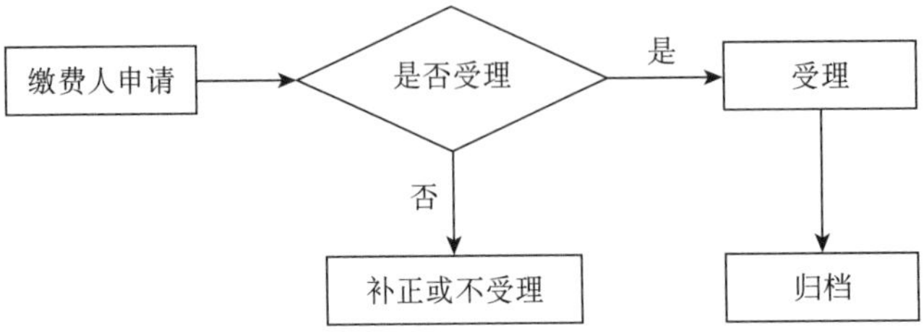


**图 15－5　建筑业工伤保险参保缴费信息登记流程**

## 二、社会保险费认定

社会保险费缴费认定是根据关联登记情况对已完成参保关联登记缴费人的相关缴费信息数据进行确认。

行政机关对社保费项目进行核定，是由有权机关依申请或依职权对用人单位与劳动者之间是否存在社保关系、是否缴纳社保费、如何缴纳的法律事实和法律关系进行审查、认定其法律效力的行政行为。

全责征收模式下，税务部门负责根据社保政策对参保单位和个人进行社会保险费缴费项目核定。核定内容有：缴费基数、缴费人数、费率和险种等。核定范围包括：对主动申报的核定、对普通欠费的核定、对应参保未参保的核定、对申报不实的核定。

## 三、社会保险费申报

全责征收模式由税务机关负责受理参保单位和个人的缴费基数调整、增减变动和基本信息变更申报，包括参保单位因合并、分立、撤销及其他原因提出的信息变更或注销申报，并将申报信息传递到社会保险经办机构。社会保险经办机构依据税务机关传递的明细信息进行登记。

社会保险申报信息一般应包括：用人单位名称、组织机构代码、地址及联系方式；用人单位开户银行、户名及账号；用人单位的缴费险种、缴费基数、费率、缴费数额；职工名册及职工缴费情况；其他事项。

### （一）单位社会保险费申报

1. 业务概述。单位社会保险费申报，是指用人单位缴费人完成参保缴费信息关联之后，每月到税务机关进行社保费申报。申报方式包括：单位缴费由单位操作人员直接录入，并调用个人缴费工资信息，二者汇总后统一进行申报和根据职工个人缴费基数明细汇总申报。

2. 办理流程。

（1）申请：申报缴纳方式支持单位缴纳部分申报和职工个人缴纳部分明细申报及单位缴纳部分申报和职工个人缴纳部分汇总申报。二者均由用人单位向税务机关自行申报。

（2）受理：受理机构确定单位缴费人进行明细申报的所属员工基础信息及灵活就业人员基础信息，应已通过自然人登记流程采集后接受申请并处理。

3. 报送资料。单位社会保险费申报报送资料如表 15－6 所示。

表 15－6　　单位社会保险费申报报送资料清单

| 序号 | 报送资料名称 | 必报 | 条件报送 | 归档 |
| --- | --- | --- | --- | --- |
| 1 | A06135 社会保险费缴费申报表（适用单位缴费人）① | √ |  | √ |
| 2 | 居民身份证 |  | √ | √ |

注：①《国家税务总局关于印发〈税务机关征收社会保险费及其他基金规费管理类文书式样〉的通知》（税总发〔2015〕160 号）。

4. 示例说明（见图 15－6）。

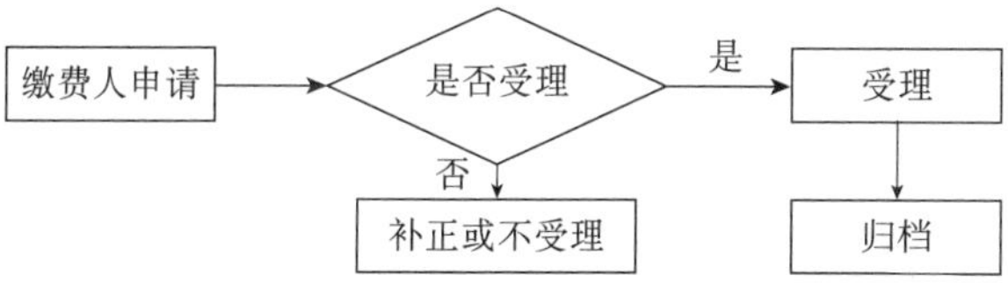


图 15－6　单位社会保险费申报流程

5. 后续业务。根据应缴费额判断是否需要缴款开票，对于应缴费额大于零的，办理“征收开票”业务。

**（二）灵活就业人员社会保险费申报**

1. 业务概述。灵活就业人员的社会保险费日常申报，是指以个人身份参加社会保险费的缴费人按期向税务机关进行应缴社会保险费申报。在灵活就业人员完成社会保险费缴费信息关联后，税务机关需要灵活就业人员自行设置各险种的缴费基数并依照缴费人实际情况进行申报、征收。

2. 办理流程。

（1）申请：缴费人领取并填写社会保险费相关申报书，在规定期限内向主管税务机关提交相关材料。

（2）受理：受理机构审核资料是否齐全、填写是否规范并接受受理。

3. 报送资料。灵活就业人员社会保险费日常申报报送资料如表 15－7 所示。

表 15－7　　灵活就业人员社会保险费日常申报报送资料清单

| 序号 | 报送资料名称 | 必报 | 条件报送 | 归档 |
| --- | --- | --- | --- | --- |
| 1 | A06234 社会保险费缴费申报表（适用灵活就业人员）① | √ |  | √ |

注：①《国家税务总局关于印发〈税务机关征收社会保险费及其他基金规费管理类文书式样〉的通知》（税总发〔2015〕160 号）。

4. 示例说明（见图 15－7）。

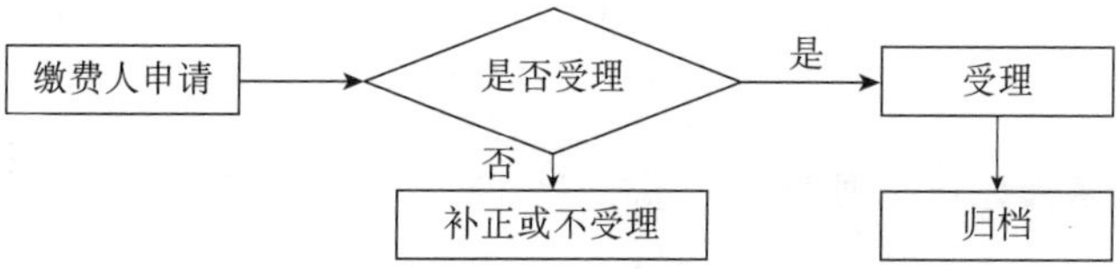


图 15－7　灵活就业人员社会保险费申报流程

5. 后续业务。根据应缴费额判断是否需要缴款开票，对于应缴费额大于零的，办理“征收开票”业务。

#### （三）城乡居民社会保险费申报

1. 业务概述。城乡居民社保费申报，分为城乡居民基本养老保险和医疗保险申报，是指参加城乡居民基本社会保险的缴费人或者代办城乡居民基本社会保险的虚拟户代办人向税务机关申报缴纳社会保险费。

2. 办理流程。

（1）申请：办理社会保险费申报业务，应在规定期限内领取并填写社会保险费相关申报表及去相应受理机构提交相关资料后申请办理。缴费人或者代办单位去社保经办机构进行申报；或者参保缴费人及城乡居民虚拟户代办人去税务机关进行申报。

（2）受理：受理机构审核资料是否齐全、填写是否规范并接受受理。

3. 报送资料。城乡居民社会保险费申报资料如表15－8所示。

表15－8 城乡居民社会保险费日常申报报送资料清单

| 序号 | 报送资料名称 | 必报 | 条件报送 | 归档 |
|---|---|---|---|---|
| 1 | A06234 社会保险费缴费申报表（适用灵活就业人员）① | √ | | √ |

注：①《国家税务总局关于印发〈税务机关征收社会保险费及其他基金规费管理类文书式样〉的通知》（税总发〔2015〕160号）。

4. 示例说明（见图15－8）。

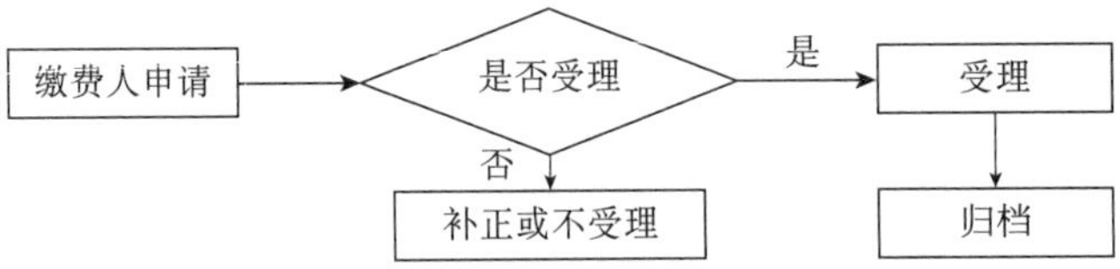


图15－8 城乡居民社会保险费申报流程

5. 后续业务。根据应缴费额判断是否需要缴款开票，对于应缴费额大于零的，办理“征收开票”业务。

### 四、社会保险费追欠

全责征收模式下，欠费即欠缴社会保险费，一般是指特定统筹区域内纳入税务机关征收管理的用人单位（不含灵活就业人员、非全日制从业人员、无雇工个体工商户）未依法缴纳或补足社会保险费（含滞纳金）的情形。

欠费的产生一般包括以下3类：（1）用人单位已自行申报但逾期未缴纳的社保费。（2）用人单位已办理社保登记、申报，但未依法按时申报或不如实申报，由税务机关依法确定的社保费。（3）社保经办机构依法核定，并传递至税务机关征收的用人单位逾期未缴纳的社保费。

### 五、社会保险费违法行为处理

#### （一）业务概述

社保费违法行为处理是指对在社会保险费征缴管理工作中发现的社会保险费征缴违法

行为进行登记、跟踪，并根据社会保险费相关法规具体处理的行为。国务院《社会保险费征缴暂行条例》和国家劳动保障部《社会保险费征缴监督检查方法》规定：

1. 缴费单位未按规定期限申报缴纳的，从滞纳社会保险费之日起，按日加收5‰的滞纳金；对经税务征收机关责令限期缴纳，逾期仍未缴纳的，经县（含县）以上税务局（分局）局长批准，可以书面通知缴费单位的开户银行或其他金融机构，从其存款中扣缴应缴社保费和滞纳金。

2. 缴费单位拒不缴纳社会保险费、滞纳金的，税务机关依法申请人民法院强制执行。

3. 缴费单位未按规定申报应缴纳社会保险费数额的，由税务机关责令限期改正；情节严重的，对直接负责的主管税务机关和其他责任人可处1 000元以上5 000元以下罚款；情节特别严重的，对直接负责的主管人员和其他直接责任人可处5 000元以上10 000元以下的罚款。

4. 缴费单位违反有关规定，伪造、变造、故意毁灭有关账册、资料，或者不设账册，致使社会保险费缴费基数无法确定的，对直接负责的主管人员和其他直接责任人处5 000元以上20 000元以下的罚款。

（二）示例说明（见图15－9）

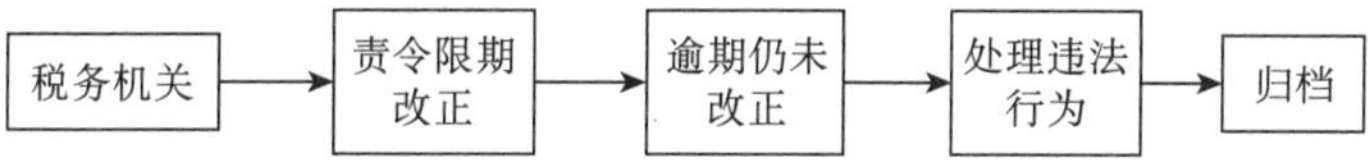


图15－9　社会保险费违法行为处理流程

## 第三节　社会保险费的征管信息化及发展趋势

### 一、社会保险费的征管信息化

#### （一）金税三期

金税三期工程属国家级信息系统工程，是国家电子政务建设的重要组成部分。其建设思路遵循“利用信息技术手段，规范执法行为；优化纳税服务；完善体制建设；提高业务人员素质”的总体目标，力图构建“一个平台，两级处理，三个覆盖，四个系统”。

“一个平台”指建立一个包含网络硬件和基础软件的统一的技术基础平台；“两级处理”指依托统一的技术基础平台，逐步实现税务系统的数据信息在总局和省税务局集中处理；“三个覆盖”指应用内容逐步覆盖所有税种，覆盖税收工作重要环节（征、管、查的整个流程），各级税务局与有关部门联网；“四个系统”指通过业务的重组、优化和规范，逐步形成一个包括以征收管理和外部信息为主以及包括行政管理和决策支持等辅助业务在内的四个信息管理应用系统。

### （二）金税三期税收管理业务架构（见图15－10）

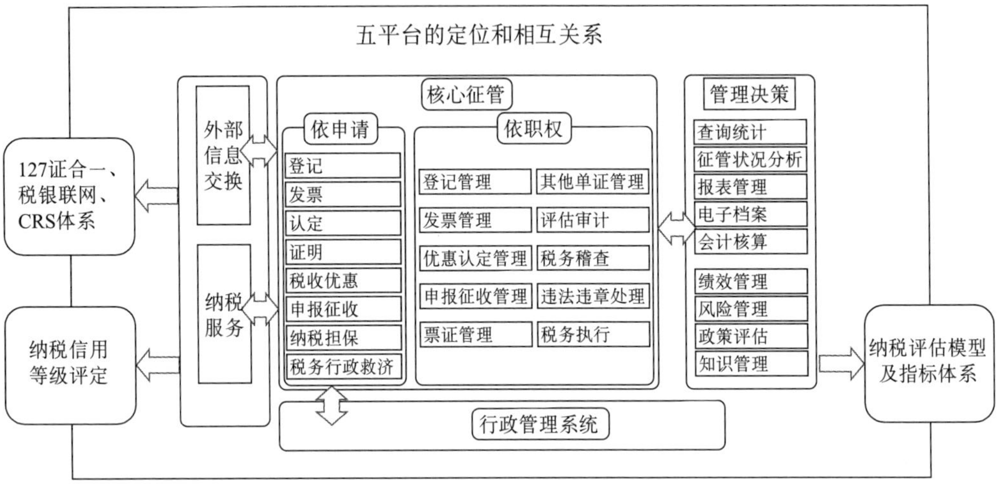


**图15－10 金税三期税收管理业务架构**

### （三）金税三期社保费征管信息系统业务架构（见图15－11）

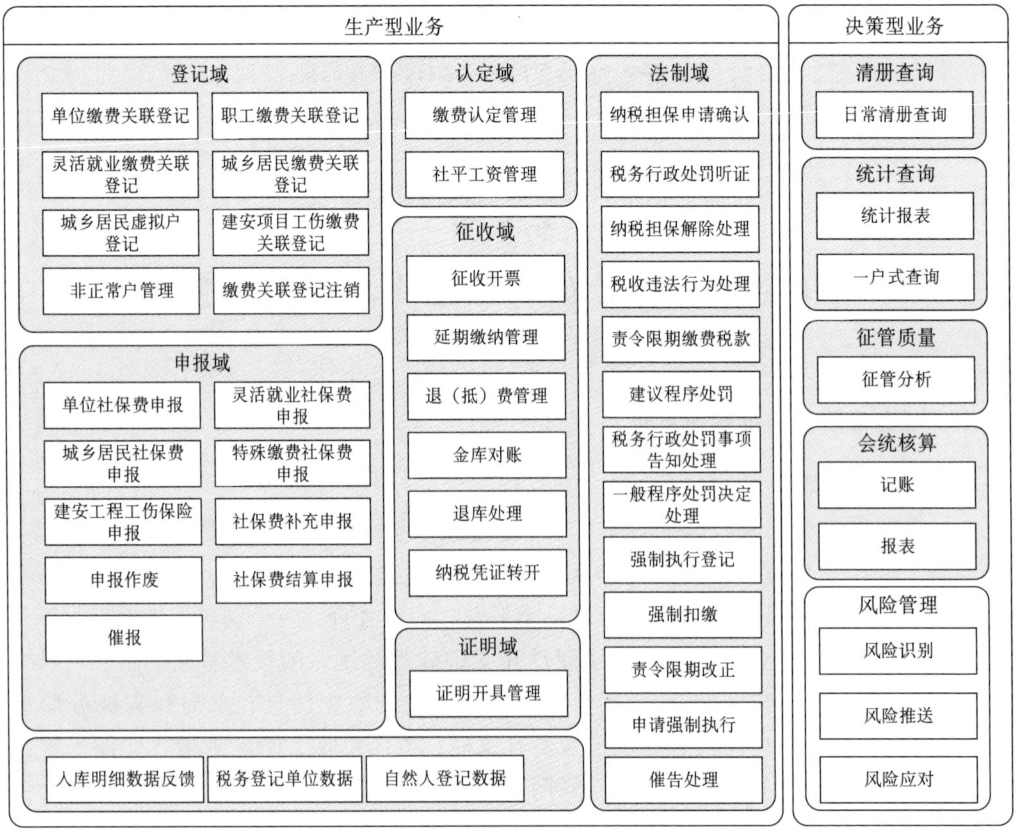


**图15－11 金税三期社保费征管信息系统业务架构**

截至目前，社保费业务共涵盖了11个业务域、71个业务流程、126个业务用例、215个电子表单，在业务环节、管理要求等方面与以往的税务代征模式截然不同。

**（四）金税三期税收征管与社保费征管信息系统并库后的架构**（见图15－12）

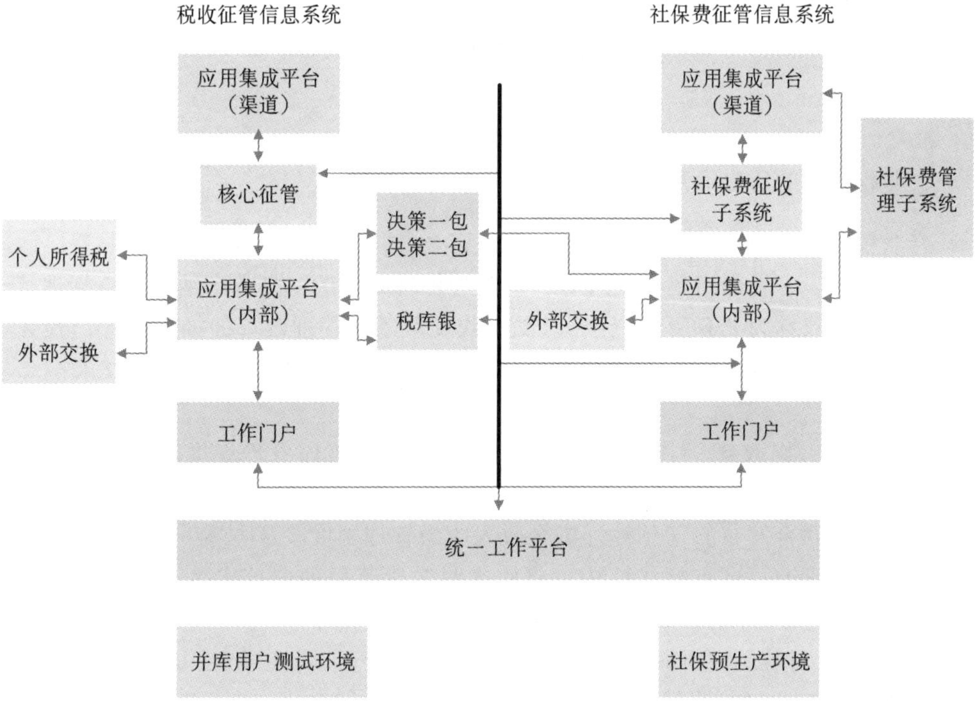


**图15－12 金税三期税收征管与社保费征管信息系统并库后的架构**

## 二、社会保险费的发展趋势

社会保险作为社会保障最核心的部分，关系到公民的切身利益。然而自1991年开始实施社会保险制度改革以来，我国社会保险征缴呈现出诸多问题，如人口老龄化、社会保险缴纳人员存在缺口、征缴基数的不确定性、社保基金征缴比例太高、负担悬殊、社会保险征收沟通协调成本高、管理流程及办法不统一、征缴质量效率提高难、社保欠费逃费现象大量存在等。现有的社会保险征收方式已不能适应目前形势的发展，社会保险的缴费制度不能完全满足当前的社会发展需求，社会保险“费”改“税”被提上日程。

2018年7月20日，中共中央办公厅、国务院办公厅印发《国税地税征管体制改革方案》，宣布从2019年1月1日起，将基本养老保险费、基本医疗保险费、失业保险费、工伤保险费、生育保险费等各项社会保险费交由税务部门统一征收。按照便民、高效的原则，合理确定非税收入征管职责划转到税务部门的范围，对依法保留、适宜划转的非税收入项目成熟一批划转一批，逐步推进。

这一政策的出台，意味着以后各项社会保险费由税务部门统一征收而不是代收，象征着社保征管力度的加大以及征管的逐步规范化。而后社保黑名单制度的建立，让社保征管力度更上了一个台阶，不依法缴纳社保，将会受到联合惩戒。2019年12月，社会保险费司（非税收入司）的成立，使得社保入税进一步取得实质性进展。

## 第四节 非税收入概述

### 一、非税收入的历史沿革

政府非税收入起源于预算外资金。预算外资金最初泛指各种行政事业性收费、政府性基金、专项收入、主管部门集中收入等，因其管理较为松散，多数未纳入预算管理甚至未纳入财政管理，故称为“预算外资金”。随着收支两条线管理改革的推进和部门预算管理改革的不断深入，预算外资金的概念渐渐不能适应改革的需要，政府非税收入概念应运而生。

2001 年 1 月，财政部、中国人民银行在印发《财政国库管理制度改革试点方案》的通知中（财库〔2001〕24 号），首次提出“非税收入”这一概念；2002 年 7 月，财政部、中国人民银行在联合发布的《预算外资金收入收缴管理制度改革方案》《中央单位预算外资金收入收缴管理改革试点办法》中，将收入收缴改革后的票据定名为《非税收入一般缴款书》；2004 年 7 月财政部下发了《关于加强政府非税收入管理的通知》（财综〔2004〕53 号），对我国政府非税收入的概念与内涵进行了明确界定；2016 年 3 月，财政部印发关于《政府非税收入管理办法》的通知（财税〔2016〕33 号），为今后各级财政部门加强非税收入管理提供了法规依据。政府非税收入概念及其范畴的提出，是深化改革的结果，标志着我国在建立公共财政体系、规范政府收入机制上迈出了重要的一步。

### 二、非税收入的定义及范围

#### （一）定义

非税收入，是指除税收以外，由各级政府、国家机关、事业单位、代行政府职能的社会团体及其他组织依法利用政府权力、政府信誉、国家资源、国有资产或提供特定公共服务、准公共服务取得的用于满足社会公共需要或准公共需要的财政性资金，是政府财政收入的重要组成部分，是政府参与国民收入分配和再分配的一种形式。

#### （二）管理范围

非税收入的管理范围主要包括：行政事业性收费收入、政府性基金收入、罚没收入、国有资源（资产）有偿使用收入、国有资本收益、彩票公益金收入、特许经营收入、中央银行收入、以政府名义接受的捐赠收入、主管部门集中收入、政府收入的利息收入以及其他非税收入等。[①]

非税收入不包括社会保险费、住房公积金（指计入缴存人个人账户部分）。

---

① 财政部关于《加强政府非税收入管理》的通知（财综〔2004〕53 号）。

### 三、非税收入的征收管理

#### （一）设立和征收管理

设立和征收非税收入，应当依据法律、法规的规定或者按下列管理权限予以批准[①]：

（1）行政事业性收费按照国务院和省、自治区、直辖市（以下简称"省级"）人民政府及其财政、价格主管部门的规定设立和征收。（2）政府性基金按照国务院和财政部的规定设立和征收。（3）国有资源有偿使用收入、特许经营收入按照国务院和省级人民政府及其财政部门的规定设立和征收。（4）国有资产有偿使用收入、国有资本收益由拥有国有资产（资本）产权的人民政府及其财政部门按照国有资产（资本）收益管理规定征收。（5）彩票公益金按照国务院和财政部的规定筹集。（6）中央银行收入按照相关法律法规征收。（7）罚没收入按照法律、法规和规章的规定征收。（8）主管部门集中收入、以政府名义接受的捐赠收入、政府收入的利息收入及其他非税收入按照同级人民政府及其财政部门的管理规定征收或者收取。

非税收入实行分类分级管理。各级财政部门是非税收入的主管部门。非税收入可以由财政部门直接征收，也可以由财政部门委托的部门和单位（以下简称"执收单位"）征收。未经财政部门批准，不得改变非税收入执收单位。

#### （二）最新规定

自2019年1月1日起，原由财政部驻地方财政监察专员办事处（以下简称"专员办"）负责征收的国家重大水利工程建设基金，农网还贷资金，可再生能源发展基金，中央水库移民扶持基金（含大中型水库移民后期扶持基金、三峡水库库区基金、跨省大中型水库库区基金），三峡电站水资源费，核电站乏燃料处理处置基金，免税商品特许经营费，油价调控风险准备金，核事故应急准备专项收入，以及国家留成油收入，石油特别收益金，划转至税务部门征收。[②]

税务部门按照属地原则征收划转的非税收入，其具体征收机关由国家税务总局各省、自治区、直辖市和计划单列市税务局按照"便民、高效"原则确定。缴费人采用自行申报方式办理非税收入申报缴纳等有关事项（见图15－13）。相关电网企业按照现行规定进行代征，并向税务部门申报缴纳。符合非税收入减免政策的，缴费人自行申报享受，相关资料由缴费人留存备查，并对资料的真实性和合法性承担责任。

2019年12月，国家税务总局设立社会保险费司（非税收入司），作为国家税务总局主管税务系统社会保险费和有关非税收入征管工作的职能部门。

### 四、社会保险费、非税收入与税收收入的关系

从性质上分，财政收入大致可以分为税、捐、费三类：税是政府凭借政治权力强制、无偿地取得财政收入的手段；捐是政府专门为了某项计划（如社会保险）而强制征收的

---

① 财政部关于印发《政府非税收入管理办法》的通知（财税〔2016〕33号）。

② 国家税务总局关于《国家重大水利工程建设基金等政府非税收入项目征管职责划转有关事项》的公告（国家税务总局公告2018年第63号）。

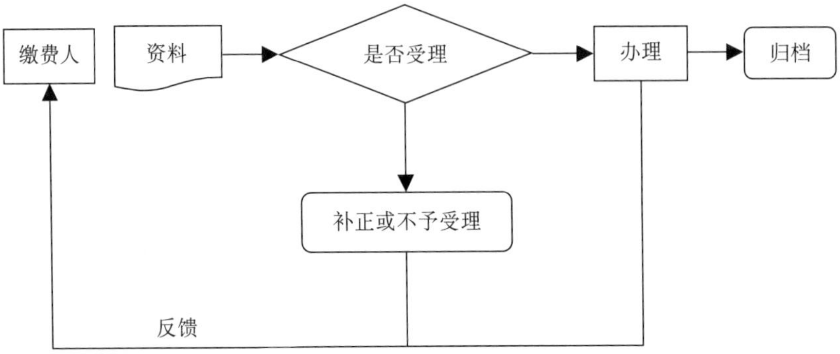


**图 15－13 自行申报办理流程**

资料来源：国家税务总局：《非税收入通用申报》。

缴费，又称为目的税；费是政府向企业或个人提供某些资源或服务时收取的对价或报酬。① 因此，非税收入与税收同属于政府财政收入的重要组成部分，但二者在内容要素、职能作用、性质目的、预算管理和征管模式等方面具有较大的差异性。而社会保险费具有专项专用的性质，与部分非税收入共同划转至税务部门全责征收。

## 【案例解析】

### （一）

2019 年以来，在财政、人社局、医保等部门的大力支持配合下，兰陵县税务局拓宽城乡居民社保费的多样化缴费渠道，加大宣传培训力度，着力提升社会保险费工作能力和服务水平。在原有缴费渠道的基础上，该局积极开拓实体、网上、掌上、自助等多元化缴费渠道，推行 POS 机、网站、微信等便捷缴费方式，实现了“登记信息网上传递、社保缴费网上办理”。通过在社会保险经办大厅、医疗保险经办大厅设置缴费窗口等形式，与人社、医保部门联合为缴费人提供“一站式”社会保险经办和缴费服务，对于部分关联业务推行“一窗式”服务。目前社保大厅设置征缴窗口 4 个，医保大厅设置征缴窗口 2 个。从缴费人实际需求出发，陆续拓展线上线下的多种缴费渠道。目前可用的渠道包括：中、农、工、建、邮储、农商、临商 7 家银行的各营业网点、手机银行 APP、电子税务局、微信公众号、微信小程序，极大拓宽了城乡居民社保费的多样化缴费渠道。

资料来源：中国税务网，http：//www. ctax. org. cn/。

### （二）

2020 年 2 月 18 日，国务院总理李克强召开国务院常务会议。会议指出，阶段性减免企业养老、失业、工伤保险单位缴费，以减轻疫情对企业特别是中小微企业的影响，使企业恢复生产后有个缓冲期。除湖北外各省份，从 2 月到 6 月可对中小微企业免征上述三项费用，从 2 月到 4 月可对大型企业减半征收；湖北省从 2 月到 6 月可对各类参保企业实行

① 朱青：《税务部门征收非税收入有多重意义》，载《中国税务报》2018 年 8 月 8 日。

免征。同时，6 月底前，企业可申请缓缴住房公积金，在此期间对职工因受疫情影响未能正常还款的公积金贷款，不作逾期处理。实施上述政策，考虑了社保基金结余等情况，可确保养老金等各项社保待遇按时足额发放。初步估计，此次推出的阶段性减免企业 3 项社会保险单位的缴费，减免规模将超 5 000 亿元。

根据上述材料，请你分析社会保险费与税收在对企业的影响方面的异同，并思考：社会保险费可以转变为社会保险税吗？

资料来源：国家税务总局，http：//www. chinatax. gov. cn/。

## 复习思考题

### 一、名词解释

社会保险　基本养老保险　基本医疗保险　工伤保险　失业保险　生育保险　用人单位参保缴费信息关联　职工个人参保缴费关联登记　灵活就业人员参保缴费关联登记　城乡居民参保缴费关联登记　社保费缴费认定　社保费申报　社保费违法行为处理　非税收入

### 二、简答题

1. 社会保险费有哪几种类型？请简要叙述各自的功能作用。
2. 请简述用人单位参保缴费信息关联登记的办理流程和所需报送的资料。
3. 请简要叙述金税三期背景下社保费征收信息化的发展前景。
4. 非税收入、社会保险和税收收入之间有什么区别和联系？

## 参考文献

[1] 王枫．中国社会保险费改税可行性分析——基于社会保险税征收主体选择角度［D］．华中师范大学，2016.

[2] 唐峻．政府非税收入法律制度研究［D］．西南政法大学，2015.

[3] 胡永飞，苟春强，王莉琴．社会保险费征缴体制现状与改革趋势探讨［J］．公共管理．

[4] 张雪．红河州税务机关社会保险费和非税收入征管的优化研究［D］．云南财经大学，2019.

[5] 张冬梅．社会保险费征收和征管指南［M］．中国财政经济出版社，2019：33—61.

# 第十六章 Chapter 16 企业业务、财务、税务一体化

【本章提要】

企业业财税一体化是将企业运营中的多种重要元素进行整合与重组，实现企业业财税三者的融合，通过财务管理信息化的理念与模式的应用，在企业的经济效益和管理水平两方面同步提升。本章针对企业业财税融合发展的新方式展开讨论，介绍了业财税一体化的新发展与未来趋势，重点论述了业财税一体化的企业实践、软件应用和未来发展趋势。

【学习目的】

通过本章的学习，了解业财税一体化的最新发展，掌握企业四大环节的财税一体化，了解软件在业财税一体化进程中的使用情况和业财税一体化的未来发展趋势。

## 第一节 企业业财税一体化概述

### 一、企业业财税一体化背景、内涵和特征

#### （一）企业业财税一体化背景

财务管理或者说财务部门一直是作为企业管理的核心，在企业管理活动中起到基础支撑与战略支撑的重要地位，财务从成本管理、业务审核、记账、票据、融资、筹资等多个方面与企业息息相关。但在企业实际运营过程中，财务部门广受批评。以华为为例，在2015年的华为集团内部论坛上一篇《一次付款的艰难旅程》的帖子被任正非提及，并在对全公司的电子邮件中明确提出了严厉批评：“不知从何时起，财务忘了自己的本职是为

业务服务，为作战服务，什么时候变成了颐指气使。皮之不存，毛将焉附!”并将融入业务作为财务人员的首要要求。

以小见大，在社会分工日益细分化、组织规模日益复杂化、产业链不断延长、税收法规不断变化的今天，精细化管理、贴近业务、紧跟政策的财务转型迫在眉睫。在企业中，财务信息化的道路正在不断推进，一系列的软件，如以SAP、金蝶、用友、Oracle为代表的信息化软件推动了财务工作的进展。现代财务信息化系统更专注于日常业务中的账务处理，将财务与业务相结合，做到业财一体化。随着我国税法体系的不断完善，近年来我国税法体系处于不断变化之中，将税务融入业务和财务的需求也愈发强烈，故推进企业业务、财务、税务一体化（以下简称“业财税一体化”）将是财务管理、税收风险管控、业务流程优化的发展方向。

### （二）企业业财税一体化内涵

企业业财税一体化的真正内涵不在于“业”“财”“税”三个概念上，更重要的是“一体化”上。随着企业的业务流程日趋复杂，如何将财务管理、税务筹划与税收风险监控等一系列关于企业日常管理和战略实施的重要环节融入业务流程的各个方面，让财务人员真正参与业务管理和项目实施中，而不是作为“历史记录员”的身份游离于业务和项目之外，才是企业业财税一体化的真正内涵。

### （三）企业业财税一体化特征

企业业财税一体化做到与业务相融合，应当符合及时性、融入性、信息化三大特征。

1. 及时性。即业财税一体化要及时。传统企业会计以会计核算与会计监督作为基本的两项职能。《会计法》第九条规定：“各单位必须根据实际发生的经济业务事项进行会计核算，填制会计凭证，登记会计账簿，编制财务会计报告。任何单位不得以虚假的经济业务事项或者资料进行会计核算。”由此看出，会计核算是整个企业进行财务管理的基础。但传统领域会计核算由于可靠性、可比性[①]等会计质量要求，往往采用历史成本进行确认计量，导致业务与财务相脱离，财务不能及时介入管理；在税务方面，税务筹划必须是在业务活动完成之前进行，否则难免产生偷漏税行为。

及时性，作为业财税一体化的首要特征，要求财务人员在业务活动开展时及时融入项目管理过程中，在项目立项——实施——总结的全部流程中发挥自身事前分析、事中监督、事后评估的功能定位。

2. 融入性。即企业要真正将业财税一体化落实到位，落实业务融入财务税务、财务税务融入业务的双向过程。业财融合是组织的天然属性、必然要求，或者说，没有业务经营就谈不上财务管理，反过来，没有财务管理也谈不上经济有效的业务运营。“业务经营牵引财务发展，财务发展支撑业务经营”。[②] 在实际中，企业为了便于公司管理，进行了各项职能分工，并采用各组织形式实现分工协作，如权力结构的集中型、分散型或网状型，信息报告结构的自下而上、扁平化或共享模式等。但过度的管理职能分离使得管理者偏离初心，将业务分工作为管理目的，而非整体价值的提升。

---

① 张鲜华，王自荣，朱静：《会计基础》，经济科学出版社2014年版。

② 王斌：《论业财融合》，载《财务研究》2018年第3期。

融入性，使得业财税一体化融合回归初心，为业务发展而管理，为价值创造这一终极目标而融合管理，为打破职能壁垒，增加组织内外协调、协作和共生性而管理。

3. 信息化。即业财税一体化要将信息化技术纳入整个业务管理的全过程中，加强沟通，提升管理效率。伴随信息化的不断推进，信息化手段不断应用在企业管理的各个方面，但由于各个部门之间管理职能不同，故信息化跨部门间的应用并不广泛。要实现业财税一体化的目标，信息化是现实基础。

信息化，将加强业务部门与职能部门的沟通交流，使职能部门能够把握业务进程，并在业务管理过程中实现自身职能价值。

## 二、企业业财税一体化的重要意义

提升决策质量、提升经营效率与效果、税收风险有效控制①是实现企业业财税一体化的重要意义。

### （一）提升决策质量

信息的准确获取、形势的合理判断、政府政策方向的理解程度决定了业务决策的科学性，而业务决策的科学性决定了在激烈的市场竞争中企业的发展方向和生死存亡。将公司分为业务与财务两个角度，如同硬币的两面。在传统管理模式下，财务对现行法律法规、税收管理的变化理解具有专业性，但是由于长期接触的是历史数据，在瞬息万变的商业竞争中，数据的及时性是决策的关键性依据，财务基于历史数据作出的决策往往跟不上时代变迁。相反，在硬币的另一面，业务人员与市场对接，掌握最新的数据信息，但由于自身专业背景限制，无法从多个角度进行合理判断。

故推进业财税一体化，扬长避短，规避业务与财务的弊端，综合二者的优势，可以提升企业决策质量。

### （二）提升经营效率与效果

业财税一体化能使事前分析、事中监督、事后评价的整套业务流程不单单是落在某一行政划分的部门身上，而是将权力与责任下放到项目组中。在业财税一体化的模式下，项目组成员由采购、销售、研发、税务、财务、市场、采购、质控等多部门人员组成，项目组成员不单单对自身行政部门负责，更要对整个项目组负责。在项目立项——实施——总结的全过程中，来自不同部门的成员需要履行各自职能，并进行共同监督。比如在预算编制过程中，业务和财务部门一起参加预算编制工作能够让目标合理化，员工的积极性会被激发出来，摩擦也会减少，进而提高企业的效率。

### （三）税收风险有效控制

传统的业财融合只是要求将广义上的财务与业务进行融合，让业务与财务进行交织，认定税务属于广义财务领域范畴。但在目前我国减税降费政策的不断推进中，税法体系从宏观目标到微观条例变动迅速，在优惠条例不断出台的背景下，税务的复杂性需要将其从财务中独立出来，并且在业务推进过程中，采购、销售、研发、融资等多个方面都涉及税

① 张翼飞，郭永清：《实施业财融合助推我国企业高质量发展——基于324家中国企业的调研分析》，载《经济体制改革》2019年第4期。

务。将税务从财务中独立出来，并将其纳入业财融合中，实现业财税一体化，不仅能够规避因不熟悉税收条例而带来的税收风险，还能在业务推进过程中充分利用税法优惠条款和会计估计、计价方式、成本费用分摊等财务税务工具减轻企业负担，提高效益。

## 第二节　业财税一体化的企业实践与发展

现实业务中，企业业务从资金流向与业务性质大致可分为采购环节、销售环节、投资环节三个大环节进行业务开展。本节将以制造业为例，对业财税一体化的企业实践与发展同样从这三个环节进行展开。

### 一、采购环节业财税一体化

#### （一）采购环节简介

企业的采购环节包括购买商品和劳务，以及企业在经营活动中为获取收入而发生的直接或间接的支出。采购环节是企业进行生产经营活动的起点，本部分对主要涉及采购环节过程中购买货物和劳务、应付账款等关键点进行采购环节业财税一体化进行介绍；固定资产的采购和发展通常由单独的资产管理部门进行负责，从现金流角度看属于投资活动，故将其放在投资环节进行介绍。

#### （二）采购环节的主要业务活动

采购环节主要可以分为两个交易阶段：一是采购；二是付款。

针对采购环节：编制采购计划，维护供应商清单，编制订购单，验收商品，存储已验收的商品，编制付款凭证，确认记录负债。

针对付款环节：办理付款，记录现金（银行存款）支出，与供应商定期对账。

#### （三）业财税一体化实施环节

预算编制：在该阶段业财税一体化摈弃了传统的由生产部门进行需求提起、采购部门负责实施、财务部门负责付款与凭证收集的割裂式分工合作模式，在业财税一体化下，对于采购数量的预算编制，改为由生产部门进行需求提起，采购部门、财务部门、税务部门共同对需求进行响应，采购部门提供市场价格预估与降本空间，财务部门提供往期采购数据、生产耗用数据、库存变动周期，税务部门提供最新税收优惠法规解读、采购合同签订方式等。结合三方数据资料，合理对采购数量、批次、库存、时间进行编制预算。

实施采购：采购部门进行采购期间，财务部门负责监督采购部门的采购行为与生产部门的生产耗用行为；税务部门负责监控各项票据的收回情况，特别是针对增值税进项发票的收回、认证、冲抵进行安排。

付款环节：财务部门、采购部门通过公司现金流、上下游行业的市场情况合理确定应付账款信用期，并由采购部门负责谈判落实。在信用期内，财务部门应定期向采购部门提供关于向供应商付款的情况，防止超过付款期限，给集团带来不必要的损失。对于应付账款相关的管理制度的更新要及时告知采购部门，采购部门也要及时将相关信息传递给供应商，减少因沟通不到位而带来的不必要的麻烦（见图16－1）。

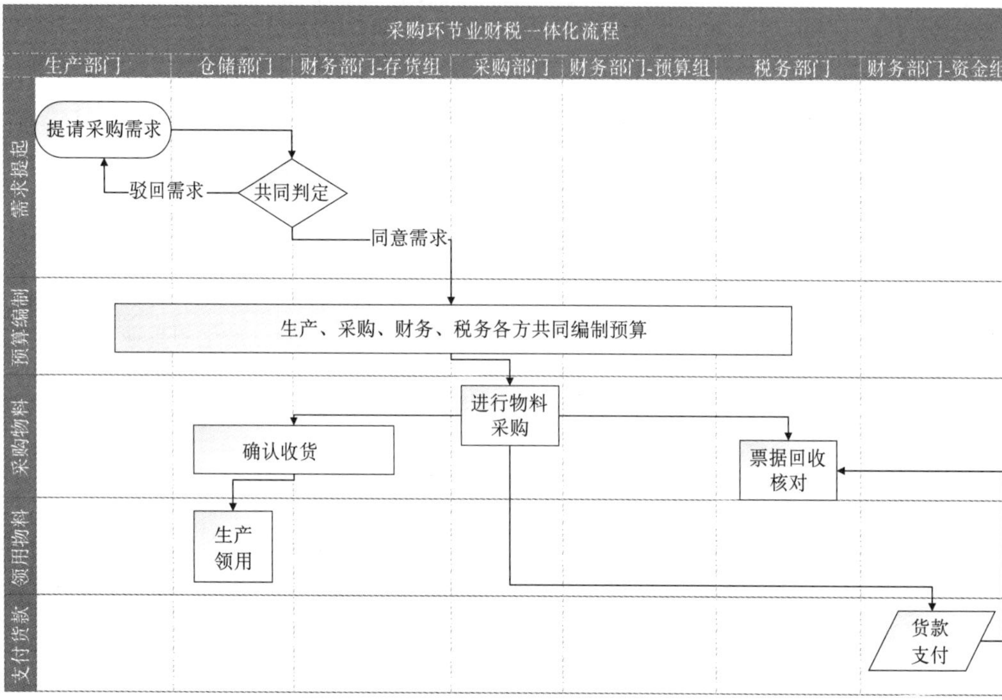


图16－1　采购环节业财税一体化流程

## 二、销售环节业财税一体化

### （一）销售环节简介

销售环节是指企业提供自身商品、提供服务所获取收入的环节。销售环节是企业进行经营活动、实现盈利的主要环节。本部分对主要涉及销售过程中的销售商品、应付账款的收回等关键点进行销售环节的业财税一体化介绍。

### （二）销售环节的主要业务活动

销售环节主要可以分为销售和收款两个交易阶段。

针对销售环节：接受客户订购单，批准赊销信用，按销售单编制发运凭证并发货，向客户开具发票，记录销售、办理以及记录销售退回、销售折让与折扣。

针对收款环节：办理和记录银行存款（现金）收入、提取坏账准备、坏账核销。

### （三）业财税一体化实施环节

签订合同：在业财税一体化下，合同的谈判与签订不再只是由销售部门负责，而是应当由财务部门、税务部门共同协作。销售部门进行客户洽谈与初筛，财务部门负责提供客户历史信用数据、交易频次、交易金额等多方面的历史数据，并与销售部门一起确定信用期限以及现金折扣。税务部门根据现行法规、行业情况确定最适宜的销售收款方式、发票开具的时间点等。

交付货物与开具发票：交付货物阶段，财务部门应当进行交货监督，确保货物按预定合同时间、地点、数量进行交付。税务部门根据最适合的成本分摊原则和公司总体目标，确定适宜的成本分摊方式，如先入先出、移动加权平均法等；另外还要对发票的开具进行监督，确保对所有装运货物均开具发票、只对实际装运货物开具发票、无重复开具发票的情况出现。

收款环节：以财务部门为主，销售部门与库存部门为辅。建立对账机制，通过对账制度规范化来解决应收账款缺乏分析和跟进的问题。将定期对账的制度明确化并且加强落实。对于关联方客户，在月结前与相应的财务负责人进行往来核对，保证每笔往来的发生都真实准确，核对确认之后需要经过双方领导签字，以减少错误或舞弊的发生。对于非关联方客户，也要加强对应收账款的管理，通过账龄分析发现需要及时回款的客户，将信息整理好传给销售部门，及时向客户了解情况；应收账款组要重视对货款催收的跟进，加强与销售部门的信息交流，及时维护客户的信用管理（见图 16－2）。

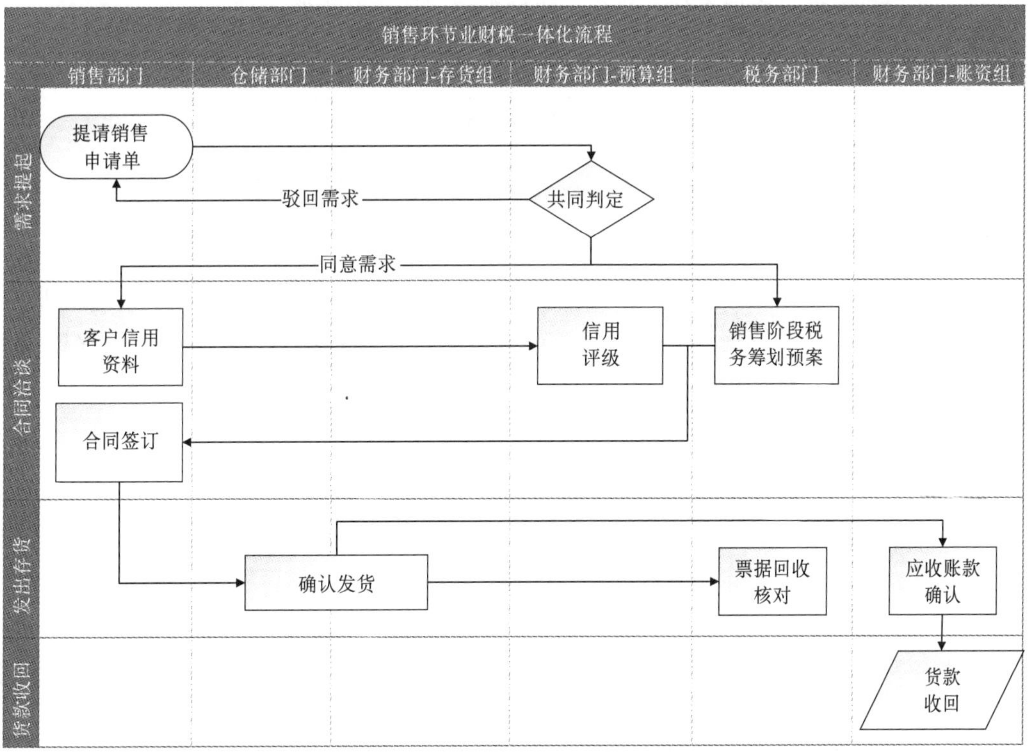


**图 16－2 销售环节业财税一体化流程**

## 三、投资环节业财税一体化

### （一）投资环节简介

投资环节是指企业长期资产的购建和不包括在现金等价物范围内的投资及其处置活动。投资环节是企业进行生产经营、管理、研发的基础。本部分对主要涉及投资过程中的工厂合同签订、验收等关键点进行投资环节的业财税一体化介绍。

（二）投资环节的主要业务活动

投资活动主要分为工程合同签订与建设、验收与尾款支付两个阶段。

针对工程合同签订与建设：长期资产需求申报、项目立项、合同签订、工程建设。

针对验收与尾款支付：工程竣工验收、工程决算、工程尾款支付、质量保证金支付。

（三）业财税一体化实施环节

项目立项与建设：工程部进行需求提起，采购部门、财务部门负责项目预算编制；税务部门负责长期资产构建方面的税收预案，如固定资产进项税额抵扣方式、设备购置包含的企业所得税的税收优惠。建造过程中，采购部门负责物资供应的稳定持续管理；财务部门根据供货频次与平均供货所需天数确定定期供货需求提请时间点，监督供货来源、供货量以及物质耗用情况；税务部门负责建造过程中的各项单据，票据的获取、整理、核对等。

验收与尾款支付：工程部领导主体验收工作，财务部负责各项尾款的核算、记录与支付，税务部门负责提供各项单据、票据，协助财务部门进行验收工作。

# 第三节 企业财税一体化管理软件简介

基于“财务税务管理一体化”的全新理念，当前许多信息企业专注于财务、业务、税务三大领域的深度集成与融合，开发出多款财税一体化管理软件，实现了企业内部财务、税务、业务的一体化处理和无缝衔接，为中小企业财务管理软件市场带来了一场技术变革新风。

## 一、用友财税一体化系统

NCCloud 共享服务平台涵盖了报账平台、影像平台、作业平台、运营平台、集成平台五大平台，帮助企业实现共享业务入口、规范、标准、业务审批流程等程序的统一，使企业形成独自的数据中心，能够实时化、标准化分析数据；同时，NCCloud 共享服务平台能够共享业务快速接入，帮助企业快速开账，节省人力并提高业务效率。其中，报账平台主要提供业务员、报账人发起和跟进全员业务的入口，实现报账业务的统一管理；作业平台借助共享作业任务分派机器人，大幅提升共享中心作业效率；运营平台借助指标和报表，管理者可以全面了解共享中心的作业数量，及时发现、预警共享服务运营中存在的问题；影像平台通过与影像管理系统集成，利用影像管理系统的 OCR 识别功能识别关键信息，进行相关验伪工作并生成发票信息，从而达到与税务云的集成；集成平台与现有的 ERP 系统连接起来，使基础档案和业务数据在不同的系统部署间顺利传递，确保业务的正常运行。

混合云架构的 NCCloud 共享服务平台能够为企业提供业财税资一体化解决方案，可与用友财务云融合，实现信用管理、电子档案管理以及移动端的费用管理等；与用友税务云融合，实现票据的电子管理，帮助企业实现业财一体化管理。同时 NCCloud 共享服务能够实现全业务共享——费用共享、应收应付共享、合同共享、资金共享、资产共享以及总账共享，并与供应链、资产管理等业务系统无缝连接。NCCloud 共享服务平台能够实现企业业务、财务、资金、税务一体化，对内对外做好业务协同、社会化连接，帮助企业完成业务流、资金流、信息流三流合一，形成管理闭环，消除信息孤岛。[①]

## 二、金蝶发票云智能税务管理平台

金蝶发票云智能税务管理平台从“业财税票”一体化的角度，综合收集企业业务数据、财务数据、发票数据等与税务实体和业务管理相关数据，通过涉税数据处理和引擎分析，进行全税种的智能税款核算、税收分析与筹划以及税收风险管理，全面提升财税管理工作质量与效率。当前，业财税一体化革新了传统财税业务信息孤岛、应用割裂化的模式，创新了业务、财务、税务信息的高度集成与一站式管控的模式，将以经营业务为核心，自动识别财务、税务的业务属性并相应归类，让各类业务财务单据进行上下关联，自动完成涉税处理，避免出现数据误差，能够有效控制财税管理的风险。放眼当下，AI 等智能化科技应用已经深入税务应用领域，金蝶发票云将最新的 AI 技术、云计算技术、图像语音识别技术等进行交叉融合，自动识别各类发票图像、数据的真伪，在系统内自动形成结构化的发票数据和进销项台账，对发票的费用类型、会计科目进行智能识别，自动实现记账及进项的勾选与抵扣，助力客户财税管理的全面数字化转型升级（见图16－3）。

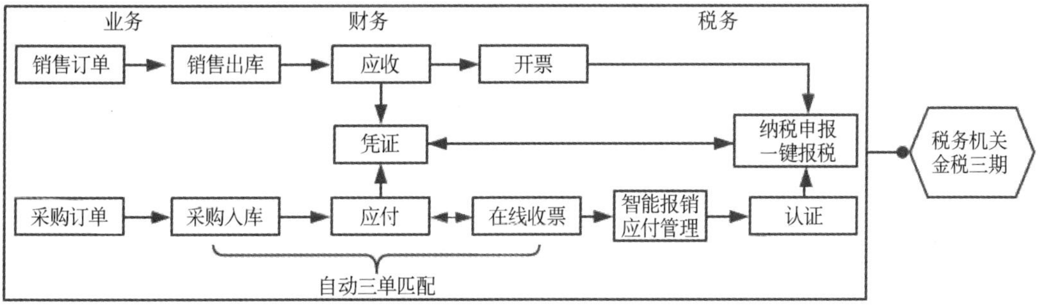


图 16－3　业财税一体化的财税作业流程

## 三、企友 3e 财税一体化管理软件

企友 3e 财税一体化管理软件财务系列产品，突破了以往财务核算和税务处理相分离的模式，将财务核算与电子申报、防伪开票、远程认证系统无缝集成在一起，并在此基础上将财务核算与报税处理顺畅对接，完成做账、出表、报税全过程的自动化处理。系统通过软件接口技术，实现了防伪开票、网上认证、电子申报与财务等系统的无缝融合，通过具有超强数据展现功能的数据网格部件，动态实现了各类账簿与报表的展示。这一软件在税务会计方面做到了高度专业化应用，包括涉税会计、出口涉税、所得税会计、纳税报

① 资料来源：用友 NCCloud 大型企业数字化平台网站。

表、纳税分析、税务大学堂等模块，具有如下功能：根据财务数据自动计算各种税额，自动生成纳税申报表；处理增值税、所得税、出口涉税等主要涉税业务；进行科学纳税分析风险预警；收集整理最新税法政策、专家解读、实务案例等，快速实现企业财税电算化，降低财务核算成本和纳税风险。

【案例解析】

### 航天信息推出票财税一体化转型解决方案

在数字化转型的大趋势下，中国税务征管环境迎来智能化变革。大型集团客户共同面临三方面矛盾。政策层面：面对税务政策调整，企业内控需要跟着调整；管理层面：企业内控意识增强，而内控手段匮乏；信息化水平层面：企业整体信息化水平提高，但对税务信息的内控有待进一步提高。

想要有效地解决矛盾，就需要建设一支兼具懂经营管理、懂信息化、懂税的人才队伍。而恰恰因为集团企业架构成熟而标准，职能分工明确，很难通过现有的管理模式串联起这一座座孤岛，因此，大型集团企业需要的是一整套系统的解决方案，方可解决上述问题。

航天信息解决方案遵循“整体设计，分步实施”原则，采用“三步走”的路线：由一个税种试点，实现发票管理—纳税申报—税费分析—风险管理的在线管理后，再扩充到多税种、全税种管理，从点及线再到面进行税务信息化建设。

大型集团企业在进行票财税一体化转型的过程中同样可分三步进行。第一步，连接人与应用、人与信息、企业内部管理与外部经营的交互，搭建销项发票管理系统。第二步，归集企业进项发票、财政电子票据数据池，建立进项发票管理系统，形成进销台账、数据指标模型。第三步，基于税费分析、风险监控的指标，结合进销申报台账，形成大数据分析平台，为经营管理提供决策依据。

通过票财税一体化融合与转型，大型集团可以获得全新的财税信息化价值：航天信息提供一系列的预警指标，如最常见的发票异常预警，包括专用发票使用量、发票作废率、发票查验率等；还有税负预警，如增值税税负率；甚至还可提供一些跨税种预警，如所得税与增值税弹性系数预警。通过这一系列预警指标可让财务部门在纳税申报之前评估企业税务风险程度，发现企业在进销存流程中的问题，从而掌握主动权，及时调整，规避税务风险。

在票财税整合过程中，航天信息提供的税务大数据可方便企业进行纳税分析，针对各层级纳税情况、税负分析等，对纳税收入与纳税成本对比作出客观的评估和预测。税务大数据分析还可实现精准营销，通过消费时间、消费商品、金额等实现多维度的客户消费行为习惯分析，产生交易热点地图、客户精准画像，从而采取精准营销手段，开展推广异业合作，扩大企业收入及增加企业利润。

资料来源：节选自《中国税务报》，2019 年 11 月 1 日。

# 第四节 业财税一体化未来发展趋势

## 一、业财税一体化面临的问题

### （一）业务部门的融合困难

在企业传统的经营模式下，业务管理、财务管理、税务管理均分属于不同职能部门，具有各自的专业领域、专业思维方式以及重点风险控制点。一般在日常工作中，三部门权责独立且联系较少，如果企业在业财税一体化改革中单纯将各部门整合在一起，将难以做到思维与业务的真正融合，其工作实质仍是各专业部门独立推进工作。例如在财务分析与业务改进环节，财务人员更多时候是被动地适应业务部门的需要开展工作，而不是通过互动或主动分析财务方案来实现融合，只有少部分财务人员能在业务中提出改进建议并得到执行。因此各方由于工作理念与关注重点的不同，在沟通过程中很容易出现矛盾，反而会在公司的经营效率方面起到消极作用。事实上，业财税一体化意味着业务、财务、税务方面的工作能够由各部门专业人员在共同沟通协调下完成，因此，在多方融合意愿不太强烈、业务壁垒尚且存在的情况下，业财税一体化部门融合的难度也相应增加。

### （二）信息化建设尚不统一

在当前业财税一体化改革中，很多企业非常重视信息化建设，为了满足当前业务运行需要，多个业务系统均在企业投入使用，企业的财务部门对信息化要求也逐渐提高，但困境在于企业为追求信息化系统建设，在各部门均建立了专门的信息管理系统，财务与业务部门信息未达到系统化、共享化的整合，且不同部门信息系统在信息技术标准上存在差异。其兼容性、传递速率等技术问题尚且存在，各信息系统之间不能实现互联互通，企业整体数据难以统一运行，各自形成信息孤岛。当前系统难以得到整合，数据标准不一致、信息不一致情况严重，这将会在信息化系统构建层面加大业财税融合的速率和难度。

### （三）工作协同难以保证

由于业财税一体化概念刚刚兴起，企业通常认为业财税一体化建设仅局限于系统、软件层面的联合应用，而核心问题——人员间的决策交流与数据共享工作反而被忽略。大多数企业中财务部门是对业务进行财务核算与事后监督，很少直接参与业务流程，最终会形成财务、业务存在双重数据的结果，由此便会造成业务、财务、税务部门人员很难集中各方面数据展开综合性分析，使决策不能既满足业务完成最大化的同时也兼顾企业税收负担最小化，甚至无法对潜在的税务风险进行合理控制，各部门间的有效协同就更难真正实现。业财税一体化融合对相关专业工作人员的协调配合有着较高的要求，部门之间的工作协同性尤为关键，从当前企业的管理决策和实际工作效果来看，业财税一体化的发展仍有较大限制。

（四）管理人才需求较大

业财税一体化打破了企业不同部门间的数据壁垒，同时也对业务、财务、税务人员提出了更高的要求。业财税一体化管理模式下，专业人才的融合团队是实现一体化的关键因素。以财务人员为例，其不仅要具备良好的财务工作能力与专业素养，同时也要对企业业务流程有细致的了解，并且需要良好的沟通协作能力，这样才能够在业财税一体化的工作中与其他部门进行有效合作。因此，企业需要培养专业复合型财务人才，从业务管理的过程中找到经营中的问题，但由于国内这类复合管理人才相对较少，并且没有有效的沟通管理机制，导致企业业财税一体化工作缺乏必要的人力资源保障，这对于企业业财税一体化的实现是非常不利的。

## 二、业财税一体化的发展趋势

（一）业财税一体化观念融入发展战略

在企业管理中，管理人员往往对财务管理工作的认识不够明确，思维不够开放，要想顺利推进业财税一体化，就必须让企业各层级、各部门都意识到业财税融合观念的重要性，发现业财税融合发展的必要性。企业应将业财税融合纳入未来的发展战略中，高层人员利用自身职能设立企业的综合管理机构，选拔和培养相应的业财税复合型团队，打破工作管理壁垒，明确规定财务、税务人员应当主动渗透到业务的各个环节，并协同相应部门联合采取处理措施，共同完成业财税一体化工作。同时企业应当构建一套考核激励机制，改变原有的单一评价体系，调动各业务部门人员的工作积极性，提高各个部门的业财税融合参与感，促进相互之间的交流和联动，建立健全“业、财、税”一体化融合系统。①

（二）建立健全业财税一体化的协同机制

建立起积极有效的交流沟通机制，有利于保持业务部门和财务部门、税务部门之间的密切交流，对于企业业财税一体化的发展有良好的促进作用。首先，各方都应该主动参与沟通交流，将各自的专业语言与关键控制点及时有效地传递给对方，建立相应的沟通渠道，在定期的交流会议中将业财税一体化出现的问题进行沟通解决，尤其对重点和难点问题进行深刻剖析，努力寻求解决办法，在不断磨合中提高综合能力，使交流更默契。其次，要在业财税一体化中提升各业务部门的参与度与存在感，摆脱大家对财务、税务部门的固有印象，增强企业财税事前风险管控意识，提高财务部门在业务谈判中的话语权。同时企业应在事后形成定期反馈机制，在业务处理和交流过程中增强各方的信任感，多角度完成企业盈利与管理的双重提升，各部门共同配合，实现良好的业财税一体化工作环境。

（三）完善业财税一体化信息系统建设

随着信息化时代的全面到来，信息化技术被广泛地应用到企业管理工作之中，企业应当意识到构建完善的业财税一体化系统的重要意义，促进财务管理、税务管理和业务活动的有效结合。企业需要结合自身实际情况，充分利用先进的 ERP 系统来开展日常信息化管理工作，并在工作中发现目前信息系统运行中存在的问题，并对此进行不断完善，同时搭建出业务财务税务一体化体系，确保财税系统以及业务管理系统能够整合到同一个管理

① 刘庆：《企业财务管理中业财融合存在的问题与对策研究》，载《纳税》2019 年第 25 期。

平台之中，实现数据在企业中同步分享。这样不仅有助于提高企业的经营效率，而且会推动业财税一体化步伐，在信息数据方面实现融合共享，促进企业业财税三者的快速发展。

（四）培养业财税一体化的复合型人才

业财税融合要求各业务部门人员必须具备综合素养，要知战略、懂业务、精财务、会分析、善沟通、勤学习。同时企业管理人员也要拥有更高的综合素养，才能将企业财务管理工作、税务管理工作和业务管理工作进行统筹安排。为了推进财务管理中业财税的融合工作，就必须不断提高财务、税务人员的专业知识水平，因此，企业要开展多种措施来全面提升财务、税务管理人员的综合能力。一方面，企业应注重培养业财税一体化的复合型人才，为相应的管理人员提供全面培训的机会，让财务人员能够掌握更多的业务知识；另外业务部门人员也需要有效的财务、税务指导，能够明确财务管理工作的重要性，完善和健全自身的专业化、多元化知识体系，为企业一体化融合质量与效率的提升提供保障。另一方面，企业应该进行业财税一体化理念的普及教育，使员工深刻理解业财税融合的意义，充分调动参与业财税融合的积极性和主动性，牢固树立责任意识，进而实现预期的业财税一体化融合目标。

【案例解析】

### 首创样本：信息技术重构企业财税管理模式

在数字经济时代，云计算、大数据、物联网、人工智能等新一代信息技术的繁荣，正在颠覆传统逻辑，重构行业的商业模式。北京首创股份有限公司（以下简称“首创股份”）的探索与实践证明：信息技术是叩开业财税融合大门的“金钥匙”。

#### 一、上线电子发票系统：供水业务地图实时呈现

首创股份财税信息化项目组以电子发票作为财税信息化切入点，有效解决了经营过程中的诸多问题，方便财务部门及时高效地获取数据，达到数据口径一致、及时准确的目的，提高了财务和经营管理效率。考虑到电子发票开票环节涉及对接运营系统、财务系统、微信（或支付宝）等收费方式以及开票场景，在业务条线上涉及信息部门、运营部门与财务部门的实际情况，财税信息化项目组与多地供水公司的上述3个部门一起研讨，逐步将运营系统与电子发票系统结合在一起，将微信、支付宝作为连接两个系统的纽带，建立起电子发票的领、用、存全生命周期的信息化管理实施方案。电子发票开具后，运营系统与电子发票系统自动完成核对，财务系统可以及时获取电子发票系统中的数据，不论是否结账，财务数据都可以及时、精准地体现运营结果，并绘制出一份实时供水业务地图，实现了业务端与财务端的有效融合。

#### 二、推出进项税管理系统：成本构成一目了然

首创股份创新推出进项税管理系统，从而有效获取成本端财务数据，及时准确地把握成本构成，方便高效地进行纳税申报。通过进项税管理系统，首创股份所属各公司可以随时采集、签收和认证进项税，并会得到系统的智能化风险提示。同时，该系统与财务核算

系统的对接，实现了进项税额的实际认证、抵扣与账面进项税额的每周比对；如遇到金额不符，系统会及时提请核算人员关注，有效防范了进项税账面数据与实际申报数据不符的风险。在同一个界面，还可以多维度查询所属公司不同法人主体下的进项税数据——这是进项税管理系统的又一个亮点。该系统所提供的数据不仅包括税额，还包括成本金额，随着200余家所属公司陆续上线，所有公司的成本端数据都可以在该系统中体现，一目了然。小到一颗螺丝钉的价格，都可以在系统中查询，从而形成了行业成本数据库，为分析公司的成本构成、推进税务集中管控打下了基础。在该系统严格遵从财税法规的校验规则下，参与纳税申报抵扣的增值税专用发票均达到了合规标准，高效规避了税务风险的发生。同时，该系统因具有对增值税专用发票全生命周期进行管理的功能，异常发票可实时关联相关的开票企业，在供应商选择等方面，充分体现了财务助力业务的价值，实现了财税处理合规性与工作效率的同步提高。

### 三、开发影像报销系统：可自动识别发票真伪

员工通过安装影像报销APP，在报销时用手机给拟报销的发票拍照，系统便自动识别发票真伪并查重，验证后自动进入审批环节。首创股份在打造财务共享中心的过程中，开发使用了影像报销系统，有效解决了“棘手”的报销难题，提高了财务部门的服务能力和员工的幸福感。首创股份财税信息化项目组将OCR（光学字符识别）影像识别技术融入公司的报销系统。员工通过安装影像报销APP，在报销时用手机给拟报销的发票拍照，系统便自动识别发票真伪并查重，验证后自动进入审批环节。

首创股份依靠信息化手段改变财税管理方式的实践说明，数字经济时代，企业应积极借助信息技术，推动业财深度融合，实现业务、财务数据层级互通，通过信息系统让财务更了解业务，让财务为业务提供更为多样化的支持，使业务在财税处理方面降低成本、提高效率，从而为公司战略决策提供更有价值的支持。

资料来源：节选自《中国税务报》，2019年6月28日。

## 复习思考题

### 一、名词解释

业财税一体化　及时性　融入性　信息化

### 二、简答题

1. 如何理解业财税一体化的内涵？
2. 简述业财税一体化特征。
3. 简述采购环节业财税一体化流程。
4. 如何实现完善的业财税一体化建设？

### 三、思考题

思考人工智能、云计算、大数据等新兴技术如何推动业财税一体化建设？

## 参考文献

[1] 吴芳. 建筑企业业财税一体化面临的问题与对策分析 [J]. 财税探讨，2019（12）：20—22.

[2] 刘庆. 企业财务管理中业财融合存在的问题与对策研究 [J]. 纳税，2019（25）：62—63.

[3] 王敏. 企业业财融合应用的困境及对策 [J]. 纳税，2020（05）：113—114.

# 第十七章 Chapter 17 税收法律责任

【本章提要】

税收法律责任是法律责任在税收领域的具体体现。本章介绍了税务管理中相关法律责任的内涵及其构成要件，阐述了税务行政处罚和刑事处罚的特征、原则、种类及程序，并着重从纳税主体、征税主体及征纳双方之外的行为主体介绍了税收违法行为及其应承担的相应法律责任；介绍了促进国家公职人员安全履职的法律规范，进一步拓展了税收法律责任的内涵和外延；同时也介绍了我国税收法制现状和税收事先裁定制度研究发展状况。

【学习目的】

通过本章学习，简单了解税收法定原则、税收法律分类和税收事先裁定制度的概念、作用以及研究发展状况；系统了解税收相关法律责任的内涵，即构成要件、税务行政处罚、税务刑事处罚的基本规定；重点掌握纳税主体、征税主体和征纳双方之外行为主体各自的税收违法行为及分别应承担的法律责任，并通过具体案例进行解析。

## 第一节 税收法律责任概述

### 一、税收法律责任的内涵及特征

税收法律责任是指税收法律关系主体及其他行为因实施税收违法行为而应承担的法定不利后果，是法律责任在税收领域的具体体现。税收法律责任有如下一些主要特征。

### （一）税收法律责任主体具有多样性

税收法律责任主体可能是征税主体，也可能是纳税主体，还可能是其他行为主体。其中，征税主体包括税务机关和税务人员，纳税主体主要包括纳税人、扣缴义务人。税收法律责任主体以税收法律关系主体为主，但并不限于此。在一些情况下，税收法律关系之外的其他行为主体，因实施了特定的违法行为而致使税收秩序遭到破坏，国家税收利益受到损失，同样应当承担相应的税收法律责任。

### （二）税收法律责任具有法定性

首先，责任的产生具有法定性。税收法律责任以违反税收法律义务为前提。其次，责任的内容具有法定性。税收法律责任的种类、程度、范围等都必须由法律来设定。最后，责任的追究程序具有法定性。

### （三）税收法律责任具有强制性

税收法律责任的追究以国家强制力为后盾，是国家法定机关代表国家强制违法者承担不利后果。以责任性质和责任主体为标准划分税收法律责任是最为常见的分类方式。根据税收责任的性质和特点，税收法律责任形式包括税务行政责任和税务刑事责任两大类。税务行政责任来源于一般税收违法行为，税务刑事责任则来源于严重的税收违法行为，即税收犯罪行为。从责任法定的角度看，针对税收违法行为，追究其法律责任的依据有《中华人民共和国税收征收管理法》《中华人民共和国行政处罚法》《中华人民共和国刑法》等法律。

## 二、税收法律责任的强制性

税收法律责任的构成要件是指税收法律关系主体或其他行为主体承担税收法律责任应当具备的各种必要条件。它是在税收违法行为发生的前提下，国家法定机关对违法行为的性质进行判定的标准，用以解决是否追究责任、追究何种责任的问题。构成要件有三种：

一是税收违法行为发生并导致损害后果。税收法律责任源于税收违法行为的发生。法律意义上的损害后果一般指对公私财产造成损失，或对他人的人身、精神等造成伤害。在税收领域，最常见的损害后果是国家税收利益受到损失或纳税人的利益受到侵害。在一些特殊税收违法行为（如抗税行为）中，损害结果还可能表现为他人人身遭受伤害或精神遭受威胁。损害后果与违法行为之间应当存在直接或间接的因果关系。

二是税收违法主体具有责任能力。作为税收法律责任的承担者，税收违法主体应当具有责任能力。具有法人资格的税务机关、纳税人或扣缴义务人通常是具有责任能力的，自然人只有在达到法定年龄之后，并且拥有正常的智力水平，才具有责任能力。

三是税收违法主体有应受责难的心理状态。对于违法行为及其损害后果，税收违法主体应有一种应受责难的主观心理状态，这种状态既可能是故意，也可能是过失。有的税收违法行为只能是故意实施，如纳税人逃税、抗税、逃避追缴欠税，税务人员徇私舞弊致使少征税款等。有的税收违法行为则只能是过失所致，如税务人员玩忽职守导致少征税款等。既非故意、又无过失的税收违法行为，不应当追究税收法律责任，这在判定是否追究刑事责任时显得尤为重要。实践中，在追究税收行政法律责任时，较为普遍地实行过错推定原则，即在能证明违法行为与损害事实之间因果关系的情况下，如果违法行为主体不能证明自己无过错，就应推定其具有应受责难的心理状态，从而承担法律责任。

### 三、税务行政处罚

税法中的行政法律责任是行政违法引起的，用以调整和维护行政法律关系，具有一定的惩罚性。对于纳税主体而言，其行政法律责任形式主要是行政处罚；对于征税主体而言，税务机关承担的行政法律责任主要有行政赔偿责任和撤销违法决定等。

#### （一）税务行政处罚的含义及特征

税务行政处罚是指依法享有行政处罚权的税务机关，对违反税收法律规范尚未构成犯罪的税务行政管理相对人（纳税人、扣缴义务人和其他当事人）给予行政制裁的具体行政行为。税务行政处罚具有以下特征：

1. 实施行政处罚的主体是依法享有行政处罚权的税务机关，包括税务局、税务分局、税务所和依照国务院规定设立并向社会公告的税务机构。

2. 税务行政处罚是对税务行政管理相对人的行政违法行为的处罚。

3. 税务行政处罚所采取的制裁只能是行政制裁，而不能是刑事制裁或民事制裁。

#### （二）税务行政处罚的原则

税务机关在实施税务行政处罚时必须遵守下列原则：

1. 处罚法定原则。处罚法定原则是指税务行政处罚必须严格依据法律规定进行，它是行政管理活动合法性要求的具体体现。具体表现为：

（1）处罚设定法定。首先必须是设定税务行政处罚的规范要合法。这种规范的制定权或者说有关处罚的设定权由《行政处罚法》作具体规定，只有法律、法规和规章才有行政处罚的设定权，其他规范性文件不得设定行政处罚。

（2）实施处罚的主体法定。税务行政处罚的实施必须由具有法定处罚权的税务机关实施。

（3）实施处罚的依据法定。按照法治原则，“法无明文规定不为过”，没有法律规范的明确规定，不能对相对人追究任何法律责任。实施处罚的主体在确定相对人是否构成违反税收法律规范的行为，决定是否给予处罚、给予何种处罚时，必须要有法定的依据。

（4）实施处罚的程序法定。作出处罚决定必须遵循法定的程序，这是防止行政主体在实施处罚过程中滥用权力，实现实体合法的根本保证。

2. 公正、公开原则。处罚公正原则是指税务行政处罚的设定与实施要公平，做到过罚相当。税务机关在实施处罚时，应当考虑违法行为的事实、性质、情节以及社会危害程度，作出处罚决定。处罚公开原则表现为：一是对违法行为给予处罚的规定要公开，未经公布的规定不能作为行政处罚的依据。二是对违法行为实施处罚的程序必须公开。行政主体作出处罚之前应当告知当事人作出处罚决定的事实、理由、法律依据以及当事人依法享有的权利，充分听取当事人的意见，不能拒绝当事人的陈述与申辩。

3. 一事不二罚原则。一事不二罚原则是指对行政管理相对人的一个违法行为不能给予多次处罚。行政处罚以惩戒为目的，对一个违法行为实施了处罚，就已达到了惩戒的目的，如果再对其处罚，就是重复处罚，违背了过罚相当原则，有失公允。这一原则包括两方面的内容：一是针对一个违法行为，不能给予两次或两次以上同一类型的行政处罚；二是违法行为构成犯罪的，人民法院判处拘役或者有期徒刑时，行政机关已实施了行政拘留的，应当依法折抵相应的刑期；人民法院判处罚金时，行政机关已实施的罚款，应当折抵罚金。

4. 保障利益原则。保障利益原则是指在行政处罚中要充分保障行政管理相对人的合法权益。其基本要求是不能让无辜的人遭受处罚，要使违法的人得到公正的处罚，使受到违法处罚的人得到行政救济。为此，法律赋予相对人在处罚的过程中享有陈述权、申辩权、听证权、申请行政复议、提起行政诉讼权和取得赔偿权。

5. 处罚与教育相结合原则。税务行政处罚的目的是纠正违法行为，教育公民自觉守法，处罚只是手段，不是目的。因此，税务机关在实施行政处罚时，要责令当事人改正或者限期改正违法行为，对情节轻微的违法行为可酌情从轻处罚、减轻处罚或不予处罚。

**（三）税务行政处罚的种类**

《行政处罚法》规定的处罚通常分为申诫罚、财产罚、行为罚和人身罚。税务行政处罚是行政处罚的一部分，其法律依据是《行政处罚法》和《税收征收管理法》，其种类①包括财产罚和行为罚。

1. 财产罚。

（1）罚款。罚款是对违反税收法律、法规，不履行法定义务的当事人的一种经济上的处罚。由于罚款既不影响被处罚人的人身自由及其合法活动，又能起到对违法行为的惩戒作用，因而是税务行政处罚中应用最广的一种。正是由于罚款在税务行政处罚中运用很广，而且意味着对相对一方当事人财物的剥夺，因此，运用这一处罚形式必须依法行使，严格遵循法律、法规规定的数额、幅度、权限、程序及形式。

（2）没收财产。这是对行政管理相对一方当事人的财产权予以剥夺的处罚。具体有两种情况：一是对相对一方当事人非法所得的财物的没收；二是财物虽系相对一方当事人所有，但因其用于非法活动而被没收。《税收征收管理法》第七十一条规定非法印制发票的，由税务机关销毁非法印制的发票、没收违法所得和作案工具。

2. 行为罚。

（1）收缴未用发票和暂停供应发票。对于从事生产、经营的纳税人、扣缴义务人有违反《税收征收管理法》规定的税收违法行为，拒不接受税务机关处理的，税务机关可以收缴其发票或者停止向其发售发票。

（2）停止出口退税权。对骗取国家出口退税款的，税务机关可以在规定期间内停止为其办理出口退税。

---

①　责令限期改正是否属于税务行政处罚存在争议，一种观点认为不是税务行政处罚，是行政机关在实施行政处罚时必须采取的行政措施，属于行政命令行为；另一种观点认为属于税务行政处罚，理由是从责令限期改正的实质来看，它近似于《行政处罚法》规定的警告。由于《税收征收管理法》规定的税务行政处罚的种类只有罚款、没收违法所得、停止出口退税权以及吊销税务行政许可证四种，因此，本文不将责令限期改正列为行政处罚，税务行政处罚种类也不包括申诫罚。

（3）提请工商①行政机关吊销其营业执照。纳税人不办理税务登记，由税务机关责令限期改正，逾期不改正的，经税务机关申请，由工商机关吊销其营业执照。

**（四）税务行政处罚的程序**

税务行政处罚程序的设定主要考虑到两个因素：一是违法事实清楚与否；二是处罚轻重。处罚程序可分为简易程序和一般程序。

1. 简易程序。对于事实清楚、处罚轻的，适用简易程序，当场处罚。简易程序如下：

（1）向当事人出示税务检查证或者其他税务行政执法身份证件；

（2）告知当事人受到税务行政处罚的违法事实、依据和陈述申辩权；

（3）听取当事人陈述申辩意见；

（4）填写具有预定格式、编有号码的税务行政处罚决定书，并当场交付当事人。

2. 一般程序。对于案件情节比较复杂、处罚较重的案件，适用一般程序，其具体步骤如下：

（1）受理和立案。税务机关根据管辖的规定，在自己的权限范围内，受理涉及违法行为的线索和材料，包括通过税务机关的计算机系统选案发现的、有关单位移送的、群众举报的、当事人自述或者申诉的以及国际情报交换获取的；然后对这些线索和材料进行初步审查，了解所反映的问题是否存在。经过初步审查认为有税务违法事实需要给予行政处罚的，应当立案；认为没有税务违法事实或者税务违法事实显著轻微，不需要给予行政处罚的，不予立案。

（2）调查。立案的违法案件，税务机关都要派员进行调查，做到事实清楚，证据确凿。为了便于工作，也为了防止舞弊，要求进行调查的税务人员不得少于两人，调查开始时，调查人员必须表明身份——出示税务检查证和税务检查通知书，然后按照《税收征收管理法》授予的职权进行调查。调查取证时可以记录、录音、录像、照相和复制；同时，对于涉及国家秘密、商业秘密和个人隐私的，有责任替被调查人保密。对于能够证实当事人有税务违法行为或者无税务违法行为以及税务违法行为情节轻重的各种证据均应收集，要特别注意听取当事人的陈述和辩解，当事人有拒绝回答的权利。

税务违法案件调查终结，调查人员应当写出调查报告。报告内容包括：立案依据；违法事实及性质；当事人的法律责任；当事人的态度及意见；处罚意见及处罚依据，以及调查人签名和报告时间等。同时，对于符合法定听证条件的案件，应当告知当事人有要求听证的权利。

（3）审理。这一程序的设立，目的在于确保案件查处的质量，防止征纳双方之间的舞弊。案件审理人员在接到调查人员的调查报告后，要从以下几个方面审理把关：一是其所办案件是否应属其管辖；二是当事人的违法事实是否清楚，证据是否充分；三是对案件的定性是否准确，适用法律、法规、规章是否准确，量罚是否适当，程序是否合法以及案件涉及的其他重要问题。

---

① 2018年4月10日，国家工商行政管理总局的职责、国家质量监督检验检疫总局的职责、国家食品药品监督管理总局的职责、国家发展和改革委员会的价格监督检查与反垄断执法职责、商务部的经营者集中反垄断执法以及国务院反垄断委员会办公室等职责整合，组建国家市场监督管理总局。

（4）执行。当事人自收到税务机关的行政处罚决定后，应当在规定的期限内履行。当事人履行处罚决定，应注意以下几点：一是要实际履行。即当事人要以实际行动来履行处罚决定所设定的义务，如缴纳罚款。二是要按时履行。处罚决定都要对当事人履行义务规定一定的期限，那么当事人接到处罚决定书后就应当如期缴纳罚款。三是要全面履行。当事人履行处罚决定，应当全面履行处罚决定所规定的内容，不能只履行其中的一部分，比如处罚决定规定没收非法所得并处罚款，如果当事人只缴清非法所得而未履行缴纳罚款的义务，就是没有完全履行处罚决定。

## 四、税务刑事处罚

税务刑事处罚是对违反税法行为情节严重、已构成犯罪的当事人或直接责任人所给予的刑事制裁。追究刑事责任以税务违法行为情节严重、构成犯罪为前提。经济责任和行政责任通常是由税务机关依法追究的，而刑事责任则是由司法机关追究。刑事责任是税收法律责任中最严厉的一种制裁措施。刑法规定税务刑事处罚分为五种主刑（即死刑、无期徒刑、有期徒刑、拘役和管制）和三种附加刑（即罚金、剥夺政治权利和没收财产）。

### （一）税务刑事处罚的含义及特征

税务刑事处罚是指享有刑事处罚权的国家机关对违反税收刑事法律规范、依法应当给予刑事处罚的公民、法人或者其他组织给予法律制裁的行为。税务违法刑事处罚具有以下特征：

1. 实施刑事处罚的主体是依法享有刑事处罚权的国家机关，包括公安机关、检察机关、人民法院。

2. 税务违法刑事处罚是对公民、法人或者其他组织违反税收刑事法律规范行为的处罚。

3. 税务违法刑事处罚所采取的制裁是刑事制裁。

### （二）税务违法刑事处罚的种类

适用于涉税犯罪的刑罚主要有以下几种：

1. 拘役。剥夺犯罪分子的短期自由，就近实行改造的刑罚。适用于罪行较轻而又需要关押的犯罪分子。执行期间，犯罪分子每月可以回家 1 到 2 天；参加劳动的，可以酌量发给报酬。拘役的期限为 1 个月以上 6 个月以下，数罪并罚最高不超过一年。

2. 判处徒刑。徒刑分为有期徒刑和无期徒刑。有期徒刑是剥夺犯罪分子一定期限的人身自由，实行强制劳动改造的刑罚。有期徒刑的期限，为 6 个月以上 15 年以下（单罪）。由于刑期幅度大，它既可以适用于较轻的犯罪，也可以适用于较重的犯罪。被判处有期徒刑的犯罪分子，有的在监狱执行，有的在其他劳动改造场所执行。无期徒刑是剥夺犯罪分子终身自由、强制劳动改造的刑罚。对于不必判死刑但判有期徒刑又嫌轻的罪犯，宣判无期徒刑。执行场所主要是监狱。

3. 罚金。这是判处犯罪分子向国家缴纳一定数额金钱的刑罚，是一种轻刑，单处罚金一般只适用于轻微犯罪；在主刑后附加并处罚金适用于较重的犯罪。罚金数额应当根据犯罪的具体情节和犯罪分子本人实际经济负担能力决定。罚金执行有四种情况：限期一次缴纳、分期缴纳、强制缴纳、减少或者免除缴纳。

4. 没收财产。没收财产是将犯罪分子个人所有财产的一部分或全部强制无偿地收归国家所有的刑罚。这是重于罚金的财产刑，主要适应于严重经济犯罪。财产没收一部分还是全部，要根据犯罪性质、犯罪情节的严重程度和案件的具体情况确定。

### （三）税务刑事处罚的程序

刑事处罚的程序由《刑事诉讼法》规定，涉税刑事案件的处罚是刑事处罚的一个分支，其程序也应遵循《刑事诉讼法》的规定。通常情况下，涉税犯罪案件的查处要经过立案、侦查、批捕、起诉和审判。按照目前我国司法机关的分工，立案、侦查由公安机关负责；批捕、起诉由检察机关负责；审判由人民法院负责。

1. 立案。与税务行政处罚相同的是，公安机关对于涉税犯罪案件行为也有一个受理线索和材料的环节。这些线索中既有公安机关自行查获的，也有税务机关移送的（如逃税数额占应纳税额的比例在10%以上并且逃税数额在1万元以上的，或者因逃税被税务机关给予2次行政处罚又逃税的）。公安机关对这些线索和材料经过初步审查后决定是否立案。

2. 侦查。凡是立案的涉税犯罪嫌疑人，公安机关都要逐一进行侦查，充分利用《刑事诉讼法》赋予的手段和方法，收集证据。一旦证据确凿，公安机关就会提请检察机关批准逮捕犯罪嫌疑人。

3. 批捕。检察机关认为公安机关侦查预审的案件基本事实清楚，证据确凿，就会签发逮捕令，交公安机关执行逮捕。

4. 提起公诉。犯罪嫌疑人被捕后，检察机关就要进一步审查案情，审阅案卷，决定是否起诉。凡是决定起诉的案件，检察机关就要准备好起诉书，向人民法院提起公诉。

5. 审判。人民法院对提起公诉的案件进行审查后，对于起诉书中有明确的指控犯罪事实并且附有证据目录、证人名单和主要的证据复印件或者照片的，就会决定开庭审判，做出有罪或无罪判决，对判决不服的可以上诉（检察机关不服可以抗诉），法院将依法做出终审判决。

6. 执行。判决和裁定发生法律效力后就要执行，发生法律效力的判决和裁定包括三种：一是已过法定期限没有上诉、抗诉的判决和裁定；二是终审的判决和裁定；三是最高人民法院核准的判决。

## 第二节 纳税主体的违法行为及处罚

纳税主体的税收法律责任是指纳税人、扣缴义务人等纳税主体因实施税收违法行为而应承担的否定性法律后果。明确纳税主体的税收法律责任，有助于确保纳税主体依法履行纳税义务，保障国家的税收利益。税法历来将纳税主体作为重点规范对象，与之相应，纳税主体的法律责任则是税收法律责任领域中的重要内容。

## 一、纳税主体的税收违法行为

### （一）纳税主体违反税收日常管理制度的行为

1. 违反账簿、凭证管理制度的行为。这类行为包括：纳税人、扣缴义务人未按照规定设置账簿，未根据合法、有效凭证记账，进行核算；纳税人、扣缴义务人未按照规定的保管期限保管账簿、记账凭证、完税凭证及其他有关资料，或伪造、变造、擅自损毁上述资料；纳税人未按照规定将其财务、会计制度或者财务、会计处理办法和会计核算软件报送税务机关备案；纳税人未按照规定安装、使用税控装置，或损毁、擅自改动税控装置。

2. 违反纳税申报管理制度的行为。这类行为包括：纳税人未按照规定的期限办理纳税申报和报送纳税资料；扣缴义务人未按照规定的期限向税务机关报送代扣代缴、代收代缴税款报告表和有关资料。

3. 违反税务检查制度的行为。这类行为包括：纳税人、扣缴义务人拒绝接受税务机关依法进行的税务检查，隐瞒有关情况，拒绝提供有关资料。

### （二）纳税主体违反税款征收制度的行为

1. 欠税行为。欠税行为是指纳税主体超过法律规定的期限或税务机关依法确定的期限应缴未缴或少缴税款的行为。

2. 逃税行为。逃税行为是指纳税人采取欺骗、隐瞒手段进行虚假纳税申报或者不申报，逃避缴纳税款的行为。扣缴义务人采取前述相同手段，不缴或者少缴已扣、已收税款的，同样属于逃税行为。采取欺骗、隐瞒手段进行虚假纳税申报的行为包括：设立虚假的账簿、记账凭证，对账簿、记账凭证进行涂改，未经批准擅自将正在使用中或尚未过期的账簿、记账凭证销毁，在账簿上多列支出或者不列、少列收入等。不申报的行为则主要表现为：从事生产、经营活动的纳税人不到税务机关办理税务登记，已经办理税务登记的纳税人有经营活动却不向税务机关申报，以及经税务机关通知申报而拒不申报等。

3. 逃避追缴欠税行为。逃避追缴欠税行为是指纳税人在欠缴应纳税款的情况下，采取转移或者隐匿财产的方式，妨碍税务机关追缴欠缴税款的行为。逃避追缴欠税行为以欠缴应纳税款为前提，但又与欠税行为有着明显不同，二者的关键区别在于：欠税主体是否采取了转移或者隐匿财产的手段来达到其非法获利的目的。

4. 骗取出口退税行为。骗取出口退税行为是指纳税人以假报出口或者其他欺骗手段，骗取国家出口退税款的行为。与逃税行为相比，骗取出口退税行为具有明显的公开欺骗性。行为人以公开欺骗的手段，骗取税务机关信任，把已缴至国库的税款骗归己有，损害国家利益。

5. 抗税行为。抗税行为是指以暴力、威胁方法拒不缴纳税款的行为。以暴力方法抗税致人重伤或者死亡的，按照转化犯处理，以故意伤害罪或故意杀人罪来定罪量刑。《税收征收管理法》和《刑法》均未明确抗税行为的行为主体。在“单位不会实施暴力、威胁行为”这一传统刑法理论的影响下，《刑法》第二百一十一条排除了单位的抗税罪主体资格。由此可知，抗税行为主体可以是自然人纳税人和自然人扣缴义务人，也可以是单位纳税人和单位扣缴义务人的直接责任人员，但不能是单位本身。

6. 应扣未扣、应收不收的行为。纳税主体的此类违法行为是指扣缴义务人未按税法的规定对纳税人应扣、应收的税款不扣、少扣或不收、少收的行为。

（三）纳税主体违反发票管理制度行为

发票管理是税收管理的重要内容，违反发票管理制度的行为属于违反凭证管理制度行为的范畴。但与一般凭证不同，发票作为记录纳税主体经济业务的原始凭证，在税收征管中发挥着特殊作用。“发票违法历来是税收违法中最普遍、最猖獗的行为”。我国不仅在《税收征收管理法》中对发票管理进行了规定，国务院还制定了专门的《发票管理办法》，对纳税主体的发票开具、使用等行为作出详细规范。在《刑法》“危害税收征管罪”的12个罪名中，有8个都与发票有直接的关系。

纳税主体违反发票管理制度的情况主要有以下几种：单位、个人在购销商品、提供或者接受经营服务以及从事其他经营活动时，未按照规定开具、使用、取得发票；开具发票的单位和个人未按规定建立发票使用登记制度，设置发票登记簿，并定期向主管税务机关报告发票使用情况；开具发票的单位和个人未在办理变更或者注销税务登记的同时，办理发票和发票领购簿的变更、缴销手续；开具发票的单位和个人未按照税务机关的规定存放和保管发票，或擅自损毁发票；纳税人非法为他人代开发票；纳税人转借、转让发票；纳税人知道或者应当知道是私自印制、伪造、变造、非法取得或者废止的发票而受让、开具、存放、携带、邮寄、运输等。除上述情况之外，纳税主体的发票违法行为还可能有虚开发票，伪造、非法制造或者出售伪造、非法制造的发票，非法出售发票，非法购买、购买伪造的发票，持有伪造的发票，盗窃、诈骗发票等。虽然这些行为的主体可以是任何单位和个人，但不可否认的是，纳税主体作为发票的使用者，极有可能是这些发票违法行为的主体。

## 二、纳税主体违法应承担的法律责任

### （一）行政责任

纳税主体的税收行政责任是指纳税主体因实施一般税收违法行为而承担的法律责任，与实施税收犯罪行为而应承担的税收刑事责任相对。纳税主体的税收行政责任包括补救性责任和惩罚性责任两种。

1. 补救性税收行政责任。补救性税收行政责任意在恢复遭受破坏的税收法律秩序，不以惩罚为目的，具有事后救济性。在《税收征收管理法》《发票管理办法》等税收法律法规中，责令改正、补缴税款是典型的补救性行政责任。

（1）责令改正。责令改正是指税务机关依职权责令税务行政相对人停止、纠正其违法行为，是行政命令的一种形式，不具惩罚性，主要适用于纠正纳税主体违反税收日常管理制度和发票管理制度的行为，目的在于恢复原状，维持法定的税收秩序或者状态。在纳税主体违法行为情节轻微没有必要给予惩罚时，可以单独适用责令改正。例如，《税收征收管理法》第六十一条规定：“扣缴义务人未按照规定设置、保管代扣代缴、代收代缴税款账簿或者保管代扣代缴、代收代缴税款记账凭证及有关资料的，由税务机关责令限期改正。”《发票管理办法》第三十六条规定：“跨规定的使用区域携带、邮寄、运输空白发票，以及携带、邮寄或者运输空白发票出入境的，由税务机关责令改正。”根据《行政处罚法》的规定，如果纳税主体的违法行为较为严重，需要给予行政处罚时，应当同时适用责令改正。例如,《税收征收管理法》第六十四条规定:“纳税人、扣缴义务人编造虚假计税依据的,由税务机关责令限期改正,并处五万元以下的罚款。”

(2)补缴税款。补缴税款是指纳税主体在发生欠税、逃税、逃避追缴欠税、抗税、骗税等违法行为后,按照税务机关的要求补缴其少缴、未缴或骗取的税款,主要适用于纠正纳税主体违反税款征收制度的行为,目的在于保全国家的税收利益。与责令改正不同的是,补缴税款一般不单独适用,而是与加收滞纳金、行政处罚乃至刑事处罚同时适用。虽然补缴税款本身并不具惩罚性,但却与惩罚性法律责任紧密相连。《税收征收管理法》(2015 年修正)第六十七条规定:“以暴力、威胁方法拒不缴纳税款的,是抗税,除由税务机关追缴其拒缴的税款、滞纳金外,依法追究刑事责任。情节轻微,未构成犯罪的,由税务机关追缴其拒缴的税款、滞纳金,并处拒缴税款一倍以上五倍以下的罚款。”

2. 惩罚性税收行政责任。

(1)行政处罚。按照《行政处罚法》《行政许可法》《税收征收管理法》《发票管理办法》《税务行政复议规则》等法律法规和行政规章规定,纳税主体承担的行政处罚种类有警告、罚款、没收违法所得、没收非法财物、停止出口退税权。

①警告。警告是典型的申诫罚,是最轻微、对违法行为人损害最小的一种处罚,它“既不针对行为人的人身自由,也不影响行为人的财产权利,而仅仅针对名誉权。”在《税收征收管理法》《发票管理办法》等税收法律法规中,并未设定警告这种行政处罚方式,但《行政许可法》第七十八条规定:“行政许可申请人隐瞒有关情况或者提供虚假材料申请行政许可的,行政机关不予受理或者不予行政许可,并给予警告。”例如,如果行政许可申请人隐瞒情况或者提供虚假材料对“增值税防伪税控系统最高开票限额的审批”申请行政许可,按照《行政许可法》的规定,税务机关有权给予警告。

②罚款。罚款是指税务机关强制违法纳税主体在一定期限内缴纳一定数量货币的处罚方式,属于财产罚。罚款是违法纳税主体承担行政处罚的最普遍形式。《税收征收管理法》和《发票管理办法》中,有关纳税人、扣缴义务人法律责任的条款中都有关于罚款的规定。例如,《税收征收管理法》第六十九条规定:“扣缴义务人应扣未扣、应收而不收税款的,由税务机关向纳税人追缴税款,对扣缴义务人处应扣未扣、应收未收税款百分之五十以上三倍以下的罚款。”《发票管理办法》第三十六条规定:“跨规定的使用区域携带、邮寄、运输空白发票,以及携带、邮寄或者运输空白发票出入境的,由税务机关责令改正,可以处 1 万元以下的罚款;情节严重的,处 1 万元以上 3 万元以下的罚款。”

③没收违法所得。没收违法所得是指税务机关对纳税主体取得的违法所得财物的所有权进行强制性剥夺的处罚方式,也属于财产罚。这种方式主要用于对纳税主体的发票违法行为进行处罚,且多数情况下可与罚款并用。例如,《发票管理办法》第三十七条规定:“违反本办法第二十二条第二款的规定虚开发票的,由税务机关没收违法所得;虚开金额在 1 万元以下的,可以并处 5 万元以下的罚款;虚开金额超过 1 万元的,并处 5 万元以上 50 万元以下的罚款。”之所以作出这样的规定,是因为纳税人实施的很多发票违法行为都能够为其带来经济收益,如果仅仅只对其处以罚款而不没收违法所得,则难以对其形成有力打击,行政处罚就难以起到应有的制裁和震慑作用。

④没收非法财物。没收非法财物是指税务机关对纳税主体用于非法活动的财物进行无

偿收缴的处罚方式，也属于财产罚。这种行政处罚方式主要适用于纳税主体非法制造发票、发票防伪专用品，伪造发票监制章等行为，与罚款、没收违法所得并用。《税收征收管理法》第七十一条规定：“非法印制发票的，由税务机关销毁非法印制的发票，没收违法所得和作案工具，并处一万元以上五万元以下的罚款。”《发票管理办法》也有与之类似的规定。

⑤停止出口退税权。停止出口退税权是针对纳税主体骗税行为的行政处罚方式，属于行为罚。《税收征收管理法》第六十六条规定：“对骗取国家出口退税款的，税务机关可以在规定期间内停止为其办理出口退税。”国家税务总局《出口货物劳务增值税和消费税管理办法》（国家税务总局公告 2012 年第 24 号）对此作了详细规定。根据出口企业或其他单位骗取国家出口退税款数额的大小及其他情形的不同，主管税务机关可对其处以停止半年以上、3 年以下期间出口退税资格的处罚。

（2）惩罚性行政管理措施。按照《税收征收管理法》《发票管理办法》等法律法规规定，除行政处罚外，税务机关还有权对纳税主体的一般违法行为采取一些具有惩罚意味的行政管理措施，主要有加收滞纳金、违法行为公告、收缴发票或停止发售发票等。

①加收滞纳金。加收滞纳金是一种兼具经济赔偿、执行罚、经济制裁等多重性质的行政管理措施。首先，滞纳金被用来补偿纳税人因占用国家税款而给国家造成的损失。其次，加收滞纳金是税务机关给纳税人设定的新的金钱给付义务，用来督促其履行纳税责任，具有一定的执行罚性质。再次，加收滞纳金还具有一定的经济制裁性质。按照《税收征收管理法》的规定，税收滞纳金年加收率 18.25%，远高于银行同期贷款利率，带有明显的惩罚意味。

②违法行为公告。违法行为公告是指税务机关根据税法规定，将纳税主体违反税法的情况公示于社会，其目的在于发挥社会监督作用，督促违法纳税主体停止、纠正违法行为。违法行为公告本质上是税务机关的一种行政事实行为，它只是把纳税主体的违法事实公之于世，本身并不具惩罚性，也不改变纳税主体的权利义务。但是，公告一经作出，客观上便会对纳税人的声誉造成严重的负面影响，不利于其进行正常融资和从事生产经营活动。可见，公告在事实上具有一定的惩罚性。《发票管理办法》第四十条规定：“对违反发票管理规定 2 次以上或者情节严重的单位和个人，税务机关可以向社会公告。”《发票管理办法实施细则》对此进行了细化解释，即税务机关应当在办税场所或者广播、电视、报纸、期刊、网络等新闻媒体上公告纳税人发票违法的情况，公告内容包括纳税人名称、纳税人识别号、经营地点、违反发票管理法规的具体情况。与之相似的是，《税收征收管理法》第四十五条规定：“税务机关应当对纳税人欠缴税款的情况定期予以公告。”

③收缴发票或停止发售发票。收缴发票或停止发售发票是指税务机关停止违法纳税主体的发票使用资格。《税收征收管理法》第七十二条规定：“从事生产、经营的纳税人、扣缴义务人有本法规定的税收违法行为，拒不接受税务机关处理的，税务机关可以收缴其发票或者停止向其发售发票。”发票使用资格被剥夺，必然会影响纳税主体正常生产、经营活动的开展。有学者认为，收缴发票或停止发售发票是行政处罚的一种，之所以不将其列入行政处罚，是因为《行政处罚法》未对其作明文规定。虽然《行政处罚法》第八条中有“法律、行政法规规定的其他行政处罚”这一兜底条款，但国家税务总局并未将收

缴发票或停止发售发票认定为行政处罚。

（二）刑事责任

1. 危害税款征收类犯罪。危害税款征收类犯罪包括逃税罪、抗税罪、逃避追缴欠税罪、骗取出口退税罪四个罪名，《刑法》对其定罪量刑分别作了规定。

（1）逃税罪。逃税罪是指纳税人采取欺骗、隐瞒手段进行虚假纳税申报或者不申报，逃避缴纳税款达到一定数额的行为。扣缴义务人采取相同手段，不缴或者少缴已扣、已收税款数额较大的，同样构成逃税罪。纳税人构成本罪，须满足两个条件：一是逃税数额较大；二是逃税数额占应纳税额的10%以上。而扣缴义务人构成本罪，仅需满足数额较大一个条件即可。根据《立案追诉标准（二）》，数额较大是指逃避缴纳税款5万元以上。纳税人或者扣缴义务人有未经处理的多次逃税行为的，逃税金额应按照累计数额计算。纳税人有逃税行为，经税务机关依法下达追缴通知后，补缴应纳税款和滞纳金，已受行政处罚的，即使逃税达到前述数额标准，也不予追究刑事责任，但5年内因逃税受过刑事处罚或者被税务机关给予二次以上行政处罚的除外。按照《立案追诉标准（二）》，纳税人在公安机关立案后再补缴税款、缴纳滞纳金或者接受行政处罚的，不影响刑事责任的追究。逃税罪的法定最高刑为7年有期徒刑，并处罚金。

（2）抗税罪。抗税罪是指纳税人、扣缴义务人以暴力、威胁方法拒不缴纳应缴税款的行为。根据《立案追诉标准（二）》第五十八条的规定，抗税罪的立案追诉标准是：其一，造成税务工作人员轻微伤以上的；其二，以给税务工作人员及其亲友的生命、健康、财产等造成损害为威胁，抗拒缴纳税款的；其三，聚众抗拒缴纳税款的；其四，以其他暴力、威胁方法拒不缴纳税款的。四者满足其一即可。抗税罪的法定最高刑是7年有期徒刑，并处罚金。

（3）逃避追缴欠税罪。逃避追缴欠税罪是指纳税人欠缴应纳税款，采取转移或者隐匿财产的手段，致使税务机关无法追缴欠缴税款达到一定数额的行为。逃避追缴欠税数额，是指纳税人存在欠税的情况下，通过转移、隐匿财产致使税务机关无法追缴的税款数额。根据《刑法》和《立案追诉标准（二）》的规定，纳税人逃避追缴欠税数额达到1万元以上的，构成本罪。逃避追缴欠税罪的法定最高刑是7年有期徒刑，并处罚金。

（4）骗取出口退税罪。骗取出口退税罪是指纳税人以假报出口或者其他欺骗手段，骗取出口退税款数额较大的行为。根据《立案追诉标准（二）》第六十条的规定，骗取出口退税款数额较大是指5万元以上。骗取出口退税罪的法定最高刑为无期徒刑，并处罚金或没收财产。

2. 危害发票管理类犯罪。危害发票管理类犯罪包括虚开增值税专用发票、用于骗取出口退税、抵扣税款发票罪，虚开普通发票罪，伪造、出售伪造的增值税专用发票罪，非法出售增值税专用发票罪，非法购买增值税专用发票、购买伪造的增值税专用发票罪，非法制造、出售非法制造的用于骗取出口退税、抵扣税款发票罪，盗窃罪，诈骗罪和持有伪造的发票罪。此处的盗窃罪、诈骗罪仅指纳税主体或其他主体盗窃、诈骗增值税专用发票或用于骗取出口退税、抵扣税款的其他发票的犯罪行为。

对于虚开增值税专用发票或者虚开用于骗取出口退税、抵扣税款的其他发票的行为，虚开的税款数额在1万元以上或者致使国家税款被骗数额在5 000元以上的，应予立案追诉。对于虚开普通发票的行为，虚开发票 100 份以上或者虚开金额累计在 40 万元以上的，或者虽未达到上述数额标准，但 5 年内因虚开发票行为受过行政处罚二次以上又虚开发票的，应予立案追诉。

对于伪造、出售伪造的增值税专用发票的行为，非法出售增值税专用发票的行为，非法购买增值税专用发票、购买伪造的增值税专用发票的行为，涉案增值税专用发票达到 25 份以上或者票面额累计达到 10 万元以上的，应予立案追诉。

对于非法制造、出售非法制造的用于骗取出口退税、抵扣税款的其他发票的行为以及非法出售用于骗取出口退税、抵扣税款的其他发票的行为，伪造、擅自制造或者出售伪造、擅自制造的发票，或者非法出售的发票在 50 份以上或者票面额累计在 20 万元以上的，应予立案追诉。

对于非法制造、出售非法制造普通发票的行为以及非法出售普通发票的行为，伪造、擅自制造或者出售伪造、擅自制造的发票，或者非法出售的发票在 100 份以上或者票面额累计在 40 万元以上的，应予立案追诉。

对于明知是伪造的发票而持有的行为，数量较大的，即构成持有伪造的发票罪。此处的发票包括增值税专用发票，用于骗取出口退税、抵扣税款的其他发票以及普通发票。根据《立案追诉标准（二）的补充规定》，持有伪造的增值税专用发票 50 份以上或者票面额累计 20 万元以上的，持有伪造的可以用于骗取出口退税、抵扣税款的其他发票 100 份以上或者票面额累计 40 万元以上的，持有伪造的普通发票 200 份以上或者票面额累计 80 万元以上的，应予立案追诉。

对于盗窃增值税专用发票或者可以用于骗取出口退税、抵扣税款的其他发票的，应当依照盗窃罪的规定定罪处罚。根据《最高人民法院关于审理盗窃案件具体应用法律若干问题的解释》，盗窃增值税专用发票或者可以用于骗取出口退税、抵扣税款的其他发票 25 份以上的，属数额较大，构成盗窃罪。即使盗窃此类发票份数不足 25 份，但若具有多次盗窃、入户盗窃、携带凶器盗窃、扒窃等情节的，同样也应构成盗窃罪。

对于诈骗增值税专用发票或者可以用于骗取出口退税、抵扣税款的其他发票的，依照诈骗罪的规定定罪处罚。《刑法》第二百六十六条规定："诈骗公私财物，数额较大的，处三年以下有期徒刑、拘役或者管制，并处或者单处罚金。"根据《最高人民法院关于适用〈全国人民代表大会常务委员会关于惩治虚开、伪造和非法出售增值税专用发票犯罪的决定〉的若干问题的解释》（法发〔1996〕30 号），"数额较大"是指诈骗增值税专用发票或者可以用于骗取出口退税、抵扣税款的其他发票 50 份以上。

**【案例解析】**

### 128 单外销皮草，谁是真正发货人

近日，高某某、侯某某因犯骗取出口退税罪分别被浙江省桐乡市人民法院一审判处有期徒刑 12 年和有期徒刑 11 年。至此，涉及 7 家公司、骗税金额达 2 197.6 万元的这起案件，在检查人员历时两年多的不懈追查下，最终画上了圆满的句号。

2013—2016 年，高某某、侯某某注册成立 DW 服饰公司等 7 家公司，接受上游企业

虚开增值税专用发票共计91份，涉案金额900余万元，税额153万元；增值税普通发票共计680余份，涉案金额1.68亿元，税额2 184万元。通过“买单”违法手段虚构出口活动，虚假申报共骗取出口退税2 197.6万元。

## 一、案源分析，7家企业行为蹊跷

2016年仲夏，浙江省桐乡市税务机关稽查部门接到国家税务总局稽查局下发的案源线索。信息显示，桐乡市DW服饰公司、MY服饰公司、DZ服饰公司、KD服饰公司4家企业具有骗税违法嫌疑。这4家企业均为桐乡市的皮革服饰出口企业，不仅出口行为疑点较多，而且进项发票大部分来源于因涉嫌虚开发票已被税务机关立案调查的大连某企业。

接到线索后，桐乡市税务稽查部门立即抽调业务骨干，着手对4家疑点企业实施核查。检查人员了解到，4家企业主要业务都是面向俄罗斯等国家和地区出口防寒服和皮草服饰，属于生产型出口企业。数据显示，2014年3月至2015年12月，4家企业共向税务机关申报出口退税1 812万元。

检查人员分析4家企业情况后，发现了更多疑点。

其一，对比税务登记信息发现，高某某、侯某某等人互为4家企业的法定代表人或股东。另外，检查人员用系统扩展关键信息搜索范围后发现，桐乡市内还有3家企业FD服饰公司、DY皮草公司、WJ进出口公司也由高某某、侯某某等人设立和控制。

其二，DW服饰公司、MY服饰公司、DZ服饰公司3家企业注册地址在同一处。而上述7家公司的代理会计均为同一人。

其三，对企业的纳税申报表、财务报表和防伪税控系统信息进行分析后发现，上述7家公司中有5家生产型服饰皮草企业（除DY皮草公司、WJ进出口公司外的5家）购入原料均为生皮，但企业均无鞣制加工等后续必要生产环节的加工费用凭证和发票。按照皮草生产工艺特点，无后续鞣制加工工序，最终的皮草产品根本无法出厂。此外，财务报表数据显示，5家生产型皮草服饰企业工人工资、期间费用占比很小，原材料成本过大，成本构成与同类企业迥异。

结合上级机关提供的选案分析数据报告以及后期7家企业的各项信息和经营数据，税务稽查部门判断，7家企业骗税违法嫌疑较大，其背后可能存在虚开骗税违法团伙，桐乡市税务机关立即成立专案组，对7家涉案企业立案调查。

## 二、双管齐下，违法活动现出踪迹

为确保对违法行为及时查处，防止在公安机关刑事立案前出现涉案企业走逃和人员失联等情况，专案组结合案件情况制订了周密的调查计划：一是通过进出口管理部门以核查出口备案单证为由，要求企业提供出口备案资料，从中寻找线索；二是稽查部门开展突击检查，调取企业账簿等涉税资料，寻找证据；三是根据企业账证资料，对生产的各个环节调查核实，并对涉案企业的境内采购和出口业务真实情况调查取证。

为提高查办效率，专案组进行专业分工，成立了进项发票调查小组和出口业务调查小组。

进项发票调查小组首先到7家涉案企业进行突击检查，调取了企业账簿凭证。在此过程中，发现 DY 皮革公司、WJ 进出口公司 2 家涉案公司生产、加工、销售的皮革等服饰产品，均来源于上述 DW 服饰公司等 5 家由高某某等人控制的生产型皮革服饰企业。

检查人员随后在中国人民银行嘉兴市中心支行、嘉兴市公安局的支持下，对 7 家涉案企业开设的银行对公账户以及涉案人员侯某某、高某某的私人银行账户进行核查。

检查人员发现，7 家企业中 DW 服饰公司、MY 服饰公司等 5 家生产型皮草服饰公司每次向位于大连的上游供货商支付货款后，这笔款项均会由大连企业账户汇入该企业控制人温某某或者其亲属的私人账户，最终资金均会转回到高某某、侯某某的个人银行账户，实现资金回流。DY 皮草公司、WJ 进出口公司在向 5 家生产型皮草服饰企业支付货款后，最终资金经 5 家企业账户也均回流到高某某、侯某某个人账户。此外，调查小组对 DW 服饰公司等 5 家生产型皮草服饰公司实地核查发现，企业均无鞣制皮草所需的专用设备。

采购资金出现回流，没有鞣制皮草设备，企业也均无对外委托进行鞣制加工的费用发票，作为生产型出口企业 DW 服饰公司等 5 家公司违法嫌疑进一步加重。

与此同时，出口业务调查小组对 7 家企业出口备案资料中的海空运提单与报关单进行比对后发现，涉案企业的海运、空运提单与报关单信息中的出口目的地并不一致。例如部分空运提单的货物目的地是吉尔吉斯斯坦，但报关单的目的地却是俄罗斯。同时，出口业务调查小组通过审查企业出口备案信息，对部分报关公司进行追踪，还发现所有空运提单的实际报关出口企业并非桐乡市的 7 家涉案企业。

此外，出口业务调查小组对 7 家涉案企业的外汇收入来源进行调查发现，其外汇来自英国、阿联酋等国家和地区，并非报关单注明的出口地俄罗斯。

两个调查小组汇总的调查结果显示，桐乡市 7 家涉案企业均无皮草服装生产能力，并且出口活动显现出众多疑点。检查人员认为，在企业采购行为和生产能力虚假的情况下，企业具有“买单配票”骗取出口退税重大嫌疑。

### 三、警税携手，揭开皮草出口骗局

在取得涉案企业资金回流证据、证实企业存在虚构生产加工活动的情况下，为加快案件查办进程，桐乡市税务机关将案件移送桐乡市公安局，税警双方成立联合专案组，加大案件调查取证力度。

税警联合专案组赶赴上游开票企业所在地大连，对桐乡市 5 家生产型皮草服饰公司上游供应商——温某某控制的合作社进行外调。在大连市税务机关和公安机关协助下，证实涉案 5 家公司与上游供应商并无实际皮草交易活动。

同时，联合专案组在大连警方协助下，找到了为温某某和桐乡市涉案企业“牵线”的中间人王某。王某对其居中介绍温某某向 5 家生产型皮草服饰公司虚开发票的违法行为供认不讳。

为核实涉案 7 家企业出口业务虚假，联合专案组制订了从海关到报关公司再到货运代理公司的逆向查证方案。

从 2017 年 1 月起，历时 1 年多时间，联合专案组分别前往新疆乌鲁木齐、霍尔果斯，山东荣成、青岛、威海，以及河北石家庄、湖北武汉和上海、天津等地实施外调。

联合专案组依据报关单信息在山东荣成市海关，对 5 家生产型皮草服饰企业在当地出口的36单皮草业务实施调查。发现36单皮草制品的真实海运提单与企业提供的备案资料中的海运提单信息并不相符，5家企业用于出口退税的海运提单为虚假提单。同时，联合专案组调查发现，货代公司承运的这36单皮草制品费用是由韩国S公司青岛办事处支付，经核实，这36单皮草制品的真实货主是韩国S公司青岛办事处。

随后，联合专案组赴青岛对KD服饰公司、MY服饰公司、DY皮草公司、WJ进出口公司4家涉案企业在青岛机场报关的空运提单进行调查。在青岛海关协助下，找到了相关报关公司、货代公司，最终追查到这批货物的真实货主是威海AD贸易公司。

联合专案组赴威海调查AD贸易公司时，发现该企业已经注销。经核查证实，威海AD贸易公司的实际控制人是王某某。联合专案组在当地公安机关的协助下，找到王某某并进行了讯问。王某某承认这9单皮草制品是威海AD贸易公司实际出口货物，但是企业没有出口退税资格，为了牟利，其将货运提单信息卖给了高某某，供其以KD服饰公司、MY服饰公司等4家企业的名义报关出口。

联合专案组随后对7家涉案企业的83份报关单进行逐笔追踪调查，最终核实，这些货物的真实发货人均是境外企业，而非7家涉案公司。

在违法事实已证实、证据齐备的情况下，桐乡市公安局对7家涉案企业实际控制人高某某、侯某某布控逮捕，经讯问，高某某、侯某某对其违法行为供认不讳。

## 四、案例评析

本案是一起典型的通过“买单配票”方式进行出口骗税的违法案件。涉案人员非法获取出口货物信息“配单”，同时向上游企业虚开增值税专用发票，伪造生产销售过程，虚假申报骗取国家出口退税。

《刑法》第二百零五条规定：“虚开增值税专用发票或者虚开用于骗取出口退税、抵扣税款的其他发票的，处三年以下有期徒刑或者拘役，并处二万元以上二十万元以下罚金；虚开的税款数额较大或者有其他严重情节的，处三年以上十年以下有期徒刑，并处五万元以上五十万元以下罚金；虚开的税款数额巨大或者有其他特别严重情节的，处十年以上有期徒刑或者无期徒刑，并处五万元以上五十万元以下罚金或者没收财产。”

单位犯本条规定之罪的，对单位判处罚金，并对其直接负责的主管人员和其他直接责任人员，处三年以下有期徒刑或者拘役；虚开的税款数额较大或者有其他严重情节的，处三年以上十年以下有期徒刑；虚开的税款数额巨大或者有其他特别严重情节的，处十年以上有期徒刑或者无期徒刑。

因此，出口骗税一旦被检查出来，不仅要补缴税款、滞纳金、罚金等，而且会得到严厉的刑事处罚。

资料来源：《中国税务报》，2019年3月26日，作者：顾凯磊，陈云冬，朱仲寅，胡静霞。

# 第三节
# 征税主体违法行为及处罚

征税主体的税收法律责任是指税务机关和税务人员由于实施税收违法行为而应依法承担的否定性法律后果。明确征税主体的税收法律责任有利于确保税务机关和税务人员法定职责得以履行。为了规范税务机关和税务人员的执法行为，《税收征收管理法》和《刑法》等法律法规对税务机关和税务人员的法律责任作了明确规定。2012 年，监察部、人力资源和社会保障部、国家税务总局联合发布了《税收违法违纪行为处分规定》，进一步完善了税收违法违纪行为的惩处制度。

## 一、税务机关违法行政行为

根据法律规定，税务机关在履行职责过程中，应当被追究法律责任的违法行政行为主要包括以下几方面。

### （一）侵害国家税收利益、破坏税收征管秩序的行为

1. 擅自改变征管范围和税款入库预算级次。为了保证各级收入及时足额入库，确保国家和地方政府财政收入保持稳定，各级税务机关应严格按照国务院规定的征管范围和税款入库预算级次分别征收管理。对于违反规定擅自改变税收征收管理范围和税款入库预算级次的，应追究直接负责的主管人员和其他责任人员的法律责任。

2. 违法提前征收、延缓征收或者摊派税款。这包括三种情况：一是提前征收。即在法定纳税期限之前要求纳税人、扣缴义务人提前缴税。二是延缓征收。即违反法律法规规定，准许纳税人、扣缴义务人延缓缴税。三是摊派税款。即不按法定计税依据、计税标准征收税款。该行为的主体既包括税务机关和税务人员，同时也包括其他有权决定或者影响税务机关履行职责的国家机关或者个人。

3. 违法作出税收的开征、停征或者减税、免税、退税、补税等决定。这包括三种情况：一是擅自开征或者停征税种。按照我国法律规定，税收立法权高度集中在中央。地方政府未经上级同意擅自开征或者停征税种，即使是以规章、文件的形式进行，该行政行为也是违法的。二是擅自作出减税、免税、退税、补税的决定。擅自扩大减免税范围，放宽减免税期限，损害税法的统一性和严肃性，破坏公平竞争的市场经济秩序，必须坚决纠正并追究相关人员的责任。三是擅自作出其他同税收法律、行政法规相抵触的规定。按照法律规定，地方政府、有关部门只能对法律法规加以细化，作出程序性规定，不得作出任何与税收法律法规相抵触的规定。该行为的主体既包括税务机关和税务人员，也包括其他有权决定或者影响税务机关履行职责的国家机关或者个人。

4. 私分、挪用、截留、非法占有税款、滞纳金、罚款或者查封、扣押的财物以及纳税担保财物。私分，是指违反规定对有关款项或者财物私自处分，分配给单位或者个人。挪用，是指违反规定改变有关款项或者财物的用途。截留，是指以欺骗、隐瞒或者拒不执

行法律规定等手段，非法扣留应当上缴的款项或者财物的全部或者部分。非法占有，是指以非法手段实现对有关款项或者财物的占有。

5. 其他损害国家税收利益的行为。主要是指税务机关或者税务人员对管辖范围内的税收违法行为，发现后不予处理或者故意拖延查处，致使国家税收遭受损失的行为。

（二）侵害纳税人合法权益的行为

1. 违反规定要求纳税人购买、使用指定的税控装置。根据《国家税务总局关于印发〈税控收款机推广应用实施意见〉的通知》（国税发〔2004〕110号）的规定，取得税控收款机生产许可证的企业销售税控产品的方式，由生产企业自行确定。税务机关不得以任何方式为生产企业推荐、指定代理商，或者为税控收款机用户指定品牌和机型，强制用户选购某种产品。

2. 违法采取税收保全和强制执行措施。《税收征收管理法》规定，税务机关有权对有明显的逃税迹象又不能提供纳税担保的纳税人，采取税收保全措施。但是为了防止税务机关滥用权力，《税收征收管理法》也明确指出，纳税人在规定的限期内缴纳税款的，税务机关必须立即解除税收保全措施。税务机关也不得将纳税人个人及其所扶养家属维持生活必需的住房和用品列入税收保全措施的范围。

3. 违法实施税务行政处罚。主要包括：税务机关、税务人员没有法定依据或者不遵守法定程序实施行政处罚；擅自改变行政处罚种类和幅度；违反法定的行政处罚程序，处罚、没收财物不使用法定单据；违反规定自行收缴罚款；截留、私分罚款、没收的违法所得；使用或者毁损扣押的财物；违法实施检查措施或者执行措施等。

## 二、税务人员违法行为

（一）侵害国家税收利益、破坏税收征管秩序的行为

1. 与纳税人、扣缴义务人勾结，唆使或者协助纳税人、扣缴义务人逃税、逃避追缴欠税、骗税。勾结是指与征管对象共谋、策划，或与征管对象有共谋前提下，利用职务之便为征管对象逃税、逃避追缴欠税、骗税提供方便。唆使是指指导、教唆征管对象逃税、逃避追缴欠税、骗税。协助是指根据征管对象的不法要求为其逃税、逃避追缴欠税、骗税提供机会和条件。本行为可能构成逃税罪、逃避追缴欠税罪、骗取出口退税罪的共犯。税务人员勾结、教唆或者协助纳税人、扣缴义务人犯罪的，应当就其在共同犯罪中所起的作用处罚。

2. 徇私舞弊、玩忽职守不征或者少征税款。徇私舞弊，是指国家工作人员利用职务上的便利和权力，为徇私情、私利，故意实施违反法律、行政法规，弄虚作假的行为。玩忽职守，是指不认真、不负责地对待本职工作。不征或者少征应征税款的行为表现在税收征管的各个环节中。

3. 徇私舞弊发售发票、抵扣税款、出口退税。指税务人员在发售发票、抵扣税款、出口退税的工作中，弄虚作假、营私舞弊，致使国家利益遭受重大损失。发票包括增值税专用发票，用于骗取出口退税、抵扣税款的其他发票以及普通发票。抵扣税款，是指税务机关对购货方在购进商品时将供货方收取的增值税税款抵扣掉，只征收购货方作为生产者、经营者在销售其产品或者商品环节增值部分的税款。出口退税，是指税务机关依法在

出口环节向出口商品的生产者、经营者退还该商品在生产环节、流通环节已征收的增值税和消费税。

（二）侵害纳税人合法权益的行为

1. 滥用职权，故意刁难纳税人、扣缴义务人。滥用职权，是指违反法定权限、程序、内容和要求行使职权的行为。刁难，是指违反规定人为设置障碍，故意拖延不予办理以及其他人为给涉税事项的办理增添困难的行为。本行为不以是否给纳税人造成损害后果为要件。

2. 对控告人、检举人打击报复。税务人员直接或者指使他人对控告人、检举人进行威胁、恐吓、陷害以及伤害，或者非法利用职权和职务影响，给控告人、检举人的人身或者财产权利造成伤害或者损害。

3. 在履行职务过程中侵害公民、法人或者其他组织合法权益。法律法规对公民、法人或者其他组织作为纳税人或者其他税务行政管理相对人的权益作了明确规定。国家税务总局以公告的形式进一步明确了纳税人权利。如果税务人员在履职过程中侵害了纳税人这些合法权益，则应追究法律责任。

4. 未按规定回避。税务人员在核定应纳税额、调整税收定额、进行税务检查、实施税务行政处罚、办理税务行政复议时，凡是与纳税人、扣缴义务人或者法定代表人、直接责任人有夫妻关系、直系血亲关系、三代以内旁系血亲关系、近姻亲关系以及其他可能影响公正执法的利害关系的，应当遵守回避规定。

5. 未按规定为纳税人、扣缴义务人、检举人保密。税务机关查询纳税人、扣缴义务人存款账户以及税收案件涉案人员的账户时，不得将查询所获资料用于税收以外的用途。税务人员必须为检举人保守秘密，保密责任包括：只能将了解的检举人情况用于查处税收违法违纪行为，只能让参与查处举报案件的税务人员知悉举报人的相关情况；不得私自摘抄、复制、扣压、销毁检举材料；严禁泄露检举人的姓名、单位、地址、联系方式等情况；严禁将检举情况透露给被检举人及与案件查处无关的人员；调查核实情况时不得出示检举信原件或者复印件；对匿名的检举书信及材料，除了特殊情况外，不得鉴定笔迹；公开表彰宣传应当事先征得检举人的书面同意。

6. 受贿。税务人员受贿，包括收受一切物质和非物质利益。《税收征收管理法》第八十一条规定："税务人员利用职务上的便利，收受或者索取纳税人、扣缴义务人财物或者谋取其他不正当利益，构成犯罪的，依法追究刑事责任；尚不构成犯罪的，依法给予行政处分。"利用职务上的便利，是指利用职权或者与职务有关的便利条件，比如税务人员依法行使的审批权、检查权、处罚权等。需要注意的是，利用本人职位的影响，通过其他税务人员职务上的行为，为请托人谋取利益，而本人向请托人索取或者接受财物的，以受贿论处。本行为包括以下两种情况：一是收受财物或者索取纳税人、扣缴义务人财物。《税收违法违纪行为处分规定》进一步明确以借用为名占用纳税人、扣缴义务人财物也属于受贿行为。二是谋取其他不正当利益。包括除有形钱物外的可以用金钱计量的物质性利益，如"吃拿卡要报"、免费旅游、权色交易等。以明显低于市场的价格向管辖范围内纳税人购买物品；以明显高于市场的价格向管辖范围内纳税人出售物品；利用职权向纳税人介绍经营业务、谋取不正当利益等行为也应追究行政纪律责任。

## 三、征税主体违法应承担的法律责任

税务机关和税务人员作为执法主体实施税收违法行为不仅对纳税人经济、经营行为、信誉等方面会产生负面影响，也会直接损害国家的税收利益和政府的公信力，具有严重的危害性，法律法规规定了两个层面的法律责任。

### （一）行政责任

1. 撤销税务行政行为。税务具体行政行为存在违法或不当，在具备可撤销的情形下，由有权撤销机关予以撤销而使之失去法律效力。

2. 确认税务行政行为违法或者无效。根据《行政处罚法》规定，行政机关及其执法人员在作出行政处罚决定之前，不向当事人告知给予行政处罚的事实、理由和依据或者拒绝听取当事人的陈述、申辩，行政处罚决定不能成立；没有法定依据或者不遵守法定程序的，行政处罚无效。

3. 重新作出税务行政行为。适用于具体行政行为被撤销、确认违法或者无效的情形。

4. 变更税务行政行为。复议机关和人民法院对于税务机关具体行政行为明显不当或者适用依据错误的；认定事实不清，证据不足的；行政处罚显失公正的，可以决定或者判决变更。

5. 责令在一定期限内履行。税务机关不履行或者拖延履行法定职责的，上级机关可以责令及时履行；行政复议机关或者法院可以决定或者判决其在一定期限内履行。

6. 责令改正。对于违反法律、法规规定提前征收、延缓征收或者摊派税款的；税务机关在检举管理工作中不履行职责、推诿、敷衍、拖延的；行政处罚不当的，上级机关有权责令下级行政机关改正。

7. 对直接负责的主管人员和其他直接责任人员给予行政处分。直接负责的主管人员是指对违法行为起决定、批准、授意、指挥作用的人员。其他直接负责人员是在具体实施违法行为中起较大作用的人员。按照《公务员法》的规定，行政处分包括：警告、记过、记大过、降级、撤职、开除。《税收违法违纪行为处分规定》对不同违法行为应给予的处分类型作了明确的规定，对于直接负责人员和其他责任人员，应根据其在违法行为中的地位、作用和情节，分别给予相应的行政处分。

8. 税务行政赔偿。行政赔偿包括侵害人身权的赔偿和侵犯财产权的赔偿，税务行政赔偿主要是侵犯财产权导致的直接损失的赔偿，是一种财产上的补救性行政法律责任。

### （二）刑事责任

税务人员严重违反国家法律规定，给国家利益或者纳税人的合法权益造成重大损失，构成犯罪的，应承担刑事责任。而税务机关作为组织体，负有多种职能，在具体的责任追究方面，必须考虑其工作的连续性和有效性，从而保障国家职能的持续实现和多数社会公众的利益，因此税务机关的法律责任一般体现为行政责任，不能作为单位犯罪的主体。税务机关作为违法主体的严重违法行为，一般追究税务机关直接负责的主管人员和其他直接责任人员的刑事责任。

1. 税务人员一般性职务犯罪。税务人员作为国家工作人员，可能构成以国家工作人员为主体的一般性职务犯罪，如贪污罪、受贿罪、挪用公款罪、玩忽职守罪、滥用职权罪、报复陷害罪等。这些罪名与税务人员的职务活动密切相关，影响税收征收管理秩序，侵害国家公共管理秩序，属于广义的税务职务犯罪。《税收征收管理法》对税务人员受贿罪、玩忽职守罪和税务人员与纳税人、扣缴义务人勾结，协助或唆使其逃税、逃避追缴欠税、骗取出口退税按共同犯罪处罚作了明确规定。

2. 税收领域特殊职务犯罪。主要包括：一是徇私舞弊不征、少征税款罪。税务人员徇私舞弊，不征或者少征应征税款，致使国家税收遭受重大损失的，构成徇私舞弊不征、少征税款罪。按照《最高人民检察院关于渎职侵权犯罪案件立案标准的规定》，徇私舞弊不征、少征应征税款，致使国家税收损失累计达 10 万元以上的；上级主管部门工作人员指使税务机关工作人员徇私舞弊不征、少征应征税款，致使国家税收损失累计达 10 万元以上的，应予立案。即使造成国家税收损失不满 10 万元，但如果具有索取或者收受贿赂或者其他恶劣情节的，或者具有其他致使国家税收遭受重大损失的情形的，均应予以立案。二是徇私舞弊发售发票、抵扣发票、出口退税罪。税务人员在办理发售发票、抵扣税款、出口退税工作中徇私舞弊，致使国家利益遭受重大损失的，构成徇私舞弊发售发票、抵扣发票、出口退税罪。按照有关规定，致使国家税收损失累计达 10 万元以上的即属重大损失，应予立案。即使致使国家税收损失累计不满 10 万元，但发售增值税专用发票 25 份以上或者其他发票 50 份以上或者增值税专用发票与其他发票合计 50 份以上，或者具有索取、收受贿赂或者其他恶劣情节的，同样应予立案。

值得注意的是，税务人员有徇私舞弊不征、少征应征税款或徇私舞弊发售发票、抵扣税款、出口退税两种行为，在严重的情况下，同样满足徇私舞弊罪的构成要件，按照法条竞合“特别规定优于一般规定”的原则，应以徇私舞弊不征、少征应征税款罪或徇私舞弊发售发票、抵扣税款、出口退税罪定罪处罚。在量刑上，徇私舞弊不征、少征应征税款罪和徇私舞弊发售发票、抵扣税款、出口退税罪的法定最高刑均为 15 年有期徒刑，而一般的徇私舞弊罪的法定最高刑仅为 10 年有期徒刑。可见，《刑法》对税务人员的特殊徇私舞弊犯罪的处罚要比一般的徇私舞弊罪更严厉，这也凸显法律对国家税收利益、税收秩序的格外重视和保护。

### 四、促进国家公职人员安全履职法律规范

随着政府职能的转型、经济的高速增长，信息化、大数据的应用，国家公职人员的工作发生了翻天覆地的变化，但同时，经济形势复杂、社会道德素质下滑，国家公职人员面临着强烈的工作危机。为了促进国家公职人员安全履职，我国有关部门制定了法律法规进行规范。

#### （一）国家《公务员法》

《公务员法》第二章、第四章、第九章明确规定，公务员遵守纪律应做好三方面工作：

1. 思想教育方面，爱党爱国爱民。必须拥护中国共产党领导和社会主义制度，忠于宪法，忠于人民。不允许有任何损害宪法权威、党和国家声誉和安全、民族利益的行为。这不但是公务员应尽的义务，也是每个公民应承担的责任，如果能够达到舍小我去追求大我的境界，那么任何腐败思想都不会侵入脑中。

2. 工作方面，要忠于职守，勤勉尽责，努力提高工作质量和效率。不允许有不担当、不作为、玩忽职守、贻误工作和对批评、申诉、控告、检举进行压制或打击报复行为。要坚决、有效地执行上级依法作出的决定和命令。严于律己，以最端正的工作态度、以最大的工作热情和过硬的工作能力完成自己的本职工作。

3. 在生活方面，公务员要具有良好的道德品行和家庭美德，遵守社会公德。做到清正廉洁，公道正派，不骄奢淫逸，不贪污贿赂，时刻保持头脑清醒。

### （二）中国共产党廉洁自律准则

2015 年 10 月，中共中央印发《中国共产党廉洁自律准则》（以下简称《廉政准则》），自 2016 年 1 月 1 日起实施。《廉政准则》在禁止“利用职权和职务上的影响谋取不正当利益”等方面对党员领导干部提出了“8 个禁止”和“52 个不准”，规范了党员领导干部的廉洁从政行为，并充实完善了相应的实施与监督制度，是一部规范党员领导干部廉洁从政行为的基础性法规。

1. 《廉政准则》明确规定了公务员“8 个禁止”：在思想活动方面，禁止公务员脱离实际，弄虚作假，损害群众利益和党群干部关系。在工作方面，禁止公务员利用职权和职务上的影响谋取不正当利益，禁止为亲属及身边工作人员谋取利益。禁止公务员违反规定选拔任用干部。禁止公务员违反公共财物管理和使用规定，假公济私、化公为私。在生活方面，禁止私自从事营利性活动，并禁止违反规定干预和插手市场经济活动，谋取私利。禁止讲排场、比阔气、挥霍公款、铺张浪费。

2. 《廉政准则》明确规定了党员的禁止行为：

（1）对党员自身的要求。不准索取、接受或者以借为名占用管理和服务对象以及其他与行使职权有关系的单位或者个人的财物；不准在公务活动中接受礼金和各种有价证券、支付凭证；不准以交易、委托理财等形式谋取不正当利益；不准利用知悉或者掌握的内幕信息谋取利益；不准违反规定多占住房，或者违反规定买卖经济适用房、廉租住房等保障性住房；不准个人或者借他人名义经商、办企业；不准违反规定拥有非上市公司（企业）的股份或者证券；不准违反规定买卖股票或者进行其他证券投资；不准个人在国（境）外注册公司或者投资入股；不准违反规定在经济实体、社会团体等单位中兼职或者兼职取酬，以及从事有偿中介活动；不准离职或者退休后三年内，接受原任职务管辖的地区和业务范围内的民营企业、外商投资企业和中介机构的聘任，或者个人从事与原任职务管辖业务相关的营利性活动等。

（2）对党员的其他规定。不准党员领导干部运用自身权力为亲属及身边工作人员谋取不正当利益，或默许、纵容、授意亲属及身边工作人员以本人名义谋取私利；不准党员领导干部享受超标接待或者报销超标接待费用，不准公款私用；不准干预和插手市场经济行为、重大经营活动、各类行政许可、资金借贷、经济纠纷等事项；不准虚报工作业绩、搞劳民伤财的“形象工程”和沽名钓誉的“政绩工程”；不准从事有悖于社会公德、职业道德、家庭美德的活动等。

### （三）税务系统领导干部廉洁从政“八不准”

2010 年 11 月 18 日，国家税务总局以国税党字〔2010〕72 号文印发了《税务系统干部廉洁从政“八不准”》，具体内容如下：

1. 不准利用涉税审批、评估、稽查、处罚等事项谋取私利。

2. 不准违规选拔任用干部，任人唯亲，营私舞弊，严禁跑官要官、买官卖官、拉票贿选。

3. 不准利用基建工程、政府采购、资产处置、信息化建设等事项从中谋利。

4. 不准在涉税中介机构投资入股、兼职取酬，串通谋利，不得指定税务代理，禁止配偶、子女及其配偶在本人管理区域和业务范围内个人从事与税收业务相关的中介活动。

5. 不准占用纳税人财物，向纳税人报销费用，违规指定税控器具、涉税软件等从中谋利。

6. 不准接受纳税人的礼品、礼金以及可能影响公正执法的宴请、旅游、健身、娱乐等活动安排。

7. 不准利用本人及家庭成员婚丧喜庆等事宜向纳税人和下属借机敛财。

8. 不准讲排场、比阔气、铺张浪费，严禁违规出国（境）、公款旅游、超标准配备使用小汽车。

**（四）税务系统监督内审工作规定**

税务督察内审是指各级税务机关依法对本级税务机关所属机构和下级税务机关及所属机构的税收执法、财政收支和财务收支的真实性、合法性和效益性进行独立监督、检查和评价，并提出处理意见的行为，其目的在于健全税收内部治理体系，提升税务机关依法治税能力。税务督察内审部门规范权力运行，加强领导干部经济责任审计等。

为健全税务系统督察内审工作制度，应规范监督内审机构和人员认真履职、忠于职守、坚持原则；对不配合督察内审工作、拒绝督察审计、拒不提供资料或者提供虚假资料、拒不执行督察审计结论、采取整改措施不力或者瞒报、虚报整改情况以及打击报复督察审计人员的单位和人员，按照干部管理权限进行相应责任追究；涉嫌违法违纪的，要移交纪检监察部门处理。

**【案例解析】**

## ××税务局税务干部受贿案

2013 年 6 月至 2014 年 12 月，时任北京市海淀区地方税务局第二税务所（以下简称“第二税务所”）工作人员的杨海伙同第二税务所协税员李寅、无业人员曹某某、北京我爱我家房地产经纪有限公司过户专员王某，在帮助房产交易中介姚某、叶某某、张某等人办理北京市海淀区 25 套房屋交易缴税业务过程中，利用其所在岗位复核相关纳税资料并出具房产交易完税凭证，李某所在岗位受理、审核、查询房产交易纳税人申报资料的职务便利，通过伪造房产交易原始完税凭证、房屋产权证明、商品房现房买卖合同等方式，不缴、少缴上述二手房交易个人所得税、营业税、土地增值税及其他税费，不征、少征应征税款共计 13 651 671.95 元（案发前，杨海已补缴部分税款及滞纳金共计 4 818 721.3 元，其中，补缴税款共计 3 875 694.3 元，补缴滞纳金共计 943 027 元）。先后收取房产交易中介人员给予的钱款共计人民币 440 余万元。并且在此期间，杨海及其家庭成员名下银行账户共计存入现金 15 929 117 元，扣除杨海及其家庭成员相关账户取现、合法收入及受贿所得外，仍有13 055 381.39元不能说明其合法来源。

一审法院认为，被告人杨海伙同他人，利用职务便利，非法收受他人财物，为他人谋取利益，其行为已构成受贿罪；其作为税务机关的工作人员徇私舞弊，不征、少征应征税款，其行为已构成徇私舞弊不征、少征税款罪；其财产明显超过合法收入，且不能说明来源，其行为已构成巨额财产来源不明罪。并且杨海所犯受贿罪，数额特别巨大；所犯徇私舞弊不征、少征税款罪，致使税收遭受特别重大损失；所犯巨额财产来源不明罪，差额特别巨大，依法均应予惩处。但杨海到案后能够主动交代大部分受贿及徇私舞弊不征、少征税款的犯罪事实，并能积极配合侦查机关追缴赃款，且能认罪悔罪，对其所犯受贿罪以及徇私舞弊不征、少征税款罪依法予以从轻处罚。遂依法作出如下判决：（1）被告人杨海犯受贿罪，判处有期徒刑十年六个月，并处罚金人民币一百万元；犯徇私舞弊不征、少征税款罪，判处有期徒刑七年；犯巨额财产来源不明罪，判处有期徒刑六年，决定执行有期徒刑十八年，并处罚金人民币一百万元。（2）在案冻结账户内人民币五百万元及“三亚·地中海湾”3号楼6层611号房产1套（附交易手续）变价后予以没收。（3）责令被告人杨海继续退赔违法所得，予以没收。

杨海不服，继续上诉，二审驳回杨海的上诉，维持原判。

资料来源：中国裁判文书网，2018年4月2日。

## 第四节
## 其他主体的税收法律责任

维护正常税收秩序，保障国家税收利益，不仅需要征税主体依法征税、纳税主体依法纳税，同时也有赖于其他相关主体严格按照税法规定开展各项税收活动。这些主体包括征税委托主体、征税协助主体、纳税帮助主体以及非特定主体。征纳双方之外的这些行为主体出现税收违法行为，同样要负相应的法律责任。

### 一、征税协助主体的税收法律责任

征税协助主体是指根据法律规定，必须为征税机关履行征税职责提供支持、帮助的组织和个人。在实践中，征税协助主体主要指银行或其他金融机构，以及负有配合税务机关进行税务检查义务的其他单位。征税协助主体发生税收违法行为主要有以下三种情况：

一是金融机构未尽税款征收协助义务。纳税人、扣缴义务人的开户银行或者其他金融机构拒绝接受税务机关依法检查纳税人、扣缴义务人存款账户，或者拒绝执行税务机关作出的冻结存款或者扣缴税款的决定，或者在接到税务机关的书面通知后帮助纳税人、扣缴义务人转移存款，造成税款流失。

二是金融机构未尽税务登记协助义务。银行和其他金融机构未依照《税收征收管理法》的规定在从事生产、经营的纳税人的账户中登录税务登记证件号码，或者未按规定在税务登记证件中登录从事生产、经营的纳税人的账户账号。

三是其他单位未尽税务检查协助义务。按照《税收征收管理法》的规定，税务机关有权到车站、码头、机场、邮政企业及其分支机构检查纳税人托运、邮寄应纳税商品、货物或者其他财产的有关单据、凭证和有关资料。有关单位如果拒绝配合，则违反了其协助税务机关进行税务检查的法定义务。

《税收征收管理法》规定了征税协助主体在发生前述违法行为时所应承担的法律责任。金融机构未尽税款征收协助义务的，由税务机关处 10 万元以上 50 万元以下的罚款，对直接负责的主管人员和其他直接责任人员处 1 000 元以上 1 万元以下的罚款。金融机构未尽税务登记协助义务的，由税务机关责令其限期改正，处 2 000 元以上 2 万元以下的罚款；情节严重的，处 2 万元以上 5 万元以下的罚款。车站、码头、机场、邮政企业及其分支机构等未尽税务检查协助义务的，由税务机关责令改正，可以处 1 万元以下的罚款；情节严重的，处 1 万元以上 5 万元以下的罚款。

## 二、纳税帮助主体的税收法律责任

纳税帮助主体主要是指税务代理人，即接受纳税人或扣缴义务人的委托，在法定的代理范围内以纳税人或扣缴义务人的名义依法代其办理相关税务事宜的专门人员及其工作机构，最常见的是税务师事务所和税务师。《税收征收管理法》第八十九条规定："纳税人、扣缴义务人可以委托税务代理人代为办理税务事宜。"税务代理人未按照委托协议书的规定进行代理，或违反税收法律、行政法规的规定进行代理活动的，应承担相应的法律责任。

罚款是纳税帮助主体承担税收行政责任的主要形式。例如，《税收征收管理法实施细则》规定："税务代理人违反税收法律、行政法规，造成纳税人未缴或者少缴税款的，对税务代理人处纳税人未缴或者少缴税款 50% 以上 3 倍以下的罚款。"

在违法情节比较轻的情况下，税务代理人则会被税务机关责令限期改正或予以约谈；在违法情节较为严重的情况下，税务代理人则会被税务机关剥夺税务代理资格。例如，税务代理人违反税务机关相关监管规定，《涉税专业服务监管办法（试行）》（国家税务总局公告 2017 年第 13 号）第十四条规定："由税务机关责令限期改正或予以约谈；逾期不改正的，由税务机关降低信用等级或纳入信用记录，暂停受理所代理的涉税业务（暂停时间不超过六个月）；情节严重的，由税务机关纳入涉税服务失信名录，予以公告并向社会信用平台推送，其所代理的涉税业务，税务机关不予受理，其中违反'使用税务师事务所名称未办理行政登记的'这一项且逾期不改正的，省税务机关应当提请工商部门吊销其营业执照。"

情节特别严重的，可构成刑事犯罪。事实上，税务代理人犯罪，一般都是纳税主体所犯"危害税收征管罪"的共犯，应当按照《刑法》中有关共犯的规定进行定罪量刑。

## 三、非特定主体的税收法律责任

有些税收违法行为对行为主体没有特定的身份或资格要求，任何单位和个人都可能发生这些行为并负相应的法律责任，这样的行为主体即为非特定主体。非特定主体的税收违法行为主要包括：未经税务机关依法委托征收税款的行为；非法制造或倒卖完税凭证的行为；为纳税人、扣缴义务人非法提供银行账户、发票、证明或者其他方便行为以及违反发票管理制度的行为。

**（一）未经税务机关依法委托征收税款行为的法律责任**

只有税务机关和依法受税务机关委托的单位和个人才能行使征税职能，其他任何单位或个人均不得私自征收税款。《税收征收管理法》第七十八条规定："未经税务机关依法委托征收税款的，责令退还收取的财物，依法给予行政处分或者行政处罚；致使他人合法权益受到损失的，依法承担赔偿责任；构成犯罪的，依法追究刑事责任。"

**（二）非法制造或倒卖完税凭证行为的法律责任**

完税凭证的式样由国家税务总局制定，未经税务机关指定，任何单位和个人不得非法制造、转借、倒卖完税凭证。《税收征收管理法实施细则》第九十一条规定："非法印制、转借、倒卖、变造或者伪造完税凭证的，由税务机关责令改正，处2 000元以上1万元以下的罚款；情节严重的，处1万元以上5万元以下的罚款；构成犯罪的，依法追究刑事责任。"

**（三）为纳税人、扣缴义务人非法提供银行账户、发票、证明或者其他方便行为的法律责任**

纳税人、扣缴义务人的银行账户、发票、证明应当按照规定从正规渠道获得，非法为其提供此类方便极易导致国家税收利益受到损失。《税收征收管理法实施细则》第九十三条规定："为纳税人、扣缴义务人非法提供银行账户、发票、证明或者其他方便，导致未缴、少缴税款或者骗取国家出口退税款的，税务机关除没收其违法所得外，可以处未缴、少缴或者骗取的税款1倍以下的罚款。"

**（四）违反发票管理制度行为的法律责任**

此类违法行为包括：私自印制发票，非法制造发票防伪专用品，伪造发票监制章；介绍他人转让发票、发票监制章和发票防伪专用品；跨规定的使用区域携带、邮寄、运输空白发票；介绍他人开具与实际经营业务情况不符的发票；伪造、非法制造或者出售伪造、非法制造的发票；非法出售发票；非法购买、购买伪造的发票；持有伪造的发票；盗窃、诈骗发票等。根据《发票管理办法》的规定，非特定主体因发票违法行为而承担的行政法律责任主要有罚款、没收违法所得、没收非法财物。构成犯罪的，按照《刑法》规定定罪量刑。非特定主体发票犯罪应负的刑事责任，与本章第二节中纳税主体危害发票管理类犯罪应负的责任相同，在此不作重复介绍。

## 第五节　税收法制与税收事先裁定

### 一、税务管理法律制度

《中华人民共和国立法法》（以下简称《立法法》）第八条第六款规定，"税种的设立、税率的确定和税收征收管理等税收基本制度”只能由法律规定，简称为税收法定原则，即由立法者决定全部税收问题的税法基本原则。税收法定原则包括以下内容：一是税种法定。一个税种必定相对应于税种法律；非经税种法律规定，征税主体没有征税权力，纳税主体不负缴纳义务。这是发生税收关系的法律前提，是税收法定原则的首要内容。二是税收要素法定。这指的是税收要素必须由法律明确规定。税收要素是税收关系得以具体化的客观标准，是其得以全面展开的法律依据，是税收法定原则的核心内容。三是程序法定。税收关系中的实体权利义务得以实现所依据的程序要素必须经法律规定，征纳主体各方均须依法定程序行事。根据《立法法》的规定，税收基本制度只能由全国人大及其常委会制定的法律规定，行政法规、地方性法规和规章均不得对此作出规定。这意味着，今后政府收什么税、向谁收、收多少、怎么收等税收基本制度，都要通过全国人大及其常委会立法决定。

税收法律制度按照所调整对象的不同进行分类。属于直接调整税收法律关系的，称为税收专门法律。属于调整行政法律关系、刑事法律关系等其他法律关系的同时，也调整税收法律关系的法律，称为税收相关法律。两类法律共同组成了我国现行税收法律制度体系，是税收管理的法律制度依据，是所有纳税人和政府征税的行为准则。

根据税法的功能不同，税收法律制度分为税收实体法和税收程序法。税收实体法是规定税收法律关系主体的实体权利、义务的法律规范的总称。其主要内容包括纳税主体、征税客体、计税依据、税目、税率、减免税等，是国家向纳税人行使征税权和纳税人负担纳税义务的要件，只有具备这些要件时，纳税人才负有纳税义务，国家才能向纳税人征税。税收实体法直接影响到国家与纳税人之间权利义务的分配，是税法的核心部分，没有税收实体法，税法体系就不能成立。例如《中华人民共和国企业所得税法》（以下简称《企业所得税法》）、《中华人民共和国个人所得税法》（以下简称《个人所得税法》）等即属于税收实体法。税收程序法指以国家税收活动中所发生的程序关系为调整对象的税法，是规定国家征税权行使程序和纳税人纳税义务履行程序的法律规范的总称。其内容主要包括税收确定程序、税收征收程序、税收检查程序和税务争议的解决程序。税收程序法实际上是对如何具体实施税收实体法的规定，是规定国家征税权行使程序和纳税人纳税义务履行程序的法律规范的总称。《中华人民共和国税收征收管理法》（以下简称《税收征管法》）即属于税收程序法。

从税收法律制度框架角度来看，税收法律制度主要有税收立法、税收执法和税收司法、税法监督保障等制度。税收立法制度主要包括立法权的划分和立法程序的确定。税收立法制度是实行税收法治的前提，没有科学和完善的税收立法制度，实行税收法治就无从谈起。立法程序是保证立法权得以正确行使的立法行为准则。目前我国税收立法层次较低，除少数几个税法是经全国人大正式立法外，大多为国务院发布的暂行条例，而且补充规定较多。依照“税收法定主义”原则，应当改革和完善目前的以税收行政法规为主、税收法律为辅的税收立法制度，提高税收立法效力级次和立法质量，建立以税收法律为主、税收法规为辅的税法体系。税收执法制度是税法主体享有的税收权利和承担的税收义务得到充分落实的制度。我国《税收征管法》与其他国家相类似，建有税务登记、账簿凭证管理、纳税申报、税款征收、税务检查等制度，对加强税收征管、规范税收行为、维护税收秩序发挥了重要作用。税收司法制度是行政司法制度的重要组成部分，包括税务行政复议制度（准司法制度）和税务行政诉讼制度。税收司法制度是税收立法和税收执法的制度保障。税法监督保障制度是保证税收立法、税收执法、税收司法制度得以严格实施的法律制度。目前，在税法监督保障制度建设方面，尚无一部较为系统、全面的制度规范。从世界许多国家划分税收立法权的实践看，随着市场经济体制的发展和完善，在中央与地方之间采取分权是一种趋势，它有利于调动中央与地方两方面的积极性。2019 年 10 月 9 日，国务院印发《实施更大规模减税降费后调整中央与地方收入划分改革推进方案》，提出保持增值税“五五分享”比例稳定等三方面主要改革措施。意在建立权责清晰、财力协调、区域均衡的中央与地方财政关系，为减税降费政策落实创造条件。

## 二、税收事先裁定

由于交易类型纷繁复杂和税法的不完备性，诸多国家和地区建立了税收事先裁定制度，以减少纳税人未来涉税交易适用税法的不确定性。作为立法回应，2015 年 1 月，国务院法制办公室公布的《中华人民共和国税收征收管理法修订草案（征求意见稿）》提出拟引入预约（事先）裁定制度，引起了各方关注。然而，由于认知层面仍存在一定分歧以及试行中机构、人员配备等因素，当前在我国实践层面的试点未能进一步推开，相关制度的立法进程也基本停步。

### （一）税收事先裁定的概念

税收事先裁定，是对纳税人未来拟议交易且现行税法规则无法涵盖的交易请求预先作出税法评价，以便纳税人自行衡量其未来交易架构的税法处理、风险和后果。

### （二）税收事先裁定的作用

从纳税人角度看，事先裁定可为其提供预期活动的确定税收后果，减轻其在纳税申报体系下承担的税收风险责任，便于其准确预测税务成本，方便投资决策；对于上市公司来说，对外披露其获得事先裁定的信息可帮助企业树立良好形象，有助于保护投资者利益；随着我国大量行政审批事项取消，在新的备案管理模式下，事先裁定能够降低纳税人的不确定性。从税务机关角度看，通过事先裁定有助于发现税法适用中的问题，及时弥补税法漏洞、消除税法规定的模糊点，也有助于与企业达成有效沟通，构建和谐的征纳关系，倒逼征管改革加速，促进税务机构扁平化管理，并有利于提高国际税收环境的透明度。

### （三）税收事先裁定的性质界定

目前，国内研究者已对税收事先裁定的概念、作用、基本制度要素构成等方面达成共识，但对其性质界定、处理机构选择仍存在分歧。

税收事先裁定性质界定主要有三种观点：一是税收事先裁定是一项纳税服务。该观点认为税务机关通过税收事先裁定为纳税人提供适用税法的意见，类似于提供咨询，纳税人既可以参照裁定继续实施预期事项，也可以不按裁定申请来处理相关事项，而税务机关可自主设定事先裁定的范围，选择为特定范围的纳税人提供裁定。二是税收事先裁定是行政指导。该观点认为，裁定一般对申请人不具有法律约束力，具有服务性但不同于一般政策解答，更接近于税务行政指导。税务机关必须在法律框架下按照法律赋予的权限和程序解释税法，通过事先裁定明确告知纳税人是否纳税以及纳税金额，并监督纳税人执行，如果定性为服务会缺少必要的严肃性和权威性。三是税收事先裁定是税法解释行为。税收事先裁定应视为税法的解释工具。税收事先裁定与不同的行政行为存在类似点，但难以完全等同，其作出后，不仅是对税法的有权解释，且事实上也对行政机关产生法律约束力，而行政指导不直接产生法律效果，纳税服务则并非严格的法律概念。

综合来看，将税收事先裁定作为一项具有税法解释作用的纳税服务应比较适合。首先，税收事先裁定具有税法适用的行政性解释特征。但这一解释通常只对申请人的特定事项有效，且只对税务机关形成单方面约束力，所以与普遍适用的税法行政解释又有区别。其次，税收事先裁定由纳税人自主提出申请，税务机关提供，帮助纳税人控制风险，将其作为纳税服务契合现代征管理念，也是多数国家所采用的性质定位。

### （四）税收事先裁定处理机构的选择

国际上设立事先裁定处理机构主要有两种模式：一种是行政模式，由税务机关处理事先裁定，为大多数国家所采用；另一种是司法模式，由独立于税务机关的（准）司法机构负责处理。印度和瑞典是采取该模式的代表性国家。我国多数研究认为，由税务机关作为裁定处理机构更为合适。一是我国司法机关尚缺乏实施税收事先裁定的必要条件与能力；二是目前我国主要由税务总局的行政性发文解决税法的操作性问题，税收事先裁定若采用司法模式容易带来相互不一致的争议；三是司法程序正式但复杂、耗时长，会在一定程度上抵消事先裁定对纳税人的指引作用。也有学者认为，最优选择是由税务机关之外的独立组织承担事先裁定，如由国务院在国务院法制办“财政金融法制司”下设立“事先裁定委员会”，由其作出裁定并交税务机关执行，有助于信赖保护，避免偏私与公平。

中央集中处理和地方共同处理税收事先裁定的选择，主要有三种观点：一是由国家税务总局统一处理裁定。如果地方税务机关既作为裁定的作出者，又是裁定的执行者，会破坏税法的统一性，增加不确定性和复杂性，而且裁定事项通常涉及范围和影响力较大的复杂疑难税务问题，国家税务总局才具有相应的处理能力。二是省级以下税务机关均应享有事先裁定的处理权。国家税务总局集中处理申请的数量有限，对基层纳税人情况也不够了解，对作用发挥有限制。由国家税务总局和省以下各级税务机关受理不同级次纳税人的裁定申请，可增强灵活性和便利性，也可避免来不及处理申请的窘境。三是国家税务总局及省级税务机关才有权处理裁定。由总局和省局两级机关协同开展事先裁定更适合国情，因为总局行政资源有限，难以应付全国纳税人的事先裁定事宜，而总局和省局两级协同开展事先裁定，加上省局到总局的内部请示备案制度、总局和省局两级定期沟通研讨制度等，可以实现全国范围内统一标准，达成一致性。

### （五）税收事先裁定受理范围的确定

主要有以下两种观点：一是实施初期采用正列举方式限定受理范围；二是采用反列举方式明确不受理的范围。

### （六）税收事先裁定效力及裁定撤销

对于事先裁定的效力，我国学者基本认同大部分国家的经验，即事先裁定对税务机关具有单方面约束力。只要纳税人按照申请裁定时的计划实质性地经营交易（或与预期计划相比仅有非实质性变动），则税务机关在对申请人进行税额确认、税务稽查及履行其他管理职责时，应当受到约束，按照裁定征收税款，不得随意变更或撤销。

（七）税收事先裁定的法律救济

国内研究基本认同税收事先裁定不适用复议和诉讼等法律救济手段。因为裁定涉及的是未来可能发生的事项，申请人如要避免裁定对其可能的不利影响，可以撤回申请或调整未来交易行为，也可以在依照裁定实施交易后对税务机关的具体征管行为提出复议或诉讼等。

总的来说，税收事先裁定还处于研究和试点阶段，应继续深化研究和试点探索，以推动税收事先裁定制度在我国正式落地。

## 复习思考题

### 一、名词解释

法律责任　税务行政处罚　税务刑事处罚　国家公职人员职务犯罪　税务系统领导干部廉洁从政“八不准”　税收事先裁定

### 二、简答题

1. 简述税务行政处罚的原则。
2. 简述税务行政处罚的种类。
3. 简述税务行政处罚简易程序。
4. 简述税务行政处罚一般程序。
5. 简述税务刑事处罚的种类。

### 三、论述题

1. 论虚开增值税专用发票罪的法律责任及其防范措施。
2. 论述如何促进国家公职人员安全履职。
3. 如何推动税收事先裁定制度在我国正式落地。

## 参考文献

[1] 许建标，吴东民．推动税收事先裁定制度在我国正式落地［J］．经济界，2019（06）：22—28.

[2] 杨志．税收法治通论［M］．北京：中国税务出版社，2014.

# 第十八章 *Chapter 18* 税务管理现代化

【本章提要】

税务管理现代化是在一定历史条件下的现代化，是相对于传统而言的现代化，是生产力发展到一定水平条件下的税务管理状态。税务管理的现代化建设是一项系统化工程，涉及治税理念、税制设计、征管体制、人员素质、信息化支撑等诸多方面。本章阐述了税务管理现代化的概念及特征、目标体系及评价标准；重点论述了税务管理现代化的基本内容及实现路径；扼要介绍了提高国民税法遵从意识的途径。

【学习目的】

通过本章的学习，重点了解并掌握税务管理现代化的主要内容、实施路径以及提高国民税法遵从意识的着力点。

## 第一节 税务管理现代化概述

### 一、税务管理现代化的内涵

税务管理现代化是指通过建立相应的法律法规和管理体制，运用科学的方法、现代化的技术手段和高素质的队伍进行税务管理，同时对纳税人依法履行纳税义务和税务部门的执法情况进行有效监督，使税收各项职能作用发挥最佳水平的一种管理标准。税务管理现代化是税收现代化的重要组成部分，它不仅体现在国家税收现代化进程中，更重要的是体现在国家税收征管现代化之中，反映了税收征纳双方共同的奋斗目标和愿景。

税务管理现代化是在一定历史条件下的现代化，是相对于传统而言的现代化，是生产力发展到一定水平条件下的税务管理状态。税务管理现代化建设是一项系统化工程，涉及治税理念、税制设计、征管体制、人员素质、信息化支撑等诸多方面。其中，完善健全的税收法律制度是税务管理现代化的依据和灵魂；合理的税务管理体制是实现税务管理现代化的重要保障；科学的征管模式是实现税务管理现代化的载体；高素质的税务干部队伍是实现税务管理现代化的关键；完善的信息管理系统是实现税务管理现代化的主要手段。

## 二、税务管理现代化的特征

税务管理现代化具有以下基本特征：

一是税务管理法制现代化。税务管理法制现代化是税务管理现代化的基础。税务管理现代化离不开一套完整、严密、简明、和谐的现代税收实体法律体系和程序法律体系。应加快制定税收基本法，推进税收实体法的立法、税收程序法的修订和完善，提高税收执法和司法的法律效力，从而使税务管理的程序、税务管理活动全面纳入法律轨道之中。

二是税务管理方法现代化。税务管理方法现代化是提高税务管理能力的保障。应根据税务管理法制体系的运行特点，建立与现代征管需求相适应的集约化和扁平化的税务管理体系；对税务机关人力、物力、财力、信息等资源进行有效配置，保障税务管理目标的有效实现，从而建立起税务管理业务流程结构、征管职能配置科学合理，体系各层面之间、各层面的不同环节之间衔接流畅、运行高效、相互配合协调、相互监督制约、考核科学、服务规范的管理体制。

三是税务管理流程现代化。现代化税务管理流程以纳税人自主申报、集中受理为基础，以对纳税人实施遵从管理为主线，确立税收征管和纳税服务流程，并针对流程的不同环节、事项实施执法监督与监察。应通过对组织的工作流与过程进行分析和再设计，让税务管理体制能够尽快接受并适应内外部传递的信号，从而在成本、质量、服务和速度等方面取得根本性的改善。

四是税务管理队伍现代化。税务管理队伍现代化要求充分发挥税务管理人员的潜能，在组织内部形成独特的税务管理文化，造就一支适应现代法治要求、市场经济要求、经济全球化要求和税务管理信息化要求的税务管理队伍。为此，要建立起比较完善的人员选拔制度、绩效管理制度、考核监督制度、教育培训制度等。

五是税务管理信息技术现代化。信息技术现代化是税务管理现代化的支撑。通过税务管理技术、手段的现代化建设，日常税务管理需要的应用软件系统要涵盖税务管理体系各个主要环节；税源、税管信息要处于有效的监控之下，税务管理信息获取、加工处理、分析使用应成为税务管理工作的主要内容；同时，依托信息新技术也可以推动组织结构、管理方式和业务流程现代化变革。

# 第二节 税务管理现代化的基本内容①

习近平总书记在十九届四中全会上指出，当今世界正经历百年未有之大变局，我国正处于实现中华民族伟大复兴的关键时期。战胜我们前进道路上的各种风险挑战，必须在坚持和完善中国特色社会主义制度、推进国家治理体系和治理能力现代化上下更大功夫。为深入推进税收治理体系和治理能力现代化，国家税务总局根据十九届四中全会的要求，提出了要建立坚强有力的党的领导制度体系、成熟完备的税收法治体系、优质便捷的税费服务体系、严密规范的税费征管体系、合作共赢的国际税收体系、高效清廉的队伍组织体系。这些内容构成了“六大体系”3.0 版，同时这六大体系也构成了税务管理现代化的目标和内容体系。

坚强有力的党的领导制度、成熟完备的税收法制体系是税收现代化的基础，将党的领导和完善税制结合起来，统筹推进。坚持全面从严治党，巩固提升党对税收工作的全面领导。在税制改革过程中，通过提升主要税种的立法级次，完善一个税种，出台一部法律，将各个税种逐渐纳入法律体系。选择适当时机，将纳税人基本权利、税收立法权和依法征税等内容贯彻到《宪法》的修订中，保障纳税人依据《宪法》，通过法律程序，决定约束和监督政府的财税行为。

优质便捷的税费服务体系、严密规范的税费征管体系是税收现代化的核心，以提高纳税人的自觉遵从度为目标优化纳税服务和税收征管工作。要用理念的转变带动职能的转变，用职能的转变促进征管、服务质效的提高，用征管、服务质效的提高保证税收管理目标的实现。纳税服务的制度体系应以纳税人的宪法权利为基础，通过纳税人权利法案、宣言和公告等形式列举纳税人的具体权利，通过税收程序法和税收实体法保障纳税人的具体权利，完善税法宣传、纳税咨询、办税服务、权益保护和信用管理等制度。按照风险管理的理念改造税收征管流程，优化征管资源配置，提升管理的专业化程度，降低征纳双方成本。

合作共赢的国际税收体系、高效清廉的队伍组织体系是税收现代化的保障，以科技创新带动税收管理和体制机制创新。在税务机关与纳税人之间、税务机关与其他政府部门和社会组织之间、税务机关的横向和纵向组织机构之间、税务机关和他国税务机构之间，都存在着比较严重的信息不对称问题，制约了税收征管和纳税服务水平的提升。信息情报共享不仅能突破信息缺失带来的征管漏洞，还能促使纳税人自觉遵守各国税法。应依托以“金税三期”为主的信息技术平台，将网上办税、风险管理、纳税服务评价监督和绩效管理等完全纳入统一、集中、开放和共享的信息网络系统，持续优化税收业务和组织体系，

① 国家税务总局税收科学研究所课题组：《税收现代化目标体系建设研究》，载《税收经济研究》2015 年第 3 期。

建立与现代征管模式相匹配、以满足纳税人正当涉税需求为基本目标的集约化和扁平化的税收组织体系。同时，与物联网、智能化、大数据等技术深度融合的区块链技术也能加快税务管理现代化的进程。

## 一、着力构建坚强有力的党的领导制度体系

十九届四中全会把坚持和完善党的领导制度体系放在首要位置，突出党的领导制度在中国特色社会主义制度和国家治理体系中的统领地位。落实到税务系统，必须高度重视加强党的制度建设，加强党对税收工作的全面领导。要完善“健全总揽全局、协调各方的党的领导制度体系”，以政治建设为统领，继续推进党的全面建设，形成税务机关“不忘初心、牢记使命”的长效机制。要健全税务系统党的全面领导制度，完善和落实全面从严治党责任制度，推动“两个责任”“一岗双责”有效落实。要健全党委工作机构，抓好党支部规范化标准化试点验收工作，推进基层党组织规范化标准化建设。要继续深化纪检监察体制改革，构建成熟完善的纪检监察体制，切实发挥纪检部门作用。要完善党建工作考核机制，强化党建工作绩效考核，层层推动责任落实，把党的领导贯穿到税收工作的各领域、各方面、各环节。

全国税务工作会议指出，要着力践行习近平新时代中国特色社会主义思想，扎实推进税务系统全面从严治党。各级税务机关要不断加强党的政治建设，把深入学习贯彻习近平新时代中国特色社会主义思想和习近平总书记关于税收工作的重要论述摆在首要位置，探索建立不忘初心、牢记使命的长效机制，努力修好永恒课题和终身课题，大力提升税务系统党组织的组织力，落实“两个责任”，一体推进“不敢腐、不能腐、不想腐”体制机制建设，旗帜鲜明地支持纪检机构履职尽责，不断推进税务系统全面从严治党向纵深发展。

中国共产党领导是中国特色社会主义最本质的特征，是中国特色社会主义制度的最大优势，党是我国最高政治领导力量。必须坚持党政军民学、东西南北中，党是领导一切的，坚决维护党中央权威，健全总揽全局、协调各方的党的领导制度体系，把党的领导落实到国家治理各领域、各方面、各环节。全国各税务部门只有贯彻落实党的领导制度体系，才能实现税务管理现代化。

## 二、着力构建成熟完备的税收法治体系

面对错综复杂的国际环境和艰巨繁重的国内改革发展这一稳定任务，税务系统要严格落实税收法定原则，推进税收立法，完善与国家治理相适应的税收征管法律法规。不断优化税制结构，深化增值税改革，增强我国税制的国际竞争力。

### （一）推动制定税收基本法

在国家的法律体系中，税收基本法起着连接宪法和单行税法的桥梁作用，它能够将税制的总体思路和原则通过立法确定下来，最终实现税法体系的系统化。税收基本法应对当前我国基本税收体制作出原则上的规定，对中央与地方税权划分和税收基本制度安排作出明确表述，对于我国税收执法的相对独立性加以明确，就保障公民、法人和其他主体合法的财产权进行明确，并对税种的开征、停征，税收的减、免、缓以及区域性税收优惠基本原则作出明确规定。

### （二）完善税收立法程序建设

加快全国人大及其常委会税收立法程序规范化建设，明确涉及全国性的税收法律立法权专属于全国人大。对涉及公民普遍利益、社会公平和长远发展的重要税收立法，建立国家立法听证制度，充分征求社会公众意见。探索建立税收立法的违宪审查与普通司法审查制度，增加对税收行政、立法和司法行为的合宪性审查，加强对税收立法的法律监督。加快中央与地方税收法律立法权分配机制建设，将构建科学、合理的税收立法权分配机制与各实体税种立法的进程同步推进，制订稳妥、可行的基本方案和详细计划。

### （三）加快税收实体法立法进程

充分借助“营改增”改革、减税降费的有利时机，逐步建立覆盖面广、税负适度、科学合理的增值税法律制度。合理调整消费税征收范围、税目、税率，建立适应当前经济和社会发展的完善的消费税法律制度。进一步完善《企业所得税法》，提高其遵从度。以促进地方财政增收为目标，健全地方税体系。开展税收法律法规、规章和规范性文件的清理工作，以进一步了解和掌握立法现状，并根据需要进行各类法律法规的修改、补充或废止，为后续税收立法奠定基础。

### （四）加快《税收征管法》修订进程

《税收征管法》是规范税收征收管理的重要法律制度，也是依法治税的制度基础。但是随着我国经济社会的发展变化，市场主体越来越复杂、经营模式越来越多元化以及税制改革不断推进，现行的《税收征管法》给征管带来的不便也越来越多。随着税收现代化建设进程的加快，税收征收的方式、手段正在发生变化，修订和完善与国家治理能力相适应的《税收征管法》也需进一步加快。

### （五）深化增值税改革

2017 年和 2018 年增值税已经分步实施了简并税率改革，2019 年降低了税率水平、提高了小规模纳税人的起征点等。根据税收中性原则，之后应该结合我国经济社会发展的状况以及财政的承受能力，继续推进增值税改革，可对税率进行简并，优化税率结构。同时，在“营改增”全面改革基础上，逐步清理和规范相关税收优惠政策，进一步健全抵扣链条。通过继续推进增值税的改革，构建更加公平、高效、简洁的增值税制度。

## 三、着力构建优质便捷的税费服务体系

税务机关致力实现办税场所标准化、服务队伍专业化、服务内容规范化、服务平台集成化、服务形式多元化、服务流程简捷化、法律救济常态化和服务评价社会化，目前已经取得了很大的成绩，正在向着确保全体纳税人享受均等、规范、优质、便捷服务的目标迈进。随着国税地税合并和社保非税划转，税务部门所承担的服务内容也越来越多，还应在以下方面进一步完善：

一是构建客户核心理念体系。现代化的纳税服务要求各级税务机关普遍树立以客户为导向的工作理念，将纳税人当成自己的客户来对待。部分税务机关和税务人员的思想观念还没有从监督管理向服务管理转变，部分纳税人受到权力观念的影响，对维权还心存顾虑。因此，要加快构建客户核心理念体系，多站在纳税人角度去思考问题，使维护纳税人权利、满足纳税人正当需求成为纳税服务工作的题中之意。

二是构建立体宣传咨询体系。要通过为纳税人提供全方位、多角度、多层次的宣传咨询服务，切实保障纳税人的知情权。随着多媒体、网络技术、新兴媒体的快速发展，今后的宣传咨询要更加注重传统媒体与新媒体的融合互通，奏响宣传咨询协奏曲。应注重分类宣传咨询，针对不同行业和不同经济类型，企业管理层、财务主管、办税人员等不同群体，涉税中介机构、行业协会、志愿者组织等不同组织，可利用互联网、区块链等技术对不同需求的纳税人进行准确分类，提前预测纳税人的需求，将需求与服务进行定向匹配，从而向纳税人提供“一对一”的税法和税收优惠政策的解读，实现税法宣传的定制化推送。推行公开纳税人信用状况清单，针对纳税人信用实行区别服务。积极发挥税收管理员、办税服务厅人员和税务稽查人员直接接触纳税人的优势，有针对性地开展个性化宣传咨询。

三是构建社会化权益保护体系。要按照大维权格局和扁平化的要求，逐步构建机制健全、运作高效、覆盖全面的纳税人权益保护组织体系。快速响应纳税人权益保护组织代表纳税人提出的意见、建议和权益维护诉求，发挥纳税人权益保护的第三方作用，将维护纳税人权益落到实处。加强纳税人权益保护的社会公众监管，切实发挥社会公众、纳税人对税务机关保护纳税人权益工作的评价作用。构建一套科学、完善的纳税服务评价和监督系统，对税务部门工作人员的纳税服务进行全方位、多层次的评价和监督，将评价结果纳入绩效考核，与工资薪金挂钩，制定相应的激励机制与惩罚措施，促进税务部门工作人员不断增强纳税服务意识，提高自身综合素养，改善纳税服务水平，为纳税人提供更加规范、优质的服务。通过邀请纳税人代表，聘请行风监督员、廉政监督员、执法监督员，开展征纳双方互评、纳税满意度测评、税情民意联络、协税护税综合治理等活动，对税务机关的行风建设和干部的行为规范、服务质量、政策执行、廉洁从政等情况进行评价，自觉接受社会监督。

### 四、着力构建严密规范的税费征管体系

构建严密规范的税费征管体系，应以完善税务机关履行税收征管职责和纳税人履行纳税义务所应共同遵守的基本程序为主线，明确征纳双方主体地位，不断增强税务机关税源监控能力和纳税人的税法遵从能力。税务机关要依托现代技术手段，合理配置征管资源，切实优化税费征管流程，规范税收执法，提升税费征管质量和水平，减少和避免税费流失。同时通过纳税信用的培养，促进社会信用机制的建立，降低全社会的税收成本，促进经济发展和税源增长。简而言之，科学严密的税费征管体系是由简便快捷的税务登记制度、环环相扣的电子发票制度、云端支撑的账簿管理制度、柔性高效的申报确认制度、严格规范的税务稽查制度构成的有机整体。

#### （一）建立分类分级的税源管理格局

建立分类分级税源管理格局的基本思路是：减少管理层级，优化征管资源配置，积极探索按纳税人类型设置管理机构，按行业、类别和规模对纳税人进行分类分级管理的税源管理新格局。

1. 充实省级大企业管理局和地市级重点税源管理局。对资产、经营收入、纳税额达到一定规模的大企业和重点税源，分别由省、地市两级大企业和重点税源管理机构进行管

理，探索符合大企业内在遵从特点的管理方式，提高对高风险的应对能力。

对未纳入上述大企业和重点税源管理的中型企业、小微企业及个体工商户，按属地管理为主、兼顾行业管理的原则设立管理局（所）。必要时可打破属地管理，因地制宜地按照纳税人类别进行分类管理。在管理局（所）内按照行业、风险类型实施团队管理，发挥能力互补、相互促进、共同提高的团队优势，改变一个管理员包办管户涉税事项的模式。对电子商务税收应在既有利于新经济发展，又维护国家税收主权和利益的前提下加强征管。对从事网络交易或某些特殊行业的纳税人，根据实际情况设立专业管理局（所）进行集中管理。

2. 组建自然人纳税人管理机构，对自然人纳税人进行专业化的税收管理。《税收征管法》强化了对自然人纳税人的税收征管措施，包括要求税务机关登录自然人纳税人识别号，将以前仅针对从事生产经营纳税人的税收保全和强制措施适用于自然人，这些规定为规范自然人纳税人管理进而完善社会信用体系提供了法律支持。由于自然人具有流动性强、收入来源地不唯一的特点，建议结合《个人所得税法》的修订，明确由自然人纳税人主要居住地税收管理机构负责该纳税人全部收入和所得的税收征管，避免因多头管理造成个人所得税重征、漏征。在依法保护公民隐私的前提下，保证纳税人涉税信息收集全面真实并得到广泛应用。

3. 组建针对事业单位和社会组织的专业税收管理机构。《税收征管法》明确了从事生产、经营的事业单位和社会组织自依法设立之日起 30 日内向税务机关申报办理税务登记的义务，应设立专门机构进行日常税收征管，避免事业单位和社会组织在发生应税业务时出现税收流失。

### （二）建立监控严密的风险管理格局

税收风险管理是税务机关运用风险管理理论和方法，在全面分析纳税人税法遵从风险的基础上，对不同风险等级纳税人采用不同应对手段，从而提高纳税人的税法遵从度、提升税务机关管理质效的税收管理活动。

1. 建立总局、省、地市三级税收风险管理机构。由于税收风险管理是一项基于全面掌握纳税人生产经营等相关信息的系统管理，牵涉面广，专业性强，建议由国家税务总局主导统筹、省级税务局归口管理，发挥数据集中的优势，自上而下有序推进。各级税收风险管理机构可设在负责税收征管的职能部门。

2. 建立风险管理工作流程和工作机制。将实地核查、纳税评估、监控管理等执法事项归为税收管理类，实施风险管理，以制度的形式加以明确并相对稳定，促进风险管理由分散走向有序。按照信息采集、分析识别、等级排序、应对处理和绩效评价五个步骤，对涉税信息进行筛选、鉴别和归集，提高风险管理的针对性和有效性。明确风险应对岗位职责，对不同税收风险纳税人实施差异化、递进式管理策略：对税务登记、发票领用、资格认定等低级别涉税风险，以提示提醒、纳税辅导应对；对风险模型扫描出的中级别涉税风险，以纳税评估应对；对涉嫌逃避缴纳税款、逃避追缴欠税、骗税、抗税等高级别涉税风险，以移交稽查部门立案查处应对。

3. 建立科学的风险指标体系。根据各行业不同特征设置和定期发布行业税负预警指标，分税种建立风险指标模型，统一筛选并确定评估对象和方法，逐步提高专业化数据分析和运用水平。总局或省局建立指标模型，供地市局在风险识别时采用。考虑到区域差异、经济发展不平衡、企业规模大小等因素，各地市局可在总局、省局模型基础上修改相关指标参数，因地制宜地建立本局的风险指标体系。

4. 完善税收大数据建设。《税收征管法》进一步明确了各行政事业单位及其他组织与税务机关的信息共享制度，税务机关应从总局层面统一信息数据口径，依托金税三期建设，加强对风险管理模块外部信息导入功能，从不同角度、不同维度将纳税人涉税信息与各种第三方数据加以分析比对，汇聚成数据集群，构建数据仓库，进行风险识别。通过夯实风险管理的数据基础，构建监控严密的风险防控体系，对不同税法遵从度等级的纳税人，采取不同的应对措施，以较低的税收成本实施税收风险防控。

5. 强化风险管理流程控制。将风险管理流程分为事前、事中、事后三部分，分别设置运行节点，形成有效的控制机制。事前控制包括风险管理目标规划、风险分析识别、风险排序、拟定计划和分配任务，事中控制包括纳税服务和纳税评估的风险应对，事后控制包括效果评价、复核和反馈。在简政放权和优化服务的同时，要切实加强事中事后监管，进一步优化税务执法方式，不断健全完善税收大数据和风险管理流程控制。

#### （三）健全精简高效的执法流程

精简高效的执法流程旨在以明晰征纳双方权利义务、厘清税务机关内部执法权限为前提，确保税收执法公平公正高效，实现税法遵从度高、税收成本低、税收流失少的目标。完整的税收执法流程是由以下五个方面构成的有机整体：制定和完善执法责任制，明确征纳双方执法、守法责任；税收执法风险识别和预警；开展纳税评估（税额确认）和组织纳税人自查（修正申报）；进一步规范税务稽查执法；完善税收执法责任追究和绩效评估考核。

### 五、着力构建合作共赢的国际税收体系

全国税务工作会议提出，为进一步深化国际税收合作，积极助力合作共赢的开放体系建设，要进一步发挥税收职能作用，更好地服务“一带一路”建设，更加积极地参与国际税收规则的制定与交流合作，更大力度地支持“走出去”与“引进来”，助推更大范围更宽领域更深层次的全面开放，在国际税收领域更好地贡献中国智慧，展现中国风采。

一是以“一带一路”为契机深化国际税收合作。目前，我国已对外正式签署 107 个避免双重征税协定，在“一带一路”沿线国家中，中国与大多数国家签署了双边税收协定。中国可通过深化国际税收合作，加强与有关国家的双边磋商，消除跨国企业的国际双重征税，为“走出去”和“引进来”的企业创造良好的投资环境。在更多重要城市设立国际税务服务中心，为纳税人提供双语税务咨询服务，进一步加强国际税务合作，服务国家发展战略。

二是共同推进国际税收制度和管理改革。近年来，我国依托“一带一路”倡议，充分利用二十国集团（G20）委托 OECD 开展国际税收规则重塑的重大机遇，积极主动走向国际舞台中央，加入税基侵蚀和利润转移（BEPS）行动计划，主动争取将“一带一路”沿线及其他发展中国家的诉求融入国际税收新规则。中国正在努力实现从既有规则的接受者到国际规则的参与者、制定者和引领者的转变，逐步成为国际税收大家庭不可或缺的重要成员。中国在国际税收规则制定和国际合作中发挥更加重要的作用，应帮助发展中国家

和低收入国家加强税收征管能力，分享改革成果，实现互利共赢。不断完善国际逃税防控体系，维护国家税收权益和世界税收秩序。

三是加强国际税源管理，组建跨境纳税人管理局。积极应对发达国家日益强化的属人征税原则，组建跨境纳税人管理局，充实反避税机构和人员，利用多边税务合作开展国际税收情报交换，提高跨境纳税人管理水平，提高反避税能力，维护国家税收主权和利益。将反避税纳入日常税收征管，通过国际税收协作，加强国际税收情报交换，采集纳税人境内、境外涉税信息，有效应对经济全球化下跨国经济活动的挑战。

## 六、着力构建高效清廉的队伍组织体系

高效清廉的队伍组织体系的核心是通过健全选人、育人、用人激励机制和制度体系，优化资源配置，激发个人潜能，实施人才强税。

### （一）完善人力资源配置体系

税务系统构建科学合理的人力资源配置模型、人员素质参数数据库和岗位需求模型，开发出人员和岗位的多参数的自动匹配系统，采用人机集合的方式，最大限度地实现人员在特定区域范围内生成自动优化配置方案，优化人力资源配置。

### （二）健全人力资源教育管理体制

依托信息系统建立培训计划生成机制和内容更新机制，形成培训部门和需求部门计划协调会商机制，建成功能完备、资源共享、规范高效的远程网络教育培训体系。各省（区、市）税务局各自建成科学实用的在线培训、考试远程系统。建立各级领导干部和各专业人才有所区别的开发体系，不断提升领导干部队伍素质，形成层次分明的高素质、专业化骨干队伍体系；继续推行省（区、市）和地市级专业骨干培训，继续实施“十万人工程”，使税务人员熟练掌握岗位所需专业基础知识和技能。

### （三）建立人力资源绩效管理机制

以绩效管理为抓手，以提升站位、增强税务公信力和执行力为目标，依托绩效计划实现税收现代化战略落地，依托绩效考核确保税收现代化任务落实，依托绩效实施激发税收现代化组织活力。建立绩效考评机制常态化、考评流程具体化、考评责任明确化、考评结果高效利用的完备的绩效管理机制。

### （四）构建惩防并举的廉政风险内控机制

继续按照“制度＋科技”的思路持续完善内控机制，推进制度创新，依靠科技手段，把制度镶嵌到软件中，做到流程监控、痕迹管理，实现廉政风险和执法风险的信息化防控。推进“不敢腐、不能腐、不想腐”体制机制建设，旗帜鲜明地支持纪检机构履职尽责，不断推进税务系统廉政“防护工程”。

### （五）构建现代税收文化体系

大力推进税务文化和税务职业道德建设，积极培育和弘扬社会主义核心价值观，铸就税收现代化建设的精神高地，打造税务干部守望相助的心灵家园，厚植税收事业长远发展的丰饶沃土，创造富有时代气息和税务特色的文化精品，各省（市、区）税务局建成具有地方特色的税务文化品牌。

# 第三节
# 税务管理现代化的实现路径[①]

## 一、总体战略

税务管理现代化是庞大而复杂的工程，应以战略管理的眼光和思维去设计税务管理现代化目标任务、方法路径和时间步骤，并加强对战略实施的过程管理。法国战略大师博弗尔用金字塔模式把战略分为三个层面：总体战略居高临下，由点而线，由线而面；通过分类战略进行重点攻关、专项突破，以提升整体效能；通过运作战略，加强组织实施和协调运转，从而构成完整的战略体系。

针对税务管理现代化的实施，应按照基本建成税务管理现代化的目标，系统构建相应的战略体系。总体思路是：对税务管理现代化的总体目标内容进行设计，然后按宏观、中观和微观三个层面进行分解，采取创新驱动、素质强税和固本强基“三大战略”，按照试点、综合、推广“三步走”的步骤组织实施。

## 二、分层分类战略

税务管理现代化分为三个层面，分类组织开展。一是着力改进和优化税收外部环境，促进国家层面的税务管理现代化建设；二是着力强化税收征管和纳税服务核心业务，加强税收业务层面的税收征管现代化建设；三是着力健全完善支持保障系统，推进税务机关层面的税务管理现代化建设。

## 三、运行战略

### （一）大力实施税务标准化战略

税务部门应着力提升标准化在税务管理现代化实践中的战略地位，将标准化“简化、统一、协调、优化”的理念以及原则和方法应用到税务管理现代化建设过程中，从职责、流程、内控、绩效、廉政、质量、效益等方面，建立符合税收工作实际、结构合理、层次分明、重点突出的标准体系，科学地将依法行政、公平正义、信息管税、税法遵从、风险管理和绩效管理有机统一并融入税收实践中，充分发挥标准在业务规范、技术创新、基础夯实、信息共享、效能提升和服务优化等方面的重要作用，使其成为税务管理现代化目标体系建设的重要推动力，为税收的全面、协调、可持续发展提供保证。

---

① 国家税务总局税收科学研究所课题组：《税收现代化目标体系建设研究》，载《税收经济研究》2015 年第 3 期。

### （二）大力实施创新驱动战略

要以税收治理理念为统领，以完善现代税收治理体系与治理能力建设为着力点，突出理念理论、体制机制、技术手段、环境文化等创新，解决税务管理现代化进程中出现的问题，切实提高税收工作管理水平和科技含量，大力推动税收管理方式的两个根本转变，即税务管理方式的转变（由以税务征管为基点的传统税收管理向以纳税人自主申报为前提的现代税收管理转型）和干部队伍管理方式的转变（由传统“制度管理”向现代“制度＋文化管理”转型），逐步形成较为科学的管理体制和发展模式，全面提升税务工作的整体水平，不断向更深层次、更高水平的税务管理现代化迈进。

### （三）大力实施素质强税战略

要确立人本管理的核心地位，紧紧围绕干部的全面发展，谋划和推进组织的可持续发展。以构建税务机关核心价值体系为引领，大力加强税务文化建设，弘扬中国税务精神，完善绩效管理和数字人事结合，全面提升干部队伍素质，不断增强干部职工的幸福感和满意度，为税务管理现代化事业提供组织纪律保障与人力智力支持。创新完善多元化激励机制，全面提升干部队伍素质。

### （四）大力实施固本强基战略

要围绕税收核心业务，以全面提升税收征管质量和效率为主线，以深化全面质量管理为载体，适应税收新变化，按照质量管理“全员参与、流程作业、过程控制、绩效考核、责任追究、持续改进”的要求，推进流程再造、公务员岗位职责规范、税收业务操作规程、执法风险内控体系、部门内控机制与情报管理“六合一”，制定统一的作业指导书，以加强征管与服务规范，强化执法与廉政风险防控。

## 四、方法步骤

在全国范围内推动税务管理现代化建设是一项艰巨而复杂的工作，需要加强统筹，创新举措，协同推进。对不同的对象范围，应注意以下三点：

第一，就某个区域（省或市）的税务局而言，应采取“六大体系”细分和“三步走”策略推进税务管理现代化。省、市局应着力推进部门现代化建设，对总局提出的“六大体系”进行细分和充实，从而使庞大的税务管理现代化变得更具体、更实在，便于操作，也更有利于开展专题研究，寻求重点突破。“三步走”即按划分出的子体系，先在基层单位分类试点、创建单项示范区；然后，鼓励基层单位创建综合示范区，推进各子体系内容的整合融合；最后，全面推广综合示范区经验，对全系统各单位进行综合达标验收。另外，对省或市局机关也要推进部门现代化建设，推动上下联动，全局一盘棋，提升税务管理现代化整体水平。

第二，就全国而言，对不同区域（不同省或不同省辖市）的税务局，要按照全国统一的标准，结合当地经济社会发展条件，设定不同进度、不同目标值的现代化实施方案和评价标准，分区域、分步骤推进税务管理现代化建设。可鼓励沿海较发达地区率先基本实现税务管理现代化，也要积极引导中西部地区按照标准化建设的要求按步骤推进税务管理现代化，可通过推进经济较发达城市率先基本实现税务管理现代化，再带动全省实现达标验收。唯有按照统一的标准化建设要求，以标准促先进发达地区越走越好，以标准促落后地区加快发展步伐，全国税务系统才能以统一、规范的步调实现税务管理现代化。

第三，就税务系统内外而言，应内外各有侧重，同步组织实施。按照前文所述三个层次，税收管理现代化和税务机关现代化建设内容大多属于税务系统自身能够决策部署和实施的范畴，应加强研究，系统考虑，特别是要做好全面设计，分阶段制定时间表、任务书，制定相关的评价指标，抓好组织落实。对于国家层面的税务管理现代化，一方面要积极争取国家的支持和相关部门的协作，不断完善税收法律体系，强化信息情报支撑；另一方面要采取切实措施，大力加强宣传、辅导和培训，推进税收诚信在社会管理领域的运用，提升纳税人自主评税意识和能力，提高全社会的税法遵从度，不断优化税务管理现代化外部环境。

## 第四节 着力提高国民税法遵从意识

提高国民税法遵从意识是税务管理现代化的重要目标和落脚点。国民不仅包括普通公民，而且也包括代表人民行使国家管理权的执政者。税收立法、税收执法、税收司法与税法监督，以及税收法律制度的完善、税收管理体制和税收管理机制的创新，都需要高素质的人才。因此，着力提高国民税法遵从意识就不仅是税务管理的具体措施，而且是治国理政的重要内容。

### 一、树立现代税收理念

税收理念是人们对于税收的基本看法或态度。与计划经济年代或改革开放初期相比，尽管我国的税收理念有了很大改善，但与税务管理现代化的要求相比还存在着相当大的差距。市场经济的通行准则是权利与义务相对称。某人负有什么义务，就意味着他拥有怎样的权利；反之，某人拥有什么权利，就意味着他负有怎样的义务。这在税收上当然也不例外。在现代市场经济条件下，政府实际上是提供公共产品或服务的一个特殊的产业部门，广大企业和居民则是公共产品或服务的消费者和受益者。正如人们到商店买东西需要付款一样，政府提供的公共产品或服务也不是“免费的午餐”，只不过为消费公共产品或服务的付款是以纳税的方式来完成的。这实际上是说，纳税人只要依法缴纳了税收，便拥有了向政府部门索取公共产品或服务的权利；政府只要依法取得了税收，便负有向纳税人提供公共产品或服务的义务。纳税人之所以要纳税，就在于要换取公共产品或服务的消费和受益权；政府部门用于提供公共产品或服务的资金就来源于纳税人所缴纳的税收。在这里，纳税人的纳税义务与其纳税之后所拥有的消费公共产品或服务的权利是一种对称关系，政府的征税权力与其征税之后所负有的提供公共产品或服务的义务也是一种对称关系。因此，市场经济条件下的税收理念可归结为：权利与义务相对称。

对于作为纳税人的企业和居民来说，“应尽义务说”尽管比“必要扣除说”前进了一步，但前者毕竟是在后者的基础上衍生并作为后者的延续而提出的，因而带有明显的计划经济体制的痕迹。这意味着在市场经济意识日益深入人心的条件下，单纯强调纳税人的纳税义务而未有明确的权利相对称，很可能造成人们的厌税心理。

对政府部门来说，“应尽义务说”的另一面是政府拥有征税的权力。如果说计划经济体制下特殊的所有制背景可以允许政府单纯强调征税权力的话，那么，在市场经济环境中，政府只讲征税的权力、不讲征税之后的义务，不仅不能为纳税人所认同，甚至会使纳税人产生逆反心理，而且会在相当程度上阻碍政府在税收与其支出关系问题上的认识进程，从而造成政府部门行为扭曲现象的频繁发生，如花钱大手大脚、支出不受监督、忘记公仆身份而以主人自居、误将履行职能视为“恩赐”、以非规范性手段随意增加老百姓的负担等，结果必然会在很大程度上抵消为营造依法治税的社会环境而做出的各种努力。

对作为征税人的税务部门来说，在纳税人面前，他们不仅是各项税款的具体征收者，而且是税收法规的宣传者和解释者。税法的宣传和解释免不了涉及诸如纳税人为什么纳税、政府为什么征税之类的问题。“应尽义务说”在未能获得纳税人认同的同时也阻碍了税务部门自己的视线——只看到纳税人尽义务、做奉献，忽略了纳税人纳税之后可以获得的消费公共产品或服务的实质收益。于是，在同纳税人打交道时，总免不了有些理不直、气不壮，甚至执法偏软，严管重罚的税收征管机制难以有效运行。

由此可见，实现税务管理现代化，推进税收征管现代化，首先要更新税收理念，即按照权利与义务相对称的观念，分别规范纳税人、用税人和征税人的行为。税收理念的更新，将是改革以来我国税收领域影响最大、涉及范围最广的一次根本性变革，其意义可能不亚于历次税收制度的改革。可以预见，权利与义务相对称的税收理念得到确立之时，我国依法治税的步伐将大大加快，并将对社会主义市场经济体制的完善产生巨大的推动作用。

税收理念更新的出路在于加大税务教育的力度。税务教育不仅包括对税务公务员的教育，也包括对纳税人的教育以及对未成年青少年的教育。

### 二、加强纳税人社会教育

我国每个公民实际上都在以不同的形式、在不同的程度上承担着纳税的责任。然而并非所有国民都有此最基本的认识，事实上还尚存异议。有的认为逃税似乎算不上什么羞耻的事，相反这是一种“生存的手段”“致富的捷径”“能力的体现”，因而反映在税收行为上，则是能逃就逃、能骗则骗、能缓则缓、能欠则欠。加之一些地方、部门、单位在收费过程中假税收费、搭车收费，混淆税费界限，造成税费不分，也使人们心目中的税收理念更加扭曲。这就需要加强纳税人社会教育，完善纳税人社会教育体系。

第一，政府涉税部门特别是税务系统需坚持不懈地树立税法遵从与对纳税人提供优质服务的理念。应树立征纳双方法律地位平等和公正执法是最佳服务的理念，提高办税效率、强化对税务行政审批权的事中监控和事后检查，建立标准明确、程序严密、运作规范、制约有效、权责分明的审批管理制度。同时，应致力于减轻纳税人的负担，优化办税流程，精简办税环节，为激发市场主体活力创造良好的税收环境。

第二，增强纳税人的权利意识。纳税人权利意识的培养是纳税人教育的重要环节，是处理国家和纳税人之间关系的根本要求。增强纳税人权利意识，对于明确国家与纳税人之间的税收法律关系、增强纳税人的税法遵从度、维护和谐税收征纳关系具有深远的意义。围绕纳税人权利意识的培养，需注重保障和维护纳税人的知情权、参与权、表达权等权利，使关注纳税人权利成为全社会的共同理念。

第三，建立完善的纳税服务义务体系。要以普及税收知识为重点强化税法宣传，以纳税人更好地获取信息为切入点展开税法宣传。要更加注重宣传的有效性，利用税务网站、微信公众号等载体开展税法宣传。通过强化组织保障、优化经费管理、健全应急机制、细化绩效考评等保障措施，准确把握纳税人社会教育工作的发展规律，实现全面优化纳税人教育，增强尊重纳税人权利的意识，注重优化服务和征纳沟通，健全以纳税人需求为导向的纳税服务机制。

第四，构建我国纳税人社会教育的完整体系。应关注对未来纳税人税务教育，重视小学、中学、大学及研究生税务教育。税务教育体系应涵盖三个方面的建设：一是针对从事生产经营的各类纳税人的教育；二是税收从业人员的教育；三是未来纳税人的教育。

第五，建立我国纳税人社会教育成果评估机制，在服务中实施管理，在管理中实现服务。通过构建科学、合理、系统和可行的纳税人社会教育成果评估机制，在遵循纳税人满意和客观公正的原则上，探索从纳税人教育可行性分析、策划、实施到效果评估、信息反馈、服务监督、业绩考评和责任追究的管理模式，不断提高纳税人社会教育的质量和纳税人教育满意度。

第六，以信息网络教育为平台，拓展并健全信息化纳税教育的体制、机制和制度，有效发挥信息化纳税教育的整体功能作用。应以纳税人的合理需求为导向，全面建立纳税人需求分析机制，健全纳税人参与机制，最大限度地利用信息平台提供社会教育。

### 三、加强税务公务员综合素质教育

历史与现实反复证明，再完善的税法也要通过税务人员的执法来实现。税务人员的整体素质和征税行为直接制约着税法的执行水平，影响着政府税务的形象，决定着税收流失的治理效果。税务公务员只有具备了履行职责的基本综合素质和专业技能，才能在税收工作实践中将其转化为相应的税务工作能力。在信息技术和互联网时代，世界互联互通，知识更新快捷，以云计算、大数据、区块链等为代表的新一轮信息技术飞速发展，信息资源日益成为重要的生产要素、无形资产和社会财富。税务公务员不仅要有较高的智商，还要有较高的情商；不仅要有丰富的知识，还要有创造性地解决问题的才能；不仅要熟悉传统手工方式下的税收工作流程和规范，还要学会收集和利用信息资源，借助网络和现代信息技术开展税收业务。税务公务员的高素质至少应体现在如下方面：

第一，理想、信念坚定，有较高的思想政治素质和甘做“人民公仆”的精神。

第二，有较高的科技和人文知识水平。经济的知识化带来了社会管理的复杂化，税务公务员必须具备更多的现代科技知识、现代管理科学与技术知识以及社会的人文历史方面的知识。

第三，有较强的创新能力和创造力。企业靠创新推出新的产品和服务，政府靠创造性思维解决工作中的难点问题。税务公务员必须掌握创造性思维和方法，更新观念，不断开发税务管理的新方式，提出解决问题的新方法。

第四，有健康的体魄、良好的精神状态和心理素质，能够适应繁重的工作要求，适应剧烈变化的社会现实和错综复杂的工作局面。

第五，有较强的学习、思考和感悟能力。税务公务员应把提高自身的学习能力作为一种人生追求，不断丰富学识，打牢根基；在强化学习能力的基础上，勤于思考、善于思考，“凡事关联”、融会贯通，在学习中提升，在思考中完善，用学有所长的成果指导实践；在学习、思考的基础上，感悟和把握蕴含于知识之中、实践之中的思路方法和内在规律，开启智慧，谋划未来。

税务公务员的素质教育要以“努力造就一支政治过硬、业务熟练、作风优良的财税干部队伍”为目标，把税务教育的着眼点、着力点和着重点置于提高税务系统公务员的政治素质、业务素质和文化素质上。

一个不争的事实是，纳税人采取的逃避税务检查的手段总是比税务机关的措施快一步，特别是在各个企业普遍使用会计核算软件、各种 ERP、自控系统以及互联网发展日新月异的情况下。因此，全面提升电子税务信息化水平，首先必须重视立法，建立电子税务信息管理法律制度；同时，通过持续不懈的努力，使税务人员在现代化税务征管的建设中，真正实现以核心征管数据为依托分析数据，以税收风险控制为导向管理企业，以电子数据检查为重要手段规范企业，逐步打造一支不断为税收征管现代化提供动力的电子税务队伍。

### 四、完善税收信用体系

税收信用体系建设不是一蹴而就的，而是一个长期的系统工程，需要我们从立法、执法、诚信机制的建立和社会环境的营造等多个层次、多个方面进行更深入的探索，在实践中不断健全和完善。

第一，加快国家专门信用立法工作，大力推进社会信用体系建设。法律是信用市场平稳运行的保障，是保护信用主体合法权益的屏障。虽然诚信是市场经济的道德基石，但社会信用体系不可能单纯地建立在诚实守信的道德规范之上，更重要的是要建立在对市场主体之间信用关系管理的整套法律、法规、准则和制度的制定上。世界主要发达国家在信用体系建设过程中都高度重视信用立法，如美国建立了《联邦公平信用报告法》《公平债务征收实施法》《平等信用机会法》等一系列法律，有效保证了信用制度的实施。而我国目前信用法制建设几近空白，虽然《民法通则》《合同法》都有诚实守信的法则，但是在整个法律、法规体系中，还没有全面、系统地体现对信用的要求。因此，积极研究探索、大胆借鉴应用、尽快制定保障社会信用体系建设的法律法规、奠定建立税收信用体系的坚实基础，势在必行。

第二，坚持税收法定原则，建立以税收基本法为核心，充分体现公平、信任的税收法律体系。首先，坚持税收法定主义，提高税收立法认同度。按照立法要求，尽快对各地方税收法规的规范进行清理，确保税收法律口径一致，维护税法的严肃性。其次，坚持税收公平主义，充分体现平等原则。取消现行税法中或执法实践中同一税法因随意的税收优惠而导致执法差异的状况。充分体现公平、平等，赢得纳税人信任。最后，坚持税收合作依赖主义。税收合作依赖主义也称公众信任原则，是诚信原则在税收立法中的运用和体现。

特别是，在税收立法上应给予纳税人充分的信任，充分体现纳税人的权利，把纳税人的根本利益与国家的发展紧密结合起来。

第三，严格依法治税，加大税收执法检查监督力度，有效规范执法行为。税收信用体系建设，需要进一步健全权责明确、行为规范、监督有效、保障有力的税收执法体系，建立执行信用机制。在税收征收、管理、稽查等各个工作环节中，明确部门和个人的工作职责，加强执法岗位责任制考核，加大监督力度，要加强对重点岗位、重点环节、关键人员的监督制约，最大限度减少税收执法中自由裁量权的不适当应用和执法随意性。严格推行执法过错责任追究，增强税务人员的执法责任。

第四，建立纳税信用分级奖惩机制，强化制度约束。建立纳税信用激励机制，对不同信用等级的纳税人实行分类管理。根据失信的不同程度、性质，建立失信惩罚机制，加大失信成本，促进诚实守信。目前，对于失信者的惩戒机制还未完全形成，失信者所付出的代价不足以抵付其所得到的实际利益和好处，为此要在已开展的纳税信用等级评定的基础上，做好信用等级评定工作的后续管理。企业或者个人在纳税信用上有不良记录时，在税收征管系统中自动把其划转为“纳税信不过企业（个人）”或者直接降低信用等级，同时将这些企业（个人）纳入重点监控对象，并在发票领购等环节采取一定的限制措施。建立失信纳税人公告制度，利用新闻媒体、网络等工具公布失信纳税人“黑名单”，或建立相应的数据库供公众随时查询，或以合法的形式向合法的用户传播其交易对象的不良信用记录，接受全社会监督。进一步推进税收信用的社会治理，在已与工商、海关等政府职能部门建立信息互通机制的基础上，进一步扩大信用等级评定及管理上联合操作的范围，在法律允许的处罚有效期间，让所有的政府监管部门参与对失信者的经济类、行政类惩罚，使税收信用管理与相关的社会管理紧密结合起来。同时，建立税收信用破产惩罚与商业信用挂钩机制，进行全方位的信用破产惩罚，使失信惩罚机制的作用范围在社会上全面渗透。

第五，加强税款使用信用建设，实施“阳光预算”，严格依法用税，取信于民。纳税人交纳税款不仅是税收强制性作用的结果，也是纳税人出于对国家信任所带来的效应。没有这种信任作为坚实的基础，任何一种纯强制性的税收法律都难以在实践中贯彻实施。因此，政府要在工作中巩固纳税人的这种信任。一是要加大税收社会意义的宣传。在进行各类税法宣传时，不仅要强调税收“取之于民”，还要突出税收“用之于民”，从税款使用效益角度，使纳税人明白税收对经济社会发展带来的宏观和微观效益，从而取得纳税人的信任、理解与支持。二是增加税款使用的透明度。要加强税款使用信息的披露工作，努力推进以各级政府为主体和电子政务为基础的政务信息公共披露体系，提高用税透明度。同时提高公共产品质量，丰富公共服务内容，让纳税人真正感觉到“物有所值”；还要大力惩处贪污腐败行为，保证税款安全。

第六，结合税收信息化进程，不断完善纳税信用管理，将纳税信用的评价机制规范化。我国信用建设正处在不断完善阶段，随着银行、购房、消费等各项信用制度的建立，纳税信用管理也将从中获益。建议由中央统一协调，建立高层次、跨部门合作的协调机构，建立纳税信用等经济信用的数据库，充分运用现代科技手段，整合各个平台资源，将纳税人基本信息数据库、纳税情况、财务报表、账务情况、资产状况等指标纳入计算机考核，进行定期比对，设定风险指标，发现纳税违规行为及时警示。在该信用平台工作中，应结合现行征管改革要求，将纳税评估、税务稽查、风险管理等统一考虑，定期更新评级系统，自动调整纳税人信用等级。在坚持依法、公开、公正的原则上，使纳税人信用等级评定真正成为提高税务管理水平的法宝。

### 五、坚持依法治税与以德治税相结合

法律和道德相辅相成。依法治税是对人的素质的基本要求，而以德治税则提升到更高层次。依法治税和以德治税，好比鸟之双翼，有此双翼，税务管理的有效性才能得以充分体现。

坚持以德治税，反映在税务管理上，是以德治国的具体体现，是构建征纳双方良好道德体系的具体体现。对于纳税人来说，以德治税意味着纳税人在享受国家提供的公共产品的同时，应当给国家提供经济补偿，这是起码的道德良心，犹如买东西要付款一样简单。对于税务机关来说，以德治税意味着税务公务员依法治税，其实是在为全体公众服务，手中掌握着全体纳税人赋予的权力，就应该为全体纳税人服务，这也是起码的道德良心。对部分纳税人逃税的纵容，其实是对其他纳税人的不道德。从反腐败斗争的角度看，公务员“疏于管理、淡化责任”和不作为本身，也是道德问题。随着反腐败斗争的不断深入，从一些位高权重或者最基层的违法犯罪腐败分子的堕落轨迹中可以发现一个共同原因，就是把人民赋予的权力当成了谋取私利的工具，只看到职务是权力的象征，忘记了职务更是一种责任。规范税务公务员的履职行为，加强税收执法权和行政管理权的“两权”监督，既是依法治税的要求，也是以德治税的要求。税务教育是税务管理顺畅和谐的关键。对征税者的教育，旨在转变身份，使税收监管转变为服务，提高税法遵从水平。对纳税人的教育，旨在正确树立现代国家公民观念，增强其税法遵从意识。税务教育作为国民教育的重要内容，贯穿于人生的各个阶段和社会服务的各个领域，对于提高国民法治和道德素养意义重大。因此，税务教育是坚持依法治税、以德治税，实现税务管理现代化的重要基础与基本前提。

在历史上，往往把道德仅仅看成从属于政治或经济的某种附庸，而没有看到它的相对独立性，更没有看到道德对税务管理法律制度、税收管理体制和税务管理实施机制的重要作用。当然，良好的道德不可能自然而然地生长出来，需要全社会共同关注。道德是立法的基础，也是执法的基础，还是守法的基础。可以说，教育是根本，而德治是法治的基础，法治是德治的升华，二者如同车之两轮，鸟之双翼，忽视其中的任何一个方面，都不可能全面实现税务管理的现代化。

## 复习思考题

### 一、名词解释

税务管理现代化

## 二、简答题

1. 如何理解税务管理现代化的内涵?
2. 税务管理现代化目标体系之间的关系如何?
3. 如何构建成熟完备的税收法治体系?

## 三、论述题

1. 构建严密规范的税费征管体系应从哪些方面下手?
2. 请论述如何实现税务管理现代化。
3. 如何提高国民税法遵从度?

## 参考文献


[1] 谢文. 加强制度体系建设 更好服务国家治理 [N]. 中国税务报, 2019-12-30: (02).

[2] 国家税务总局办公厅. 推进新时代税收现代化建设再上新台阶——全国税务工作会议在北京召开. 2020-1-6.

[3] 中共中央关于坚持和完善中国特色社会主义制度 推进国家治理体系和治理能力现代化若干重大问题的决定 [N]. 人民日报, 2019-11-6: (01).

# 后　记 Afterword

《税务管理新论（第二版）》是作者在中国社会科学院研究生院税务硕士教育中心2013－2019年《税务管理专题》课程讲义和中央财经大学税收教育研究所税务公务员岗位培训授课大纲的基础上，进一步补充、修改而成的。

值此书稿付梓之际，特别感谢国家税务总局原副局长郝昭成先生，中国法学会财税法学研究会副会长、中央财经大学税收教育研究所名誉所长贾绍华教授，首都经济贸易大学丁芸教授，上海海关学院崔志坤教授，海南师范大学张云华教授对本书的框架、体系和结构所提出的宝贵建议；感谢国家税务总局税收宣传中心、稽查局、征管科技司、纳税服务司等司局以及国家税务总局辽宁省税务局、海南省税务局、苏州市吴江区税务局、北京市房山区税务局、安徽省天长市税务局，他们安排专人从不同角度对书稿进行了审校并提供了极为难得的税收案例。这些都为本书的最终成稿提供了有益的参考和帮助。

当前，税收法治建设和财税体制改革正在进行中，现行《税收征管法》的修订也在进行之中，税收征收管理流程、管理机制不断发生变化，其中所涉及的一些资料难免有错漏之处，敬请读者给予斧正。

另外，本书中的部分案例引自一些媒体，因时间仓促，未能一一与文章的作者联系，请各位作者看到本书后与我们联系。

本书在写作过程中，得到了财税专业领域多位专家学者的指导支持和各种形式的帮助；中国社会科学院大学税务专业硕士研究生邢军震、王倩倩、田雨、成柳洁、尚钰、张艺馨、李双莹、周雯璐、方霞、赵玉玮、马明星、王燕晶、韩明峰、李艳红、张璐阳、庞佳惠、王道庆、陈燕萍和董曼莉等同学也做了大量工作。在此，我们深表感谢！

由于作者水平有限，书中肯定存在不少谬误，敬请广大读者和专家不吝指教。

作者

2020年10月20日于北京